2019—2023
纪念版
（全5册）

DUZHE

读者

01

百味卷

读者杂志社 编

读者出版社

图书在版编目（CIP）数据

2019—2023《读者》：纪念版. 1，百味卷 / 读者杂志社编. -- 兰州：读者出版社，2024. 3
ISBN 978-7-5527-0798-4

Ⅰ. ①2… Ⅱ. ①读… Ⅲ. ①文摘—世界 Ⅳ. ①Z89

中国国家版本馆CIP数据核字（2024）第009565号

2019—2023《读者》纪念版·百味卷

读者杂志社 编

策划统筹 赵元元 王书哲
责任编辑 张 远
封面设计 李 娜

出版发行 读者出版社
地 址 兰州市城关区读者大道568号（730030）
邮 箱 readerpress@163.com
电 话 0931-2131529（编辑部） 0931-2131507（发行部）

印 刷 北京盛通印刷股份有限公司
规 格 开本 787 毫米 × 1092 毫米 1/16
印张 12. 5 字数 174 千
版 次 2024 年 3 月第 1 版
2024 年 3 月第 1 次印刷
书 号 ISBN 978-7-5527-0798-4
定 价 128. 00元（全5册）

目 录

从前慢，过日子是一蔬一饭

沈嘉柯

父母跟着我搬家到城市已久，我总有时间过得太快的错觉。匆匆忙忙，我去了很多地方，给很多大学做讲座，出很多书，见很多人，怎么匆匆忙忙又要过年了？好几年懒得折腾，年夜饭都是自助餐或在酒楼解决的。我问父母，今年想吃什么。

这个问题问得意兴阑珊，现在丰衣足食，不缺吃，吃什么都没胃口。鸡鸭鱼肉、海鲜、进口水果和零食，平时吃得太多，腻味。

我母亲说："今年我们吃自己种的小白菜。"我难以置信，在哪里种的？

母亲嘿嘿发笑："就在你窗台外面，我看你有时候午睡，就叫你爸锄掉杂草，挪了半米。我不只种了小白菜，还有小葱和两棵茶花。"我乐了，真是服了他们。上个月下雪，站在窗前，瞧见一溜儿青翠欲滴的小白菜，十分养眼。

想起从前的一顿年夜饭，我拿着大人给的钱，一溜小跑去买酒买汽水。大人心里都琢磨好了，给的钱总要比买东西的钱多一点，小孩子才腿脚勤快。

我母亲上午砍好莲藕和排骨，砂锅铫子慢慢熬。冬日黄昏时，慢炖出的香味钻进鼻子，萦绕灵魂。藕块粉糯，排骨肉质细嫩，说不出的鲜美。好汤必须慢功夫。这只是其中一道菜。其他原材料，提早去集市趁着新鲜，挑好带回家。这个任务，通常是交给骑自行车的父亲去办。

既然出门，我就坐在父亲的后座一起出门。父亲一路慢慢骑行，我东瞧瞧西看看，路边遇到卖油炸米饭团子的，我馋嘴想吃，再停下来。遇到熟人同事，父亲的车子再停下来，大人们聊天说事，我自个儿在边上玩。父亲不厌其烦买好东西，一整天过去，我也尽兴而归。

肉食还要蔬菜来配才好。有什么菜比自己家种的更靠谱？也不用多，就把二楼那个最大的阳台直接开辟为小菜园。自家种菜自家吃，本来就是我家的传统。

城市那么大，父亲现在还是喜欢骑着自行车去附近的批发市场买菜。我已长大，不再坐他的车子后座。但有了这些记忆，我便成了心中怀有珍宝的人。

从前父亲想吃一样菜，母亲做好那样菜，花的功夫、费的心思，远比现在多。

再说回咱家的小白菜吧。他们种菜，我一棵一棵采摘好，凑个热闹，下锅小炒。自家种植，经冬过雪，这菜格外清甜。其实这不过是一道普通的菜，悠悠时间，累积的却是无形的滋味。

木心赞美“从前慢”，说“从前的日色变得慢 / 车、马、邮件都慢 / 一生只够爱一个人”。表面上这是在说爱情，其实赞美的还是人情味。

世上好吃的东西吃多了，不过如此；世界上匆匆忙忙的事烦了，就忘了初衷。我们并不是什么大英雄，也没有世界要拯救。我们赚了钱，就该花在喜欢的人和生活上。

从前慢，过日子是一蔬一饭，最该重视的，还是和至亲至爱的人一起慢慢吃饭。

家的味道

尤今

那时候，我家住金殿路，而我在成保小学读书，每天要走很长的一段路去上学。傍晚放学时，街灯未亮，天幕却像被戳了一个窟窿，浑浊的暮色悠悠忽忽地掉了出来。我背着书包，像只蜗牛，慢腾腾地走回家去，眼前的那一条路，忽然变得很长，长得无止境。我低着头，拖着宛如上了脚镣的腿，走啊走。突然，我闻到空气里飘来的一股香味。抬眼处，街灯已亮，浓汤飘香。啊，家门近在眼前，我的心情立刻变得亢奋了。

父亲是广东人，广东人特别喜欢喝汤，因为他们相信，煲得久、熬得够的汤水，能润喉、润肺、润心、润肠，因此，煲汤便成了我家的日常作业。一个人在生活中纵使拼得焦头烂额，只要回到家，能够喝上一碗好汤，所有透支的精力都得到了弥补，五脏六腑也美美地得到了滋补。

曾经，母亲用炭炉煲汤。朱褐色的圆肚瓦锅，稳稳地坐在小小的炭炉上，烧得通红的炭块，像是守护神的眼睛，忠心耿耿地守着那一锅“水的精华”。母亲坐在小凳子上，拿着蒲葵扇，耐心地扇。

那炭，愈烧愈红，愈红愈旺，有时烟灰飞出来，便沾了母亲一头一脸。可是，好整洁的母亲竟然一点儿也不嫌脏，她的心思全都缠在那一锅好汤里。汤的香味，是一点一点慢慢地溢出来的。初而朦朦胧胧、缥缥缈缈，好像从很远很远的地方传来的断断续续的笛子声，笛声清越悠扬，又带着些许隐晦的神秘感。渐渐地，笛子声隐没了，取而代之的是类似锣鼓的喧闹声，大鸣大放。那种香味，浓郁稠厚，非常跋扈、嚣张，带有很强的侵略性。

母亲把瓦锅小心翼翼地捧到桌子上，瓦盖一掀，一阵一阵白白的烟雾便像久别重逢的亲人，热情万分地扑了过来。母亲常常说："水，原本是没有生命的，煮成汤之后，才有了生命力，也才有了灵魂。"因此，我们是以近乎虔诚的心，一口一口地捧喝手里那一碗汤的。我们相信，汤喝下肚，便能像魔术豌豆一般飞快地向上蹿长。也许有一天，当碰上成人世界种种"剪不断、理还乱"的烦恼，又会后悔童年喝汤太多，长得太快。

母亲熬煮的汤，有着截然不同的"内容"。

绿油油像液状森林的，是西洋菜蜜枣猪肺汤；红艳艳像液体宝石的，是莲藕鸡爪花生汤；红白分明像调色板的，是番茄萝卜牛肉汤；百味杂陈又酸又咸又鲜又辣的，是咸菜豆腐鱼头辣椒汤；温柔敦厚暖心暖肺的，是老黄瓜红枣八爪鱼汤；风味独特雅俗共赏的，是榨菜蘑菇汤；悬壶济世普度众生的，是党参枸杞龙眼炖鸡汤；风采迷人鲜香四溢的，是冬瓜火腿干贝汤……我们兄弟姐妹就在一锅锅好汤的滋润下，慢慢地长大成人。各自成家之后，我们也欢欢喜喜地为我们亲爱的孩子炖汤。

汤的文化，就这样一代接一代地传下去了。

日胜是琼州人，婆母的汤和我家相较，有着完全不同的风味。比如说，婆母会把碎肉镶在鱼鳔里，和海参冬菇一起煮，这样的汤在我来看，实在是豪华得近乎奢侈了。然而，有时，不可思议地，她竟然会将爽脆可口的黄瓜与虾米同煮，煮好的汤味道虽然不赖，可那黄瓜却已变得软绵绵的，失去了嚼劲，我不太喜欢。婆母最为拿手的，是熬煮高汤。几只老母鸡去皮、去油，加上几个大洋葱，慢火让它们在瓦锅里浮浮沉沉三四个小时，之后，将所有的杂质过滤掉，那一锅澄清明净的汤，甘美鲜甜，达于极致，是天下之最。婆母把高汤搁在冰箱里，煮粥、炒菜，都用它。我家孩子常说："妈妈，我要吃奶奶熬的那种白白的粥。"他们不知道，那锅白白的粥，其实是用千锤百炼的高汤熬成的。表面上云淡风轻，实际上功夫盖世，我想，这才是人生最高的境界吧！

曾有一个时期，新上市的慢锅成为主妇的新宠。把要煮的东西一股脑儿地丢进去，不管三七二十一，煮它一个天翻地覆，完完全全不用守候看火，非常省事。对职场女性来说，慢锅当然是"时代的恩物"，试想想，上班之前，锅子里，肉是肉、菜是菜，泾渭分明；可是，下班回来，掀开锅盖，肉和菜早已"你侬我侬"地融进汤里了，这不正是"守株待兔，不劳而获"吗？想到不必像母亲一样为了煮一锅好汤而蓬头垢面，我心里充满了感谢，感谢现代科技方便了我的生活。

然而，我错了。

在慢锅里"自生自灭"的汤和水，并没有"患难与共"地融合在一起，反之，两者像是君子之交，淡淡地保持着距离。

当机立断，弃用慢锅。

然而，坦白地说，我又没有耐心和那灰烬四飞的炭炉耳鬓厮磨，所以，改用中庸的煤气炉。

把汤放进瓦钵里，在煤气炉上"咕嘟咕嘟"地熬上三四个小时，其间不时去看看、搅搅，那一钵汤，充分地感受到煮汤人的诚意，煮好之后，总会“投桃报李”地显示出一个汤的样子和味道。

我家孩子百喝不厌的是鱼翅瓜熬汤。鱼翅瓜，看起来活脱脱就是冬瓜的雏形，然而让人啧啧称奇的是，这瓜在汤里煮熟后，用汤匙压它，它竟散成千丝万缕的细条状，像极了鱼翅，却又具有鱼翅所没有的清甜，十分可口。我常用老母鸡、干贝、红枣、枸杞、墨鱼干和鱼翅瓜同煮，熬好的汤，那种鲜味啊，会化成千万只馋虫，直往你心里钻！

女儿负笈英伦之后，对鱼翅瓜汤魂牵梦萦。有一回，在大雪纷飞的冬天，她竟然拨来长途电话，苦苦央求我给她寄一钵好汤，我漫应着：“好，好，明天就用快邮寄出。”过了几个月后，她又在电子邮件里写道：“妈妈，春天已经来了，我苦苦等了一个季节，怎么您的汤还没有寄到？”

我以汤的味道去装饰孩子的成长岁月，孩子长大后，离家万里，汤的浓香依然是一根细长、坚韧的线，一生一世牵动着游子的心。

汤的味道，就是家的味道。

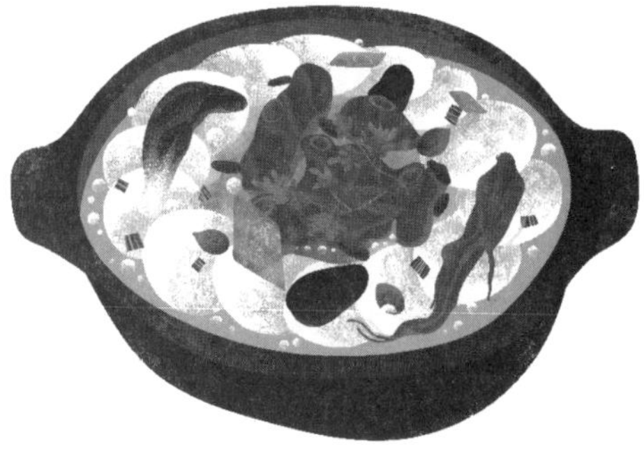

秋娘

麦家

秋娘是石屏人，她父亲是共和国第一代伐木工人。五十多年前，秋娘母亲病故，父亲用箩筐背着她进了当地的狮子山林区，那年秋娘才六岁。从那以后，秋娘再没有离开林区，她像山上的一棵树一样，在鸟语花香中迎来一天天，送走一夜夜，一岁岁长大。

在秋娘十五岁那年夏天，她父亲好好地走在下山的路上，突然被一块不知从哪儿飞来的石块击中后脑勺，再也没醒过来。秋娘哭了三天三夜，哭得死去活来。

没有了父亲，秋娘不知怎样才能活下去，最后还是她父亲的朋友——他们都是伐木工人——替秋娘在十一工区的集木场边搭了一间小木屋，砌了个炉灶，给了她一份烧饭的差事。

他们每天在秋娘搭设的简易摊棚里吃一顿午饭，秋娘一天的饭钱就有了。秋娘就这样活了下来。

在秋娘二十二岁那年，一个姓林的伐木工人娶了她，秋娘孤苦的日子终于走到头。秋娘生下两个女儿和一个儿子，丈夫用使不完的力气给秋娘撑起了一个方方正正的家。

苦难使秋娘变得很容易满足，自从有了家，有了丈夫和孩子，她再也没有不满足过。可老天爷不长眼，秋娘的小儿子还没学会走路，丈夫就被一次突发的山体滑坡狠狠地埋在大山里，秋娘连他的尸首都没瞅见一眼。

那次山体滑坡一共葬送了九个伐木工人的性命，可以说他们都是秋娘的亲人，都是吃着秋娘烧的饭长大或者变老的。秋娘的命苦哦！

此后，秋娘又开始过孤苦的日子，靠着山上的树、蘑菇、野菜、飞走禽兽和伐木工人的帮衬，拉扯着三个嗷嗷待哺的儿女。

儿女一天天长大，秋娘在林区的小饭馆也越开越像回事。十几年前，秋娘的两个女儿还到山下去另开了一家小饭馆，还是靠伐木工人养着，他们在秋娘这儿吃午饭，晚上下了山，就到她两个女儿那儿吃夜饭。

就这样，秋娘的苦日子总算又一天天熬过来，她不谢天也不谢地，要谢的只有伐木工人。在这个世上，要说让秋娘感到最有感情的，只有伐木工人，除了他们，她谁都不认识，甚至连亲生母亲也不认识。

九年前的一天，林场老场长拿着一张红头纸给秋娘瞧，说他们都得下山，以后就没伐木这事了。秋娘不识字，但她想纸上写的肯定不会同老场长说的一样，他只是在拿她开心。因为当时他们才转移到一个新林区，满山的木头都在等他们去砍伐，怎么可能呢？

秋娘万万没想到，老场长说的是真的，不出一个月，山上所有的伐木工人都像候鸟一样纷纷飞走了。他们下山前都来劝秋娘走，她就是不走，她说她要等他们回来。可哪有可能等得到呢？

那些天，秋娘天天望着空无人影的大山哭啊哭：这世上要是没有伐木工人又怎么能有她的生活呢？老天爷啊老天爷，你为什么对我这么狠啊，硬把我一次次丢进苦海。

又有一天，老场长领了个戴眼镜的小伙子又来劝秋娘下山。秋娘本是铁了心不下山的，结果叫小伙子几句话就说得改了主意。

小伙子对她这样说："大妈啊，你听我说，养你这辈子的是伐木工人，害你这辈子的也是伐木工人。你不知道，正是工人们把山上的树砍完了，山体才会滑坡，你丈夫才会死。"

他告诉秋娘，打死她父亲的那块飞石事实上也是山体滑坡造成的，只不过那次滑坡没人看见而已。他还想再说什么时，秋娘不让他说，她对小伙子说："你是个有文化的人，我相信你说的，既然这样我还留在山上干什么，难道是等再一次滑坡来把我儿子也埋进大山？"

三天后，秋娘扛着大包小包下了山。

七年前，秋娘做木匠的儿子到邻县建水做工，认识了当地的一个姑娘，做了上门女婿。秋娘很伤心，骂儿子不孝，哭自己命苦。为了让老头子在地下睡得安稳，原谅她养了这么个不孝之子，她狠了心，不认儿子，不参加他的婚礼，拒绝儿媳妇进家门。

但是一年后，听说儿媳妇给她生了个小胖孙子，她又高高兴兴地找上门，把孙子当儿子一样养了起来，儿媳妇除了喂奶，其他任何事都不用操心。秋娘说，她孙子开口叫的第一声是"奶奶"，足见奶奶对孙子有多么好。

可她不识字，连自己的名字都不会写，孙子上了幼儿园，要赢在起跑线上，她完成不了这个伟大使命，只好退居二线。

一下子清闲下来，她不知道日子怎么过，闲得心慌，便找事做。最后找的事就是摆摊卖烧豆腐。秋娘说，这是她的老本行，当年在山上给伐木工人烧饭，烧豆腐是天天要做的。

烧烤豆腐的器具是一只火盆，上面摆一张用细钢筋扎制的炕，炕下面是无烟的炭火。烧烤豆腐之前，要先在钢筋上抹上菜油，这样豆腐就不会粘在钢筋上。烧烤时要随时翻动豆腐，以防烤焦。

在豆腐被炭火烤得嗞嗞地冒出热气时，豆腐变成了精灵，颜色由灰白变为嫩黄，形状由四方膨胀成微圆，显得结实、饱满。更诱人的是，嗞嗞冒出的热气在空气中迅速转换成一股黄豆被爆炒时成熟的香味，热烈、浓郁，有一种痴心女子义无反顾地爱人般的坚定，扑鼻而来，驱之不散。

我正是被这一缕缕香气吸引着，注意到了秋娘。在建水，烧豆腐的摊子多的是，仅百十米长的翰林老街上就有三四摊。秋娘的摊子不在热闹的翰林街。在哪里？我也不知道。我只记得由她的摊子往前走两百米左右，便到了学政考棚。

那天晚上我走得很远，就是想尝尝秋娘的烧豆腐。我第一次闻到秋娘烧豆腐的异香，想去饱饱口福时，发现她的摊子边围满了人。我不愿等，便继续往前走。

走了半个小时回来，人并没有少，只好又走。又走了半小时回来，只剩下两个人，以为很快可以轮到我，结果还是等了半个小时：其中一人不但带了一个胃，还带了一个面粉袋，收走了四大炕的货。

就是这人，脸红扑扑的，定是刚吃足了酒，谈兴甚健。他是一家饭店的厨师，秋娘的烧豆腐是他们饭店天天要上的一道菜。得知我是外地人，他扯着嗓门，不无炫耀地告诉我，秋娘的烧豆腐是本地一绝，不但好吃，还好看、好放。

好看到什么程度？把他一面粉袋的家伙倒出来，不会有一个焦的或一个生的，个个胀成一个形，焙成一个色。

好吃到什么程度？如果你吃的时候不计数，一面粉袋的家伙全吃完了，吃到撑，嘴里还是香的、馋的，还想吃。

好放，是因为她的烧豆腐每一个都熟到家了，没一个半生不熟的。就是说，只要有一个半生不熟，就会提前馊腐，然后像一粒老鼠屎，一烂二,二烂三，最后把“一锅粥”都整烂掉。

他分明被酒精乱了分寸，临走时有失体面地把我揽到怀里，对着我的耳朵做出悄悄说话的样子，却大声说：“你知道秋娘的烧豆腐为什么好吃吗？因为她在用卤水熬制豆腐时加了罂粟壳。”

秋娘听了，扬起火钳，骂道：“你哄鬼啊！我天天做两大锅豆腐，到哪里去找那么多罂粟壳。”

他笑道：“人家都是这么说的。”

秋娘骂道：“放屁！我从来没听人说过，就听你在说。”

他借着酒胆，照旧有恃无恐：“你得承认，我没说错。”

秋娘气得又扬起火钳：“你还敢说，看我打烂你的臭嘴！”

说着立起身，冲上去，真的要打他，吓得他狼狈而逃，消失在黑暗的街头。秋娘举着火钳，对着他远去的背影，像个泼妇一样大声嚷了句脏话，回头对我说：“他喝醉酒了，你别信他。”

“我不信，可我想知道，你的烧豆腐为什么成了本地一绝，是不是有什么祖传的手艺？”秋娘淡淡地说：“有什么？没什么，就是做得多了。我从十五岁开始做这东西，天天做，今年六十岁了，烧掉的木炭堆起来比这县城还要大。”

接着，秋娘一边给我烧烤豆腐，一边对我讲起了她坎坷辛酸的大半辈子。最后，她总结性地说：“你说我孙子为什么开口叫的第一声是奶奶？一个道理，我付出得多，就会有回报。什么东西都一样，你摸多了就熟了，熟了就巧了，巧了就精了，精了就绝了。”

秋娘不识字，但她有经历，有苦难，有恩情，有付出，有回报。这一切铸就了她，包括绝妙的手艺，热辣的性格，质朴的见识，以及满脸刀刻一样的皱纹。

很奇怪，秋娘的头发黑得不见一丝白，在昏暗的路灯下显得更黑，像乌鸦的翅膀那么黑，从中间分开，用发卡牢牢别住，斜斜地下垂，齐肩，刚好盖住耳朵，有点怪异的时髦。

我想这一定是因为工作需要，别让炽热的炭火燎了乱发，也不让炭灰落入耳朵。

粗海盐

林清玄

在朋友家吃炒花生，非常好吃，与平常吃的花生大为不同。我不禁好奇心大起，问起花生的做法。

朋友说：“没有什么特别的技术，只是用粗海盐来炒罢了。”

朋友说着，从厨房柜里找出她所用的粗海盐，原来是我们小时候用的那种没有处理过的盐。粗海盐的结晶很大，像是染了米色的冰糖一样。

朋友说，粗海盐的味道很好，营养丰富。煮菜的时候，只要加一点粗海盐，根本不需要加其他调味品，就会唇齿留香。

“像粗海盐这么好的东西被现代人舍弃，用味道欠佳的精盐取代，实在是可惜。”朋友感慨地说。

这使我想起，从前许多好东西，都因为“粗糙”而被舍弃了。曾经有一位朋友带一包“糖蜜”来送我，糖蜜是制造蔗糖的第一道工序所熬出来的糖，黑色，呈蜜状。朋友说，只有这种糖蜜是有益身体的，而像“特级白砂糖”，对身体只有害处。

有一些老东西虽粗糙，却有非凡的价值，像我们许多年前穿的粗棉、粗麻布，一直到现在，还是顶尖时装所追逐的。有一次去看“三宅一生”的最新时装，面料不仅是最粗的棉，还弄得皱褶不堪，我心里一叹：我小时候穿的面粉袋不就是这样的吗？

特别是食物，愈粗糙愈有益健康，糙米胜过白米，黑麦面包胜过白面包。天然食物胜过加工食品，我们不断地把食物做得更精致，事实上是在伤害自己。

在“过度加工”与“过度精制”的时代，我们产生了巨大的盲点，并把这些盲点传给下一代，让他们误以为加工与精制是好的，那些传统的、天然的事物反而被舍弃了。

我们坐在朋友的三合院里，谈着“粗”与“细”的倒错，朋友突然站起来，走到厨房，慎重地拿了一包粗海盐出来。她说：“这一包海盐送给你，你拿回去用，就会发现食物的味道完全不同了。”

她的话里有庄严的气息，使我忍不住用双手捧着那包海盐。

拍黄瓜简史

黑麦

每天凌晨3点，大洋路市场的黄瓜道（市场内道路名称）都聚集着数十辆装满黄瓜的卡车，黄瓜与西红柿、萝卜一样，是大批餐饮场所的主要消费食材。这样的场景在新发地、大红门等批发市场也屡见不鲜。每当看到这样的盛景，便知道夏天到了。整箱嫩绿的黄瓜，等待着被厨师采买、装车，接下来，它们中的大多数，会被送往后厨，接受凉菜间的“洗礼”。

“拍黄瓜”这道凉菜因其粗暴的做法而得名，做法极简单，即便刚入行的凉菜厨师，也能在一分钟内轻松完成此菜品。但拍黄瓜也是一道做法标准不一的凉菜，随便走进几家小饭馆，便会吃到形味各异的拍黄瓜。它也是一道堂食点单率颇高的菜，在众多小饭馆中能跻身前十，与如今极为常见且标准化的宫保鸡丁、鱼香肉丝等炒菜并列。

这道凉菜的销售业绩很高，却常常不被重视。在网评菜品的页面上，也极少被人提起，更别说为此动笔写出上百字评论了。多数人点它，无非是为了开胃和清口，在外卖平台上，较少的销售量似乎也印证了它被边缘化的名声。

在我家楼下的兰州饭馆里，拍黄瓜只卖8块钱一盘，香油和熟芝麻的覆盖，让这道菜别具风味。根据厨师李师傅的回忆，他学厨艺的烹饪学校的老师，只用了10分钟的时间便讲完了3道北方凉菜的做法，分别是花生拌芹菜、糖拌西红柿和拍黄瓜。那位老师的教学态度很明显地表现出他对这几道凉菜的不屑。李师傅说，学校更重视宫保鸡丁、大盘鸡这种大众菜，还组织过几轮考试，认为只有这种经典菜品，才能表现出烹饪的精髓。

但也正是因为这种轻视，拍黄瓜削不削皮，有没有香菜，滴几滴香油，拌不拌蒜末，带不带花生，放白糖还是白醋，都从未被正式定义。或许也是因为脱离了教学体系，这盘凉菜才显得生动有趣、各显神通。

拍，是黄瓜的主要做法，北方市面上的黄瓜大多命运如此。黄瓜皮清香有韧性，中间的籽无味却饱含瓜汁。这道菜的口感完全取决于师傅的刀工，是切是拍，拍成什么样，皮和籽的去留，关乎每一口黄瓜的升级效果。似乎每个凉菜厨师对于拍黄瓜都有自己独到的想法。我吃到过最为可口的拍黄瓜，是在牛街的一家爆肚店里，隔着透明的玻璃，只见那厨师手起刀落，啪啪两声将黄瓜“击昏”，再切成小片，使每块瓜片上都留有裂痕，随后轻巧地依次淋上麻酱和醋，再撒花生碎，端给我时，瓮声瓮气地说了句“自己拌”。老板说他这做黄瓜的手法是从一位天津师傅那里学来的。一筷子吃下去不难发现，“降维打击”确实能让黄瓜吸收更多的酱汁。

蓉城小馆的刘师傅认为，蓑衣黄瓜是拍黄瓜的前身。20世纪90年代初，他刚进入北京后厨，惊讶地发现麻酱配蔬菜长时间占据着京津冀一带的凉菜榜榜首，那时候的他真的想回到乐山老家继续包抄手。网传的蓑衣黄瓜是一道传统名菜，制作原料有黄瓜、白芝麻、香油、味精等。它属于鲁菜，但具体发源于山东还是北京、河北，无从考证。据说蓑衣的切法源于宫廷，为的是给盘中的炖肉配搭出好看的纹样。久而久之，学了些皮毛的师傅就把这切瓜手艺带到了民间。刘师傅说，20 世纪 90 年代中期，随着越来越多的川厨抵京，心有灵犀的他们同心协力地抛弃了菜单上所有的芝麻酱型菜品，用辣椒油或麻油替代了那糊嘴的口感。

好吃的蓑衣黄瓜讲究刀工，片片相连，遇筷则断，更为重要的是，“蓑衣”的错落也让黄瓜包裹上尽可能多的酱汁。如今在一些老字号餐厅里，菜单上的蓑衣黄瓜是彰显饭馆历史的有力证据，特别是在牛肉面馆以及专吃内脏的“苍蝇馆子”里，这道凉菜仍旧延续着芝麻酱或是芥末油的势力。20 元以上的单盘售价，完胜一盘拍黄瓜，由此可见这刀工的价值。

北方人吃黄瓜粗放，洗净直接吃是常态。在解晓东 20 世纪 90 年代拍摄的 MV 里，路学长的电影《拉卡是条狗》里，都会看到男子生吃黄瓜的镜头。这是一种接地气的市民姿态，也是一种对黄瓜的偏爱。不仅如此，在山东和东北地区，黄瓜蘸酱早已是一道家常名菜。

很多厨师认为，拍黄瓜是随着大批白领一同涌现的。早已退出餐饮江湖的老曾说，自己很早就开始给国贸的小白领们开小灶，那时候“小王府”还没搬家，国贸周边挤满了没有营业执照的小店，他的饭馆没有名字，却生意兴隆。当时的外企员工，点三两个小炒，吃得特别开心。后来他发现拍黄瓜的利润很高，一方面备菜简单，另一方面出菜没有标准，且节省时间。他眼睁睁地看着这些拿高薪的孩子，从挽着袖子狼吞虎咽地吃熘肝尖、拍黄瓜，一直混到穿名牌套装、背奢侈名包飞黄腾达，往后，老曾再没见过这些人的踪影，随后自己也关张退休了。在他的印象中，“苍蝇馆子”里总是充斥着一股夹杂着油烟的黄瓜味，那是一抹特别的清香，就着凉啤酒，带给人一种北方的豪爽。

或许是为了适应今天的繁忙生活，“简约不简单”的拍黄瓜也流行于中国南方，甚至海外。在几年前的《纽约时报》上就出现过一篇关于“smashedcucumber”（碎黄瓜）的报道。传闻，拍黄瓜随着陕西小吃一起登陆欧美和大洋洲，由于它更接近西方的沙拉，因此成为第一批被海外接受的菜品。或许是不满足于黄瓜的中餐味道，在某一段时间的“美食油管”（FoodTube）上，黄瓜沙拉突然成为一种爽口、清新的热门菜品，酸奶油、奶油、奶酪甚至油醋汁都可以成为黄瓜的伴侣。即便如此，“美食油管”的首席厨师杰米·奥利弗还是会在其中加入一勺麻油，只为那一抹浓郁的亚洲风味。

黄瓜，原产于印度，是蔬菜中较为古老的品种。如今，能够走进世界各国的餐盘，也是这一食材的胜利。

来自冰箱的宇宙能量

欧阳宇诺

我很早之前看过一部小说，女主角是一个独自生活的职场女性，每日在公司叱咤风云，晚间回到家中已是疲累至极，根本无暇打理住所。因为极度挑剔，她已经赶走了好几个菲佣。她恳请母亲帮她找个新帮手。第二天回家后，她发现家里焕然一新。不仅室内干净整洁，厨房餐桌上竟然还出现了温热的蔬菜、米饭、汤。一向只用来存放矿泉水及啤酒的冰箱被塞得满满当当。如此持续数日，女主角在获得温暖和治愈的同时，起了疑心。餐桌上及冰箱内的食物都是她的最爱，请的人怎会如此了解她的喜好？某天中午，她返回家中，发现她的母亲正将超市购物所得塞入冰箱，排骨莲藕汤的香气在家中弥漫。

我不喜欢做饭，独自生活时，冰箱常空空荡荡。周末睡到日上三竿，出门前不想化妆，也不想换衣服，计划胡乱找些食物打发早午餐。打开冰箱，我不禁悲从中来，几个看起来有些萎缩的橙子、苹果，一盒两周前吃外卖时剩下的比萨，几瓶瓶身颜色各异的爽肤水；冷冻区内有几盒冰激凌，打开一看，香草口味的、朗姆酒口味的都被部分食用过，余下的部分被勺子挖出凹凸不平的造型，半袋剩下的猪肉荠菜馅水饺已经过期9天。饥肠辘辘的我此刻已经顾不了这么多，马上烧水准备将它们煮了。

那时的冰箱不能给我带来任何“认真对待饮食生活”的正能量，打开它，我就仿佛被投入浩瀚无边的宇宙，试图抓住些什么却纯属徒劳。不过显而易见，我对冰箱的利用方式体现出我思路上的狭隘。听说时装设计师约翰·加利亚诺将T恤放进密封的保鲜袋内，再放入冰箱冷冻，以求穿上身时的冰凉触感；摄影师布鲁斯·韦伯的冰箱里放有齐备的、专业的菲林，以备随时出门行动；设计师川久保玲的冰箱内极其简约，只有矿泉水及清酒；我的朋友，有的冰箱里只放狗粮，有的冰箱里只存放香水。这些千奇百怪的冰箱里的物品，稀释了我对冰箱采取漫不经心态度的内疚感。

不过随着时间的流逝，在这件事情上我终究还是随波逐流了。我学会了在周末去超市大采购，然后将这些原材料放进冰箱，利用它们来规划一周的健康饮食生活。所以，当我的一位朋友鼻音重重地打来电话，告知我她发觉青春正在悄悄溜走，而她只能用流泪来对抗这种无能为力感时，我就像女巫一般热情洋溢地邀请她来我家。我用冰箱里的丰富储备为她做了一份沙拉，又将隔夜的吐司加热，做成简易牛油果煎蛋三明治，再搭配冰凉的啤酒，我们开始畅聊。在橘色灯光下，我发觉，冰箱带来的能量正在缓缓融化掉生命中那些暗涌着的无言悲伤。

基督山吃喝恩仇记

殳俏

19世纪的文人大多是出了名的“吃货”，在“料理百科辞典”中查找“巴尔扎克”，会找到“大麦与芋头芹菜巴尔扎克风味奶油浓汤”，查找“维克多·雨果”则是“雨果风味朝鲜蓟浓汤”，而“夏多布里昂”的词条则是著名的“夏多布里昂酱汁”，或者干脆就是指淋上了这种白葡萄酒风味酱汁的烤牛菲力。

这一干会吃会喝的文人美食家中，大仲马是最出众的一位——他不仅会吃会喝，且敢吃敢喝，将一生的大多财富都砸在了美食上。他体型庞大、食欲旺盛，令在餐厅里只要一串葡萄和一杯水的普鲁斯特之流都羞于启齿说自己是美食家。他用小说家的笔描写他钟爱的食物，精确而意气风发。他留下的比《三剑客》《基督山伯爵》更伟大的著作是《烹饪大辞典》。在这本书中，他将食材和烹饪方法从A排到Z，写了大约750个条目，每一个条目都用大仲马式的语言来书写。比如对葡萄酒——“葡萄酒是整个一餐的智慧”，对河豚——“厌世的时候，比起其他任何自毁手段，日本人更爱用吃这种鱼的方法”。大辞典里甚至还有一些稀奇古怪的条目，如“象”，介绍了烹煮酥软小象脚的方法。

大仲马所做的另一件更为疯狂的关于美食的举动，则是在其人生巅峰的46岁，在巴黎近郊花巨资盖了一座“基督山城堡”。当时已经成功因《基督山伯爵》一书赚了多笔版税的大仲马看中了巴黎郊外圣日耳曼昂莱的一块小坡地，在那里可以俯瞰塞纳河。他花了3年时间来建造自己梦想中的城堡，外墙全部请人手工雕刻，内部装修则包含了文艺复兴时期的各种装饰细节，城堡外围还带着一个英国式的花园，里面豢养了各种美丽的猫、狗、鹦鹉和猴子。而“基督山城堡”的更大意义是，这里是当时混迹社会的艺术家、文人、芭蕾舞演员和交际花们共同的免费大餐厅。大仲马几乎每晚都亲拟菜单、大摆豪宴，让白食客们在这里夜夜笙歌。大仲马这样做，最大的初衷就是他自己爱吃，并且希望有人陪他一块儿吃。他也爱试验各种新鲜的菜式，有时候甚至亲自下厨。乔治·桑就在日记中记述，大仲马做的菜“真是超级棒的料理”。巴尔扎克也是大仲马城堡晚宴的拥趸，他在寄给情人的信中充满钦羡地写道：“啊，基督山城堡是人类所有愚蠢行为中，最具魅力的一件事！”由于大仲马的好客和无数个白吃白喝的日夜，他欠下高额债务，甚至面临被捕入狱的危险，最终只得将心爱的城堡拍卖抵债。

据说大仲马最拿手的一道菜是沙拉，他的儿子小仲马继承了父亲对沙拉的热爱，在其剧作《弗兰西昂》中记述了一道“和风沙拉”的做法：把马铃薯放到高汤里煮，然后切成块，趁热撒上盐、胡椒，浇上橄榄油、奥尔良醋以及甜白酒；之后放入大量的香菜碎末，并将大颗的贻贝与芹菜茎一起放入高汤熬煮；煮完后，将汤汁倒掉，加入已经切好的马铃薯块，将所有的东西拌均匀，再装饰上用香槟煮过的松露薄片就算完成。小仲马强调，这道菜是冷食菜，必须在饭前两小时做好放凉，这样入口味道才更好。而20世纪初的美食家库尔农斯基和朵里斯却表达了他们的不同看法，他们非常质疑这道“和风沙拉”的日本元素究竟在哪里。在《美食的欢乐》中，他们写道：“从这道沙拉来看，他并没有继承他父亲的烹饪才华啊。”

腌笃鲜

华明玥

这些年，小林迷上了在家中请客。她邀约朋友的短信也很别致：“新买的大砂锅已用糯米汁浆过，去年腌的咸肉也只剩最后一刀。你再不来，春笋就老了，要吃腌笃鲜就得等明年了。”

这的确是个想见老友的好借口，比“改天我请你喝茶”要来得真诚很多。

而且，我们都知道，一大锅腌笃鲜之外，懂得吃应季菜的小林一定会给我们备下清炒紫菜薹、喷过酒的清炒苜蓿头、荠菜鸡蛋馅的春卷。更重要的是，她和她先生都是网上大名鼎鼎的字幕组成员。她一定还备下了新翻译的小众文艺片，英文版的和法文版的都有，只等着给我们欣赏。这是以俗吃开始，以雅赏终结的一场聚会。但就算老友群里最有文艺腔的人，都不觉得看原版片、把玩小林搜罗来的古董摆设的乐趣，真的完全盖得过一道腌笃鲜。

小林其实非常鄙视饭店里腌笃鲜的做法：只是用咸鲜两色的五花肉，炖粗壮的大毛笋，选料完全不真诚。她要做腌笃鲜，必要开车到郊县去，专寻那农家大灶上熏出的腌肉，最好是猪爪尖，要的就是那硬柴熏出来的少许烟火味。如此，腌肉才有腊香，才有紧实的口感。鲜猪肉要选整只的猪前蹄，而且是那种“运动健将型”的跑山小黑猪。笋千万不能是大毛笋，肉质松脆没有嚼头，必须选形同毛笔的修长紫笋——杭州人拿来做油焖笋的那种。一根笋纵切成四瓣，可以盘绕着放进大砂锅里。

煨四个时辰，腌笃鲜开锅时，鲜中有香，腴中见清，汤色浓郁，完全是人间至味。可喜的是，只有它，才能衬出普通米饭的晶莹软韧。口口声声说要减肥的老友们，不知不觉会干掉三大碗。

人到中年，越发觉出聚会吃一次腌笃鲜是何其奢侈的事。你要凑巧寻到熏得恰到好处的猪爪尖，金红透亮；相熟的小刀手凑巧进了跑山小黑猪；紫皮竹笋恰好长到 25 厘米，不老也不嫩；你还得找到一拨趣味相投的友人，放下所有的俗事来赴你的约。所有的友人，恰好没有出差任务，不必为迎接大老板视察而彻夜加班；找得到替补人选送孩子上补习班；患有多种慢性病的老父母最近精神尚可，不必早上五点起来替他们挂专家号，更不必拎着保温桶去医院陪护；家中没买新房子，不必跑建材市场；教瑜伽课的老师休假，宣布所有的课程顺延……这些条件都齐备，他们才能心无旁骛地来品尝春天的腌笃鲜。

清人吴熙载有一副对联，说的是三五友人在春光下闲走的情致。那副对子说：“春花落地闲公案，野鸟啼枝小辩才。”心要空到何等程度，才能听懂野鸟高高低低的啼唱是在淘气地斗嘴；同样，心要闲到何等程度，才能品得出腌笃鲜那鲜咸中的甘醇，那是我们和春天数得出的几次相见，可遇而不可求。

挑根择叶无虚日

宿亮

菜叶子，真是让人又爱又恨的存在。

它就像“别人家的孩子”，常出现在童年梦魇里。纵有千般好处，却不如大鱼大肉让人有满足感。

每个妈妈都有让孩子吃菜叶的绝招。小时候，油炸薄荷叶就曾经颠覆了我对菜叶的看法。后来在国外工作，我常买鲜薄荷放在厨房的窗边。馋了，就择下一盘叶子，裹上面粉下锅炸。出锅沥干油，薄荷叶带上金黄的焦边，入口先是浓重的油香，然后是薄荷的通透清爽，满满都是关于故乡亲人的回忆。

前段时间，我去胡志明市拜访老同学，请她去“网红”饭馆吃饭。她吃完说：“这地方，贼贵！”第二晚，她骑个踏板小摩托找我，要让我体验“真正的西贡”。我们围着市中心的摩天大楼转圈，和其他摩托车堵在一起等红灯，然后，她带我到一家门脸破破烂烂的小饭店吃夜宵。

那是张不锈钢面的大桌子，码满各种塑料盘子，分别装着十几种不同的菜叶，能认出来的有薄荷、罗勒、生菜、苦菊等，外加几盘白肉和透明的春卷皮。蘸料有好几种，我猜大致是由醋、柠檬汁或是其他什么料汁以不同比例混合出来的。

吃法也没有一定之规，随便挑几种叶子放进春卷皮，撞大运一样选一种蘸料。塞进嘴里时，不同叶子的香气互相叫喊、碰撞，又在蘸料的调和下偃旗息鼓，每次都激发出不一样的味道。

这个“西贡小姐”出生在越南中部山区，每次从胡志明市回乡，就和妈妈一起采集自家种的菜叶，边聊边卷，边蘸边吃。这不只是怀旧。每天夜晚，她扔掉律所的卷宗，换下西装衬衣，随便穿双拖鞋在胡志明市的街边一坐，享受最解压的一餐。

当然，讲究一点的话，把菜叶子做好，不只洗干择净那么简单，还真得有点窍门。

《增广贤文》里说：“劝君莫将油炒菜，留与儿孙夜读书。”如今倒不至于这么节约，但炒菜叶子的时候，不放油是一种奇妙的做法。

比如，熬骨汤的时候，我一般都会买几棵娃娃菜，把叶子一片片剥开。锅里没有一丁点儿油，用骨汤铺底、烧沸，小火煮叶子，直到骨汤里的水分蒸发，香味全渗进菜叶子。菜的清香和汤的浓郁拥抱在一起，只消几颗盐粒，就能激发出无穷的美好。

生活是在不断解决矛盾的过程中完成的，就好像菜叶总要在味道的相互撞击中才能找到正确的存在方式。比如炒小油菜，放盐之前，一定得放点白糖。

在厨房里，最刺激的矛盾是这样的：用大火炒空心菜，就在火头最旺的时候，绕着锅边浇上一圈二锅头。白酒瞬间汽化，酒香在重力作用下撩向菜叶子，仿佛坏小子向美女抛了个媚眼。浓烈和小清新的结合，是忙碌日子里最合宜的食味。

一只糯米鸡

刘荒田

那天午间，我和几个朋友进了唐人街的餐馆。快要离开时，朋友指着桌子上的小竹笼说：“这里的糯米鸡蛮不错的，你们哪位打包？”大家都说费事儿，不带。我迟疑了一下，有点不好意思地说：“你们不要，我要。”我没让侍者去拿塑料袋，而是把荷叶裹着的糯米鸡用餐巾纸包上，放进夹克的口袋里。

糯米鸡的温热透过荷叶若有若无地暖着我的肌肤。我要把它送给我的妻子。妻子正在松树街的一家疗养院里看护我中风两个多月、尚未苏醒的妹妹。

我想象着——妻子接到我有点害羞地递过去的荷叶包，不经意地问：“是什么？”她不会想到，这是我跑了十几个街区专门给她带来的。我会卖个关子：“打开就知道了。”她打开荷叶，会很开心，惊喜地说：“嘻嘻，真不错。刚才我还发愁，不知道去哪里买盒饭呢。”

想到这里，一种掺杂着凄凉与欣慰的感觉在我的心间涌动，我几乎想哭。

是啊，我很少给同甘共苦三十多年的枕边人带吃的回来，尽管我每天吃她做的饭，穿她洗的衣服。人生充满温暖的爱与亲情，全靠平常日子里一丝一缕的细节织就，可惜粗线条的男人往往忽略了。

在路上，我的思绪继续延伸。早年我在县城上中学，有一天，祖母提着篮子从十公里以外的小镇来看望我，带来的陶罐里盛着白花花的米饭和那时候极难买到的猪肉。饭菜早已凉透，我浑然不在意，一个劲儿地往嘴里塞。看我的眼珠子都凸起来了，祖母连说慢点儿。祖母一边美滋滋地看着我吃，一边絮絮叨叨地问这问那。终于，我眼眶一热，流下泪来。

要常常为生命中所承受的无法计算的恩惠所感动，就如同灌浆的稻子在雨里频频鞠躬。

我按按口袋，隔了这么久，糯米鸡仍旧温暖。

爱情与下馆子

林爱肉

说来也奇怪，冬去春来，街头巷尾的小馆子越发人声鼎沸，半夜路过，都能从门口看见一对对年轻面孔对着面前的菜使劲儿吃。连这些年影视剧里出现的“人设”可爱的角色，约会一般都从下馆子开始，轻松又愉快，弹幕从哭唧唧的氛围变成集体叫嚷着要“原地结婚”。

反而是分手前的最后一顿饭，往往会出现高档餐厅的影子。男女双方要端着，还得有仪式感，吃完之后也不好意思表现得撕心裂肺，怅然都留给了账单。

到底从哪天开始，都市男女转场到小馆子里去了？

为了省钱，为了好吃，也为了爱情。但这不是抠门，说穷也是自嘲，多半因为没必要。

从食材到科学，大餐厅好吃有好吃的道理，却保不齐良莠不一。吃对了路数倒还心旷神怡，吃不到点子上着实伤元气。

以前人们选餐厅的唯一标准是好不好吃，现在多了点存在主义的意思，还要看快不快乐。

凌晨三点的深夜食堂是都市的现实主义浪漫，这种快乐来得更尽兴，也更坦然。在夜幕中下馆子类似于都市寻宝，巷口谁家的卤煮刚开锅，谁家的烤串蹿上一把火苗，谁家的油泼辣子刚刚又在作响，五感发力，目之所见耳之所闻，都最大程度上放大着感官。凭感觉从东南西北中任选一家，两个人大踏步走进巴掌大的苍蝇馆子里，却不觉逼仄或是腌臜。

用不着苦大仇深似的去钻研菜单，选三菜一汤还是两荤两素，全看心情通不通畅。实在拿不定主意，把老板喊来一问便知，说不定还能挖出些宝贝似的隐藏菜单，乘兴而来，尽兴而归。

至于那份坦然，对应着生活里的琐碎。

易疲惫心态是生活打在都市青年身上的标签，松弛下来的时候，没被击垮的年轻人依旧愿意抛弃外卖，给彼此的生活制造新意。

不过两个人相处久了，是很难在饭桌上谈起尼采、萨特或者海德格尔的，这些形而上的意识形态离生活太远。倒是如“公司领导又找自己麻烦啦”“家里的猫最近越来越能吃啦”“下周小长假要不要就近玩几天啦”这种没什么逻辑的话头，才容易让彼此袒露自己。

这时候，琐碎而又踏实的一顿饭，更能承受得住生活的一地鸡毛。

在嘈杂或者温馨的家庭小饭馆里，身前的大哥吹着牛，身后的大姨拉着家常，虾爆鳝油润，砂锅粥清心，两个人能在平常生活里找到久违的惬意。不然，在明晃晃的餐厅里，从侍应生柔声细语地问你开始，噎在嘴边的碎碎念就又被咽回肚子里了。

连一块焦糖布丁，在明亮的鹅黄色的灯下都能像多棱镜一样把自己折射得熠熠生辉，让人用小钢勺敲碎焦糖脆皮时还得屏住呼吸，担心自己配不上奥黛丽·塔图在《天使爱美丽》里的神韵。

你看，矫饰过的真实多半闪着光，拿不上台面的局促赫然在列。

遇上了用力过猛或是疲软无力的爱情，一般可以用下馆子去消解。

因为，对一盘菜如果倾注了太多心血，比较容易失落；换以轻松的方式，搓搓手闻香而至，倒时常能获得一种拨云见雾后的欣喜。

当一种食物以更粗放、更纯粹的面貌示人时，我们才更容易接近它的真相。

这里的“食物”或者“一盘菜”，用“爱”之类的字眼去替换，也是同理。

我记住了唐六妹

蒋韵

《红楼梦》中有句话，“大有大的难处”，在重庆洪崖洞小吃街这样的地方，对一个外乡人而言，这句话可改作“多有多的难处”——不知道该作何选择。我一个人走来走去，眼花缭乱，终于变得很茫然，最后随便走进一家：小小的店堂，敦实的木桌凳，没什么特别之处，却很顺眼，俗话说选不如撞，果然，撞进去也就踏实了。

我要了小面，又要了酸辣粉。小面是头一天就听重庆的朋友推荐的，而酸辣粉在我的理解中就是我们北方的凉粉一类。酸辣粉先上来了，出乎意料，上面覆盖着满满的肉末，我用筷子尖挑起一点尝尝，有浓郁的猪油味道。于是我把它推到一旁，重新叫了一碗凉粉。老板有些诧异，问我：“是不是有什么禁忌？”我忙解释说：“不好意思，是我不知道酸辣粉里会有肉，我不太喜欢吃油腻的东西。不过，这碗我会一并买单。”

于是，我吃了很香很辣的凉粉，吃了同样很香很辣的小面。结账时，故事发生了：老板竟不肯收酸辣粉的钱。我深感意外，说：

“这不合适，东西是我自己点的，再说那碗粉我已经动过了。”老板回答道：“你是外地人嘛，好多事情不知道，下次就知道了嘛。”三下五除二，老板为我结了账，那碗酸辣粉自然免了单。

一碗酸辣粉，四元钱，而一碗小面和一碗凉粉加起来才不过四元五角。走出小店，我回头看了一眼它的招牌，红底白字写着：唐六妹。于是，在阴雨连绵的山城重庆，我记住了这个对我而言很温暖的名字。

这让我想起另一件事。那是几年前，在纽约的地铁站，一个最容易让异乡人感到迷茫、孤独和恐惧的地方。那一天，我一边站在熙熙攘攘的地铁检票口，等着去买票的丈夫，一边抬头茫然地看着悬挂在头顶上方的指示牌。突然，有人拍了一下我的肩膀，我吃惊地回头，只见是一个陌生的中年男人，亚裔，黑眼睛黄皮肤，凭他眼睛里的神情，我看出他是我的同胞。果然，他手里拿着一张磁卡，指指检票口，用汉语对我说：“你进去吧，我替你划了。”说完，他转身而去，似乎是怕我道谢，迅速消失在各种肤色汇成的人流里。

我走进检票口，心里一阵温暖。至今，我也不知道是什么原因，使这个刚刚走出站口的男人在看到我的那个瞬间，内心突然柔软了一下。是我脸上那种不自觉流露出的异乡人的无助、紧张和迷茫吗？或许是我孑然独立的身影让他想到自己初来乍到时的种种辛酸？我不知道，但传说中最冷酷的纽约，人心最硬的纽约，视他人为地狱的罪城，却在这一瞬间向我流露出它的善意和温情。于是，在我的感觉中，纽约永远比芝加哥柔软。

世界上的大城市，对异乡人而言，差不多都是冰冷的，喧嚣着拒人于千里。但总有这样的缝隙，比如唐六妹小吃店一碗免单的酸辣粉，比如纽约地铁检票口前一只拍在陌生人肩头的手，人性的光芒就是从这样的缝隙中流泻出来，如同阳光钻出云层。它惊鸿一现的照耀永远是我走进一个新地方、面对一群陌生人的勇气之源，我愿意以这样的方式记忆一座城市。

宋嫂丸子

华明玥

在这样寒风瑟瑟的天气里，还有哪样物事比一大砂锅热气腾腾的丸子更暖人心？鱼圆、虾丸、牛肉丸、鸡肉丸、荠菜猪肉丸，还有藕圆或萝卜圆，纯白、虾红、灰粉、暗绿，在放满了豆芽、笋片、蘑菇的汤水里煮开，载浮载沉，一掀锅盖，香气让人猛打三个喷嚏。所有的寒冷都在这一刻烟消云散。

宋嫂做丸子的那份辛苦，非寻常人所能消受，她坚持鱼圆要用白鱼，而不是青鱼做。谁都知道十斤重的青鱼好寻，五斤重的白鱼难觅，而做鱼圆，偏是鱼越小越好。因此，深夜两点，宋嫂就要出发，骑上电动三轮车到远郊的码头进鱼。穿两层棉袄，下面是一双齐膝的高筒胶靴，手拿一个手电。有时，鱼贩们会为谁家的白鱼更新鲜争吵起来，宋嫂得意地说："你道我如何分辨？看眼珠？看鱼鳃？这哪能分得出来。"宋嫂的办法是把手电关掉，让周围的人也把手电关掉。手电一关，白鱼的鳞片就在昏朦的夜色中闪闪发光。鱼鳞没有办法说谎，越新鲜的鱼，鱼身的颜色越是发珍珠白，稍微暗淡一点，出水时间就要往前推了。还有一点说起来更玄，宋嫂远远地就开始闻："最新鲜的鱼，腥是腥，那腥味很干净，有点发甜。"

鱼买回来，第一缕曙光还远未降临，宋嫂就开始剔鱼骨，打鱼蓉。白鱼就是这点好，没有暗色的鱼肉，茸泥剁细后雪白粉嫩。

把鱼蓉放在大盆内，加上生姜末、葱汁、料酒、蛋清、老菱粉，加水调和成黏稠状，再加精盐后，开始"收膏"。此时，宋嫂把所有的精气神儿都灌注在两条胳膊上。鱼圆是否久煮不散，以及是否"浮水正圆，筷夹如兜，晾入碟内如扁纽"，全看这一刻的"上劲儿"是否能上圆。

从早到晚，宋嫂都没有真正歇下来过。宋哥说，有些麻烦是她自找的，比如到了下午三四点钟，附近的小学放学之时，宋嫂非要单做一锅灌黄鱼圆，专供那些老人家接了小孙子、小孙女来解馋。在宋嫂的老家泰州，灌黄鱼圆要用蟹黄，成本很高。宋嫂很聪明，用的是罗氏虾的虾黄，反正要做虾丸，原来鼓圆虾头中的那块胭脂红的虾黄浪费不用，可惜了。宋嫂特将家中的两张小方桌抬出，让背着书包的老人家与孙子对坐，小瓷碗，热鱼汤，汤里浮漾着 8 枚鱼圆，好像白玉丸里含了一块艳色夕阳。

这也是城里孩子在功课的压迫下唯一可以品尝天伦之乐的时候吧。在路上，在离开学校还没到家的途中。宋哥说："我看你不是可惜那点虾黄，你是贪看人家一老一少，坐在那里絮叨——你是想儿子，也想家中二老了。"

宋嫂不语，俄顷，眼圈红了。

毒药

尤今

我家老二嗜吃。负笈美国时，利用课余之暇，练就了一手好厨艺。

一日，他毛遂自荐：“妈妈，今晚我下厨。”

我露出一脸幸福的笑，问道：“你打算煮些什么呢？”

他胸有成竹，飞快应道：“川椒牛肉、蚝油芥蓝、鸡扒。”

我又问：“怎么煮呢？”

他有条不紊地说道：“牛肉切成薄片，在油里稍稍炸一下，再用辣椒干翻炒；芥蓝烫熟，淋上蚝油和鱼露；鸡扒以五香粉、盐、糖、麻油腌过，在锅里煎香。”

我和他爸一听，立刻你一言我一语地提出看法。

我说：“牛肉又炸又炒，油乎乎的，哪会好吃！”

他爸说：“鱼露咸，蚝油也咸，调料应该只选用其中的一样！”

我接着说：“五香粉呛鼻，应该避而不用。”

他爸又说：“炒牛肉，与其用辣椒干，不如改用豆瓣酱，比较香；还有……”

话还没说完，老二脸上的笑意便像风一样飞走了。他意兴阑珊地说：“我不煮啦，你们爱煮啥便煮啥吧！”说毕，他站了起来，走回房间。

我和先生面面相觑。唉，原本可以舒舒服服地坐享其成，没有想到竟然因为好为人师而变得“一场欢喜一场空”！

细加反省，我们错得一塌糊涂。

孩子如果想要绘图，为人父母的，不该老是以自己心中既定的图案去限制他、影响他，甚至要他依样画葫芦。给他笔，给他纸，然后退到一旁，给他自由，给他空间，让他天马行空地绘出属于自己的五彩世界。他完成的画作，就算不是很完美、很理想，但是，肯定有创意。

上一代人自以为是的批评，是谋杀孩子信心的毒药。

醉里乾坤大

张大春

那是四十年以前的一个春天，我和邻宿舍的几个同系同学相约饮酒。除感觉这样有些长大的气息之外，似乎没有旁的缘故。喝什么倒值得仔细研究。

有人根本不喜欢喝酒，但是舍不得错过大伙聚会，便主张喝酒精度数比较低的啤酒；有人想夸示自己的酒量，便主张喝高粱、大曲；也有人对酒没什么成见，但主张调和中庸，觉得绍兴、陈绍不那么辛辣，也不至于撑肚子，加之以话梅、柠檬，还颇有些甜酸饮料的风味；也有人认为，独沽一味不如百味杂陈……想喝什么，何不饮者自理，到时候想尝尝别人的喉韵滋味，就相互换盏，也算是一种风趣了。

日后想来，那一番讨论却比喝酒的景况更耐人寻味。我们随即扩大了邀约的范围，去更远的寝室，也旁及其他的科系。大部分人一听到“要不要喝酒”之一问，无论参加与否，脸上都会流露出那种“要干一件不大得体但是一定很好玩的事”的欣羡之情。真正参与中文系酒约的外系人其实不多，他们像是商量好了一般，都没有“自备口粮”，多半浅尝即止，混两三杯“霸王酒”，拍拍屁股就走人。

我说“拍拍屁股就走”不是一句套话。因为相约的地点就在文学院荷花池外的一片草地上，春夜草长露湿，起身时总会沾上满裤子的草屑。我们在一棵花枝满簇的树下席地而坐，当时谈了些什么、唱了些什么，甚至闹了些什么，这么些年下来，大抵不记得了。记忆中最鲜明的，是人手一个上面有 500 毫升刻度的玻璃杯。

我也有那么一个杯子，那个杯子见证了我生平第一次醉酒。喝醉的原因很简单，我自己准备的大曲三两下就被哲学系的白赖客解决了。然而意兴正浓、酒水不济，只好随意喝别人的。喝谁的呢？喝林国栋的。他是从高雄来读书的同学，平日俭省惯了，喝酒之约虽然不忍错过，却只愿意喝比较便宜的酒。那天晚上，我就是蹭着他的乌梅酒大醉而归的。

喝乌梅酒大醉，是一次难忘的体验。我跟很多喝酒的朋友交换过心得，人人都说，醉在乌梅酒上无比难受。然而，对我来说，林国栋慷慨分润的情谊实在难得。我和他人手一个玻璃杯摇摇晃晃回宿舍，还能够攀爬空心砖墙上到二楼阳台。究竟是如何办到的，我们第二天都说不明白。不过，这也都没什么，最让我难忘的是：天亮醒来之后，我们都发觉一桩怪事，那就是我们的玻璃杯是半满的，里面盛的既不是大曲，也不是乌梅，而是无数落花。

“太诡异了！什么时候落的？”我问林国栋。

这个“文青”笑笑，说：“我们的青春啊，我们的青春！”

酒的甲骨文右边是个尖底的“酉”字，就是酒樽；左边看似楷书的水字偏旁，却不是水，而是溢出的酒的形状。可见古人造字是有主张的。那水字偏旁，是在模拟酒浆发酵的情状，而非泛泛指液态。

到了金文，我们看到的仍然是一个尖底的酒樽，只不过樽身刻画的图形略有变化，溢出的三滴酒被省略了。“酉”字也扩充了它的含义，因其为地支的第十位，也用来指称农历八月（古代以北斗星斗柄的运转计算月份，斗柄指向十二地支的寅即为夏历正月，是为“建寅”）。到了这个月份，谷类成熟，农事完毕，可以酿酒了。著名的毛公鼎底部的铭文就有“毋敢湎于酉”的文句，这是周宣王勖勉毛公“不可酗酒”的训示。

《周礼·天官》记载有“三酒”之称。有事而饮，谓之“事酒”；无事而饮，谓之“昔酒”；祭祀而饮，谓之“清酒”。有事容易理解，无论私家成礼，或者是官家典仪，都可以用酒来助引情感。可是“无事而饮”，还有个“昔酒”的名目，就颇费思虑。我推测这个“昔”，不是往昔的昔，而是“昔肉”（干肉）之昔，后来写作“腊肉”。没事喝一点，配腊肉，这是古人最简单的娱乐了。

关于“酉”字，司马迁在《史记·律书》里有文字学角度的说明：“酉者，万物之老也。”这个说法，自然是从前述八月农事熟毕而来，但是到了晋代的《搜神记》，竟然会以年岁老大的“龟、蛇、鱼、鳖、草木之属”为“五酉”，认为这些东西老到一定的程度就会变怪。

在文字演进的过程中，“酉”字成为一个部首，旁边加上一个兼具意义的声符，就会形成庞大的形声字群组。关于酒种，甜酒称为“醴”，薄酒称为“醨”，厚酒称为“醇”，用于祭祀者称为“醍”，清而美者称为“醑”，酒汁、酒滓相混的浊酒称为“醪”，用米谷为糜和上酒曲等酿成的发酸的饮物则称为“醯”，也就是今日我们习称的醋了。

关于制造，施以曲蘖发酵，称“酝”“酿”；去糟粕、取精华，也就是漉取，则谓之“醡”；一夜间发酵速成的酒也有专称，谓之“酤”——右边居然是个“古”字，好像很不合乎字面义。至于发酵之后尚未过滤的酒，叫作“醅”，醅上的浮沫，则称“蚁”或“绿蚁”，见诸白居易的《问刘十九》：“绿蚁新醅酒，红泥小火炉。晚来天欲雪，能饮一杯无？”

形容喝了酒的状态，也有大量的字。微微有点儿意思了，谓之“醺”；一点儿意思都没有，谓之“醒”；意思到了，谓之“醉”；意思过了头，甚至失去了知觉，英文谓之“black out”，中文也有专字，谓之“酲”；与“酲”的状态不相上下的，还有一个词语：“酩酊”；无论意思多少，一旦上脸，就叫“酡”；酒品不好，醉后逞凶的，叫作“酗”。有时候这个“酗”字的右边不写“凶”，而写“句”，说来也没什么道理。

至于饮酒的场合和环节，也有不少讲究。古礼严明的时代，饮食皆须祭祀，喝酒之前，必须倾酒以祭地，还有个名堂，叫作“酹”。苏轼的《念奴娇》中“一尊还酹江月”说的就是这码事。而在《前赤壁赋》里，东坡写曹操，用的是这几句：“酾酒临江，横槊赋诗，固一世之雄也，而今安在哉？”“酾”就是滤去浊酒中的酒糟，取其清者。不过，多掌握几个语词，也称不了“酒博士”，这个名号是伺候酒桌者的专呼。

我不知道你下回与人共饮的时候喝些什么，酒量几何，然而，如果席间只是翻来覆去“来”“喝”“干”那么几个字，就实在有些乏味了。酒之味、酒之趣、酒之风流，应该都不是神智舒张弛荡就算数了。再仔细想想：能够经得起一醉的落花，该有多少才能填满青春的杯子呢？

流浪的虾酱

侯文咏

我有一个泰国的粉丝，听说我很喜欢泰国酱料做出来的各式料理，特地买了三大罐她认为“全世界最好吃”的泰式虾酱，通过关系，请泰国一个出版社可爱的老板娘转送给我。于是那位老板娘写了封电子邮件问我住址。

接下来，那位老板娘跑了一趟邮局，发现不得了了。

原来，虾酱在泰国不贵，但寄到台湾的邮费竟高达虾酱本身价格的十倍有余。本着泰国人勤朴务实的天性，老板娘觉得，反正我的译者比尔先生不时会有来台湾的机会，因此她决定，不如等比尔来台湾时，再托他带给我。

这本来是很明智的决定，不过问题来了。

比尔先生来台湾的时间一直未确定，但虾酱过期是会坏掉的。为了不浪费那三罐“全世界最好吃”的虾酱，老板娘只好每过一阵子就打开一罐虾酱来吃。就这样，直到比尔先生的行程终于确定了，老板娘发现三罐虾酱已经被她吃完了，必须赶紧补货。

总之，老板娘动用了人力、物力，大费周章之后，总算弄到一模一样，而且是新鲜的三大罐虾酱。

接下来，任务就交到比尔先生手上了。

比尔先生当然很乐意帮忙给我带虾酱。但问题是，住在单人公寓的比尔先生屋子里连台冰箱也没有。由于离启程到台湾还有一个礼拜，比尔只好把虾酱放在家里。

过了几天，比尔先生越想越觉得不对劲。他担心万一虾酱到了台湾，当我打开时，是臭掉的，怎么办？于是比尔先生开了一罐试吃。谢天谢地，总算没坏。

试吃之后，比尔先生决定，剩下的两罐虾酱，无论如何得放到冰箱里。

这当然是个明智的决定，只是在泰国，虾酱这么普遍，到处都买得到，若向人家开口说："可不可以借你们家冰箱放两罐虾酱啊？"人家一定会觉得很奇怪。在说不出口，又不好意思回去找老板娘的情况下，比尔先生决定硬着头皮去找他住在曼谷郊区的女友帮忙。

所以，比尔先生抱着两罐虾酱，坐了一两个小时的车，把虾酱放在女友的冰箱里。到了要搭机来台湾那天，他又坐了一两个小时的车，去女友那里把虾酱拿出来，再搭一两个小时的车到机场乘飞机。

比尔先生带着内疚的心情，把剩下的两大罐虾酱打包，坐上了飞机。他打算一见到我就向我"认罪"，并且保证下一次一定找到同样的虾酱，补送给我。

就在昨天晚上，我见到了比尔先生，请他吃晚饭。他一边吃一边告诉我这个故事，脸上全是忐忑不安的表情。

我安慰他："你不要担心啦，虾酱剩两罐就两罐，我真的很开心啦。"

没想到这么一说，他更忐忑了，扭捏了半天，才跟我说：

"侯大哥，真的很对不起。"

“我要跟你说谢谢都来不及呢……”

他鼓起了勇气，打断我的话，说：“可能是冰箱里太冷，飞机货舱又太热，我住进旅馆后，打开行李，发现虾酱罐全爆开了，糊成一片……连我自己都不晓得该怎么办，真的很对不起！”

我先是愣了一下，然后大笑起来，我简直笑得眼泪都要掉下来了。

眼泪之所以快掉下来，有两个原因，一个是好笑，一个是感动。我被一种说不出来的诚恳与认真感动了。“比尔，虾酱你虽没有带到，但满满的心意我却感受到了……真的很感谢。”

就这样，我收下了这个来自遥远的地方，看不见却又弥足珍贵的礼物。

一整天下来，我还不时想起这个礼物，真的很神奇。到目前为止，我觉得最美味的虾酱，应该就是这三罐我连看都没看过的虾酱了。

有『根』的食物才有生命

陈晓卿

《舌尖上的中国》播出后，经常有人找我，说希望和我一起做“餐饮实体”。尽管我一个都没参与过，但这并不影响很多与这部纪录片同名的综合餐厅、一条街甚至小镇，在各地如雨后春笋般出现。

好几年过去，当初的“实体”基本上更名或者关张大吉，貌似我也该说说当时自己不愿意参与的原因了。一般有人来找，我只说两点婉拒的理由：首先在法律上，节目的版权方是中央电视台，非授权不能擅自使用其商标；其次，我们拍的是纪录片，除了美食，关注的更多是传统和人，节目拍完，我们的工作也就结束了，对其他事情我没有兴趣，也没能力。

有时候，找上来的恰好是熟人，非让我交出“密电码”或者“联络图”不可，我可能就要多花费一些口舌，跟人家讲道理。

比如说摄制组选择食物，绝大多数是鲜活的“在地饮食”，是有“根”的，搬不走。如果硬要把它们从四面八方聚合到一个灶台上，这不科学，我们最多只能聊胜于无地吃个“表面文章”。再比如说，那些“草根”食物真没什么秘密，选材、加工、烹饪都谈不上复杂。

但就像小面离不开重庆，肠旺面离不开贵阳一样，当然，我最常举的例子是云南米线。

云南各个地方都有属于当地的米线，像过桥米线，大锅米线，凉拌米线，小锅米线，豆花米线，稀豆粉米线……大家比较熟悉的是过桥米线：汤温很高，把米线、生菜拨入汤碗，立刻就可以吃了，鸡片、腰片、鱼片、肉片都极嫩，汤极鲜。曾经在昆明生活过的汪曾祺先生说过，过桥米线是食品中的尤物，很名贵。不过汪老也说，在昆明，当地人最讲究吃的还是小锅米线。

我是看着汪先生的文章，第一次到昆明吃了小锅米线，当时觉得昆明人真幸福。后来回北京，觉得一些云南菜馆的过桥米线还行，但要吃小锅米线，就一定要提前打电话找熟人，否则做出来总觉得差了些东西，却又找不到原因。直到去年在昆明见了我们的顾问——美食家"敢于胡乱"老师，他的解释才让我们明白了，为什么小锅米线一定要到云南去吃。

小锅米线是典型的功夫小吃。放在火上的锅比碗大不了多少，且必须是红铜做的，导热很快，这便是所谓的小锅。往小锅里舀上高汤，煮沸以后加上剁肉帽子、豌豆尖儿、腌酸菜、油辣椒和酱油，最后放入米线，大火煮沸，一碗小锅米线才算做成。这个过程看似简单，其实对每一步都有特殊的要求。

比如汤一定要用猪大骨带皮腿肉，大火烧开，彻夜文火熬制，不乱加配料，中间绝不能添水。再说配料，剁肉帽子一定要选七瘦三肥的"清猪肉"，而且一定要用刀剁而成，不能用绞肉机。

配菜里要有豌豆尖儿和韭菜，尤其是韭菜，因为云南海拔高，所以韭菜香味很足。冬菜、甜酱、咸酱油也必须是昆明周边产的，这些在北京做得到吗?

就算这些材料都能运到北京，但是有一样东西太费时，这就是酸浆米线。

昆明人一定要吃酸浆米线，这是一种半发酵的米线，带有一种微微的、美好的酸味。制作酸浆米线共有十几道工序，天气好的时候需要一整天，天气差的时候需要三天才能做成，做好之后保质期却只有一天多的时间。如果在北京做这种东西，成本显然就太高了，这也是在北京无法像在昆明一样享受小锅米线的原因。

许多食物就像小锅米线一样，是当地人生活的一部分，只有在原产地享用，才是有生命的美食。而搬到遥远的他乡，它们多少都会“水土不服”，会“闹情绪”，甚至会因为食客中没有多少懂得欣赏自己的而自暴自弃，变成木乃伊的样子……同样是煎饼馃子，天津到北京才一百多公里，吃起来就是两种食物了，更别说北京和昆明，差着两千公里的飞行距离呢。再说，像小锅米线这种食物，因为配料和工艺，每一家都有差异，也都有自己的拥趸，很难实现标准化制作，这也是它故土难离的原因。

更重要的是，在原产地品尝食物，除了美味，你眼睛看到的，耳朵听到的，都是食物不可分割的部分。我们做美食纪录片，就是把这些场景截取和复原，传递给观众，也希望观众有朝一日置身于此，享受美味的同时融入当地的生活。

如果说在北京，吃小锅米线已经很难实现，那么我们《风味人间》拍摄的米线要在北京吃到就更是奢望了。

德宏的过手米线是阿昌族以手抓食的一种小吃。这种进食方式即便在云南众多少数民族中也属鲜见。

先说制作，过手米线的制作相当耗时。米线要选用德宏特有的红米做成，又香又糯，又滑又软，不结团、不粘手。作料的品种很多，且都需要事先加工。烤肉绝对少不得，带皮猪肉得放到石板上用火烤，不停地翻面至七成熟，剁碎后放入豆粉和酸水搅拌，制成肉馅。将花生、辣椒、大蒜、芫荽等作料舂碎，和猪肝一起拌入肉馅，制成最终的拌料——“帽子”。

再说食用。吃过手米线常伴两道配菜：一个是煮干萝卜片，干萝卜片煮熟后带汤上桌，柔软醇香；另一个是白豆腐，略微发酵，带着酸味。先抓一小团米线置于手心，然后将拌料放在米线上，直接入口。

过手米线是阿昌族待客的第一道菜，婚丧嫁娶、逢年过节等都必不可少。在我们拍摄的一家，女主人寸祖华负责制作米线和拌料，丈夫和侄子打下手。餐桌前，男主人老杨五指并拢，在手心放一团凉凉的米线，然后熟练地盖上“帽子”。当他的手捂上嘴巴的刹那，我看到画面里的他幸福地闭上了眼睛……我想，这可能就是我心中最好的食物了，它，是有“根”的。

越冷越好吃

张家玮

小时候，冬天黄昏出校门，便会遇到埋伏：卖烤山芋的小贩立在路旁，橘色火焰暖着眼睛，山芋的香味温润醇厚，仿佛蓬松的固体，塞鼻子，走喉咙，直灌进你已经饿空了的肚子。无法抗拒，掏钱买了。小孩子心急嘴馋，捧着烤山芋，烫得左手换右手，也不思考一下，手都受不了，口腔如何忍耐，只顾撕开烤脆了的皮，一口咬在烤得酥烂、泛着甜味、金黄灿烂的山芋上，觉得像一口咬住了太阳。第一口总是特别软糯好吃，第二三口，就稍微腻了——舌头这玩意儿，真是刁钻古怪！可是山芋也确实是，闻着比吃着香——这时试着咬一口皮，会觉得，脆山芋皮似乎比芋肉还甜些，耐嚼些。吃完了，满嘴泛甜，全身暖和，把暖黄色都装进肚里了：这就能回家了！

到周末了，我和爸爸中午一起出门，吃羊肉汤。江南的羊肉汤大多打着“湖州羊肉”“苏州羊肉”的招牌。好羊肉汤，需要极好的羊骨头，花时间熬浓熬透，才会香得轰轰烈烈。先沿路买几个白馒头或面饼，进了油光黑亮的小店，招手要碗羊肉汤。店主一掀巨桶盖，亮出热气蒸腾看不清就里的大锅，舀出几大勺汤，捞几大块羊排。一大盆汤递来，先撒进去一把碎葱叶，被汤一烫，立刻香味喷薄，满盆皆绿。先来一口汤，满口滚烫，背上发痒，额头出汗。然后夹起一块羊排，连肥带瘦，一缕缕肉撕咬吞下，就着白馒头或面饼吃，塞了肚子，末了一大碗汤连着葱咕咚咚灌下肚去，只觉得从天灵盖到小腹，任督二脉噼里啪啦贯通，赶紧再要一碗。第二碗羊汤比第一碗少些滋味，所以得加些葱，加些辣，羊汤进了发烫的嘴，才能爆出更香更烈的味道，只觉得脚底一路通透，直暖到头顶，全身汗湿，衣服都穿不住了，嘴里呼呼往外喷火：冬天要这么过，才有些滋味呢。

冬天也有越冷越好吃的食物。

我小时候，无锡的熟食店四季有牛肉供应，但入冬才有白切羊肉卖，常见人买了下酒。用来下热黄酒或冰啤酒显然不妥，通常是白切羊肉，抹些辣椒酱，用来下冷白酒。连羊脂膏一起冻实了的白切羊肉最是好吃。咀嚼间，肉的口感有时嫩滑如鹅肝，又有丝丝缕缕的疏落感。更妙在脂膏凝冻，掺杂其间。一块白切羊肉，柔滑冷冽与香酥入骨相互掩映。过年前后，买包白切羊肉回来能直接冻硬，嚼得你嘴里脆生生冒出冰碴声。吃冷肉、喝冷酒，冷香四溢，全靠酒和肉提神，给自己体内点起火来。因此，冬天和人吃白切羊肉、喝冷白酒，到后来常是两个人双手冰冷，吃块羊肉就冷得脖子一缩，但面红似火、口齿不清、唇舌翻飞，令人欲罢不能。

巴黎的冬天，即便冰箱里只剩土豆和咖喱，也可以活下去：土豆切块儿，煎一煎，加水，撒咖喱粉，慢慢炖。咖喱粉融的酱混着炖得半融的土豆，会发出一种“扑扑啵啵”的响声，比水煮开的声音闷得多。这简直就是提醒你：我们这汁可浓啦，味可厚啦，一定会挂碗粘筷，你可要小心哪。等土豆和咖喱融合了，浇在白米饭上，一片金黄，香气四溢。这还没完：没吃完的咖喱搁在冰箱里，次日午间，端出来，咖喱已经冷却，搁在白米饭上，前一天的浓香已经去了，倒有一种妖异润滑的香。

以前我们去乡下吃宴席，吃鱼喜欢红烧。整条鱼焖得红里泛黑，甜香酥滑，撒了绿色葱叶。不太会吃鱼的孩子会吃得满盘狼藉。如果主妇存一个心思，就不会放葱叶——我们那里都相信，只要汤里不放葱，隔夜也不会放坏——把吃剩的红烧鱼，拿掉骨头，将肉刮碎散在汤里，放进冰箱。次日早上端出盘子，鱼汤已经冻住，凝结如脂膏，状若布丁，下面暗藏着无数碎鱼肉丁，滑且鲜，用来下粥下酒都好。我小时候不大懂，一勺鱼汤冻搁在粥碗上，正找肉松往粥里撒呢，回头一看，鱼汤冻被暖粥融了，鱼肉犹在，大惊失色，差点儿急哭了。

我就是学了这招，后来加以施展，白煮海鱼——三文鱼、鲽鱼、鲣鱼时，都是放一点儿盐，留一点儿鱼汤。肥的三文鱼用盐腌过，略煎一煎，滚在汤里，再放萝卜泥熬的热汤，配米饭很好；如果冻了，会有乳白泛金的鱼冻，很好看，也好吃，比红烧鱼汤的汤冻清爽许多。

袁枚写过，炒素菜须用荤油。这话说白了，就是有肉味，沾荤腥，多油头，能跟脂肪、糖分沾边儿的，总是比较好吃。冬天尤其得这么过。我们当然知道一切健康的秘诀，但很多时候，美味就是和健康背道而驰，冬天就是得吃高热量的。反过来想想：如果冬天还是只能吃水煮卷心菜，固然可以健康平淡地活下去，但这样的人生，也实在少了一点儿乐趣呢。

童话的滋味

尤今

我原先中了“君子远庖厨”这句老话的毒，不肯让我的两个儿子踏入厨房半步，结果呢，他们十六岁负笈海外时，吃尽苦头。午夜梦回，想起妈妈做的美味佳肴，泪水与口水一起飙。

精湛的厨艺能让人拥有一个富足的人生，而热爱美食的人，往往是快乐的人。所以，女儿出世后，我吸取前两回的教训，“处心积虑”地要把厨艺传授给她。

有人问我：“什么年龄才是最恰当的受训期？”

我竖起一根手指。

对方惊问：“一岁？”

“不！”我斩钉截铁地答道，“一个月——婴儿满月以后，便开始训练。”

对方以为我胡言乱语，便一笑置之。

然而，这是千真万确的呀！女儿满月后，每回烹饪，我便把她抱进厨房，放在远离炉火的地方。她舒舒服服地躺在摇篮里，我快快乐乐地在炉子前挥动铲子。蒸、炸、煮、炒、焖、炖、烩之后，一股股食物的香味，化成一缕缕轻轻的风，飘进婴儿的鼻子，钻进婴儿的被子中，婴儿胖胖的身体都浸在甜、咸、酸、苦、辣的五味杂陈里。我有充分的理由相信，婴儿对美食敏锐的嗅觉就在此刻形成了，婴儿对美食的欲望也在此时萌发了。

因为深深了解“身教胜于言传”的道理，在女儿成长的过程中，我一直让她近在身边，不着痕迹地启发她对烹饪的兴趣。我不是一茶匙盐、两茶匙糖、三大匙酒、四大匙油地教她，我清清楚楚地知道，一板一眼的教学方式许多时候会带来反效果。我和她一起做，把笑声嵌进食物里，把乐趣镶入烹饪中，给她一生一世的快乐记忆。

老天没有辜负我的苦心。

可君十八岁负笈英伦之前，一进厨房，十根手指便像水里的鱼一样。鱼在水中舞出无限的婀娜，她呢，以食物拼出无数华美的“图案”。

到伦敦不久，她和两位朋友在郊区合租了一所房子。每个星期天早上，农夫会到附近的空地摆卖新鲜肉类和有机蔬菜，价格比超市的贵上好几倍，但是，女儿却觉得物有所值。

她在电邮里如此写道：“蔬菜，就好像是刚刚从泥地里拔出来的，拿在手上，蔬菜的绿，仿佛便流满了手掌。妈妈，您常常说，肉类如果新鲜，叫它一声，它也会应。现在，买了一公斤五花肉，我叫了一声，它果真就应了……”

读到这里，我“哈哈哈”地笑出声来。为了增添生活情趣，孩子小时，我经常“胡说八道”地娱乐他们；现在，孩子大了，居然懂得以同样的方式“投桃报李”！

可君返回新加坡度假的次日，便迫不及待地上超市，买齐东西，大展身手。

她设计的两道菜肴是西式猪肉丸和蒜香西兰花；甜品呢，是烘烤小脆饼。

母女角色互换。她全情投入、满心陶醉地煮；我呢，气定神闲地袖手旁观。

她烹饪不用量匙，全凭感觉，挥洒自如，天马行空。两道菜肴都很美味，最大的特色是味道变化多端，不是开门见山的那种平坦、平直、平淡；它迂回曲折而又峰回路转。我注意到她善用柠檬皮和柠檬汁——柠檬抢味，有先声夺人的霸气，把它加入掺了乳酪碎的猪肉丸里，便恰到好处地驱除了味道的滞腻，并且巧妙地形成了丰富的层次感。至于在烘烤得有点焦脆的西兰花上面放入柠檬皮和柠檬汁，却像是一篇布局严谨的“微型小说”，令人有“意在言外”的惊喜。

味道确实不错，可我嫌工序过于繁杂。然而，她却好整以暇地回应：“妈妈，工序多才出精品嘛！”

餐后，她说：“等着我的甜品上桌呀！”

她把桌上堆着的诸多原料“东拼西凑”地搅在一块儿，好像没多大工夫，就变出几盘又酥又香又薄又脆的小饼干。我一块接一块地吃，一连吃了十二块，撑得双眼鼓如金鱼。

可君得意扬扬地说：“每回客人来，我便烤这饼干，大家都赞不绝口呢！我给它取了个好听的名字，唤作‘风入口’，因为它就像一股香香的风，轻悠悠地飘进客人的口里！”说这话时，她的眸子溢满了蜜糖般的甜意。

我这个懂得厨艺又热爱烹饪的女儿，在陌生的异乡里，把日子过得像童话一样快乐。

笔如蒸饼，诗无菜气

老猫

陆游《老学庵笔记》里讲到喝粥的好处："平旦粥后就枕，粥在腹中，暖而宜睡，天下第一乐也。"接着又引用李端叔的诗句："粥后复就枕，梦中还在家。"这就把食物和思乡联系在一起了。这说明胃是有记忆力的，胃舒服了，便会想起好多事儿来，比如家乡，比如过往的某件事情，或者——人生。

宋真宗时期的官员张齐贤，以吏部尚书的身份去青州做知府。《茶香室丛钞》中说，他到任没多久，就有人提意见，说他办事效率低。张齐贤想不通了，跟身边人发牢骚："你看，我在朝廷中，宰相的活儿都做过，也没出过什么错，到地方上了，怎么反而招来一堆意见？这真好比，当了三十年御厨总监，老了老了，连碗粥都煮不像样儿了。"政绩好坏不说，张齐贤这比方打得很有意思。

说到吃，就不得不想起苏东坡。苏东坡可喜欢吃了，他弟弟苏辙恐怕也一样。苏辙经常做梦都在吃——有一年过春节，他梦见朋友来家里吃饭，还写了一首诗："先生惠然肯见客，旋买鸡豚旋烹炙。人间饮食未须嫌，归去蓬壶却无吃。"

从这梦中饭局还悟出哲理来了，颇有点及时行乐的味道。苏辙把这梦跟哥哥一说，苏东坡立刻给记了下来，还送给了儿子苏过。这都是怎么教育孩子的啊！

还有拿吃喝明志的。《东轩笔录》记载，宋真宗年间，青州人王曾中了状元。当时有一个翰林学士跟他开玩笑，说："哎呀，你考了三次试，中了状元，一生就吃喝不愁了。"没想到王曾回了一句："本人平生的志向，就不在温饱。"得，嬉皮的碰见严肃的，生生把话茬儿给撅回去了。

有拿饮食说事儿的，自然也有拿饮食说人的。比如元好问就有一首诗这么写："牙牙娇语总堪夸，学念新诗似小茶。"怕别人看不懂，还在下面写了注解："唐人以茶为小女美称。"合着古代不叫"小萝莉"，叫小茶。这一来，倒叫很多人想不明白了，小女孩和茶有什么关联吗？后来清朝人俞樾终于找到了出处。他在唐人的书中发现，那时候人们把地位尊贵的女性尊称为"宅家子"，叫得顺了，谐音就成了"茶家子"，再后来变成"阿茶子"，最后干脆就把女孩儿叫"阿茶"了。那么小女孩儿，自然就是"小茶"了。

在古代，人们还喜欢用吃的东西来形容艺术品，例如书法、诗歌。《东轩笔录》就讲，唐朝书法，不同时期有不同的风尚——一阵儿流行瘦字，讲究刚劲有力；一阵儿又流行胖字，讲究温润从容。要搁现在人来看，无论瘦字胖字，都是好字，各有所长。但宋朝前后的人可不这么认为。有喜欢胖字的，比如李后主，他就讨厌颜真卿的刚劲风格，说老颜的字"有楷法而无佳处，正如叉手并脚田舍汉耳"。欧阳修则相反，不喜欢胖字。他用食物来形容胖字："世之人有喜作肥字者，正如厚皮馒头，食之未必不佳，而视其为状，已可知其俗物。"那时候馒头指的是包子，厚皮包子，第一口咬不到馅儿，第二口馅儿没了，确实不好吃。

欧阳修也有拿馒头（包子）夸人的时候。当时有一个和尚叫大觉怀琏，诗写得不错，欧阳修很喜欢。有一次王安石拿怀琏的诗给欧阳修看，欧阳修说了一句：“此人诗是肝脏馒头。”王安石不明白，问啥意思。欧阳修说：“其中没一点菜气啊。”

也许是受了欧阳修的启发，后来苏东坡夸和尚诗写得好，也说：“语带烟霞从古少，气含蔬笋到公无。”他还解释过，这句话的意思就是，诗文没有“酸馅气”。唐以后僧人的诗文，内容大多清苦，写得多了，大家也看烦了，最后干脆说这就是“蔬笋气”“蔬茹气”，反正不是好词儿。

到了米芾，这位狂放的书法家经常评价前人的书法。他说葛洪写的“天台之观”四个字“飞白为大字之冠，古今第一”，说欧阳询写的“道林之寺”是“寒俭无精神”。到评价杜甫的字，精彩的来了：“本该勾勒的笔画，他倒收笔锋了。笔笔写得跟蒸饼似的。”蒸饼也是现在说的馒头，意思就是字写得没棱角、不“给力”。

古人看到人、看到物事，都会拿饮食做比喻，这样显得生动些。这样的比喻现在也能用，看了“曲高和寡”的文章，是不是也会觉得满篇“蔬笋气”呢？

一碗面的通关密码

刘建春

在苏州，吃面前需要“对密码”。苏州面馆中，那些令人眼花缭乱的“切口”，暗合了人们对一碗面条的精致需求。米其林标准在这历史悠久、韵味无穷的通关密码前，也会自叹不如。

如果你生活在18世纪的姑苏城，你可能会这样度过休假的一天：一早去熟悉的那家面馆吃一碗头汤面，上午在茶馆喝茶，下午泡个澡，晚上在观前街或者石路看一出昆曲。

说到昆曲，其与一碗面的精妙还真有不少相通之处。食不厌精，脍不厌细，昆曲繁复华丽的规则，像在做一碗面条。昆曲中，一个字可以拆成字头、字腹、字尾，各个阶段如何发音，又各有标准。一碗面条也是如此，首先细化成浇头、面条、面汤。然后浇头中又细分，如焖肉浇头，分为五花、硬膘；爆鱼浇头，分为鱼头、肚裆、甩水等。

话说你来到那一家前面是石板街、后面是小河的面馆，堂倌儿将你领到沿河长窗那里的老位子，尽管纤尘不染，他手中的毛巾还是以迅雷不及掩耳之势，在你即将就座的桌椅上做了一个拂尘的动作。宽大的衣袖随之飘舞起来，那一瞬间，有点像昆曲中的水袖翻飞。

你坐下后，堂倌儿开始大秀他那优美的大嗓门儿："老吃客来哉！宽汤重青双浇，面要硬面，肉要硬膘，鱼要甩水！"一连串的话语，好似帮会的切口，店里济济一堂的吃客还没明白怎么回事的时候，后厨灶台上的下面师傅已经收到这个特殊的"摩尔斯电码"。只见他会心一笑，双手好似凤凰点头，忙碌一番，一碗符合客人要求的面就变魔术似的端到客人面前了。

有一块刻于清朝光绪年间的石碑，至今留存。当时苏州城里面馆众多，成立了面业公所，规定每家面馆捐出每个月营业额的千分之一作为面业公所的活动经费，当时就有 88 家面馆的店名刻在了石碑上。可以想见，那时候的苏州人是多么喜欢吃面。

响堂，意思是就像唱歌那样说出客人的个性化需求，在第一时间通知后厨，让灶台上的师傅及时根据客人的要求制作，不用堂倌儿跑前跑后传递信息。故意通过类似切口的隐晦语言说出客人的要求，以我的理解，并非故弄玄虚，而是在大庭广众之下既要传递信息，又要保护客人隐私的需要。如果直白地说客人想吃一块大肥肉、一个鱼尾巴，会显得有点搞笑，而且会让客人尴尬。

在开面馆的过程中，细心的面馆老板慢慢悟到了客人的心思，于是，一种在传递信息和保护隐私中取得平衡的面馆响堂语言诞生了：吃面的时候汤要多，就叫宽汤，汤要少，就叫紧汤；浇头不要和面放在一起，用另外的小碟子装，就叫过桥；大蒜叶多放点，就叫重青，不放叫免青，等等，就好像给客人的需求加密传输似的。

这一番音乐般的面馆响堂，使得这座城市更加活色生香了。

当特色菜遇上口味菜

陈晓卿

到井冈山出差，当地朋友小刘请吃夜宵。“咱们吃特色还是吃口味？”他征询我的意见。好在来过井冈山，这话我听得懂——所谓“特色”，是指给外地人吃的当地风味菜肴；而“口味”，则是指当地人自己打牙祭时的选择。我自然喜欢后者。

小刘开车，越过天街、红歌广场这样光鲜热闹的所在，拐进一条僻静的小街，停在一排黑灯瞎火的平房前面。下了车，小刘使劲拍打着一扇门：“老五，老五，睡了没有？”一会儿，灯亮了，抬头一看，门楣上有“东兴酒楼”四个字。“老五睡了，你们先坐，我去叫他。”一个妇人边开门边把我们往里面让。小刘对她说：“不了，把这位当成井冈山人处理。”睡眼惺忪的老板娘点着头，突然像武林高手一样，回头拎起一张桌子，脸不变色地走出门，熟练地放在路灯下。

小刘去后厨点菜，我则坐在桌前，一口冰啤酒咽下，打个冷战，只剩下幸福的等待。

所谓“地方特色”，本来是指当地特点最鲜明的食物，在旅游业大发展之后，各个景点除了风景人文名胜，又多了食品名胜，比如去苏州应该吃糕团，去杭州应该吃醋鱼，去重庆应该吃火锅，去昆明应该吃米线……吃特色菜，也就相当于在埃菲尔铁塔下拍了张照片，就意味着去过巴黎了。而口味菜则不同，它更像所谓的“深度游”。当地人喜欢什么，什么就是“口味”，湘、赣两省都有这样的称呼，长沙更是有很多直接叫“口味”的饭馆，在里面可以吃到口味小龙虾，甚至口味丝瓜，做法完全来自民间，没有任何规矩。我们今天吃的这家也是这样。

老五的媳妇端来了第一道菜：干煸泥鳅。泥鳅大小不一，胡乱穿插在各类辣椒之中，从视觉上就知道它属于自家不讲究的烧法。但这盘泥鳅处理得很干净，皮焦肉嫩，吃起来味道醇厚。紧接着上来的是烩豆皮。这道菜“上档次”的做法是：只留豆皮和高汤，余汤的底料，包括咸肉、肥膘、河虾、皮肚、鹌鹑蛋之类都要挑出去，最起码也得埋在下面。但老五就让这些辅菜像真理一样跻身于豆皮之间！好在我不讲究，加上汤菜确实鲜美，品得出不是味精料理，享用就是。最有特点的是一道猪耳朵，猪耳是酱制过的，香味浓郁，用青椒和笋子炝炒，再加进熟透的番茄，酱香回甘，这道菜立刻成为我的主攻目标。

“您是真没忌口啊，”见我吃得香，小刘很高兴地说，“很多外地的朋友吃这道菜的时候，都觉得有点儿……咸。”我笑着说：“这才是当地的口味啊！”那些特色菜主要针对外地客人，不得不做出很多妥协，本来异常锐利的口感也变得中庸和迟钝。井冈山的很多菜必须用重盐才能彰显其味，现在也不得不被“扯淡”。辣味更是这样。“就像我很喜欢的这碟剁辣椒，”我指着桌上的小碟说，“在别的旅游饭馆吃，或者辣度下降，或者干脆不放蒜泥，在我看来都无法得其魂魄。”站在一旁的老五媳妇听到这里，赶紧说辣椒是自己家种的。

赣南仲秋的夜晚，室外的温度二十三四度的样子，没什么风，倒是虫声蛙鸣一片。最有趣的一幕出现在我们结账的时候，老五媳妇一面收钱一面大口喝水——刚才她见我喜欢那辣椒，自己跑到后厨尝了一口，真真被自家的辣椒辣着了。

烙饼里的爱与温柔

肖遥

在这个春天，我按要求尽量少出门，买不了馒头，就只能烙饼。开始我不得窍门，烙的是死面饼，后来竟然无师自通地烙出了金黄色的发面饼。这一定是缘于姥姥的熏陶。

10岁那年的暑假，我在姥姥家，每天最期待的事就是开饭。那段时间，姥姥天天换着花样烙饼——烫面饼、发面饼、油旋饼、葱花饼、菜盒子、肉馅饼……多年后的今天，我回忆起来才明白，当时姥姥已经知道自己病了，知道给我们做饭的时间不多了，便使出浑身解数，那些各式各样的烙饼、煎饼、菜饼、肉饼，其实是她最后的创作。姥姥虽然不识字，但她的这个举动令我在多年后仍然感到震撼：这种拼尽全力的绽放，有种壮丽的诗意，简直是一场用生命创作的行为艺术。我这样一个“口粗”的、懵懂混沌的小孩，在她作品的召唤、启迪下，意识到了人间烟火之美。她用爱和付出，述说着自己对世间的留恋和对家人的不舍。

然而，这样的爱越浓烈，越有很多求全之毁和不虞之隙。母亲一家人都讷于言，有事不说，也许是不屑于说出来，也许觉得情绪外露是不体面的，也许是觉得说出来也没什么用，只能令自己的处境更加尴尬，于是忍着忍着就习惯了。总之，从姥姥到舅舅，再到我妈，都不爱说话。这也使得姥姥对舅舅虽然颇多怨言，却从不当面说出口，只是偶尔把我当成“树洞”，抱怨舅舅跟他的同事有说有笑，对自己的亲娘反而冷着脸；抱怨舅舅在她这里从来待不到两分钟。“算了算了，还不如不来，反正来了也无话可说……”

我从 8 岁开始就有写日记的习惯，姥姥对舅舅的抱怨大多被我写进了日记。有一天，舅舅来到姥姥住的窑洞说事，母子俩待在一起不知该说啥的时候，不识字的姥姥没话找话，把我的日记本拿出来，递给舅舅说：“这孩子写作业用功得很，跟你小时候一样，你给孩子检查一下，看看写得好不好。”没想到姥姥竟然把我的日记拿给舅舅看，我尴尬得几乎要找条地缝钻进去，可一转念，又隐隐有所期盼，或许我的日记能改变些什么……之后便开学了，我离开了姥姥家，没有亲眼看到日记所起到的效果。再接下来，就听说姥姥被查出患病之后，舅舅像疯了似的，天天背着人哭。他冬天蹲在结冰的水沟里找蛤蟆——据说蛤蟆是一味中药的药引子，能治好姥姥的病。那本我小时候的日记，记录了姥姥和舅舅年复一年住在一起，日日相见，相爱相杀，用很多极端方式才能表达和明了的感情。

我现在才明白，那本日记谁也没有说服，舅舅不会只因看到我的日记就自责愧疚，从此变得口吐莲花、斑衣戏彩；不识字的姥姥一辈子生活在她狭小的世界里，更没有机会变得乐观通达。那本日记只说服了我自己，提醒我在这个特殊时期，珍惜与父母子女日日相处的时光，不要变成让孩子惶恐的妈妈、让老人畏惧的女儿。

不知道说什么的时候，就去做饭吧，用生涩的厨艺、诚挚的美食，表达我们的深情。就像那些热腾腾出锅的烙饼，正是姥姥对我们无尽的爱与温柔。

定山吃饭日记

时潇含

许多年以后，当你为被浓油赤酱宠坏了的舌头感到沮丧时，一定会想起在老家盛出一碗老母鸡汤的那个遥远下午。也许你对大鱼大肉司空见惯之后，丧失了惊喜的能力，但是你无法拒绝被一碗猪油蒙住头脑的快乐。

作为一个半途而废的历史爱好者，十分惭愧地说，我对定山的过往所知不多。毕竟我家是个在地图上一片空白的地方，甚至村里的孩子读到四年级，就只能转学到别的村子，因此整个村子的读书人都在努力攻读“小学学位”。这里的历史故事大多藏在经年累月被熏得漆黑的灶台油垢下，难见天日。

一个没有在老家生活过的人，空讲童年与回忆是很不负责任的。这里没有我的童年，更不存在云山雾罩的过去。我也只是听人说过，几十年前这里还有随处可见的野百合，还有猎户枪下的麂子和獐子。但是这都是十分遥远的。我所看到的不过是褐色飞檐配着罗马柱，洋不洋、土不土的一排排小平房。

这里正如和菜头所说：“每年春节，你下了飞机、火车，就距离这样的地方近一点；你换乘大巴，朝着电线越来越稀疏的地方前进，就距离这样的地方更近了一点儿；你发现天空不再被大厦遮蔽，空气中开始有柴草燃烧的味道，路面从柏油变成水泥，墙面上的花岗岩消失，瓷砖越来越多。”这也是一个理直气壮把一年的大鱼大肉都在几天之内补充回来的地方。老家，早已成为我心中物产丰饶的代名词。

回家的感觉，从一阵鸡飞狗跳开始复苏。家人买来了土鸡、鸭子、家豚和甲鱼，自家鱼塘里还有泥鳅。面对桶里的五只甲鱼，二十几只螃蟹，我开始发愁到底怎么吃完。篮子里是刚刚从后院地里摘下来的辣椒、豆角、扁豆，它们在高温下开始发酵。

有一瞬间，我望着如此富饶的厨房，错感看到了鱼米之乡的真实写照。

其实老家人做饭很糙，一来二去不外乎那几板斧，口味完全返璞归真。但是架不住土鸡在锅里熬煮个把小时就浮起厚厚一层黄澄澄的油脂，动辄上十斤的笨冬瓜被柴火蒸出很多柔软的小情绪，去年丢在地里的南瓜子今年结出七八个丑南瓜——丑是丑，但是粉粉糯糯的，很温柔。

从泥塘里摘的野菱角，黑中带青，扒开淤泥，才能见到里面的脆肉，又苦又涩，但是咽下去之后有回甘。从地里刚拔出来的凉薯，切片后用猪油渣炒好，但是老饕都直接生吃，就是要吃纯粹的，感受使劲咀嚼过后的泥土香。

每一种食材都以身作则，变成美味的模范。

很多时候，把一个下午的时间浪费在筛芝麻上，听着簸箕哗哗地响，芝麻在上面被抛起又落下，散落一地。筛子唰唰地晃，“老弱病残”纷纷滚落。然后坐在地上慢慢挑，一地的芝麻伴随着腰酸背痛的晚上，却也是无比满足的寻常欢喜。

早上吃的是“90后”必备——防秃头芝麻粉，不是从超市里长出来的。挑完良莠不齐的芝麻后，一颗优秀的农村芝麻才走完了进城的一半路程。它们还要在阳光下被晾晒一整天，变得轻盈，在大铁锅里被翻炒到焦香扑鼻，然后人们耐心等待它们冷却。用碾子碾碎，拌上白糖，装进两层大红色塑料袋里，它们才走完人生道路。

几天之后，它们会被送到亲朋好友远在他乡的早餐桌上。面对一碗这样的芝麻糊，请拒绝平庸的鸡蛋、牛奶，用蜂蜜和温水拥抱它们，竹筷顺时针转动三圈，逆时针转动三圈，让它们庄严地完成使命。喝完之后，先感慨一番故乡土壤滋养的作物味道醇厚，然后记得漱口。

芝麻和米糖有着难以割舍的情缘。炒熟的芝麻被放在锅里，炉膛里不要放柴火，趁着余温还未散去，把米糖埋进去，等待它的表面逐渐柔软，与芝麻难分难舍。然后快速翻炒米糖，直到将要可以拉丝，却又保持形状的程度，就可以趁热吃到香味四溢的芝麻米糖了。

这在外面几乎是买不到的，因为非得是在厨房里摸爬滚打数十年的老掌勺，才能控制好每一步的火候。在三斤芝麻能换一只老母鸡的年代，能在不是逢年过节的日子里，面不改色地吃一块烫手的芝麻米糖，是相当高调的炫耀。

夏天筛绿豆的时候，也是把豆荚晒干，放在簸箕上，在上面没心没肺地又踩又跳，让绿豆都从豆荚里滚出来。然后大师傅上场展示深藏不露的多年功夫——簸绿豆。很快，砂石、谷壳片甲不留。然后我又能独享一整个下午的挑绿豆时光。

说实话，这不是什么有意思的事，但是为了能在一锅煲得面目全非的绿豆沙出锅时，理直气壮地舀一大碗不带汤水的豆沙，这都是值得的。

我还看到了特别感人的一幕：邻居抓来的小母鸡，是一只小交际花。它在筐子里烦躁地咯咯乱叫，不停地扑腾翅膀，竟然唤来了一只大公鸡。大公鸡绕着筐子徘徊，久久不愿离去，甚至不断地啄着藤条，怎么都赶不走。

按说，我应该受到感召，顿生天人合一之感，放下屠刀——掀开筐子放走母鸡，望着它们并肩离去的背影，对着西沉的斜阳泪流满面，感叹世间情为何物，发誓再也不碰肉食。但是我没有。

我衷心地赞美晚饭餐桌上的一盘鸡肉，它鲜美多汁，调味恰到好处，肉质细腻紧致，简直令人销魂。这就是浪漫主义在农村生活面前的际遇。我们依然饱含深情，但是比起虚无缥缈的汪洋肆意，在这里，朴素的满足更受到偏爱。

农村人对食物有着惊人的尊重，当我看到满架子的豆角和满枝子红彤彤的朝天椒时，血液里对土地的热爱，让我不能停下双手——我颤抖着把它们放上我的餐桌。因此我们会关心每一只待宰的鸡是不是要喝水，饿不饿。这与人道主义关怀几乎没有关系，只是我们要守护好餐桌上的肉。

因操之过急而导致一盘甲鱼味道寡淡，比错过一次日出或日落更不可饶恕。农村的星星和月亮，是给城里人看的，农村的孩子抬头看天，想到的是明天晒谷子翻不翻面儿。热闹非凡的炒芝麻糖、甜蜜芬芳的芝麻糊背后，也有因为几个小时翻动锅铲而磨出水泡的手；每一片完美金黄的锅巴身后，都有一张在炉膛后烧火的大汗淋漓的面孔。

往真正的农村最深处走，也有着难以料想的苦难与贫穷。许多人漂泊在外，最后还是重返田野，而我们这些回不去的人，却又无法停止想念。

曾经，对我来说，这是一个不适合离别的地方，因为离开的时候，我甚至不知道要留恋什么。但是老家总是不动声色，静静地守望。这种关乎味道的羁绊如此深刻，以至于不论走多远，我总要回到这片柔软磊落的土地。

小吃通大道

汪朗

中国从古到今，拿吃喝说事儿的很有一些。最著名的就是老子那句话："治大国，若烹小鲜。"

中国的厨师虽然没有把自己的行当与治国方略硬扯在一块儿，却颇知调控之道。京剧大师兼美食家齐如山当年在家中宴客，席间有一道小吃爆肚儿。齐先生见厨师做毕，不禁问道："是不是生了点？"厨师答道："爆肚儿出锅后，从厨房到餐厅要走过几进院子，此时正值盛夏，路途之上还能保温催熟，等到上桌时，火候正好。如冬天则不能如此。"一道爆肚儿，制作时竟然还要顾及天时地利，就其运作的精细程度而言，格林斯潘调控美国经济，恐怕也很难如此。

北京有许多小吃，像熏猪头肉、白水羊头、炒肝儿、卤煮火烧、杂碎汤，都取自动物下水等下脚料。经过有心人多年琢磨，精心烹制，这些下脚料居然成为大众美味。其中佼佼者，为爆肚儿。当年梁实秋先生在美国留学，最念念不忘的就是此物。待到他学成回京，居然连家也顾不上回，把行李寄存在车站，先跑到馆子要了三份爆肚儿，盐爆、油爆、汤爆各一份，酒足饭饱后才回家。梁先生说这顿饭是“平生快意之餐，隔五十余年犹不能忘”。

盐爆也称芫爆，因在烹制时要加入香菜即芫荽而得名。芫爆与油爆同属爆肚儿系列中的贵族，多在饭馆中制作。平民小吃是汤爆，也称水爆。其制法是将肚子分割加工，放到滚水中滚几下，迅即起锅，蘸佐料食之。

虽说是平民小吃，水爆肚儿在制作上却不容马虎。原料要用当日的鲜肚，不经冷冻，而且以羊肚为上。将鲜肚洗净之后，分割成肚板、肚仁、肚领、食信、散丹、葫芦、肚蘑菇、蘑菇头等不同部位，然后分而爆之。爆时必须水大火旺，各个部位在滚水之中的逗留时间，多则十几秒，少则几秒，非经多年历练者，难胜其任。当年爆肚界也有“四大天王”：东安市场的爆肚冯、爆肚王以及前门外门框胡同的爆肚杨，天桥的爆肚石。各靠一技之长，占据一方市场。像爆肚冯，能把牛羊肚分解成十三样供食客选用，配制的调料不加味精，保证原汁原味。前几年，爆肚冯的后人在北京东直门里再挂招牌时，不少七十多岁的老者赶去重温旧味，用牙床与爆肚儿较劲儿，那种执着精神，着实令人感动。

吃爆肚儿也有讲究，肚子的不同部位，食之感觉不同。有的脆，比如肚板、食信，食之齿间“嘎嘎”有声；有的韧，如肚蘑菇，吃起来像嚼胶皮，只能囫囵吞下；也有的嫩，像散丹、肚仁，吃时应该从粗到精，嚼不烂的在前，细嫩者殿后，如此方能渐入佳境。只选散丹、肚仁之类细货，那是外行吃法。

从爆肚儿烹制上，可悟出不少治国之道。不过，如果让精于此术者去治国，一准儿砸锅。反之亦然。北京有两句话说得透彻：一句是隔行不隔理；另一句，隔行如隔山。

鱼头汤和卤鸡爪

张家玮

做鱼头汤，我爸很是拿手。去菜市场，要一个花鲢鱼头，卖鱼的如果跟你熟，会很慷慨地一刀连鱼头带大半截鱼脖子肉一起递来，只收鱼头的钱。回家，鱼头洗过，切开，便起锅热油；等油不安分了，把鱼头下锅，“刺啦”一声大响，水油并作，香味被激出来；煎着，看好火候，等鱼身变成焦黄色，嘴唇都嘅了，便加水、黄酒、葱段、生姜片，焖住锅，慢慢熬，起锅前不久才放盐，不然汤不白。熬完了，汤色乳白醇浓，伸筷子下锅，仿佛深不见底；舀一勺喝，浓得挂嘴；多喝几口，觉得嘴都黏呢。鱼尾也能入汤，熬完后，鱼尾胶质、鱼头皮、鱼脖子上的白肉，半坠半挂，饱绽酥融，好吃；鱼脑滑如豆腐。舀半碗汤在碗里，拌米饭，冬天都能吃得额头见汗。

做卤鸡爪，我爸也很拿手。哪怕没有老卤水，只把鸡爪抹一层生抽，油炸一遍，看鸡爪泛金黄色，便捞起，搁凉，放在黄酒里泡着；哪天想起来了，就和盐、花椒、黄酒、腐乳、砂糖一起慢煮，煮完了再蒸一遍，看鸡皮褶皱，仿佛要脱骨滑落了，就能吃了：下酒下粥均可，蒸完了鸡爪的汁还能拌米饭，香甜。

他当然还会做其他菜，但唯独这两样让我外婆赞不绝口。概因我外婆出身贫苦，勤俭持家惯了，是个做红烧鳝鱼都舍不得扔掉鳝尾巴的铁公鸡。鱼头鸡爪，本来是下脚料，我们这里的人都不会做，见我爸能这么变废为宝，化腐朽为神奇，我外婆甚为欣慰，觉得找到了抠门的新诀窍。

据我妈说，她老人家当年每次吃饱了鸡爪，就对我妈说："我看他不会亏待你的。你看，他对个鸡爪都这么好！"

"他对鸡爪好，跟我有什么关系？"

"你不是属鸡吗？"

"真是胡说八道，这都哪儿跟哪儿啊！"

当然，以上和以下这些故事，非我所能目见，只是耳闻罢了。

我亲外公过世时，留下我外婆，外带我妈（时年四岁）和我舅舅（时年一岁）。我外婆会吵架，会打牌，会缝褂子，会编蒲扇子，会种花，会养鸡鸭鹅猫狗，但是一个寡妇养不活女儿和儿子，只好嫁了我后外公——当然，我也管他叫外公。

我外公先前也结过婚，打前房带来个女儿，公主一般。炖鸡汤，"公主"吃鸡腿，我妈和舅舅吃鸡脖子和爪子。熬鱼汤，"公主"吃鱼肉，我妈和舅舅啃鱼头、鱼尾。馒头，"公主"吃肉包子，我妈和舅舅吃白面花卷，蘸点儿腐乳。我妈把鸡脖子上丝缕的肉、鸡爪的掌筋、抹匀了腐乳的花卷给舅舅吃，叹一口气。外婆看了，抹抹眼角，没话说。隔三岔五，她偷偷摊个面饼，给我妈和舅舅吃——还得留心，别让外公发现少了面粉和砂糖。

我妈二十四岁时，当了纺织工人，认识了当时在外贸公司做事的我爸。在我妈和我爸还没缔结姻缘之前，颇有点儿周折。我妈编手套、打毛衣、做自行车手把儿，我爸请她去吃馄饨、吃汤包，围着我爸转的一群当地小伙子时不时还请我妈吃馓子、油条。最后，我妈请我爸回家吃饭。我爸坐下来，就看见我外公拧住的眉毛。

据我外婆说，当时做了一桌子菜：煮花生、炖鸡汤、熬鱼汤、摊面饼、红烧鳝鱼，外公的眉头都皱进肉里了。我爸并没有见肉眼开，没命抢吃，却教我外婆鱼头、鱼尾怎么熬汤才好喝；鸡爪其实也可以吃，广东人就吃。我外婆和我妈听得连连点头，我外公便心头不喜。等我爸去得多了，我外公发现，他自己吃到的鸡腿、鱼肉、鳝鱼越来越少，哪怕吃到，也不再有羡慕的眼光盯着他。经常是我爸一来，就在厨房帮忙：做鱼头汤，做卤鸡爪。做完了，外婆、妈妈和舅舅一起围着吃，眼睛都盯着我爸，听他说他看过的书里的事，出差时遇到的事，他喝过的酒，看过的电视节目，他在湖里游泳时的乐趣。在我外公看来，吃鱼肉、吃鸡腿，乐趣一半在吃，一半在家里人的艳羡。现在，艳羡没了，他不是家里的中心了。

据说，我外公为这事儿，就生气了。某一次，他忽然就发作起来，拿起门后的竹棒，挥起来就打："让你不要来，让你不要来，你还来！"竹棍用的时间长了，由绿变黄，硬而且韧，外面泛油光，挥起来呼呼带着风声，打得我爸血沿着发际线直淌。

据说，联防队、卫生站和派出所的人都来了——其中几个是我爸的朋友——见了血，吓坏了，问我爸是怎么回事。

据说，当时卫生站的人已经帮我爸包好了额头，血也擦干净了。我爸托着额，看看屋里一圈人，说："没事。我自己滑了一跤，撞了门。没啥事儿，不用打破伤风针。"

据说，他把人劝走后，从我外公手里拿过竹棒，用手一拗，"啪"的一声，竹棍脆生生地折了。接着，他就对我外公道："今天你打我，这事儿算过去了。但这是最后一回。我游泳、跑步，也会打架，打你这样的十个不在话下。以后你再欺负他们几个，我就揍你。你欺负一次，我揍一次。"

据说，从那之后，我外公忽然就转了性，变拘谨了，变老实了，变慈祥了。他让我舅舅吃鸡腿，劝我妈妈吃鳝丝，隔三岔五还问我外婆：“那个谁，啊，怎么不来家吃饭啊？”据说后来，他和我爸、我舅舅，组成了相当默契的搭档，比如用竹片编鸡栅栏，比如念着“一、二、三”一起搬五斗橱，比如托木梁上的葡萄架。每次我爸帮着办完事，我外公就会很热情地问：“吃不吃苹果啊？”

很多年后，我长大了，每逢跟外公出去吃东西，他还是挺喜欢点鱼头汤（冬天就放一点辣子），点卤鸡爪（还来点儿小酒）。那时候鸡爪在我们那儿已经叫凤爪了，很流行；鱼头汤也有馆子专门做了。我外公就很得意地跟我说：“你知道吧，这些流行之前，你爸爸就给我们做上了——是好吃！”

风味在人间

李楚悦　张　熠

人不能两次吃到同样的食物

三峡大坝修建之前，陈晓卿在奉节的一个江心岛上，吃过一碗令他至今难忘的面。大榕树下有一口井，旁边是个面摊。“哎呀，那碗面简直好吃死了。”陈晓卿专门留了老板的手机号，再去奉节时，老板一家已经搬到了新城。他就去新城。时隔多年，他却怎么也吃不出大榕树和古井旁那碗面的味道了。“以前那碗面有点温和，有一点点江风的咸腥气息。”

“人不能两次踏入同一条河流，人也不能两次吃到同样的食物。”陈晓卿笑着说。

《风味人间》第二季中的每一集都有个颇具武侠感的标题，《甜蜜缥缈录》《酱料四海谈》《香肠万象集》……杯盘碗盏，天地众生，各类食材，尽显风流。这几个带有“江湖气”的片名都是陈晓卿取的。

在美食随笔《至味在人间》里，陈晓卿很早就写过他对江湖菜的偏爱：“如果把烹饪比作江湖，我最喜欢的厨艺高人当如风清扬——身负绝学，遗世独立。他们有自己的价值观和两三个知己，绝不会参加武林大会之类有套路规则的选拔。”

至味在江湖，但相逢何其难。有做餐饮的朋友找到陈晓卿，想要用“风味人间”命名餐厅，甚至想复制美味，但都失败了。

“如果能复制，还能叫美食吗？那就是连锁店了。”

在北京，陈晓卿只去一家火锅店。“非常好吃，但我不能推荐，我一推荐它就变得不好吃了。这家店会让我有出离的感觉，只有重庆人在那儿吃，都说重庆话，置身其间，你会恍惚，自己是在北京还是在重庆。”

“每一种食物都有秘密，就像每一个人都有性格。”在总导演李勇看来，《风味人间》第二季强调人和食物的关系，更关注人的个性与喜怒哀乐。纪录片是对同质化的抵抗。

第四集镜头下一闪而过的鸭脚包，是让广州厨师王越印象最深的美食。这一幕就在后厨拍摄。“厨师说，当初是他的师父会做这道菜，如今师父都退休 14 年了。”现在市面上基本见不到鸭脚包，拍摄之前，王越也只在粤菜书籍里见过这道菜。

“据书中描述，用厨房下脚料做菜的收入，有一部分会归厨师，所以衍生出很多类似鸭脚包这种经厨师们匠心巧手制作而成的经典粤菜。”王越说。食物塑造了我们，从起初人们进食只为果腹，到衍生出口味、口感、健康等多元需求，食物背后有文化与故事。

在老家山东鱼台，儿时乡村种植的农作物，李勇可以罗列出一大堆：“谷物类有小米、麦子、高粱。香料类有芝麻、蓖麻。蔬菜更不用说了，西红柿、茄子、辣椒、姜、土豆、山药、洋葱、韭菜、芹菜……”今年过年，他再回老家，家家户户都只种大蒜和棉花了。“没有人种粮食了，所有的这些都需要去买。我们的食物更丰富了吗？我总觉得哪个地方不对了。”在他看来，每种食物都应该是有温度的，知道是谁做的、谁种的、谁端上来的。

人与食物相互塑造

《风味人间》第二季第四集《杂碎逆袭史》中，崇仁糟猪蹄是许多观众反复回味的段落。猪皮晶莹，胶质丰满，蹄筋健硕劲道，咀嚼后，口齿间鲜香满溢。浙江省嵊州市崇仁镇，裘氏一族在此居住了上千年。片中拍摄做糟猪蹄的裘星育、裘冠宇父子是崇仁镇的酿酒好手，纯手工的酿造工艺已有百余年的传承。裘冠宇为这场拍摄足足准备了一个月。

在崇仁，“糟”几乎是每个家庭都会的美食制作手法，糟货也是当地传统年货。香糟的灵魂在于糟泥，糟泥的来源正是酿酒的副产品。裘家四代从事酿酒，但每年酿酒时裘冠宇依然会焦虑，“有人跟我说，小宇，就差一度啊，但是往往就是这一度，出来的味道就不一样。”食物的烹调与环境因素——气候、土壤、温度、湿度——息息相关。有些食物在南方可以发酵，到了北方无论如何都做不出来。美食有根，通常难以复制。

南橘北枳，美食本身如此，美食之于人也是如此。

“吃谷物的人和吃肉的人，就不太一样。吃肉的人，尤其是游牧民族，好像都有很强的个性，独立作战的能力非常强，热爱自由。农耕民族更具有组织性、秩序感，不然连水渠都修不成。所以，食物在塑造人的思维方式、行动特征。”陈晓卿解释。东西方有相同的观点，西谚“You are what you eat”，其实就是中文里的“一方水土养一方人”。《风味人间》这个名字中，“风味”一词取自法语terroir（风土），想表达的也是这层含义。

《螃蟹横行记》里，同样是拆蟹，美国人粗犷，只要大块的蟹肉，不在意细枝末节；而日本人拆蟹，又是细到极致的另一种处理方式。从同一个命题出发，有时候，导演组把衡量的维度交给“地域”，不同的风物人情中，抵达食材的方式千变万化。有时候，干脆交给时间。“有的食物要趁新鲜食用，有的食物要经年累月，放得越久越美味。”李勇说。

食物永远与情有关

从早年写美食专栏起，陈晓卿就带着一颗叛逆的心。“我吃过一些大师做的东西，当然也很好，但我并不觉得这些更能给人带来快乐。反倒是四川眉山一个朋友的姑妈，在家做的泡菜更能让我感受到美食带来的快乐。”

陈晓卿觉得，食物永远和亲情、友情相关。“吃得开心是最重要的。”这是陈晓卿的美食理念，“你看蔡澜先生他们，很少去建立所谓的规矩，没有规矩就是最大的规矩。”

陈晓卿不理解的美食家有两种。“一种认为中餐是世界上唯一好吃的，拒绝讨论。甚至认为很多美食都是中国人发明的，比如冰激凌、牛排、奶酪……我曾经拜访过一位大师，他说中国人最大的贡献是教会外国人把饭做熟。另一种认为中餐的出路是西餐，认为中餐没有标准化，不符合现代社会的要求，因此没法走向世界。”他不能理解，“都待在原来的地方不好吗？”

陈晓卿喜欢美国作家 E.B. 怀特的一句话——面对复杂，保持欢喜。

他说：“我们过去不可能吃到这么多复杂的东西，总是有人觉得自己吃的是正统，其他的是邪术。当我们真正消除偏见，打开视野的时候，才能体验到食物多样化带来的乐趣。你只有包容多样性，才能减少戾气。”

人们面对美食的时候，既有相互瞧不上的智慧，也有不谋而合与异曲同工。

“广西人腌酸鸭子的方式和冰岛人的本质上是一个路数，那会儿他们没有微信也没有 WhatsApp（一款社交软件），是怎么联系的？绍兴人腌梅苋菜，法国人腌臭奶酪，他们是怎么想的？”坐在办公室的沙发上，陈晓卿端起咖啡，咂摸着，忍不住感慨：“人类的智慧总是相似的，早晚他们会想到一起去。远隔山海，心有灵犀。”

完美的『饭搭子』

王不易

遇上完美适配的“饭搭子”是一种什么样的体验？旅游美食专栏作家范爷和叶酱就是答案。二人以食交友，吃饭观相当吻合：为了吃都很拼，每次吃美食前，都会不约而同地少吃，为那一顿腾出空间；对于吃都执着、有要求，每上一道菜，他们都会拿出小本本来记下美食要点，拍照也是必须要走的程序。美食消费观也高度统一：稿费变餐费是他们经常干的事情，不一定要吃多贵的，但遇到真正的美食，绝不吝啬；更可贵的是，在吃怀石料理的这种高级场合，能容忍对方穿着有破洞的袜子，也能容忍对方舔盘子的冲动。

“好想把汁舔干净啊！”

“舔呗，反正是个包间，也没人会看到！”

“可是，舔得干干净净的话，不是一眼就被人看出来了！”

“还真是，我怎么没想到……”

这种如同量身定做的“饭搭子”世间难找，有读者因此揣测范爷与叶酱是否为情侣关系。可惜，饭爷与叶酱的关系始于吃，也止于吃。

不过说起来，夫妻与情侣如果能做“饭搭子”，既是灵魂伴侣，又是“灵魂饭侣”，那当真是天下第一大美事了。

知乎上有一个女生很有趣，她在“伴侣吃不到一起怎么办”的提问下留言说：“我们曾经因为吃的吵过架。我向他哭诉，为什么我们俩在一起，总是我陪你去吃兰州拉面，你却从来没有陪我去吃过沙县小吃？”

当站在饮食的岔路口，男方对饭食的选择甚至成了她衡量爱情的标准。

三毛说：“爱情，如果不落实到穿衣、吃饭、数钱、睡觉这些实实在在的生活里，是不容易天长地久的。”

从某种程度上来说，“饭侣”是成为伴侣的必经之路。

蔡澜曾经很羡慕金庸有一位比他小 29 岁的太太，可一次饭局之后，蔡澜不羡慕了。他意识到自己与妻子方琼文之间的模式才最舒适。他们经常一起逛菜市场，买菜，下厨做饭，无论是厨艺还是对食物的理解，二人都是旗鼓相当，胃口也是旗鼓相当。他们的银婚纪念日那天，蔡澜用 7 个字总结方琼文：“会做，爱吃，不管我。”

“和你爱的人一起吃的，就是世界上最好吃的。”他在《寻味》里说。

私人面食志

赵瑜

十四岁，我到离家十几里的小镇念高中，住校。但是，那里的饮食和家里的并无差异。

饮食上的差异，会补充和扩大人的视野。所以，在小镇读高中的过程中，我的人生与外界几无联系。我仍是被单调的食物捆绑在家乡的一颗独孤种子。

十八岁，我到离家一百公里的小城读大学。大雪中，我在街头吃了一碗豪放的羊肉汤，遇到一种叫锅盔的饼子，像是读了一部方言写成的小说。

二十六岁，我在深圳工作了半年。那是一座移民城市，人与人之间皆是陌生的，所以，人与人均相互尊重。我第一次体会到，当我们生活在一个陌生的环境里时，那种只守规则，不看人情的美妙。所以，在深圳居住的时间里，我每吃一种食物，都觉得是对人生见识的延伸。不是食物美好，而是生产食物的地方让我觉得舒适。

到了三十岁，我第一次到海南岛工作。那是一个与我的人生磁场完全不相谐的岛屿。在那儿，我第一次吃到腌面。酸菜、肉丝、浇汁，拌匀后的腌面就像我突然抵达一个陌生地方的人生境遇。

年龄并不和见识成正比。即使走过的地方很多，也并不代表我们就接受了那里的文化。见闻增长是一个来源非常复杂的话题，然而，这些年，我的确是被一种又一种面食扩充了认知，我被这些面食喂养的同时，也接受了这些面食背后的温度和湿度、文化及肌理。

食物是流动的。新疆的馕，到了内地，渐渐变成锅盔和烧饼。而北方的面条，在南方渐渐成为龙须面和伊面。

北方人喜欢吃硬硬的面，这和食物品种的匮乏有关。北方四季分明，在相当长的“前现代”岁月，冬天的时候，人们只有大白菜可以食用。所以，一碗面往往意味着一个北方人的全部食谱。那么，面做得硬一些，让吃面的人嚼起来有滋味、有回味，拉长了一个人吃面的时间，让人的精神在吃面的时候，得到充实和延伸。

而到了南方，即使是冬天，也是百花盛开、青菜充足。所以，南方人的面，大多数是作为夜宵吃的。一碗面之前必须要点多种小菜，吃到半饱了，面是最后的补白。所有这些都是食物丰富的象征。

时间和食物的关系充满了变化。多年前，我们无法接受的一碗面，或许只是因为换了一个人陪我们吃，便让我们忘记了之前对这碗面的介意和差评。又或者是，时间终会让我们的胃口打开，接受更多的人生滋味。之前我们可能嗜辣，现在呢，我们学会了约束自己。以前我们可能喜欢吃大碗的面、大块的肉，现在呢，我们开始克制，学习养生，主动将大碗换成了小碗。

所有这些变化，既和食物本身有关，也和我们自己的内心有关。我们终于变成了和食物相互呼应的那个人。是食物塑造了我们，同时，也是我们接纳了更多的食物。

借来的粉蒸肉

七焱

一

我永远记得 6 岁那年的除夕。

1988 年岁末，我独自在母亲的宿舍等她归来。室外天寒地冻，宿舍内因悄声燃烧的蜂窝煤而温暖了许多。

我饿了，开始不停往那口冒着蒸汽的铝锅望去，随着蒸汽一同弥漫的，是满屋的粉蒸肉香味。

我到底还是抵不住肉香的诱惑，揭开锅盖，夹了一片粉蒸肉放进嘴里，心里想着“再吃一片就好”，嘴上却不停，连吃了半碗。

我吃得正酣，母亲带着一身冷气回来了。她推门而入时，我嘴里正含着一块肥肉。母亲扫视了屋内一圈，直盯着我，走了过来。当即一顿连扇带打，我张着嘴哇哇大哭，半块肉连同涎水掉了出来。

揍过我之后，母亲端起那碗粉蒸肉摔门而出，留下我一人在她贫陋的职工宿舍里不停抽噎。

过了一段时间，母亲又端着那碗粉蒸肉回来了。她愠怒已消，面容恢复到一贯的丧气，顺手把碗放进锅里重新热了热，然后端出来，让我跟她一块吃。

吃完那碗粉蒸肉，按母亲的说法，“就算是过了除夕”。

二

母亲用如此粗暴的方式体罚我，在那时已成习惯，而且往往毫无缘由。

成年以后，我重新满怀酸楚地触碰这些记忆，连同多年来对母亲生活的思考，以及来自周围的零散信息，才隐约得出一些答案。

早在我尚不记事的幼年，母亲便因多疑整日与我父亲争吵。她偏执地认定，父亲在他厂里有个相好的，而父亲偏偏是一个沉默寡言的男人。在妻子数次追闹到单位之后，他直接消失得杳无踪迹。

母亲更加觉得自己的生活失败透顶了。她原先是国营塑料厂的缝纫工，婚姻遭遇变故没多久，便被调换成烧火工，只有噪音和孤独与她为伴。每况愈下的处境加之原有的性格，在她身上形成了恶性循环。

她常常无端地、趾高气扬地对车间的临时工颐指气使，或者和正式工产生摩擦，回到宿舍面对我时，经常是一触即发的殴打。

在对我施暴的同时，母亲还会从口中喷发出强烈的愤懑：“磊，磊！你就是我的拖累。”父亲给我取的“磊”字，愈发招致母亲的怨愤。

我理解母亲当时的处境。

而使我最终对母亲充满怜悯的，是每次揍完我后，她抱着我放声哭泣的声音。多年来，这样的哀啼常常在我梦中隐约传来，让我一次次惊醒。

即便是那样普天同庆的除夕之夜，在母亲和我的世界里，也愈加像一出悲剧。

三

20 世纪 90 年代，市场经济的春风也吹拂到我们这个山区小县城，母亲和我的生活也不再那么捉襟见肘了。

母亲所在的车间被私人老板承包，工人工资由计时变为计件，当时母亲的工种已经调回缝纫工，整天在缝纫机前缝蛇皮袋，一个 5 分钱，一天能做三四百个。为了多挣钱，母亲每天都在工厂里干得热火朝天。

私人老板另有一个竹制品厂，母亲和一些同事又挤时间揽制作麻将凉席的活儿。她先将打成小块的小竹板钻孔，再穿进塑胶管连接整齐，母亲遍布双手的伤痕和茧疤就是那时留下的。

当然，每个月领到的工资足以令母亲喜笑颜开好一阵。几乎每次，母亲拿到工资的第一件事，就是去菜市场买点肉，用草绳拴挂在自行车的车头，招摇过市地骑回家。

母亲总会麻利地将蜂窝煤炉和灶具搬到屋门口，菜籽油烧得滚烫，肉片入锅的“欻啦”声，锅铲炒动的节奏，升腾而起的油烟随之传来……我紧张而愉悦地站在一旁，看母亲弯着腰皱着眉头，全然沉浸在这场表演中。

待炒菜的气味弥漫在整个走廊上，隔壁屋子传来一句短促的“好香呀”时，我忽然间，也是第一次想到“幸福”这个词，并小心翼翼地试图去理解其中的含义。

甜脆的蒜薹炒肉，呛辣的青椒炒肉，汁浓汤香的大烩菜，软糯烫口的粉蒸肉……在那段时光的流转中轮番出锅，从屋外被端到屋里。

生活的忙碌也逐渐让母亲的心境趋于平和。

那时我已上了初中，看得出来，母亲风雨无阻地往返于塑料厂、竹制品厂和家里的疲惫身影背后，全是满足和信心。

如果问我，这些年我最希望停留哪段时光，那无疑是这个阶段。母亲让我看到了她勤劳、坚强的一面，在我性格走向成熟的时期，在我以后的人生道路上，“务实不虚”是这个时候的母亲教给我的。

四

虽然母亲的脾气依然暴躁，但她依旧给予我尽可能多的爱，用属于她的方式。

一个爱八卦的中年妇女，有段时间成天往我家跑，目的是说服母亲嫁给一个河北的煤矿工人。那段时间，那个妇女常常紧紧跟随在母亲身后，像个影子一样寸步不离。这令母亲，尤其是我，感到极度厌烦。

最终，母亲松了口，答应见他一面。见面地点是这个妇女的家里，妇女领着母亲，母亲领着我。

妇女不停地对母亲讲对方的好处，母亲则细细追问男方家庭子女的情况，我一言不发，心中泛着莫名的伤感，不情愿地跟在最后。

男人木讷、老实，半天才说上一句话，似乎眼见事情要成，那妇女乐开了花似的不停地说：“多好的男人呀，实在，靠得住，以后肯定亏不了你们母子。”

但后来，母亲翻了脸。

午饭时，介绍人让男人出去买点酒菜，她也想趁机问问母亲的意见。母亲什么都没说，被问得紧了，就不耐烦地喊一句：“急什么急，再观察观察。”

男人买了半斤肉和一些下酒菜，那妇女就拿着去厨房忙活了，不大一会儿，饭菜做好，我们几个人围在桌前。有饭菜堵嘴，男人更加没有话说，一个劲儿地往嘴里塞菜。

那桌饭上恰好有一道粉蒸肉，母亲先给我的碗里夹了两片，可是我并没有食欲，只是用筷子在碗里乱戳。对面的男人则不停地给自己碗里夹肉，不大一会儿，一碗粉蒸肉眼见着就要被他扫光。

母亲的脸色越来越难看，不等吃完，“啪”的一声将筷子拍在桌上，拉起我的手就往外走。那妇女慌了神追出来，可显然拦不住气头上的母亲。

母亲最终扔下了一句话：“在我面前，谁也别想抢我儿子的肉！”

五

此后每年的年夜饭，我家桌上照例都有粉蒸肉，但不知什么缘由，我很少再动筷子了。

2001 年，我考上省城的大学，母亲也分到了职工安置房。那年寒假回家过年，母亲特意操持了满满一大桌酒菜。

我笑着问她：“两个人怎么吃得完？”

母亲高声说：“剩再多我也愿意。今年你考上大学，咱家又住进新房，必须好好庆祝。”

桌上仍然有粉蒸肉，我忽然就想起了 1988 年的那个除夕，便开玩笑和母亲说：“妈，你记不记得我小时候有次过年，我偷吃了半碗粉蒸肉，你把我打了一顿？”

母亲的视线在杯盘间来回移动，笑容却如同落潮一般逐渐退去：“咋不记得……你得体谅你妈当时的处境……”

接着，母亲讲了那天我不知道的事。那时，我们的生活非常窘迫，厂里的工资常常不够娘俩的开销。眼见着到了年关，母亲还是凑不齐置办年货的钱，只好在除夕那天早上跟厂里的同事借。

母亲央求许久，一个电工终于从家里拿出一块肉来，说：“只能帮这些了。”

母亲拿了肉回来，拌了红薯和米粉蒸了一碗蒸肉，算是那天晚上的年夜饭。忙完这些，她再出门办事，迎面碰上了电工的媳妇。她辱骂我母亲，非要她把那块肉还回来。母亲和她大吵了一场，回来就端走我吃过的那碗肉要还给她。

后来，还是工友们劝住了争吵的双方，我和母亲才得以吃到那半碗粉蒸肉，度过那个除夕，迎接新年。

母亲讲完，眼泪就吧嗒吧嗒地往下掉。过了好一会儿，母亲才问我："你还记得呀？"

我赶忙说："不是，只不过刚刚想起来，随口问一句。"

母亲又问："那你后来咋不爱吃粉蒸肉了？"

我沉默了半天才说："太肥了，吃不动。"

六

又过了十多年，母亲早已退休，我也参加工作好几年，因为经年疲于奔命，很久都没能好好团聚。直到 2014 年，我在省城付了首付买了房，才把母亲接到新房子里过了个年。

母亲真的老了，她从前暴躁的脾气和高亢的声音早已消失得无影无踪。跟我讲话时语速缓慢，声音也谨慎轻柔起来，连看我的眼神，也常常带着一种迟钝的幸福。

那顿年夜饭由我亲自操持，我想给母亲做些新鲜的，于是除夕一早，我就去超市买了一堆海鲜，忙活了一下午做了一桌菜。母亲笑眯眯地望着精致的杯盘，看着那些大闸蟹、白灼虾、多宝鱼、花蛤和扇贝……就让我教她吃这些东西。

吃了几口，她淡淡地说："过年还是要吃肉啊。"

此时的我已经很少吃肉了，但思绪忽然就回到 1988 年的除夕。我知道，那碗粉蒸肉飘溢的糯香味，将永远萦绕在我们母子之间。

软心记

殳俏

朋友写煮得软到恰到好处的东西，有“汤里的冬瓜，无论是鸡汤还是鸭汤，炖到好处，似有似无，几近雾里看花”。

我脑海里立刻浮现出的，倒不是他所描绘的冬瓜鸡汤或冬瓜鸭汤，而是家里经常做的火腿冬瓜汤。将火腿切片放到汤里，与冬瓜同炖，所出成果，乍看依然是一锅清汤，殊不知放了时间这种料下去，往往是悄无声息地施了魔法。火腿这样的食材，久炖之下，唯香味和咸味传递出去，而一身筋肉，依然保持硬朗风骨。冬瓜则恰恰相反，热气之中，将化未化，吸聚了火腿的鲜气，涨足了汤之精华，自己反倒懦弱起来，变成轻声细语的好好先生。最后这一锅汤端上来，原先的三种食材，早已三体合一，汤为魂，火腿为骨，冬瓜为肤。大家喝着热汤，在赞魂叹骨之余，也怜惜着冬瓜的软。

软和暖，在味觉上，有时是夹缠不清的。软是暖的口感，暖则是软的温感。有些热量很足的东西，给人的感觉不是暖，而是烫，便是因为食材铁骨铮铮的个性。也有些本身要冷吃的食物，却不会给人刺骨的感觉，也是因为食材够软、够温和，那样就不会造成太极端的感觉。

中国人心目中，说到软，总会想到豆腐。但其实豆腐是有筋骨的吃食，无论是老豆腐、嫩豆腐、冻豆腐、油豆腐，判断豆腐优劣的一个很重要的标准就是，在火力作用下，无论是蒸还是煮，看这豆腐容不容易散。好的豆腐，虽外表看着柔弱，却久烹不散。差劲的豆腐，生时看着样子还算坚挺，一上灶台，便现了本相，散成屑，碎成渣，一脸的糊塌样。

所以说，豆腐之软，诚如中国人心目中软的最高境界：不攻击，却有抵抗；不争执，却有原则。这样的软，不是瘫软，而是气质上的谦和，心底里的慈悲。豆腐就算煮成羹，舀一勺与米饭同吃，也是润物细无声地钻入了饭粒之间的每一个空隙，而不是狼狈地四处流窜，这便是豆腐之以柔克刚：一个自由自在的温和派，代表着中国逻辑的中庸之软。

水果中，很多是质地软的，但真正的软还得包括味觉之软。比如某些酸浆果，嚼着绵软，酸味却刺激得人眼睛发酸，也就达不到温润之意。蔡澜先生曾说，熟透的榴梿是牙疼时最好的食物。榴梿确是至软之物，但须是熟的，吃到嘴里，口感犹如天然乳脂一般顺滑浓厚，其味道也是润泽的甜。榴梿中的上品，带点醇酒的香，又微微泛点持重的苦，当然柔肠百转，最后还是会回甘。这就是为什么，就算冰冻过的榴梿，吃着仍会给人以温暖的感觉，不过这温暖堆积多了，也会上火。

与榴梿一样，以大气稳重之“软”胜出的，还有一样水果，那便是柿子。柿子分软、硬两种，二者给人的印象截然不同。我小时候吃软柿子长大，所以至今说到柿子，仍有一腔软浆的甜美心境。柿子成熟时，几近软烂，家里人总给我一把特别小的勺子，把柿子皮朝四个方向，剥成一朵方方正正盛开的花，然后用勺子在花心里舀着吃。每一口都甜得丝丝入扣，软得流光泻玉。但最好玩的，还是在软中找那稀有的脆。每个甜烂的柿子，内里总能拨到二到四个小而扁圆的“瓣”，紧绷绷的，嚼起来生脆弹牙，那是柿子之软的点睛之笔。

软的食物，一时说不完。更多的时候，软是一种通感，而非简单的质地之软。世人饥肠辘辘之时，总追求“硬菜”，吃肉喝酒，解决欲望必须热辣烫口。但到我们老了、疲乏了，不再敏感而坚持，甚至麻木到了饥饿感都不太明显的时候，我们就会心心念念起那些“软”的食物。而软究竟是什么？这问题问谁，都会有不同的答案。于我而言，软的东西，是海胆、豆腐、芝麻糊、熟透的柿子、热汤里的冬瓜、放在口袋里忘记了的巧克力，以及小孩子的吻。

老老实实

乔叶

爷爷说，“老老实实”这四个字是所有手艺人的根本。老老实实练基本功，老老实实找好食材，老老实实做菜。汤该炖到什么时候一定要炖到什么时候，蒜该捣的时候一定不能拍，葱该切丝的时候一定不能用段，得烧地锅的时候一定不能用天然气和电磁炉……

比如一块面，你少揉一下或许没什么，少揉两下就肯定不一样。那肉在锅里多焖一秒钟没事，多焖十秒钟肯定就不行。举个简单的例子，就是一碗炝锅面，老实做肯定就比不老实做要好吃。炝锅面要用高汤，同样是高汤，老实的做法是另开一灶，让高汤一直滚开着，煮面的时候，加进去的就得是这热高汤。绝对不能是凉的。一是热汤本身就香，一烫顶三鲜嘛；二是一勺子凉汤加进去，就像一个人正在满头大汗地跑步，突然被拽去冲了个凉水澡，他能不感冒？这样做出来的饭菜怎么会好吃？

当然，厨行的事儿很难形容。鱼要鲜嫩到什么程度，饼要筋道到什么程度，没有公式或者标准，食客们也不一定能吃得出来。但是爷爷说，手艺人的高处不是升官发财，手艺人的高处就是精益求精。你有了往上的心劲，也做了往上的努力，你的手艺就会一天比一天好。你以为高手是怎么来的？就是这样老老实实地磨出来的。

我说，那就是两个字呗——老实。

爷爷说，就得四个字。

为啥？因为，这世上聪明人太多，聪明人太容易不老实。所以，老实里还需要再夯一层老实。

怎样才算是『好好吃饭』

云无心

“健康饮食”不是针对一顿饭

任何一种食物，都会提供人体需要的营养成分。

营养指南中所说的“健康饮食”，是指一个人摄取的所有饮食是否符合人体的需求——需要得多，就吃得多；需要得少，就吃得少。

只有“整体的食谱”，才能谈得上“健康”还是“不健康”。这个“整体”，至少是针对一天而言，甚至可以是以几天为时间范围。

所以，针对一份食物或者一顿饭来谈论是不是“健康”，意义很有限。

通常所说的“不健康食品”甚至“垃圾食品”，其实并不含“有毒有害”的成分，只是因为它们所富含的营养成分人们很容易获得，因此导致摄入得太多。

同样，所谓的“健康食品”也并非含有什么神奇的“健康成分”，而是它们富含的营养成分往往在许多人的饮食中有所欠缺。

外卖食物的特点

“外卖”并不是一种新型食物，而是新的餐饮服务方式。

传统的餐饮是从灶台送到餐馆内的桌子上，外卖只是扩大了送餐的距离，可能送到几公里之外。食物还是那些食物，扩大了送餐的距离、延长了从制作到食用的时间，对于食物的营养几乎没有影响。

不过，因为出锅和食用之间的时间延长了，使一些食物的味道和口感发生明显变化。而为了加快食物制作的速度、降低成本，还有一些外卖食物是用半成品的“料理包”制作的，其味道和口感跟用新鲜食材制作的比会存在一些差异。这些差异对食物的营养价值没有明显的影响，但会影响到我们对它的接受度。

对大多数人来说，“好吃”是食物最重要的品质。所以，点外卖的时候，就会点那些“延时”之后依然好吃的食物，比如肉类和根茎类的食材，或以红烧、油炸等比较“重口味”的方式烹饪的食物。而对蔬菜、粗粮等食材，以及清炒、白灼等方式制作的菜式就相当无感。

所以，虽然营养师会孜孜不倦地倡导大家要点“荤素搭配”“口味清淡”的外卖，大家在理智上也能够很好地理解，但真正点的时候，还是会倾向于那些“不健康”的。

如何让外卖成为“健康饮食”的组成部分

“不健康食物”之所以不健康，是因为它们的营养成分太容易获得。

只要在其他的食物中“取长补短”，它们也就不再是“不健康食物”，从而成为健康饮食的组成部分。

比如，如果中午的那一顿吃外卖，点了红烧肉或者炸鸡腿，或者鱼香肉丝，或者宫保鸡丁，外加米饭，在许多营养专家看来，这样的午餐肉多、盐多、碳水化合物多，但缺少蔬菜、水果和粗粮。如果要给这一顿午餐的营养价值“打分”，只能打一个低分。

但这并不重要。因为，除了这顿午餐，你还要吃早餐、晚餐，甚至零食和夜宵。只要在其他那几顿饭中注意补上蔬菜、水果、粗粮，注意控制盐和糖，也完全可以构成“健康饮食”。

“熬鹰青年”应该怎样点餐

这个年代有很多“熬鹰青年”。他们睡得很晚，往往需要在晚餐之后、睡觉之前再吃一顿夜宵。这样的人，更适合轻食、简餐，不必在意传统的“一日三餐”。

“好好吃饭”的根本，是获得全面均衡的营养，而不是社会普遍认可的“吃饭模式”。所以，吃几顿、什么时候吃，其实不是那么重要。吃什么、吃多少，才是关键。

对于这样的人群，首先应该考虑的是，一天之中的“主餐”在什么时候？如何解决？

对于大多数人，午餐和晚餐是最重要的，会吃下一天之中的多数食物。所以，首先应确定这两顿该如何解决。

按照很多人的习惯，中午点外卖，晚餐自己做或者去餐馆。那么，外卖那一顿，就可以尽情点自己喜欢吃的，比如前面说的：以米饭（或者面食）为主食，吃重口味的肉类或者土豆等根茎类食物。这些食物受外卖形式的影响不大，可以让人吃得很满足。但是，依然要注意控制总量。

如果这一顿占用了太多的碳水化合物、肉类和盐的份额，那么在另一顿主餐——晚餐的时候，就需要吃清淡的，比如轻烹饪的绿色蔬菜或者蔬菜沙拉，以及一些膳食纤维丰富的谷物、薯类。

此外还有水果，可以在一天的任何时候吃，作为零食或者餐后甜点。另外，还可以带一小把坚果。这样，一天中的午餐、晚餐和零食，基本上就能涵盖主要的营养成分和食物种类。

此外，还有早餐和夜宵需要考虑。

早餐需要有一些碳水化合物和优质蛋白，所以燕麦片（或者粗粮代餐粉）加上牛奶（或者鸡蛋）是最方便快捷的选择。如果喜欢，也可以加一点坚果或者水果。

最后是夜宵。夜宵不能吃得太多（否则热量太高），也没有必要饿着肚子（否则睡不好）。一杯牛奶（或者一小杯酸奶），加一块粗粮饼干（或者其他粗粮零食），也就够了。

这样，基本上该有的营养成分都有了。另外，要稍微注意，不要吃撑，八九分饱即可。

不管你是运动达人还是宅着懒得动的人，都要记住：运动能让身体机能更好，但控制体重的关键还是饮食。在前面所说的“好好吃饭”的基础上，对体重影响最大的就是饮料——一大杯奶茶，你运动一个小时都未必能够消耗掉其热量。

所以，把任何含糖的饮料换成白水、纯茶、黑咖啡、柠檬水都可以。如果实在需要甜味的慰藉，那么代糖的碳酸饮料、气泡水也是不错的选择。至于鲜榨果汁、网红奶茶、三合一咖啡、冰茶凉茶、果汁饮料等等，实在要喝的话，就想想要用食物中的哪一部分去替换吧。

除了控糖，控盐也是“好好吃饭”“健康饮食”的重点。控盐最有效的方式是尽量少喝汤，外卖也不要点汤。一般而言，一碗 200 毫升你觉得“好喝”的汤，通常会含有 2 到 3 克的盐——而一天的盐限额，也才 6 克而已。尽量少喝汤，就可以把盐的份额留给其他食物。

最后，好好吃饭并不难，“吃好”也并不意味着不健康——关键在于：你得知道自己需要什么营养，以及如何通过饮食去实现。

无杂不欢

殳　俏

好的杂，吃起来犹如一段有情有义的江湖传奇。譬如广州，金花庙后街，穿过游人熙熙攘攘的菜摊、杂货摊，走进一段破落短巷，便能发现一个隐世的牛羊杂摊档。老板好像小说里写的少林扫地僧，行走江湖却隐姓埋名。摊档亦没有如雷贯耳的大名，如果你硬要问，老板会答“公主牛杂”。公主是老板养了16年的一条大狗的名字，此时这公主仍懒洋洋地躺在短巷的一隅，眯眼看着来来往往排队买牛羊杂的人。老板为排队的众人从大锅中舀起牛杂，或是在电光石火之间烫出一碗牛三星时，连眼皮都不抬一下。老板平时少言寡语，却又会在心情好时，除了多添分量，还附送金句：“做牛杂，我信奉的是抓革命，不包生产。”言下之意，是将轰轰烈烈的战斗热情投入制作，但每天做多少，就全看当天牛杂的质量了。杂这玩意儿，本身就是牛羊身上最金贵的那几个部分，比起大块的肉来，本来就是限量供应的，更别提还要从中选出新鲜的料做出美味的杂。所以，那碗用小火现烫的牛三星，得有缘人才能吃到，来晚来早，都可能扑空。

站在短巷里吃牛杂，手捧简易塑料碗，背倚青砖墙，头顶则是一竹竿久晾不干的衣裤鞋袜。内脏这东西真是神奇，不吃的人闻之色变，爱吃的人却会为了错过一口好杂而肝肠寸断。而且内脏之美味，也难以描摹。爱肉之人说肉，区区几个词便能准确道出肉之质感，从炒肉之“滑嫩”到炖肉之“酥烂”，从瘦肉之“丝丝入扣”到肥肉之“入口即化”。但杂带给人的感受就较为复杂，远非几个字就能说清的。是以，爱内脏之人看不吃内脏之人，是少了许多口舌之间的欢愉，并且是难以言传的欢愉。

以内脏为主题的餐馆，做起来需要勇气。因为面对的只有两种人，一种是绕道而行者，另一种则是不折不扣的“死忠”。比如日本某家以内脏为主题的居酒屋，名字就叫“五脏六腑”，简单直白，我和一些无杂不欢的朋友一到天气变冷便三天两头光顾。一桌子菜里，有用醋腌制的爽口肥肠前菜，有裹上薄面炸得香味四溢、蘸酸甜酱汁吃的猪肝，有加上魔芋煮得胶质十足的牛筋，还有厚切慢煨的软牛舌。最后来一个以白味噌为锅底的牛肠锅，配上芋头烧酒，一口口皆是膏香脂肥，不食内脏者看着会触目惊心，无杂不欢者则会觉得，这真是人生极致的快活。

无杂不欢者，据说在东方人里要比在西方人里多，但也不是绝对的。法国人爱小牛胸腺者甚多，意大利人吃牛肚、牛肝也能成痴，最厉害的是南美人，他们对内脏的热爱不输我们的川人和粤人。有位委内瑞拉的仁兄就曾说：“我觉得最幸福的事情，就是早晨起床后，能吃一个包着牛脑的卷饼。”大早上就这样吃，谁与争锋啊。

烟火人间

莫小米

有一幅俯拍的长图，看起来挺壮观的。

一条狭长的巷子，灰暗陈旧，紧靠着两边斑驳的墙，简易的水泥板上，两溜儿排开的锅碗瓢盆、炉子、水桶……两排掌勺人的头顶，稍显密集。放大看，炉火正旺，铲勺挥舞，炖锅咕嘟咕嘟冒气。

这不是厨艺比赛，也不是百家宴，是一对六旬夫妇操持的露天大厨房。地点就在江西省肿瘤医院的近旁，烹饪者均为病人或病人家属。

并非刻意为之，多年前这对夫妇来此卖油条，早点时间过了，油条炸完，炉火仍旺，有人商量着借炉子炒菜。能用余火助人，夫妇俩爽快地点头。

家有肿瘤患者，多半经济拮据，长期住院，自己做菜是最好的选择。口口相传，前来借火的人越来越多，一个油条炉哪里够。于是，夫妇俩干脆添置了十多套厨具和煤球炉，成了“共享厨房”，又称“抗癌厨房”。

夫妻俩起先完全是免费做好事，为了维持下去，一道菜收五角钱，后来蜂窝煤烧得多了，电费房租都在涨价，便炒一个菜收一块钱，煲一个汤两块五，基本维持收支平衡。而夫妇俩仍然靠炸油条为生。

从清晨五点到晚上八点，他们守着炉火，连过年也不熄火，非但不熄火，还免费。他们说，过年还在医院的，一定是最难的。

另一对夫妇也是六十多岁，在武汉，卖的是豆腐脑。

每天凌晨两点就起来忙碌，泡豆子、磨豆子、做豆腐脑……五点多钟，他们兵分两路，每人两桶，推着车子去各自的老地方。一辆推车，几个塑料凳，一个小摊位。

味道醇厚的豆腐脑，可以传代。有位老主顾从前带着上小学的儿子天天来吃，现在又带着上幼儿园的孙子来了。而豆腐脑的价格近些年来一直都是一元钱一碗，连顾客都看不下去了。

有位常年吃客，悄悄做好新招牌，价格都写好了——一元五角，挂起来就能用，可终究没用上。摊主说了不涨价，就不涨价。

摊主年轻时曾因赌博而走投无路，1986 年流落武汉，在街上捡到一张十元大钞。他用六元买了十斤黄豆，又用剩下的钱置办了桶、碗、瓢等器具，开始做豆浆和豆腐脑来卖。

三年后，他还清了赌债，这豆腐脑一卖就是三十几年。他不能忘记初到武汉时方便他设摊、为他提供桌椅的小店老板，周边照顾他生意的居民……让他的人生走出了低谷。

卖油条，卖豆腐脑，最小的营生，却做出了大境界。他们的体会相似，辛苦着，快乐着，幸福着，因为被需要，一天不做，都会让人牵挂。

市井长卷，聚拢来是烟火，摊开来是人间。

比邻而居

王安忆

当时，装修的时候，就有人提醒我，不要使用公共烟道，应该堵上，另外在外墙上打一个洞，安置排油烟机的管子。可是，我没听他的。现在好了，邻居家的油烟味，常通过公共烟道和排油烟机的管道，灌满我的厨房。

我可以确定，灌满我家厨房的油烟味，来自特定的一家邻居，因为油烟的气味总保持一种风格。怎么说呢？它特别火爆。花椒、辣子、葱、姜、蒜、八角，在热油锅里炸了，味道轰轰烈烈地浮动起来。这家人在饮食方面还有一个特点，就是每顿必烧，从不将就。一早，烟道里就传来葱油味，还有一股面粉的焦香，显见得是在烤葱油饼。那气味呀，就好像我也满满地咬了一口葱油饼，唇齿之间都是焦香。中午，应该是在做榨菜肉丝面。榨菜，在锅里煸到半干，那股榨菜香、油香，还有铁锅香，先是刺鼻，随后就柔和了，洋溢开来，那是添上水的缘故。晚上，气味可就丰富了。这是一日之中的正餐，拉开架势，要大干一场。气味是一层一层传来的，但花椒和辣子仍是主力，带着一股子冲劲，将各种气味打过来。时间长了，我对他们生出些好感，觉得他们过日子有着一股子认真劲：一点儿不将就，但也不奢侈。他们老老实实，一餐一饭地烧着，烧得那股浓油赤酱的味，使人感到，这是出力气干活的人的胃口和口味，全是实打实的，没有半点虚头，烟火气特别足。在我的印象中，他们没落下过一顿。一到时间，气味就涌过来，灌满我家厨房的角角落落。一个钟点以后，就消散了。对了，绝不会超过一个钟点，到时候，一定就收了。这说明他们在吃的方面，一是有规律，二是很节制。这些，都给人富足而质朴的印象，是小康生活的气息。

有一段日子，在一日三餐之外，烟道里还多传来两次草药的气味。这气味也是浓烈的，“扑哧”一下进来，灌满整个厨房。不知是因为草药气的影响，还是实际情况如此，那段日子里，他们一日三餐的气味相比以前不那么浓郁了。倒不是说变得清淡，而是带些偃旗息鼓的意思。这段日子持续挺久的，草药的苦味是这段时间油烟味的基调。这也是认真养病的气味：耐心，持重，积极，执着。

之后，忽然有一天，我家的厨房里滚滚传来一股羊肉汤的气味。这就知道，他们家人的病好了，要好好地补偿一下、犒劳一下。倒不是说有什么宝贵的，但它确有一种盛宴的气氛，带着古意。古人们庆贺战功，不就是宰羊吗？果然，草药味从此消遁，一日三餐，火爆爆地照常进行。

在较长一段时间熟稔的相处之后，我家厨房来了一个不速之客——一缕咖啡的香气。这是另一路的气味，和之前那家绝无相干。它悄悄地，夹在花椒炸锅的油烟里，进来了。这是一股子虚无的气息，有一种浮华的意思在里面，和之前那家实惠的风格大相径庭。因此，我断定，这是一户新入住的人家，他家也很没经验地将管子接进了烟道，又恰逢顺时顺风，于是，咖啡的香气就来到我家厨房凑热闹了。这一路的风格显然要温和、光滑一些，比较具有装饰感，常唤起人的遐想。和它不那么实用的性格相符，这气味并不是按着一日三餐来的，不大有定规：有时一日来一次，有时一日来两次，有时一日里一次不来；它来也不在吃饭的点上，而是想起了就来，想不起就不来。每次它来，也显得有些孱弱。但是，有时候夜已经很深了，咖啡的微苦香味会悄然而至，弥漫开来。

厨房里的气味终究有些杂了，可是泾渭分明，绝不混淆；你来我往，此起彼伏。再过段日子，又来一个，显见得是苏锡帮的，气味特别甜，感觉空气都能拉出糖丝来。随后，第四位又来了。第四位一方面缺乏个性，另一方面又颇善融会贯通。它什么都有：香、辣、酸、甜。大蒜有，大蒜粉也有；麻油有，橄榄油也有。于是，所有的气味就打成一团，再分不出各自的来路。我们这些比邻而居的人家，就这样，不分彼此，聚集在一处。

这一日，厨房里传出艾草的熏烟。原来，端午快到了。艾草烟里，所有的气味都安静下来，只由它弥漫、散开。一年之中的油垢，在这草本的芬芳中，一点点被消解。渐渐地，连空气也变了颜色，有一种灰和白弥漫其间，洇染成青色。明净的空气其实并不是透明的，它有它的颜色。

厨房里的初恋

曾颖

20岁那年，不知是幸运还是不幸，我爱上了一个女孩。更不幸的是，她竟然也爱上了我。

像许多刚满20岁的男孩一样，除了一脸的青春痘和无处发泄的误将热爱当才华的激情外，我一无所有。家庭条件、工作环境、住房及未来发展走向，都灰暗得看不到希望。而那女孩，却是我们同龄人中回头率颇高的“女神”级人物。

女孩的父亲，将这段感情视为女孩青春期一次登峰造极的反叛，对此反对至极，而又不知道该怎么反击。因为此时此刻，任何形式的外力，都可能转化成两个小恋人之间的向心力，反而导致两个小青年之间的极端行为。于是他以打碎牙齿往肚里吞的心态，哑巴吃黄连地强颜欢笑，接纳了我去家里玩——在眼皮底下，虽然不喜欢，但至少知道两个小家伙在干什么。

那段时间，我每天下班后都风雨无阻地往她家跑，为了显得不那么见外，我热情而主动地抢下了她妈妈的锅铲，成为她家的大厨。而作为烹饪世家的传人，从小学三年级就开始炒菜的经验使我很快获得了她妈妈的好感。连她那对我不甚待见的父亲，对我炒的菜也无话可说。如果我不谋求做他女婿的话，我相信他甚至可能表扬我。

世界上没有不好耍的地方，关键看找的是什么样的同伴。比如烟熏火燎的厨房，有人将它视为地狱，有人则将它看作天堂。那些日子，在拥挤甚至闷热的厨房里，我和女朋友，一个择菜洗菜，一个炒菜。手中做着事，嘴里聊着当天看到或听到的趣事，偶尔用只有我们才懂的暗语说我们才懂的事，眼神中传过一丝只有我们才懂的会心笑意。

也许是那场面太令人感动，连一向对我们的感情持怀疑态度的她妈妈，也渐渐转变了立场加入我们这边，时不时替我们打打掩护，或帮我说说好话。

遗憾的是，女孩的父亲并没有松口。时隔多年，当我成为一个青春期小女孩的父亲，回想当年的那一幕，将她的父亲换成我，将她换成我的女儿——梁山伯变成祝太公之后，结局并没有发生改变——我也不会接受20岁时的我成为女婿的人选。由此，我将耿耿于怀了几十年的不满，换成歉意和内疚——为我给那个父亲造成的困扰和纠结。

那时，女孩的母亲为自己不能帮我们说上话而深感遗憾，时常做些善意的小举动来安慰我，甚至把祖传的做养元粉的方法教给我。每隔一两个月，她就会将黄豆、花生、芝麻、核桃和晒干的米饭和在一起，炒得香香的，然后用石磨将它们碾成粉，细细地筛好，用青花瓷坛密封起来。吃的时候拿出来，加上白糖或红糖，用开水兑成糊，整个院子里就飘起若隐若现的香气。

做养元粉这天，也是女孩父亲为数不多的要进厨房的日子，我负责炒，他负责磨，而女孩和妈妈则负责除去花生和核桃的皮，偶尔拣出一颗，吃到嘴里，从眼到心，都是笑意……几年后，女孩远嫁广东，她的母亲也在多年后死于脑出血。我是在她母亲去世半年后遇到她父亲时，听到这个消息的。其时，那位让我恐惧和暗恨了半辈子的叔叔，已变成一个眼里噙泪的老人。

我眼前，又闪过多年前我们一起做养元粉的场景。阳光摩挲着岁月斑驳的老厨房，石磨轻轻转动，流出的记忆很香很香……

请客吃饭点几个菜？

吴鹏

一

春秋时期，齐国名相晏子（晏婴），历事齐灵公、庄公、景公三君，名显诸侯，却“以节俭力行重于齐”。他“食不重肉”，一餐只吃一个肉菜。肉菜之外，主食是“脱粟之食”，即只去壳没有精制的糙米，配菜不过是“五卵、苔菜而已”。

晏子吃饭以够吃为限，景公的使者突然到他家里，没有准备多余饭菜的晏子只能“分食食之”，结果“使者不饱，晏子亦不饱”。晏子以勤俭之道相齐辅政，“政平民说”。

遗憾的是，并非每个王朝都能视“俭”为国宝。三国曹魏后期，奢纵之风弥漫朝堂。西晋建立当月，开国皇帝武帝司马炎就下诏“大弘俭约”，力图扭转奢靡风气。司马炎下令从皇宫中撤出“珠玉玩好之物”，却将之“颁赐王公以下”，间接诱导开启了王公大臣的奢欲，弘扬节俭的政策竟然走向反面。

武帝虽然个人极度反感奢侈浪费，但因皇权不振，在制止贵族重臣的“豪侈”行为上一直有心无力。西晋开国元勋何曾“性奢豪，务在华侈”，平日吃的蒸饼不蒸出十字开花的形状就不吃。每次进宫参加御宴，何曾都看不上御膳房所做的饭食，觉得不如自家厨房做出的美味，无法下咽。武帝特许他赴宴时自带美食。何曾“食日万钱”，一天的饭菜就要耗费一万钱，以致留下“何曾食万”的成语典故，还“犹曰无下箸处”。

软弱的武帝后来甚至随波逐流，参与到重臣贵戚的斗富争豪之中。武帝舅父王恺与大臣石崇互相“以奢靡相尚”。王恺用糖水刷锅，石崇就用蜡烛当柴烧。王恺用不常见的赤石脂做涂料，石崇就用当时难得的花椒刷墙。二人一时不分胜负，武帝亲自下场“助恺”，赐给他一株“高二尺许，枝柯扶疏，世所罕比”的珊瑚树。王恺用这棵珊瑚树向石崇叫阵，石崇“便以铁如意击之，应手而碎”，随后让人拿出六七株高三四尺，“条干绝俗，光彩曜日”的珊瑚树。王恺看罢，怅然若失。

在朝廷大臣的竞相炫富和武帝的推波助澜下，新生的西晋王朝很快气息奄奄。朝堂之上乌烟瘴气，八王之乱兵连祸结，西晋传国仅 51 年就走向灭亡，导致中国古代历史进入长达将近 300 年的南北大分裂时期。

二

隋唐再造一统后，吸取西晋斗富奢纵的灭国教训，勤俭成为上至皇室百官、下至黎民百姓的共同价值追求，尤以隋文帝、唐太宗的身体力行为甚。

有一年关中地区闹饥荒，隋文帝派左右亲信出宫察看民情。亲信给他带回百姓吃的杂糠豆屑，文帝看过之后泪流满面，从此不吃酒肉将近一年。即使是平时御膳，文帝也只吃一道荤菜，后宫嫔妃的衣服都是多次缝补后才换新。隋朝经济在历经近 300 年战乱疮痍后能迅速恢复，和文帝的勤俭为政密不可分。

在节俭方面，文帝对诸子也是严格要求。可惜文帝没能识破杨广简约朴素假面具背后的穷奢极欲真面目，导致了隋朝的迅速灭亡。

隋文帝在对皇子节俭教育上的失败，给唐太宗留下了深刻的印象。坚持清静俭约、勤俭治国，创造出“贞观之治”的太宗，尤其注意对太子李治的教导，以确保治国路线的延续。太子“临食将饭”，太宗借机问道：“汝知饭乎？”太子回答“不知”，太宗告诉太子，端起饭碗就要想到农民在地里劳作的艰辛，只有爱惜民力、不夺农时，才能确保粮食丰收，官民百姓有饭可吃。

三

在“众人皆以奢靡为荣”的北宋中期，司马光“独以俭素为美”。在家训中，司马光要求儿子“以俭为美德”。司马光认为，节俭是品德高尚的标志，“有德者，皆由俭来也”，节俭寡欲，可以不为外物所累，不为利益所惑，而奢侈是罪恶的源泉。

和司马光同时代的苏轼，不仅以诗词书画流芳千古，还是著名的美食家，自称“老饕”。相传东坡肉等100多种“东坡美食”，大多出自苏轼之手。可如此热爱美食的苏轼，在饮食生活上却异常节俭。他曾写下《节饮食说》，给自己定下规矩：平时自己吃饭，一杯清酒，一个肉菜；请人吃饭不超过3个肉菜，甚至可以酌情减菜；别人请他吃饭也不能超过3个肉菜，否则就不赴宴。苏轼如此节俭的用意，“一曰安分以养福，二曰宽胃以养气，三曰省费以养财”，这正是“人间有味是清欢”的注脚。

自古以来，勤俭节约不仅是关系个人生活习惯和道德品行的小事，更是关乎社会风气和家国兴衰的大事。

春秋末期，昏庸的晋灵公派人刺杀大夫赵盾。刺客钻进赵家后，见赵盾正在吃晚饭，餐桌上只有一条鱼。按照春秋时期的饮食等级制度，赵盾身为卿大夫，按级别可以享受一餐吃掉一头猪的生活待遇。而一餐只吃一条鱼，是普通士人的用餐标准。

刺客见赵盾的晚餐只有一条鱼，不胜唏嘘慨叹，认为赵盾“为晋国重卿而食鱼飧，是子之俭也”，遂不忍刺杀赵盾，可又不能违抗国君的命令，只得自刎而死。

给味蕾留点时间

马亚伟

经常看到一些上班族早上啃着面包或煎饼匆匆赶路，吃这样的一顿早餐估计用不了5分钟，纯粹是为了果腹。即使在觥筹交错的盛宴上，我们看到的也更多是推杯换盏或者狼吞虎咽，很少有人慢慢地吃一顿饭了。

吃饭要细嚼慢咽，这是我们都懂的道理。可是，不知从什么时候起，我们的脚步越来越匆促，连吃饭的速度都快了起来，快得味蕾都麻木了。味蕾与美食，欢喜相逢，还没来得及亲密拥抱，就已擦肩而过，像一对有缘无分的人，错过了太多的美好。

慢下来，给味蕾留点时间。只有这样，美食才会演绎出万种风情。

我们的味蕾，在长时间的麻木后，真的需要醇厚绵长的味道来唤醒某些记忆了。记得周星驰的电影中有一段对白：“我们的味蕾分布在舌头的表面，下面就没有了。甜的味蕾是在舌尖，苦的味蕾就在喉咙附近，酸的味蕾就分布在舌头的两侧。所以我们品尝美酒的时候，要把舌头卷成一圈，这样就可以避开两边酸的味蕾，而让酒在甜跟苦的味蕾之间徘徊，先甜后苦，亦苦亦甜。就好像初恋的感觉一样……”我们在为周星驰夸张搞笑的表演捧腹大笑之后，会忽然很感动：如此品味美酒的过程，简直就是一次曼妙的花开，种种美好的滋味缠绵在味蕾上，让人心动。味蕾，是我们抵达美食天堂的唯一路径。这个世界上的美味，都是细细品出来的。

可是，我们有多久没善待自己的味蕾了？大自然赐予人类各种美食，人类通过灵巧的双手打造美食，我们以食为天。曾几何时，美食却成了我们嘴巴里的匆匆过客。因为丢失了一颗细品生活的心，味蕾总是浅尝辄止地敷衍我们。不知你细品过一碗白米饭没有？有一次我半夜饿了，冰箱里没有别的食物，只有电饭锅里依旧温热的白米饭。我盛出一小碗，没有任何菜，就细嚼慢咽地吃起来。米饭软糯中带着甜香，淡淡的，别有一番风味。吃到最后，我竟然觉得余香满口。做米饭的大米，是我们乔迁新居时，一个开粮油店的朋友送的。后来我才知道，那是一种上好的稻米，平日里我却忽略了它的美味，也不经意忽略了朋友的一番情谊。

即使只是一碗白米饭，若给味蕾足够的时间，我们也能品出平淡中的真味。说起来似乎有些禅意，如同生活，并不在于多么奢华，平淡中的滋味，需要你细品慢享。对于婚姻，有一种很有意思的说法：“想要留住男人的心，先要留住男人的胃。”我以为，如果一个男人不肯给你足够的时间，陪你慢慢吃一顿饭，再美味的食物，他也品不出味道来。

给味蕾留点时间，品味亲情的味道。李安的电影《饮食男女》中，鳏居多年的朱师傅，每周都要精心准备家宴给女儿们。他做松鼠鱼、切鱿鱼花、做扣肉、炖鸡汤、包小笼包……可女儿们都要出嫁离开。精于厨艺的朱师傅没有了味觉，他落寞极了。女儿家倩最后决定留在老宅陪伴父亲，朱师傅竟然奇迹般地恢复了味觉。作为女儿，能够留在父亲身边细品他做的各种美食，就是对父亲最大的治愈。

给味蕾留点时间，品出美食的真味。食物有了味道，生活才会有味道。

准备下酒菜

蔡要要不吃药

我的爷爷爱喝酒。吃晚饭时，他喜欢喝一点儿刚打回来的高粱酒或者老白干，一两或者二两，高兴时就再多喝一两。奶奶经常骂他：“喝那么多酒，小心老糊涂！”

话虽这么说，可奶奶还是会给爷爷准备下酒菜。奶奶的花生米炸得很好，干酥且香脆，不油不腻。她先用八角爆香了油，再把花生米倒进锅内不停地翻炒，等铁锅里发出“啪啪啪”的响声时就调成小火，让每一颗花生米都浸满了油香，最后撒一把粗盐，起锅后放入瓷罐内。这些花生米爷爷可以吃好久。

有时候奶奶还会炸鱼块。她买回一整条肥美的青鱼，将其切成大块，用盐巴和白酒腌上好几天。腌好的鱼块呈现出淡淡的粉红色，甚是诱人。炸鱼前，她先把鸡蛋和面粉和在一起，然后用热热的油将鱼块炸得外酥里嫩，吃的时候用蒜头和酱油做成热腾腾的浇汁淋上去。吃一口鱼块，配一口老酒，爷爷说这是皇帝般的享受。

爷爷偶尔晚上睡不着，就会起床喝上一小盅酒。他央求奶奶给他做一些下酒小菜，奶奶一边抱怨，一边卷起袖子走进厨房。奶奶炒鸡蛋炒得很好，她一般打 3 个鸡蛋，用筷子将鸡蛋液打散，然后加一点点盐，倒些许白醋，这样炒出的鸡蛋松软可口。爷爷喜滋滋地看奶奶架好锅并倒上足量的油，三下五除二,一盘炒鸡蛋就端上了桌。爷爷坐在桌前先吃一口菜，再喝一口酒，然后看一眼奶奶。我站在一旁瞧着，觉得这个老头快乐极了。

我问奶奶：“你老是不让爷爷喝酒，为什么还要给他准备下酒菜？”奶奶一边给爷爷做冬天穿的毛线裤，一边淡淡地说：“可能是我上辈子欠他的吧。”说完，奶奶抬头笑了起来。在那边的卧室里，爷爷还在嚷嚷：“老太婆，晚上吃什么呀？”

《西游记》中的甜食

饱 弟

在从小困扰我们的无数问题里，有一个问题始终难以解决：为什么猪八戒挑担走了十万八千里，还是没有瘦下来？唐僧师徒一路上吃的都是斋饭，再加上十几年如一日的运动量，猪八戒也该瘦了吧。

然而在原著中，唐僧师徒的饮食未必像我们以为的那样清淡。他们的斋饭中最显眼的一样，是一种跟僧人禁欲“人设”大相径庭的东西——甜食。取经路上，他们师徒四人多次摄入糖分。

在朱紫国，国王大摆筵宴答谢师徒四人，菜单除了“琼膏酥酪”，还有“斗糖龙缠列狮仙，饼锭拖炉摆凤侣”，外加“几样香汤饼，数次透酥糖”……给唐僧师徒吃的素食，一大部分是甜的。

这不是偶然现象。《西游记》第七十九回，孙悟空怒打假国丈，国王的答谢宴是：“看盘高果砌楼台，龙缠斗糖摆走兽。鸳鸯锭，狮仙糖，似模似样……枣儿柿饼味甘甜，松子葡萄香腻酒。几般蜜食，数品蒸酥。油札糖浇，花团锦砌。”

照这个吃法，大概师徒四人的血糖含量都有点儿危险。

然而，全书除了他们，几乎没有几个人吃甜食。

神仙里，修为很高的镇元大仙，日常待客的饭食竟然是咸菜。如果说神仙不贪人间口腹之欲，那么凡人呢？唐僧师徒一路上遇到的大户人家，总该吃得起甜食吧。可在他们的殷勤款待里，很少见到点心：通天河陈家的款待，是“素果品、菜蔬，然后是面饭、米饭、闲食、粉汤”；寇员外给唐僧师徒摆席，除了菜品种类多点，主食也不过是“素汤米饭，蒸卷馒头”。

全书只有唐僧师徒吃甜食，显然不是随便写写的巧合。第十二回，唐僧所在的长安化生寺举办水陆大会，也有“时新果品砌朱盘，奇样糖酥堆彩案”。除了招待唐僧师徒，甜食大量出现的唯一场合，是在礼佛的时候。

在《西游记》的世界观里，甜食是一种有宗教象征意义的高级食品，而能够且懂得享用甜食的，除了唐僧师徒，只有佛。

由此，我们可以大胆猜测：唐僧师徒爱吃甜食，其实是作者刻意埋下的伏笔。在故事线还没走到“取得真经，修成正果”之前，作者一直通过饮食描写，向我们暗示这个结局：只有唐僧师徒能吃佛祖配享的食物，说明他们是“天选之子”，从故事一开始，就注定成佛。

把甜食和佛教联系在一起，也有现实生活依据——在中国的佛教活动中，以甜食供佛，本就是历代传承的风尚。

后秦弗若多罗与鸠摩罗什所译《十诵律》记载：“佛在王舍城竹园中。诸居士办种种带钵那：胡麻欢喜丸、石蜜欢喜丸、蜜欢喜丸、舍俱梨饼……”

西域人民对糖、奶、蜜等甜食的爱好随着宗教传入中国，让甜蜜成为中国人对神域极乐的想象象征。曾经的奶食“醍醐饼”，在唐朝后发展成佛教禅食点心。藏传佛教的供品，则有青稞面加奶油和糖做成的“食子”和糖果。

过去油和糖的“奢侈品”属性，连同与宗教联系的神秘感，构成了中国人对甜食的一种独特向往。这一切，甚至延伸到中国人的一切信仰供奉：祭灶要用糖瓜、关东糖，在凡人的想象里，灶王爷也是个馋嘴的老神仙；老北京人用月饼祭祖，哪怕“自来红”“自来白”里的冰糖坨子都硌牙，也始终不改；满族人祭祖的水果，也一定是经过蜜渍的。

人类无从得知远在天边的神佛究竟爱吃什么，只好用自己想象中最好吃的东西来敬奉。于是，高不可攀的神佛也像人类一样馋糖吃。《西游记》的作者，不论他真正生活在何时何地，最终把这种接近现实生活的饮食习惯，写进了我们今天看到的小说里。

曾经有一道菜叫洗锅汤

曾颖

我刚到成都打工时，常混迹于水碾河农贸市场附近的小饭馆，与几位同样来自四面八方的同事，每人炒一盘3元一份的俏荤菜，黄曲米饭随便盛。如果老板不是特别忙，还会随手送我们一碗洗锅汤。

多年来，我一直将那一段生活，称为自己人生的“池塘之底”。已经低到了泥潭的最深处，而洗锅汤，便是那段触底人生的标配。

所谓洗锅汤，就是厨师在炒完一锅菜之后用来洗锅的水。沾了些残剩的油汁和盐味，烧开之后，撒一小撮葱花、味精，再顺手带进两片菜叶、一块豆腐，用一个小碗装了，放到客人面前，让客人受宠若惊地体验一回一菜一汤的感觉。

即便是在20世纪90年代末，3元钱一份炒菜、米饭随便盛的生意，也看不出利润在哪，再附赠泡菜和洗锅汤，积少成多，会是一笔不小的开支。

饭馆的老板姓王，夫妻俩先前是国营小食店的工人，双双下岗后，便自筹了资金，租下农贸市场的两间毛毡棚，男的炒菜，女的端菜算账，干的都是老本行。起店名时，有人建议起“下岗饭店”，老王觉得既不吉利，也有展示伤口之嫌，于是干脆就叫“夫妻饭店”，但我们更喜欢叫它“洗锅汤店”，简单直接，特色分明。

关于小店的经营及成本，王老板自有他的一套算法。他说，3元一份炒菜确实没啥利润，如果遇上饭量大的还会亏本。但这可以吸引人气，给人味道不错、生意兴隆的感觉。况且，谁又说得上，这些3元客会永远囊中羞涩，保不准他们月初领工资后会横下一条心给自己买份大餐，保不准哪天好运气走错了门也砸在他们头上，或者朋友往来、生日聚会，看在小店对他们向来照顾的分儿上，也回来照顾一下。这样一个月下来，还是能小小地赚上一笔，虽不能发家致富，倒也比拿死工资强。至于洗锅汤，无非是顺手的人情，这是他父亲教的，他老人家卖了一辈子汤圆，凡打摊前路过，或只是借凳歇个脚的人，他都会端上一碗热气腾腾的汤圆水，人们因此很喜爱他，说起来也没啥，就是多洗几个碗的事情。

厉害吧，早在20年前，他就把如今互联网讲师们讲得口沫横飞的流量思维，做得如此简单易懂，令人佩服。

但向客人赠送一碗洗锅汤，确实不只是多洗几个碗的事情，一个客人多洗一个碗，但十个、百个，账不可细算。省城农贸市场附近的小饭馆与乡下半天才等得来一个客人的汤圆摊不一样，容不得半点不经济的想法。客人多等一分钟，都会大声叫唤。而一分钟又一分钟，耽搁的就是要命的翻台时间。这些小细节，最终决定了王老板的成败，在经营了差不多三年之后，他的小店关门了。这对于人流密集的农贸市场算不得什么大新闻，只是自那以后，在那条街上的小饭馆里，再也喝不到洗锅汤了。至此，我才发现，洗锅汤不算我人生的最低点，想喝洗锅汤而不得的那些日子，才是。

与洗锅汤一起消失的，是3元一份的炒菜。各家餐厅门口的黑板上，菜价像浇了化肥的豆芽，一天一个样子，长势良好，4 元、5 元、6 元、8 元、10 元……在菜价涨至 14 元的那一年，我离开了城东，并且终于开始自己做饭。在与朋友合租的小厨房里，我炒完第一份菜后，忍不住往锅里掺了一瓢水，等它沸腾冒泡，就将葱花和剩下的菜渣倒进去，一股熟悉的味道在空气中慢慢升腾，并将世界变得泪光一片……那是老王的味道，既温暖，又悲悯。

人间有味

潘向黎

总觉得唐人在饮食方面偏于简单。这可能是我的错觉，但不能怪我，责任在唐诗。

读过的唐诗里关于饮食的诗句，最令我难忘的是杜甫《赠卫八处士》中的一句：“夜雨剪春韭，新炊间黄粱。”那是描写他到一个老朋友家受到的招待，那顿饭被大诗人写成了千古美餐：是春天，有当令的菜蔬；是雨夜，于是有湿度和气氛；餐桌上有鲜艳悦目的色彩，有朴素而天然的香味。生活气息扑面而来，食欲美、人情美在温暖的色调中交织氤氲。

还有李白，他的笔下满溢着酒香，但是真正的酒徒往往对食物不太在意，也是做客，也写食物，他就非常简单：“跪进雕胡饭，月光明素盘。”（《宿五松山下荀媪家》）雕胡就是茭白，能结实，名叫菰米，可作饭。用白色盘子装了这样的饭，虽然简单到寒素的地步，但在月光下该会有晶莹剔透的感觉吧。

印象中，到了宋代，情况就不一样了。因为苏东坡的胃口好得很，他不但发明了像东坡肉这样的名菜，还在笔下留下了勾魂摄魄的美味。且看他的《惠崇春江晚景》：

竹外桃花三两枝，春江水暖鸭先知。
蒌蒿满地芦芽短，正是河豚欲上时。

蒌蒿、芦笋、河豚，和竹、桃花、江水相提并论，一起充当了仲春的使者，这首诗不但画意盎然，而且在后两句诗里，苏东坡显示了他不但是一位观察细致的诗人，而且是一位真正的美食行家。河豚吃蒌蒿、芦笋就长得肥，三者之间有内在联系，苏东坡不是随便写写的，每个字都有道理。

在他笔下，早春景象也和美食有关，这是一首《浣溪沙》的下半阕：

雪沫乳花浮午盏，蓼茸蒿笋试春盘。人间有味是清欢。

古代风俗，立春日以蔬果、饼饵等置盘中送人，表示贺春，叫作春盘。这里写出了春盘的内容，同时点出时间是早春，“雪沫乳花”的茶和“蓼茸蒿笋”的春盘，同为清香之物，超尘脱俗，又有白有绿，鲜明生动，使“有味”“清欢”水到渠成。

明代的文人中，写吃写得多且妙的，是画、诗、书三绝的郑板桥。他写吃往往是一派平民风味：“稻蟹乘秋熟，豚蹄佐酒浑”“江南大好秋蔬菜，紫笋红姜煮鲫鱼”“湖上买鱼鱼最美，煮鱼便是湖中水”，甚至连“笋脯茶油新麦饭”也入了诗。

郑板桥还有一副好对联，联曰：

白菜青盐粯子饭，瓦壶天水菊花茶。

我很喜欢这副对联，表面上全是静物，而其人自在；纯是素朴，而品格自华。麲子是粗麦粉，这样的茶饭，真是一贫到底了。但是如此清洁自守、为民不谀、为官不贪，且自得其乐，这样的茶饭最干净，吃着最安心。

早晚一罐茶

李满强

在陇东乡下，喝罐罐茶的习俗由来已久。

茶既是解渴饮料，也满含人情和冷暖。你若去乡间走亲戚、串门，即使你有天大的事儿，一进门，主人也会先问你："熬一罐子？"若是关系好的，主人会从箱底拿出亲戚或者晚辈送的好茶，都是平日里自己舍不得喝的，来了好朋友，当然要拿出来分享，一半是炫耀，一半是款待。

邻里之间，若是平日里有个七灾八难，受了别人的恩惠，逢年过节的时候，也是要提一两斤茶叶，去感谢一下人家的——提的大多是春尖、砖茶之类的"下等茶"，但有着深厚的情谊在里面。提茶的人诚心实意，收茶的人心安理得，一斤两斤最普通不过的茶，连起来的，是乡人之间朴素真实的感情。

茶里有甘苦。陇东乡人辛勤，农活忙的时候，人人都是披星戴月，两头摸黑。繁重的劳作之余，最常见的调节方式就是熬一罐茶。早茶是当早点来吃的，而午茶或者下午茶，则是为了在喝茶的当儿歇缓一下。常常是人刚从西山上回来，就火急火燎地喝一罐茶。一罐茶，也就不到半个小时的工夫，再匆匆地赶往东山上忙活计。乡人把喝茶叫“熬茶”，一个“熬”字，五味杂陈。就在这不断“熬”之中，日子有了起色。

前段时间去庄浪县，不经意间看到车站附近还有卖罐罐茶的：一老汉，一火炉，一茶罐。小小的茶摊旁边聚集着许多人，煞是热闹。那些喝茶的人，有些是从乡间来赶集的，有些是出远门走亲戚回来的，彼此大概都不认识，却像多年的老相识，悠然地喝着茶，聊着各自的见闻和趣事，像一幅古老的民俗画。那一瞬间，我的内心忽然就有了一种久违的温暖。而他们的身后，是起伏连绵、沟壑纵横的黄土高原。

艰难的酒事

毕飞宇

我们家没有能喝酒的人，等我结婚，生了孩子，家里还是没有人能喝。这么说吧，在我们家，即使是大年三十，餐桌上也见不到酒。有一年除夕，我对父亲说："我们也喝一点吧。"老父亲豪情勃发，说："那就开一瓶。"我们真的喝上了。一瓶酒我们俩当然喝不完，喝不完那就放下。一眨眼，第二年的除夕又来了。我想起去年的那瓶酒还在呢，于是，我和父亲接着喝。我们这对父子在两个春节总共喝了多少酒呢？最终的答案还是贾梦玮提供给我的。他把那瓶残酒拿在手上晃晃，说："起码还有六两。"别起码了，就六两吧。我愿意把这个无聊的故事演变成一道更加无聊的算术题：一瓶酒十两，两个人均分，喝了两次还剩下六两，问，一人一次喝几两？

虽然酒量不行，可我父亲喝酒的姿态很优雅。在端起酒盅的时候，他通常是使用大拇指和中指，这一来他的食指、无名指和小拇指就会呈现开放的姿态，绷得笔直，分别指向不同的方向。有一回在飞机上，我和昆剧武生柯军先生聊起了各自的父亲，我就把父亲端酒的姿态演示给柯军，当然是说笑话。这位昆曲名家没有笑，却点点头，说：“对的。”我说：“什么对的？”“拿酒的动作。”柯军说，“舞台上的兰花指最早并不属于女性，而是来自男性。在很久很久以前，有身份的男人参加宴会必须有模有样地端酒，否则就粗鲁了，就失礼了——兰花指就是这么来的。”也对，一滴酒的背后是一堆粮食，一堆粮食的背后是广袤的土地。酒是大地的二次方，端起一杯酒其实就是托起一片风调雨顺的大地。它需要仪式感，它需要敬畏心。把手指摆成兰花的姿态，是应该的。

父亲把他局促的酒量传给了我。因为不能喝，我对酒席上的枭雄极为羡慕，说崇拜也不为过。十七岁的那一年，我看到了罗曼·罗兰对克利斯朵夫的描述，他描述了克利斯朵夫在巴黎的一场酒会——年轻的约翰真是能喝啊，他“把各种各样的颜色倒进了他的胃”。十七岁的年轻人喜欢上这句话，赶紧抄在一张纸上。这里头有他对人生的期许——天才的豪横、淡定、硕壮、帅、不可一世和谈笑间樯橹灰飞烟灭，“把各种各样的颜色倒进他的胃”。酒纳百杯，有容乃大。一个人的壮丽与浩瀚是可以喝出来的。六年之后，少年二十四岁了。那是1988年的夏天，他去了趟山东。先去高密，看过了红高粱，然后，豪情万丈，点名要喝高粱酒。很不幸，他没能把“各种各样的颜色倒进他的胃”。热菜还没有上桌呢，他就冲出堂屋，把“各种各样的颜色”倒在了天井。他抱住围墙，可该死的围墙怎么也搂不过来。他的胳膊借不上力，这让他气急败坏，一桌子的人还等着他上热菜呢。第二天，他醒来了，就此知道了一件事：兄弟，你不行，不行啊。悲伤涌上他的心头，他的人生就此少了一条腿。

我喝酒真的不行。一次又一次的大醉让我产生了恐惧。这恐惧固然也来自酒，但更多来自酒席。我上不了席，真的上不了。中国的酒席到底是中国的酒席，它博大精深，你是不能自斟自饮的。自斟自饮？那成什么了。你必须等别人来“敬”，“敬”过了你才能喝；当然，你也要“敬”别人。如果彼此都不“敬”，那也要有统一的意志、统一的号令和统一的行动。“我”喝和不喝都不是问题，重点是，“我”必须为“他”和“他们”而喝。每个人都必须这样。这很好，可我难办了：如果酒席上有十个人，少说也得十八杯。只要有人约我，我一定先问一问：多少人？有一道算术题我必须先做一做：六个人以下，也就是五个客人，可以的。如果是八个人以上，那我就要掂量。有时候其实也就是一两杯酒的事——千万不要小看了这多出来的一两杯酒，对我来说，它们是左勾拳和右勾拳。咏春大师叶问说，武术（喝酒）很简单，一横一竖。打赢了（能喝）才有资格站着（坐着）说话；打输了（不能喝），躺下了。

我不想躺下。不想躺下那就只好耍酷：看到人数不对时，我就滴酒不沾。时间久了，我发现滴酒不沾也不是一个好主意。常识是，酒过三巡，喝酒的人大多会兴奋，这是无比幸福的一件事——不然喝酒还有什么意思呢？我呢，糟糕了，我的情绪慢慢地就跟不上趟儿了。我在众人欢腾的时刻上过卫生间，照过镜子。我在镜子的深处，一点也不兴奋，连基本的喜悦都没有。这么说吧，我只是处于常态。但酒席上，常态就是异态，它另类，类似于阴险。我的“死样子”连我自己都不愿意接受——“他怎么就生气了呢？”“究竟为了什么？”“和谁呢？”老实说，我也不知道。即使到了第二天，好心的朋友打来电话，我依然不知道。我只能这么说，其实我已经很配合了，该笑笑，该点头点头，该鼓掌鼓掌。可是，天地良心，不能因为我喝了八两矿泉水你就让我手舞足蹈，要知道，平白无故地亢奋两三个小时，太难了，体能跟不上啊。跑一场马拉松也不过两个多小时。

我对酒席的恐惧还有一个说不出口的地方，那就是说话。在酒席上，音量偏大，抢话，语言夸张，骂娘，这些我接受——和我的“现场直播”比较起来，不知道好到哪里去。可我不太能够忍受“单曲循环”——同样一段话，他能重复十几遍，几十遍。我曾经遇到一个“可喜”的读者，就在酒席快要结束的时候，他站起来背诵了我作品里的一个段落，然后用慷慨赴死的劲头玩命地夸。我虚荣啊，哪里还绷得住，就笑。在我返回房间的时候，这位仁兄跟了上来，他提出了一个要求，要去我的房间“和毕老师说说话”。这个我必须答应，我还想听人家接着夸呢。虚荣必遭天谴，灾难就此降临。这位老兄一屁股坐在我的床边，接着背诵，接着夸。特别好。可我哪里能想到呢，他背诵的永远是同一个段落，说的赞词永远是同一番话。没完没了，没完没了，没完没了……结果可想而知，虚荣抛弃了我。我去了趟卫生间，给朋友发短信：“快来我房间，就说三缺一。”

老王的包子铺

华明玥

一到肥大脆嫩的春笋上市时，同事小纪就不在家吃早饭了，他放弃坐地铁直达单位的习惯，先坐一辆穿街走巷的迷你公交，到老王那里吃包子，喝一碗豆浆，再沿着河畔的栈道走七八分钟，享受一下“吹面不寒杨柳风”，再回到地铁线路上来。

让他改变行程的，不仅有河岸上鼓出叶芽的柳丝，还有老王只做这 20 多天的应季包子：春笋腊肉包子、霉干菜肉丁包子、马齿苋香肠包子。

两三块钱的早餐包子能有多大的吸引力？小纪说了一件事：包子铺的老王有一回路过市民广场，看到那边有人玩大石锁，玩家 3 月份就穿着短袖小褂，露着肱二头肌，看他们把几十斤重的大石锁抡得生风，老王也心痒，想上去试试，刚惴惴地开口，人家就用“你真不知天高地厚”的神情睨视他，默默让出一个够大的圈子来，生怕老王脱手砸中他们。但老王一上手他们就愣住了——中号的大石锁他能玩得溜。这穿夹袄的小老汉是何方神圣？

老王笑着说：“我的这把力气，是剁了 15 年包子馅练出来的。”

老王的包子，哪怕是最便宜的两块钱一个的青菜香菇包子，包子馅都是手剁的。为什么不用绞馅机？老王说："机器省力归省力，但机器一绞，蔬菜的汁水都出来了，包子馅等于菜渣，塞牙不说，还留不住油脂和香气，少了那种清鲜松软、绵柔甜润的味道。手剁的馅，蔬菜的汁水有一半含在里面，包子上笼一蒸，里面汁水清新。"

老王一年到头做青菜包子、老豆腐包子、萝卜丝包子。他那个面积只有4平方米大的包子铺，黄金时期是在春天。这个季节，万物如吹了哨子一样竞相生长，春笋肥了，马齿苋蹿出了肉嘟嘟的叶子，太阳加大了它的热力，老王的妻子撑出的竹竿上，霉干菜一把把地挂着，被晒出了暗红的色泽；腊肉和香肠早已风干，散发出诱人的香味，一切都恰到好处。

老王的喜悦体现在他的剁馅声中，春笋要在沸水中煮去涩味，粗切细剁，剁起来如万马奔腾，轰轰隆隆；马齿苋在沸水中烫一下，剁前要细切，然后粗剁一下，尽量含住汁水；霉干菜是剁不动的，完全靠手劲细切，饶是老王这样的熟手，切完一天要用的霉干菜和腊肉，手腕也酸软。老王手头有一本《水浒传》，是说书人整理的本子，已被他翻到起了毛边，他笑说，自从切过霉干菜，就晓得镇关西为何忍不住怒气——鲁智深命他将10斤精瘦肉、10斤肥肉细切做臊子，又加10斤软骨，直把他的横劲儿挫去十分，这等"消遣"，谁受得住？

老王这人很轴，包好的包子非要24个褶子，少一个也不行；包子馅还得丰满，透过包子皮，能看出春笋腊肉包子是嫩黄中夹杂暗红色，马齿苋香肠包子是暗绿中夹杂红白色。他还有一样轴性子——早上最后一屉包子，说什么也不卖给路人，得留着，他留着等谁呢？

九点半光景，他要等的人摇摇摆摆地来了，3 月艳阳天，还戴着帽子，穿着灰棉裤，都是须眉皆白的老人，他们三两相约，说要出老年公寓透透气，看看街景，都八九十岁了，护理人员最多允许他们溜达 500 米。他们就来老王的包子铺轮流做东请客。老王收的钱，青菜香菇包子 1 元一个，马齿苋香肠包子 2 元一个，还是 10 年前的价钱。

老王还会拿出家里的茶给他们泡上一壶，陪着他们说说话。问他为什么这样做，老王只是简单地说："谁没有老的时候，老了，就没人愿意问你想要什么，和谁在一起，吃的啥饭了，这多可怕。这些老年人，以前有地位、有学问也好，没地位、没学问也罢，如今谁羡慕谁？能走出这 500 米去，能硬硬朗朗地吃下两个包子，能有说得上话的朋友，就是福气。干吗不让他们的福气长一点呢？"

一碗油豆腐粉丝汤

严锋

1971 年，我七岁。有一天，父亲带着我走在上海金陵东路上，看到路边有一个卖油豆腐粉丝汤的个体摊贩，父亲眼睛一亮，就拉我坐下，津津有味地吃了起来。

这是 1971 年，个体摊贩是非常罕见的。更惹眼的是我父亲还穿着一身军装，浑身上下散发着豪迈的军人气质。就这样，军人、小孩、金陵东路、油豆腐粉丝汤小摊，各种机缘巧合，构成了那个年代一道可遇不可求的奇观。

这是我第一次吃油豆腐粉丝汤，对一个在匮乏中成长的孩子来说，这碗油豆腐粉丝汤鲜美爽口，有一种完全不同于平时家里吃的饭菜的风味，超凡拔俗，沁人心脾。

就在我们吃的过程中，身边聚拢了一些围观的人。我是一个比较早熟的孩子，很早就对别人的目光比较敏感，当时就觉得这些看客的目光中有很多不同的东西：惊讶、好奇、有趣、困惑、鄙视……我有点坐立不安，希望快点吃完走人，但父亲丝毫不受影响，就在这些目光中悠然地吃着他的油豆腐粉丝汤。

这时，围观人群中一位四十岁左右、长得细白精致、戴着眼镜的中年人开口问了父亲一个问题："好吃吗？"

他的腔调混合着好奇与调戏，我到今天也忘不了那一刻对这个精致中年人的厌恶。作为一个孩子的我，第一次感受到来自成人世界的满满的恶意。当然，这也可能是一个过于敏感的孩子的错觉。无论如何，我觉得受到了羞辱。

然后父亲微笑着回答："很好吃。"

我永远也忘不了父亲在回答这个意义暧昧的问题时的语气和神情：温和、自然、真诚。那戴眼镜的中年人对这回答似乎有点满意，又似乎有点失落。

我的羞愧和不安仿佛突然消失了。我们坦然地继续吃着油豆腐粉丝汤，在金陵东路的一个小摊，在1971年。

甜意充盈的夜晚

周华诚

诗人悄无声息地走路，悄无声息地进屋。掩上门，还得闩上。说话也低声静气，仿佛生怕惊动了什么。

写文章前，我特意打电话问母亲，做米爆糖的夜晚，为什么那么神秘？

母亲说，没有啊。那么晚，你们都睡了。

我们确实都睡了，挨不住。灶膛里大块的劈柴熊熊燃烧，热量散发出来，把人暖得睁不开眼。一只猫，早早蜷在灶后的猫耳洞里，舒适地打着鼾。

次日清晨我们醒来，一列一列的米爆糖早就整齐地躺在案板上，散发着好看的光泽。一只一只的洋油箱装得沉沉的。

有米爆糖的冬天令人感到心满意足。漫长无聊的冬天，有孩子可以随手拍打，有甜食可以随手取食，拧开电视机有 1987 年版的《红楼梦》可以看，尽管屏幕上的雪花点比屋外的雪花还密，没关系，该心满意足就得心满意足。

可我仍不罢休。我问母亲，制米爆糖的夜晚是不是有什么禁忌，小孩不该知道的？

母亲说，没有什么禁忌啊。

制米爆糖的夜，空气是甜滋滋的。父亲早早买了白糖以及麦芽汁——我们叫糖娘，却不知道为什么叫糖娘。母亲早早炒好了米花。晒干的大米在铁锅里与细沙同炒，米粒纷纷怒放为花，一朵一朵，纷纷扬扬，在黑色的背景里竞相开放的白色，那么好看。

现在，要用糖，那甜黏之物，把一切散落的、纷扬的，一个一个汉字一般的米花，凝结成句子、诗篇、文章；凝结出秩序、队伍、大地。

真的，糖，就是灵感。

糖娘就是灵感之娘。

这样一想，我就知道了，制米爆糖的夜晚为什么静悄悄的。灵感是一种敏感的东西，稍稍的慌张，一点点牵强，十秒钟游离，都可以轻易地将它赶跑。

所以，制米爆糖的师傅，是十二月行走在村庄的诗人，身上带着甜味的诗人。

米爆糖师傅在村庄里为数不多，他们掌握的秘密是一般人无法知晓的。他们入夜行走，披星戴月（有时披雪戴花），穿越黝黑的田野、冗长的木桥，穿越零星的狗吠、高远的鸦声，走三四里路，去某一户人家。

来了？

嗯，来了。

冷吧？

冷。这雪大的。

快到灶前坐下。是的，熊熊的灶火，用温暖裹挟了他。一大缸热茶已经备好，此时被递到他的手上。他捏一支烟，随手从灶膛里抽出一块柴火，点燃。

好了，一个被甜意充盈的夜晚就此开始。糖在锅里，糖娘在锅里，米花在锅里，这些东西被搅动起来，夜也就被搅动起来。当米花与糖搅到一定程度——具体到什么程度由掌勺的诗人决定——就被迅速取出，热气腾腾地，倒进木案上那个“口”字形木架子间。穿上新鞋子的人，站上案板去踩。踩那些米爆糖，直到它非常坚实（一篇好的文章，文字与文字之间也具有这样稳定的结构：一字不易，密不可分）。然后动刀，先切成条，再切成片。嚓嚓嚓嚓，嚓嚓嚓嚓。

门是关紧的，风都吹不进。这让诗人感到踏实。有一次，在搅动一锅甜意的时候，门突然打开，一阵冷风吹进来，诗人心中一紧，手里一沉，锅里嘟噜嘟噜冒泡的糖液立时收了下去，熄了，干了。

他说，有什么东西来过。他的原话是，有什么“脏东西”来过。

有了“脏东西”来过，那一锅米爆糖再也无法凝结。松松散散，像一堆突然从树上掉落的叶子，像一篇被写坏了的文章（一个不喜欢的人的电话就轻易地打扰了写作进程），令人灰心。

明白了，这就是制米爆糖的“禁忌”：忌外人串门，忌随便开门，忌高声谈笑。

我离开村庄很多年，这样制米爆糖的夜晚也久违了。听母亲说，村庄里大家都不做米爆糖了。原因能想到——现在大家不缺吃的了，想吃什么，随时可以进城买到。

母亲说，现在城里就有当街做米爆糖的，就在街边，大白天的，一锅一锅做，不也做得好好的吗？哪有什么禁忌。

我却觉得，生活其实需要一点儿仪式感。

为什么我们的生活变得缺少趣味？

因为我们失去了那些门关得紧紧的、悄无声息的、甜意充盈的夜晚。

饭菜凉了

曾颖

一名脱口秀演员在比赛场上吐槽外婆每天催他趁热吃饭，仿佛这个世界上最恐怖的事情就是饭菜凉了，引起全场雷鸣般的掌声。台下都是与他年龄相仿的人，对这句话的认同度之高，可见一斑。

年轻时，我也被这句话催得很焦灼，特别是父母在左等右等反复热菜之后着急地埋怨，让我有时甚至感觉随着年龄的增长，父母的世界萎缩得只剩一张饭桌了，饭菜的冷热成为最重要甚至唯一值得关注的事情。那时候，我会顶父亲："你难道只对饭菜凉了这件事紧张吗？"

我们对人生的认知，是一个循序渐进的过程。有些感悟，不身临其境尝到酸甜苦辣，是无法明白的。不说生离死别、成住坏空这类大词，就是对饭菜温度这种小事，也是"事非经过不知难"的。

直到女儿的到来，让我也成为一个父亲。上天把她送到我身边，一向对世界漠不关心的我开始在意天气的冷暖，在意路边的小树枝或一块突起的石头，生怕磕碰到孩子，一向莽撞的我开始变得温柔。一向视厨房为畏途的我，开始学着做孩子喜欢的食品，从婴儿时的隔水臊子蛋到幼儿时的双皮奶，再到少年时的天蚕土豆和青春期的煎牛排。我无师自通，学会了做很多女儿喜欢的食物，且往往是女儿闲谈中无意提到的食物，吃饭时餐桌上一定有它的身影。这时，我恍然惊觉，这难道不正是当年父母为我做的？

所谓爱，也许就是你在无意中提到某一种食物，到吃饭时，它已悄悄出现在你面前。而这个过程，其实一点都不简单。

你见过一锅米在火上从虾眼泡开始，到逐渐生出蟹珠泡，再沸腾出一锅浮沫，然后由边沿开始安静，凝结，膨胀，最终聚成一锅洁白芳香的饭的过程吗？那一颗颗饱满晶莹的饭粒上缭绕的，是热气，是香味，是灵魂。你见过一锅排骨，在火与水的作用下，上下翻滚，与冰糖花椒共舞，与八角山柰齐飞，与花生枸杞结伴，在油与火的煎熬里最终成为一道外酥里糯的佳肴的过程吗？送入口中，骨肉立分，吐出口时，骨头上还有一丝儿未散尽的热气，吸引着桌下守候多时的小狗。

温度，是一道菜的灵魂。你如果坐在一盘红烧肉面前，注视着它，由烟香盛放，到暖气尽收，再到温度渐冷，透明的油色变得凝固浑浊，最后到僵硬冰冷。那是一个由欢快到平淡最终归于落寞的过程，那是一个由热切盼望到淡然直至变冷漠的过程。

谁说菜没有知觉？哪一段散落的感情和破败家庭的饭桌上，没有这样一道由热变冷、由期待变失落的菜肴？

渐老的我守在热气腾腾的饭菜前，想象着女儿大快朵颐的样子。听一位川菜大师讲，川菜很看重温度，有一热当三鲜之说。讲究的厨师，对菜的温度，甚至精确到计算上菜步数的地步。我是一个对食物没什么特殊讲究的人，因为对饭桌上那点热气的向往，居然当起了讲究人，学人家定时上菜，并可以精准到和妻儿回家的时间同步。当然，反复问她们回家的时间有点婆婆妈妈显得不够爷们儿，但相比于她们得到的那份暖意，我觉得很值。

熬鱼

铁鱼

每逢周末，只要老陈给我打电话，说弄到了三四斤的大鳎目，我就立刻启程，从北京去天津一饱口福。

老陈今年七十多岁了，比我爸还大十几岁，我喊他“大爷”，他却喊我“兄弟”。他开了一辈子饭馆也没发财。我曾建议他扩大经营规模——以他的手艺，执掌一个二三十桌的饭店应该问题不大——可他总守着这个三五张桌子的小店。

他熬的鱼是一绝，无论是鳎目还是平鱼，先煎后熬，用长鱼盘一盛，卖相绝佳——薄薄一层红亮酱汁盖着下面的鱼，一筷子挑开鱼皮，鱼肉仿佛白玉。鱼盘里没有一点儿多余的油，鱼身下隐隐有一层汤。最绝的是炸成虎皮的蒜子儿，跟鱼一起炖一番，别有滋味儿。把鱼肉往白米饭上一铺，再来一勺鱼汤，如果说“朋友”二字有具体的味道，那一定是熬鱼拌大米饭的香味——不必推心置腹，但总是相谈甚欢，天南海北，世间万物，好不快活。

每次我去，他总会陪我喝一杯直沽高粱，喝多了他就连串儿地迸天津俏皮话，我跟着学了不少。

他父亲九十四岁，身体硬朗，每天下午四点准时巡店，拄着一根铁拐棍儿——我偷偷拎过，倍儿压手。父亲见了他就骂“你个倒霉孩子”，看他百般不顺眼。

他有时候被骂急眼了也发点儿脾气，摔摔打打的，但是依然给老爷子熬鱼、烫酒。只是做给老爷子的鱼都是小鱼，几条小杂鱼，都是事先烧好了的。老爷子一边骂一边吃，吃完了就自己拄着铁拐棍儿回家，也不用扶。

我有一次遇到了就取笑他：“爷爷脾气可够大的，这骂人的劲头！”

“我七十三了，”他抽了一口烟，“还能有人骂我两句倒霉孩子……”后面的话他没说下去，我也懂。

“他以前在街面儿上也是有一号的，年轻的时候在海河上跑船，你看他那根铁拐棍儿，以前里面藏着剑呢。”

“他这一辈子就爱吃熬鱼。好嘛，以前他熬鱼，那大鳎目，十来斤。现在可没有啦，有也吃不起。”他比画着说，“我没什么本事，这辈子也就跟他学了个熬鱼，他的其他本事我不爱学，也学不会。他也看不上我，我呢也这把年纪了，除了开饭馆，什么也不会。”他有一句没一句地抱怨着，可面儿上笑嘻嘻的。

后来他的饭馆停业了一阵子，我才知道他父亲得阿尔茨海默病了，卧床了很久，他索性把饭馆关了，去照顾父亲。春节我给他打电话拜年，他很惊喜，说：“兄弟，你哪天来，趁过年，来咱家，我给你熬鱼。”

我问起老爷子的情况，他说：“唉，人都有这一天，伺候着呗。”

我说：“过几天我从山东路过天津，去您那拐个弯儿。”

他说：“好嘞兄弟，我等着你。”

可一直到了夏天，我才因公去了一次天津。顺便路过他的小店，一看竟然开着门。

他头发白了很多，正在收拾一条四五斤的大鳎目，我喊了一声“大爷”。他猛地转过身来，看着我，憋了好半天才说：“你来了？”

我说：“来办点事儿，顺道来看看您。”

他说：“好，还想着我这个老哥哥。”

“我不想您，也得想您的熬鱼啊。”我看着那条大鱼直流口水，“我这还赶上了。”

他摇摇头：“兄弟，今儿这鱼你吃不上了。”

我说：“怎么的，被人订了？”

他摇摇头，指了指里屋。

那九十多岁的老爷子，一身长袍马褂，戴着礼帽，手持铁拐棍儿，端坐着，面前摆着一桌子菜。他看到我来，点了点头，算是打招呼。

我吃惊地问老陈：“这……老爷子好了？”

老陈摇摇头，说：“他早上突然从床上起来，说要吃熬鱼。自己换了衣裳，点了菜，一路走过来。”

我心里蹦出四个字——回光返照，但是我们都没说出口。

他说：“儿孙都在外地，也都通知到了。不知道赶不赶得上。”

“倒霉孩子！熬鱼呢？”老爷子在屋里骂了一句，我跟老陈赶紧进去。

老爷子招招手让老陈过去，老陈把熬鳎目鱼摆在桌上，弯腰蹲在他跟前。他吃了一筷子鱼，伸手摸了摸老陈的头，叹了一口气，说：“宝贝儿，你是个好孩子。”

我眼看着七十五岁的老陈眼泪不要钱似的流下来。

父系味蕾

殳俏

男人的味觉纯真得令人感到害怕。我碰到的一位父亲就曾告诉我，他在那个困难的年代最想吃的不是肉也不是酒，而是糖。结果他还真弄来两公斤白砂糖，就这么用手指捏着，一个晚上全吃完了。

这恰好也证明了科学家研究的结果，男人比女人更加嗜甜，或者换个方式说，男人对食物的品位其实比女人的更加儿童化。当女人挑选黑巧克力送给情人的时候，男人可能会默默地想，其实我更喜欢牛奶巧克力。当女人为了一条清淡的清蒸鱼的鲜味而倾心不已的时候，男人可能更加愿意直接来个涂满番茄酱的比萨，或是一块甜得发腻的布朗尼。

我们对食物非常任性的态度，以及喜欢不时地吃些垃圾食品的冲动，均可能来自父亲的遗传。从父亲那里，我们继承了更多的喜欢刺激和直接的味蕾。当我们端坐在高高的餐桌上品味着红酒以及海鲜的时候，应用的是来自母亲的敏感而丰富的母系味蕾，而当我们在工作了一天之后，暗自想着要享用一大份炸鸡和一大杯冰可乐的时候，恐怕就是父系味蕾在起作用。

母亲在食物上对我们的影响在于，她亲手做了那么多可口而健康的美食，以至于我们习惯把长大后遇到的各种亲切的好味道都叫作“妈妈的味道”。而父亲给我们的启示则是，有些时候，吃得优雅，吃得健康，倒不如吃得随便来得痛快。

我们每个人的第一顿汉堡，大都是由爸爸带我们去吃的；第一个辣椒，第一口啤酒，大都是爸爸偷偷地让我们试吃的；就算长大之后一家人出去吃饭，爸爸也常是那个提议去烤肉店和牛排馆的人。

我认识好几个大家闺秀，来自那种准点开饭，吃饭不准说话、不准东张西望的家庭，从小就被妈妈严厉地管教，不准吃糖，因为会生蛀牙；不准喝汽水，因为容易打嗝。可她们好像也很习惯于吃路边摊、大排档，一问，自然是爸爸背着家里人领她们出去吃的。

在人群中，爱吃肉，爱吃大蒜，爱喝酒，爱抽烟的爸爸永远多过爱吃蔬菜，爱喝牛奶，崇尚自然清淡生活的爸爸。而我们也被这样的爸爸所影响，时不时爱上那些让人享用之后产生罪恶感的大鱼大肉。

如果说母亲给孩子的爱昭示着一个完美纯净的世界，父爱更多的则是激起孩子的好奇心，让他们逐步认识到这个世界的不完美，并且逐步适应这种不完美，学会从不完美中找到让人开心的部分。

这就是父系味蕾给我们带来的乐趣。它也许来自一块肥肉、一根熏肠、一盒臭豆腐。无论如何，它给我们带来的是一个快乐的王国。

洁盘净碗

草予

百无聊赖的小朋友想去找隔壁的同伴。恰巧此时，自制蛋挞出炉。于是，用锅当盘让他端去。本就是零食，与其独食，不如共享。等他归来，捧回的是被洗得光亮如新的烤锅。

几日后，隔壁送来几根煮熟的玉米："周末回了一趟老家，带了自家地里的玉米，你们也尝尝！"

端进厨房，拿出玉米，露出簇新雪亮的瓷盘，简直光洁照人。

记起幼年往事，逢年过节，各家各户都会把刚出锅的"鲜味"一碟一盘送往左邻右舍。说是"鲜味"，是因为自家也难得吃上一回。三月的野蒿粑粑、端午的油糍、冬至的南瓜饼、腊月的糯米圆子……知晓谁家没工夫做，更是一添再添，盘碟之上，堆积如丘。

端到邻家的，都是各家最鲜亮的器皿，虽不贵重，也是精挑细选的。家常百姓饮食，没有山珍海味，分享的不过是寻常日月的风味。拿出家里最好的器皿，将食物盛满堆高，再由小孩子们三步并作两步，一路小跑送去。邻舍接过热乎乎的碗碟，也不着急奉还，一定洗得干干净净，方才登门归还。

家无长物的岁月，洁盘净碗，已是邻里之间最庄重的心意。

读《东京梦华录》，得知当年开封各处饮食商贩总会用新添置的干净盘盒盛装食物。酒肆楼馆，即便遇到贫苦人家来店里招呼送酒，也会备好酒用银器送上门。连夜饮酒的，也不催促人家归还，而是第二天再取回。避地江左的作者孟元老，难抑无限怀念与感慨："其阔略大量，天下无之也。"

比起人与人的彼此信任、深情厚谊，金银器皿也显得毫不贵重。

汤圆开水

曾颖

在四川话中，汤圆开水的形象可不正面。如果说一个人喜欢乱喝汤圆开水，就是指他有非分之想，并自找麻烦的意思。“乱喝汤圆开水，烫到了，背时（活该）。”

而在我的人生词典里，汤圆开水却是温暖、智慧且充满悲悯之心的。这一切，与李汤圆有关。

李汤圆，什邡外西街人，自幼跟父亲学做汤圆心子。其父早年在县城南华宫旁经营一家名叫“味余香”的食品店，以川味汤圆为主，最有特色的是加了花椒的红糖椒麻馅儿汤圆，还有黑芝麻和玫瑰馅儿汤圆，其味道是很多老什邡人美好的童年记忆。

我认识李汤圆时，他是我家对门建筑公司的炊事员。因为与他儿子洪贵是好朋友，我常常受惠吃到他用做馒头的边角余料蒸的小寿桃和小兔子之类的点心，虽然同样是粗面加糖精，但比起蒸笼里给大人们吃的馒头，味道就是不一样。那时，我就对食物的外形及进食方式对味道的影响有了最初的认识。每天中午 11 点，我和洪贵踩着钟点，从蒸笼的蒸气中接过李叔叔塞过来的小搪瓷碗，躲在灶台背后的旮旯里，吃得不亦乐乎。

这场景是我童年最美好、最温暖的画面。但这个画面的制造者——李叔叔的生活并不温暖美好。一家七口的生活担子重重地压在他一个人身上，那份炊事员的微薄工资根本承担不起这份重量。他空有一身本事却无处施展，每日里忙完手中的活儿就坐在厨房里生闷气。

改革开放后，他第一个从建筑公司辞职，在我家门口摆起一个小摊，两个条凳支起一扇门板，两个蜂窝煤炉灶，一个煮红糖百合稀饭，一个煮汤圆。汤圆馅儿都是他自己做的，有红糖馅儿、玫瑰馅儿和黑芝麻馅儿。

从那以后，我的每个清晨都是被李汤圆生火的柴烟和红糖百合稀饭的香气唤醒的。那时，这里叫建设路，是什邡西边几个大乡镇入城的要道。每天早晨，卖菜的、赶场的、挑粪的人络绎不绝。李汤圆做生意从不吆喝。炉膛里那点小小的暖意，对寒风中赶路人的召唤，足胜油灯的光亮对飞蛾的诱惑。人们从远处走来，总会驻足，与李汤圆聊天，闻着汤圆和稀饭的香气，说说昨日的菜价或明天的天气，还有熟人故旧的近况逸事。当时的汤圆 8 分一碗，稀饭 5 分一碗，但并不是所有的早行人都有这份余钱。大家出门办事，事前几天就已把不多的钱在心里精确到小数点后两位。西门外都是穷乡，好多大队大半天的工分也就八九分钱。

李汤圆从不问顾客要不要来碗汤圆，而是抽凳子请人坐下，从冒着滚滚热气的汤圆锅里，舀一碗热气腾腾的汤圆开水，双手递过去，无论对方年龄多大、衣着怎样，他都一视同仁。

汤圆开水里姜和糯米的香气，像雨后仙山的云气一般，冉冉升起在寒冷而黑暗的空中。而端着碗的李汤圆，脸上真诚的笑容，俨然有光一般。

有人说，这不过就是小商小贩揽客的小小手段。我不否认其中确有多卖一碗汤圆的愿望，但如果仅是这样，他恐怕坚持不了多久，因为这样的投入与产出并不成正比。送汤圆开水这一个小小举动，抛开燃料之类的成本，光是碗，每天得多洗几十次，街边摊离最近的井至少 50 米，每天多挑三五趟水是只少不多的。对于一个独力支撑七口人生计的中年男子，这额外的几担水里，装着的是悲悯——同是天涯沦落人的悲悯。对于一个走了好长时间夜路的乡下人，难得进一次城，对城市充满了敬畏。而在城门口，迎接他的是一碗温暖的汤圆开水，他的内心会是怎样的感受？

我的外公就有在异乡讨碗水喝而被拒的经历。对方说："冷水要人挑，热水要煤烧，凭啥子给你？"此事曾深深刺痛过他老人家。而李汤圆给每个站到摊前的人奉上汤圆开水的举动，让他钦佩不已。

人们喝下汤圆开水，当即叫加几个汤圆的有之，心怀感激、欣然表示下回来吃汤圆的有之。有送上一把小菜或放下两个果子的，也有吃碗汤圆下午卖完菜回来再给钱的。无论有没有照顾生意，李汤圆都笑眯眯地迎送。特别是对那些喝完汤圆开水没买汤圆而一脸歉疚的，他更是语带关切地请人家改天再来。

这个小小善举，李汤圆一直坚持了多年，这令他的招牌在外西街乃至整个县城都响当当的。人们都说他的汤圆好吃，我却觉得，他的汤圆开水更好喝，那洁白如乳汁般泛着姜、玫瑰和红糖芝麻香气的一小碗汤圆开水，是一个小生意人在苦难人生中对世界报以的最真诚的善意。

饮食里的科学

中国科学院物理研究所

为什么雪糕吃起来软而冰块吃起来硬

冰块几乎是一块完整的晶体，其分子有序地排列，并通过氢键相连。温度越低，冰的硬度越高，在零下 50℃时，冰的莫氏硬度甚至超过了钢铁。相比之下，雪糕不是一块完整的冰晶体，其内部有牛奶、糖等各类美味的“杂质”，它们不仅可以带来各种风味，而且可以使冰晶更小，提升口感。此外，雪糕内部还有许多微小的气泡，这些气泡使雪糕疏松多孔，口感绵软。正因为雪糕内部有美味的“杂质”，以及许多小气泡，所以雪糕没有单晶的有序微观结构，自然比冰块松软得多了。

牛奶为什么能解辣

牛奶为什么能解辣？首先要知道我们为什么会感受到辣。与酸甜苦咸鲜等味觉不同，辣其实是一种痛觉。在辣椒等蔬菜中有一种叫作辣椒素的化合物，当人体摄入辣椒素后，辣椒素会和神经元上的辣椒素受体 TRPV1 结合，然后神经细胞会分泌一种叫 P 物质的神经肽。这种神经肽与痛觉传递有关，通过化学反应产生痛觉，从而使人产生一系列应激反应。

而牛奶之所以能解辣，就在于牛奶中的酪蛋白能快速与辣椒素结合，阻止辣椒素与TRPV1结合，且二者结合后的产物不会刺激消化道，这样就达到了解辣的效果。除了牛奶，冰激凌也能有效解辣。喝冷水、吃冰块都不能达到解辣的目的，反而会加快辣椒素的扩散。

喝茶时的“回甘”来自哪里

不知道大家有没有这样的感受，喝茶的时候，刚入口时微苦，细品之后却发现带点儿甜味，这就是所谓的“回甘”现象。

茶叶中的茶碱、茶多酚就是这苦味的来源，而喝茶的时候我们经常能闻到的香味，则来源于茶叶中含有的糖苷类物质。这种物质在口腔中会发生水解反应，产生糖和苷元（香气分子），水解产生的糖就是回甘的由来。此外，茶叶中本身就含有糖类和氨基酸，这些也是其甜味的来源。当然，这现象也和每个个体口腔对味道的敏感程度有关。

为什么蜂蜜不会坏掉

食物腐败是由于细菌和真菌的分解作用。但无论是细菌还是真菌，都具有细胞膜结构，这层膜分隔细胞内部与外部环境，负责细胞与外界的能量和物质交换。细胞膜具有选择透过性，只有特定的物质才能穿过这层膜进出细胞；细胞膜上有特定蛋白质做“门卫”，可识别想要进出细胞的物质。水可以自由进出细胞，并总是倾向于往水少的地方，也就是渗透压高的地方流动。蜂蜜的主要成分是糖，含量超过70%，水的含量不超过25%，具有很高的渗透压，细菌和真菌无法生存。没有细菌和真菌，蜂蜜自然可以不腐。不过，尽管理论上蜂蜜可以长期保存，还是建议要尽快食用，毕竟蜂蜜这种美味干放着实在是对不起味蕾啊！

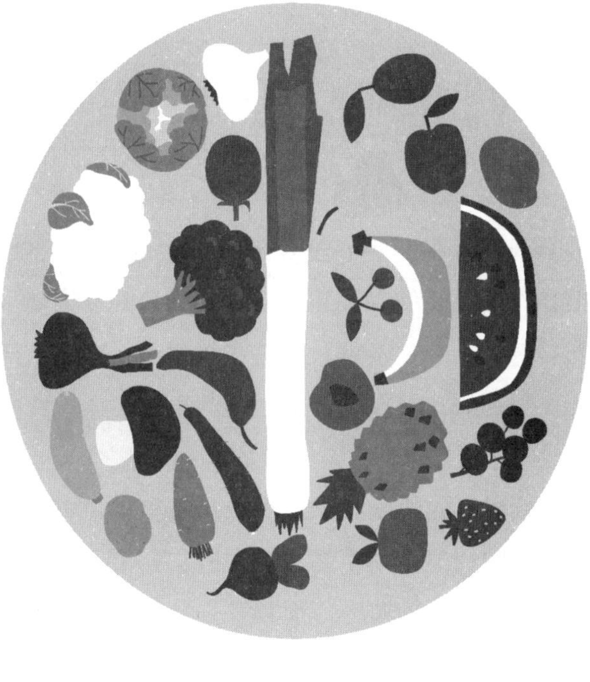

父亲的手艺

宋烈毅

父亲生前最拿手的手艺是削梨子，他能够将一个梨子削出完整的一条皮。

在他用一把旅行小刀小心翼翼地削梨子的时候，我神经紧张，心里满是担心，怕梨子的皮被他削断。这长长的一圈梨子皮，像一件小小的外衣，被我的父亲重新覆盖在果实上。当我从他的手中接过梨子时，我得到的不仅仅是汁液甜美的果实，还有这螺旋状的果皮。这类似于一种馈赠，是父亲给我童年的馈赠。

父亲削梨子获得的快乐甚于他注视我啃梨子获得的快乐，他喜欢炫耀这为人父的一门简单手艺。我知道，为了他的儿子，他总是在平白无故地浪费自己的精力，削梨子只是其中的一种。同我母亲的看法一样，我也不认为那完整的一圈果皮是艺术品，但我至今怀念它在一个男人的水果刀下最终形成的那个瞬间。我知道，为了对付一个梨子，父亲使用了暗力，刀锋的旋转恰到好处，这完全不像他大大咧咧、粗心的一生。

我记得那时我捧着完整的果皮也无甚感激，往往还会当着父亲的面将它撕扯开来，却并不会招致他的训斥。这条没有在他手中折断的果皮，是他故意留给我撕的。于是我知道，为了保持它的完整，他曾经是多么小心翼翼。

食物里藏着令人治愈的温柔

于非让

一

20世纪60年代，汪曾祺先生在张家口沽源县下放劳动。他把在当地采到的一枚大白蘑带回北京，为家人做了一大碗鲜汤。

孩子们兴奋无比，谁知他的妻子喝着喝着却哭了，眼泪落进碗里。汪曾祺先生问她怎么了，她只低头答："太好喝了。"接着，她又盛了一碗，笑着大口喝起来。

当时汪曾祺家里只有一张三屉桌、一个方凳，墙角堆着一床破棉絮。他口袋里小心翼翼地揣着一点钱，为孩子们添了个盐水煮毛豆。下放之前，他留下的字条，妻子还完好地保存着："松卿，等我4年！"施松卿始终守着3个幼小的孩子，在这里等着他。

过后，他回忆说："我当时觉得全世界都是凉的，只有这碗里的一点汤是热的。"一时间，分隔两地的思念、濒临绝境的委屈、口袋里没钱的落魄，在那碗汤里都烟消云散了。

在《四重奏》里有一句台词引发过很多人的共鸣："哭着吃过饭的人，是能够走下去的。"

贫困时的鲜香菌汤也给生活带来遐想和奔头。好好吃饭的人总是有希望令自己更好地生活下去。热乎乎的食物有一种发烫的能量，正是这种温度暖了肠胃。

二

还记得我上高三的时候，随着老妈“吃夜宵啦”的一声吆喝，全家人会有说有笑地围到桌旁。有时是清润的百合莲子羹，有时是清淡味美的山笋乌鸡汤、鲜菇鱼片粥，或是其他。那个橄榄油爆锅的声音仿佛还回响在耳边，我一直忘不了从前家里灶台上氤氲的热气。

然而来北京工作后，我经常顾不上吃晚饭。每天夜幕降临，城市的华灯初上，正是我在公交车上、地铁上被挤得直冒汗的时候。人头攒动，每个人都义无反顾、面无表情地往前走着。回到宿舍，我已经头昏脑涨。夜里 10 点多钟，连一口东西也没有吃上。在冷冷清清的出租屋里，我也不知道这样的日子，自己还能坚持多久。

大多数时候，我只能吃外卖，饿了先填饱肚子再说。可是有一天，我终于忍着胃痛，在楼下买了一点肉和米，给自己熬了一锅粥。喝完，胃竟然不疼了，感觉浑身热乎乎的，很舒服。从那以后，每晚回去，我都给自己熬点粥，然后小口喝光，那时，内心渐渐坚定，也在异乡简陋的空间里安下心来。

在那段初涉职场的艰难时光里，那些热乎软糯的米粥，在某种程度上，让我不再思乡和难过，不再觉得自己对这个世界无能为力。那碗热粥抚慰了我在异乡一路踉跄落魄的灵魂。

美食作家韩良露曾说：“人生和舒芙蕾一样脆弱，但只要接受生命的本质，不断地接受挑战，总有机会遇到完美的生活。”

所有破损的伤口都会在食物的贴心调理下，不知不觉地愈合。生命的本质固然是脆弱的，却能不断在采集能量中获得新生。

文字里的『食』光

小云猫猫

中国的文字，我一直以为，是立体的，有画面、有味道的。

沈从文的《萧萧》里有这么一句话："花狗诱她做坏事情是麦黄四月，到六月，李子熟了，她欢喜吃生李子。"

麦黄四月，多美呀。成片的麦子随着风摇，整齐划一，浩浩荡荡，跟军队似的。黄，是金黄，"远处蔚蓝天空下，涌动着金色的麦浪……"金子一样的颜色，配着宝石蓝的天空，饱满，充盈。仔细嗅一嗅风里，有淡淡的麦香味，夹着点儿土腥味，好闻得很。

"生李子"，这仨字则是酸的。一瞅就酸，念出来更酸，满口涎水。李子多酸哪，青青的小圆个儿，即使熟了也酸。尤其是皮，狠劲儿嚼下去，牙根都要倒了。不仅酸，还涩，涩味紧紧贴着上下颌，水都冲不下来。还有点儿苦，这苦开始不觉得，嚼得多了才有，越嚼越苦。

"腌"也是酸味，令腮帮子发紧，舌面瞬间泛水的酸。跟不同的季节搭配，"腌"字的味道也不同。荻上直子导演的《眼镜》，是发生在夏季的故事。看完很舒服，像在树叶晒得打蔫儿、黄狗吐舌头的酷热天气，躲在空调房里吃刨冰的感觉一样舒服。小林聪美和鐏真佐子不过是从芬兰的“海鸥食堂”换到了某个海岛小镇，早晨暑气还未起来，有微微的凉风。桌上是摆好的早餐，小碟里是腌渍好的酸李子。看到她们把整颗酸李子丢进嘴里的时候，我就想啊，汁水会溢满口腔，往牙缝里钻吧？然后嘴里的唾液就满了。嗯，真正的“满口生津”就是这个意思。这个腌酸味，配着夏季黏糊糊的热气，可以祛暑、止渴，让嗓子一整天都清清爽爽。

腊月的腌肉，紫黑的花椒、大红的朝天椒，磨成粉。银白的蒜、土黄的姜，拍成末。葱苗、蒜苗，切花，翠绿翠绿，站在调料上层，最是娇滴滴的。整袋盐拆开，像白流沙，源源不断地倒在簸箕里，大手搅拌所有调料，白里有黑，黑中有红，红中透着耀眼的绿，每种色彩都放肆张扬，不遮不掩。像白衣少女经过一个秋天，变成娇俏的熟妇，从前看见光膀子男人会脸红，现在穿着对襟红袄，会倚着门框说浑话了。

小学时语文书上有篇文章——《大森林的主人》：“他把火堆移到一边，用刀子在刚才烧火的地上挖了个洞。我把松鸡拔了毛，掏了内脏。猎人又找来几片大树叶，把松鸡裹好，放进洞里，盖上薄薄的一层土，然后在上面又烧起一堆火。等我们把衣服烘干，松鸡也烧好了，扒开洞，就闻到一股香味。我们俩大吃起来，我觉得从来没吃过这么鲜美的东西。”短短百来个字，几乎每个字都带着浓香的烤鸡味儿，飘着松香味儿、青草味儿、雨水味儿，还有森林里特有的树荫味儿。仅“大吃”这两个字，就让人食指大动。反复读就像反复嚼着松鸡，撕开脆皮，拉扯筋骨，焦香溢开。难怪当年学这篇课文的时候，我流了整节课的哈喇子。

厨房的故事

徐国能

童年的厨房是公寓一楼向后面山脚荒地延伸出去的半违章建筑。后门一开是母亲养鸡的小院，那里有一棵从不结果的木瓜树；屋顶是塑料波浪板，阳光好时不必开灯厨房里就很亮。一架简陋的洗槽，一台两口的炉灶——一家人的生活就从这里展开。

清晨透亮的阳光中，是父亲上工前炒蛋炒饭的香气；下着雨的黄昏，是我坐在小板凳上，或帮忙择空心菜，或掐黄豆芽的时光。伴着单调的雨声，时间那么悠长，日子那么简单。春日有用自摘的香椿芽炒的蛋，初夏有几大盆粽叶、糯米与腌在酱油里的猪肉，秋天里有手揉的南瓜馒头，冬天时有全家一起包的瓠瓜水饺。小小的厨房里是一年四季的日子，是清贫时代的朴素与现实，食物的香气与家人的笑语让它充满沉静而从容的辉光。

婚后，我有了自己的家，如何改装北市旧公寓里的三坪小厨是最让人费心的。妻不喜欢阴暗，我希望没有阻隔。我们将一面外墙改成玻璃砖墙，企图让光影透进来；地砖与橱柜选用饱和度高、对比鲜明的颜色；在众人的反对声中打掉室内墙，用一张小吧台代替餐桌，勉强算作厨房与客厅的分界。

那是新婚生活的浪漫。长辈们总觉得厨房这样敞着，油烟势必弥漫全屋，因此我们摒弃了煎、炒、炸，而多采取烫、炖与蒸这些比较简单少油的烹饪方式。每天黄昏，我们闲坐桌边，一碟茶蒸豆腐，一碗马铃薯炖肉，一盘淋上橄榄油的烫青菜或芦笋，再配一杯冰啤酒与一曲门德尔松的《无言歌》，一天就这样安逸地流淌过去。

曾有经济学家鉴于都市生活过于繁忙，许多都市家庭以外食为主，认为厨房是最浪费的闲置空间，因而主张设计一种没有厨房的住宅，以达到更经济的空间利用。细思这个概念，其实不无道理。分工细致的时代，一日所需都可假手他人，厨房这象征亲手调制、自我斟酌的操作概念，或许已和“夜雨剪春韭”“洗手作羹汤”这类古典风情一同渐成陈迹了。但厨房真的只是一个烹煮食物的场所吗？

日前，H 教授送我一台她夫家代工的手动意大利切面机。一日，妻女买来小麦粉，我们一家三口在小厨房堆出面粉山，打下鸡蛋，拌入橄榄油和玫瑰盐，渐渐揉出丰软嫩黄的面团，擀成面蛇后推入机器，有节奏地手摇转轮，螺旋状的意大利面就纷纷落在了大瓷碗中，孩子对自己制成的面颇感惊奇。窗外暮色低垂，我想在此刻，多少厨房捻亮了晕黄的灯，多少炉头温暖了疲倦的心。飞扬的面粉与西红柿肉酱熬出的香味，使我突然想起遥远的童年时光，原来厨房不只是一个烹调空间，更重要的是，它维系着人们对家的情感与记忆。平凡的人间烟火无可取代，正是因为幸福真正的滋味就在其中。

酿酒的理由

张晓风

春天，柠檬还没有大批量上市，我就迫不及待地做了两坛柠檬酒。

封坛的那天，态度极其慎重，我把那未酿成的汁液谛视良久，终于搞清了自己为什么那么急、那么疯。

理由之一是我刚从国外回来，很想重新拥有一份本土的芳醇。记得有一天，我起得极早，只为去小店里喝一碗豆浆，并且吃那种厚实的菱形烧饼；另一天深夜，我又急切地到小食店里，吃了一份烤味噌鱼作消夜。走在街上，两侧传来复杂而多元化的食物的馨香。烤肉店在素食店的隔壁，比萨店和饺子店隔街对望，汉堡和四神汤各有其食客——对我而言，这种尊重各种口味、习惯的世界几乎就是大同世界的初级阶段了。爱一个地方的方法极多，其中最简单而直接的方法就是吃那个地方的食物。好比南洋的榴梿——那里的华人相信，只有爱上那种味道的人，才会真正甘心在那里徘徊流连。

酿一坛酒就是把本土的糖、红标米酒和芳香诱人的柠檬搅在一起，等待时间把它们凝定成本土的味道。

理由之二是酿酒的时候，我觉得自己手中有一项神迹正在进行。古人以酒敬天，以酒奠亡灵，以酒祝婚姻，想必是因为每一坛酒都蕴藏着一种奥秘，一道神迹，一种介乎可成与可败之间、介乎可掌握与不可掌握之间的可能性。我等凡人，怎么可能赞天地之化育、缔造化之神功？但亲手酿一坛酒庶几近之。

理由之三是酒是一种“时间的艺术”。家中有了一坛初酿的酒，岁月都因期待而变得荡漾乃至美丽起来。人虽站在厨房的油烟里，眼睛却望着那坛酒，如同望着一场约会。我终于断定自己是一个饮与不饮都不重要的半吊子饮者，对我而言，重要的反而是那份“期待的权利”。在微微的焦灼、不耐烦和甜蜜感中，我日复一日隔着玻璃凝视酒坛之内的酒的世界。

想当年很多绍兴人，在女儿一出世的时候便做下许多坛米酒埋在地窖里，好等女儿出嫁时用来待客——其间有多么深婉的情意啊！那酒因而叫“女儿红”，真是好得不能再好的名字，令人想起桃花之坞，想起新荷之塘，想起水上琴弦，以及故意俯身探到窗前的月光——使人再多一丝触想便要落泪。

想那些酿酒的父母，心情不知是怎样的？当酒色初艳，父母的心究竟是乍喜还是乍悲？当女儿的头发愈来愈乌黑浓密，发下的脸愈来愈灿若流霞，大自然中的一场大酝酿已经完成。酒已待倾，女儿正待嫁，待倾之酒明丽如女子的情泪，待嫁之女亦芳醇如乍启的琼浆，当此之时，做父母的心情又是怎样的？

而我的柠檬酒并没有这等“严肃性”，它仅仅是六个星期后便可一试的浅浅的芳香。没有那种大喜大悲的沧桑，也不含那种亦快亦痛的跌宕——但也许这样更好一点，让它只是一桩小小的机密，一团悠悠的期待，恰如一沓介于在乎与不在乎之间，可发表亦可不发表的个人手稿。

酿一坛酒使我和时间处得更好。每一个黄昏，当我穿过市声与市尘回到这一小方宁静的所在，我会和那亲爱的酒坛子打一声招呼，说：“嗨，你今天看起来比昨天更漂亮了！”

拥有一坛酒的人把时间残酷的减法演算成仁慈的加法。这样看来，一坛酒不只是一坛饮品，也是一件法器，一旦有了它，便可以玩出一套奇异的法术：让一切消失返身重现，让一切飞逝反成增加。拥有一坛酒的人是古代的史官，站在日日进行的情节前，等待记录一段历史的完成。

酿酒的理由之四是可以凭此想起以前的乃至以后的和此酒有关的友人。这样淡薄的饮品虽不值识者一笑，却也为许多欢聚增添了一抹颜色——朋友的幽默，朋友的歌哭，朋友的睿智，乃至他们的雄辩和缄默，他们的激扬和沉潜，他们的洒脱和质朴，都在松子色的酒光里一一重现。酒在未饮之时是神奇的预言书，在既饮之后则是耐读的历史书。沿着酒杯的“矿苗”挖下去，你或者掘到朋友的长歌，或者触到朋友的泪痕，至少，你会碰到朋友的恬淡——但无论如何，你总不会碰到“空白”。

如此说来，还不该酿一坛酒吗？

酿酒的理由之五非常简单，我在酒里能看到自己。如果孔子是待沽的玉，我便是那待斟的酒，以一生的时间去酝酿自己的浓度，所等待的只是一刹那的倾注。

安静的夜里，我有时把玻璃坛搬到桌上，像看一缸热带鱼一般盯着它，心里想：这奇怪的生命，它每一秒钟的味道都和上一秒钟的不同呢！一旦身为一坛酒，就注定是不安的、变化的、酝酿的。

如果酒也有知，它是否也会看着皮囊内的我而出神呢？它或者会想：那皮囊倒是一个不错的酒坛呢！只是不知道坛里的血肉能不能酝酿出什么来？

那时候我多想大声地告诉它："是啊，你猜对了，我也是酒，仍在酝酿中，并且等待一番致命的倾注！"

也许酿一坛酒，在春天，是一件好得根本不需要理由的事，可是，我恰好拣到一堆理由，特别记述如上，可作下次想酿酒时的动手借口。

吃春

小云猫猫

真正知道春天到来，是味觉告诉我的。

在过完年的晴好天气里，蓦地发现头茬韭菜已经钻出了田垄，再过几日，椿树也偷偷摸摸长出八爪鱼样的小香椿，还有竹笋，在腐烂的叶子里露了尖儿……被大鱼大肉轰炸了一个冬天的嘴巴突然被这些绿色的家伙团团围住，寂寥而混浊的舌头从肥腻中抽身而出，连着好几天终于被清理得缓过神来，感叹春天来了。

白菜经过霜冻，抱成团的叶子渐渐散开，发蔫的脚叶活了过来，与菜茎结合的地方有一小根一小根的菜薹长出来。嫩茎绿叶，长得纤细，趴在地头找好久才能找到一小把。将肉汤煮沸，用筷子夹着菜薹打个滚，心里从一默默数到五，时间正好，去除了菜的腥气，吃起来还是脆的。找准位置，"咔嚓"一声，可以咬断根部的茎，最好连着一片叶，再一咬，汁液溅开。味蕾倘若可以看见，一定是烟花绽开的瞬间，是让人惊艳的感觉。

这一开始可不要紧，大有一发而不可收的势头。满田的菜薹一夜间全部冒了出来。以往恨不得脱了衣服跳进菜叶堆里去寻，现在只需挨个儿掐过去，鲜嫩的叶，厚实的茎。我妈有点儿慌了：“哎呀，这么多菜薹怎么吃得了，再过几天老了就可惜了。”一个天气好的日子，太阳刚扫干露水，我妈拎着菜篮子，从这头掐到那头，几分薄地足足能掐一大背篓，然后一一分给左邻右舍。

早春夜里还有几分寒气，抓住机会涮个羊肉锅，就着割下的头茬韭菜，切末，用铁杵子捣成泥，满屋子的韭菜香气像窗外挡都挡不住的春天，闹得人心里直痒痒。《南齐书》中有个故事，周颙隐居在钟山，文惠太子问他：“菜食何味最胜？”周颙回答：“春初早韭，秋末晚菘。”菘是白菜的古称，敢于将春韭与白菜相提并论，足见其无穷魅力。

我认为，写韭菜写得最好的诗是“夜雨剪春韭，新炊间黄粱”。杜甫喜欢美食，也擅长烹饪美食。友人至家，冒着夜雨剪来春韭，煮一钵掺有黄米的喷香米饭。韭菜清甜，黄米黏糯，屋内香气袅绕，屋外春雨氤氲。

要说吃春，最具代表性的恐怕还是“吃椿”。香椿跟香菜、苦瓜这些独具特色的食物很相似，甲之蜜糖乙之砒霜，爱的人嗜之如命，恨的人唯恐避之不及。“春”“椿”同音，在我的家乡，香椿直接被称作“椿天”。一场春雨过后，风暖了起来，我爹的时间观念最强，也最馋香椿，瞥见门前的大椿树吐了芽儿，便约上四叔和幺爷爷，“走，掰椿天去”，那架势当真要把春天请进家门。

掰回的椿芽一刻都不能耽误。其一是椿芽对时间特别敏感，上午摘跟下午摘的老嫩程度就有差别，倘若上午摘了下午才食用，短短几个小时梗就老了不少，失了鲜脆。其二是安全问题，放置久了的香椿对身体有害。椿芽凉拌要先焯水，切细末，可以直接加腌菜汤和剁椒拌匀，也可以根据口味加作料。凉拌香椿吃起来满口的椿香，有种“吃草”的快感。香椿炒鸡蛋也很常见，椿芽焯水后切碎，打散鸡蛋搅匀，放盐。油热后下锅，筷子迅速翻炒，蛋成形立刻关火。鸡蛋金黄，香椿暗红中隐约带着绿色，大人们会在孩子频频伸出筷子的时候戏谑：“看你把‘椿天’都吃了，明年没有‘春天’了怎么办？”

香椿还有一种吃法，炸“椿鱼儿”。鱼肉片成薄片，加盐、料酒、葱姜末抓匀。香椿去除根部，不焯水，所以香椿一定要是极嫩的。蛋清、盐、水淀粉，调成稀糊。每根香椿芽用一片鱼肉卷成卷，挂糊。锅里放油烧至七八成热，将沾了蛋糊的“椿鱼儿”逐个放入锅中，调微火炸成金黄色。吃时蘸几粒椒盐，入口焦脆，先是鱼肉的滑嫩，紧接着是香椿的甘香。苏轼如果有口福，只怕要连呼三声“可啖，可啖，可啖”。也有图便捷省去鱼片，直接将香椿挂糊油炸，三五分钟就可享受一盘无边春色。

我家人人都爱吃香椿。尤其是我爹，每年除了自家椿树上的一棵不漏全部掰下，还上山去采。近些年林子护得好，很多椿树长大抽芽，得带着绳子和短梯才能采到树顶上的。他收工从山上返回的时候，就打电话告知：“要回来了，赶紧烧水准备汩椿天。”楼顶拉一条细绳，汩好的香椿一棵棵倒挂在绳子上，暴晒，风干，手略微碰过去香椿叶子簌簌落成粉末状时，以塑料袋密封，储存在干燥通风的房间。待时令过去，眼馋心馋时，将干香椿用水泡发，同肉、各种作料剁细，做成馅儿。无论是包饺子还是包子，或是同豆豉一起做扣肉的垫头蒸来吃，都是叫人十里闻香、过齿难忘的食物，有一点儿大地回春或枯木逢春的意味。

《黄帝内经》里有“司岁备物”一说，人应遵循大自然的阴阳气化来摄取食物。吃春的美妙，正在于时节，此消彼长，兀自笑春风。如此看来，春菜们也真够任性的。

外祖母的美味

张 炜

我要爬到高高的钻天杨上。从这儿往南遥望，能看到远处的树和村子，看到那道蓝色的山影。只要是天晴的日子，那道山影就会出现。我想念爸爸。

妈妈每个月至少要回家两次，可爸爸一年只回来两次。上次见到爸爸是在深秋，那天下午我听到栅栏门在响，随后就看到一个瘦瘦高高的男人走进小院，他有短短的头发、黑红的脸庞……“爸爸！”我一边喊一边跑到院里，不知怎么低了一下头，一眼看到他没穿袜子的双脚，脚背上全是又细又密的皱褶。

外祖母说，爸爸和一大群人一起在山里干活儿，他们没日没夜地用大锤对付铁硬的石头。他吃得不好，所以才这么瘦。果然，爸爸每次回家都要带走很多好吃的东西。外祖母准备了许多香面豆，还把红薯面掺上玉米和绿豆，做成比巴掌还小的薄饼，烙得像石头那样硬。爸爸将这些东西带到山里，半夜饿了就吃。

妈妈每次从果园回来也要饱餐一顿，那是她最高兴的一天。外祖母扳着手指数着妈妈离开的日子，说她就要回家了，接着动手做一顿好饭。果然，妈妈回来了。我本来就想妈妈，再加上我的嘴巴很馋，所以总盼着她能回来。

锅里只要有特别的美味，外祖母就会喜滋滋地在灶里点上芝麻秸。这些芝麻秸平时被扎成一束一束的，整齐地摞在一个角落里，只为了在这样的时候派上用场。外祖母说用芝麻秸烧熟的饭菜别有一番风味。我发现只要是逢年过节或是遇上吉庆的日子，灶里烧的就是它。

外祖母平时会把松塔、苹果枝和一些杂木分开放好，它们各有各的用处。做玉米饼和地瓜饼时要烧松塔，炖地瓜时使用杂木，如果是苹果枝在灶里啪啪响起来，那么锅里准会有一条大鱼，而且一定是妈妈回家了。

我们茅屋后边有一个地窖，窖顶披了厚厚的苫草，没有窗户，人沿着台阶下去要擎着灯。地窖里春夏秋冬都凉凉的，藏着无数宝贝。外祖母会亲手造出许多宝贝，然后悄没声儿地藏到这里。经常路过我们家的采药人、猎人和渔人，他们进屋喝水抽烟、拉家常，可就是不知道我们屋后有这样一个藏宝贝的地方。

地窖里有大大小小的坛子，墙上挂了东西、拴了瓶子。有的瓷罐被埋进土里多半截，上面有沉重的柞木盖子，打开盖子，还有一个塞得紧紧的大木塞。罐里是腌了一年的鱼酱，揭了盖子会有一股刺鼻的腥香气猛扑出来，如果舀出一勺蒸熟，馋人的香味会一直飘到茅屋外面。那些大口瓶里分别装了野莓酱、杏子酱、桑葚酱、西红柿酱。走到地窖最里边，能看到两个黑乎乎的瓷坛子，它们全被压上了厚厚的柞木盖子，坛口还用木塞堵住。那就是了不起的酒坛。

“啊，这酒啊，喝一口就再也忘不了！”这是爸爸常说的话。他最爱喝外祖母亲手酿的蒲根酒。这是一种烈性酒，呈淡黄色。

我知道它是怎么酿成的。每到秋天，外祖母就要去东边的渠边水汊，从蒲苇中寻找一种香蒲。她把香蒲叶的嫩心采下，留着做蒲菜汤，但更重要的是掘出蒲根。蒲根在淤泥底下，模样像生姜。她要采足一大笸箩蒲根，再把它们晒干。在这之前外祖母会先取几块鲜蒲根放在灶里，烤熟了掰开，一股香甜的白气直接灌进鼻子。“慢慢吃，别烫着。”外祖母吹着冒热气的熟蒲根，给我递过来。有些硬，嚼一嚼真香，像芋头，不过比芋头结实，更比芋头香。晒干的蒲根除去须毛，用棍子敲打一会儿，再放到石臼里，捣啊，捣啊，捣成小拇指甲那么大的颗粒。它们从这一天开始就被外祖母小心地照料着，先是蒸上半天，然后装在一个稍大的缸里，上面蒙一层布，再垫一层干草，搭上一些鲜荆叶。她每隔一两天就要伸手到干草下摸一摸，就像在我受凉时动不动就摸一下我的脑门儿一样。摸了一些日子，她觉得差不多了，就用小木铲去掏。一股奇怪的香气冒了出来。

外祖母继续施着魔法。茅屋一角的盆子、木甑和一些模样古怪的器具，这会儿全被用上了。冒气的香蒲根被装进木甑且压得实实的，上面再放上一个装凉水的金属盆子，最底下有一个灶膛，里面烧着黑木炭。这些黑木炭是外祖母用柳木和合欢树的根制成的，整整一冬都被埋在土里，专等在这个重要的日子使用。

这是怎样的日子啊，外祖母一连许多天都不怎么理人，板着脸藏着笑，头发上总有几片白色的炭屑。她扎了一条紫色围裙，上面画着一朵朵黑心菊。我知道这条围裙扎多少天，魔法就要施多少天。记不清她忙了多久，反正是一会儿低头看通红的炭火，一会儿对我做个吓人的鬼脸——她在等待，在用这种方法消磨时间，而不是生气，这一点我明白。

一般都要等到刮大风的日子，魔法才会结束。天说冷就冷了，外祖母好像专在等这一天似的。

她在冷风里往手上吹一口气，然后就动手拆那些古怪的坛坛罐罐，再小心地铲去留下的灰烬。

折腾了这么久，收获的不过是一些水，是最宝贵的、不太多的水，她小心地将水装进深色的大坛子。她舀了一点儿咂几口，然后一仰脖儿喝下去。她眯着眼，张大嘴巴，笑了。

酒的事情就是这样，做起来多么麻烦、多么有趣，可是尝一尝却不太美妙。只有爸爸会迷上它。妈妈和外祖母也会陪爸爸喝一小口。爸爸喝它的时候一定要吃小干鱼或蟹酱，他盘腿坐在热乎乎的炕上，两只从破袜子里露出的脚趾愉快地活动着。这是他最高兴的时刻。爸爸欢喜，妈妈和外祖母，还有我，就都欢喜了。

“爸爸什么时候不再去大山里啊？”我问外祖母。她沉下眼睛，半晌才答：“不知道……”“为什么一定要去大山里？”“因为他……‘不让人待见’。”我瞪大了眼睛：“他为什么是这样的人？”外祖母抬头看着我，很为难地挠挠头，说：“他是耿直的人。”

我再问，她却不愿说下去了。我一直弄不明白的是，为什么不能直接叫他“耿直的人”？

“耿直的人”在大山里，而我和外祖母在茅屋里，有时真的很孤单。如果太孤单了，我们就忙碌起来，然后就有一阵欢乐。

我最盼望过路的打鱼人送来一种黄蛤。他们常常进茅屋抽烟喝水，捎来一点儿礼物算是回报。几条小青鱼、马面鱼、海蜇，都会让外祖母感到高兴。打鱼的人能带来各种让人吃惊的礼物，比如五颜六色的海星、光滑的小海螺、用海胆壳做成的小锤子、红的蓝的小卵石。外祖母说，这是一些常年跟大海打交道的人，所以他们的见识特别广。我多想亲眼看看大海啊！总说起大海，可我什么时候才能去那儿啊？外祖母说：“那就等上学以后吧！”好像在我这里有一条奇怪的界线：上学以前是孩子，上学以后就变成了大人。

黄蛤可不是一般的海蛤，它一出现，外祖母就要大显身手。做汤？不，那有点儿可惜。她要做的是更大的事：和一团面，找出那根常常用来吓唬人的大擀面杖，放好案板，开始做面条。做面条不难，可是外祖母会做怎样的面条，是谁也想不到的。她把面团擀成薄片之后，并不急着切成细条，而是起身从小柜子里取来一个小小的玻璃瓶，瓶里装了浅黄色的粉面。她把它们均匀地撒在薄片上，然后再用擀面杖小心地滚动几个来回。

全部奥秘都在那个小瓶子里，那是她的法宝。事情还要从头说起。我早就发现外祖母格外喜欢榆树，屋子四周全栽了榆树，她还经常笑眯眯地看着它们。我问过妈妈，妈妈说："你吃的榆钱饼那么香，就是榆树生出来的。"不光是榆钱，榆树叶儿做成的包子、春卷，也好吃极了。

我明白了，可妈妈说："远不止这些哩，你等到秋末再看看吧。"

秋末到了，外祖母找到屋子东边的几棵榆树，蹲下身挖起土来。土里露出了胖胖的红根，她挨个儿抚摸几下，端量着，然后剪下一截。每棵树她都只剪一点儿，估计是怕榆树疼吧。她刮去树根的红色表皮，再剥下厚厚的白色根肉，把它们晒干之后，捣成粉末，用箩筛一遍，然后就装到那个小瓶子里。

面条切好，水开了。五六只黄蛤和面条一块儿被投进水里，再放几棵油菜。黄、绿、白，三种颜色在汤里翻滚，一会儿就成了。吃面条时，你会忘记一切，因为太香了。鲜美、滑溜，是面条自己往你肚子里跑，跑得飞快。外祖母不得不阻止说："慢些，慢些，啊，两碗了，差不多了。"

这就是黄蛤面条。

如果有时间，我还会说到其他吃食，比如春天的荠菜丸子、野蒜蘸酱、苦菜肉卷儿、杨树胡大包子、柳芽汤，夏天的泥鳅豆腐、海毛菜凉粉、海蜇酸辣汤，秋天的甜李子花卷、苹果盅、野蜜糕、白菜秋刀鱼，冬天的蟹子酱卷饼、虾粉鸡蛋、干菜咸鱼、大枣发糕……怎么说都说不完。

外祖母是天下最能制作美味、寻找美味的人。我常常看她走在林子里，扬起鼻子，眯上眼睛。她大概又嗅到了什么美味，它们休想藏住。

流动的杂货铺

陆庆屹

我妈天生暴脾气，见不得不平事，眼睛一瞪，路灯都要暗淡几分；又争强好胜不服输，眉头下从没写过“困难”二字。外公生前逢人就说：“这丫头投错胎了，要是个男娃就刚好！”

我家在贵州南部的一个小县城。十年前，我姐到沈阳工作，那时家里穷，坐火车属于巨额花费，爸妈想去看看女儿很不容易，一般春节才能团聚。后来，我姐在公司当了领导，收入涨了，想让爸妈直接从贵阳坐飞机到沈阳，爸晕车很严重，不知道晕不晕飞机，大家都不敢打包票，便让我妈当探路先锋。

我妈爱女心切，出发前一个月便开始发愁，愁怎么才能把家里那么多好东西都搬过去。腊肉、辣椒面、干香菇、千层底布鞋、盐酸菜、鲜花椒，都是我们那儿的特产。

我妈有一手好厨艺，对外面的吃食从来不屑一顾，去看女儿肯定也想尽可能多地带些自制美食，这非常符合我妈的倔牛脾气。我姐呢，又有强烈的江湖气，好东西从来藏不住，一定会到处嘚瑟，一被问起，马上就说是我妈种的、我妈做的……想来我妈也一定有借此炫耀一下的小心思。

坐飞机去看女儿是大事，亲戚朋友闻风而来，每家都让我妈捎去些礼物，聊表心意。一件两件便罢了，但二三十家的“心意”放在一起，甚是壮观，这让我妈愁上加愁。爸提议说：“那就只带些要紧的吧。”我妈臭骂了我爸一通，一把鼻涕一把泪地诉说女儿离家的悲苦。我妈手里抓起这个问：“沈阳有吗？”又抓起那个问：“沈阳有吗？”我爸想想说：“估计没有。”我妈瞪他一眼，越说越坚定了自己的见地：“那儿什么都没有，女儿这些年受苦了！好东西必须都带过去，让她享受享受！”

“再累也要带过去！”这是我妈的原话。家里没有足够的袋子，连买菜的塑料提篮都用上了，仍然不够。还是我爸思路开阔，想到一个法宝——床单，这东西的容纳量相当可观，老家亲戚送来的土布、大楠竹笋、河鱼干，通通收入囊中，四个角一收，系上结结实实的疙瘩，搞定！

收拾完一看，傻眼了，大包小包堆了半屋子。

后来我问爸妈怎么把这些东西搬上火车的，他们只轻描淡写地说了句：“单车推几趟嘛。”我想象不出，但可以肯定，这绝对是一项浩大的工程。到了贵阳，大舅和他的朋友过来帮忙，把半屋子行李运到机场，办托运的场面想想也知道有多壮观。

登机时出了点意外，因为大舅也没坐过飞机，不知道飞机上提供餐食，也忘了飞机远远快过火车。他一想到长路漫漫，便给我妈准备了一大袋子吃的喝的，结果过安检时全被拦下扔掉了。至今说起这件事，我妈还心疼不已。几年前大舅去世，这更成了永远的遗憾，我妈一想起来就开始掉眼泪。

除了几个大包，还有很多无法办理托运的零碎物品，多到一个人根本拎不过来。但我妈是身体棒，又特别能吃苦的中国妇女。她用麻绳把好几个买菜篮子系在一起，随身带上了飞机。

我姐联系了两辆车接机。她说，当时妈就像一个移动的杂货铺，手上拎着各种篮子、袋子，肩上扛着箱子，左右胳膊上还都挂着晃来晃去的皮包，圆滚滚的一堆，嘀里嘟噜就出来了。我妈的头发被汗水打湿，东一片西一缕地贴在脸上，根本顾不上，只是四处张望着找我姐。整个机场的人都在看……我姐赶紧扑过去帮忙，其中有两件行李硬是拎不起来，谁也想不到装了什么——是糯米粑粑，两大袋！不知道我妈是怎么搬上飞机，又怎么弄下来的。我姐顿时眼泪奔涌，跌坐到机场的地上哭了起来。我妈莫名其妙，问她是不是拎东西伤到手了，我姐一听，哭得更大声了。

和我姐一同来的几个同事被惊得愣住，隔了好一会儿，才忙不迭地接过行李，搀扶起我姐。他们跌跌撞撞地来到停车场，放行李的时候才发现，两辆车根本塞不下，不得已又叫了一辆出租车……后来这事在我姐公司传为美谈，一说到我妈，人人都竖起大拇指。

现在我姐一说起那场面就笑得前仰后合，我一想我妈那爷们儿性格，脑补了一下场景，既觉得好笑，又觉得心酸。

食物也有情绪

周荣池

小时候见村里的夫妻吵架，吵到绝望的时候，女人呼天抢地要跳河、上吊，总要说一句话："我有什么舍不得，反正孩子摸得着锅台了！""摸得着锅台"就是能洗碗抹盆自己忙吃食，那就饿不死了。

很小的时候就知道忙嘴。早上起来油炒饭，菜油浮沫炒的"油涝涝"；中午的桌上常常捉襟见肘，实在没有办法就挑一勺猪油拌饭，拌饭要吃得快，因为一停顿猪油就会凝固腻人；晚上那顿也很紧张，弄些青菜当作饭，常是待客的饭食，日子窘迫主客都理解，便说："到我家别的没有，山芋粥、青菜饭，紧兜！""兜"是方言，放开吃的意思。有一次，我和朋友去滨海县乡下一个完全陌生的村落，听见主人用方言说这句俚语，一时让人哽咽，如扒了一大碗青菜饭一样亲切而踏实。这碗饭沟通着今日与往昔的情绪。

我很早的时候就琢磨做饭，自认为第一项发明是蛋炒饭。后来我才知道，这只是我自以为是的发明。也是从这个时候，我开始琢磨食物的味道，知道如何用味道来"医病"。里下河的方言里关于吃有一种特别的说法，那就是“医”，吃饭如“医病”，医的是饿病和馋病，医的是饥饿与想念的情思。

馋，是吃饱了之后的又一个问题。

除了婚丧嫁娶的酒席，母亲的一把锅铲掌握着生活的滋味。“杀馋”的本事不在于食材的丰歉，而在于手艺的好坏。一堆小鱼煮熟了可以“当饱”，煮好了则可以“下饭”。母亲有一种“做汤煮”的方法，油盐酱醋做成的汤水，小鱼下锅后煮到时候起锅，撒上瘦弱的葱花，那味道真是绝妙。“到时候”这个火候究竟是什么时候，没有人能说得出来，这就是手上的功夫，和油盐酱醋究竟放多少合适并没有明确的剂量一样，同样只是掌勺的人对食物的敬意和理解。做菜人的情绪会随着作料一起进入食物，扁豆与芋头的清苦在经过油香的煸炒之后，融入了春安夏泰的祈愿，走入秋吉冬祥的日子，“好吃”的东西让“好吃”的人们有了安详的味觉。

长大后，我渐渐养成了做饭的乐趣。这种乐趣不再是“熬饿”或者“解馋”，更多的是想通过味道保持对过去的“知味”。通过味道抵达、回归，或者说是固守，盘踞在心底的最后一点乡愁。

我喜欢做菜，甚于读书。大多时候书本是霸道和冷漠的，它们的态度总是判断或者告知，即便是最温和的表达，其实也都是作者不容置喙的主张。做菜则不一样，你和菜蔬之间是一种交流甚至相互的理解，从菜场到你的篮子里，虽然说“捡到篮子里都是菜”，可是到不到你的篮子里，是你和菜之间的缘分。菜买回来就要“理菜”，这是对食物的整理，也是对自己情绪的整理。你要想好怎样打理与搭配，就像是自己手上的时光该怎么安排。

打理菜是很有趣的事情，你可以看到菜的色泽和脾性——这要看你的悟性，就像读书时能在浅白的语言里看到深刻。张牙舞爪的猪肉海鲜其实很难做得不好吃，倒是默默无语的蔬菜要调理出好味道，那才是最美妙的境界。比如当家的韭菜，平常说“韭菜吃的头加尾”，但事实上在青黄不接的夏天，猛长的韭菜无奈地成为每顿必有的“当家菜”，这就需要去打理和盘算。有一次，席间吃到一盘看似平淡的韭菜却有异香，一问是厨师加了几叶芹菜同炒，这样的师傅就见心思和本事了。

食物的情绪到底还是人的情绪。同样一碗南瓜，过去用来熬饿，所以吃得有些抱怨，现在作为粗粮却吃得满是感激。所以，有时间和菜蔬食物打打交道，就像整理自己的来龙去脉，你会在锅碗瓢盆的琐碎里看到日子的生机和喜悦。

夏天的一条街道

苏童

街上水果店的柜台是比较特别的，它们被做成一个斜面，用木条隔成几个大小相同的框子，一些瘦小的桃子、青绿色的酸苹果躺在里面，就像躺在荒凉的山坡上。水果店的女店员是一个和善的、长相清秀的年轻姑娘，她总是安静地守着她的岗位，但是，谁会因为她人好就跑到水果店去买那些难以入口的水果呢？人们因此习惯性地忽略了水果在夏季的意义，他们经过寂寞的水果店和寂寞的女店员，去的是桥边的糖果店。糖果店的三个中年妇女一年四季在柜台后面吵吵嚷嚷的，对人的态度也很蛮横。其中一个女人的眉角上有一个难看的刀疤，孩子走进去时，她用沙哑的声音问："买什么？"那个刀疤也就张大了"嘴"问：买什么？但即使这样，糖果店在夏天仍然是孩子们热爱的地方。

糖果店的冷饮柜已经使用多年，每到夏季，它就发出隆隆的欢叫声。一块黑板放在冷饮柜上，上面写着冷饮品种：赤豆棒冰四分，奶油棒冰五分，冰砖一角，汽水八分。在夏季，女店员一次次怒气冲冲地打开冷饮柜的盖子，掀掉一块棉垫子，孩子就伸出脑袋去看棉垫子下面排放得整整齐齐的冷饮。他会看见赤豆棒冰已经寥寥无几，奶油棒冰和冰砖却剩下很多，它们令人艳羡地躲避着炎热，待在冰冷的雾气里。孩子也能理解这种现象，并不是奶油棒冰和冰砖不受欢迎，主要是它们的价格贵了几分钱。

孩子小心地揭开棒冰纸的一角，看棒冰中的赤豆是否够多，却挨了女店员一通训斥。她说："看什么看？都是机器做出来的，谁还存心欺负你？一天到晚就知道吃棒冰，吃棒冰，吃得肚子都结冰！"孩子嘴里吮着一根棒冰，手里拿着一个饭盒，在炎热的午后街道上拼命奔跑，饭盒里的棒冰在当当地撞击着。毒辣的阳光威胁着棒冰脆弱的生命，所以孩子知道要尽快地跑回家，才能让家里人享受到一种完整的、冰冷的快乐。

在最炎热的日子里，整个街道的麻石路面上蒸腾着热气，人在街上走，感觉到塑料凉鞋下面的路快要燃烧了；手碰到路边的房屋墙壁，墙也是热的。人在街上走，怀疑世上的人都被热晕了，灼热的空气中有一种类似喘息的声音，若有若无地，飘荡在耳边。饶舌的、嗓音洪亮的、无事生非的居民都闭上了嘴巴，他们躺在竹椅上与炎热斗争，因为炎热而忘了文明礼貌，一味地追求通风。他们四仰八叉地躺在面向大街的门边，张着大嘴巴打着时断时续的呼噜，手里的扇子掉在地上也不知道。有线广播一如既往地开着，说评弹的艺人字正腔圆，又说到了武松醉打蒋门神的精彩部分，可他们仍然呼呼地睡，把人家的好心当了驴肝肺。

下午三点钟，阳光发生了可喜的变化，阳光从全线出击变为区域防守，街上的房屋乘机利用自己的高度制造了一条"三八线"。"三八线"渐渐地游移，线的一侧是火热和光明，另一侧是凉快和幽暗，行人都非常势利地走在幽暗的阴凉里。

太阳落山在夏季是那么艰难，但它终究是要落山的，放暑假的孩子密切关注着太阳的动静，只是为了不失时机地早早跳到护城河里，享受夏季赐予的最大的快乐。黄昏时分驶过河面的各类船只小心谨慎，因为在这种时候，整座城市的码头、房顶、窗户和门洞里，都有可能有个男孩大叫一声，纵身跳进河水中。他们甚至要小心河面上漂浮的那些西瓜皮，因为有的西瓜皮是在河中游泳的孩子的泳帽。那些讨厌的孩子，头顶着半个西瓜皮，去抓来往船只的锚链。他们玩水还很爱惜力气，他们要求船家把他们带到河的上游或者下游去。

于是，站在石埠上洗涮的母亲看到了她们最担心的情景：她们的孩子手抓船锚，跟着驳船在河面上乘风破浪，一会儿就看不见了。母亲们喊破了嗓子，又有什么用？夜晚来临，人们把街道当成露天的食堂，许多人家把晚餐的桌子搬到街边，大人孩子坐在街上，嘴里塞满了食物，看着晚归的人骑着自行车从自己身边经过。你当街吃饭，必然便宜了一些好管闲事的老妇人，有一些老妇人最喜欢观察别人家今天吃了什么。老妇人手摇一把蒲扇，在街上的饭桌间走走停停，她觉得每一张饭桌都生机盎然。“吃点儿什么啊？”她问。主妇就说：“没什么好吃的，咸鱼，炒萝卜干。”老妇人就说：“还没什么好吃的啊，咸鱼不好吃？”

天色渐渐黑了，四周的居民几乎都在街上。有的人家切开了西瓜，一家人的脑袋围拢在一只破脸盆上方，大家有秩序地向脸盆里吐着瓜子；有的人家的饭桌迟迟不撤，因为孩子还没回来，后来孩子回来了，身上湿漉漉的。恼怒的父亲问儿子：“去哪儿了？”孩子不耐烦地说：“游泳啊，你不是知道的吗？”父亲就瞪着儿子正处在发育中的身体，说：“吊船吊到哪儿去了？”儿子说：“里口。”

父亲的眼珠子愤怒得快爆出来了：“让你不要吊船你又吊船，你找死啊？”就这样，当父亲的在街上赏了儿子一记响亮的耳光，左右邻居自然地围了过来。一些声音很愤怒，一些声音不知所云，一些声音语重心长，一些声音带着哀怨的哭腔，它们不可避免地交织起来，喧嚣起来，即使在很远的地方也能听见这样丰富浑厚的声音。于是，有人向这边匆匆跑来，有人手里还端着饭碗，他们这样跑着，炎热的夏季便在夜晚找到了它的生机。

相濡以火锅

陈晓卿

天气刚一转凉，我就迫不及待地思念起火锅来。

单位对面新开了一家小肥羊，号称旗舰店，菜价偏贵，但环境总算比其他分店的好，而且，经过几次比较，我只要性价比最高的锡盟羔羊肉，这也是最便宜的一种，鲜嫩柔软，入水即熟，久煮不柴。无论服务员怎么威逼利诱，劝我尝试其他的肉品，我都不为所动，看着半透明的鲜肉在奶白色的底汤里慢慢地变成温和的食物……在过去的半个月里，我已经到这里吃了不下四次。

不过这家小肥羊的缺点也是明摆着的，遇到人多的时候，他们不提供大锅，每个人必须各用一只小锅。店方的解释是，这样干净卫生又时尚——并强调说这很受年轻人的喜欢……我看上去非常老吗？就算我相信前面说得有道理，那可否把分开的小锅锅底的价格定得等同于一个大锅的若干分之一呢？显然，他们不干。

从卫生的角度说，我不是中餐分餐制的坚定反对者。早年在南方山区拍片，当地人最隆重的迎客礼仪，是主人站在家门口，双手端着一大碗红薯酒，碗里有一只小调羹，客人进门之前，都用这同一把工具，先从碗里舀出一勺酒，送到主人嘴边，由他吸溜一半，再端给自己一饮而尽。这个……这个……尽管那次我也喝了，但心下还是觉得，似这般肝胆相照的桥段，还是更适合小青年谈对象时使用。

吃喝不能太近乎，但也不能太生分。

餐饮界很长时间都在讨论分餐，似乎只有分餐才够卫生、够档次、够国际化。就个人经历而言，我吃的所有分餐制的中餐，无一例外都是装腔作势的。西班牙导演路易斯·布努埃尔执导的影片《资产阶级的审慎魅力》，故事发生在美食之都巴黎。在那里，利用午餐时间进行商务会谈和政治磋商是体面人的一个重要传统。六位巴黎上层人士，大使、主教之类的——每当他们坐在那里想开始撮一顿的时候，总有噩梦一样的事情发生。影评都说布努埃尔用超现实主义的手法讽刺了资产阶级上层社会的虚伪，在我看来，这部电影更像是对分餐制的揶揄——随便一点儿，你们早吃上了。

就像火锅，草根特性决定了它的最佳就餐场景：锅子一只，白酒二两，三四个小菜，五六盘羊肉，七八个弟兄……话题往一起扯，筷子往一处伸。锅里翻江倒海，上空热气蒸腾。幸好火锅出现得晚，否则庄子说的“相濡以沫”弄不好都会有别的解释，甚至那句“相忘于江湖”都可能被忽略。

朋友一起吃火锅，吃四川的麻辣火锅更像交朋友：煮得愈久，口感愈醇厚，所有的锅底汤料必得经过一个时辰的充分交融，味道才能得以彻底彰显。

尽管我经常给朋友推荐北京最火爆的火锅店——海底捞，因为它的汤底很清淡，容易上口，特别适合火锅入门，但我自己去的次数并不多。有朋友问原因，我解释说，海底捞是无渣火锅，汤里没有成型的作料，看上去很干净方便，但它就像一个讨人喜欢的自来熟交际花，貌似很容易接近，时间长了也不会有什么进一步的交流，可敬而不可亲。

而普通的麻辣火锅就不同了，它更像一个内向的人，你需要时间，慢慢等他散发自己的魅力，而且时间愈久味道愈浓……你要是喜欢谁，不妨提前两个小时找一家有底料的火锅店，早早开火，想象着郫县豆瓣和葱结、姜片、蒜瓣，以及草果、丁香、花椒、辣椒不断充分地交融磨合，小火慢慢熬着，等那个人来吃……当然，“那个人”必须是一个喜欢吃的实在人，吃饭是你们的目的，这样你们才能在享用美食的同时享受相濡以沫的人生。相反，如果吃饭只是手段，“那个人”更喜欢情调，我看最好还是去那种分餐制的地方，最好结账也是 AA 制，这样才匹配。

我打心眼里佩服那些官场、商场、名利场的场面人，尽管面和心不和，为了利益也要欢天喜地坐在一张桌子上吃饭，偶尔夹菜，还要另取一双筷子——也叫公筷——给对方伺候着，讲究！这时，聚餐已经不是摄食的一种程序，更是某种社交性的礼仪。在特有范儿的场所，吃着特有面儿的菜肴，彼此相敬如宾，心里却盘算着各自的心事……“既然不是仙，难免有杂念。”用李宗盛老师《凡人歌》的句式来形容这类人吃饭的做派是：“刀叉放两旁，鲍鱼摆中间……”如此吃饭，是够烦人的。

2019—2023
纪念版
（全5册）

DUZHE

读者

02

朗月卷

读者杂志社　编

读 者 出 版 社

图书在版编目（CIP）数据

2019—2023《读者》：纪念版. 2，朗月卷 / 读者杂志社编. -- 兰州：读者出版社，2024.3
ISBN 978-7-5527-0798-4

Ⅰ. ①2… Ⅱ. ①读… Ⅲ. ①文摘－世界 Ⅳ. ①Z89

中国国家版本馆CIP数据核字（2024）第009561号

2019—2023《读者》纪念版·朗月卷
读者杂志社　编

策划统筹　赵元元　王书哲
责任编辑　王先孟
助理编辑　葛韶然
封面设计　李　娜

出版发行　读者出版社
地　　址　兰州市城关区读者大道568号（730030）
邮　　箱　readerpress@163.com
电　　话　0931-2131529（编辑部）　0931-2131507（发行部）

印　　刷　北京盛通印刷股份有限公司
规　　格　开本 787 毫米 × 1092 毫米　1/16
　　　　　印张 12.5　字数 174 千
版　　次　2024 年 3 月第 1 版
　　　　　2024 年 3 月第 1 次印刷
书　　号　ISBN 978-7-5527-0798-4
定　　价　128.00元（全5册）

目　录

我爱你，正如深爱莫高窟

敦煌研究院

自1944年国立敦煌艺术研究所成立至今，一批批有志青年满怀着激情和对敦煌艺术的热爱，纷纷来到莫高窟。

几代敦煌人的足迹里藏满故事，其中不乏或细水长流，或情比金坚的爱情传奇。

史苇湘、欧阳琳：一见钟情，一往情深

“在我三灾八难的一生中，还没有一次可以与初到莫高窟时，心灵受到的震撼与冲击比拟……也许就是这种‘一见钟情’和‘一往情深’，促成我这近50年对莫高窟的欲罢难休……”被称为敦煌“活字典”的史苇湘先生如是说。

1947年，女友欧阳琳已经到了敦煌，她形容初见敦煌的感受是“又惊讶，又感动”。一年后，24岁的史苇湘抗战归来后立刻赶到敦煌。

临摹并不容易。每一根线条看起来平淡无奇，真要落笔时，需要收起自己，才能体会千年前古人的良苦用心。稍有不慎，就与原作相去甚远。加之光线原因，不到一平方米的壁画临摹起来往往需要几个月时间。

史苇湘和欧阳琳就这样专注临摹 40 余年，不知疲倦，只觉得敦煌有画不完的美。

现已从敦煌研究院退休的敦煌学专家马德说：“从事绘画的人一般都自称或被称为艺术家，而欧阳老师和她的同事们都自称‘画匠’。他们心甘情愿一辈子做画匠，一辈子默默地从事敦煌壁画的临摹工作。”

他们没有计较过住的是土房子，没有为冰窖一样的宿舍介怀。相反，每天的白水煮面条、白菜和萝卜，没有油水、没有四川人少不了的辣椒，他们也能吃得津津有味。

他们给自己的女儿取名史敦宇、欧阳煌玉。欧阳煌玉回忆：“有次我问我妈，苦吗？她说，水果好吃，也不觉得苦。”

孙儒僩、李其琼：爱是不问前程

2014 年，敦煌研究院建院 70 周年。5 月，在莫高窟的老美术馆里，有一场朴素的展览：心灯——李其琼先生纪念展。

1952 年，27 岁的李其琼从四川来到敦煌文物研究所美术组，主要负责壁画临摹工作。她是继段文杰之后，临摹敦煌壁画数量最多的画家。

展出的作品琳琅满目，更加引人注目的是一个背影——照片里，从梳着双尾麻花辫的少女到霜丝侵鬓的老人，李其琼面对壁画临摹了一辈子。

在她的丈夫，敦煌研究院保护研究所第一任所长孙儒僩眼里，“是光照千秋的敦煌艺术的伟大火炬点燃了她这盏心灯”。

如果没有当初孙儒僩给李其琼的一封信，她也许不会放弃可能留在八一电影制片厂工作的机会，远赴敦煌。

信中是这样写的：“敦煌的冬天实在令人难以忍受。早上起床，鼻子上时常会覆盖一层霜，杯子和脸盆里残留的水，则结着厚重的冰凌……流沙对莫高窟的侵蚀已经到了难以想象的地步，它的瑰丽与神秘有一天可能会消失，而我就是要让它消失得慢一些……”

李其琼来到敦煌两周后，就与孙儒僩举办了简单的婚礼。两个人在土炕、土桌子、土凳子、土柜子组合而成的“家”中开始了他们的新生活——大多数时间，孙儒僩忙于治沙和加固石窟，李其琼则钻进阴冷的洞窟临摹壁画，不知疲倦。

樊锦诗、彭金章：这么远，那么近

“只顾事业不顾家”，很多人这样评价樊锦诗。

她 20 岁考上北大，时常晾衣服忘了收、晒的被子不翼而飞，才意识到自己需要人照顾。她最喜欢泡图书馆，彭金章比她早到，会帮她在旁边留个位子；她总在手腕上系块手绢，彭金章就送她更好看的；她是杭州人，彭金章从河北家乡带特产给她吃……

一个简单，一个质朴，碰在一起就是默契。

1962 年，樊锦诗 24 岁，和同学到敦煌实习。

没错，敦煌是艺术殿堂，但这里没水没电，没有卫生设施，吃白面条，只加盐和醋。报纸送到手上时已经是出版 10 天以后，新闻变“旧闻”。

第二年毕业分配，樊锦诗去了敦煌，彭金章去了武汉大学。之后是长期的书信往来。

1967 年，他们在彭金章武大的宿舍里办了简单的婚礼，开始了长达 19 年的两地生活。一年的团聚时间不超过两周。

孩子生在敦煌，彭金章赶来已经是一周以后了。他挑着扁担，里面装的是小孩的衣物和鸡蛋。“樊锦诗看到我，眼泪都出来了。儿子已经出生好几天了，还光着屁股。”

一个人照顾孩子实在难，大儿子一岁多时，樊锦诗把他送到河北去。4 年后小儿子出生，大儿子就得和小儿子在河北和武汉之间来回换。彭金章在武汉照顾一个，他的妹妹在河北老家照顾一个。

大儿子读初中时写了封信给樊锦诗：“妈妈没调来，爸爸又经常出差……”

终于，1986 年，在找到合适的人接替工作之后，彭金章来到敦煌。

往后的 20 多年，他一直在敦煌石窟考古和在敦煌学研究领域耕耘，退休后也没有放下。

1998 年，樊锦诗出任敦煌研究院院长，忙于国际合作、科学保护、条件改善、人才延揽以及数字敦煌的建设，以期永远地留住莫高窟。

2017 年 7 月 29 日，彭金章在上海去世。

生前他说：“如果不是喜欢这里，我也不会来；如果不是喜欢这里，我来了也会走。”

这无意中投射出敦煌人的爱情信念：“爱你所爱，行你所行，听从你心”。

一代代敦煌人坚守莫高窟，心无杂念，勇往直前，才有了今天“千年敦煌重焕光彩”的模样。

他们不一定听过电影《无问西东》里那句台词——“静坐听雨无畏，无问西东求真”，但他们就是这样做的。

最好的月色我也曾看过

叶圣陶

住在上海“弄堂房子”里的人对于月亮的圆缺隐现是不甚关心的。

所谓“天井”，不到一丈见方的面。至少16支光(编者注:16瓦)的电灯每间屋里总得挂一盏。环境限定，不容你有关心月亮的便利。走到路上，还没“断黑”，已经一连串地亮起了街灯。有月亮吧，就像多了一盏灯。没有月亮，犹如一盏街灯损坏了，没有亮起来。谁留意这些呢?

去年夏天，我曾经说过不大能听到蝉声，现在说起月亮，我又觉得许久未看见月亮了。只记得某夜夜半醒来，对窗的收音机已经沉寂，隔壁的麻将也歇了手，各家的电灯都已熄灭，一道象牙色的光从南窗透进来，把窗棂印在我的被袱上。

我略微感到惊异，随即想到原来是月亮光。好奇地要看看月亮本身，我向窗外望。但是，一会儿月亮就被云遮没了。

从北平来的人往往说在上海这地方怎么待得住。一切都这样紧张。走出去很难得看见树木，诸如此类，他们可以举出一大堆。

我想，月亮仿佛失掉了这一点，也该被列入他们在上海待不住的理由吧。假若如此，我倒并不同意。在生活的诸般条件里列入必须看月亮一项，那是没有理由的。清旷的襟怀和高远的想象力未必只能由对月而养成。把仰望的双眼移到地面，同样可以收到修养上的效益，而且更见切实。可是我并非反对看月亮，只是说即使不看也没有什么关系罢了。

最好的月色我也曾看过。那时是在福州的乡下，地处闽江一折的那个角上。某夜，靠着楼栏直望。闽江正在上潮，受着月光，成为水银的洪流。江岸诸山略微笼罩着雾气，好像不是平日看惯的那几座山了。

月亮高高停在天空，非常舒泰的样子。从江岸直到我的楼下是一大片沙坪，月光照着，茫然一片白，但带点儿青的意味。不知什么地方送来晚香玉的香气。也许是月亮的香气吧，我这么想。我心中不起任何杂念，大约历一刻钟之久，才回转身来。看见蛎粉墙上印着我的身影，我于是重又意识到了我。

那样的月色如果能得幸再看几回，自然是愉悦的事，虽然前面我说过“即使不看也没有什么关系”。

寻找

余秋雨

小时候，梦中寻找的总是妈妈。

现在，总是她。

与生活中正好相反，梦中的她总是不告而别，去很远的地方。我似乎也知道那地方很远，因此刚刚要找，脚下已经是西奈的沙漠，约旦的佩特拉，密克罗尼西亚的海滨，卢克索的山顶……她总是在那里飞奔，步伐那么矫健，周围所有的游人都在看她。因此，我只要顺着众人的目光，总能找到她。

有的地方没有游人，只有蛮荒的山岭，那就更好找了，因为所有山脉的曲线都指向她。

飞奔到一个醒目的高处，她会突然停步，猛然转身，伸直手臂大幅度地摇摆，好像早就知道我在找她，而且已经找到她的脚下。她笑得很骄傲，为她走得那么远、那么高，为她知道我会寻找，而且一定会找到她，就好像一切都是她的计划。

我很快追到她眼前，只是笑，没有话。一时间，山岭不见了，天地间只剩下我和她。

这时我多半会醒来，惊讶地看一眼身边还在熟睡的她。

其实她没有行动计划，只有心灵计划。

正因为没有行动计划，所以也没有行动路线；正因为没有行动路线，所以再远的地方她也能随意抵达。

这事说起来有点艰深，但是自从人类开始想象跨时空“穿越”的可能性，便知道过于精细的安排都是障碍。只有心灵，才能使我们离地滑翔，转眼就能抵达任何想去的地方。地图由心在画，世界处处是家。

所以，我总能在最远的角落里找到她，却不知道她是怎么去的，坐车还是骑马。

她的心灵计划既然与路线无关，与距离无关，那么与什么有关呢?

与人，只能是人。她的心灵计划只由两个人组成，却又至远至大。

因此她能突然停步，猛然转身。她能知道我已站在她背后，可以第一时间回头与我四目相对，分毫不差。

我的心灵计划也是由两个人组成，也能伸展到海角天涯。因此，我天天在找，却找得一点儿也不累。她必定知道我在哪里，我也必定知道哪里有她。

我曾对年轻人说，人生在世，最要紧的是找对一个人。如果找着了，那就会天天牵挂，却又不必牵挂。

于是天边就在枕边，眼下就是天下。

厮守，一眼千年

樊锦诗

敦，大也；煌，盛也。

那时，我第一次见到敦煌，见到黄昏时分古朴庄严的莫高窟。远方铁马风铃的鸣响，让我好似听到了敦煌与历史千年的耳语，窥见了她跨越千年的美。

1962 年，我第一次到敦煌实习，当时满脑子都是那些一听就让人肃然起敬的名字：常书鸿先生、段文杰先生，等等。对我而言，敦煌就是神话的延续，他们就是神话中的人物啊！我和几个一起实习的同学跑进石窟，震惊到只剩下几个词来回重复使用，所有的语言都显得平淡无奇，再华丽的辞藻与之相比都黯然失色了，我满心满脑只有："哎呀，太好了，太美了！"

虽然对大西北艰苦的环境有一定的心理准备，但水土不服的无奈、上蹿下跳的老鼠，至今想起时仍心有余悸。到处都是土，连水都是苦的，实习期没满我就因生病而提前返校了，也没想着再回去。但没想到，可能就是注定要厮守的缘分，一年后我又被分配到敦煌文物研究所（现敦煌研究院的前身）。

说没有犹豫惶惑，那是假话，和北京相比，那里简直就是另一个世界——到处是苍凉的黄沙、无垠的戈壁滩和稀稀疏疏的骆驼刺。洞外面很破烂，里面很黑，没有门，没有楼梯，只能用树干插上树枝做成的“蜈蚣梯”爬进洞。爬上去后，还得用“蜈蚣梯”原路爬下来，很可怕。

我父母自然也是不乐意的，父亲甚至还写了一封信，让我转交学校领导，希望给我换个工作的地方。但是那个时候我哪里肯这样做，中华人民共和国成立才十多年，报效祖国、服从分配、到最艰苦的地方去，等等，都是影响青年人人生走向的主流价值观。

一开始，在这般庞大深邃的敦煌面前，我是羞怯的，恍若与初恋相见一般惶惑不安。相处一阵子后，才慢慢地、小心翼翼地把敦煌当成了“意中人”。

文物界的人，只要对文物怀有深深的爱，就会想尽一切办法去保护它。能守护敦煌，我太知足了。灿烂的阳光照耀在色彩绚丽的壁画和彩塑上，金碧辉煌，闪烁夺目。整个莫高窟就是一座巨大无比、藏满珠宝玉翠的宝库。这样动人可爱的“意中人”，已成为我生命中不可分割的一部分，我怎么舍得离开呢?

我的爱好和想法，影响了远在武汉工作的我的丈夫老彭，他也是我的同学，理解我、支持我，也了解敦煌。他毅然放弃了心仪的武汉大学考古专业的教学工作，来到敦煌，来到我的身边。从此，我们俩相依相伴，相知相亲，共同守着敦煌。老彭热忱地投身敦煌学研究，直到生命的最后。

后来西部大开发，旅游大发展，从 1999 年开始，来敦煌欣赏壁画的人愈发多了，我一半是高兴，另一半又是担忧。我把洞窟当作“意中人”，游客数量的剧增却有可能让洞窟的容颜不可逆地逝去，壁画会渐渐变模糊，颜色也会慢慢褪去。

有一天，太阳升起，阳光普照敦煌，风沙包围中的莫高窟依旧安静从容，仰望之间，我莫名觉得心疼：静静沉睡了一千年，她的美丽、她含着泪的微笑，在漫长的岁月里无人可识，而现在，过量的美的惊羡者却很可能让她因脆弱而衰老。那些没有留下名字的塑匠、石匠、泥匠、画匠用坚韧的毅力和沉静的心愿，一代又一代，守护了她一千年。莫高窟带给人们的震撼，绝不应该只来自我们看到的惊艳壁画和彩塑，她更应是一种文化的力量！就算有一天她真的衰老了，这种力量也不应该消失，我一定要让她活下来。

煌，盛也！

当我知道可以通过数字化技术将她们永久保留下来的时候，我立即向甘肃省政府、国家文物局、科技部提出要进行数字化工程建设。中华人民共和国成立后，国家特别重视莫高窟的保护。20 世纪 60 年代，国家经济刚刚恢复，周恩来总理就特批了 100 多万元用于敦煌莫高窟的保护。后来国家更是给了充足的经费，让我们首先进行数字化的试验。现在敦煌已经有 100 多个洞窟实现了数字化——壁画的数字化、洞窟的 3D 模型搭建和崖体的三维重建，30 个洞窟的数字资源的中英文版都已上线，并实现了全球共享。

我想和敦煌“厮守”下去不再是梦想，这已真真切切地成为现实！

敦煌艺术入门不难，她是一门多学科交叉的人文学科，汇合交融了多样的文化元素，历史的多元、文化的多元、创作技法的多元，可谓大气魄、大胸怀。在改革开放之前，研究所关于敦煌学的研究就已在进行，但更多的是对壁画的临摹。说到真正的研究工作，还是在改革开放之后，因为搞科研的氛围变好了，文化交流更加频繁。正如一位哲人所说的：“我希望我的房子四周没有墙围着，窗子没有东西堵着，愿各国的文化之风自由地吹拂着它。但是我不会被任何风所吹倒。”改革开放带来了中国敦煌学研究的春天。

我很喜欢中唐第一百五十八窟的卧佛，每当心里有苦闷与烦恼时，都忍不住会走进这个洞窟，瞬间便能忘却许多烦恼。有时候，我甚至觉得敦煌已经成为我的生命了。

我脑海里常想着季羡林先生的诗：

我真想长期留在这里，
永远留在这里。
真好像在茫茫的人世间奔波了60多年，
才最后找到了一个归宿。

我还想说，中华人民共和国成立70年来，一代又一代有志于弘扬中华优秀传统文化艺术的年轻人，面对极其艰苦的物质生活，面对苍茫戈壁的寂寞，披星戴月，前赴后继，践行着文物工作者保护和传承中华优秀传统文化的使命。

而我也与我的前辈、同人一样，仍愿与这一眼千年的美“厮守”下去。

敦煌记忆

薛芃

最近这几年，常沙娜每年都会从北京回敦煌一次。虽然每次只有几天，但必须给父亲扫墓。1994 年，第一任敦煌研究院院长常书鸿在北京去世，按照他的遗愿，一半骨灰安置在八宝山，另一半则带回敦煌。常书鸿的墓碑前刻着几个字——“敦煌守护神”。

常沙娜从小就很听话，父亲让她画画，她就画；父亲觉得她应该去美国深造一下，她就去了。在她回国想要在绘画上有更深的造诣时，她遇见了梁思成、林徽因夫妇，梁氏夫妇希望她去清华大学营建系做图案研究，父亲也赞成，常沙娜就去了。每走一步，常书鸿都是常沙娜的引路人，而他对女儿最大的影响，就是把小沙娜从法国带到敦煌。

跟着大人上洞子画画

“我们先走了，而你却要在这里无穷无尽地研究保护下去，这是一个长期的——无期徒刑啊！”1941 年，张大千先后在敦煌待了两年，临摹了大量壁画。1943 年年初，他准备正式离开敦煌，结束这段临摹的工作。临走时，他半开玩笑地留给常书鸿这句话。

张大千还留下两件宝贝——一份黑白版的《敦煌图录》，里面有很多他研究时写下的批注；另一个是蘑菇路线图，因为生活在莫高窟，吃得很简单，张大千在附近的水渠边找到一个长有野生蘑菇的隐蔽处。临走时，他把这个“秘密基地”也告诉了常书鸿。

保护是常书鸿的首要任务。那时洞窟边还没有完备的栈道，好在莫高窟不算高，要想上高处的洞里，就得爬梯子。要临摹壁画，纸、笔、颜料都难以为继，这是最大的难题。当时最好的纸是四川的平江竹浆纸，可敦煌太过偏远，很难买到。只能就地取材，改用窗户皮纸来裱褙，笔画秃了就自己修，反复使用。颜料也得省着用。早期的研究者开始在附近山上找矿物颜料，一些当地的红土、绿松石都是可以做颜料的，甚至和千年前工匠们用的矿物颜料是一样的。后来，也有在西藏或其他地方考察的地质学家找到类似的矿物颜料，就给敦煌的美术工作者们留了下来。

常书鸿在他的回忆录中写道，洞窟壁画临摹是一项很艰苦细致的工作。莫高窟背靠一面坐西向东的峭壁，由北向南绵延开来，每个洞窟都是朝东的，只有一个门能透进来光线，加上每个洞窟都有一段甬道，穿过甬道，真正能照到壁画上的光线就十分微弱了。我们现在参观都必须打手电筒才能看清，临摹时乃至千百年前绘制时的难度就可想而知了。

解决采光问题是另一个难题。由于电压不够，窟里无法通电，只能一手拎着个小油灯，一手执笔，照一下画一笔。油灯的光摇曳着，时明时暗，在这种光线下工作，人总是很容易疲倦。常书鸿回忆道：“临摹窟顶时，更加艰苦，要仰着头，脖子和身体都成了 90 度，仰看一眼，低头再画一笔，不一会儿就头昏脑涨，有时甚至恶心呕吐。尤其是临摹大幅壁画，困难就更大了。”为了让洞里更亮一些，工作人员也会在洞口放上镜子，利用反光来作画。

1943年年初，常书鸿他们到达敦煌成立研究所之后，起初一直沿用张大千的洞窟编号，但不久就发现不便。他们很快就对洞窟进行了重新编号。“以莫高窟上山进城的路线为起点，第一层从北至南按洞窟排列顺序，有一个窟即编一个号，小洞、耳洞均一一编号；第二层从南向北；第三层由北向南。如此按‘之’字形编排。”这一次编号一共有465个窟，但在后来的工作中又陆续发现了24个窟。直到现在，莫高窟一直在使用常书鸿的编号，共计492个。

常沙娜至今还珍藏着一幅172窟《观无量寿经变》的临摹画，这是20世纪40年代邵芳老师带着她一点点临的。描稿、勾线、着色、渲染、开脸，每一个步骤都是邵芳指导她一点点完成的，邵芳画一部分，常沙娜画一部分。

为了保护壁画，常书鸿主张对临，不准在墙上拓稿。拓稿是张大千在莫高窟临摹时喜欢用的方式，他把纸蒙在壁画上，钉上四角，直接勾勒出人物的形象。这样做虽然简单些，但对壁画保护不利，尤其是四角上的钉子。因此，常书鸿下了死规定，不允许再继续拓稿。不过，张大千还是留下了很多珍贵的线描稿，这也成了后来研究院工作者对临的稿子。邵芳和常沙娜合作的172窟，就是用张大千的线描稿子做参照临摹的，先打格子，再按照正确的人物比例、构图关系去慢慢处理细节。最后再进窟与原作比对，一点点修改。

172窟的经变画在所有壁画中都算得上是上乘品，绘于盛唐时期，工匠们的技艺已非常高超。有趣的是，南北两壁画的是同一题材——观无量寿经变。专家认为，这很有可能是一场竞赛，两位工匠在相对的两壁墙上画同一内容，画技立分高下。

但如今看来，两幅也很难分出高下，都可代表盛唐的最高水平。南壁在俯视、仰视和平视三种视角中切换，描绘出一个丰富多样的西方极乐世界；北壁则画了鳞次栉比的宫殿，大量人物穿插在建筑群中，井然有序，并且能看出简单的透视关系，说明当时“界画”的发展已经日趋成熟。

常沙娜临的是南壁，她至今仍清楚地记得，若想安排布局好如此宏大的场面并非易事，尤其是很多细节看不清，需要通过自己的理解和分析去完成。在她临摹的后期，对北魏、西魏、隋代的壁画产生了偏爱，那些浑厚粗犷的笔触和略带稚嫩的表现手法，加上“小字脸”的勾点，把神态表现得具有洒脱的情趣和装饰性，这比唐代之后那些成熟的技法更令她着迷。

“要用敦煌的鸽子，不要用毕加索的鸽子”

1948 年，因为机缘巧合，常沙娜离开敦煌，去美国波士顿博物馆的美术学院读书。但只读了两年，中华人民共和国成立，她一心想回国，就辍学回来了。因为有莫高窟临摹的底子，她本打算去中央美术学院学习壁画，但一次展览又改变了她的人生轨迹。

1951 年 4 月，常书鸿和女儿在北京办了一场敦煌临摹画展，因为当时没有什么展览馆可以办展，最终场地定在故宫午门。梁思成和常书鸿是旧相识，虽然梁思成和林徽因一直在做中国古代建筑的研究，但他们对敦煌壁画也很感兴趣。在常沙娜的回忆录里，她写到过梁先生对敦煌壁画的看法：“敦煌壁画中有从北魏至元数以千计的、或大或小的、各型各类、各式各样的建筑图，无疑为中国建筑史填补了空白的一章。敦煌壁画是次于实物的最好的、最忠实的、最可靠的资料。”

就这样，常沙娜跟着梁氏夫妇进入清华大学营建系，走上了工艺美术设计的道路。

林徽因嘱咐常沙娜，要抢救工艺美术，当务之急是抢救景泰蓝。

传统工艺正慢慢消失，要加入一些新的设计，把景泰蓝改为现代生活所用。有一个细节常沙娜记得特别清楚，林徽因主张把传统的敦煌元素放进现代设计中，而不用西方的元素："你看看毕加索的鸽子，我们不要用毕加索的鸽子，要用敦煌的鸽子。"后来，在亚太和平会议的礼品中，常沙娜就设计了一个景泰蓝的盘子，熟褐色的底子，白色的鸽子，加上卷草纹，既是敦煌风格，又是现代风格。

在林徽因的指导下，常沙娜弄明白一个问题：如何让千年的敦煌壁画焕发出新的生命力。"它们不应当仅仅存在于洞窟冰冷的墙壁上或者临摹画师的画纸上，它们真正获得生命力的方式是进入当下人们衣食住行的领域，为人们的生活继续带来美的感受。而能将图案恰当运用，就关系到工艺美术的实质，要以现代意识来审视、利用传统图案，更要以所设计物品的材质、功能为前提。"

从小时候临摹壁画开始，常沙娜就画了大量人物的服饰和藻井、边饰中的图案，然而，壁画上服饰的图案非常细碎，还有不少破损之处，有的图案可能只出现在人物裙摆旁一根纤细的佩带上，"这都需要推理出一块完整的布料中，纹样如何布局。仅有绘画上的训练是不够的，还要懂些染织方面的知识，比如在一些提花织物上一个单位纹样二方连续或者四方连续的排列规则"。常沙娜的美术基本功和对工艺美术设计的敏感度都是在那时积累的。

1959年暑假，染织系主任程尚仁安排常沙娜和另外两个年轻教师李绵璐、黄能馥去莫高窟，利用假期，把莫高窟历代壁画、彩塑人物服饰上的图案按年代分类收集，临摹整理。当时常书鸿是敦煌文物研究所所长，在他的协助安排下，3人共整理出彩图328幅。后来，常沙娜又在敦煌陆续小住了好几次，整理历代的装饰图案，这一领域在之前都是空白的。

图案纹样跟壁画不同，它没有故事情节，是很难用语言描述的。

常沙娜聊起往事，很少具体说忍冬纹如何，莲花纹又如何，该如何配色，用何种比例。在她看来，图案是用来看和使用的，更重要的是手上功夫和好眼力。直到 2003 年，常沙娜已经 70 多岁，此时的她已经做出了很多著名的设计，但整理敦煌的图案这项工作从未停过。她带着自己的 5 个学生先后两次专程去敦煌，编绘出《中国敦煌历代装饰图案》，“要求自己和学生沿用传统的手绘方式，一丝不苟地描绘每一幅纹样，并融入自己对敦煌图案的理解”。如今，敦煌研究院也成立了常沙娜图案工作室，将这份工作继续下去。

我要那么多钱做什么

袁隆平

我稍有点名气之后，国际上有多家机构高薪聘请我出国工作，但都被我婉言谢绝了。这跟人生观有很大关系。如果为了名利，我早就到国外去了。如联合国粮农组织在 1990 年曾以每天 525 美元的高薪聘请我赴印度工作半年，但我认为，中国人口这么多，粮食始终是头等大事，我在国内工作比在国外发挥的作用更大。

20 世纪 90 年代，湖南省曾 3 次推荐我参评中国科学院学部委员，即现在的中国科学院院士，可我 3 次都落选了。当时有人说，我落选比人家当选更轰动。但我认为，没当成院士没什么委屈的。我搞研究不是为了当院士，没评上说明水平不够，应该努力学习；但学习是为了提高学术水平，而不是为了当院士。

有一个普通农民，年轻时对饥饿有切肤之痛，后因种植杂交水稻而改变了缺粮的状况。为了表达对我的感激之情，他写了一封信请求我给他提供几张不同角度的全身照片，说要给我塑一尊汉白玉雕像。在回信中，我这样写道：“谢谢你的好意，请你千万不要把钱浪费在什么雕像上，我建议你把钱用到扩大再生产上去。请你尊重我的意见，并怨我不给你寄照片。”尽管我再三拒绝，但那个朴实的农民还是为我塑了一尊雕像。有人问我见过那尊雕像吗，我笑道："我不好意思去看。"

至于荣誉，我认为它不是炫耀的资本，也不意味着“到此为止”，那是一种鼓励，鼓励你继续攀登。

我对钱是这样看的：钱是要有的，要生活，要生存，没有钱是不能生存的。但钱的来路要正，不能贪污受贿，不要搞什么乱七八糟的事情。另外，有钱是要用的，有钱不用等于没有钱。该用就用，但是不挥霍不浪费，也不小气不吝啬。够平常开销，再小有积蓄就行了。拿那么多钱存着干什么？生不带来，死不带去。

有个权威的评估机构评估，我的身价是1008亿。要那么多钱做什么？那是个大包袱。我觉得现在很好，不愁生活，工资够用，房子也不错。要吃要穿都够，吃多了还会得肥胖症。我从来不讲究品牌，也不认识名牌。当然，也可能是因为我皮肤粗糙，感觉不出好坏来。我觉得只要穿着合适、朴素大方就行，哪怕几十块钱一件都行。我之前最贵的西装是到北京领首届最高科技奖前，抽空逛了回商场，买的打折后七八百块钱一套的西装，还是周围同事叨咕了半天才买的。

我不愿当官，“隆平高科”让我兼任董事长，我嫌麻烦，不当。我不是做生意的人，又不懂经济，对股票也不感兴趣。我平生最大的兴趣在于杂交水稻研究，我不干行政工作就是为了潜心搞科研。搞农业是我的职业，离开农田我就无所事事，那才麻烦。有些人退休之后就有失落感，如果我不能下田了，我就会有失落感，那我做什么呢？我现在还下田。过去走路，后来骑自行车，再后来骑摩托车，现在我可以开着小汽车下田了。

学农有学农的乐趣！只要有追求、有理想、有希望，就不会觉得苦！我们研究水稻，要待在水田里，还要在太阳底下晒，工作是辛苦点。20 世纪六七十年代生活很苦，吃不饱，但我觉得乐在苦中，因为有希望、有信念。我认为粮食是最重要的战略物资，所以我觉得我的工作是非常有意义的，对国家、对百姓都是大好事。我现在身体还不错，老骥伏枥，壮心未已。我还要迎接新的挑战，向新的目标迈进。

秋天的音乐

冯骥才

火车一出山海关，我便戴上耳机听起这“秋天的音乐”。开头的旋律有些耳熟，没等我怀疑它是不是真的在描述秋天，就下巴发懒地一蹭粗软的毛衣领口，两只手搓一搓，让干燥的凉手背和湿润的温热手心舒服地摩擦，整个身心进入秋天才有的一种异样甜醉的感受里了。

我把脸颊贴在窗玻璃上，挺凉，带着享受的渴望往车窗外望去，秋天的大自然展开一片辉煌灿烂的景象。阳光像钢琴明亮的音色洒在这片收割过的田野上，整个大地像刚生了婴儿的母亲，躺在开阔的晴空下，幸福地舒展着丰满而柔韧的躯体！从麦茬里裸露出的浓厚的红褐色是大地母亲健壮的肤色；所有树林都在炎夏的竞争中把自己的精力膨胀到头，此刻自在自如地伸展着优美的枝条；所有金色的叶子都是它的果实，一任秋风翻动，夸耀着秋天的富有。真正的富有，是属于创造者的；真正的创造者，才有这种潇洒而悠然的风度……一只鸟儿随着一串轻扬的小提琴旋律腾空飞起，它把我引向无比纯净的天空。任何情绪一入天空便化作一片博大的安寂。这愈看愈大的天空有如伟大哲人恢宏的头颅，白云是他的思想。有时风云交汇，会闪出一道智慧的灵光，响起一句警示世人的哲言。此时，哲人也累了，沉浸在秋天的松弛里。它高远、平和，神秘无限。大大小小、松松散散的云彩是他思想的片段，而片段才是最美的，无论思想还是情感……这些精美的片段伴随着空灵的音乐，在我眼前流过。那乘着小提琴旋律的鸟儿一直钻向云天，愈高愈小，最后变成一个极小的黑点儿，忽然“噗”地扎入一个巨大、蓬松、发亮的云团……

接下来的温情和弦，带来一片疏淡的田园风景。秋天消解了大地的绿，用它中性的调子，把一切色泽调匀。和谐又高贵，平稳又舒畅，只有收获的秋天才能这样静谧安详。几座闪闪发光的麦秸垛，一缕银蓝色半透明的炊烟，这儿一棵、那儿一棵怡然自得地站在平原上的树，这儿一只、那儿一只慢吞吞吃草的杂色的牛。在弦乐的烘托中，我心底渐渐浮起一张又静又美的脸。我曾经用吻，像画家用笔那样勾勒过这张脸：轮廓、眉毛、眼睛、嘴唇……这样的勾画异常奇妙，无形却深刻地印在脑海里，你嘴角的酒窝、颤动的睫毛、鼓脑门和尖翘下巴上那极小而光洁的平面……近景从眼前疾掠而过，远景跟着我缓缓向前，大地像唱片慢慢旋转，耳朵里不断地响着这曲人间牧歌。

一株垂死的老树一点点走进这巨大的唱片。它的根像唱针，在大自然深处划出一支忧伤的曲调。心中的光线和风景的光线一同转暗，即使一湾河水强烈的反光，也清冷，也刺目，也凄凉。一切阴影都化为行将垂暮的秋天的愁绪；萧疏的万物失去了往日共荣的激情，各自挽着生命的孤单；篱笆后一朵迟开的小葵花，像你告别时在人群中的最后一次招手，被轰隆隆往前奔的列车甩到后边……春的萌动、战栗、骚乱，夏的喧闹、蓬勃、繁华，全都消匿而去，无可挽回。不管它曾经怎样辉煌，怎样骄傲，怎样光芒四射，怎样自豪地挥霍自己的精力与才华，毕竟过往不复。人生是一次性的，生命以时间为载体，这就决定了人类以死亡为结局的必然悲剧。一种浓重的忧伤混同音乐漫无边际地散开，渲染着满目风光。我忽然想喊，想叫这列车停住，倒回去！

突然，一条大道纵向冲出去，黄昏中它闪闪发光，如同一只号角嘹亮吹响，声音唤来一大片拔地而起的森林，像一支金灿灿的铜管乐队，奏着庄严的乐曲走进视野。来不及分辨这是音乐还是画面变换的缘故，我的心境陡然一变，刚刚的忧愁一扫而光。当浓林深处一棵棵依然葱绿的幼树晃过，我忽然醒悟，秋天的凋谢全是假象！

它不过是在寒潮来临之前把生命掩藏起来，把绿意埋在地下，在冬日的雪被下积蓄与浓缩，等待在下一个春天里，再一次加倍地挥洒与铺张！远处的山坡上，坟茔，在夕照里像一堆火，神奇又神秘，它那里是不是埋葬着一具尸体或一个孤魂？既然每个生命都会在创造了另一个生命后离去，那么什么叫作死亡？难道，死亡不仅仅是一种生命的转换、旋律的变化、画面的更迭吗？世间还有什么比死亡更庄严、更神圣、更迷人！为了再生而奉献自己的伟大的死亡啊……

秋天的音乐已如圣殿的声音，这壮美崇高的轰响，把我全部身心都裹住、净化了。我惊奇地感觉自己像玻璃一样透明。艺术其实是安慰人生的。

鸟鸣山更幽

骆玉明

一切都会过去，变化的背后仍然是深邃的幽静。

也许，每个人都曾在生活的某个时刻体会到幽静深长的意味。

各种各样的声音在这个世界中响起，喧嚣嘈杂的、清朗悠扬的、气势宏大的、悲切低回的，然后逐一消退。在此起彼落之间，你听到深邃的幽静，莫可名状，令人心动。

换一个角度来说，世界像一个热闹的舞台，各色人物你来我往，推推搡搡。有的自命不凡，踌躇满志；有的身败名裂，灰心丧气。然而一切都会过去，在一切变化的背后仍然是一个深邃的幽静。

我们常说的“安静”，有时指一种单纯的物理意义上的状态：声音愈是低微愈是安静。它也许会让人感到几分寂寞或枯燥，但终究跟人的心情没有太大的关系。

而另一种安静，或者换一个词，幽静，却更富有精神性和情感意味。那是脱离了虚浮的嘈杂之后，面向生命本源和世界本源的一种感受。这种幽静得之于自然，同时也得之于内心，物我在这里并无区分。

在诗歌里如何把它表现出来？最早是南朝的王籍做了尝试。王籍，字文海，在南朝齐、梁两代做过官，诗风学习谢灵运。他的名气不像谢灵运那么大，留下的诗作也很少，但有一首《入若耶溪》非常有名。

艅艎何泛泛，空水共悠悠。
阴霞生远岫，阳景逐回流。
蝉噪林逾静，鸟鸣山更幽。
此地动归念，长年悲倦游。

若耶溪在今浙江省绍兴市东南，发源于若耶山，沿途汇聚众多溪水后流入鉴湖。诗题“入若耶溪”，表明作者是从城内经过鉴湖进入溪流的。在王籍那个年代，鉴湖和若耶溪相连的水域非常广阔，两岸竹木丰茂，景色优美。

诗中“艅艎”是一种比较大的船，“泛泛”是任意漂荡的样子。王籍是在游览，不是赶路，所以心情很放松。天气也好，眼前的景色显得格外清朗、开阔。所谓“空水共悠悠”，写出天水一色、相互映照，一派辽远恬静的样子，而“悠悠”二字，也体现了心境的清朗和从容。遥望远处的山峰萦绕着淡淡的云霞，近处的阳光伴随着水波的流动而闪耀。这是生动的自然，它有美妙的韵律。

偶然间注意到有些声音响起来。是蝉鸣，是鸟啼，但蝉鸣和鸟啼却更能令人感觉到山林的幽静。说得更确切一些，是把人的灵魂引入山林的幽静，融化在自然的美妙韵律中。这时忽然想到在官场、在俗尘奔波得太久了，如此疲倦，令人忧伤。

“蝉噪林逾静，鸟鸣山更幽”，是中国诗史上不断被人提起的名句。《梁书·王籍传》中特别提到这两句诗，说“当时以为文外独绝”。什么叫“文外独绝”呢？就是在文字之外别有意蕴，奇妙之处，世人不能及。当然，后代类似的写法很多，但在王籍的时代，这样的写法是首创，所以有这两句，王籍足以名垂千古。

一般人分析这两句诗的妙处，总是归纳为“以动写静”，认为这样比单纯地写静更为生动。钱锺书先生在《管锥编》中也说：“寂静之幽深者，每以得声音衬托而愈觉其深。”这当然不错，但是还可以追究得更深一些。这首诗里所写的“静”，不是物理意义上的静，而是体现着自然所内蕴的生命力的静，是人心中摒除了虚浮的嘈杂之后才能体悟到的充实莹洁的恬静。这种静自身没有表达的方式，而蝉噪鸟鸣，正是唤起它的媒介——你听到了声音，然后你听到了幽静。

有趣的灵魂都有静气

朱光潜

所谓“感受”，是被动的，是容许自然界事物感动我的感官和心灵。这两个字含义极广。眼见颜色，耳闻声音，是感受；见颜色而知其美，闻声音而知其和，也是感受。同一美颜，同一和声，各人所见到的美与和的程度又随天资境遇而不同。

比方路边有一棵苍松，你看见它只觉得可以砍来造船，我见到它便觉得可以让人纳凉，旁人也许说它很宜于入画，或者说它是高风亮节的象征。

再比方街上有一个乞丐，我只能见到他的蓬头垢面，觉得他很讨厌；你见他，便发慈悲心，给他一个铜子；旁人见到他，也许立刻发下宏愿，要改变社会制度。这几个人反应不同，是由于感受力有强有弱。

世间天才之所以为天才，固然由于具有伟大的创造力，而他的感受力也比一般人的强烈。比方诗人和美术家，你见不到的东西他能见到，你闻不到的气味他能闻到。麻木不仁的人就不然，就是请伯牙为他弹琴，他也只能联想到棉匠弹棉花。

感受也可以说是“领略”，不过领略只是感受的一方面。世界上最快活的人不仅是最活跃的人，也是最能领略的人。

所谓“领略”，就是能在生活中寻出趣味。好比喝茶，有的人只管满口吞咽，会喝茶的人却一口一口地细啜，能领略其中风味。

能处处领略到趣味的人不至于岑寂，也不至于烦闷。朱子有一首诗说：“半亩方塘一鉴开，天光云影共徘徊。问渠哪得清如许？为有源头活水来。”这是一种绝美的境界。你姑且闭目思索，把这幅图画印在脑里，然后假想这半亩方塘便是你自己的心，你看，用这首诗比拟人生苦乐，多么惬当！一般人的生活枯燥，只是因为他们的“半亩方塘”中没有“天光云影”，没有“源头活水来”，这源头活水便是领略来的趣味。

领略趣味的能力固然一半由于天资，一半也由于修养。

大约静中比较容易见出趣味。物理学有一条定律：两物不能同时并存于同一空间。这条定律在心理学方面也可以说得通。一般人不能感受趣味，大半因为心太忙，不空，所以不灵。

我所谓“静”，便是指心界的空灵，不是指物界的沉寂，物界是永远不沉寂的。你的心境愈空灵，你愈不觉得物界沉寂，或者我还可以进一步说，你的心界愈空灵，你愈不觉得物界喧嘈。所以习静并不必定要进空谷，也不必定学佛家静坐参禅。

静与闲也不同。许多闲人不一定能领略静中趣味，而能领略静中趣味的人，也不必定要闲。在百忙中，在尘世喧嚷中，偶然丢开一切，悠然遐想，你心中便蓦然似有一道灵光闪烁，无穷妙悟便源源而来。这就是忙中静趣。

我生平不怕呆人，也不怕聪明过度的人，只是对着没有趣味的人，要勉强同他说应酬话，才真觉得苦。对着有趣味的人，并不必多谈话，只是默然相对，心领神会，便觉得朋友之间的无上至乐。

旷野与城市

毕淑敏

城市是一粒粒精致的银扣，缀在旷野的墨绿色大氅上，不分昼夜地熠熠闪光。

我所说的旷野，泛指崇山峻岭，河流海洋，湖泊森林，戈壁荒漠……一切人迹罕至，保存原始风貌的地方。

旷野和城市，从根本上讲，是对立的。

城市侵袭了旷野昔日的领地，驱散了旷野原有的住民，破坏了旷野古老的风景，越来越多地以井然有序的繁华，取代我行我素的自然风光。

城市是人类所有伟大发明的需求地、展览厅、比赛场、评判台。如果有一双慧眼从宇宙观看夜晚的地球，他一定被城市不灭的光芒所震撼。旷野是舒缓的，城市是激烈的。旷野是宁静的，城市喧嚣不已。旷野包容万物，城市几乎是人一统天下……

人们用最先进的通讯手段联结一座座城市，使整个地球成为无所不包的网络。可以说，人们离开广义上的城市已无法生存。

我读过一则登山报道，一位成功地攀上了珠穆朗玛峰的勇敢者，在返回营地的途中遭遇暴风雪，被困，且无法营救。人们只能通过卫星，接通了他与家人的无线电话。冰雪暴中，他与遥距万里的城市内的妻子，讨论即将出生的孩子的姓名，狂风为诀别的谈话伴奏。几小时后，电话再次接通主峰，回答城市呼唤的是旷野永恒的沉默。

我以为这凄壮的一幕，具有几分城市和旷野的象征。城市是人们用智慧和心血，勇气和时间，一代又一代堆积起来的庞然大物。在城市里，到处是文明的痕迹，以至于后来的人们，几乎以为自己被甲执兵，无坚不摧。但在城市以外，旷野无声地统治着大地，傲视人寰。

人们把城市像巨钉一样楔入旷野，并以此为据点，顽强地繁衍后代，创造出流光溢彩的文明。旷野在最初漠然置之，甚至是温文尔雅地接受着。但旷野一旦反扑，人就一筹莫展了。尼雅古城，庞贝古城……一系列历史上辉煌的城郭，湮灭在大地的皱褶里。

今天，旷野日益退缩着，但人们不应忽略旷野，漠视旷野，而要寻觅出与其相亲相守的最佳间隙。善待旷野就是善待人类自身。要知道，人类永远不可能以城市战胜旷野。

皮之不存，毛将焉附？

两代故宫人

李扬

1978年冬，21岁的单嘉玖走进故宫，从头学起，成为一名书画修复师，这一干就是40年。如今，她已是我国顶级书画修复师，当之无愧的“大国工匠”。

她的父亲单士元（1907—1998）与故宫的缘分，更具传奇色彩，有人将之概括为：“溥仪出宫，单士元进宫。”1924年，清逊帝溥仪出宫，民国政府成立“清室善后委员会”，17岁的单士元应聘为“善委会”查点物品的书记员，从此，他的一生与这座宫殿紧密相连。从最初的档案整理，到共和国成立后主持故宫全面大修，直至耄耋之年还在为故宫恪尽职守，他被尊称为“看护国宝的国宝”。

单士元先生在故宫工作了74载。如今，单嘉玖也已经退休，但是她仍谨记父亲对她的教诲，兢兢业业为故宫修复书画、培养书画修复人才。父女两代人用自己的生命时光守护国宝，续写着故宫的历史。

薪火相传两代人的故宫缘

走进故宫博物院文保科技部的书画修复室，外界的声音似乎都消失了，仿佛有一道天然屏障，将不远处的故宫开放区里日均6万游客带来的喧嚣都屏蔽了。在这里，时间停留在每一个不急不躁的细节上，停留在与文物同频共振的呼吸中。修复师们手上有最精准的老手艺，看似轻盈的动作，却是经过千万次练习后达到的精准与稳健。

单嘉玖留着温婉的齐耳短发，身着白大褂，工作中的她专注而内敛，同时透着一种“手艺人”特有的细心、耐心与严谨。墙壁上，是她刚刚耗时4个多月修复完成的清代宫廷画家周本的山水画贴落。在她身旁，几个年轻的修复师正一丝不苟地修复着养心殿的隔扇芯。他们都是她手把手带出来的徒弟，单嘉玖时不时俯身查看，给予指导和建议。尽管已退休两年，但是她依然如往常一样，一件接着一件地修复书画，因为太多的书画在等待她的抢救与修复。

在故宫从事书画修复长达40年，至今她耳畔犹会回响起父亲当年的谆谆教诲：“故宫的文物是几千年中华文化的结晶，这些文物永远会被人们珍视、传承下去。你做的这份工作是一件非常伟大的事，把文物完整地传下去，你要跟师傅好好学，这不是一朝一夕的事，是靠经验去完成的事。”

父亲语气中透出的对故宫的热爱，至今仍深深印刻在单嘉玖的脑海中。“紫禁城里的一砖一瓦、一草一木都饱含着父亲的深情厚爱。从17岁进入‘清室善后委员会’，到经历故宫博物院从成立到成长的所有风雨跌宕，父亲在故宫度过了74个春秋，可以说无论在工作上还是感情上，父亲都与故宫博物院融为一体了。”她说。

在故宫里，单士元先生感受过祖国的风雨沧桑，也见证了共和国成立后走向振兴与富强。

单嘉玖记得父亲曾经说过："我这一生看过五种旗帜在故宫飘扬——大清的龙旗，孙中山辛亥革命的五色旗，国民党的青天白日旗，日本的'膏药'旗，还有中华人民共和国的五星红旗。我只爱共和国的五星红旗！"

单嘉玖一直生活在父亲身边，照顾父亲的生活起居。她说，每天父亲都比她更早到故宫。"我父亲一辈子早已养成一种习惯，只要不出差，每天一定要在故宫里走一走、看一看，直到 90 岁时还天天来故宫转转。"

单士元先生曾说，故宫作为原明清皇宫，一砖一瓦都是不可再生的历史遗物，要用历史的眼光来认识与研究。"父亲走遍了故宫的每个角落，每当发现维修中的垃圾，一定要好好检视，只要发现有价值的构件，包括残砖碎瓦、颓梁断木，都会加以保留。即使拆下来的破顶棚他也会认真检查，如果发现夹层中有乾隆高丽纸之类的宫廷旧纸，会让图书馆的同志前去采集，以备修书之用。"

单嘉玖始终铭记，父亲在得知她要从事书画修复工作后，对她郑重嘱咐："修复文物不能玩文物，只要触犯这个底线，就会产生私心。这是咱们家的家规，你一定要做到。"父亲的教诲，单嘉玖始终不敢忘。甘守清贫的她从未涉足过文玩市场，40 年来，始终如一地静心修复着每一件国宝文物。她退休后，曾有公司付很高的报酬请她去帮忙，被她谢绝："是故宫培养了我，我只给故宫干活，给故宫培养徒弟，外面的事一概不参与。"

"修复文物不能玩文物"，也是文物专家单士元先生一生恪守的原则。他从不收藏文物，从不以商业目的为别人鉴定文物。他生活朴素节俭，曾笑言自己是"三穷老人"，即穷学生、穷职员、穷教授。他说："故宫处处是历史，件件是文物。对于鉴定文物，我并不反对其重要作用，但单纯以货币价值定高低，那是古玩商人，而不是文物工作者。”

“每当有人问我，父亲对我的影响是什么？我首先想到的不是父亲做了什么，而是他的师辈们对他的影响。故宫博物院是在军阀政权的不断更迭中艰难地诞生和成长起来的。我常听父亲忆起陈垣、庄蕴宽等先生。他说，当时这些先生在故宫工作，一无工资，二无津贴，他们没有私利和私心，有的只是保护祖国文化遗产的觉悟与正直的人生态度。”

单嘉玖说：“父亲对师辈始终有一种深深的崇敬，这几乎成为鼓舞他一生的力量。他传承了这种精神，这种精神也影响着我。”

父亲始终坚持“修旧如旧”原则

“父亲一辈子最看不够的是故宫宏伟的建筑。”单嘉玖说，父亲曾经谈到他开始研究古建筑的原因，那是20世纪30年代，他在北京大学读研时，听陈衡哲教授在西洋史课上讲道：“中国建筑有独特的艺术风格。可惜的是，外国人写的世界建筑史中，从来不提中国建筑艺术，因为他们不懂，也因为我国缺乏专业人员从事研究，因此被人瞧不起。”这番话对他触动很大，在强烈的民族自尊心驱使下，他立志在建筑领域刻苦钻研。

共和国成立后，单士元先生以加倍的热情投入所热爱的事业之中。故宫宫殿自鸦片战争以后就日渐衰落，当时，故宫博物院缺少专职的古建筑研究保护人员，也没有专业的古建筑维修队伍，大量的古建筑亟待修整。

1954年，文化部文物事业管理局局长郑振铎找到建筑学家梁思成，请他推荐一位能够管理故宫古建筑的专家。梁思成说：“用不着我推荐，故宫现在就有一位——单士元。”于是，经郑振铎局长推荐，故宫博物院吴仲超院长委任单士元先生主持古建筑维修保护管理。此后，单先生将自己的余生全部贡献给了故宫古建筑保护事业。

“不住人的房子容易坏，面对如此庞大的建筑群，从什么角度入手、确立一个什么样的保护方针尤其重要。”

为此，单士元先生确立了“着重保养，重点修缮，全面规划，逐步实施”的十六字方针，并且始终坚持“修旧如旧”的原则。所谓修旧如旧，是指不改变原建筑的法式与结构，这一极具远见卓识的指导方针，至今仍然是维护故宫古建筑的基本原则。

1958 年下半年，一项繁重而紧迫的大修故宫古建筑的任务布置下来，要求赶在 1959 年 10 月前完工，以崭新的面貌迎接共和国成立 10 周年，全面领导规划这次大修的就是单士元先生。

头一项大修任务是，对太和殿及其四庑崇楼等脱落残损的彩画重新彩绘。但是，一个突出问题是，太和殿与太和门外的檐彩画是民国初年准备称帝的袁世凯所为，不但与清代原有彩画极不相称，更不能作为这次重绘的依据。在查看文献资料后，他决定按清康熙三十六年（1697 年）重建后的太和殿外檐彩画重绘，做到内外檐彩画一致，恢复康熙时期的原状。他找来原故宫内的老工人，还特别聘用了原京城南城九龙斋画店掌门画工何文奎，及北城鼓楼文翰斋画店老师傅张连卿。在精工巧匠的修复下，不仅除去了残存在太和殿、太和门的袁世凯称帝时粗糙无章的外檐彩画，还重新恢复了康熙三十六年原有的和玺彩画，高质量完成了大修任务。

单士元先生注重古建筑人才的培养和挖掘。共和国成立初期，他特意挽留了被称为“故宫十老”的 10 位已超过退休年龄的杰出工匠，担任工作指导，按月付酬。在他的呼吁下，经文化部批准，将工匠队伍由临时工改为正式合同工，改变了春季招工、冬季歇工时工匠散去的旧制。作为带头人，他还大胆带领青年专业人员开展工作，先后主持了太和殿保养、午门修缮、角楼落架大修等重要工程，并培养了一批又一批古建筑专业人才。

虔敬之心修书画口传心授教技艺

对古书画来说，好的修复师如同良医，修复一次，至少可以使其生命延长上百年。单嘉玖在故宫的40年中，数百件古书画文物经她的手得以延续生命。

共和国成立后，故宫的第一套书画修复班底在1954年组建起来，来自全国各地的著名书画装裱大师，集中修复了一大批故宫院藏的翰墨精品，单嘉玖的师傅、曾修复《五牛图》的孙承枝便是其中的一员。

“1978年冬，我结束了农村插队，那时故宫正在大量招年轻人，文物修复复制工厂要招两名古书画修复人员，我有幸成为其中一员，走进了故宫。”那时，单嘉玖对书画装裱修复一窍不通。第一天上班，师傅孙承枝把一沓纸往桌上一搁，上面放把马蹄刀，让单嘉玖把纸上的草棍、煤渣刮掉，还得保持纸张的完整和光洁，这一刮就是3个月。

“我从小受父亲影响，对长辈、文物都有一种敬畏感。那时候每天练基本功，也会感到枯燥乏味，但是师傅叫干就干，做针锥、削起子、修刷子，都得自己干。”单嘉玖回忆说。第二年进入一些品式上的学习，学做立轴、手卷、册页等等；第三年，才开始在师傅带领下进行简单的文物修复。“现在回想起来，磨刀刮纸不只是练基本功，也是磨你的性情。你得坐得住、静下心，不能毛毛躁躁。那一段经历确实让我难忘，后来总觉得这种磨炼非常有用。”

古书画通常分四层，一层画心、一层托心纸、两层背纸。修复过程中最难的是“揭”的环节，特别是托心纸，既要揭得干干净净，又不能使画心受损。因此，这是一个心血滴灌的过程，收起自己的个性，完全跟着古画走，如此才能“妙手回春”。

单嘉玖说，尽管现在有了仪器检测，甚至能精微到纸的纤维，但是修复的核心还是靠人的经验，清洗、揭背、托心、隐补、全色的过程全部依靠手工，耗时最长的需要1年，最短也要3个月。

“我们之所以被称为‘画医’，是因为我们与文物真的很像医生和病人的关系。人病了，吃什么药、打什么针，取决于病体和病情。书画病了，怎么抢救、如何修复，则取决于作品的受损状态，而不是文物等级的高低。传世名作，由于历朝历代都是重点保护对象，受损的概率反而偏小，倒是等级较低，特别是流传于民间的藏品，由于受损原因多样，修复更难。”

单嘉玖完成过许多高难度的修复，其中让她最难忘的一次修复，是明代的《屠隆草书诗轴》。这幅诗轴纵208厘米，横96厘米，修复前十分残破，画心上纵向撕裂52厘米，画心与小托心之间出现空鼓，原残画心不同程度翘起。单嘉玖说，这件文物是中国古代“小托心”修复法的代表作，“小托心”与画心性质相同，不可再揭动，但是由于当初的补偿做法失效，必须重新整合。修复这幅作品时，需带糊大面积、多部位同时暗复，稍不留神就可能造成不可逆的损伤，因此整个过程如履薄冰。她埋头修复了整整10个月，最终，成功修复。

“只要东西还在，就得修，甭管破成什么样，也得一点点给拼好，有时都成了一团了也得给解开，这就是修复人的职责。”每修复一件具有挑战性的书画作品，她就会将过程与心得撰写成文，如今已发表近20篇论文。

作为国家级非物质文化遗产，中国书画的装裱修复技艺已有1700多年的历史，基本上靠师徒的代代传承。如今，单嘉玖也开始将自己40年来积累的经验传授给年轻人，她目前带了5个徒弟，每一个都是手把手从基本功开始教起。

由于常年弯腰俯身，故宫里上年纪的书画修复师，或多或少都有腰椎、颈椎问题，甚至胃病。然而，这里的不少“画医”都工作了几十年，退休了又被返聘回来，继续修复书画。

采访临近结束，笔者问，在书画修复领域，工匠精神有怎样的内涵？单嘉玖沉思片刻，认真地说道：“工匠精神首先是热爱这份工作，对文物有敬畏之心，要有这种品质才能把事做好。如果对文物没有起码的尊重，就做不好这份枯燥的工作，尤其现在外界的诱惑非常多，敬畏之心是这个职业的基本素养。”

“故宫里这些古书画一代代传下来不容易，不能在我们手里给断掉，我们得继续传承下去，让子孙万代都能看到。”

后花园

萧红

五六月的后花园，热闹非凡。黄瓜、茄子、玉蜀黍、大芸豆、冬瓜、西瓜、西红柿，还有爬着蔓子的倭瓜和黄瓜，铆足了劲生长。蝴蝶、蜻蜓、螳螂、蚂蚱，飞的、跳的。这热闹的后花园啊！

后花园五月里就开花，六月里就结果子，黄瓜、茄子、玉蜀黍、大芸豆、冬瓜、西瓜、西红柿，还有爬着蔓子的倭瓜。这倭瓜秧往往会爬到墙头上，然后从墙头爬出去，爬到院子外边。

向着大街，这倭瓜蔓上开了一朵大黄花。

临着这热热闹闹的后花园，有一座冷冷清清、黑洞洞的磨坊，磨坊的后窗子就对着花园。刚巧沿着窗外的一排种的是黄瓜。黄瓜虽然不是倭瓜，但同样会爬蔓，于是就在磨坊的窗棂上开了花，还巧妙地结了果子。

在朝露里，那样嫩弱的须蔓的梢头，好像淡绿色的玻璃抽成的，不敢去触，一触非断不可的样子。同时一边结着果子，一边攀着窗棂往高处伸展，好像它们彼此学着样，一个跟一个都爬上窗子来了。到六月，窗子就被封满了，而且就在窗棂上挂着滴滴嘟嘟的大黄瓜、小黄瓜、瘦黄瓜、胖黄瓜，还有最小的黄瓜纽儿，头顶上还顶着一朵黄花没有落呢。

六月里，后花园更热闹了，蝴蝶飞，蜻蜓飞，螳螂跳，蚂蚱跳。柿子都红了，茄子青的青、紫的紫，溜明湛亮，又肥又胖，每一棵茄秧上结着三四个、四五个茄子。玉蜀黍的缨子刚刚才出芽，就各色不同，好比女人绣花的丝线夹子打开了，红的绿的、深的浅的，干净得过分了，简直不知道它为什么那样干净。

这样漂亮的缨子并不发出什么香气，所以蜂子、蝴蝶不会在它上边搔一搔，或是吮一吮，却是那些蝴蝶乱纷纷地在那些正开着的花上闹着。

草帽歌

肖复兴

那年夏天，我在五号地割麦子。北大荒的麦田一望无际，金黄色的麦浪一直翻涌到天边。一个人负责一片地，那一片地大得足够割一个星期，抬起头是麦子，低下头还是麦子，四周老远见不着一个人，真是磨人的性子。

那天中午，烈日挂在头顶，附近连一片树荫都没有。我吃了带来的一点儿干粮，喝了一口水，接着干了没一袋烟的工夫，就听见麦田那边的地头传来叫我名字的声音。麦穗齐腰，地头的地势又低，我看不清来的人是谁，只听见清亮的声音在麦田里回荡，仿佛也染上了麦子一样的金色。

我顺着声音回了一声："我在这儿哪！"径直望去，只见麦穗摇曳着一片金黄，过了好大一会儿，才看见麦穗上"漂浮"着一顶草帽——由于草帽也是黄色的，和麦穗像是长在了一起，风吹着它像船一样一路漂来，在烈日的照射下，如同一个金色的童话。

走近一看，原来是我的一个女同学。她长得娇小玲珑，非常可爱。我们是从北京一起来到北大荒的，她被分在另一个生产队，离我这里有三十六里地。她刚刚从北京探亲回来，我家人托她给我捎了点儿吃的东西，她怕有辱使命，赶紧给我送来。当然，我心里清楚，那时，她对我颇有好感，要不然也不会有那么大的积极性。

接过她捎来的东西，感谢的话、玩笑的话、扯淡的话、没话找话的话……都说过之后，彼此都拘着面子，又不敢“图穷匕首见”地道出真情，便一下子哑场，到告别的时候了。最后，我开玩笑地对她说：“要不你帮我割会儿麦子？”她说：“拉倒吧，留着你自己慢慢解闷吧。”她和我告别时，连个手都没有握。

麦田里，又只剩我一个人。翻滚的麦浪，一层层紧紧拥抱着我，那不是恋人的爱，而是魔鬼一般的磨炼——磨掉一层皮，让你感觉人的渺小，然后渐渐适应，让别人说你成熟。

大约过了一个小时，忽然，地头又传来叫声，还是她，还是在叫我的名字。过了不多时，那顶草帽又像船一样漂了过来，她一脸汗珠地站在我的面前。我不知道她折回来干什么，心里猜想会不会是她鼓足了勇气要向我表达什么，一想到这儿，我倒不大自在起来。

她从头上摘下草帽，热汗从发间流下。她把草帽递给我说：“走到半路才想起来，多毒的日头，你割麦子连个草帽都不戴！”然后，她走了。望着她的身影在麦田里消失，完全融化在麦穗摇曳的一片金色中，我没有找出一句话，我总该对人家说一句什么才好。

白驹过隙，往事如烟，一晃已过去了将近四十年，时光让我们一起变老，阴差阳错中我们各奔东西。但是，我常常会感慨，有时候，你不得不承认，无论是在记忆里，还是在现实中，友情比爱情更长久。

海的境界

石保青

冯骥才和冰心老人交往颇多，在一次聊天中，冰心忽然问：“冯骥才，你怎么结的婚？”冯骥才说：“我结婚时，我和未婚妻两家都被抄了，结婚没有房子，街道赤卫队队长人还算不错，给了我们一间几平方米大的小屋。结婚那天，我和我爱人全家去一个小饭馆吃饭，由于我们都是被抄户，不敢大声庆祝，大家压低嗓音说：‘祝贺你们！’然后不出声地碰一下杯子。饭后我们就去了那间小屋，床是用砖块和木板搭的。要命的是，我们的这间小屋在二楼，楼下是一个红卫兵‘总部’，他们得知楼上有两个‘狗崽子’结婚，虽然没上来搜查盘问，却不断跑到院子里吹喇叭，还一个劲儿打手电，手电发出的光就在我们房子的天花板上扫来扫去。我们和衣而卧，我爱人吓得靠在我胸前哆嗦了一个晚上。这就是我们的新婚之夜！”

冯骥才讲完，心想：冰心一定会说出几句同情的话来。可是冰心笑笑，然后严肃地说：“冯骥才，你可别抱怨生活，你们这样的婚礼你才能永远记得，大鱼大肉的婚礼都是大同小异，过后是什么也记不住的。”冰心的话让冯骥才很意外。

后来，在冰心和吴文藻金婚纪念日的时候，冯骥才为祝贺他们画了一幅关于海的画。画很小，因为冰心家的房间太窄，没有挂大画的墙壁。但是冰心说："只要是海，都是无边的大。"冰心诗一样的语言中，总是包含着深邃的寓意，给人无尽放达的视野。

冯骥才说："在与冰心的交往中，我懂得了什么是'大'。大，不是目空一切，不是作宏观状，不是超然世外，或从权力的高度俯视天下。人间的事物只要赋予海的境界，都可以既博大又亲近，既辽阔又丰盈。那便是大智、大勇、大仁、大义、大爱，与正大光明。"

美丽净土的守望者

张大川

20世纪末，“淘金者”进入可可西里，“软黄金”藏羚羊绒声名大噪。暴利之下，高原大地满目疮痍。为了守护这片净土，秋培扎西的舅舅杰桑·索南达杰倒在盗猎者的枪下；秋培扎西的父亲奇卡·扎巴多杰也因保护可可西里而不幸离世。

但是，为了守护可可西里，为了热爱的藏羚羊，秋培扎西依然做出同样的选择——申请调往这片生命禁区。伴随着金灿灿的夕阳余晖和无垠旷野，也伴随着烂泥潭、鬼门关，以及漫山遍野的冰雪和四周暗涌的湖潮声，转眼间他在这里已有13年。

秋培扎西是青海可可西里国家级自然保护区管理局森林公安分局的警务辅助人员，也是三江源国家公园管理局长江源园区可可西里管理处卓乃湖保护站的站长。

英雄上马的地方

可可西里地区的平均海拔超过4600米，最低气温可达零下40多摄氏度，氧气含量不足平原地区的一半，被称为人类的生命禁区。

与此同时，可可西里以拥有 230 多种野生动物和 202 种野生植物，而成为世界上令人叹为观止的生物基因库。

20 世纪八九十年代，成千上万的“金农”开着手扶拖拉机或者大卡车，碾压着可可西里的草皮，切割着可可西里的皮肤。一条由藏羚羊绒制成的沙图什披肩在欧洲市场上标价 1.5 万至 4 万美元。暴利之下，不少“金农”转而猎杀藏羚羊，藏羚羊数量从 20 多万只一度锐减至不足 2 万只。高原大地被殷红的鲜血浸染，被白色的骨架填满。

“盗猎现场满地都是母羊的尸体，周围围着刚生下来的小羊羔。有些盗猎分子把母羊的肚子划开，小羊就会从母羊肚子里露出来，冻死、饿死的小羊很多。有些小羊饿急了，还是会凑到已经被剥了皮的母羊身上找奶吃。”奇卡·扎巴多杰在纪录片《平衡》中坦言，愤怒的他曾用枪打断过盗猎分子的腿。

“1994 年 1 月 18 日，舅舅和 4 名队员在可可西里抓获了 20 名盗猎分子，缴获了 7 辆汽车和 1800 多张藏羚羊皮。他们在押送歹徒的途中遭歹徒袭击。几天后，父亲在太阳湖附近发现了舅舅的遗体，他仍保持着换子弹的姿势，零下 40 摄氏度的气温几乎将他冻成一座冰雕。”

尽管并不是第一次提及往事，秋培扎西还是借点烟的机会将眼角的泪硬憋了回去。

杰桑·索南达杰时任青海省玉树藏族自治州治多县委副书记，他多次向县委建议保护国家资源，合理开发可可西里，还推动成立了可可西里生态保护机构——治多县西部工委，并受命担任工委书记。英雄牺牲不久后的春节，治多县城寂静无声，没有听到一声鞭炮响。

2018 年 12 月 18 日，杰桑·索南达杰获“改革先锋”称号。

为可可西里而生的人

杰桑·索南达杰牺牲一年后，秋培扎西的父亲奇卡·扎巴多杰主动请缨降级担任第二任西部工委书记，接力“保护可可西里的野生动物和矿产资源”。

依靠年轻时的“剿匪”经验，奇卡·扎巴多杰3年里带领西部工委破获62起盗猎案，抓获240名盗猎分子，缴获3180张藏羚羊皮。1998年，46岁的奇卡·扎巴多杰遭近距离枪击离世。

舅舅和父亲的接连牺牲，让秋培扎西开始规划自己的人生。在秋培扎西心目中，舅舅和父亲是最忠诚的共产党员。“小时候家里只有毛主席的照片，他们是成长在新中国旗帜下的藏族干部……如果没有共产党人的觉悟，怎么会把自己的命搭进去？”

2003年，正在青海民族学院读书的秋培扎西正式入党。他期待用让父辈骄傲的身份，践行自己心中早已笃定的理想。

2006年毕业后的夏天，秋培扎西站在人生的十字路口。他可以服从分配回到家乡工作，也可以远赴广州成为一名记者，还可以南下成都为民间环保组织工作，但是他思虑再三，毅然向组织申请调至治多县森林公安，因为“这是去往可可西里的唯一途径”。

母亲白玛哭着劝阻：“你哥哥也在巡山队，你还去干什么？我们家已经牺牲了两个人，再不需要多一位英雄了！”身边好友也劝他：“你风华正茂，为什么一定要跑到茫茫无际的荒野上？”

这些话让秋培扎西心酸不已：“我13岁就跟着父亲巡山，父亲和舅舅都牺牲在可可西里，我无时无刻不在想念他们，那儿就是我的家。”

第一次和盗猎分子对峙

老巡山队员尕仁青清晰地记得秋培扎西第一次和盗猎分子对峙

的情景。

“1999年夏天，秋培扎西暑假时跟我们去巡山。我们白天抓获了4个持枪盗猎分子，晚上把他们关在一顶帐篷里，准备第二天一早押送他们到格尔木。后半夜，守夜的兄弟大喊‘跑了！跑了一个’！秋培扎西拿着枪就追了出去，远远看见一个人影，他就鸣枪警示，不料歹徒反手就是一枪。他愣是没怕，直接开枪对打，把歹徒逼到一个石洞里。”尕仁青回忆说，“这生瓜蛋子真是命大。”

“父亲是可可西里最有经验的猎手，我的一身本事都是从他身上学来的。”秋培扎西说。

2014年7月的一天，秋培扎西和兄长普措才仁带领6名巡山队员前往可可西里腹地太阳湖，遭遇50多人的盗采团伙。兄弟俩将现场妥善控制。

“我们和两个犯罪头目挤在一顶帐篷里，其余的犯罪成员被安置在剩下的几顶帐篷里。如果犯罪团伙袭击帐篷，我们将面临极大的危险。”普措才仁说。在没收犯罪分子的全部刀具后，秋培扎西将唯一一把“八一杠”上了膛，然后睁着眼睛等待漫长的一夜过去。

可可西里的气候

“盗猎盗采分子有枪，我们也有，正义终将战胜邪恶。但人在大自然面前是脆弱的，最可怕的，是可可西里的气候。”

秋培扎西在手机里写下这样的短句：“向着远处望去，那金灿灿的余晖正对着我们微笑招手。在那笑容背后，我看不清是泥泞还是沼泽，或许冰冻的雨雪正冲着我们龇牙咧嘴、狰狞斜视。”

进入可可西里不到40公里，就能看到秀水河——多么美丽的名字，却也是让巡山队员惧怕的烂泥潭。

“有一次车在河中间抛了锚，我刚到水里，后心就冰得冒冷汗，

10分钟左右，脚就开始失去知觉。回到车里第一件事儿就是赶紧脱掉鞋子，打开暖气，慢慢地恢复知觉，然后是疼，接着是痒。”秋培扎西说。

有一次巡山到太阳湖，秋培扎西和几个队员全部出现高原反应，走一路吐一路。为了防止意外发生，他们决定抄近道从新疆方向出去。

没想到，越走雪下得越大，根本辨不清方向。屋漏偏逢连夜雨，车又陷在乱石沟中。他们只能强忍着“高反”去挖车，“你三下、我三下、他三下”。山谷里的雪到膝盖，车根本走不动，他们只好冒险开到半山腰，车身是斜的，一不注意就会翻下山去。

卓乃湖保护站副站长郭雪虎说，由于常年在高原极地作业，巡山队员都患有多种职业病，其中胃病最为常见。

“有时几天吃不上一顿热饭，甚至一天只吃一顿干粮，多数时间凉水成了‘指定’饮料，所以秋培扎西的随身宝贝中就有奥美拉唑和丹参滴丸……”

在战友的眼里，秋培扎西是一个擅长急中生智的人。

“有一次他因为车辆损坏被困在太阳湖，车里也不能取暖。他冻得实在没办法，就把备用汽油拿出来，倒在湖畔的沙子里，然后用打火机点燃，在沙火里跳来跳去。”

巡山队员青然南江笑着说，他还经常带领兄弟们在车灯前跳锅庄，音乐是四周暗流的湖潮声和风声。

秋培扎西的妻子管璐璐说，起初每次巡山回来，丈夫都会拍很多照片给她看——美丽的风光、可爱的藏羚羊，她一度想要跟着丈夫去可可西里看看。

后来有机会了，管璐璐随队去了一趟不冻泉保护站，一路因“高反”而头痛恶心的她，回到家抱着丈夫号啕大哭：“可可西里一点儿都不美！”

分别的场面已经经历了太多，叮咛嘱咐的话也已经说了太多。时间长了，秋培扎西和管璐璐之间便有了一种默契。巡山临走的时候，他轻轻地说一句“走了啊”；平安回来的时候，轻轻地说一句“回来了”。这看似平淡的分别场面，远比那些轰轰烈烈的浮躁爱情让人揪心。

“他出门巡山的次数多了，我就什么也不说了，即使有一万个不愿意，也只有默默地目送他离开。我唯一能做的是，等他要回来的那天，不管有多晚，都煮一锅他最爱吃的手抓羊肉，把家里所有的灯都点亮，等他回家。”管璐璐说。

不知道从什么时候起，巡山队员们的家属间开始流行一种秘密的小仪式。

“一开始，队员虎子的妻子总是点燃一把柏香，偷偷跑到院子里，在巡山的车辆四周熏一熏，甚至连背的枪支、带的行李都要熏一熏。”管璐璐说。再后来，其他队员的妻子知道后，这个仪式便流传开来。

在她们看来，千叮咛万嘱咐还远远不够，这种简单、朴素的方式，最能表达她们对丈夫的祈祷和祝福。

对巡山队员来说，“寂寞”是巡山生活的代名词，十余天甚至数十天的巡山路上，完全与外界隔绝。

“天色渐黑，点点星光在夜空中闪耀，多想让这星星捎句话给思念的人，告诉父母，孩儿一切平安；告诉妻儿，我们健康如初；告诉生命里的过往，我们今生无悔。”秋培扎西借着星光在帐篷的角落里写下短诗。

十余年未闻盗猎枪声

每年夏天，数万只藏羚羊向可可西里腹地的太阳湖和卓乃湖附近集结产仔，这是迄今为止地球上最为壮观的三种有蹄类动物的大迁徙之一。25年前，杰桑·索南达杰的牺牲加快了政府和民间保护可可西里以及藏羚羊的步伐。1997年12月，国务院批准并公布可可西里为国家级自然保护区；2016年4月，可可西里所在的三江源地区被确定为我国首个国家公园体制改革试点地区；2016年9月，世界自然保护联盟宣布，将藏羚羊的受威胁程度由濒危降为易危，可可西里至今已十余年未闻盗猎的枪声。

卓乃湖保护站号称“藏羚羊大产房”，站长秋培扎西的一项重要任务就是为藏羚羊产仔保驾护航。每年夏天藏羚羊迁徙产仔期间，由于躲避天敌猎杀等原因，常常出现幼仔与羊群失散的情况。望着草滩上被天敌袭击致死的小藏羚羊，秋培扎西叹息道：“要尊重自然规律、遵守丛林法则。”

过去几年的每个夏天，卓乃湖保护站都能捡到七八只和羊群失散甚至被天敌袭击受伤的藏羚羊幼仔。为了不让小羊烫到嘴，秋培扎西用手背试加热后的牛奶的温度；为了不让小羊摔伤，秋培扎西把自己的被褥铺到保护站地板上；为防止小羊被细菌感染，秋培扎西换上用洗洁精反复清洗的白大褂……“夏天他发现有一只小羊拉肚子，就急忙带着小羊从卓乃湖连夜赶出来，140公里的路程，下午6点出发，凌晨4点才到索南达杰保护站野生动物救助中心，路上瞌睡了，他就往嘴里塞个小辣椒。”索南达杰保护站副站长龙周才加说，见到秋培扎西的时候，他的眼睛又红又肿。

看着秋培扎西和队员们带着被救助的小羊们玩耍，能够无比真实地感受到人与动物之间率真的感情。平日里荷枪实弹将不法分子驱逐千里的高原汉子，如今俯下身来眼睛里尽是柔情；平日里用

“可可西里牌”天然矿泉水灌满肚子的森林公安，如今却为小羊集资买矿泉水和牛奶。广阔的可可西里大地，人与自然间的关系正在发生着微妙的变化。

未来的可可西里人

当联合国教科文组织世界遗产委员会主席雅采克·普尔赫拉念出“青海可可西里”时，秋培扎西欣喜若狂。

他在日志中写道：“今夜，这个无人的旷野属于我们，属于端起的水酒，属于满脸的笑容，属于心酸的痛楚，属于平凡而不平凡的昨天、今天和明天。此刻的我是如此平静，以至于可以清晰地听见自己的心跳。”

在未来，可可西里天地一体化生态监测及大数据分析系统将上线，“拿拳头保护生态”的模式将成为历史。

“科学技术再发达，人的作用也不可替代。”秋培扎西不想被未来的可可西里抛弃，他像个孩子一样走进课堂，捧起书本，努力学习野生动植物分类、生态本底调查等知识。“未来既要当好可可西里的守护者，也要做好当地的生态观察员和宣讲员。”

可可西里虽然早已今非昔比，但是秋培扎西还有不少烦恼。“新疆阿尔金山、西藏羌塘和青海可可西里国家级自然保护区2017年年底联合发出声明：禁止一切单位和个人随意进入保护区开展非法穿越活动。但是现在依然存在非法穿越的乱象，甚至有人驱车追赶野生动物，导致它们死亡。”

秋培扎西对此非常担忧，他希望能够健全非法穿越的相关法律，加大对非法穿越者的处罚力度。

“《士兵突击》的主人公许三多说：‘有意义就是好好活着，好好活着就是做有意义的事。’其实我们也没有大家想得那么伟大，但是除了对物质的追求，我们能不能静下心来，去做一些力所能及的事情？每个人，一辈子，付出 20 年，做好一件事，我觉得我们的国家绝对赞。”秋培扎西如是说。

多快的手也抓不到阳光

鲍尔吉·原野

地上的阳光，一多半照耀着白金色的枯草，只有一小片洒在刚萌芽的青草上。潜意识里，我觉得阳光照耀枯草可惜了。转瞬，觉出这个念头的卑劣。这不是阳光的想法，而是我的私念。阳光照耀一切，照在它能照到的一切地方，为什么不给枯草阳光呢？

草枯了，还保持草的修长。如果把枯叶衬在紫色或蓝色的背景下，它的色彩便显出一些高贵，那是亚麻色泽的白。它们在骤然而至的霜冻中失去了呼吸，脸变白。阳光好好照耀它们吧，让它们身子暖和起来。青草刚冒出来时都是小片的圆形，积雪融化之后，残雪也是圆的。这是大自然的意思。

青草好像不敢相信春天已经到来，它们探出半个浅绿的身子四处张望，田鼠刚刚跑出洞来时也像青草这样张望。青草计算身边有多少青草，看同伴的数量，来决定它是快长还是慢长。我很想把日历牌举到青草鼻子前面，说：“已经春分了，下一个节气就是清明。”

阳光洒在嫩绿的小草上，像把它们抱起来，放到高的地方——先绿的青草真的都长在凸出的地方。阳光仔细研究这些青草，看它们是新草还是老草的新芽。你看，这就是阳光照耀一切的原因——貌似死去的枯草照样生新芽。阳光照在牛粪上、碎玻璃上，房顶废弃的破筐上都有阳光的恩惠，破筐里有一小堆虫卵正等待阳光把它们变成虫子。

我在荒野中停下来，让阳光在脸上静静照一会儿。走路时，脸上甩跑了许多阳光。中医说，脸对阳光，合目运睛有养肝之效。余试之，感到眼皮比樱桃还红。体察阳光落在脸上的感受，只觉被敷了一层暖。阳光的手是何等轻柔，它摸你的脸，你却觉不出它手指的力量。

走在荒野里，看大地延伸至远方。在大地上，我看不见大地，只有铺到天边的阳光。四下无人，我趴在地上看阳光在地表的活动情况。

我想知道阳光推开后有多厚，或者说有多薄。一层阳光比煎饼薄、比纸薄、比笛膜还薄吗?

阳光覆盖在坑坑洼洼的泥土上，熨帖合适，没露出多余的边角。

我像虫子一样趴在地上看阳光，看不见它的衣裳，它那么紧致地贴在土地上，照在衰老的柳树和没腐烂的落叶上。其实，我只看到阳光所照的东西，却没看到阳光。起身往远处瞧，地表氤氲着一层金色的雾，那是太阳的光芒。

阳光照在解冻的河水上，水色透青。水抖动波纹，似要甩掉这些阳光。阳光比蛇还灵活，随弯就弯地贴在水面上，波光粼粼。阳光趴在水上却不影响水的透明。水动光也动，光动得好像比水还快。

傍晚，弄不清阳光是怎样一点点撤退的。脱离光的大地并非如褪色的衣衫。相反，大地之衣一点点加深，比夜更黑。

闭上眼，让皮肤和阳光说会儿话。假设我的脸膛是土地，能听到阳光说什么呢。我只感到微温，或许有微微的电流传过皮肤。伸手抓脸上的阳光，它马上跑到我手上。多快的手也抓不到阳光。

外婆的美学

李汉荣

外婆说："人在找一件合适的衣服，衣服也在找那个合适的人，找到了，人满意，衣服也满意，人好看，衣服也好看。""一匹布要变成一件好衣裳，如同一个人要变成一个好人，要下点功夫。""无论做衣服还是做人，心里都要有一个'样式'，才能做好。"

外婆做衣服是那么细致耐心，从量到裁再到缝，她好像在用心体会布的心情。一匹布要变成一件衣服，它的心情肯定也是激动的，充满着期待，或许还有几分担忧和恐惧：要是变得不伦不类，甚至很丑陋，名誉和尊严就毁了。

记忆中，每次缝衣，外婆都要先洗手，把自己穿戴得整整齐齐，身子也尽量坐得端正。外婆总是坐在敞亮的地方做针线活。她特别喜欢坐在场院里，在高高的天空下面做小小的衣服，外婆的神情显得朴素、虔诚、庄重。

在我的童年，穿新衣必是在盛大的日子，比如春节、生日。旧衣服、补丁衣服是我们日常的服装。我们穿着打满补丁的衣服也不感到委屈，一方面是因为人们都过着打补丁的日子，另一方面，是因为外婆在为我们补衣的时候，精心搭配着每一块补丁的颜色和形状，她把补丁衣服做成了好看的艺术品。

除了缝大件衣服，外婆还会绣花，鞋垫、枕套、被面、床单、围裙上都有外婆绣的各种图案。

外婆的“艺术灵感”来自她的内心，也来自大自然。燕子和其他各种鸟儿飞过头顶，它们的模样和姿态留在外婆的心里，外婆就顺手用针线把它们保存下来。外婆常常凝视着天空中的云朵出神，她手中的针线一动不动，布安静地在一旁等待着。忽然出现一声鸟叫或别的什么声音，外婆才如梦初醒般地把目光从云端收回，细针密线地绣啊绣啊，要不了一会儿，天上的图案就出现在她手中。读过中学的舅舅说，外婆的手艺是从天上学来的。

那年秋天，我上小学，外婆送给我的礼物是一双鞋垫和一个枕套。鞋垫上绣着一汪泉水，泉边生着一丛水仙，泉水里游着两条鱼儿。我说：“外婆，我的脚泡在水里，会冻坏的。”外婆说：“孩子，泉水冬暖夏凉。冬天，你就想着脚底下有温水流淌；夏天呢，有清凉在脚底下护着你。你走到哪里，鱼就陪你到哪里，有鱼的地方你就不会口渴。”

枕套上绣着月宫，桂花树下，蹲着一只兔子，它在月宫里，在云端，望着人间，望着我。到夜晚，它就守着我的梦境。外婆用细针密线把天上人间的好东西都收拢来，让它们贴紧我的身体。贴紧我身体的，是外婆密密的手纹，也是她密密的心情。

直到今天，我还保存着我童年时的一双鞋垫。由于时间已经过去三十年之久，它们已经变得破旧，如文物那样脆弱易碎。但那泉水依旧荡漾着，贴近它，似乎能听见隐隐水声。两条小鱼仍然没有长大，一直游在岁月的深处。几丛欲开未开的水仙，仍然那样停在外婆的呼吸里。

我端详着外婆留给我的这件“文物”。我的手纹，努力接近和重叠着外婆的手纹。她冰凉的手从远方伸过来，感受我手上的温度。

万古江河

许倬云

在数千年的中国文化历史长河中，我所看到的十分有限，正如渚岸望江，有时看到波涛汹涌，有时看到平川缓流，终究只是一时一地的片断。假如用河流作比喻，中国文化的发展有如黄河、长江。黄河、长江，源头相距不远，一向北流，一向南流。这两条大河的水系，笼罩了中国的大部分疆域，然后殊途同归，倾泻于黄海（黄河今注入渤海，但历史上也曾注入黄海——编者注）与东海。两条河的水域分别在中国的北部和中南部，界定了两种地理环境，呈现了自己的文化特色。黄河九曲，夭矫如龙，先是昂首北上，接着俯冲南下，然后迤逦向东，倾注大海，带走了万仞黄土，铺散在千里平原。天玄地黄常为中国宇宙的本色。黄河带给中国肥沃的土壤，也挟来一次又一次的洪患劫难。中国人歌于斯，哭于斯，聚国族于斯，也积聚了文化的创造力。

只是长江水系支流复杂，多姿多彩，也许更近似文化长河的变化景象。长江源自巴颜喀拉山下的涓涓细流，先流向西南的深谷，袭夺金沙江，再流入四川接纳沱江、岷江、嘉陵江，汇集了西藏甘青的灵水，始成洪流。从此，大江东流，在冲破大巴山的拦阻时，奔腾叫啸，两岸峰高及天，神女雾掩，巫峡云遮，藤萝垂碧，滩险水急。江水又东，出峡之势，一泻千里，奔入湖广丘陵湖泊，于是浩荡奔放，始成大器。江水又东，一路收容湘资沅澧，以及赣江、清江带来的南方雨流和汉水带来的中原黄土，更有雍容广大的气象：星沉平野，月上东山，远树近山，江渚沙洲，美不胜收。自此东下，江水浩瀚，日月出入其中，隔岸但见山影。过了南京，遂与海通，广陵夜潮，石城汐止。江海相拒相迎，进退之间，或则江水积淀成洲，拦江截流；或则江流冲刷，裂岸崩石。终于大江倾泻入海，一时还不能与海水融合，俨然是蓝色大海中的一条绿色潮流。有大江带来的水流，挟来的数千里泥沙，海洋始能成其大。百川朝宗，天下众流都在五洋七海中混合，无所区别。中国文化从源头的细流始，长江大河一路收纳了支流河川的水量，也接受了这些河川带来的许多成分，终于汇聚为洪流，奔向大海——这一大海即世界各处人类共同缔造的世界文化。

山地马

阿来

一

日隆是四姑娘山下的一个小镇。

在小饭馆里喝酥油茶的时候，我从窗口就看见了山的顶峰，在一道站满了金黄色桦树的山脊背后，庄重地升起一个银白色的塔尖，那样洁净的光芒，那样不可思议地明亮着。我知道，那就是山的主峰了。相信此时此地，只有我一个人在注视着它。而那座雪峰也已渡过蓝空，到我胸中来了。

顷刻后，我们站在山前，看到将要驮我们上山的马，慢慢下山，铃铛声一下涨满了山谷，使这个早晨比别的早晨更加舒缓，而且明亮，我的心跳一下就加快了。

马，对于藏族人来说，可是有着酒一样效力的动物。

马，我已经有两年多没有跨上过马背了。现在，一看到它们的影子出没在金色桦树掩映的路上，潜伏在身上的全部关于这种善于驰骋的动物的感觉一下子就复活了。那种强健动物才有的腥膻味，蹄声在寂静中震荡，波浪一般起伏，和大地一起扑面而来的风，这一切就是马。

马一匹匹从山上下来。

就在这里，山谷像一只喇叭一样骤然敞开。流水声和叮咚声在山谷里回荡。一队马井然有序地行进在溪流两边的金黄草地和收割不久的麦地中间，溪水上的小桥把它们牵到石岸，到一株刺梨树下，又一座小桥把它们渡回左岸。一群野鸽子从马头前惊飞起来，就在很低的空中让习习的山风托着，在空中停留一阵，一收翅膀，就落向马队刚刚走过的草丛里去了。

可那是一群什么样的马呀！

在我的经验里，马不是这样的。我们要牛羊产仔产奶，形象问题可以在所不计。但对马，我们是计较的：骨架、步态、毛色，甚至头脸是否方正都不会有一点马虎。如果不中意，那就宁愿没有。中了意的，那一身行头就要占去主人财富的好大一部分。而眼前是些什么样的马呀：矮小，毛色驳杂，了无生气，叫人担心它们的骨头随时会刺破皮子。

马队主人没有马骑，那一头乱发的脑袋在我膝盖那个高度起起落落。我问他刚才把马叫作什么？他说，牲口。这个回答使我高兴。在我胯下的不是马，而是牲口。马和牲口，给人的感觉是截然不同的。“马”，低沉，庄重，有尊敬的意味；“牲口”，天哪！你念念看，是多么轻描淡写，从一种可以忽略的存在上一掠而过。不过带着一点失望的心情在路上实在是件好事。这种感觉使眼前的景色看上去更有况味。如果胯下是一匹好马，会叫我只享受马，从而忽略了眼前的风景。而现在，我可以好好看风景，因为是在一头牲口的背上。

看够了一片风景，思绪又到了马的身上。马之所以是马，就是在食物方面也有自己特别的讲究。在这一点上，马和鹿一样，总是要寻找最鲜嫩的草和最洁净的水，所以它们总是在黎明时出现在牧场上。故乡一个高僧在诗中把这两者并称为“星空下洁净的动物”。我们在一块草地上下了马，吃干粮。这些牲口松了缰绳也不走开去寻找自由和水草，而是一下就把那长长的脸伸到你面前，鼻翼翕动着，呼呼地往你身上喷着热气，那样的驯顺，就是为了吃一点机器制造出来的东西：饼干、巧克力，甚至还有猪肉罐头。我的那一匹，伸出舌头来，就从我手上把一包方便面、一个夹肉面包卷到口里去了。问马队主人它们叫什么名字，他说不过是几匹牲口，要什么名字。

二

吃过干粮再上路，我没有再骑牲口。走在一片柏树林里，隐约的小路上是厚厚的苔藓。阳光星星点点透过树梢落在脚前，大地要在上冻前最后一次散发沃土醉人的气息，小动物们在树上来回跳跃，寻找最后的一些果实，带回窝里做过冬的食物。这时，雪峰从眼界里消失了，目前的位置正在山脚下。夕阳西下，整个山谷，整个人就落在这些青色石头的阴影里了。寒气从溪边，从石缝里，从树木的空隙间泛起，步行三四个小时，人也很累了。听到那些牲口脖子上的铜铃在前面的林中回荡，这时，不管是牲口还是马，都想坐在它的背上了。紧赶慢赶半个小时，我才坐在了牲口背上。

晚饭的时候，我的那头牲口得到了比别的牲口多一倍的赏赐。我甚至想给它喝一口酒。在云杉的衣冠下拉上睡袋拉链时，牲口们已经不在了。什么也来不及想，就酣然入睡。半夜里醒来，先是看见星星，然后是流到高崖上突然断裂的一道冰川，那齐齐的断口在那里闪着幽幽的寒光。月光照在地上，那些马一匹匹站在月光下。因为我是躺着的，所以，它们的身躯在我眼里显得很高大。月光不论多么明亮，都是一种夜晚的光芒。它恰好掩去了眼前物体上容易叫人挑剔的细节，只剩下一个粗略的轮廓。牲口重新成了法国人布封在书中赞誉过的，符合我们的经验与期望的马了。布封说：“它们只是豪迈而狂野。”

在这样一个寒夜里，它们的行走是那么轻捷，轻轻一跃，就上了春天的融雪水冲刷出的那些堤岸，而林子里任何一点细小的响动，都会立即叫它们的耳朵和尾巴陡然一下竖立起来。它们蹚过溪水，水下的沙子就泛起来，沙沙响着，流出好长一段，才又重新沉入水底。我的那匹马向着我走了过来。它的鼻子喷着热气，咻咻地在睡袋外面寻找。我把手从被子里拿出来，说，可是我没有盐巴。它没有吃到盐也并没有走开。它仍然咻咻地把温暖的鼻息喷在我的手上。它内在的禀性仍然是一匹马：渴望和自己的驭手建立情感。它舔我的左手，又去舔右手。我空着的那只手并没有缩回被子里，抚摸着它那张长脸上的额头中央。这样的抚摸会使一匹好马懂得，它的骑手不是冷漠的家伙。我们的谚语说，人是伙伴而不是君王。

看来，这次登山将要扩展我关于马的概念。过去我所知的马是黄河上游草原上的河曲名马。那些马总是引起我歌唱的欲望。今天，一匹山地马和它的一群同伴也引起了我的这种欲望。

第二天骑涉过一个海子，同行的朋友把这个过程完整地拍了下来。休息的时候，我从监视器里看那个长长的镜头。一到电视画面里，那马在外形上就成为一匹真正的马了。我看见它驮着我涉入湖水，越来越深，最后在水中浮起来，慢慢地到了对岸。然后扬起前蹄，身子一纵，上了半人高的湖岸。录像带上没有伴音，但我还是禁不住身子颤动一下，听到了蹄子叩在岩石上的声音。我看见自己用缰绳抽了它一下，于是，它就驮着我在弯曲的湖岸上飞跑起来。它从一段枯木上跃过时，是那么轻捷；而当其急速转弯避开前面一块突兀的岩石时，又是那么灵敏。于是，我在它的背上所有的感觉都复活了。这匹马这样懂得来自骑手的暗示：轻轻一提缰绳，它就从一丛小叶杜鹃或一团伏地柏上飞跃而过；两腿在肋上轻轻一压，它就甩开四蹄，跑到这个下午的深处去了。

三

一场大雪下来，不要说再继续上山，就是下山的路也完全看不见了。

顶着刺眼的阳光，我们给马备上鞍子，再在鞍子上捆好我们带来的东西。这一来，它们又不像是马，而像是牲口了。它们短小的四肢都深深地没入雪里，它们窄窄的胸膛推开积雪，开出了一条道路。就是这样，我们的双脚还是深深地没入积雪。不到半天工夫，我那专门为了这次上山而买的运动鞋就报废了，所以不得不爬到马背上。倒是马队的主人说，没什么，牲口就是叫人骑的。我说，这么深的雪，它怕是不行吧。主人说，它们又不是金贵的马，那些马在这样的大雪里，不是跌残就是摔死了；而这些牲口，命贱，像是使不坏的东西。我说，其实就是另一种马嘛。他说，是，山地马。

这些马，在这样的路上走得多么快啊，雪越来越薄，最后雪没有了，道路又变成了深深的泥泞。这时已经到了我们上山第一天过夜的地方。上山两天的路程，下山只半天就到了。马队的主人要在这里跟我们分手。这时，我才知道自己多么想要这些马再送一程，直到山下。主人说，马跟我们下山，到了山下只要卸下鞍具寄放在镇子上，牲口们会自己回家的。到这个时候，他才露出一点感情说，牲口们累了大半年，该过一个安闲的冬天了。问他的名字，他指指一座小寺庙旁边一群低矮的石头房里的一座，说：“你们多半不会再来了，来的话，到我房子里来坐，喝茶。”然后，他扬起手，对着他的牲口叫一声“走”。这些矮小、坚忍的山地马，又摇响了脖子上的铃铛，驮着我们上路了。

风吹着它们的脖子，铜铃声在黄昏中回荡。寒气四起，我抬起头，看到晚霞又一次染红了雪山之巅。

光影与生命交织

孙正好

每年夏季，秦岭最大的食草动物羚牛进入交配季，高峰期仅持续10来天。为了抓拍羚牛难得一见的“恋爱瞬间”，2022年6月底，野生动物摄影师裴竟德，在海拔3000米左右的秦岭高山区域羚牛出没点，搭起帐篷，啃着干粮，驻守了7个日夜。拍摄很顺利，结束后却出了意外——裴竟德在返程时迷了路。

有常年野外生活经历的他，在绝望与迷茫间努力保持清醒。在挣扎前行数小时后，一处仅有一米宽的类似房檐的崖壁，成了裴竟德的庇护所。他打开随身携带的鹅绒睡袋，将自己裹起来，再盖上两层急救毯，在风声、雨声中，熬过了一整夜。第二天中午时分，雨过天晴，他靠着太阳辨别方向，走出秦岭，捡回了一条命。在外人看来，这次遇险算得上生死考验，但在裴竟德无数次野外拍摄经历中，这只是“拳头大”的困难之一。

将自己“埋”在可可西里

当藏羚羊开启“新生之旅”时，远在千里之外、家在西安的裴竟德，也准备动身了。他要赶在藏羚羊生产前到达卓乃湖，找到合适的点位，扎营、驻守、等待，捕捉藏羚羊的生产瞬间。

藏羚羊生性机敏，见人就躲。无路可达的卓乃湖，位于可可西里海拔约5000米的高寒无人区，是“人类生命禁区中的禁区”。在裴竟德之前，没有摄影师能完成这一拍摄任务。

“能不能藏起来拍？”当这样的想法冒出来后，困难也随之而来。广袤的可可西里，不长树，也没有灌木，大地一望无际，毫无遮挡。成年人置身其中，即便缩在地上，对异常机警的藏羚羊而言，也是莫大的惊扰。

在卓乃湖周边藏羚羊胎盘残留比较多的地方，裴竟德反复观察地形，最终决定将自己“埋”在一个小山包中。那儿离卓乃湖500多米，地势明显凸起，拍摄时还能环顾四周，成功的概率比较大。在可可西里自然保护区管理局工作人员的协助下，裴竟德挖出一个一米深的土坑。为了更隐蔽，他把农村常用的“锅式”卫星天线盖在坑上，上面铺满麻袋，再抹上泥土，打造出一个更接近自然环境的拍摄“掩体”。

在广袤无垠的青藏高原，裴竟德藏在黑暗而狭小的土坑中，坐在铁皮桶上，通过东西南北4个预留孔，借助长焦镜头，观察着可可西里的生灵。这样的生活往往从凌晨5点，不间断地持续到晚上10点。他不敢多喝水，只能靠啃干粮度日。没有动物的时候，他就看天空，看大地，听风声，听自己的呼吸声；动物出没的时候，他就格外兴奋，怎么都看不够。

藏羚羊生产的高峰期，往往也是卓乃湖一年中最热的时候。气温超过0摄氏度后，冻土层便悄悄融化，冰水从土里往外渗，没过多久，裴竟德的“掩体”便成了冰窖。“身在炼狱，心在天堂”，裴竟德如此形容身在“掩体”的时刻，这种肉体与精神极度矛盾、极度分裂的经历，让他愈加敬畏生命，敬畏自然。

2022年6月29日，在裴竞德将自己“埋”好的第八天，长焦镜头中出现了一只生产征兆极为明显的雌性藏羚羊。“当时，小羊的头已经出来了，母子俩离我的‘掩体’大概只有200多米。”裴竞德回忆道，“非常幸运的是，母羊缓缓地停下，它蹲下来，开始很努力地生产。”

镜头徐徐推上去，天地慢慢被虚化，两个生命的轮廓逐渐清晰：母羊不停地卧倒，再用膝盖抵住大地，站起来，又一次卧倒，又一次撑住，又一次站起来……“紧张，兴奋，命运与共，生生不息。”裴竞德用这些关键词，形容那场直击人心的分娩，半个小时里，他拍了上千张照片。母羊生产时疼痛而机敏的眼神，新生命呱呱坠地时的纤弱与兴奋，母羊产后欣慰地舔舐胎衣、温柔地亲吻小羊，小羊跌跌撞撞地站起来，母子俩一起奔跑、离开，消失在天际线……这些珍贵的照片，成为全世界首组完整记录藏羚羊野外分娩全程的影像。

露宿雪中秦岭

“影像带来关注，关注带来改变。”裴竞德认为，野生动物摄影不光是简单的个人情趣，更应该站在国家和人类的大视野上，关注人与自然的和谐共生。“我们有着无与伦比的自然资源，但挖掘依然不够，这就需要专业的生态摄影团队，通过陌生化、纪实化和故事化的表达，去赢得受众，向人们讲述中国的生态保护故事。”

但想要捕捉到罕见而能引起广泛共鸣的纪实影像，又谈何容易？这就需要摄影师长期在野外风餐露宿，不是漫长的等待，就是狂奔式地跟拍，来回“折腾”。一张好照片的拍摄周期，可能是一年，甚至几年。“这是一个靠脚步丈量河山的职业，只有走到别人未曾到过的地方，你的影像才能扣人心弦，摄人心魄。”

以秦岭大熊猫为例，它们的影像，更多来自人工圈养的群体，而对于野生群体，除了红外相机捕捉的偶然瞬间，核心画面很少。“野生大熊猫如何出生、成长，如何交配、繁殖，又如何一步步衰老、死亡，这些影像我们很难见到。如果你要拍摄特定群体，首先就得跟它们熟悉起来，让大熊猫见了你不躲、不跑，这个熟悉的过程，就得好几年。在它们经常出没的区域，你每天都得去，每天找，跟它们相识、相知，最后‘相爱’。”

2021 年 3 月，新一轮的大熊猫繁殖季开始了。为了捕捉到秦岭野生大熊猫野外交配的自然影像，裴竞德背上数十公斤的设备，又一次前往秦岭。在一只雌性大熊猫已经光顾的密林里，裴竞德找到了一处较为空旷、可以居高临下的斜坡。地上、树上积着厚厚的白雪，他用两件迷彩雨衣，在林间搭起简易帐篷，以此作为“掩体”，开始了静谧而漫长的等待。

此时，秦岭仍处于一年中最冷的时候。对天性喜冷的大熊猫而言，这是最好玩、最快乐的时候，但对等待它们的摄影师而言，这就如同“上刀山”。

冬季里森林干燥，不能点火，蜷缩在棉衣里的裴竞德，靠着跺脚、搓手熬过了一夜、两夜。第三天入夜后，皎洁的月光之下，一场惊心动魄的“比武招亲”开始了。

处于发情期的雌性大熊猫，如同“待嫁新娘”一般上树“梳妆打扮”，并将求偶的气味源源不断地散发出去。这一夜，先后有 4 只雄性大熊猫“单刀赴会”，于此决战。

晚上 8 点左右，总攻开始了！月夜中，4 位“猛士”发起了“刀光剑影”般的争斗。“他们在树下你追我赶，打成一团，嘶吼声响彻山谷，整个夜晚杀气腾腾。”裴竞德说，“在决斗了数十个回合之后，两位优胜者蹿到树上，进行最后的冲刺。树枝接连被打断，战况愈演愈烈，持续胶着，直到次日凌晨 1 点，才分出胜负。”

5 个多小时里，裴竞德连一秒钟都不愿舍弃，屏幕上不断闪烁的录制红点，将山间的月光、林间抖落的雪花以及大熊猫作为猛兽那极具生命张力的时刻，一起框进了升降横移、光影流转的镜头中。这段视频也是迄今为止，最为清晰、最为完整的秦岭大熊猫野外交配的影像之一。

与危险和希望同行

“我们已经连续 4 天跟他失联，裴老师可能已经遇难了。”2007 年 7 月的一个深夜，裴竞德的妻子张蓓，接到了来自可可西里的长途电话。那天夜里，她反复拨打丈夫的电话，一直无人接听。在备受煎熬了 10 多个小时后，裴竞德突然来电，张蓓悬着的心终于放下了。

原来，为了拍摄藏羚羊，裴竞德与可可西里自然保护区管理局工作人员桑巴龙珠和才仁文秀，深入可可西里腹地时，越野车不幸陷入沼泽淤泥中。在海拔 5000 多米的高原无人区，通信中断、无人应援的 3 个男人，没法弃车逃生，只能拼命地挖淤泥，想办法将车推出来。“起初用铁锹，后来两个铁锹都挖断了，只能徒手扒，折腾了整整 4 天 4 夜。因为缺氧，人已经虚脱到极致。”裴竞德说，“幸运的是，第五天我们挖到了冻土层，汽车才得以硬着陆，开了出来。我们瘫在地上，才注意到挖出来的淤泥堆，比越野车还高。”

在可可西里无人区，人的“天敌”不仅是恶劣的自然环境，还有高原上行踪不定的各类猛兽。作为青藏高原上最好斗的大型猛兽之一，成年棕熊的体重可达 200 到 300 公斤，“一口气可以杀死一头牛”。

为了避免被棕熊袭击，裴竞德在睡觉时，常常将一个铝合金的箱子，架在头顶的位置护住头部。“在两米见方的帐篷内，我沿着对角线睡，把头放在帐篷最中间，蜷着腿，万一棕熊一把撕破帐篷，好有个反应时间。有一回我醒来后发现高压锅不见了，原来它被棕熊拖到了外面的草地上，砸得面目全非。”

当然，幸福的时刻也有很多，除了拍到心满意足的照片，人的故事更令裴竞德记忆深刻。

“很多藏族同胞、保护区的工作人员，特别有人情味，朴实得令人感动。我的一趟行程，平均下来得三四十天，有时长达两个月。他们跟着我跋山涉水，任劳任怨。”裴竞德说，“有一回，可可西里自然保护区管理局的一位领导，专门开车跑了 100 多公里，赶到索南达杰保护站，就是为了接我一程，给我送一条哈达。”

这些故事，都成为裴竞德“可可西里生态影像志”的一部分，这是他一直坚持的长期拍摄计划。自 2005 年至今，他累计前往可可西里已经不下 20 次，行程超过 10 万公里，拍摄内容已不仅仅局限于野生动物，还有生态地貌跟踪、野生植物、人文纪实、自然风光等。“现在对我们野生动物摄影师而言，就是最好的时代，也是最能出作品的时代。因为有了好的土壤，我想多拍有力量、有深度、能影响公众生态环保意识的照片和影像。”裴竞德说。

大地的欢快与你有关

徐敏

大地上的事情数不胜数，但与你真正有关的也就那么一两件。

你不用关注天气，花草树木自然生长，向前奔跑的人，不会停下脚步。

别人说的话，声调再高，你也不必灌进自己的耳朵。

你关心的，只有在大地上许下的诺言。

诺言是播撒在大地上的种子。

一盏从深夜里亮起的灯火曾照亮它。你用汗水为它浇灌，用文字为它取暖，用漫长的孤独陪伴它无声地生长。

茅盾说：“天亮之前有一个时间是非常暗的，星也没有，月亮也没有。”

但它不会辜负你的心血。

终有一日，它会勇敢钻出地面，大地也将为之振奋。

大地的欢快，此刻与你有关。

月到天心

林清玄

二十多年前，乡下没有路灯，夜里穿过田野回家，差不多是摸黑的。

平常时日，人们都是借着微明的天光，摸索着回家。偶尔有星星，就亮了许多，感觉心里也有了光。有月亮的时候，心就沉静下来，丝毫没有了对黑夜的恐惧。

乡下的月光是很难形容的，犹如从草树、从街路、从花叶，乃至从屋檐下、墙垣内部微微地渗出，有时会让人误以为万事万物本身有着自在的光明。假如夜深有雾，到处都弥漫着清气，萤火虫成群飞过，仿佛是月光中掉落的精灵。

月光下的每一种事物都有了光明，真好！更好的是，月光下，我们也觉得自己心里有月亮、有光明。那光不如阳光温暖，是清凉的，好像从头顶的发丝到脚尖的趾甲都能感受到月的清凉。

走一段路，抬起头来，月亮总是跟着我们，照着我们。在童年的岁月里，我们心目中月亮是亲切的，就如同为我们提灯引路一样：我们在路上，月在路上；我们在山顶，月在山顶；我们在江边，月在江中；我们回到家里，月正好在家门前。

对于月之随人，我却带着一丝迷思——月亮永远跟随我们，到底是错觉还是真实的呢？可以说这既是错觉，也是真实的。我们知道月亮只有一个，而人人都认为月亮跟随自己，这是错觉；但当月亮伴随我们时，我们感觉月亮是唯一的，只为自己照耀，这是真实的。

长大以后才知道，真正的事实是，每个人心中都有一轮月，它是独一无二、光明湛然的。当月亮照耀我们时，感觉天上的月也是心中的月。每个人心里都有月亮埋藏，只是自己不知罢了。

这就是为什么禅宗把直指人心称为“指月”，指着天上的月教人看，见了月就应忘指；教化人心里都有月的光明，光明显现时就应舍弃教化。无非是表明人心之月与天边之月是相应的、包容的，所以才说“千江有水千江月，万里无云万里天”。即使江水千条，条条里都有一轮明月。从前读过许多诵月的诗，有一些颇能说出“心中之月”的境界，例如王阳明的《蔽月山房》：

> 山近月远觉月小，便道此山大于月。
> 若人有眼大如天，当见山高月更阔。

确实，如果我们能把心眼放开到天一样大，月不就在其中吗？只是一般人心眼小，看起来山就大于月了。还有一首是宋代理学家邵雍所写的《清夜吟》：

> 月到天心处，风来水面时。
> 一般清意味，料得少人知。

月到天心，风来水面，都有着清凉明净的意味，但只有微细的心才能体会，一般人是无法感知的。

我们看月，如果只看到天上之月，见不到心灵之月，那么月亮对于我们只是极短暂的偶遇，哪里谈得上永恒之美呢？

所以回到自己，让自己光明吧！

坐看云起时

骆玉明

中岁颇好道，晚家南山陲。
兴来每独往，胜事空自知。
行到水穷处，坐看云起时。
偶然值林叟，谈笑无还期。

王维的诗歌中含蕴禅趣的作品很多。《终南别业》是一首游览诗，它所包含的哲理是通过具体的日常生活行为来体现的，显得更为自然。而且，这也反映了禅宗思想一个非常重要的特征：禅首先不是宗教，不是哲学，而是生活方式、人生态度。

王维在诗的开头两句概括了自己的人生兴趣和生活方式：从中年开始喜欢佛学（“道”指佛家之道），晚年就在终南山下过起了隐居生活——其实是半官半隐，王维晚年虽担任尚书右丞的官职，但不太参与实际政务。

隐居生活孤独而随意，兴致来了便独自外出漫游，遇到“胜事”——美景或有趣的事物——也只有自己知道。“空”本来有徒然的意思，但在这里，“空自知”并非表现沮丧无奈，而是感叹此中的乐趣无法同奔波于尘世的人分享。其实对合适的对象，王维还是很愿意说的。

下面“行到水穷处，坐看云起时”记述了一段游览的经历：沿着山溪迤逦而行，不知不觉走到溪流尽头，无路可走了，却不以为意，便随意坐下，遥望远山，看见水汽飘浮，渐渐凝聚为曼妙的云朵。

这大概是中国古诗中内涵最为丰富、意境最为美妙的佳联之一。它不仅是纪实，也是人生态度的象征。晋代人阮籍驾着车在外面走，走到路不通就恸哭而返，因为他由此联想到人世的艰难。但在王维这首诗里，走到路的尽头无路可走，并不算遇挫，也无所谓困顿，随遇而安，到处都有佳境。

律诗的尾联需要有很好的收结，但王维好像没有找到收结的方法，他接着写偶然遇见山林中的一位老者，与之开心地谈笑，忘了回去的时间——其实他已经收结了：随兴漫游是偶然，水穷云起是偶然，遇见林叟笑谈而忘返也是偶然。一切都没有事先的设计，没有预期的目标，无须苦心经营。作为诗来说，也不必特意给它一个深刻的总结。

王维曾在一封写给朋友的信中说，唯有“天机清妙”之人，才能体会隐居山林的乐趣，那么李白应该属于这种类型吧。

李白是个不大耐烦的人，他不太喜欢在诗歌里用细致的手法表现禅理。而在描写自己向往的生活方式时，他往往呈现出一种无牵挂无羁绊、不执着不黏滞的飘逸的生命姿态，这就体现出禅趣，和王维《终南别业》一类诗精神相通。譬如《山中问答》：

问余何意栖碧山，笑而不答心自闲。
桃花流水窅然去，别有天地非人间。

这首诗以问答的方式展开，是为了追求生动活泼的效果。那么，对“何意栖碧山”的提问，为什么“笑而不答”呢？这跟王维说的“胜事空自知”有相似的意思：这种生活乐趣，不适合用语言来描述，懂的人不用说，不懂的人说了也没用。

我们再追问一句：不答就不答，“笑”什么？嘲弄提问的人吗？

从诗中可以体会到，“笑”是由一个提问引发的内心愉悦，好像自己在对自己说：“你问我为什么，为什么呢？”不自觉地就笑起来了，所以是“笑而不答心自闲”。而下面的两句也不是对提问的回答，而是由提问引起的感想。

“桃花流水窅然去”，展开一幅画面，是构成全诗意境的核心。一般说来，中国古诗写到落花，多有伤春的意味，但这里完全没有。

花谢了，你可以把它看成一个过程的结束，而人们为之伤感，是因为联想到一切美好的事物都不长久。但在大自然的无限生机里，花落只是一个变化；在落花随流水而去的所在，自有另一片美好的天地向你展开。这也和王维描绘的“云起时”的图景相似。

最后归结到“别有天地非人间”。明了生活的本质，人所获得的将是一个新的世界。

茜纱窗下

王安忆

有一回，在江南乡下，走过河边埠头，见一个年轻女子在刷洗几幅木屏。走近一看，便看出这几幅屏就是床栏上的围屏，镂空的花格子做底，镶有人物、器皿、山水、花卉的浮雕。漆色已旧，褪成淡红色，想来原先当是油红油亮的。不知传了多少代，才传到这女子手里。她洗刷得仔细又泼辣，将几扇屏横躺进浅水里浸着，用牙刷剔缝和镂空里的垢，然后，用板刷顺木纹哗哗地刷洗。正面洗了再洗反面，这几面屏被洗得近乎透亮。于是，那床的晦昧气息，也一扫而尽，变得明亮起来。

与自己无关的物件，我是不大留心细节的。但有些物件经过使用，沾了人气，便有了魂灵，活了。中学时，曾去过一个同学家，这家中只一母一女，相依度日。沿了木扶梯上楼，忽就进去了，只一间房，极小，却干净整齐地安置了一堂红木家具。那堂红木家具一点不显得奢华，甚至也不是殷实，而是有了依靠。寡净里，有了些热乎气。

与自己关系密切的什物，其实常常不以为是什物，而好像是贴身的一部分，有些水乳交融的意思。这样的用物总共有三件，一件是一张小圆桌。桌面并不很小，但比较矮，配有四把小椅子，是一种偏黄的褐色。桌沿刻一道浅槽，包圆的边。桌面底下，进去些，有一圈立边，边底一圈棱，容易藏灰，需时常揩拭。再底下，是四条桌腿，每条桌腿上方有一个扁圆形球。年幼时，还上不了桌，我就在这张桌上吃饭。后来大了些，家中来了客人，大人上桌，小孩子另开一桌，就在这桌上。夏日里，晚饭开在小院里，用的也是这张桌子。它，以及椅子的高度，正适合小孩子。而且，它相当结实，很经得住小孩子摧残，虽然并不是什么好木料。几十年来，无甚大碍，只是漆色褪了，还有，桌腿上方的扁圆球，半瓣半瓣地碎下来。那四把小椅子，到底用得狠，先后散了架，没了。那桌子，却跟了我分门立户后的十来年，才送给一个朋友，至今还在用。它是我童年的伙伴，许多游戏是在上面做的：涂画，剪贴，搭积木，过娃娃家。

有一日下午，家中来了一个客人，和我妈妈说话，我就坐在这张桌子旁一边玩，一边大声唱歌。后来玩累了，也唱累了，想离开，不知怎么，却站不起身，我就只得继续玩和唱歌，几乎唱哑了嗓子。等到客人告辞，才被妈妈从椅子上解放出来。原来椅背套进了我的大棉袄和毛衣之间，将我夹住了。因为处境尴尬，所以记忆格外清楚。记得客人是一个亲戚，上门大约是带些求告的意思，妈妈则是拒辞的态度。但求与拒全是在暗中，就听他们互叹苦经。妈妈指着我说，她比大的会吃。那亲戚则说，某某比她会吃。某某是他家的小孩子，比我小得多。那是在一九六〇年的饥馑日子里。

第二件是一个五斗橱。大概记得是分为两半，左半是抽屉，右半是一扇橱门。打开后，上方有一格小抽屉，上着锁，里面放钱、票证、户口簿。每当妈妈开这个抽屉的时候，我都求得允许，然后兴冲冲地搬来前边说过的小椅子，踩上去，观赏抽屉里的东西。这具五斗橱于我而言最亲密的接触，是橱上立着的一面镜子。白日里，父母上班，姐姐上学，保姆在厨房洗衣烧饭，房间里只剩我自己，我就拖过椅子，踩上去。只见前边镜子里面，伸出一张额发很厚的脸。这张脸总使我感到陌生，不满意，想到它竟是自己的脸，便感失望。在很长的一个时期里，我都对自己的形象不满意，这使我变得抑郁。多年以后，在亲戚家，又看见这具橱柜，我惊异极了，它那么矮小，何至于要踩上椅子才可够到？我甚至需要弯下身子，才能够从镜子里照见自己的脸。脸是模糊不清的，镜面已布上一层云翳。

第三件是由一张白木桌子和一具樟木箱组合而成的。如我父母这样，一九四九年以后南下进城的新市民，全是两手空空，没有一点家底。家中所用什物，多是向公家租借来的白木家具，上面钉着铁牌，注明单位名称，家具序号。这样的桌子，我们家有两张，一张留在厨房用，一张就放在进门的地方，上面放热水瓶、冷水壶、茶杯、饭锅等杂物。桌肚里放一具樟木箱，这是来到上海后添置的东西，似乎也是一个标志，标志着我们开始安居上海。它放的不是地方，但可供我们小孩子自如地爬上桌子，舀水喝，擅自拿取篮里的粽子什么的。有一晚，我和姐姐去儿童剧院看话剧《白雪公主》，天热口渴，回到家中，忙不迭地爬上樟木箱，从冷水缸里舀水喝。冷水缸里的水是用烧饭锅烧的，所以水里有一股米饭味儿，我到现在还记得。就是这个爬，使我们与这些器物有了痛痒相关的肌肤之亲。这些器物的表面都那么光滑、油亮，全是被我们的手、脚、膝头磨出来的。

我们家有一具红木装饰柜，两头沉，左右各一个空柜，一格小抽屉，中间是一具玻璃橱，底下两格大抽屉。这是“文化大革命”

中，母亲从出售抄家物资的商场里买来的。那时候，抄家物资堆积成山，囤放或收藏皆成困难，于是，削价出售。价格低到如上海人俗话所说：三钿不值两钿。母亲只花了四十块钱，便买得了。这笔钱对于我们当时的家庭财政，还有，这具玻璃橱对于我们极其逼仄的住房，都显得奢侈了。后来，有过几次，父亲提出不要它，母亲都不同意。记得有一次，她说了一句，意思是，这是我们家仅有的一点情趣。于是，在我们大小两间拥挤着床、橱柜、桌椅，还有老少三代人中间，便跻身而存着这么一个“情趣”。在这具橱柜里，陈列着母亲从国外带来的一些漂亮的小东西：北欧的铁皮壶、木头人，日本的细瓷油灯、绢制的艺伎，从美国芝加哥的高塔上买来的玻璃风铃，一口包金座钟，斯拉夫民族英雄像。橱顶上是一具苏俄写实风格的普希金全身坐式铜像。这具装饰橱与我幼年时在那家资产者客厅里见过的完全不同，它毫无奢靡之气，而是简朴和天真的无产阶级风格，但包含着开放的生活。我的妈妈，就是那个在炮火连天的战争时期，也要给战士的枪筒里插上几株野花的人。在“文化大革命”中，天天要为衣食发愁的日子里，她会用一包从抽屉角落里搜出的硬币，带我们去吃冰激凌。她总是有着一点奢心，在任何生存压力之下，都保持不灭。到了晚年，我们孩子陆续离家，分门立户，家里的空间大了，经济也宽裕了，而她却多病，无心亦无力于情趣的消遣。这具橱内，玻璃与什物都蒙上了灰尘，这真是令人痛楚。它原先那种，挟裹在热蓬蓬的烟火气中的活泼面貌，从此沉寂下来。

渲染

蒋勋

树叶夹在空白的笔记本里，几天后，纸上渗透着叶子的汁液，拓印出一片叶子湿渍泛黄的痕迹。

拓印的痕迹有深有浅，有浓有淡，有湿如水墨的渲染，也有如干笔的飞白；连叶子纤细的茎脉网络也一丝一丝被拓印了下来。

细如发丝的线条和晕染的水痕，像一张最好的水印木刻小品。书法美学里常常说“屋漏痕”，便是指水在长时间里沉淀渗透的痕迹吧。

小时候在水塘里发现被浸泡久了的落叶，经水腐蚀，一片叶子只剩下透空的叶脉，迎着阳光看，像蜻蜓的翅翼，在风中微微颤动。

因此童年多了一项秘密的游戏，我常常选择一些自己喜欢的树叶，浸泡在不容易为人发现的水塘或水沟。下了课没事就跑去检查，把叶子从水里捞起来，看看腐蚀的情况。

日复一日，经过耐心的等待，总要大约一个月，腐蚀得才够完全。

叶片腐烂的部分随水流去，剩下干净清晰的叶脉，用纸吸干水分，在通风的地方充分干燥，一片叶子美丽的茎脉就都显现了出来。

我童年的书页里夹着许多自己制作的这种叶片，也当作礼物，送给当年要好的玩伴朋友。

我没有上过什么美术课，我的美术课大多是在大自然里自己玩耍游戏的快乐记忆。

宋代以后，绘画里常常用到“渲染”一词。“渲染”一般会让人联想到水墨的技法。

墨色凝固在绢帛或纸面上，原来是一块死黑。经过水的渗透，经过湿润的毛笔笔锋一次又一次地晕染、渲刷、冲淡，墨色和纸绢的纤维渗透交融，颜色和质感都因为有水介入，发生了莹润的层次变化。

“渲染”是说水的渗透，“渲染”也是说时间一次又一次地经营琢磨。

许多好的宋画，无论色彩或水墨，都看得出来层次的丰富，至少要经过十数次“渲染”，才能如此晶莹华美。

我的大姐画工笔花鸟，画画的时候，一定有一支饱含清水的毛笔。上了颜色之后，即刻用清水笔渲洗一次。再上色，再渲洗，一次一次，如此反复十余次至二十次。

颜色褪淡成玉的质地，颜色不再是纸绢表面的一层浮光，颜色渗沁成纤维里的魂魄，颜色被水漫漶散开……纸绢上的一片叶子，一朵花，仿佛只是颜色回忆的痕迹。

艺术里的美，往往并不是现象的真实，却是真实过后的回忆。

回忆，需要时间的渲染。直到有一天，所有的现象都只是回忆，繁华也就耐得起一次一次地渲染了。

“渲染”或许不只是绘画的一种方法吧，一个时代，有了“渲染”的审美，才算是开始懂得在时间里修行了。

偶然翻开儿时的书页，还会不经意发现一两张昔时制作的叶片。茎脉迷离婉转，书页上一圈泛黄的拓印。初看起来，误以为是叶片的影子，我拿开了叶片，痕迹还在，才知道不是影子，是叶片在岁月里把自己永远拓印在书页上了。

三轮车夫登上学术舞台

王景烁

11年前，只有高中学历的三轮车夫蔡伟被复旦大学出土文献与古文字研究中心破格录取为博士研究生。

如今，48岁的他在贵州安顺学院教3门课，看到学生，他会想到自己。

他因知识改变命运，他希望自己的学生也能如此。

他从没给学生提及他的那些苦日子。那时，他每卖50根冰棍，才能买一本5元的二手书。东北的冬天，他把《老子》《庄子》《韩非子》包上书皮，套层袋子，塞进保温箱的夹层，有空就取出来读。

如今，他自称“学术不差也不冒尖”，一年发表一两篇论文。大多数时候，他喜欢一个人待在办公室，被泛黄的古书包围。电脑屏幕被竖起来，便于放大查看那些模糊难辨的古书图片。时不时，他提起毛笔，在宣纸上写小楷。

蔡伟研究的领域是“小学”，这是中国古代对文字学、音韵学和训诂学的统称。他的工作是将旁人看着晦涩难懂的古文字，解析出准确的意思。

“如果没什么真知灼见，就干脆不写，写一篇论文至少要解决一个问题。”蔡伟说。

这些已刊发的文章，不少来源于他早期写下的读书札记。他积攒下了几十本笔记，落款的时间跨越了 30 年。

小学时，他练过几年毛笔字。因为字帖上总有很多看不懂的繁体字，他便捧着字典来回查。他的语文成绩一直领先，到了高中，理科最低的成绩只有十几分。

蔡伟把图书馆当成教室。锦州市图书馆办借书证要资质，他便磨着父亲请单位盖章。他几乎天天打卡，一年多的时间里，光是古书，蔡伟就看了两三百本。

高考落榜后，蔡伟进了橡胶厂工作，工厂实行三班倒。工作之余，他就泡在图书馆，“几乎把能看的书全看了一遍”。

3 年后，他从橡胶厂下岗。蔡伟没钱、没学历、没技术，摆在他面前的路似乎只有两条，做小买卖或是卖力气。

他先在食堂后厨做过一年，是临时工，一个月 100 元的工资，主要做馒头。后来，他买来一辆三轮车，绑上 1 米长的木箱，里面再塞三四个保温箱，放入棉被隔温，每天跑去商场门口摆摊。

雪糕 5 角一根，冷饮 1 元一瓶。天热时，雪糕卖着卖着就化了，他自己吃一些扔一些。冬天时冷饮卖不动，他改卖炒瓜子，有时一个月赚不到 500 元。摆摊的空当，他读书，有时捡行人随手丢掉的废烟盒，抽出锡纸，用来记笔记。

他知道自己不适合做小生意，但不敢不干。“不然能做啥？”蔡伟说。

在很长一段时间里，他沉浸在古文字的孤岛里。有人说蔡伟“酸”，饭都吃不饱还琢磨“闲书”，不务正业。家人看不懂他的研究，身边找不到能问询的老师，他便一本一本地看，没什么章法。

那时，每过两三天，他就跑去图书馆换一批新书。锦州市图书馆的工作人员以为他看着玩，问他："这玩意儿你能看懂？"直到后来，有人拿来收藏的民国古画咨询真伪，蔡伟通过画中的文字一眼识别出那是赝品，才赢得在场的人赞叹。

自学四五年后，24 岁的蔡伟寄信给复旦大学出土文献与古文字研究中心教授裘锡圭、清华大学出土文献研究与保护中心主任李学勤等学者。他向对方请教，也提建议。

裘锡圭在 1997 年第 1 期的《文物》上发表过《〈神乌赋〉初探》，提及尹湾汉墓出土的简牍篇目《神乌赋》，其中的"佐子"不明其意。蔡伟写信表示，"佐子"疑读为"嗟子"，即"嗟"，是叹词。

后来，裘锡圭同意了他的看法，还在 1998 年第 3 期《文物》上发表了文章。

在锦州，蔡伟一家三口挤在一间屋里，墙边、床底下塞满了古书。可更多他想看的古书是买不到的。碰上实在喜欢的，他就从图书馆借出，直奔复印店。那份复印版的《广雅疏证》已有 30 年，字里行间被他写满了批注，直到现在还在使用。

有些书无法外借，他就坐在图书馆里抄。橡胶厂发的表格纸被他小心翼翼地攒成摞，再一一从中对折，有字的一面向内，订成一本。他仿照古书从右侧写起，完成《尔雅》的抄写，花了 20 天。

这些简易的装订本，被他越翻越薄，折痕处轻微一碰就可能散开。

他最奢侈的消费是凑钱买了一台电脑，接入互联网的第一件事就是在搜索引擎里检索古文字。

在国学网上，爱好相同的人扎堆在论坛里发帖子。蔡伟家联网是通过电话线，每次他拨完号，就快速打开论坛和邮箱，使用十几分钟后便匆匆下线。

即使如此，那几个月，他家的电话费还是频频超支。后来，他干脆去网吧，在一片打游戏声中敲着自己的学术思考。

他没写过点击量超高的“爆款”文章，不参与论坛家长里短的讨论，只发言之有物的硬核观点。第一回“披着马甲”发帖，他就被版主私信询问：“你是蔡伟？”

那时候，除了给几位古文字学学者写信，蔡伟已在几所知名高校主办的学术网站上，发表过自己的学术观点。

在当年的版主、如今的北京大学考古文博学院副教授董珊的印象里，蔡伟对古书熟，引用辞例信手拈来。在那个检索并不方便的年代，蔡伟盯着旧材料，总能发现新问题，还解释得精准。

董珊和蔡伟同龄。他说，蔡伟是那种利落干脆的人，一两句话解决一个问题，不用多说，一看就对，“这种本事差不多是对古书了如指掌的老先生才能做到的”。

干这行，即使是学术大家，也偶有误差。不过，蔡伟的错误率很低。裘锡圭也曾在回信中肯定蔡伟：“不计功利，刻苦潜修，令我十分钦佩。”

后来，蔡伟的妻子病倒了。这个下岗后在超市当过服务员、送过报纸和牛奶的女人，被迫中止工作。儿子还在上学，家里全靠蔡伟一个人支撑。为了给妻子治病，他向亲戚借了 5 万元。

拉车比卖冰棍、瓜子赚钱，他便蹬着三轮车在城市里穿梭。从早到晚，一天跑 10 多趟，挣三四十元。白天停不下来，晚上回家累得倒头就睡。原本大片的读书时间，也被切割得很碎。一年后，奔波的蔡伟头一次感觉到，自己的境遇竟如此糟糕。

在此之前，无论是和学者的书信往来，抑或是在网上，蔡伟从来都只谈学术。有一次，蔡伟忍不住在信中写了寥寥几笔，对董珊讲述了自己的现状。

那封信只有一页多长。在董珊的记忆里，对方没提要求，没有抱怨，却让他动容。董珊找到复旦大学出土文献与古文字研究中心的教授刘钊。2008 年，复旦大学出土文献与古文字研究中心与中华书局、湖南省博物馆联合编纂《马王堆汉墓简帛集成》，临时聘请蔡伟加入。

这是一份根据前人观点进行修正、完善的工作。蔡伟一张张翻阅竹简照片，写下注释。古文字本就难认，多数还模模糊糊，平均下来，一列的 30 个字里，要重新解释的有将近一半，蔡伟花一天时间才能完成一支竹简的注释工作。

进组一年，他的能力大家有目共睹，几位教授想让蔡伟读博。

从 2000 年起，复旦大学开始实施一项制度：两院院士、杰出教授和全国百篇优秀博士论文指导老师，可以自主招收博士生。考题由导师自己出，学生可以不参加统考。作为国内知名的古文字学家，裘锡圭教授有自主招生的权力。

不过，按规定，报考博士必须具有硕士学位或同等学力，蔡伟只有高中学历。复旦大学研究生院的领导最终找到教育部，将裘锡圭、李家浩、吴振武 3 位著名学者联名写的推荐信，连同复旦大学的申请书一起报送教育部。

入学考试是摆在面前的一场大考。蔡伟的英语不过关，还 10 多年没怎么学，学校就将英语考试改为日语考试。可蔡伟的日语也是零基础，他突击了一段时间，终于过线。

因为是自学，蔡伟的知识体系并不系统，他跟着博士班上课，按学校的要求，还要补基础的通识课，修一些本科、硕士课程。后来，他的学分修满了，但博士论文迟迟不过关。他要学着去适应学术表达的范式，来来回回地改。他博士读了 6 年才毕业，算是班上最久的。

他也是班里年龄最大的，比同学年长近 10 岁，但档案最薄。毕业后，他本想回东北，投了好几所当地的院校，简历都没过——频繁地卡在年龄、第一学历、发表的文章上。

半年里，蔡伟一共投出二三十份简历，多在第一轮就被淘汰。直到安顺学院录用他，他才定下工作。这是他找的所有工作里离家最远的一个，彼时安顺尚未开通高铁，他从锦州赶来用了两天两夜。

他被安排在学校图书馆的古籍特藏部，编写馆藏古籍书志。在图书馆里，他是学历最高的，也是唯一一个研究出土文献的。他还教 3 门课，古代汉语、文字学和书法。

蔡伟喜欢泡在几所知名高校主办的出土文献网站上，看最新的学术观点。但凡出了新材料，他就找来研究。

在网上，他起了五六个网名，“锦州抱小”“小雅”“黔之菜”……“有时候就是刻意不想让别人知道是我写的。”蔡伟说。他享受更换网名后归零的状态，用新的名字“再慢慢闯出一片天地”。

他刻意从曾经的片刻“高光”中淡出。因为被破格录取，蔡伟曾被写进新闻里，后来他拒绝再接触媒体，为此特意换过手机号。“古代典籍本来就冷僻偏窄，既然不为大众熟知，也没必要总是让人知道。”

他强调，自己只是喜欢这门学科，不愿当所谓的学术明星。他最担心自己的精力被分散。

“只有对学术产生影响，在古文字学界能有深入的研究并发表独立客观观点的人，才是最神圣的。”他曾这样表示，“做学问，不就是要经得住长时间的埋头嘛，名利是致命伤。”

圈子里知道蔡伟的人不少——他的文章不以量取胜，但都能立得住脚。

董珊感叹，无论是最初在论坛上相识，还是后来因为破格录取被写入新闻，蔡伟本来有很多“可以红”的机会，但他始终是淡淡的，低头研究自己那摊事儿。

蔡伟不讲究外在的东西，唯独执着于买书，每年购入的新书有几百本。离开复旦大学前往安顺学院时，他打包运出 80 多箱藏书，花了 4000 多元——快赶上后来一个月的工资。

蔡伟仍不富裕。他把家里一整面墙打成书柜，买来能两面放书的书架，再加一张一米长的书桌。

在做学术之外，他的生活很简单，逛市场、刷短视频，或是练练毛笔字。自行车骑久了，他会腿疼，这是之前蹬车落下的老毛病。

在复旦读博的时候，他回过锦州，到昔日摆摊的地方转了转。一同出摊的 4 个人，只剩下一个。他记得，自己曾是这群摊主里最年轻的，夹在一片吆喝声中，捧着书的他看上去总有些格格不入。

父亲的高考

德川咪咪

他的大学梦

1977年，教育部决定恢复高校招生统一考试制度。那一年，我父亲22岁，已经当了4年搬运工，因工作勤奋、表现良好，被提拔为司机。这份工作比搬运工轻松很多，出车结束后大家还会结伴去游泳。

有一回游泳的时候，另一个司机告诉父亲，他们工厂有个女工的哥哥参加了当年的高考，并被复旦大学录取了。

30年以后，在我的选课书上，父亲指着“复旦大学名师×××”这行字说：“也许就是从听说他考进复旦的那一刻起，我就想着要去考大学了。”

那个时候，考大学这条路并不好走。我爷爷很年轻的时候就因肝癌去世了，奶奶为了抚养家中3个孩子，白天在商店做营业员，晚上就着昏暗的灯光做缝纫补贴家用。家境艰难，甚至时常温饱堪忧。

父亲有两个妹妹，我的大姑姑去了崇明下乡，小姑姑还在中学念书。

他只能把大学梦深埋在心底。1978年，即恢复高考的第二年，又有两个同事分别考上了复旦和同济，离开了工厂。告别宴上，考进同济大学的同事告诉我父亲，现在，国家对于非应届考生有政策照顾，只要工龄满5年，就能够带薪读书。

到1978年10月，我父亲的工龄正好满5年。“就这样，再也没有什么理由能阻止我去考大学了。”

下决心迎考时，天还很热，蝉鸣如涛，福州路的人浪却甚于这滚滚热浪。“高考资料一到书店就会被一抢而空，考的人太多了。”为了买到《高考大纲》，他排了两个小时的队。

父亲买到教材翻开以后，仿佛一桶凉水浇了下来。“考纲里列出的数学考试范围从四则运算一直到数列，我没上过高中，看数学，就像看天书一样。”

但父亲不想放弃，拿到考纲之后他就开始制订复习计划。那时候家里只有一套范文澜所著的《中国通史简编》，他就从这套《中国通史简编》开始看起。直到1979年春节，书店里的高考资料开始多了起来，他才买到正规的复习资料。

忠于自己

他开始全身心投入复习迎考。傍晚5点，工厂下班，他便直奔上海图书馆，一直学习到图书馆关门。回到家以后，还要继续学习到第二天凌晨。

当时父亲一家住在太仓路。我从未见过那个仅6平方米的亭子间，但它一直存在于家族的传说中：屋子里灯光昏暗，奶奶经常坐在缝纫机前做工，还在读书的小姑姑则把洗衣板翻过来当成桌面，趴在床上做作业。没有写字台，父亲就把一高一矮两个五斗橱拼在一起，把书放在高的橱上，自己站在低的橱上，就这样站着看一晚书。

这样的复习他坚持了5个月，到1979年3月，国家取消了“工龄满5年可以带薪读书”的政策，改为颁发“职场助学金”。学费没了着落，大学梦再次遥远起来。那时，他已经被提拔到机关里“坐办公室”，在那个年代这是很多人都羡慕的工作。于是，他打算放弃高考。

复习停掉了。之后的两个多星期，突然空出大把时间，他却怅然若失。父亲想到自己已经努力了5个月却要放弃，总有点儿不甘心，后来再一想，即使被录取，读不读的决定权仍然在自己手里。

适逢3月，春暖花开，逐渐昼长夜短。他买了一张公园的月票，每天清晨5点到7点去晨读。

高考如期而至。1979年7月，父亲向单位请了一个星期的假，搬去他的小学同学家中复习备考。

高考3天，酷暑难当，父亲几乎没合过眼。头两天，他顺利地考完了语文、数学、历史和地理，第二天晚上全身心地投入政治考试的复习中。那时，他的小学同学在菜市场上班，天不亮就要去卖菜。

7月9日凌晨4点30分，同学从床上爬起来，看到父亲仍然在写字台前挑灯夜读，惊讶地问了一句：“咦，你又一个晚上没睡觉吗？”父亲头也没抬地“嗯”了一声。同学也不再打扰他，起床后出门工作去了。清晨5点左右，天色还早，父亲扭头看到同学的床空着，便打算上床休息一会儿。

被幸运眷顾的人

不知道过了多久，父亲猛然从床上惊起，手表上显示的时间是7点30分，离开考只有半个小时了。前两天他都是乘96路公交车去考试的，周末早晨 7 点多车少人多，公交车还经常脱班，从住处到考场总共要花费 45 分钟左右。那时候没有自行车，更没有出租车。而高考的考场规则中规定：迟到 10 分钟者取消考试资格……他的大脑里“嗡”声一片，一瞬间不知道有多少想法掠过，最后只剩下一个信念：跑跑跑……他背上书包，狂奔下楼，准备穿过陕西路，沿着肇嘉浜路一路长跑去考场。“那一路简直是和时间赛跑，和命运赛跑，如果迟到了，那我的人生就不一样了。”

跑过一段路他才觉得有些异样，原来熙熙攘攘的大街上那天却空空荡荡。他才想起这天是周一。快跑到文化广场时，他听见身后有喇叭声。他回头一看，一辆 96 路公交车正慢慢地向他开来。

“因为那天是周一，公交车放得多，开过来的是一辆脱班的 96 路车。那天人很少，路况特别顺，7 点 55 分就到了考场。现在想想简直太惊险了。如果不是周一，如果不是那辆公交车脱班，如果我多睡了 5 分钟，那就是长跑也没法按时到考场了。”

跳下车后，父亲看了看手表，离政治考试开考还有 5 分钟，大部分同学已经进了考场。刚才的一番波折让他“太狼狈了”，于是他没有急着进考场，而是在学校门口稍事休息，顺便看了一眼黑板报。

3 分钟后，考试的预备铃声响了起来，父亲走进考场。

谁知拿到政治考卷打开一看，刚才在黑板报上看到的那篇文章正好是考试的最后一道大题。父亲当时目瞪口呆，然后便欣喜若狂。“如果我自己去答的话，可能只能拿到一半的分数。我把刚才看到的那篇文章的内容写了进去，这道题目就答得非常完满了。”就这样，政治考试顺利地结束了。

在 1979 年的高考中，他的政治考了 84 分，总分 347 分，高出复旦大学录取分数线 41 分。就这样，父亲考进复旦大学，成为 1979 年复旦大学中文系 58 个学生中的一个。

驾机穿越蘑菇云的英雄

关切

1964 年 10 月 16 日，在中国西部戈壁大漠的上空升起了壮丽的蘑菇云，我国第一颗原子弹爆炸成功。在这举世瞩目的时刻，几位空军飞行员勇敢地驾驶飞机穿越蘑菇云，执行了取样任务。半个多世纪过去了，让我们拨开历史的尘封，看一看在当时那个惊心动魄的时刻发生了什么。

严格保密的任务

1964 年 7 月，上级决定在空军飞行航空兵某师挑选一架飞机和 6 名机组人员，执行一项重要任务。经过层层选拔和考核，辽宁海城籍的郭洪礼被选为机长，他是某团二大队二中队的中队长。飞机是从另一个团选出的。“执行什么任务谁也不知道，我和另外 5 名战友被光荣选上。”郭老回忆说。

机组人员组成后，飞机也飞到了北京。郭洪礼还记得，空军作战部的首长告诉机组人员：“我们国家要进行原子弹爆炸试验，周总理对这次任务十分重视。”听闻任务和这次试验有关，几个人非常兴奋，郭洪礼代表机组人员表示坚决完成任务。

英雄飞行员郭洪礼

飞机在北京被简单改装，于一周后飞往西北某空军基地，前线总指挥张爱萍、空军副司令员成钧和专家们给机组人员下达任务：穿越蘑菇云取样。原子弹爆炸后，地面有几十种手段收集样品，但只有派飞机直接进入蘑菇云取样，才能获得评价和分析爆炸效果的第一手重要科学资料。取样工作在原子弹爆炸30分钟后，在蘑菇云形成的7000米高空进行。因为原子弹爆炸30分钟后正是蘑菇云形成的最佳时机。太早，蘑菇云没有完全形成，气浪、涡流和强大的冲击力将损坏飞机；太晚，蘑菇云开始扩散，即使飞进去，也取不到所需的剂量，取样工作会前功尽弃。7000米的高度和预定穿云的方位都是经过周密计算的。

1964年10月15日，离原子弹试爆还有一天的时间，机组人员全天进行飞行准备。誓师大会上，郭洪礼代表机组人员宣誓："下定决心，不怕牺牲，排除万难，只要飞机螺旋桨在转，就要坚决完成任务。"

当天，张爱萍为机组人员送来一包板栗，表达对机组人员的鼓励。郭洪礼说："当时大家十分激动，机组人员与兰州空军组共同分享了这包板栗。"

两次冲入蘑菇云

10月16日，大西北核试验场上，笼罩着紧张又神秘的气氛。

机组人员提前吃完午饭，在离飞机10多米的地方挖了一个大坑，用以隐蔽，以免受到原子弹爆炸时产生的光辐射的影响。这里距原子弹爆炸点40千米，但由于地势平坦，视线极好。根据要求，在原子弹爆炸的瞬间，他们必须趴在坑里并且闭上眼睛。

下午2时59分40秒，历史性的时刻到了，主控制站的技术人员按下电钮，10秒钟后，控制系统进入自动控制状态。机组人员听到女播音员清晰而又略显机械的读秒声。霎时间，强光闪耀，天地轰鸣，一股庞大的蘑菇状烟云，旋转升腾，直上蓝天。

根据所学知识，郭洪礼知道当声音传来时，原子弹爆炸的辐射已过去，他大喊一声："上！"机组成员立刻冲上飞机。这时，距机场40千米的爆炸烟云清晰地呈现在他们面前，巨大的烟柱拔地而起，直插云霄，上部膨胀变大。郭洪礼驾驶着飞机，当速度达到每小时240千米时，他轻轻拉起操纵杆，飞机离开地面迅速向空中飞去。

40千米的距离对飞机来说，只要几分钟就可以飞到，然而仅仅飞到还不行，必须要有一定的高度，太高或太低都不行。郭洪礼和领航员季献康密切配合，用20分钟爬到了规定的7000米高空，由于时间充裕，他和领航员简单商量了一下，改变航向，保持着平飞的状态向目标飞去。

当接近蘑菇云时，飞机忽上忽下，忽左忽右，驾驶非常吃力，郭洪礼和副驾驶员李传森极力保持着飞机的平稳，领航员季献康抓紧时间计算飞机进入的角度。很快，他们选中了紧靠蘑菇云中心的棕褐色部位，由西至东向那里飞去。在进入蘑菇云时，郭洪礼不由自主地咬紧牙关："冲进去！"

飞机的左机翼几乎压着蘑菇云的中心，机身进入云中，周围的一切都模糊了。郭洪礼和战友们眼中看到的是黑中泛红的浓烟，身上感受到的是巨浪般的撞击。郭洪礼和机械师耿君不停地观察着飞机上的各种仪表，努力保持着飞机的航向。由于蘑菇云中气浪翻滚，机身颠簸幅度大，他手脚并用，极力稳住野马似的飞机。飞机穿越蘑菇云的时间只有5秒钟，当郭洪礼准备向指挥部报告穿云情况时，在机舱监测的防化兵小高赶过来大声报告：“仪器上的红灯未亮，收集剂量不够。”郭洪礼一听急了，收集的剂量不够，说明没有完成任务，这怎么行？于是，他大声对同伴说：“再来一次！”机组人员将飞机压了坡度后左转，迅速做好第二次冲锋的准备。

“当时想的是没完成任务哪行，真的把自己的生死置之度外了。”飞机刚刚飞进蘑菇云，监测仪上的红灯就亮了。“仪器亮起红灯时，我们长出了一口气，这表明，我们胜利完成任务了。”

埋藏35年的秘密

那次任务完成后，郭洪礼在部队里一直奋战到1983年，然后转业到位于湖北省宜昌市的葛洲坝工程企业总公司。由于原子弹爆炸任务的特殊性，他始终没有让家里人知道。郭老说这个秘密在他心中一直埋藏了35年，直到1999年中华人民共和国成立50周年，中央电视台的记者辗转找到他进行采访时，家人和同事才知道，原来身边的人竟然是一位国家英雄。

我们有一身坚硬的骨头

张达明

在抗日战争最艰苦的日子里，数学家华罗庚仍坚持写作《堆垒素数论》。当时没地方住，全家就住在牛棚里。每天晚上，他窝在牛棚的上层，一灯如豆，下层则是牛在啃草反刍，还不时在柱子上蹭痒，每当这时，牛棚便摇摇欲坠，大有倾倒之势。

虽然如此，但华罗庚依然将正在写的《堆垒素数论》视为生命。一天，别人给他的妻子吴筱元送了两枚鸡蛋，吴筱元煮了一枚，想给华罗庚补身体，华罗庚却对她说："你把它分成 5 份，全家每人一份。"然后，他只将自己的那一份吃了。妻子望着剩下的 4 瓣鸡蛋，难过得泪如雨下。华罗庚安慰她："别伤心了，等《堆垒素数论》出版后，咱们就去割几斤大肥肉，全家人美美地吃一顿。要是还有余钱，就给你和孩子们每人添一件新衣服，然后再给我买两包烟，真想抽一支烟啊。"

经过两年的呕心沥血，30 万字的《堆垒素数论》终于在 1942 年年底完成。为尽快实现割肉、买衣、抽烟的愿望，华罗庚将书稿寄给了重庆的"中央研究院"。然而，在漫长的等待中，他没有看到肥肉和妻儿的新衣服，也没有换来盼望已久的两包香烟，却在半年后等来手稿遗失的噩耗。那一刻，华罗庚晕倒在了牛棚里！

凭着坚强的意志，华罗庚又重新站起来，开始了第二次写作。两年后，他再次完成了《堆垒素数论》，并由苏联科学院出版。由此，一颗 35 岁的数学新星冉冉升起。

华罗庚后来回忆道：“当时有句话叫‘教授教授，越教越瘦’。记得有这么个故事，教授在前面走，要饭的在后面跟，跟了一条街，前面的教授回头说‘我是教授’，要饭的听后就跑掉了，因为他也知道，教授没有钱。但是，我们有一身坚硬的骨头，这是任何力量也击不垮的！”

钱学森的回信

刘淑芳

中国第一颗原子弹爆炸成功后，全国有许多人给钱学森写信，表示要向他学习，向他致敬。一天，钱学森收到一封与众不同的来信，信中指出钱学森新近发表的一篇论文中的一处错误，并提出自己的想法，写信人名叫郝天护。钱学森连忙翻出自己的论文，发现的确有一处存在误差。

钱学森马上提笔给郝天护回信。在信中，他说："很感激您指出我的错误，可见您是很能钻研的一位青年。科学文章中的错误必须及时阐明，以免后来的工作者用了不正确的东西耽误事。所以我认为，您应该把您的意见写成一篇几百字的短文，投给《力学学报》，帮助大家。您认为怎样？"

远在新疆的郝天护收到回信。拆开信的一刹那，他简直不敢相信自己的眼睛。他兴奋地在走廊大喊："钱学森回信了。"事实上，他这几天一直惴惴不安，甚至有点儿后悔，他是一个毛头小子，而钱学森是专家，自己会不会有点儿不自量力？人家会理他吗？万万没想到，他竟然等到这个好消息。

后来，根据钱学森的建议，郝天护把自己的观点写成 700 字的文章，并由钱学森推荐发表在 1966 年的《力学学报》上。也正是由于这封信，郝天护受到极大的鼓励，后来投身力学事业，成为东华大学的一名教授。

2007 年在“钱学森书信与他的精神世界”报告会上，已经白发苍苍的郝天护动情地说：“钱学森是世界力学权威，能够这样对待一个默默无闻的小青年，敢于在报上公开自己的差错。这足以说明他胸怀坦荡，有人格魅力，不愧为大师。”

寻找陈延年

闫晗

很多人是通过《觉醒年代》这部剧认识陈延年的。对于这位29岁牺牲于敌人屠刀之下的青年，人们从书中、从影像资料中、从祖国大地上寻找他的故事。

有人去龙华烈士陵园祭奠他，有人去安徽省合肥市为纪念他和弟弟陈乔年而命名的“延乔路”上献花，有人写关于他的故事……有网友说，陈延年写文章用过的笔名是“人”。微博上有关于他的“超话”，里面的成员十分活跃，当下的许多青少年爱他，怀念他，是因为他曾经那样热烈地爱着我们的国家和人民。

陈延年的父亲是陈独秀，他创办了《新青年》杂志，是中国共产党的创始人之一。陈独秀的标签过于鲜明，色彩过于浓烈，因此很多人并不知道他有陈延年、陈乔年这样优秀的儿子。

陈延年像一个革命的苦行僧，为自己立下了著名的“六不”原则——不照相，不脱离工农群众，不谈恋爱，不滥交高朋名人，不铺张浪费，不大饮大食。因为觉得父亲既要做革命者，又想要家庭，难以兼顾，所以陈延年不恋爱不成家。他很少照相，则是出于地下工作的需要。因此一些历史教材在提到著名的省港大罢工的领导人时，没有提到他的名字。

陈延年出身于书香门第，又曾留学法国，可他模样淳朴，据说皮肤黑而粗，很像一个普通工人，因为经常劳动，还跟工人们一起拉过黄包车，所以能和工人打成一片。若不是叛徒出卖，他被捕的时候，就不会有人知道他是党的干部。在狱中，他说自己是这家人雇的烧饭师傅，特务看他衣衫褴褛，皮肤黧黑，一开始竟相信了。

1927 年 7 月 5 日，《申报》刊登了吴稚晖致淞沪警备司令杨虎的一封信，信中热烈祝贺杨虎杀害了陈延年："彼在中国之势力地位，恐与其父相埒，盖不出面于国民党之巨魁，尤属恶中之恶！上海彼党失之，必如失一长城。"

他在龙华的屠场就义时，宁死不跪，被乱刀砍死，牺牲得非常惨烈。敌人对他用尽酷刑，可他是一个硬骨头。后来，他的弟弟陈乔年、战友赵世炎，也都在龙华被杀害。

鲁迅先生在文章中写道："至于看桃花的名所，是龙华，也有屠场，我有好几个青年朋友就死在那里面，所以我是不去的。"

他们三人均长眠于龙华烈士陵园，常常有很多人去探望他们，给他们敬送鲜花和他们生前喜欢的食物，希望告诉他们，我们今天过上了幸福的生活。

有一位网友专程去龙华烈士陵园探望陈延年，一位大叔问："他是你的亲属吗？"这位网友想回答"是"，又有些犹豫，回去的路上十分后悔，觉得自己应该这样回答："对，他是我们所有中国人的亲属。"

科比与我

黄子懿

我经常想起12年前的夏天。7月的一天，成都天气潮湿闷热，我在一片漆黑的体育馆里，听着人声鼎沸。在几千人“MVP！ MVP”的高呼声中，一个身高超过1.9米的男子从舞台中央随着升降机缓缓升起——那是时年31岁的NBA（美国职业篮球联赛）球星科比·布莱恩特。他穿一件红色T恤，被追光灯照耀，向全场观众挥着手。几千人排山倒海的高呼声，又变成了：“科比！科比！”

那是我第一次见到科比。他隔着球场不停地向观众挥手致意，面带微笑投了几次篮，在另一端看台上的我和其他人一起，声嘶力竭地喊着他的名字。用《大话西游》中的话说，那一刻，他就是一个盖世英雄，从大洋彼岸踩着七彩祥云空降而来。第二年，科比又一次拿到NBA总冠军，我又跑去成都见了他一次。

见到科比，圆了自己年少时的一个梦。那一年我高考结束，终于有大把的时间去消化那些被短暂封存起来的关于科比的视频、杂志与图书。暑假里，当得知科比会来成都时，我提前几周就去相关论坛搜寻资讯，报名咨询，寻找一切可能见到他的机会。

我是从什么时候开始爱上科比的？

最早的记忆是，小学时打篮球比赛，班里选择了洛杉矶湖人队的球衣，经过一番打听后，我觉得34号奥尼尔太胖，出于虚荣心选择了科比的8号球衣。从那以后，科比就被我视作偶像。我对他的成长经历、球场纪录如数家珍，收集每一期《灌篮》杂志，在宿舍里贴满他的海报，模仿他的拉杆上篮和后仰跳投。十几年后，一个初中同学告诉我，他至今还记得2006年1月的一天，科比单场拿到81分，我站在教室外的走廊上兴奋地对着所有人大吼大叫。

我为什么会喜欢科比呢？当时不满16岁的我，大概只是觉得他球技精湛，于乱军之中得分如探囊取物，是“篮球之神”乔丹的接班人。但后来我才意识到，更深刻的原因是，他几乎拥有一切我所没有的特质。我的胯下运球宛若慢动作，后仰跳投经常沾不到篮筐，原地摸高最多也只能摸到篮板……更重要的是，在面对困境时，我永远缺乏科比那样的勤奋、进取心与孤注一掷的勇气。

我初中就读于家乡最好的一所私立中学，全年级1500多人，我在最好的班级。但我那靠小聪明的学习方法不再奏效，每次考试成绩排名都在全班中下游。渐渐地，我似乎习惯了自己的落后，不愿去努力追赶，整天游手好闲，佯装洒脱——我怕纵使加倍努力，也追不上那些天资聪颖的同龄人。

科比就不一样了。他斗志旺盛，好胜心强，不仅拥有一流的天赋，还有极致的勤奋，能将自己逼至极限，不浪费一丝一毫的天赋。“见过凌晨4点的洛杉矶”是他最著名的标签，“第二名就意味着你是头号输家”是他最洪亮的亚军发言。他不甘居于人后，以球队“二当家”的身份夺冠，自己单飞独立带队后，屡败屡战，最终再拿两个冠军。那时候在我心中，科比是超人般的存在，是不可能失败的，他身上有我所缺乏的另一面。

科比首次独立带队拿冠军的那一年，也是我第一次见到他那一年。一个月后，我上了大学。与中学封闭的环境相比，大学更加开放自由，我接触了更多的人和事，对世界也有了很多新的认识。这时候，偶像在我心中逐渐“祛魅”了，我意识到偶像不是完人，不必在他的身上寻找自己未曾拥有的模样。

有一段时间，科比几乎从我的生命中淡出了。我开始学会欣赏那些在竞技体育中不那么成功的个人和团队，哪怕是失败者。在“失败型”偶像身上，“人性”的那一面似乎更令人着迷：他们从巅峰滑落，跌倒，又努力爬起，最终归于平静，与命运和解。

科比再一次出现在我的生命里，是他在 2013 年受重伤以后。他在带队冲击季后赛的一场关键比赛中跟腱断裂，一瘸一拐地走回场上，完成罚球，然后消失在球场尽头。看着那个镜头，我恍然意识到，原来强如科比，也有脆弱的一面。他不再是无所不能的“王者”，也会受伤，也会长久地陷入低谷。

但科比终究是科比，他最好的时光已深深铭刻在喜欢他的人心中。2016 年，科比选择退役。那一年，也正好是我硕士毕业的那一年。他退役的那一天，我正在清华大学的人文社科图书馆忙着写毕业论文，即将跟校园说再见。4 月 14 日那天上午，当科比退役的告别赛打响时，我看到阅览室里至少有 10 台电脑，都同时播放着科比的最后一场比赛，大家四目相对，会心一笑。科比也没有让我们失望，他砍下 60 分，以一种最科比的方式跟我们道别。

那之后的科比，专注于父亲和商人的角色。然而，我们所怀念和喜爱的，依然是当年那个横冲直撞、棱角分明的年轻人。每当科比穿上运动装，带着女儿吉安娜出入各大篮球训练营时，球迷们都在翘首盼望着，他培养出一个女子篮球的不世之才。

这一切，在 2020 年 1 月 27 日被现实砸得粉碎。当科比离世的消息传来，国内还是凌晨，我被不断响起的微信消息提示声惊醒，之后就再也睡不着了。

我无从知道，也来不及悲伤。毕业后，我成了一名记者。当所有人都在纪念科比时，我却因要专心工作，连伤心和悼念他的时间都没有。只是我深知，以科比的性格，他会希望自己的粉丝像他一样，全身心投入自己所热爱的事业，沉浸其中，做到最好。

终于，有一天，当时间迫近午夜时，我忙完了所有工作，真正有时间静下心来，好好纪念他。我想了很久，最后发了一条没有文字的微信朋友圈，配了两张图，一张是他离去的黑白背影，另一张是《灌篮高手》里的一幕场景。画面里，樱木花道在球队失败后哭得像一个孩子，队长赤木刚宪则像一位兄长，摸着他的头，安慰他，叫他别哭，要昂起头颅。

科比之于我，就像赤木刚宪之于樱木花道，是偶像，是榜样，也是兄长。他不仅有我没有的另一面，也教会了我面对成年世界的规则与残酷。对于我们这一代人来说，他陪伴我们走过了整个青春，是年少时光的伙伴与象征。他的逝去，也代表着我们青春的消亡。

如今，我长到了科比黄金年代的那个年纪，与他第一次空降成都时同龄，更能理解他辉煌背后的不易。初入中年的我，会时常念叨起这位年少时的偶像，想起那天被球迷们堵塞的成都一环路，想起在他退役的那个上午，那座图书馆里停下学习的年轻人和“不务正业”的十几台电脑屏幕。是他，让互相熟识的我们同时从疲惫的现实中短暂抽离出来。也许，这就是偶像的意义吧。

航天人的薪火传承

巴九灵

一

2021年6月17日，“神舟十二号”载人飞船进入预定轨道后，酒泉卫星发射中心的测发大厅传来一阵欢呼。接下来，就要看“神舟十二号”指令长聂海胜如何开展后续工作了。对聂海胜来说，这已经是他第三次飞天。

他的弟弟聂新胜坐在电视机前，泪光闪动。对“神舟十二号”的自豪和对哥哥的惦记让聂新胜百感交集。良久，他说了一句话：“有国才有家，我希望他能完成任务。”

这次飞行，由聂海胜和刘伯明带着新人汤洪波执行任务。

老带新是中国航天的传统。上次“神舟十号”发射时，聂海胜带着张晓光和王亚平，他时不时地抽查两个人的专业知识，给他们分配任务。王亚平叫他“定海神针”，有聂海胜在，两名小将都安心了。

从2003年“神舟五号”项目开始做准备时，聂海胜就被列入任务梯队，成为备选队员。接下来的7次“神舟”系列发射，聂海胜3

次备选，3 次入选。即便在备选时期，他也需要做准备直到火箭点火的那一刻。在这 18 年里，有不计其数的考核，聂海胜一直处于训练状态。

宇航员的全部训练项目，都在挑战人体的极限。

他们要穿 120 公斤重的宇航服下水进行模拟失重训练，在飞速转动的离心机里承受 8G 的离心力，眼泪鼻涕甩得满脸都是，脸被拉得变形。他们要躺在一张倾斜度为负数的床上，头朝下，倒着吃饭，倒着排便，每次训练都要连续躺几天到一周。

在飞船发射和返回过程中，传到舱内的噪声会很大，宇航员要进入一间屋子做听力训练，尖锐的噪音堪比用指甲划黑板，他们需要不断通过听力训练提高耐力。

在训练的过程中，宇航员手里有报警器，如果觉得自己实在不能承受，按响它，训练就会终止。但多年以来，没有一个人按响报警器。

聂海胜已经 57 岁，刘伯明 54 岁，最年轻的“新人”汤洪波也有 45 岁。这些“老航天”依然在为中国的航天事业时刻准备着，而中国航天的后起之秀同样未来可期。

二

2010 年夏天，执行过“神舟”系列任务的杨利伟、翟志刚、刘伯明来到哈尔滨工业大学，跟学生们分享航天人的荣誉和责任。韦明川当时是航天学院的大三学生，此次分享让他深受触动，彼时是他研发卫星的第二年。

此前，全世界都没有高校学生研发卫星的先例，韦明川的好友也觉得他的想法是天方夜谭。

韦明川觉得自己成绩并不算太突出，没获得过读研的保送资格，在哈工大读硕士和博士都是自己考上的，但他很明白自己对航天事业的满腔热忱。

他说动了包含航天、计算机、电气、机械等 8 个专业的同学加入科研项目。没有经费他就去申请项目、去科研论坛拉资金、把自己的生活费贴进实验里，最终把研发卫星的想法变成了现实。

2015 年，“长征六号”在太原卫星发射中心发射。伴随着“3、2、1”的升空倒数，在清晨的薄雾中，20 颗卫星“乘坐”着“长征六号”一起被送入太空。韦明川团队研制的第一颗卫星“紫丁香二号”就在其中，这是全球第一颗由高校学生研制出的微纳卫星，24 岁的韦明川因此成为中国最年轻的卫星总设计师。

两年后，一张地月合影被刊登在世界权威学术杂志《科学》上。这是韦明川团队利用研发出的微卫星“龙江二号”，克服了太空拍摄条件的复杂困难，拍出的最美地月合影。

韦明川团队被誉为中国最年轻的航天团队，成员全是“90 后”。团队中年龄最小的是负责卫星数据处理和软件设计的黄家和，1999 年出生，加入韦明川团队时，只有 17 岁。

黄家和 4 岁那年，在电视上看到杨利伟搭乘的“神舟五号”划破苍穹，对杨利伟无比崇拜，希望自己未来也能从事航天工作。每逢有航天器发射，他都一次不落地观看。韦明川团队的其他成员，也都有着与黄家和相似的对航天工作的纯粹热爱。

因为热爱，所以投入，他们更明白中国航天事业还需要更多人才。

在卫星项目有了进展之后，韦明川团队也协助母校培育下一批航天人。

在韦明川的带动下，哈工大在2020年新开设了一个特色班——小卫星班，围绕航天器控制、设计等相关学科进行授课，意在培养对航天有热情的学生。韦明川的科研基地，成为小卫星班的实践场所，他们正在把研发卫星的经验，传授给更年轻的航天人。

三

在这次“神舟十二号”的发射任务中，3名宇航员登陆了我国自己的空间站：天和空间站。登陆空间站被各国视为太空项目最重要的环节，中国人登上自己的空间站，在社交媒体上反复刷屏，是因为我们曾经被国际空间站拒之门外。

距离地球约400公里的国际空间站，是由美俄在内的16个国家共同建成，并在2010年投入使用。先后有19个国家的宇航员登陆了国际空间站。

在空间站建设期间，中国被美国指责技术不足，不准参与。建成后，中国又被美国的《沃尔夫条款》挡在空间站外，被禁止中国与美国航天局一起参与科研项目。

中国航天空间站系统总设计师杨宏感慨道：“我们不能总跟在别人屁股后面跑，就算你跟着别人跑，人家也不带你玩儿。”国外的长期封锁，反而让中国航天人知耻而后勇，在航天领域奋起直追。

新的力量正在迎头赶上，小卫星班的学生已经入学。在“神舟十二号”飞船发射那天，小卫星班的学生被邀请到酒泉卫星发射中心观看发射。十七八岁的青年，看着“长征二号”F运载火箭拖着尾焰穿云破日，感受到脚下传来的震颤，热泪盈眶。

这是航天人的薪火传承，是中国同一个航天梦想的交接。

『笨小孩』文徵明

李舒

真奇怪，我人在上海，心里还惦记着之前在故宫文华殿“林下风雅”展看到的那张文徵明的《兰亭修禊图》。

明明在角落处，在这幅画前停留的人远远比不上停在前面展厅《听琴图》前的。暗幽幽的灯光下，一点点凑近，再凑近，我瞬间察觉到自己的失态——脸几乎要贴在玻璃上，尽管再三屏住呼吸，仍旧可以感到十步之外保洁阿姨的白眼。但我不在乎，仍旧趴在那里，企图和展柜里的那张画作最大限度地亲近，因为我从来没有见过这样的金笺设色。

所谓金笺，是在纸上泥金、泼金，以至涂满纯金，金碧与墨彩交相辉映，气象万千。涂满了金泥的纸其实很难设色，我试过几次，下笔容易板滞，好像画在瓷器上，一不小心就走了墨，失了神采。小时候，教画的老师对我说，画金笺有讨巧的办法——留白。让金笺的金色大面积地露出来，自成富贵气象。

可是，文徵明偏不。

他画的是中国知识分子最喜欢的“兰亭派对”。崇山峻岭，溪流蜿蜒，细细密密，先勾后染，几乎盖满了金笺。墨笔勾皴石头，石绿点染山头，只在山脚，才露出那么一点点金笺的原色。

真奇怪，是浓到化不开的景与色，却通体显出一种秀美。是美，而不是丽，仿佛宋代女子戴了金臂钏、着了霓裳羽衣，不肯透一点点俗艳。典雅浸润在眉间，在眸子里，在巧笑顾盼中，始终是端庄自持的。

要淡雅，何必偏画在富丽堂皇的金笺上？我猜测，倘若这张画没有那讨人厌的玻璃柜隔着，不用展厅里的灯光，只在夕阳西下时，不必秉烛，而是在金桂飘香的屋子里，展开在案上，两个人或并肩，或斜坐，或垂首，从不同角度细细赏玩，任由屋外的光线由金黄到绯红，而后一点点暗下去，必然能看出画中的更多秘密。

一张金笺上，有这样的淡雅风致，这大约就是这张画作令我魂牵梦绕的原因。

一如文徵明这个人。

"徵明幼不慧"

文徵明常常做这种看上去吃力不讨好的事。书信简札，如果写错一点，他就老老实实重写，不像苏东坡圈圈点点、墨迹潦草，后世还夸他是真名士自风流。

每日坚持练字，这是文徵明从少年时代就养成的习惯。那时候，他的字写得很差，老师给他的评级是"三等"。他就每天临摹《千字文》，写足十大本才肯罢休。

1470年，庚寅，一个虎年。和前一年一样，这一年华夏大地上出生了许多孩子。夏日，紫禁城的冷宫里迎来了未来天子朱祐樘的第一声啼哭。江南姑苏城，一个商人在接近惊蛰时欣喜地见到了自己的儿子。这孩子长相聪慧，啼声响亮，邻居们说，这样貌，长大后必然出将入相。父亲给这个孩子取名唐寅。文徵明则在九个月之后出生。此时的人们当然无法预料，这两个孩子将有着一辈子的羁绊，而他们的性格差别巨大，命运也迥异。

唐寅是典型的“别人家的孩子”，“神童”这样的夸辞，他在三四岁时就听腻了。相比之下，文徵明的童年则灰暗许多，他七岁才能稳稳站定，十一岁才会讲话，《明史》对他的评价言简意赅，却字字诛心：“徵明幼不慧。”

开蒙晚，天分差，考试运当然好不到哪里去。文徵明考了九次，次次落榜。而他的小伙伴唐寅十五岁就中了秀才，二十八岁第一次参加乡试就一举夺魁，高中应天府解元。

这一年，文徵明看着意气风发的唐寅，郁郁寡欢。而后，他接到父亲文林的来信，信上这样说：“子畏（即唐寅）之才宜发解，然其人轻浮，恐终无成。吾儿他日远到，非所及也。”父亲未卜先知，一语中的。很快，唐寅因牵涉科场舞弊案，命运急转直下；而文徵明的书与画，则在他五十岁之后渐渐扬名。

但他仍旧脱离不了一个“笨”字。

我喜欢文徵明的字，温润灵秀（当然次于赵孟頫）。可是看他的字，你绝对想不到，这是一个惧怕狎妓的人。在明代，狎妓游玩是再普通不过的事，但文徵明偏偏怕见妓女，朋友们便经常以此捉弄他。有一个叫钱同爱的人，把妓女藏在自雇的舟中，再邀请文徵明上船。文徵明看到妓女，大惊失色，“仓皇求去”。但此时船已开走，无计可施。文徵明想起钱同爱有洁癖，居然不顾斯文，做出以下举动：

> 衡山（即文徵明）真率，不甚点检服饰，其足纨甚臭，至不可向迩。衡山即脱去袜，以足纨玩弄，遂披拂于同爱

头面上。同爱至不能忍，即令舟人泊船，放衡山登岸。

（《四友斋丛说》）

这个笑话实在令人捧腹。

难道他是“妻管严”？似乎也不是。上海博物馆藏有一件文徵明写给妻子的书信，口称“三姐”，啰唆了一大堆，询问家中事宜，银钱是否够用，叮嘱妻子在银钱上不要计较……他娶昆山吴愈的第三个女儿为妻，确实一生从未变心。

不知出殡事如何，曾砌郭不曾？前银不够用，今再二两去。凡百省事些，再不要与三房四房计，我当初两次出殡，不曾要大哥出一钱，汝所见的。千万劝二官不要与计较，切记，切记。明付三姐。

写家书都这样笨拙，哪有半点俊逸才子气。

如果非要类比，文徵明真像《三国演义》里的鲁肃，厚道到无以复加。

一日，文徵明到某人家中做客，觥筹交错间，有一来客迟到。主人问客人怎么来得这样晚，客人搪塞：“老文邀我去吃酒。”原来，这个客人并不认识文徵明。眼看就要出丑，文徵明立刻自称“老张”，起身向主人辞行。

又一日，仍旧是去某人家中做客，席间，文徵明独自去静室休息，桌子上有金卮。忽然闯进来一个乐工，怀揣金卮就开溜。文徵明便对主人说，您家的酒具很好看，我带了两个回家仿作，回头送还您。

他的书画闻名于世，邻居拿来自做饼团之类的作为润格，他就乐呵呵地给人题字作画。造假的人越来越多，他也并不在意，“文笔遍天下，门下士赝作者颇多，徵明亦不禁”。到了最后，造伪者甚至请文徵明在假画上题字，他居然照题不误。

唐寅落魄之后售画为生，文徵明就借来他的作品，“借留斋中累月”，然后亲笔题上题跋——这当然是为了让好友的画作升值。

但倘若你以为他是个滥好人，那便大错特错了。他给自己定下“三不应”的规矩：一、宗室藩王不应；二、朝中高官不应；三、外夷诸国不应。

据说，曾有藩王备古鼎、古镜，差人送到文家，表明不需要作画，也没有任何要求，只是纯粹表达一下对文徵明的敬仰思慕之情。文徵明连信也不拆，并说：“如果启封后再辞谢不受，那就不恭敬了。”他坚持不肯拆开，也不落一字，当然是为避免和藩王通信，日后落下话柄。

正德九年（1514 年），宁王朱宸濠遣使至苏州招揽人才，“吴人颇有往者”，其中便有四十四岁的唐寅，他欣喜若狂地前往南昌，准备大展宏图。同样四十四岁的文徵明却推托自己有病，坚决不往。他说：“岂有所为如是，而能久安藩服者耶？”

果然，数年之后，朱宸濠谋反被擒。靠装疯卖傻才躲过一劫的唐寅从南昌归来，他终于领悟到文徵明“笨拙”之中的高明之处，心悦诚服：“寅长徵仲（即文徵明）十阅月，愿例孔子，以徵仲为师。非词伏也，盖心伏也。”

虽然慢，但是稳

嘉靖二年（1523 年），五十三岁的唐寅走完了一生，他这一生，丰富多彩又命运多舛，酸甜苦辣，诸味杂陈。我们至今不知道他是否真的遇到过秋香，但我们知道，在他心目中，文徵明是一辈子的好友。他们一起论过画，讲过诗，争吵过，写过绝交书，在唐寅家人接连去世、日子最为暗淡无光的时候，是文徵明承担了照顾他弟弟的责任，让他出外远游；在唐寅落魄放纵的时候，是文徵明写诗鼓励，希望他早日走出低谷。而现在，唐寅在人间的画卷已经完成，五十三岁的文徵明仍旧一步一步地走着，艰辛而坚定。

文徵明还是没有考中，他还是姑苏城里有名的老好人，接待客人，先开口问人，早饭吃过了吗？客人说没吃，他就和客人一起吃早饭。上午一定要吃点心，虽然只是现做的饼饵之类；午饭一定有酒，他却不甚饮。

他终于因为才学而被工部尚书李充嗣推荐当了官，这是唐寅的心愿，于他，似乎无可无不可。

任职翰林院时，文徵明被两位状元——姚明山、杨方城羞辱。两人在众人面前说："我翰林不是画院，乃容画匠处此！"这当然是嘲笑文徵明，不过，正如文徵明的忘年小友所说："二人只会中状元，更无余物，而衡山名长在天壤间……"千百年间，状元何其多也，我们能记住的，却是十次不中的文徵明。

笨拙的文徵明没有回应两个人的羞辱，他只是不断上书请辞，希望回家"躺平"。彼时的朝廷，嘉靖皇帝正为了大礼仪的事情与杨廷和等老臣不和，文徵明内心似乎同情嘉靖皇帝，但他的入仕是受到林建树和乔宇等杨廷和派大臣的帮助。他左右为难，索性彻底退出，放舟南下，回老家画画。

这在当时当然是无奈之举，是下下策，但当我们把这件事放到更为宽广的维度来看时，就会发现，这是文徵明的聪明之处。

他一直这样稳稳当当地走着，虽然慢，但是稳。

画《兰亭修禊图》的时候，文徵明已经七十二岁，七十二岁的高龄，他仍旧可以这样耐心地画人物的衣袂，笔笔精到。他画这幅画，是为一个叫曾潜的朋友，这个朋友自号"兰亭"。这一年是嘉靖二十一年（1542 年），壬寅年，在波谲云诡的朝局之外，只有笨拙的文徵明，乐呵呵地沉浸在自己的艺术世界里——只有不停地创作，才可以让他保持长久的平静。

嘉靖三十八年(1559年)二月二十日，即将九十岁的文徵明正在给御史严杰的母亲写墓志。写到一半，笔搁下了，他端然坐正——这是他留给世人最后的姿态。他就这样平静地离开了人间。

很多年之后，在苏州博物馆，我见到了被贝聿铭嫁接而来的“文藤”。蒙茸一架，窈窕繁葩。坐在紫藤花下，难免又说起文徵明和“江南四大才子”。才子应当是怎样的？风流倜傥，逍遥自在，一如文徵明画中那样，高山流水、烹茶访友。

然而，人生不是画作，文徵明这一生，也全然不似陶渊明。现在爱临摹文徵明书法的人多了，因他的小楷美得老少咸宜。其实文徵明的字最难模仿，他八十九岁时还可以写那样灵动的小楷，没有一点点火气。而我们只能描摹那皮囊，骨肉是见不到的。

只因为我们不肯如他一样笨。但有一点我们总可以做到的，人生那么长，走得慢点又何妨。

悯视苍生一悲鸿

赵佳佳

1953年9月26日，人民艺术家徐悲鸿猝然离世。按照他的遗愿，他的妻子将他所有的作品，倾毕生之力收集的历代书画、碑帖，全部捐献给了国家。

哀鸿一羽，就这样清清白白地悲鸣毕生，然后飞向天际。

江南贫侠

1895年7月19日午夜，徐悲鸿诞于江苏宜兴县一个名叫屺亭桥的小镇，他的少年时期，正是在这河流密布的江南水乡度过的。

他出生之时，正是中日甲午海战爆发的次年，腐败的清政府斥巨资打造的北洋水师，在与日本的交战中惨败。

国家危亡之时，破产流亡者不计其数，徐家也深陷于贫苦与漂泊之中。

徐悲鸿在父亲徐达章的引导下，两岁半开始识字，6岁即可念诵诗书，并执笔研习书法。年至9岁，他就读完了《诗》《书》《左传》等先秦典籍。

勤奋、克己，是徐悲鸿从父辈处学到的最宝贵的品质。

但勤勉学习这件要事，并非终日笼罩在徐悲鸿幼年的生活中。在苦学以外，对他产生深刻影响的，还有对大自然之美的感知。

江南风光如梦，父亲领着徐悲鸿沿着小镇的河流步行，二人逐渐被朝阳的光芒笼罩。他观察奇形怪状的石头，看见渔舟在晨雾中泛于水上。

他并非走马观花式地欣赏自然风光，而是习惯于注视一切美的事物，观察花鸟虫鱼和各种植物的外观细节，以及事物的明暗、动静。

这为他此后的美术生涯奠定了基础，他所画的骏马奔腾、雄狮坐卧、雀鸟逆风飞翔，活灵活现，富有生机，正是从这种敏锐的观察中而来的。

幼时的所见所感深刻地影响了徐悲鸿的一生，他曾回忆："我们的屋子虽然简陋，但有南山作屏风，塘河像根带子。太阳和月亮，霜和雪都点缀了这江南水乡的美丽。我们在这里和打鱼砍柴的人做伴，鸡鸣犬吠，互相唱答，大自然给了我们无尽的美妙。"

从 13 岁开始，父亲就带着徐悲鸿前往外地谋生，他们一路流浪卖画，来到繁华的无锡。在这里，他看见了物质生活的丰富，商店里张灯结彩，货架上的商品琳琅满目；同时也看见了世界的沟堑，衣衫褴褛的乞丐穿行于街头巷尾，无人管顾。

自从他开始对百姓之苦有了切身感受，无尽的忧思和试图做出一些改变的渴望就深深植根于他的心中。

他在精心画好的作品上署名"神州少年"，盖上"江南贫侠"的印章。他原名徐寿康，后来自己改名为徐悲鸿，是要让自己从个人的康乐安宁之中脱身出来，成为空中长久悲鸣的鸿雁，为这世上的不平之事奔走。

这一发轫于年少时期的志愿，徐悲鸿终其一生，未改初衷。

勿甘于微小

徐悲鸿之所以能成为大师，是天时、地利、人和三者综合作用的结果。

他出生与成长的时代，正是国家命运跌宕，亟待仁人志士成长起来救国救民之时。

他出生于江苏宜兴，向东行进不到200公里，就能抵达当时中国最繁华的城市上海。在成长的过程中，他辗转于北京、南京等地，又在欧洲著名文化之都巴黎求学多年。

在这段不断流浪辗转的经历中，他先后结识了黄震之、康有为、田汉、鲁迅等人，又师从弗拉孟、达仰。这些人都对他产生了重大的影响。

一个小镇青年，没有父辈显赫声名的支撑，推动他一步步走下去的，仍然是从小立下的志愿——要成为一个对国家有用的人。这个动力驱动着他，让他不断地学习绘画，谋求变革。

不过，这条道路非但不平坦，而且遍布荆棘。

徐悲鸿19岁那年，父亲因病过世，他随后前往上海，寻找半工半读的机会。当时，在上海中国公学担任教授的同乡徐子明先生收到他的来信，其中附有他的绘画作品。徐子明将徐悲鸿的作品带去给著名教育家、复旦公学校长李登辉看，得到校长的赞赏和可以安排工作的许诺。

但当徐悲鸿辞去家乡的3份教职，来到上海，站在李校长面前时，校长却认为，徐悲鸿还是个孩子，无法胜任教职。徐悲鸿因此流落于上海，找不到谋生的出路。

后来徐子明接受北京大学的聘请，离开了上海，但因惦念着徐悲鸿，又来信叫他去见商务印书馆《小说月报》的编辑恽铁樵。恽铁樵看过他的画后，本为徐悲鸿在商务印书馆谋得一份给中小学教科书画插图的工作，却又不知为何被人从中阻断，说是“徐悲鸿的画不合用”。

这对刚刚经历丧父之痛的徐悲鸿而言，是生命中又一次重大的打击。他饥寒交迫，流落他乡，绝望之中，来到黄浦江畔，想结束自己的生命。

但他想起了父亲临终前对他的嘱托，家中两代画家，父亲殷切地盼望他能够后来居上，超越先辈。此刻，母亲和弟妹还在小镇上的家中承受着生活的重压，他是长子，是全家的顶梁柱。

他因此放弃了结束生命的念头，并告诉自己：“一个人到了山穷水尽的地步而能够自拔，才不算懦弱啊！”

这年春节过后，他再一次回到上海。在这里，他遇见了人生中的第一位贵人——黄震之先生。黄震之是上海的富商，酷爱美术，也是一位颇具鉴赏力的书画收藏家。他无意间发现了徐悲鸿画的雪景图，画的是上海雪中的街道，画面里，泥泞的人行道上，行人瑟缩着身体匆匆前行。

黄震之的出现解了徐悲鸿的燃眉之急，他为徐悲鸿提供了最初的落脚之处。

后来，徐悲鸿报考震旦大学。被录取后，他向同乡的商人借贷交学费，然后一边靠作画取得微薄的收入，一边开始求学生涯。

因才华出众，虽然年纪尚轻，但是徐悲鸿仍受到越来越多人的赏识。仓圣明智大学邀请他为仓颉画像，在这里，他结识了康有为、王国维，后经康有为引荐，前去北京，经名士罗瘿公推荐，认识了当时的教育总长傅增湘先生，为此后出国留学埋下伏笔。

当时中国的美术界，仍处在以清代著名绘画流派“四王画派”为主流的暗影中。

这个流派的绘画技法集中国传统绘画技法之大成，但问题在于，过于泥古。

徐悲鸿认为，要开美术之新风，应当从西方的美术界汲取绘画经验，因此下定决心要前往欧洲学习。在他的坚持下，傅增湘最终决定派遣他前往欧洲留学。

1919年5月，徐悲鸿到达巴黎。在这里，他第一次接触到那些传世的艺术真迹。

在近距离观察了这些作品后，徐悲鸿意识到自己的不足之处。他更加勤苦学习，考入巴黎国立高等美术学院，拜在画家弗拉孟门下。

他珍惜留学的每一天，把日程安排得满满当当。下午没课时，他就去一所私立的美术研究所画模特。回家时绕道塞纳河畔，在书摊上浏览书籍和图片。他也常去马场，还钻研马的解剖构造图，画了上千幅手稿。

这就不难理解为什么后来徐悲鸿画马功力高深了。在他的画中，那些奔跑的马匹栩栩如生，骨骼线条流畅，肌肉遒健。这些都是因为大师下过苦功。

但他生活贫寒，又时常因作画忘记吃饭，最终导致他落下终身不愈的肠痉挛。

当时，他在法国还拜了达仰为师。时年68岁的达仰，是19世纪末期法国学院派绘画名家。

达仰对徐悲鸿的教诲，徐悲鸿终身铭记。

达仰说，自己17岁时成为柯罗的学生，柯罗教他要真诚，要自信，不要舍弃真理以徇人。他对徐悲鸿说："学画是件非常艰苦的事，希望你不要趋慕浮夸，不要甘于微小的成就。"

成为九方皋

老师教导徐悲鸿，勿甘于微小的成就，后来，他便真的成为一代传奇。

他的传奇之处，并不仅仅在于个人美术造诣如何高超，还在于，他将个人的命运与时代的命运连接起来。20世纪上半叶，因徐悲鸿的发掘及支持，国内美术界的许多人才真正开始被看见。

1927年，徐悲鸿结束8年的留学生涯，返回国内。受好友田汉的邀请，他义务担任南国艺术学院的美术系主任。

这所学校是田汉寄予厚望的教育改革之地。徐悲鸿想要在此处复兴中国美术，清除腐朽的积习，推行现实主义艺术教育。

徐悲鸿满怀热情地在这里开启了自己的教育事业。他把自己的书都搬到学校，让学生们自由翻阅。他还把画具带到学校，成天在此教课和作画。

在欧洲接受严格的美术教育后，徐悲鸿在自己的教学中，也将素描放在一切造型艺术的基础地位。这是一种严格的训练方式，学生必须通过这种训练，初步具备写生能力，并理解造型的规则。

他是一位严格的老师，在教学中要求学生的绘画高度准确，不允许有一线之差。学生心中必须有数，下笔时务必要准，即使画错了也不能擦掉，他要让学生知道错在哪里。

严厉只是徐悲鸿教育过程中的一个小切面，严厉的底色，是博爱。

1928年暑假，福建省教育厅邀请徐悲鸿为烈士蔡公时作一幅油画。画完后，福建省教育厅问徐悲鸿，应付多少稿酬。他说，自己不想要稿酬，只希望福建省教育厅能给一个留学生名额，以派他的一名优秀学生去法国学习油画。

最后，他的学生吕斯百和王临乙得到了去法国学习的机会。

后来，徐悲鸿前往南京中央大学艺术系担任教授，他此前的学生吴作人一路追随，也来到中央大学成为旁听生。但不久之后，吴作人遭到中央大学驱逐。

徐悲鸿得知此事，异常愤怒，决定将吴作人派往法国留学。

……

徐悲鸿识别出了吴作人的非凡才能，并竭尽全力支持他完成了学业。1958年，吴作人出任中央美术学院院长；1984年，他被法国文化部授予“艺术与文学”最高勋章。

与此类似，徐悲鸿还向陈子奋、傅抱石等人提供了可贵的支持。

千里马常有，而伯乐难寻，这是亘古不变的道理，徐悲鸿深知这一点。他曾作画《九方皋》，呈现了《列子》所载九方皋的故事。九方皋能相千里马，且其相马不看表象，而能洞察其本质。

徐悲鸿笔下的奔马大多恣意洒脱，不套缰绳，但在《九方皋》中，骏马心甘情愿地被脖子上的红缨所缚，徐悲鸿对此解释道：“马也如人，愿为知己者所用，不愿为昏庸者所制。”

千古大师。

和平年代的守护神

霹雳蓝

当你在互联网上清晰地看到一位缉毒警察的照片时，意味着什么？意味着，他已经牺牲了。

9月，正是秋高气爽，金风飒飒的日子。27年前的9月，是云南缉毒警察张从顺牺牲的日子。

1994年9月，在一次特大跨国毒贩抓捕行动中，张从顺和战友遭到毒贩的暴力反抗，最后毒贩引爆手榴弹，为了保护战友，张从顺壮烈牺牲。

当年，他最小的儿子张子权只有10岁，刚懂得离别的含义。泣不成声的张子权，用小手抹去满脸的泪水，哽咽道："我一看见爹爹的照片，就想哭。"

2020年4月，记者再次采访张从顺烈士的家人。此时，张子权已经不能露脸——义无反顾地，他也成了一名缉毒警察。

一

很多年前，我看过一部关于卧底缉毒警察的纪录片，镜头里被打码、变声的警察说：“和毒贩打交道，就是和亡命之徒打交道。缉毒警察是最危险的职业，毒贩经手的毒品基本以公斤甚至吨来计算，他们非常清楚自己是被判了死刑的人，所以一旦和警察交手，都抱着鱼死网破的极端心理。”

几乎是警察喊“不许动”的同时，毒贩已经举起了枪。

据说毒贩有一个不成文的规定：运送 1 公斤毒品，配一颗手榴弹；运送 3 公斤毒品，配两颗手雷；运送的毒品超过 5 公斤，就配一把勃朗宁手枪、数颗手雷甚至小钢炮。

当场牺牲的缉毒警察不计其数，幸存下来的，受伤率达 100%。可以说，每一位缉毒警察都是遍体弹孔，满身刀伤。

二

1994 年 9 月 1 日，在抓捕现场，张从顺和战友王世洲扑过去的同时，毒贩拉开手榴弹，“嘭”的一声，张从顺和战友瞬间成了血人。

“王世洲的胸口直接被炸成蜂窝状，张从顺整个小腿肚都被手榴弹炸没了……”

抓捕结束后，作为所长的张从顺，认为自己的伤不重，坚持先送重伤的战友。最后，只剩下张从顺了。此时，他处于严重失血的状态，没走多远，他的头就垂了下去，再也没能抬起来。

20 多年了，那群中弹流血都没哭过的铁骨铮铮的汉子，在谈起牺牲的战友时，眼泪还是止不住扑簌簌地往下掉。

张从顺走了，抛下妻子和 3 个儿子。

失去至亲的痛，就像一道永远不会愈合的伤疤。

长子张子成极力克制着颤抖的声音，说：“他跑遍了这里所有的地方，每一个角落都好像有他的身影。”

三

作为张从顺的妻子，彭太珍既要面对自己失去丈夫的痛苦，还要面对孩子们失去父亲的崩溃。但她始终表现得非常克制，极少流泪。

正是这样一位看似平凡的母亲，数十年如一日地践行着伟大的定义。

亲人因禁毒事业牺牲，一般人家大多不愿意自己的孩子重走老路，这是人之常情。但在这个家庭，父亲的牺牲反而坚定了3个孩子的信念：长子张子成，成为镇康县公安局凤尾派出所教导员；次子张子兵，成为临沧市公安局交警支队民警；三子张子权，像父亲一样，站在禁毒的一线。

面对孩子们的选择，彭太珍说："如果仍然选择这份职业，就一定要做好。"

3个儿子也非常了解母亲："就算担心，她也不会说出口。再说，不可能因为危险就不去做这件事情。再危险也不过是牺牲，对不对？"

四

就在父亲牺牲的那个夜晚，10岁的张子权直接跳过少年的不谙世事，认定了奉献一生的目标。

2007年，张子权毕业，一开始并没有在禁毒一线，而是历经了多岗位的磨炼。4年后，张子权认为自己足够成熟，不会给父亲丢人，才主动申请调入禁毒一线。

很快，他就成为禁毒战线上的一员猛将。为成功侦办生产制造K粉原料的团伙案件，张子权冒着生命危险，在境外原始森林蹲守跟踪毒贩20余天，最终找到制毒窝点；执行抓捕行动时，明知对方是武装贩毒，张子权仍主动请战；在确认目标车辆后，他第一个冲上去亮明身份，强行打开车门，和战友控制了5名毒贩，缴获毒品40多公斤。

“当时情况很紧急，对方迟迟不开车门。后来，我们在后备厢发现了一把枪。”张子权的同事回忆道。

从事缉毒工作9年间，张子权先后参与侦办重特大贩毒案件158起，缴获毒品27.7吨。

“每一次出任务，大家都会第一个想到他，每一个专案组都想让他加入。”

张子权总说：“我还年轻，就应该多承担一点！”

2020年，新冠肺炎疫情暴发。出差在外的张子权得知单位要组建抗疫禁毒先锋队，第一时间请缨，奔赴抗疫最前线，到输入任务最重、条件最艰苦的防疫卡点。

在一起重大涉疫跨国违法犯罪案件发生后，张子权申请加入专案组。他与战友辗转多地，在30多摄氏度的高温下身着防护服、尿不湿连续奋战17天，最终抓获6名犯罪嫌疑人。

就在此时，张子权倒下了……

2020年12月15日19时，张子权同志经抢救无效、因公牺牲，年仅36岁的生命画下了句点，比当年他的父亲牺牲时，还年轻9岁。

五

父亲牺牲后，张子权曾说，母亲过得太苦了，以后要好好陪陪她。

但在面对“你父亲都牺牲了，别再干禁毒这一行”的劝说时，他又说：“如果怕死，就不当缉毒警察了。”一位缉毒警察许下陪伴的承诺，在心底里却早已做好随时赴死的准备。

26年前，在父亲的葬礼上攥紧了拳头、强忍泪水的哥哥张子兵，26年后，紧紧地抱着弟弟的骨灰盒，一言不发。

在张子权的追悼会上，那位平凡而伟大的母亲在众人的搀扶下，一眼又一眼地望向儿子的照片。她的眼里没有泪水，但无人能想象她心里的疼痛。

一如26年前的那个夜晚，这一次，失去丈夫和父亲的痛，将由张子权的妻子和女儿来承受。

张子权的女儿，只有5岁。扛下所有伤痛的妻子，只能一遍遍地告诉女儿，爸爸出差了。小女孩就一遍遍地给爸爸发微信："爸爸，你什么时候才能回来陪陪我？我想你了。"

六

在中国，几乎每天都有一名缉毒警察牺牲。缉毒警察，是公认的和平年代最危险的警种之一。据统计，中国缉毒警察平均年龄为41岁。这是什么概念？1800年，人类的平均寿命是37岁。

也就说，今天，当一群人选择吸毒、贩毒时，另一群人就已经接受了比普通人少活30多年的结局。

在这个壮烈的群像中，我们不要忘记有这样一个家庭：两代四警，一对父子，相隔26年，倒在同一个岗位上。

无论时间过去多久，只要有人记得他们的牺牲，就有人记得贩毒、吸毒的恶果，中国的禁毒事业就有希望。

乘风破浪的“韩船长”

张博令

前不久，拥有近千万粉丝的环球旅行达人“韩船长”，驾驶着自己的帆船，在2022年国际足联世界杯的举办地多哈升起了一面巨大的五星红旗。

“必须改变这种一成不变的生活状态”

“韩船长”名叫韩啸，1985年出生于四川成都的一个教师家庭。他从小就有些叛逆，不喜欢循规蹈矩。这种性格让他30多年的人生经历，丰富得像一本书。

高考失利后，18岁的韩啸跑到上海打拼。卖菠萝、端盘子、洗碗、在天桥上拉手风琴卖艺……他干过很多工作，但一点儿都不觉得苦。他说：“经历不同的生活，靠自己挣来的钱获取想要的生活，会让我觉得很兴奋。”

后来，有了一些积蓄的韩啸决定创业。他回到成都开了一家服装店，生意蒸蒸日上。26岁那年，他又拥有了自己的酒吧，赶上行业红利的他挣了不少钱。但3年后，他突然意识到，“必须改变这种一成不变的生活状态”。

从小热爱户外运动的韩啸，直接背着包出发，带着全部身家到毛里求斯开民宿、做潜水教练，在异国他乡从头开始。然而这次创业的结果并不乐观，他两年赔了几百万元。

性格倔强的韩啸没有气馁，开民宿不成，那就寻找新的方向。31 岁那年，韩啸找到了一个“边玩边挣钱”的好法子——去欧洲做旅拍。喜欢旅行的他熟悉外国的风土人情，而且外语流利，会拍摄，会做美食。

细致周到的服务换来好口碑，旅拍让韩啸很快补上了开民宿的亏空，还赚了一些钱。再后来，他在旅拍中结识了自己的妻子。事业有成，家庭幸福，在朋友眼中，韩啸的人生像“开了挂”。

然而，韩啸骨子里就是一个不愿被生活困住的人。在海边开民宿、在欧洲做旅拍时，他带着客人四处出海玩水，多次听人说起航海经历，一颗航海的种子便开始在韩啸心里萌芽。

“我真正地明白了‘活着回家’4 个字的重量”

“有一天，当你意识到生命中最重要的事情是什么时，你就会毫不犹豫地放下所有。那一天，你才开始真正地活着，才知道自己是谁。”这是韩啸被问到为何选择卖房买船时，给出的理由。

2018 年，韩啸花了半年时间，去美国学驾驶帆船，并考取了全球航海驾照。当时，为了省钱买船，他在租来的小轿车里睡了一个多月。

2019 年 3 月，得到妻子和父母的支持后，韩啸卖掉成都的一处房产。加上手里的积蓄，他在北欧买下一艘单体帆船，他亲切地称其为“大白”。

从此，韩啸成了“韩船长”。无垠的大海上有美丽的风景，也有无数的挑战。“韩船长”经历过好几次死里逃生。有一次，渔线缠住了“大白”的螺旋桨，需要人工拆解。帆船所在海域靠近北极圈，海水温度接近 0℃，“韩船长”先后跳进海里 3 次，才成功化解了这次危机。

从瑞典到德国的路上，“韩船长”和副手老顾遭遇了极寒、暴风、冰雹、雷暴、巨浪……有天晚上，狂风暴雨，船体剧烈晃动，他们用一根绳子把自己绑在船上，才没有被“扔”进海里。扛过了自然的挑战，又因码头太窄船开不进去，燃油不够且无计可施，他们在海上无依无靠地漂了三天三夜。

特种兵出身的副手老顾，在这次船靠岸后，放弃了跟“韩船长”一起环球航海的计划。此后，“韩船长”开始了一个人的环球航行。

在没人轮岗的日子里，他只能抱着方向盘吃饭。最难熬的时候，他九天九夜没睡过一个好觉，将闹钟设置成每隔 20 分钟响一次，就是为了让自己清醒地观察航行情况。“从那以后，每次出海之前，我都会不停地告诫自己，这可能是我最后一次航海。”

在海上摸爬滚打两年多，“韩船长”练就了一身本领。“每天你都要知道自己做什么，航行多少海里，风是怎样的，洋流是怎样的，哪里是最近的避难点……这些都得有非常精准的判断。”

但是，各种出人意料的危险状况频频发生：在英吉利海峡，8 米的潮汐让“大白”无法进港，险些搁浅；在红海，“大白”的船锚被石头卡住；在黎巴嫩，“韩船长”遭遇武装士兵强行登船;2020 年，新冠肺炎疫情暴发后，他又因各国政策限制无法上岸补给，被迫在海上漂了 115 天才踏上陆地。相比这些，被有毒的马蜂“亲”了一下导致整张脸肿起来，倒显得没那么惊心动魄了。

在韩啸出发前，父母对他的叮嘱简单而沉重：“活着回家。”他说：“现在我真正地明白了‘活着回家’这 4 个字的重量。”

幸运的是，每一次他都化险为夷。“韩船长”说：“只有不断训练、不断学习、不断积累、不断克服自己的孤单和恐惧，你才能到达彼岸。”

“无论何时需要帮助，请在亚丁湾16号频道呼叫”

2020年4月，“韩船长”驾驶“大白”从埃及出发，途经苏丹、厄立特里亚、吉布提，跨越亚丁湾，抵达阿曼。亚丁湾是令无数水手谈之色变的噩梦，也是国际航海最高评级的危险区域——航海者要面对不可控的风向，更要面对随时可能发生的海盗袭击。

“韩船长”单人单船成功跨越亚丁湾用了10天9夜，共计航行799.9海里，耗费柴油150升。为了避开横行的海盗，他甚至特意选择在天气条件糟糕的情况下出海。

就在穿越亚丁湾的第二天，“韩船长”在海上偶遇了中国海军护航编队微山湖舰和银川舰，他激动地分别与他们通了话。“韩船长”说，中国海军舰队那一句“无论何时需要帮助，请在亚丁湾16频道呼叫”，让他深刻感受到，身后强大的祖国就是自己环球航海之旅坚强的后盾。

“我没有钱，只有一颗勇敢的心”

“韩船长”有一个可爱的女儿小七。女儿让他懂得了为人父母的不易，他希望能给女儿安稳的生活。同时，他更希望女儿知道如何面对风浪：“等她长大，我可以告诉他，爸爸是闯荡过世界的勇士。”

从2019年4月自瑞典的斯德哥尔摩出发，“韩船长”已航行上万海里，穿越诸多海域，走过20多个国家。千帆过尽，他成了自己的船长。

2021年5月，“韩船长”完成了单人单船穿越印度洋的挑战……

这位现实版“航海王”的故事仍在继续，并且，他探索世界的征途已不限于大海——未来，他还计划尝试不同的极限挑战，“因为我想让世界知道，外国人能做到的，中国人也能做到”。

很多网友羡慕“韩船长”的生活，因为他摆脱了世俗的枷锁，重新定义了属于自己的活法。

有网友问“韩船长”：“你很有钱吧？”

他回答：“我没有钱，只有一颗勇敢的心。我们可能不必真的乘风破浪，但在面对自己的梦想时，要有一往无前的勇气。”

故事就是最好的砝码

吴从周

著名历史学家、耶鲁大学荣誉教授史景迁于美国当地时间2021年12月26日逝世，享年85岁。史景迁是国际知名汉学家，曾有学者评价，史景迁笔下的历史魅力在于，他以“说故事”的方式将历史娓娓道来，使历史成为可供读者投射情感、释放想象的私人场域。同时，他致力于从不同文化的差异中探求人类共同的本性，坚持不带任何偏见地面对不同社会之间的文化差异。

看待历史的方式

史景迁这次来北京，陪伴他的，一个是夫人金安平，史学大家金毓黻的孙女，同样任教于耶鲁大学的华裔美国历史学家；另一个是香港城市大学教授郑培凯，史景迁的学生。

史景迁对这样的热烈欢迎有点儿不安。他在北京大学的一次演讲中说：“我退休已经有一段时间了，我不知道大家为什么会出现在这里，不过我感谢到来的所有人。”

那是2014年2月28日，史景迁在北京大学的讲座人山人海。

当晚，他讲了一个发生在17世纪的故事。一个名叫沈福宗的南京人漂洋过海来到欧洲，在那里见到了法国的“太阳王”路易十四。在刚刚建成的凡尔赛宫里，他们讨论了书法、筷子的使用，路易十四让他用中文念了一段新教的主祷文。后来他在英国跟国王詹姆士二世会面，国王指派宫廷画家给他画了一幅像，这幅画后来因时局动荡而丢失。

沈福宗在欧洲游历长达8年，除了国王和名士，他还见了一些皇家科学院的科学家，并跟他们谈论了度量温度的办法、草药的知识，他也参与了教会对《大学》《论语》和《中庸》的翻译。这位在欧洲有过如此奇遇的中国人，准备带着他在西方世界的所有见闻回中国，给同胞讲述地球另一边的世界，却在回程的船上染病去世，被故乡彻底忘记。

事实上，史景迁并没有谈论什么新鲜的东西。对普通人来说，沈福宗这个名字可能非常陌生，故事也超出了大家对清代初期中国人的想象，但是只要稍加留意，就能检索到很多关于他的资料。

史景迁的重点不在这里，他想说的，是他一直以来看待历史的方式。

“我也想谈谈学者们，包括我，对这个故事背后意义的看法。”他开始列举，从沈福宗的故事解读当时的全球化，语言的交流，儒家经典对欧洲启蒙思想的影响，甚至，“象棋能不能帮助我们进一步理解中国和西方交流的过程”。

“上述哪一条诘问的精神会为我们带来沈福宗故事的意义？我们如何衡量这些方法的价值？”他抛出了这样的问题，然后像他经常在耶鲁大学指导学生时所做的那样，把思考的任务丢给了听众。

史景迁的中国之路

史景迁出生在伦敦附近的苏尔里，6 岁时，他看到了关于中国艺术史的书，对水墨画产生了兴趣。那时候，人们都叫他乔纳森·斯宾塞。

“当时是第二次世界大战期间，通过父母的描述，中国在我的印象中是一个抵抗的英雄形象。而通过这些画册，我开始对中国的历史产生感情。”

1959 年，史景迁 23 岁，在剑桥大学修英国史。他获得一笔奖学金，得到前往耶鲁大学交换深造的机会。当时的耶鲁大学是美国最大的远东“研究基地”。“二战”时，这里是美国培养中文、日文人才的基地，也是研究对华、对日政策的智囊。史景迁到来时，战争的色彩已经褪去大半，但依然能嗅到“知己知彼，百战不殆”的气味。

像很多面对未来举棋不定的年轻人一样，他决定换个专业，一度想去学物理或者美国文学，但最终转而研习中国史。

“那时的中国对我们来说是一个谜，我们真的不知道那里发生了什么。西方人完全不了解这么大的一个中国的历史，在我看来这是悲剧性的。”

他在耶鲁大学有两位导师：一位是研究佛教史和隋唐史的芮沃寿，另一位是专攻近代史的芮玛丽。史景迁开始学习汉语，练习繁体字。不久，他被芮玛丽介绍给了来自中国的历史学家房兆楹。

史景迁拜入房兆楹门下。时至今日，史景迁依然称呼房兆楹为“老先生”。在澳大利亚的三年，他在房兆楹的指导下撰写博士论文，并有了“史景迁”这个中文名字，以向中国史学家司马迁表示敬意。

1965 年，史景迁以一篇题为《曹寅与康熙皇帝》的论文拿到博士学位。这篇论文也成为他出版的第一部著作。他再现曹寅作为康熙家臣和耳目的秘密生活，反映了康熙皇帝多疑狡诈的一面，清王朝统治策略及特殊的君臣关系。

回忆那段学习时光，史景迁印象深刻的是，“老先生”提醒他，中国有很多正史，但研究历史，要去深入观察一些看似“老生常谈”的问题——老生常谈的背后，往往有被隐匿的真相。比如人们往往笼统地概括清朝初年民众对清政府的态度，但只要深入观察，就会发现不同人群在这件事上的态度迥然相异。

如果给他一本电话簿

20 世纪 60 年代末，史景迁在香港、台湾开展研究。

在台湾，通过房兆楹的帮助，他获得了查阅故宫档案的机会。这如同打开一座宝藏。康熙皇帝是在成年之后才开始学习汉语的，这让翻阅皇帝朱批的史景迁深有共鸣。他在康熙那些运笔缓慢、书写清晰的汉文中，发现这位皇帝会把“密”写成“蜜”——辨认错字成了史景迁与太太偷偷分享的小乐趣。

直到 1974 年，史景迁才初次踏上大陆的土地，“把英国、美国和中国三个国家真正地联系了起来”。

那个时候，大陆的知识界并未对史景迁产生特别的兴趣。据说钱锺书曾调侃，史景迁是一个“失败的小说家”——当然后来他又否认了这个说法。

2005 年，史景迁的书才开始出现在大陆书店的书架上。中国的读书人在黄仁宇之后又新奇地发现了另一种叙述历史的方式——宏图大略和王朝兴替退隐了，小人物的命运挣扎成为焦点。人们将史景迁与黄仁宇进行比较，发现他们有着微妙的不同。在《王氏之死》中，史景迁依据有关县志、官绅笔记和回忆录，讲述了 300 多年前，山东郯城一个妇人王氏抛弃丈夫任某，和情夫出逃，途中被情夫抛弃，最后被丈夫掐死的故事。

凭借这个故事的线索，史景迁描述了清初山东社会的状况和民众生活，历史在这里得到一种更富有人性的展示。他甚至花了几千字的笔墨，来描写王氏死前的梦境：“世上正是冬天，但这儿很温暖。荷花在冬天的绿水里绽放，花香随风而来，有人想把花摘走，但当船过来时，荷花飘走了。她看见冬天的山上布满了鲜花，房间里金光耀眼，一条白石路通向门口，红色的花瓣撒落在白石上……”

这样的文字出现在历史书中，即便是读惯《史记》的中国人，也觉得一时难以接受。许倬云开玩笑说，给史景迁一本电话簿，他可以从第一页的人名开始编故事，编到最后一个人名。

在《太平天国》中，史景迁花了大段文字去罗列狗的消息：“1862年的大雪之后，洋人的狗开始失踪。最早是一条黑猎犬，在2月份被人从医院附近带走。第二条是‘梯撒’，一条浅棕色的牛头獒，尾巴短而粗，鼻嘴色黑……”

“当时，饥荒使得人们非常虚弱，他们开始偷他人的狗来充饥。那些天，我想到很多问题。如果你有一条狗，你会怎么给它起名？你会用什么来喂狗？当你的狗不见了，你会去哪里找它？”史景迁解释他写狗的原因。

他用当时报纸上关于狗的材料，讲述了一个另类的上海故事，并把它看作太平天国历史的有趣补充。从他津津有味的文字里可以看出，他对这样的写作方式有掩藏不住的得意。

历史在此模糊低语

作为一个在美国研究汉学的英国人，史景迁并不总能很好地理解中国的古典著作。在讲述明末清初文学家张岱故事的《前朝梦忆》里，他把“效东坡老尽十五琖，为鼠饮而已”理解为“与（诗人）苏东坡一口气喝十五杯酒相比，我真是饮酒界的小老鼠”，而实际的意思是，“只能效法苏东坡喝十五小杯，如同鼠饮”；把“岁久成帙”理解成“时间长了，成为习惯”，而实际的意思是“时间长了，记录的文字累积成册”。

但这些瑕疵，与他具体入微的史观对中国人的震动相比，可以被忽略。

在北京大学的另一场讲演中，史景迁再一次阐述了他对历史的看法。

他用了一个半小时谈论雍正统治时期中国社会的交流。他从“历史中留下的那些模糊的低语声中”搜罗出几类人群：经商者与行医者，国内流放犯人，僧侣与考生，客栈经营者与算命先生等。

史景迁举例子说，当时有很多夜航船，雍正很想知道这些船驶向什么地方，官员说船太多了，我们无法知道每艘船的航线。雍正会批示：你们一定得找到，我想知道！我问了一个问题，你们就得给我答案，如果没有答案，你们就找出答案。

“作为一个西方人，我对这些生活在小城镇的，或者是高度流动的中国人的了解其实是很有限的，他们的生活有很多晦暗不明之处。我也相信，如果我们更好地注意这些历史的见证人，我们和未来的历史学者可以对那个时代有更清晰的认识。”在这场演讲的结尾，史景迁总结道。

史景迁依然无意于提出问题或解决问题，他只是讲述所有的故事，讲述外国人与中国现实的冲突，他们彼此间的偏见、傲慢与坚持。

两种不同的文明，分据天平两端，重量各异。史景迁毕生的写作，都像在维护这架跨文化天平的平衡，而故事就是最好的砝码，增进了彼此的了解。

人生不设限

王宁　王若璐

不设年龄之限

95 岁应该是一个什么样的年龄？功成身退，安享晚年……这些都是很好的，可中国科学院院士叶叔华偏不。

年龄对她来说似乎并不是“该做什么，不该做什么”的限制，95 岁的她只要不出去开会，依然每天到上海天文台上班。在她看来，这种状态已经是“人生的一部分”。

几年前，叶叔华曾在一次演讲中说：“其实不是说‘我想做什么事’，只能说‘92 岁的我还能做什么’。”

不设性别之限

叶叔华坦言，自己有时候是一个脾气很大的人，说到当年去紫金山天文台找工作的事情，她更是直言“气死了”。当时，她和丈夫程极泰一起去，对方说只招一个男的。“我当时真是生气死了，回去就写了一封信给台长，说你不该不请我，写了 5 个理由。”虽然后来仔细想了一下，觉得应该体谅对方的困难，但在她看来，“无论怎么难，你也不能说只招一个男的”。

后来，已经是天文台台长的她去法国访问，离别的时候，对方说为女天文台台长干杯。叶叔华听罢，直言不讳地说：“可能若干年后，女台长会跟男台长一样多。”

不设困难之限

说起“天问一号”“嫦娥探月”“北斗”等工程，大家可能都听说过，但这背后的航天测控系统 VLBI（甚长基线干涉测量技术）网可能很多人并不知道。如果没有这个测控系统的精确护航，这些探测器就像没了眼睛。这项技术简而言之，就是把几个小的射电望远镜分别放在北京、乌鲁木齐、西安、昆明，联合起来达到一架超大望远镜的观测效果。

叶叔华最厉害的地方正是她超常的远见。“嫦娥一号”是 2007 年发射的，而在此之前的 30 多年，叶叔华就开始苦心布局、积极推动并最终建起了 VLBI 网。那个时候，几乎没有人理解这一切。

事实上，这件事的困难程度，叶叔华自己想起来都害怕。“我们平时用的设备也就十几厘米这么大（口径），你突然要 25 米，自己想想都害怕。”叶叔华说。

为了做出口径 25 米的射电望远镜，叶叔华冒冒失失地跑到四机部，问能不能造 25 米的天线。对方头也不抬，说：“不行。”叶叔华没办法，后退了一步站在那里。“当时想的是申包胥哭秦廷。申包胥到秦国去请救兵，秦王不理他，他就站在秦国的朝廷上哭了几天几夜，眼泪都哭干了，后来秦王才答应他去救楚国。人家几天几夜都哭了，让你等一会儿就放弃了？”

叶叔华不肯就此罢休，她又站了一刻钟，直接问：“我能不能见部长？”这个大胆的要求把对方也吓了一跳，但还是给安排了。等见了部长，部长很和气，听了叶叔华说的事情，立即答应了。

大概正是因为这样，上海天文台的同事才会说：“叶先生是个帅才，但是，她又是个急先锋。万事开头难，开头都是她打天下。”

就这样，先是在上海，再是在昆明、乌鲁木齐等地，叶叔华带领同事们一步步建立起了 VLBI 网，为我国的航天事业做出了很大贡献。

2022 年，叶叔华 95 岁了，提到她心心念念的天文梦想，人们依旧可以在她眼中看到光，一如她所热爱的星河。

“布衣教授”何家庆

北方女王

何家庆，总是身穿一件破旧的蓝色涤卡中山装，他是一个有故事的老人。

1972 年深冬的安庆，大雪弥漫。

何家庆的父亲推着一车煤在晚上送货，路像结绳记事的麻索，艰难地蜿蜒在山谷之间。天黑路滑，人与车都摔了出去，他的手指被车重重地压到，血流不止，当场断裂。

强忍着剧痛，他还是坚持单手推着板车送完了货，拿着刚刚赚到的钱，去扯了一块深蓝色的布，给儿子做了一件中山装。

何家庆穿着父亲送的那件衣服，凭着一副血肉之躯，独自走进大别山，流浪 3 万多公里，无数次死里逃生，只为切身实地地帮助千千万万的农民，靠种植魔芋改变贫苦命运。

那是理想主义者的困厄与悲壮。

一

何家庆皮肤黝黑，瘦弱不已，头发总是乱糟糟的，看起来不修边幅，像个“怪人”。其实那是无数个日夜被风霜与黑暗锤打后的模样。

那个瘦小的身影从远处看去，渺小而悲壮，让人心生不忍。

因幼时贫寒，他对贫苦的农民有着深沉的挂念。

1949 年出生的何家庆，来自安徽省安庆市一个贫苦家庭，一家八口靠父亲拉板车送货维持生计，收入微薄，他太懂挨饿是什么滋味了。

饥饿使他恐惧，饥饿与贫穷，侵蚀着少年何家庆，同时也磨炼了他坚强的意志。最为幸运的是他有一位好父亲，不管家里多么拮据，父亲都不曾放弃让他读书。

何家庆幸运地结识了一群友爱、朴实的乡民与同学，他有一份老账单，上面密密麻麻地写满字，记的都是他少年时期接受过的各种馈赠，他可谓吃百家饭长大的。

何家庆将这些善意全部记在心中，继续认真刻苦地读书，“有足乐者，不知口体之奉不若人也”。

1976 年，何家庆从安徽大学毕业并留校任教，跟着导师研究中草药，从事植物分类学和药用植物学的研究与教学工作。当时，他每个月的工资是 18.65 元，刚够养活一家人。在别人忙着写论文、评职称，想着怎么赚更多的钱改善生活时，何家庆却决心前往大别山考察，帮助农民摆脱贫困。

出身贫寒的何家庆，非常清楚饿肚子是什么感觉，那种深刻的感受让他决心要为老百姓做些实事，让老百姓吃饱饭。

那几年，何家庆为考察大别山一点点准备着，最重要的莫过于攒钱，要攒够上万元的考察资金，对每个月收入只有十几元的他来说，是遥远而渺茫的。

何家庆省吃俭用，即便在结婚这件人生大事上，他也只是与妻子简单吃顿饭，就算完成了结婚仪式。7 年下来，他好不容易才攒了 3000 多元。

80 多岁的父亲没有反对儿子的这个想法，反而十分支持，不辞辛劳送来 4000 元，那是老人家一辈子的积蓄，全是皱皱巴巴的 1 元、1 角的零钱。

看着白发苍苍的老父亲与那一袋子发皱的钱，何家庆泪流满面。

二

1984 年 3 月 20 日，何家庆终于踏上考察大别山的路，带着一个本子、一支笔、一台照相机和一笔攒下的钱，他不知道自己即将面临狂风暴雨。

这一走，就是 225 天。他的足迹踏遍大别山所跨的鄂豫皖 3 省 19 个县，徒步 12684 公里。

大别山处处险恶，连当地人都不敢前去探索。何家庆遭受了从未经历过的磨难，悬崖、洪水……黑夜里，野狼对他虎视眈眈，山蚂蟥让他的腿溃烂流脓。

他虽赤手空拳，却从未想过放弃。有一次，他攀登陡峭的大别山主峰，不小心脚滑了一下，顿时跪在悬崖边上，膝盖血肉模糊，他两手紧紧抠住石缝。在生死时刻，一位路过的猎人将他救了下来，他万分感激。

他无数次死里逃生，都是为了将考察资料带回去进行科学研究。

他成为最熟悉大别山这片土地的人，采集了 3117 种、近万份植物标本，用生命为国家后来实施的“星火计划”提供了第一手资料。

从大别山回来后的何家庆，像变了一个人，那是风餐露宿、遭受大自然苦难后的样子。他越发面黄肌瘦，他的那副大眼镜，框架得用竹签支撑着，才能继续使用。

回到大学校园后，何家庆开始带着学生对上千种植物进行研究筛选，一刻也不敢停歇。

功夫不负有心人，何家庆终于发现了魔芋。他说：“魔芋适合在山区阴凉潮湿的土壤里生长，栽种技术含量低，山区农民学得快、用得上，并且产量高，一亩地产量高的可以达到八九吨，收入够供一名大学生上学，种植魔芋有利于帮助贫困地区的人们尽快脱贫。”

为了打消农民们的顾虑，何家庆二话不说，自己掏钱进行试验，从湖北引进种子，无数个日日夜夜，田地成为他每天必去的地方。

最后 500 亩魔芋全部丰收，收益超过 400 万元。何家庆喜极而泣，他马不停蹄地撰写了 18 万字的《魔芋栽培技术》一书，该书成为国内第一部系统研究魔芋种植的书，他也因此被誉为“魔芋大王”。他迫不及待地将这些科技知识传播给贫困山区的芋农。他的心，总是与老百姓连在一起。

1990 年，何家庆到安徽省绩溪县担任科技副县长。挂职 850 天，他有 700 天是在这座县城的贫苦的村子里度过的，他不坐车，坚持步行，与村民们一起下地，一起吃住。

在绩溪遭遇洪灾那年，何家庆整整一个月都泡在水里指挥救灾，中途晕倒过几次，还染上了血吸虫病。他说：“改善贫困山区人民的生活，我有一份责任，虽没有力挽巨浪之臂，却有一颗火热的心。”

挂职结束，与乡亲们分别那天，乡亲们送来一面锦旗，上面写着“焦裕禄式的县长”。

三

十几年前的大别山之行，给何家庆的身体带来不可修复的伤害，但他必须在身体尚可时，再次调研。

1998 年 2 月 10 日的清晨，在大学待了几年的何家庆，又要开始苦行僧式的生活。他留下一封信，揣着攒了10年的27720元，以及学校的介绍信、一张刊登着国家“八七”扶贫计划贫困县名单的《光明日报》。

那封信里这样写道：“何禾吾儿，当你读到这封信时，我已经离开家，带着满身的病痛离开了你和妈妈。此行，我思索良久，准备了10余年。中国西部的贫困情况比东部、大别山地区更糟糕，我知道此行意味着什么，倘若发生不幸，这封信就算是我对你最后的交代。”

49岁的何家庆背起行囊，悄悄告别妻女，孤身一人开始西行。他不知道，自己这次需要多久才能归来。

何家庆独自流浪了3万多公里，曾被毒蛇咬伤，大腿溃烂浮肿，他用刀片划开自己被咬伤的出血口，吮吸毒液，拖着万分疼痛的伤腿，继续赶路。

荒郊野岭，他饿得快要死去，只能向老伯讨几口猪食维持生命，睡在猪圈。躺在黑暗中，他看得见茅草缝隙中的星星，听着远处竹林里凄凉的叫声，他感觉那是某种生命在安慰他，不禁泪流满面。

走投无路时，他放下知识分子的尊严，行乞两个月，才没饿死在路上。他甚至曾到一家面食店门口乞讨食物：“行行好，把桌上那碗吃剩的面汤给我喝吧。”

在云南大理，人们见他衣衫褴褛，头发、胡须又乱又长，将他当作流浪汉，送进收容所。

当然，途中也遇到过好心人。有村民见他生病，将他背回自己家中进行照料，为了让他快点儿好起来，宰杀饲养多年的老母鸡为他补身体。

在重庆酉阳县青华乡，何家庆给村民们上课，通常是从白天上到晚上。村民们爱戴他，他病好之后，大家自制了担架，不顾他的强烈反对，硬是将他抬着、背着送出了大山。

整整 305 天，31600 公里，他从未停止前行的脚步。

为此，何家庆多次险些丧命，堪称九死一生，为了活下去，他靠乞讨为生，只为传授山民魔芋栽培技术。

四

1999 年 12 月 28 日，50 岁的何家庆带着满身的伤痛与充实的成果回到合肥。归来后的他，愈加消瘦，体重只有 40 千克，有了许多白发，眼窝深陷，而那双眼睛清澈干净，温和地看着这个世界。

女儿何禾那天远远见到一个又黑又瘦的身影站在家门口，肩上背着一袋东西，她走近一看，原来是自己的父亲何家庆。

他终于回来了。

何家庆做什么事情都带着一股韧劲儿，虽然经历了九死一生，何家庆仍然不后悔："我是人民教师，当为人民服务。"

各大媒体记者开始对何家庆西行的事迹进行报道，原本默默无闻的他，就这样成为被大众知晓的"名人"。

他的生活没有发生任何变化，他依然每天粗茶淡饭、清心寡欲。在安徽大学的校园里，大家看到的还是那个"布衣教授"——穿着洗到发白的中山装，带着自己的饭盒在食堂打饭，一顿午饭很少超过 3 块钱，一日三餐总是离不开馒头和稀饭……

与他形影不离的除了那件破旧的中山服，还有一个褪色的破布袋，里面装着他授课需要的标本与书。

对自己从不舍得花钱的何家庆，却自费 4 万元申请了 8 项专利，又自费 7 万元出版了图书《中国外来植物》。为此，他跑遍国内外多座城市，拍下 3000 多种外来植物的图片。

国家奖励他 10 万元奖金改善生活，他却将这些钱全部捐给了贫困山区的女童，资助她们读书。

其实何家庆很需要这 10 万元钱，一贫如洗的他与家人挤在一间面积只有 35 平方米的小屋子里，而大半间屋子装的还是植物标本与书。

几年后，学校给他分了房子，搬家时突逢大雨，植物标本被雨水淋湿，何家庆为此难过了很久。

何家庆的精神是丰富的，他的人生除了草木，便是百姓。

五

何家庆很孤独，内心却是充实、丰富的。他说：“我既不是凯旋的将军，也不是披挂上阵的战士，而是一头疲惫不堪的役牛，亟待这冬闲静养生息，为下一个春季的劳作做准备。”

何家庆始终关心农民，并且相信在种植了新植物资源后，贫穷闭塞不再是无法摆脱的宿命。

在大家的印象中，这个身材瘦小的老头儿像有着用不完的劲儿，却不料他倒在了扶贫调研的途中，随后被确诊为癌症晚期。

在生命最后的日子里，何家庆越发消瘦，他忍受着疾病给他带来的痛苦，依然坚持将自己这些年的调研成果记录下来并传递出去。

去世前一天，他戴上眼镜，打开电脑，坐在病床上写文章。那天晚上，他还一直记挂着栝楼（编者注：一种中药材）的事情：“不知道今年栝楼收成怎么样，村民们能不能卖出一个好价钱。”

在生命的尽头，他挂念的还是老百姓。

贫穷与孤独终生与他为伴，这何尝不是另一种意义上的理想主义。

2019 年 10 月 19 日，70 岁的何家庆去世，合肥下了大雨。

临终时，何家庆穿着父亲当年送他的那件蓝色涤卡中山装，衣服上布满了斑驳的补丁，它们是苦难与信念的寄托。

临终前，何家庆只有一个心愿，就是将自己的眼角膜捐献给贫困山区的儿童，他用尽最后一点力气在捐献单上签下自己的名字。

医生将何家庆的眼角膜取出后，感慨道："从未见过哪位 70 岁高龄的老人，能有这样清澈的眼角膜。"

那双明亮的眼睛，永远不会蒙上浮尘。

何家庆在离世前，写下一首诗，名叫《我走了》：

我走了
我还活着
朽而沃若
似一粒种子破胸
比一滴水珠畅想
泥土里聚集力量
空气中尚存清氧
谁怂恿我努力而为
谁把控我生命续延
我走了
无须作祭奠
无须泪挂腮两旁
无须那一纸挂墙告悼文
请忘掉我吧
泥巴或白雪
一切都回归土地
我从这土地生长

几天后，在安徽潜山梅城镇河湾村，100 多亩栝楼熟透，进入采摘期，这是当地村民在何家庆的指导下，种植的早熟品种。

放眼望去，金黄色的栝楼堆放在一起，盖满整个村庄，也盖满命运的故土。

何家庆，已化为泥土，与这片熟悉的土地融在一起。

替母亲穿针

李汉荣

一根长长的线用完了，母亲细心地绾一个结。这是驿站上的小憩，线离目的地还很远，线还要继续赶路，一直走到袖口、领口，走通衣裳的每一条道路。

又要换一根线了。这时候，如果正逢黄昏，视力不好的母亲就会喊我们或邻居家的孩子，替她往针眼里引线。记不清替母亲引过多少次线，但那种感觉我记得很清楚。往针眼里引线的时候，那长长的线也被引进了我的心眼儿。

我垂直地举起针，迎着光亮眯起眼睛，凝视针眼，轻轻地呼吸，集中全部注意力，另一只手小心翼翼地举起线，拿针的手和拿线的手都不要颤抖。针眼太小了，我用目光反复校准。好！目光顺利地过去了，线紧跟着目光也顺利地过去了！一次爱的凯旋！针和线拥抱在一起，爱和爱拥抱在一起，然后它们结伴而行，跟随母亲的目光赶路去了。

那一刻，世界是那样单纯和率真，没有天堂，没有地狱，没有灾难，没有风暴，只有一个小小的针眼！

那一刻，我忽然发现：母亲的眼睛是世上最美丽的眼睛，从一孔小小的针眼里，她也许不会看见更为伟大的事物，但她绝对从细微处发现了那些被惯于仰视的眼睛一再忽略了的细小而微妙的美丽。

那一刻，我忽然明白：母亲缝的衣裳为什么格外温暖，因为针针线线都有她的目光和手上的温度，每一个针脚都藏着她温柔的心跳。

那一刻，我的美学思维得到了启蒙：天地固然很大，但肯定也是由一针一线织成的，众多琐碎的事物织成了大美的宇宙；针眼固然很小，但它凝聚了散漫游移的眼神，透过这条秘密隧道，你会看见事物的纹理和它们深邃的本质，以及万物的灵魂。

那一刻，我看见了来自遥远的过去的画面：世世代代的母亲不就是这样缝缝补补，织就了历史的经纬吗？呀，透过小小的针眼，我看见无数母亲的眼睛，我看见她们手中的线，依旧在补缀着漫长的岁月和思念。

那一刻，我懂得了：在夕阳下，替母亲穿针引线的孩子，都会有细腻的内心和善良的情感，他的眼睛不会变得浑浊和冷漠，一缕细小而纯真的光线，已永远织进了他的目光里……

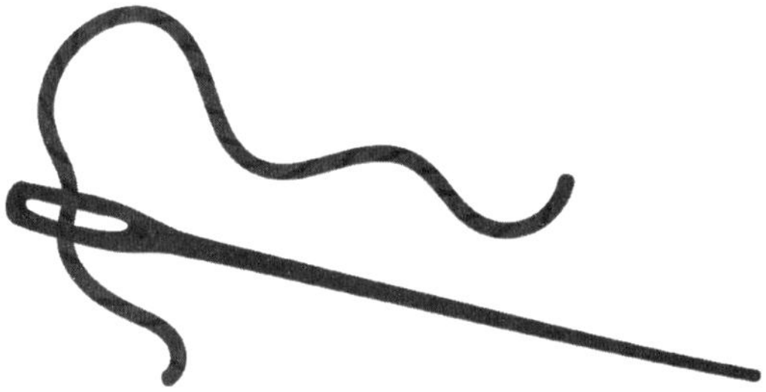

被植物之神眷顾的人

洁尘

梅·萨藤的钟点工米尔德丽德，在和萨藤喝咖啡的时候说，今天她在后院窗外的苦樱桃丛里看到一个圆极了的蜘蛛网，上面缀着的露珠熠熠发光。那是1970年9月28日上午10点，她们各自工作了几个小时后，坐在一起喝咖啡。那天早上，萨藤起床后看到了晨雾，也看到了蜘蛛网上缀着露珠，还看到了被夜雨侵袭后显得颓丧的翠菊和大波斯菊。

不知道为什么，我被这个场景深深地吸引了。这个场景，出自美国女作家梅·萨藤的日记体散文作品《独居日记》。

时不时地，我会重读梅·萨藤的作品。我有她的4本日记，《独居日记》《海边小屋》《过去的痛》和《梦里晴空》。这个女人是我的补药，而且多少有点儿独家补药的意思。她的隐居、写作、园艺，还有在沮丧和热情之间不停转换的状态，无一不对我的口味。

独居的萨藤有一个园子。无论她搬到哪里，总是首先要有一个园子能让她侍弄，那些花和树，能让她一次次从沮丧的打击下逃出来，恢复元气。园艺，对萨藤来说，是生活中一个必需的元素，犹如呼吸一般重要。她日记中的大部分篇章是以描写她园子里的花或者采摘下来的瓶插花开头的，通过对花的注视，她振作起来，积蓄起能量，开始她的写作。在她的日记里，常常有这样的描述：

“在漫不经心地浇花时，一束射在朝鲜菊上的光线使我伫立在书房门口。这束光聚光灯一般地投在花上，深红的花瓣绽开来，花心是黄色的，流光溢彩……瞧着这朝鲜菊就像把秋天的阳光直接吸入静脉一样。”

萨藤的写作视角以及呈现出来的文字效果，让我联想到美国著名女画家乔琪·欧姬芙的花卉作品。

花卉在欧姬芙的笔下很多时候是被放大了的，画面上多是一朵花甚至只是一朵花的局部，以花蕊作为构图的焦点。这样的视角更像蝴蝶和蜜蜂的视角。我第一次接触欧姬芙的花卉时，感觉它们很适合作《格列佛游记》中巨人国的配图，观者仿佛变形为一个小小的人儿，以花为荫，获得了一种柔美的安抚。这种安抚是私密的，不能也不宜讲述的。

对于欧姬芙的作品，萨藤是喜欢的。萨藤评价欧姬芙的画说，她的作品，尤其是花卉作品，有一种放大了的孤立感；寥寥数笔，几片色彩就能表现出一种震撼人心的神奇力量。

这两个女人，都是高龄辞世的。萨藤去世时 83 岁，欧姬芙则差不多活了 100 岁。她们的一生，有着完全不同的质地，但在我心里，她们有一个共同点——中年之后的独自隐居，得有无比强大的内心才能支撑；而这其中，植物是一种给予，给予她们美、安慰、信心、灵感，还有力量。她们都是被植物之神眷顾的幸运的人。

我的四位美育老师

唐韧

我的第一位音乐老师姓陈，是刚从中央音乐学院毕业的年轻姑娘。圆圆的苹果脸，亮眼睛，人挺苗条，常穿一件嫩绿色的毛衣。她走进音乐教室，微笑着，宛如春天走了进来。她教我们画五线谱里的“蜗牛”符号、“蝌蚪”符号，画着玩而已，不测验。我们跟着她的琴声唱哆来咪发嗦，也是玩。更快活的是跟着她大声唱：“来吧，亲爱的五月，给树林穿上绿衣”或者“驴子走进树林里，要跟布谷比本领”。这些歌保存在我的记忆里，至今仍能完整唱出来。她教的时间不长，后来的音乐老师，我反倒不记得了。

小学的美术老师是个老头，我们知道他叫王成。有一天看到教研室黑板上写着“王成有事，请假半日”，小孩们大约觉得这话有趣，念叨来念叨去，就记住了。他也会讲一些知识，近大远小、三原色，但他最有成效的，也是让我们最感兴趣的教学方式，是布置美术日记。我们每个人都有一个巴掌大的小本子，每天必须画点东西，画就行，画不好也不要紧。一间房子，一只鸟，一颗糖，一顶帽子，一棵树……我画的经常是《格林童话》里的人物和小猫小狗之类；我同桌的日记，连同课本的空白处，则画着各种青蛙，蹲的、跳的、捉虫的，要不就是英雄人物。他的父亲是有名的国画家，曾送给我们班一张北海公园春游的画，一直挂在教室后墙的正中，深受全班同学景仰。

升入初中我可遇到了名师。我的音乐老师米黎明，个子不高，宽胖身材，“共鸣器”长得很好，据说是北京“四大名唱”之一。她是女高音，歌声辽阔舒畅，听起来让人想到电影里波浪起伏的海面。她在音乐教室练唱，隔着一个大操场听，耳朵还有震感。

那时候我们学的歌，多是热血沸腾的抗日歌曲，和歌颂祖国新面貌的爱国歌曲。她让我们听冼星海的《黄河大合唱》，凄婉的《黄水谣》，高亢有力的《黄河船夫曲》，把全班同学分成两组唱《河边对口曲》，四部轮唱《保卫黄河》。米先生教唱歌从来不用讲解，一首歌的情感该怎样表现，全在她的歌声里。犹记得初三毕业测验，唱的是冼星海的《在太行山上》，我们学着敬爱的米先生，尽量豪迈地唱出：“红日照遍了东方，自由之神在纵情歌唱！”

米先生的音乐课最神奇之处是我很多年以后才体会到的。我快70岁的时候，家里为外孙买了一架电子琴。那天我来了新鲜劲，坐在那儿把想起来的歌弹了一首又一首。女婿诧异道：“妈妈你不用看谱子吗？”我说：“会唱的歌当然就知道谱子呀。”他大为惊讶：“妈妈你神了！我弹吉他必须得先记谱，歌手大赛时好多唱得很棒的选手都不会听谱。”

我这才知道，米先生教了我们一个大本事。一开始上她的音乐课，我们就跟琴唱乐句，从各个声调的“啊——”到唱谱，逐渐学会了把比较长的乐段按高低长短用音符记在纸上。最后，初三毕业时，米先生要求我们找一首歌谣，自己配个曲子交给她看。这不就是作曲吗？不止我学会了，我们全班都学会了。

教我初中美术的樊先生同样优秀，她是工笔花鸟画大师于非闇的关门弟子。她也按教材教西洋画的画法，但最有趣的莫过于让我们跟着她在校园里写生，画墙根下的玉簪花和花圃里的玫瑰。樊先生告诉我们怎样用水彩颜料表现花瓣饱满的水分，着色时怎样用水逼真地刻画花瓣颜色的深浅变化，以及为什么要保留着色的笔痕。

我当时热衷于学画，被选为美术课代表，梦想考中央美院附中，经常守在樊先生的办公桌旁，看她怎样在上过矾的熟宣纸上用双钩法画工笔花卉。荷叶上画出的透明色彩像凸起欲流的露珠，浓稠颜料点出的是颤巍巍的花蕊。她临摹叶浅予先生的舞蹈速写后，改画成工笔画，画出舞蹈的女孩身上轻盈的衣裙和飘带，点出她们亮晶晶的眼睛……

那时候，我常在课间休息时伏在课桌上画画，还曾经背着画夹到学校附近的北海公园去写生。初中毕业时同学们送我的照片后面，许多都写着“送给我们班的小画家”。但是因为素描石膏像没画好，我没考上中央美院附中，梦想就此中断。不过后来在中学教书和在文化站当站长时，我都能为板报配上不错的插画和报头。学校美术老师缺人时，我还教过一个学期的初中美术。

当我回忆这几位美育老师时，感觉曾经跟着他们学习是多么幸运。这种幸运不仅在当时的快乐中，也在后来的工作中。我曾用他们教授的东西给予学生帮助和快乐，他们对美的执着搔到我心中的痒处，对美的向往和追求让我有所触动，这种触动无法用分数评判，却比一切知识技能更重要更持久。或许可以说，美育的关键就在于这种触动。

地球上那个最擅长奔跑的人

令颐

马拉松代表着人类身体在奔跑时的能力极限。2022 年 9 月 25 日，柏林马拉松，肯尼亚运动员埃鲁德·基普乔格以 2 小时 01 分 09 秒完赛，将原本由自己保持的男子马拉松世界纪录缩短了整整 30 秒。

基因与环境

1984 年，基普乔格出生在肯尼亚西部南迪县的一个传统卡伦金族家庭，他是 4 个孩子里最小的一个。母亲是一位严苛的幼儿园教师，而他只从相片里见到过早逝的父亲。

在他生活的村落不远处，是埃尔多雷特，这个村子曾走出过 40 多位卡伦金族的世界级长跑冠军。

过去的很长一段时间里，很多欧美学者都试图从基因和生物学的角度来解释这一现象。有学者认为，卡伦金人修长的下肢、窄而瘦的躯干会帮助他们“节能”，比起其他运动员，他们每跑一公里的耗能可以减少 8%。

还有人认为擅长打猎的卡伦金人在追赶动物的过程中，提升了奔跑能力。而终日需要与动物搏斗的生活，也使得卡伦金人格外好胜，这也进一步增强了他们在竞技运动中的精神属性。

此外，地理环境也深刻地影响着这些运动员的表现。纪录片《为跑步而生——肯尼亚的秘密》中提及，生活在海拔 2500 米的高原地带，这也是肯尼亚长跑运动员的优势。在高海拔地区训练，可以提高运动员体内的红细胞和血红蛋白数量，人体的摄氧量也会因此提高。这也加大了他们的竞争优势。

除了海拔，埃尔多雷特也具备孕育长跑冠军的自然条件。在这里，人们可以毫无障碍地俯瞰东非大裂谷，红沙土、森林、草地取代了城市中的沥青、水泥，成为最佳赛道。这里白天的气温常年保持在 24℃左右，空气清新，毫无污染，天然松软的红土不仅可以为运动员提供极好的减震性，避免伤病，还可以锻炼运动员的小腿力量。

这些都构成了基普乔格成为世界级跑者的基础，但并不是全部。

最美的跑姿

必须承认的是，作为长跑运动员，基普乔格具备相当完美的身体条件。

基普乔格身高 5 英尺 6 英寸（约 167cm），体重约 115 磅（52kg），有着解剖学草图上的标准体格。他的 BMI（身体质量指数）常年保持在 19，全身几乎没有多余的脂肪。

他还有一项强大的能力——根据某科学团队给基普乔格进行体测得出的数据，他的肌肉在运动过程中产生的乳酸含量极低——在长距离跑步过程中，跑者需要消耗氧气，因此会持续产出乳酸，这也是运动员变得疲惫的主要因素。

乳酸阈值，是一项用来评定运动员有氧能力的重要指标。乳酸阈值越高，同等运动强度下所产生的乳酸就越少，相应的运动表现就越好。普通人的乳酸阈值在60%左右，而像基普乔格这样顶尖的马拉松运动员，乳酸阈值可以达到90%。

此外，基普乔格还拥有被誉为“史上最美”的跑姿。

首先，在跑步的过程中，他的脚掌最先落地，这会帮助他更有效率地蹬地，并保持相对较高的步频，略高于每分钟180步；其次，奔跑时，他的膝盖始终保持弯曲，这样当他的脚开始承受压力时，可以得到足够的缓冲。与此同时，他的整个身体始终保持微屈，向前倾斜，这就伸展了他的髋部，增加了他前进的动力。

非常难得，也最为重要的一点是，跑步时，基普乔格的头和躯干始终保持在一条直线上，肩膀没有晃动，这意味着他全程都在以合适的力度控制着腹部核心——在马拉松比赛42.195公里的跑程中，从发令枪响到抵达终点，他几乎能保持完全一致的跑步姿势，这需要精神高度集中，也需要极强的自控力。

关键的决定

基普乔格能够成为“马拉松之神”，一个因素至关重要——原本练习5000米项目的他，在遭遇成绩瓶颈时，及时地选择了转项马拉松，就好像一个人站在命运微妙的岔路口，而他最终选择了那条正确的路。而在这个选择背后，是一位与他合作了20年的教练帕特里克，以及师徒之间无条件的信任。

谈起基普乔格和其他人的不同时，帕特里克特别强调了一点——信任。最初合作时，他会布置一周的训练计划，让队员自己回去练，很多队员会问为什么，或者擅自调整计划，只有基普乔格会严格执行，从不讨价还价，也从不质疑。

2012年里尔半程马拉松，基普乔格首次亮相，便获得季军。2013年汉堡马拉松，是基普乔格参加的首个全程马拉松比赛，他以2小时05分30秒的成绩赢得第一枚马拉松冠军奖牌。

2018年，基普乔格写了一封信，名为《致年少的自己》。在信中，他这样写道："帕特里克对于你，将远远不只是一个教练，他会成为你的精神导师、你的生活教练，扮演一个父亲般的角色。他将托举起你，去摘取奥林匹克的桂冠，并创下世界纪录，达到一个年少懵懂的你完全难以想象的高度。"

恒心与耐心

在肯尼亚高原一处海拔超过2500米的地方，帕特里克·桑建立了卡普塔加特训练营，这也被认为是世界上最大的长跑运动员训练基地。

2002年，基普乔格刚来到营地的时候，这里甚至没有自来水。但就是在这里，基普乔格接受了近20年的训练。20年来，他的日常作息几乎是固定的：每天清晨5点前起床，5点50分就开始跑步。一周之内，他和其他营员会进行一次相当于比赛强度的长跑（30~40公里），几次慢跑，两次核心训练，此外还有每天一次的力量训练和身体调理，以及一到两次的法特莱克训练（赛道上的速度训练）。在这样的规划下，他每周的跑步量超过200公里。

这样的训练生活日复一日。"我总是告诉人们，这是一个非常简单的交易：努力工作。"基普乔格说。

在马拉松迷之间，一直流传着一个问题："如果基普乔格多参加一些比赛，他是不是会拿下更多的冠军？"自2013年以来，他的参赛频率是雷打不动的每年两场，每两场比赛之间的间隔时间在4~6个月，他从不贪心，也从不急于刷新纪录。留给自己充足的恢复和备赛时间，这也是基普乔格很少受伤的原因之一。

自　律

唯自律者得自由——对所有的竞技运动员而言，这是最基本的职业格言。基普乔格亦是如此。

2019 年 10 月，在维也纳，他以 1 小时 59 分 40 秒成为第一位将马拉松成绩带进两小时的运动员。这次实验，被称为“159 挑战赛”。

赛程结束后，这场跑步的领跑员、经纪人等所有参与者举办了一场大型庆功宴，基普乔格为 41 名陪跑的配速员颁发了奖杯。在宴会中，所有人都非常兴奋，把酒言欢，只有基普乔格滴酒未沾。在和他们说完一肚子感谢的话后，他独自回到酒店，像往常训练时一样，赶在 10 点之前沉沉睡去。

科技与极限

曾有科学家经过复杂的计算之后得出结论：第一个能在两小时之内跑完马拉松的人，要在 2075 年才出现。即便在完美的比赛情况下，也没有多少人相信，真的有人可以突破两小时的关口——那是人类的身体极限，难以超越。

为了突破这一极限，基普乔格进行过两次尝试。

第一次是 2017 年，基普乔格在意大利蒙扎赛道的测试赛中跑出了 2 小时 00 分 25 秒的成绩。跑完后，基普乔格略有遗憾地说：“世界距离我们只有 25 秒。”

随后，他和团队又进行了长达两年的准备——这个精密的准备过程，堪称竞技体育项目与当代科技的完美配合。

英利士科学团队将第二次挑战的地点选择在了维也纳普拉特公园的一条大道。这里距离基普乔格在肯尼亚卡普塔加特的训练营只有一个时区，他不用再劳心倒时差，温度和湿度也很理想。

同时，为了让基普乔格脚下获得足够的支撑和平衡感，通过科学计算，他的团队用沥青在路面转弯处创造出了一个10度的旋转角度。这样一来，每一圈能够让基普乔格省下3秒钟的时间，加起来总共就是12秒，这对于他保存体力至关重要。

团队里的科学家罗宾还跟他的助手一起研究了一个风阻最小的跑步队形。他们利用流体力学模组和电脑模型进行了分析，做了跑步者的迷你模型，放到风洞里，并以不同的队形来测试风阻。

最终，他们得出结论，配速员们需要摆出“Y”字形，形成一道屏障，为基普乔格遮挡四面的来风；还有一位配速员会跑在基普乔格的正前方担任“破风者”。在这样的队形下，基普乔格所处的位置会是一个几乎无风的空间——在这个空间中，他只需要承受过往比赛中1/6的拉力。

还有专为基普乔格设计的跑鞋，鞋的重量比之前轻了15克，但鞋底变得更厚，“就像一根迷你的弹跳杆”，可以吸收大部分踩在柏油路面上的压力。

2019年10月12日，维也纳普拉特公园，人类对于自己身体极限的挑战又一次开始。最终，即将35岁的基普乔格以1小时59分40秒的成绩成功“破二”，人类首次在男子马拉松项目上跑进两小时。

只是，因为这次挑战并非正式的比赛，且整个赛程过于完美，这个成绩并未被国际田联承认，但这仍然是人类挑战身体极限的重大突破。

热　爱

基普乔格“破二”的过程被拍成了纪录片，取名《最后的里程碑》。在整部影像记录中，有一个群体同样不可被忽视。在“破二”的挑战中，先后有 41 位配速员陪伴基普乔格完成挑战。这些配速员也被称为“兔子”。在挑战开始之前，基普乔格就对所有的配速员表示了感谢，他真诚地说：“感谢你们抽出时间，来帮助我完成这一崇高的挑战，创造历史。这无关竞争，与其他任何事情都无关，这关乎创造历史，关乎改变人类的思维方式，这就像登上月球，然后重返地球。让我们一起前往月球，然后再回到地球庆祝。”

在基普乔格的少年时代，跑步是一种选择，一个改变生活的可能性。在基普乔格看来，肯尼亚之所以能够称霸田径界，是因为运动员们将运动视为自己的职业，一份能够赚钱、满足三餐温饱的职业，而绝不是为了兴趣而选择跑步，“我们大部分的运动员来自贫困家庭，所以必须奋斗，必须保持强壮”。

但时间让他明白了什么才是自己奔跑的原动力：“在生命的旅程中，永远伴随着高潮和低谷，就像马拉松中也有很多的挑战。有训练时的伤病、奔跑中的疼痛，当然还有在完成马拉松时发自内心的快乐，每个人要坚信自己体内的能量。马拉松就是生命。”

穿越时间的『鱼』

李斐然

世界的深夜

张弥曼觉得2018年太吵了。

这一年，热闹和光环一起涌到了这位82岁的古生物学家面前。3月份，联合国教科文组织邀请她到法国参加典礼，授予她“世界杰出女科学家奖”。这一奖项每年只颁给全球5位女性。几个月后，何梁何利基金为表彰她对科学的贡献，颁给她最高奖“科学与技术成就奖”。人们管她叫“先生”，称呼她“大家”。

人们像发现恐龙化石一样，突然察觉到一位伟大的科学家的存在，发现了她在古生物学领域的杰出成就。尽管在过去60年中，她一直就在北京二环边最热闹的一条街旁的中国科学院古脊椎动物与人类研究所（简称“古脊椎所”），日复一日地默默工作。

她几乎是全世界最了解古鱼的中国专家。大部分古生物学家所研究的时间范畴在几百万年内，但张弥曼的研究范畴纵贯数亿年，且在每个领域都有扎实严谨的发现，这在世界范围内都是极为罕见的。

迄今为止，世界上已有许多古生物以她的名字命名，它们包括一种现已灭绝的古鱼，一种在中国热河发现的恐龙，还有已知最古老的一种今鸟型类的鸟……

在古脊椎所，时间以另一种尺度计算，不是去考虑一年365天，而是去思考地球已有的46亿年。如果把这个时间跨度压缩成人类纪年的一年，在这一年里，直到3月中旬，地球上才出现最早的生命迹象；到12月初，地球上才出现大规模沼泽地与大片森林；恐龙在12月中旬称霸地球，可是好景不长，它们于12月26日灭亡。直到12月31日接近午夜时分，人类才登场。

对张弥曼来说，让她毕生着迷的正是这个万物演化的世界，这个既热闹又孤单的学科。在她面对化石的那一刻，房间里仿佛重现许多遥远时代的生命。

第一条鱼

在野外考察的时候，张弥曼很难让人看出是一位院士。她永远都自己拎包，自己搬石头，“她会不计成本地去做一些外人看来很小的事情”。很多项目从头至尾只有她一个人，每一步都是自己做，直到现在，很多标本还是她亲自修复的，这会花费很多时间，但她不放心交给别人。

张弥曼研究的都是遥远的历史，没有人亲历过现场，人们只能从偶然锁在化石里的痕迹推测当时的状况，所以，一切判断都要特别小心——你可能是几亿年来，第一个认识这种生物的人，也可能会成为几亿年来，第一个毁了它的人。

以最谨慎的推测，在地球数十亿年的演进中，鱼类可能开启了关键的一幕：脊椎动物诞生后的近1亿年时间里，它们都只能生活在水里。直到3.7亿年前，一群勇敢的鱼终于决定离开熟悉的海洋，爬上陆地，开始新的生活。它们从此改名为“四足动物”，而其中一个遥远分支就成为正在阅读这段话的人类。

在古生物学家眼中，人类就是改版后的鱼。直到现在，我们身上还保留着来自遥远祖先的痕迹——我们从鱼类祖先那里继承了绵长曲折的喉部神经路径，胎儿出生之前还有过鳃裂消失的阶段，背部和腕关节的主要骨骼都是从水生生物进化而来的。所以，我们走路久了背疼，长时间打字手腕酸痛都情有可原，因为我们的鱼类祖先平常可不干这些事情。

那么，第一条鱼如何爬上陆地？离开完全熟悉的水的世界，鱼类登陆后发生了什么？它们要如何呼吸、如何支撑自己的身体、如何活下来？从它们身上反推，当时陆地是什么样子的？它们在演化中所经历的起起落落，会不会发生在我们身上？

这些就是张弥曼所感兴趣的终极命题。为了给这些命题一个尽可能准确的答案，张弥曼付出了太多的时间。刚开始工作的时候，为了搞明白在浙江发现的中生代鱼化石的归属细节，她一到周末就带着化石去挨个儿拜访当时著名的鱼类专家，向他们求教。

那时候写论文全靠手写，要一个字一个字地誊写在方格稿纸上。论文动辄上万字，大部分人的稿子会有些许修改，只有张弥曼的稿子，哪怕交来的只是底稿，也从头到尾工工整整，即使这一页最后一行有一个错字，她也会把这一页从头再抄一遍。

张弥曼的学生说，在她身上，既有文气，又有“匪气”。她很谦逊，是大家闺秀，可是胆子也很大，敢跟人叫板。《自然》杂志对她的特写里面，同行转述了一则往事。那时候她作为学生代表，带队去哈萨克斯坦的危险区域考察，当时旅馆拒绝接待这些中国人，她便拍着桌子，毫不退缩地跟前台理论，要求入住。最后，她为团队争取到了应得的房间。

她上大学的时候，这门学科被视作“祖国的眼睛”。她被选派留苏，通过鱼类化石判断地层，希望为国找油找矿。可等她学成回国，这个学科已经成了“祖国的花瓶”。

这成为考验那一代科学家的一个核心命题——活在光圈之外的科学家的乐趣是什么？

事实证明，最迷人的还是那些原始命题——第一条鱼的故事。“这门学科带来的最大乐趣，无非就是由不知到知。”就这样，她还在一次次奔赴野外，用地质锤敲击着大地，寻找锁在石头里的鱼，努力推动科学的进步。

反　对

1980年，张弥曼再次到瑞典国家自然历史博物馆访学。那时候，瑞典学派还处于极盛状态，她的老师们都是瑞典学派最主要的代表人物、早期脊椎动物研究的绝对权威。

特别是导师雅尔维克，正是因为他所发表的专著，“四足动物起源于总鳍鱼类”这一论点才成了教科书上的公认观点。他认为，3.5亿年前，总鳍鱼类是陆地上最高等的动物，它们长着内鼻孔，可以不用鳃就直接呼吸空气，这是鱼类从海洋登陆的一大先决条件，所以，很可能就是这种鱼第一个从水中爬上陆地。

1982年3月31日，张弥曼博士论文答辩。这一天来旁听的人比平时都要多，当时有很多著名的古鱼类学家带着自己的标本，从其他国家赶去斯德哥尔摩，见张弥曼。她的论文题目是《中国西南部云南省早泥盆世总鳍鱼类杨氏鱼的头颅》，在论文中，她明确提出，540多张连续磨片的结果显示，杨氏鱼没有内鼻孔。

这是古生物学史上最重要的一次反对。鱼类登陆呼吸需要内鼻孔，但属于总鳍鱼类的杨氏鱼没有内鼻孔，这直接动摇了总鳍鱼类是陆地四足动物起源的传统判定，改变了此后的教科书。张弥曼取得了博士学位，也为中国科学家赢得了世界声誉。

30多年后，年轻的古生物学家朱敏和卢静接手了张弥曼当年的研究。现在可以依靠CT扫描和同步辐射等新技术，在较短时间内精确复原古鱼化石的脑颅。为了对照研究，卢静用CT扫描杨氏鱼化石，并将计算机重建出的模型和张弥曼30多年前手工做出来的模型进行了对比。令人惊愕的是，哪怕是最精细的地方，差别都微乎其微。

不仅如此，张弥曼所做的连续磨片，清晰细腻地复原出杨氏鱼的脑颅、脑腔、脑腔血管，甚至神经通道的极其微小的细节，这是连目前最先进的CT方法和数字还原技术也无法获得的准确信息，是再精密的机器也无法实现的极致还原。哪怕已经过去30多年，只要看一眼就能明白，为什么连绝对权威也不得不服气。

21世纪的古生物学家

数十年里，张弥曼影响了许多“人类又进一步”的发现。在研究古生代鱼类有所突破后，她又对中国中生代鱼类、青藏高原新生代鱼化石展开研究。在她的推动下，以30多岁的年轻人为主体的研究团队开始研究辽西热河生物群，使中国成为国际古生物研究的焦点。

2005年秋天，北美古脊椎动物学年会组织了“荣誉学术研讨会”。在研讨会上，曾任耶鲁大学研究生院院长、费城科学院院长的汤姆森教授赞叹：“40年前，一个来自中国的年轻女学者张弥曼，将云南泥盆纪鱼化石标本带到瑞典自然历史博物馆，给传统的四足类起源理论闹了个底朝天！”

张弥曼过70岁生日的时候，她的学生朱敏将一种新发现的鱼献给自己的导师。他给它取名为“晨晓弥曼鱼”。他说，这条鱼的科学地位很像他的这位老师。它是最原始的辐鳍鱼，在演化中的地位很重要，位于进化树的关键分叉点上，影响了后来无数的鱼类。

事实上，张弥曼所带来的关键节点不止一个。20世纪80年代，她任古脊椎所所长。张弥曼的同事苗德岁说，她是一个敢做敢当的领导。那时她促成的中加联合恐龙考察，是当时国内罕见的大型国际科技合作项目。那么大的项目就是张弥曼在飞机上谈成的。限于当年的通信条件，她既没法向任何人请示，也没有时间层层打报告申请，当场就同意了。那次科考发现了大量恐龙珍品标本，也培养了一批年轻的研究人员，极大地促进了中国古脊椎动物学研究的发展。

2018年夏天，从不接受任何挂职头衔的她，答应担任化石点附近一所学校的荣誉主任，借当年的热闹带来的一点影响，保护一段4亿年前的历史。她还不想停下来，便给自己起了一个笔名“尚能西”，因为她喜欢这个古老的寓意：“谁道人生无再少？门前流水尚能西！”

在给学生的赠书上，她题上了这样的话：“自由比权利重要，知识比金钱永恒，平凡比盛名可贵，执着比聪明难得。共勉。弥曼。”

夜晚到来的时候，世界再度归于安静，房间里又只剩下她一个人了。不过，等化石里的秘密复活，热闹便又会回来，就像她的学生朱敏所记下的那样，“深夜，她在显微镜下静静地观察云南的古鱼化石，4亿年的时空穿梭，肉鳍鱼在中国南方古海洋中畅游，同样闪耀着逼人的美丽蓝光，但不是在深海避难所中，而是在滨海，在海湾，因为它们是当时地球上最高等的动物”。张弥曼终其一生追寻的，就是这项遥望过去的迷人事业。

复活半刀泥

明前茶

若要跟随半刀泥的传承人老万去淘古瓷片，绝对要早起。早春，凌晨五点半，东方的云彩刚吐出一线深橘红，瓷器早市就开张了。老万守着摊贩将古瓷片从麻袋里倒出来的那一瞬间，在密集的“哗哗”声中，老万竖起他的招风耳。忽然，他耳朵上的茸毛竖起，他大喊一声：“停，停一下！”摊贩住手，老万眼疾手快，从一堆瓷片中挑出好几片来。他摊开它们，一一询价。摊贩早就摸准了他的脾气，直接把猛地看上去没啥花样的两片挑出来，递到老万手上：“都晓得你搞半刀泥已经着魔了，还跟我装。这样，480 元一片，你要刻出好花样，给我留一个茶盏，我来买。”

老万露出无奈的笑，付钱，背过身去却一脸愉悦，开始边走边哼唱虞姬的唱词：“我这里出帐外且散愁情。轻移步走向前荒郊站定，猛抬头见碧落月色清明……”他一边哼唱，一边举起瓷片对着初升的太阳望。我终于瞧见了瓷片上暗藏的乾坤：瓷片虽是如冰似玉的青白瓷，看上去一无所饰，但对光一照，里面的虚实纹样都透了出来，果然有梅枝，有雀鸟，是一片“疏影横斜水清浅，暗香浮动月黄昏”的意境。老万说：“半刀泥技法的老祖宗，就是宋瓷，准确地说，就是这种南宋青白瓷。当年，匠人以刀作笔，在干燥后的素坯上刻画出一面深一面浅的凹面与线条，就像书法中的浓墨与枯墨一样，有深有浅，再施釉后高温烧成。这种刻法，让青白瓷对光一照，上头刻绘的莲花、竹叶、昆虫和小鸟，都好像纸窗上的投影，既活灵活现，又像浮动在虚空中，好比月光下的幻影。我淘了几百片宋瓷，再也瞒不了人。摊贩们也敬重手艺人，按时价给我打了8折，让我买得痛快。”

我不免好奇：“宋瓷倒出来的声响与众不同？”老万说：“当然。就算与南宋同时代的金，留下的瓷片倒出来也会‘哗哗’作响。宋瓷细腻坚牢，倒出来是‘呼呼’声，听音可辨，这就像生西瓜和熟西瓜的区别。”

青白釉上的半刀泥工艺，原本早已失传，是老万的师父在20世纪70年代，依靠翻阅史料、捡拾残瓷，一个人悟出门道后慢慢恢复的。这门工艺的难处就是：要让青白瓷发出美玉才有的透光感，利坯要利得极薄，而刻刀要在极薄的坯体上游走雕刻，还要一刀下去，刻出深浅有别的凹面来，考验的不仅是审美与刻工，还有匠人控制紧张感的能力。“这就像初学滑冰的人，上了冰面，越不想栽倒，越是容易打趔趄。我跟师父初学时，一拿起刻刀来就忍不住喉头咕咚咕咚作响。师父说，一感觉到自己在咽口水，手上的劲儿就有可能使偏了。所以，心无旁骛很重要，你一心一意去感受那些块面、那些线条，刻莲花时能闻到莲香，刻小虫时能感受到触须的弹动，能感受到秋虫的喜怒哀乐。你沉浸其中，就会忘了手上的刻刀有千钧重，忘了咽口水，你就逐渐上道了。”

这个悟道的过程，说难也难，说容易也容易。20年前，小万跟着师父，四处去感受光影艺术的曼妙：看扎灯，观玉雕，玩剪纸，瞧得最多的竟是皮影戏。说实在的，皮影人偶的戏服、冠冕、动作，透过暖暖的光线投射到屏幕上，忽然让小万看到了各种运刀的可能性：挑、剔、顿、挫、拉圆、捺方，露锋起笔、侧锋运笔、出锋收笔。看完皮影，再回去看宋代的残瓷，更是豁然开朗，连千百年前匠人运刀时，心中是畅快还是愁苦，都一目了然。

20 年过去了，师父几乎已经退隐江湖，小万成了老万，也开始收徒弟。老万把自己收藏的瓷片归了档，学着师父的样儿，让徒弟观瓷片，写两个月的心得体会，再来跟他使刻刀。他两年前收的一位徒弟最有意思，徒弟本人是京都大学的教授，教了一辈子陶瓷史，62 岁退休后，前来景德镇找寻宋代残瓷搞研究，见到老万卖给摊贩的笔洗，惊住了。立刻恭恭敬敬前来，要找老万学艺。老万约这位日本教授谈了 3 次，看了他的书法作品后，才同意了。拜师当天，这位教授对着比自己小 9 岁的老万平心静气地行大礼、敬茶，老万挺直脊背，泰然地受了礼。

他明白，自己不是一个人在受这份礼，而是代表所有掌握了半刀泥技术的工匠在受这份礼，包括那些在宋瓷片上留下清雅、自在、随性之刀笔，却已经消失在历史云烟中的无名匠人。

你好，张进

何焰

张进是谁？

纪录片《我们如何对抗抑郁》中出现过他的身影——清瘦，一头乱发，面中有颗痣，眼神柔和。张进是“渡过”系列书籍的作者，是国内抗抑郁行动中的一位重要人物，他开创的抑郁生态疗愈体系，影响、帮助了一些人。

张进原本是一位记者。他 16 岁考上南京大学中文系，毕业后又去中国人民大学新闻系读研究生，之后做了近 30 年记者，直到 2017 年主动离开财新传媒副总编辑的岗位。

张进人生的一个重要拐点在 2012 年到来。这一年，他患上重度抑郁症，从“地狱”归来后，自发做起抑郁症科普，出版第一本书——《渡过》。后来他又应病友的求助，逐步创办、完善了“渡过”——对抗抑郁症的科普、救助和社会支持平台，随后出版了“渡过”系列的第 2、3、4 册。从一人自救到影响数十万人，他在国内精神健康领域做了非常多且具体的善事，甚至可以说是完善国内抑郁防治生态的“第一人”。

但更令人感动的，是一些具体的小事。

张进平日生活节俭，但在2018年他找同事给一个女孩汇了5000元，原因是“拿到了第一笔投资款后，想补给她3年前为公众号做事时的报酬”。

张进去世前写的最后一篇文章是记录自己的护工的，他担心自己的护工在疫情中找不到新工作，“那我就再住两天院，继续雇你”。虽然护工已经奔向下一家雇主，可张进仍问：“我的护工在哪里？我想跟他告个别。”

他重情重义，是一个理想主义者。在“渡过”平台的社群成立时，张进写下24字盟约——“独立社群、共同价值，民主议事、群务公开，思想自由、协同行动”，他告诉大家：“我们在追求一种更好的、更合理的互助模式。”——“我们”，只有病友和病友才是我们。张进以病友的身份为抑郁症患者所提供的能量无可替代。

曾经有人指责张进在抑郁症治愈之后，其作品再难以与病友产生真正的共情。张进常提及此事，似乎颇为介怀。

2022年5月被确诊罹患肺癌时，张进感到慌乱悲痛，但他写下：“何不抓住这个机会，重温一下昔日的抑郁感受？”“得癌是坏事，但总不能白得。”张进期待自己能再一次摆脱负面情绪，获得又一次的成长，这样便可以重新融入“我们”，带领“渡过”的病友们继续向前走。

张进的生命在56岁时终结了。他似乎在各种维度上都很普通，总有各种现实的苦恼，但他在夹缝中显露出最高贵的人格。

第二人生

2012年3月，在突如其来的黑暗中，46岁的张进开始了“第二人生”。

连续失眠两周后，张进觉得自己变“傻”了，先后丧失工作和生活的能力。看病的时候，医生讲一句话叫他复述，张进复述不了；他去逛超市，却在超市里迷路了，无论如何也找不到出口。张进感到崩溃，16 岁便考上名校的他，人到中年却走不出一家超市。

他在《地狱归来》一文中记录下那一段时间里的绝望片段：

我还记得，那时我四肢僵硬地躺在床上哭泣，因为太害怕而无法起来洗澡，但同时，心里又知道洗澡其实没什么可害怕的……我用全身的力气坐起来，转身，把脚放到地上，但是之后觉得万念俱灰，害怕得又转过身躺回床上，脚却还在地上。然后我又开始哭泣，不仅因为我没办法完成日常生活中最简单的事，还因为这样让我觉得自己愚蠢无比。

当年 6 月，张进被确诊患上重度抑郁症。医生劝他住院做电击治疗，但张进不愿意，决定换医生。

换医生、换药之后，张进体内产生了强烈的药物副作用，躯体震颤、无法发声、走路速度极慢、味觉失灵。那阵子他经常想要自杀。

但熬到第 16 天，张进隐隐感觉自己的情况好转了。因为第 16 天，他突然对自己的手机产生了兴趣，一玩竟然玩了半小时。这是许久没有出现过的现象，过去他对一切都提不起兴趣，更无法长时间集中注意力。张进开始想吃美食、想见朋友，他情绪高涨，甚至约朋友去爬山。

到换药的第 19 天，7 月 19 日，张进觉得病痛荡然无存，自己已然好转。当晚，他向财新传媒总编辑胡舒立报喜，第二天就回到办公室。

从黑暗的“地狱”一下子回到明亮的人间，这巨大的差距，使张进处在亢奋之中。他说：“生命太奇妙了。”

但是，张进的主治医生姜涛着急了，他叫张进再去看看。这一看，姜涛医生发现之前是误诊了，张进患的并非简单的抑郁症，而是双相情感障碍（俗称“躁郁症”）中的软双相——这几天看似好转，其实是在药物驱动之下，从抑郁相转向了轻微躁狂。

多年后，张进数次回忆起这一次转相，都认为是不幸中的万幸。因为诊治及时，张进的病情很快得到控制。双相的治疗其实比单相抑郁的复杂得多，姜涛医生非常紧张，但张进感到很快乐——轻微躁狂所促发的能量，使他燃起对精神科学的强烈兴趣，他开始不断地研究、学习和写作。

对抗抑郁的天命

张进在记者之外的另一番事业，逐步展开。

在同事王烁的建议下，张进写下第一篇文章——《地狱归来》。他打开尘封5个月的电脑，拭去灰尘，敲下了一篇坦荡的文章，向同事、亲友们交代了消失的几个月自己去了哪里，以及病之极度黑暗，健康之无限希望，其间经历感人至深，也把“正视抑郁症”直接推到了台前。这篇文章得到很好的反馈，后来几年，张进一路采访、学习、研究抑郁症相关问题，一有想法就马上写出来，更新在自己的博客上。

那几年，人们对于抑郁症并不了解，张进因此受到越来越多人的关注。

经过3年沉淀，2015年9月，张进的《渡过：抑郁症治愈笔记》出版。这或许是一本对于精神科学认识上并不成熟的书，但张进在书中开创性地站在一个病人的视角提出了“他渡、自渡、渡人”的抑郁症治疗想法。这个想法在2016年张进采访知名专家张道龙时得到印证，它朴素地遵循了国际上“生物、心理、社会”的抑郁症现代治疗模式。

自己的想法竟然和先进的医疗模式不谋而合，这令张进颇感惊喜。他问自己：是不是冥冥中注定了我应该做这个？

2017 年，张进向财新传媒请辞。接下来的大半年时间里，张进走过 16 个省的 28 个县市，深入探访了 48 名抑郁症患者。

张进认为，“抑郁症是一个人生理关系、社会关系和时间关系的总和”。按照他的理解，只有真正进入患者的生活，“把他们置入其所处的社会关系中——包括家庭、环境、时代变迁，做动态的、历史的考察，才能理解疾病、理解患者”。张进想用自己的寻访，“为转型期中国精神健康事业发生的变化做一个记录，为时代留一份笔记”。这些采访，被张进结集成《渡过 3：治愈的力量》，在 2018 年出版。

紧跟其后，又有《渡过：我的知与行》出版，张进在书中发愿，如果有一天“渡过”的事业发扬光大，他将回归记者老本行，再去行走天下。

2022 年 5 月，罹患癌症的消息猝然到来，许久未见的抑郁情绪也随之而来。2022 年 5 月 20 日，张进写下《我这样渡过患癌恐惧》，尽力再次留下一些对抗抑郁的经验。

他们的生命转了弯

“渡过”公众号里，许多人分享着自己对抗抑郁的经历。他们讲述着自己如何遇见“渡过”，又如何让生命转了弯——张进去世了，但是还有这些年与张进一起成长的许多个“他们”。

“医患可能有边界，但病友之间是我们”，这是张进在一次演讲上说过的话。2018 年，张进为写一本书行了万里路，寻找的病友是“我们”。而同一年，“渡过”平台基于庞大的病友社群发起的“陪伴者计划”，也是为“我们”。这个计划——让已经痊愈的病友一对一地帮助受困病友——逐渐成长为国内抑郁症患者“社会支持”的一支重要力量。

至此，“渡过”早已不只是张进的《渡过》。在张进的号召下，许多病友参与写作，分享自己对抗抑郁的故事，每一个故事都带着一份能量，最终汇聚成“我们”。

2019 年伊始，“渡过”平台决定在杭州找一块地方，盖房、开垦，让病友们在此学习、生活，这里将成为“我们”回归正常生活的“中途岛”。

“中途岛”是一片理想之地。在一位患者父亲写给张进的悼文中，有这样一段故事：

2021 年劳动节，患病的女儿已经拒绝和父亲见面，只能由张进领着去看病。一路上，张进在父亲和女儿之间帮忙缓和关系。在医院里，张进给这位父亲打电话，指挥他，又安抚他：“等会儿我们要下来了，你暂时离开大堂……”“我现在带姑娘下去，你从另一个楼梯上来……”虽然还有急事等着他去做，但张进仍陪着孩子挂号、等待就诊。那位父亲说，自己当时心神涣散，告别时甚至没有请张进吃一顿饭，或喝一杯咖啡。倒是张进在匆匆赶往下一个工作点之前，告诉这位父亲：“如果杭州基地现在建好就好了，像（你女儿）这样暂时无法归家的孩子就有地方待了。”

“中途岛”是张进的期冀，它终于在 2022 年春天建好了。可也是在这个春天，张进被确诊罹患癌症。

2022 年 5 月 20 日，张进写文章说：“对于‘渡过’，该做的事情已经做完，心愿已了，此生无憾，即使死亡也能坦然面对。”6 个多月后，张进在北京离世。

2022 年 12 月 13 日，数百位亲友、同人送别张进。张进的墓碑上刻有一句泰戈尔的诗："把自己活成一道光，因为你不知道谁会借着你的光，走出黑暗。"这句诗是张进生前所爱，也是他身后送给"我们"的礼物。

雁犹如此

苏炜

一大早送完孩子上夏令营，我想起张充和先生最近好像身体微恙，便顺路折进去看看老人家。在中文世界里，女性被唤作“先生”，算是一种至高的尊称。年过九旬的张充和先生正是我们耶鲁华人小区里一位受尊崇的老人。她是大作家沈从文的妻子张兆和的妹妹——著名的“张家四姐妹”之一，因为在书法、昆曲、诗词方面的造诣极高，与沈尹默、张大千、傅抱石、章士钊等一代宗师都有很深的交谊，被人们称为“民国时代的最后一位才女”。每次拜访张先生，总爱听老人讲点儿旧时的人物故事。老人家身体健朗，每天依然坚持读书、习字，在她习字的案桌边上，摆着一张照片，照片中美须飘髯的张大千俯身在水边给一只大雁喂食。已经不知是第几次了，老人家又给我讲起张大千和这只大雁的故事。

抗日战争时期，张大千曾经在敦煌面壁数年，在敦煌的石窟临摹壁画。有一天傍晚，他在鸣沙山下的月牙泉边散步，救起一只受伤的大雁。以后每天，他都要带上当时极为匮乏的食品，到泉边喂养这只大雁。大雁身体渐渐复原，和张大千成为好朋友。只要天一落晚，无论风雨阴晴，大雁都要守在湖畔，等候张大千的到来，陪着他散步。这张喂食的照片，就是当时随行的记者罗杰米（译音）现场拍下来的。可是，时间一天天过去，张大千离开敦煌的日子临近了。离情依依，张大千生怕他的大雁朋友伤心，便不等日晚，早早率领众人登车离去。没想到，车子刚刚驶过月牙泉，天上便传来一阵大雁的哀鸣。众人抬头看去，一只大雁就在头顶一圈圈地盘旋，追着车子，发出尖厉的唳声。张大千赶紧让车子停住，他刚跳下车，那只大雁便嘶鸣着从高空俯冲下来，直直扑向他的怀里。张大千搂住大雁，泪水潸然而下。他抚摸着大雁，大雁也久久依偎着他。众人都被这一幕人雁相依的情景感动了。良久，张大千拍拍大雁，把它放飞到空中。大雁一声尖唳，打了一个旋儿，终于消失在大漠青空之中。张大千挥挥手，登车离去……每次说到这里，张先生眼里都噙着泪花。“这张照片，是我亲自向罗杰米夫人讨来的。罗杰米写过这个故事，感动了无数人。每次念着，我总想起一首曲子，可是怎么找，都找不到它的出处了……”

张先生用混杂着安徽乡音和江浙口音的温婉调子，向我轻轻地吟诵起来：“……你自归家我自归，说着如何过。我断不思量，你莫思量我。将你从前与我心，付与他人可……”

“动物的情感，其实与人世的冷暖炎凉，是完全相通的。”张先生喃喃说道。

青空。雁唳。大漠。远鸿。这是我心头漫过的图景，也是眼前流过的诗境。是的，一袭布衣，俯仰苍穹；有所牵挂而来，无所牵挂而去；既知万物有灵，更轻身外之物；人生重情重义，却可淡看聚散浮沉。我本来想把“树犹如此，人何以堪”的悲声易字入题，不料浮现心头的，却是嵇康的句子：“……目送归鸿，手挥五弦。俯仰自得，游心太玄。嘉彼钓叟，得鱼忘筌。郢人逝矣，谁与尽言。”

我久久凝望着那张照片。相框倚靠着一小块玄色的人形石头。“这是我昔日在敦煌月牙泉边捡拾的，你看看，像不像一尊小小的站立的观音？”张先生轻轻地说。

天真烂漫是吾师

刘小川

三味书屋、寿镜吾先生……鲁迅十二岁，离开朝夕玩耍的百草园，进了绍兴颇具名望的三味书屋。先说书屋的布局。书屋有一副对联："至乐无声惟孝悌，太羹有味是诗书。"南墙的圆洞后有一间屋，悬小匾"谈余小憩"；北面两间屋，有"仿佛陶庐"。后园一个亭子挂着匾额"自怡"，亭前花木颇壮观，有两棵百年桂花树。蜡梅北向，大天竹果实累累。

寿镜吾先生是绍兴城的名师，总是穿一件破旧的大衫，"家人给他做了一件皮袍子，他一直舍不得穿……他不抽烟，只喜欢到谢德兴酒店吃点儿酒，算是人生的一大陶醉。吃酒时，总得走进店里，不让学生看见"。

三味书屋的环境十分讲究，而寿镜吾先生吃穿朴素，教孩子身教是第一位的。师道尊严，质朴为先，惜物为先，知耻为先。他吃酒要避开学生。他从不滥收学生，不问学生的家庭背景，践行有教无类。

小鲁迅是捣蛋鬼，老师罚他喝凉水，还要打他嘴。"他太调皮了，居然跑到庙会里去扮小鬼，油彩没抹干净，就跑回书房里来。”他在课堂上举手提问：“先生，‘怪哉’这虫，是怎么一回事？”博学的寿镜吾先生一时蒙了，学生们大乐。

老师出对课题：“独角兽。”小鲁迅怂恿同学答：“四眼狗。”老师猝不及防，一连串的对子顿时冒出来：二头蛇、三脚蟾、八脚虫……

桂花树是可以爬的，蜡梅花是可以摘的，墙洞是可以来回钻的，秋千是天天荡的。十二岁的小鲁迅制作了一款书签，写了一行小字：“读书三到：心到、眼到、口到。”他调皮捣蛋的一个原因，是他成绩好，有调皮的本钱。

老先生又出对课题了：“月中桂。”学生对“风前柳”，对“雪里梅”。小鲁迅脱口而出：“星里麻。”老师听不明白，慢慢摘下了大眼镜。小鲁迅解释：“星里有牛郎织女，织女星不正是织麻的吗？”

少年，正是奇思妙想喷涌之时。寿镜吾先生不打压，除非学生恶搞、装怪。孩子们自由的思绪就像原野上不羁的风，创造性的才华在孕育。如果小鲁迅不能天真烂漫，不会调皮捣蛋，那么，他后来的运思、运笔，不可能那么凝练而灵动。

苏东坡尝言：“天真烂漫是吾师。”当下的一大难题是：如何保护小孩子的天真烂漫？

从五六岁到十三岁，从百草园到三味书屋，从绍兴古城到外婆的安桥头，小鲁迅的生活惬意而又活泼，灵动而又安静。他的脾气也不小，比如一脚踩烂了弟弟的风筝。同学叫他的外号“雨伞”，他要捏拳头，怒目而视，扔了书包打架。邻居小子八斤欺负他，他奋起反抗，包括用画笔来反抗。这些都构成了未来那一位“横眉冷对”的反抗者的雏形。

百草园并不大，三味书屋的园子也不大，但是，“大”是什么意思呢？多大是大？

古人云："一微尘内斗英雄。"古人发现了无限小。小孩子的眼中，大抵只有心理半径。物理半径只是心理半径的伴生现象。福克纳在一块"邮票般大"的地方写出了《喧哗与骚动》；卡夫卡去过的城市甚少；鲁迅先生只在日本待了几年；曹雪芹只拥有双城记忆：金陵、北京；苏轼一生，"半中国"而已。

巴掌大的春水池塘，他钓过鱼，捉过鳖，玩过黑泥，追过翠鸟，扎过水葫芦船，摘过鸡头米，看过初荷、圆荷、残荷，听过蝉声如雨，见过白雨跳珠，闻过袅袅炊烟，惊叹过燃烧的晚霞、浩瀚的星空，吃过莲子，当过调皮鬼，砸过核桃皮，撬过地拱子……

玩过无数次的池塘，有了永久性的情感记忆。而且，这些记忆会发散开去。

2019—2023
纪念版
（全5册）

DUZHE

读者

03

华彩卷

读者杂志社　编

读者出版社

图书在版编目（CIP）数据

2019—2023《读者》：纪念版. 3，华彩卷 / 读者杂志社编. -- 兰州：读者出版社，2024. 3
ISBN 978-7-5527-0798-4

Ⅰ. ①2… Ⅱ. ①读… Ⅲ. ①文摘－世界 Ⅳ. ①Z89

中国国家版本馆CIP数据核字（2024）第009568号

2019—2023《读者》纪念版·华彩卷
读者杂志社　编

策划统筹　赵元元　王书哲
责任编辑　王先孟
助理编辑　张紫妍
封面设计　李　娜

出版发行　读者出版社
地　　址　兰州市城关区读者大道568号（730030）
邮　　箱　readerpress@163.com
电　　话　0931-2131529（编辑部）　0931-2131507（发行部）

印　　刷　北京盛通印刷股份有限公司
规　　格　开本 787 毫米×1092 毫米　1/16
　　　　　印张 12. 5　字数 174 千
版　　次　2024 年 3 月第 1 版
　　　　　2024 年 3 月第 1 次印刷
书　　号　ISBN 978-7-5527-0798-4
定　　价　128. 00元（全5册）

目 录

抹不去的『高光时刻』

王　潇

2019年9月21日，国际阿尔茨海默病日，一项由上海市慈善基金会支持的公益项目——“宝藏老人计划”发起众筹，目的是发掘认知障碍老人的特长和梦想，寻回他们的“高光时刻”。

在发起人、尽美长者服务中心创始人之一徐淡墨眼中，疾病就像潮水，一浪接一浪地冲刷老人们的记忆、认知、情感，直至最后清零。

对有些人来说，这比死亡更令人恐惧。当那些努力一生而成就的小小荣光不再被记得，当头脑已不具备思索“我是谁”的能力，人生最后的尊严由谁来保全?

这是认知障碍群体共同遭遇的困境。

高光时刻

这里的氛围很像幼儿园。

房间刷着淡蓝色墙漆，原木色矮柜上摆着绿植和各种玩具，或者说，教具。

提示牌随处可见，进门处盒子里有各种笔迹的名牌，也有空白的，旁边提示着“请为自己做一个名牌，让大家认识你”；再往右的茶水台上，是“请为自己倒一杯水”。

中秋前夕的下午，几位花白头发的老者别好名牌围坐在工作桌前。

这是一个叫作“记忆家”的老年版“幼儿园”，位于上海长宁区的虹一小区内，是公益组织尽美长者服务中心在上海市开办的4家社区认知症家庭支持中心之一。

光从外表来看，这群老年人和普通老年人并无二致，但活动开始后便可见端倪。

“95后”社工谷东雪拿着小黑板，上面写着：

欢迎来到虹桥记忆家，今天的日期
年　月　日，今天是星期　，天气　。

有人张口就报错了；有人掰着手指头想，迟疑着；有人张望，试图从别人嘴里得到答案。

91岁的余金樑和86岁的刘云书夫妇也坐在其中。

“我们俩都是阿尔茨海默病，他中度，我轻度。”刘云书这样向旁人介绍，语气轻快得像在说别人家的事。

但余金樑并不承认这一点。“我没有阿尔茨海默病，我身体好得很！我在苏联四年，一次病都没有生过！”他像孩子一样举起四根手指。

网上可考的信息能勾勒出余金樑退休前卓有成就的人生——“余金樑，1955年从华南工学院（现为华南理工大学）毕业，是考取留学苏联的第一批研究生，1960年于苏联科学院硅酸盐化学研究所获得博士学位，同年回国后被分配到中国科学院上海硅酸盐研究所工作，为我国著名的固体物理科学家和激光红宝石研究专家。他的名字于1978年被列入英国出版的《世界知识》国际名人录中。”

只要聊到生平，余金樑都兴致盎然。“我研究的红宝石，一米多长，在人民广场都展览过。”同样一段话，他会重复“播放”很多次。

对此，刘云书总是笑着摇头，对听者使眼色，为丈夫的高调“炫耀”表示抱歉。她的个性完全相反，甚为低调。最初谷东雪让她填写个人经历，她简单扼要说“在一家工厂工作”。后来才知道，她是上海无线电一厂唯一的教授级高级工程师，享受国务院政府特殊津贴。

不记得从何时起，徐淡墨开始有意识地记录这些老人的故事以及个性片段。

她们拍摄了一段余金樑说俄语的视频。他对着镜头说得非常流利，还不忘翻译一遍，说的是他90岁时，俄罗斯友人寄来贺卡，祝他身体安康。

还有一段视频是退休大学教授老刘在教徐淡墨跳交谊舞。老刘嘴里念着“嘣嚓嚓”，同时绅士地指导她前进或后退。

老刘以前去苏联留学时也经常跟朋友参加聚会，单位里的舞会都由他组织，可退休后就再没参加过。听到徐淡墨邀请他给“记忆家”办一场舞会，他一口答应。

老殷从中国科学院退休后在科技馆当志愿讲解员，但人们发现他有时讲解不清。查出认知障碍后，场馆为他颁发了证书，感谢他的付出。他却听出了“劝退”的味道，很是失落。徐淡墨说：“那您就带我们年轻的志愿者社工去呗，我们有的还没去过呢！”他连说“好，好”，两眼放光。

徐淡墨总是会被这种状态击中。“那是一种找回尊严的感觉。许多老人生病后，家里人觉得他们有很多事不能做了，实际上他们还能做。回忆的时候，老人就觉得变回了那个还可以做那些事情的他。”

退回原点

与阿尔茨海默病打交道久了，徐淡墨的观察是，病程发展的过程就是一步步退回生命原点。

轻度的病人记忆减退没那么明显，能够独立生活，但偶尔有些“老小孩”的举动，以自我为中心，性情不稳。

中度时，对年龄的认知会出现偏差。一个 70 岁的奶奶常把自己当作 30 岁，会叫老伴“外公”，或者把儿子当老伴。这个阶段的病人就像回到孩提时代，尚能分辨亲近的人，会表达情感，但生活自理能力很弱，吃饭穿衣需要旁人协助。

最严重的阶段，是退化到婴儿时期，记忆、思维、情感全部清零，仿佛不曾有过人生。

这是一个必经的阶段，不可逆转，但并不代表束手无策。

上海精神卫生中心老年科主任医师李霞一再呼吁，早期通过药物结合心理舒缓治疗，能够延缓疾病发展，提高生活质量。但人们对早期筛查、及时干预的认识远远不足。很多人觉得，还不太严重，就先不用采取措施，或是，反正无法治愈，不如别去诊断，徒增压力。

数据显示，中国轻度阿尔茨海默病患者就诊率为 14%，中度患者就诊率为 25%，重度患者就诊率不足 34%。

刘云书是比老伴更早被查出患病的。她 2018 年年底患肺炎住院期间，泡脚时莫名睡着，脚把盆踩翻，第二天却全然不知，护工提醒她，该做个筛查。

那个简易的测试满分 30 分，20 分及格，刘云书得了 19 分，就这样戴上了轻度的“帽子”。

余金樑则是 2019 年 7 月才被诊断出的。还是邻居们察觉出异样，提醒刘云书的。比如，熟识的邻居跟他打招呼，他不理。还有一次，他跑到另一栋楼的一楼，开门时发现锁不对，一后退，摔倒在别人家的院子里。这一查，就是阿尔茨海默病中度。

刘云书有些懊恼自己的后知后觉。她开始积极带老余参加“记忆家”活动，支持徐淡墨发起的“高光时刻”项目，不厌其烦地听老余一遍遍介绍自己的光辉事迹。

最后的尊严

退休教师丁德人起初不太理解“高光时刻”的含义，她觉得自己的人生太平淡了。

徐淡墨拍过两页她的笔记本——纸上按不同温度、场合，对应写着穿着搭配，如“25℃绿绸裙配白开衫”或是“家居 26℃米色绢丝半高领配咖色背心”。

丁德人 77 岁那年，爱人患血管性痴呆去世。她和老伴因音乐结缘。

她记得，老伴去世前只穿那两件衣服，所以当她也被检查出认知障碍后，她担心会忘掉自己有哪些漂亮裙子，记不得如何搭配，便先细致地记下。

徐淡墨看到过很多类似的努力。一位航海专业的退休工程师，患病后刻意每日温习以前的专业知识，反复乘坐去单位的公交车，以熟悉路线；还有一位老人总会随身携带一张照片，说那是他的老家，虽然他连老家的地名都记不得了，却依然担心哪一天连这照片里的记忆也忘了……“年轻时，人是被社会价值衡量的；老了以后，没有这种价值，就害怕被忘记。认知症老人比一般老人在更快地丧失社会功能。所以他们心理上多少有一种恐惧和自卑。许多老人在‘偷偷地’努力。我们很希望通过重温‘高光时刻’，告诉他们，哪怕他们很多事情做不好了，但我们还是能看到他们的价值。”徐淡墨说。

丁德人珍视这种自尊，尤其是人生最后能否有自己的选择。她和老伴在2009年就签署了遗体捐献志愿书。“他最后住院的日子里，医生对我们的选择很感动，说很多年轻人都想不通，你们80岁的老人能这么选择真不简单。”

“他是星期二下午三点去世的。他两只眼睛很好，立刻处理，送去给两位盲人，当天就做了手术，然后他的遗体被送去学校处理。仪式定在星期六，很隆重。走得比较近的亲友同事都来了。一个班的学生也来参加，有学生代表发言，把我们称作‘大体老师’（对遗体捐献者的尊称）。最后全班学生集体鞠躬。我看到他睡在那里，真的很安详。”

丁德人认为，那是属于她和老伴最后的“高光时刻”。

漫长的告别

在众多老人中，余金樑和刘云书的病情算不上严重，但糟糕的是，他们是夫妇俩同时患病。

“这种情况现在还不多，但以后应该会越来越多。因为随着寿命增长，这一病症的发病率就越高。”谷东雪说。

时光在这个家，走得很慢。台历停留在2018年，那是刘云书确诊之前。客厅里的三面沙发，堆满了各式纸盒、纸箱、塑料袋，都敞着口，以防盖上就不记得里面放了什么。鞋柜里的鞋，很多是一只，因为另一只早已不知去向，“只能等着它自己出来”。

余金樑总是侧躺在沙发上打盹，刘云书走来走去地忙碌，有时走到屋里又忘了要做什么。某件重要的事，她想记下来提醒自己，可是第二天却连记录的纸也找不到了。

远在澳大利亚的儿子、邻居，还有谷东雪，都清楚地意识到，两个老人，只要有一个倒下或病情严重，“最后的平衡”将难以为继。

儿子让刘云书学会拨打 120。她曾尝试叫过一次。那天凌晨三点，她心跳快到难以呼吸，又不好意思叫邻居，就试着打了 120。“老余说要陪我去，我说，去了是你陪我，还是我陪你？我自己上的救护车，人生第一次。”

刘云书说，她想等儿子回国时商量。她想让老余去养老院接受认知障碍的专业照护，但可能自己也得跟着去，就没了自由。不过，想到那天的经历，她又觉得，若是独居，连个商量的人都没有。

刘云书期待，“记忆家”的模式可以帮助她和老伴把“最后的平衡”维持得再久一点。

徐淡墨说，前几年尽美长者服务中心忙于更具体的养老照护服务，像“宝藏老人计划”这样的项目一直没法完整实施。项目若能成功进行，意味着专业养老服务可以进一步深入早期认知症人群。

9 月 12 日活动的尾声是合唱《甜蜜蜜》。余金樑拿着歌词，始终不懂这是什么，于是反复问刘云书。

刘云书伏在余金樑耳边，把歌词一句句地念了一遍：“在哪里，在哪里见过你，你的笑容这样熟悉，我一时想不起，我一时想不起……”

余金樑悠悠地跟读一句：“我一时想不起……”

他身后的墙上，写着教育学家蒙特梭利的一段话：“使长者尽可能独立，在社区中拥有一个有意义的地方，拥有高度的自尊，有机会选择，并为他们的社区做出有意义的贡献。”

如果你去太空旅行

〔美〕阿里尔·瓦尔德曼

你或许觉得太空离自己太远了，但随着技术的进步，太空旅行早已不再是遥不可及。不信？告诉你，美国的太空探索技术公司，已经签下了首位绕月旅行的客户。可能在不远的将来，普通人也能去太空游玩了。

那我们来大胆想象一下：如果有一天你被NASA这样的机构选中，可以免费进行一场太空之旅，去看看浩渺的宇宙。你在兴奋之余，应该做好什么准备？

下面这张清单，就告诉你在太空生活必须注意的事项。

1. 怎么适应：挺过四天“晕船期”。

在地球上会晕车晕船，上了太空也一样，会“晕太空飞船”。在你升空的头几天，可能会出现“太空适应综合征”：呕吐、头晕、头疼……失重还会让你体内的血液在头部积聚，脸会浮肿。不过你不要太担心，保持好心情，严重的话服用止吐药，一般四天后，身体习惯了失重，症状就会自然好转。

2. 怎么睡觉：“挂”在墙上。

在地球上，我们都会躺在床上睡觉，但在飞船、空间站里可没有床，只在墙上设有睡袋。你如果困了，只要钻进睡袋，拉紧拉链，把自己牢牢固定住就能安心睡了。不过需要注意的是，你睡觉时可能会经常出现“下坠”的感觉，继而惊醒。不要惊慌，这是受失重的影响，很多宇航员都有这样的体验。

3. 怎么方便：纸尿裤是“神器”。

说起纸尿裤，你肯定觉得是给婴儿用的，但其实最初它是为宇航员设计的。在太空“方便”有两个难点：第一，发射和返航时，你得坐在固定的座位上；第二，厚重的宇航服不方便穿脱。宇航员们曾经尝试过穿双层橡胶裤、改良安全套等很多方法，但效果都不好。直到 20 世纪 80 年代，NASA 一个叫唐鑫源的华裔工程师，利用高分子吸收体，发明了一种能吸收 1400 毫升水的纸尿片，才解决了宇航员的这个难题。所以即便觉得难为情，还是穿好纸尿裤吧。

4. 怎么吃饭：需要重口味唤醒味蕾。

告诉你一个事实：太空环境会让所有人都变成重口味爱好者。因为失重，鼻腔黏液堆积、舌头分泌的唾液不够，会让你的嗅觉、味觉减弱，吃什么都觉得寡淡无味。所以，除了日常我们吃的食物，后勤部门还会特地运送辣椒酱等重口味的调味料，帮你打开胃口。

5. 怎么打喷嚏：带上毛巾。

如果你看过《银河系漫游指南》，一定对这句话印象深刻：“毛巾对一个星际漫游者来说，是最有用的东西。”就打喷嚏这件事来说，这句话非常正确。你在地球上打个喷嚏，细菌会落在地上被阳光消灭，但在太空，喷出的致病菌会一直飘浮在空中，迅速繁殖，极易传染疾病。在 NASA 有记录的 106 次航天飞行中，曾出现过 29 个传染病病例。所以，你在打喷嚏前，千万别忘了用毛巾捂住口鼻。

6. 怎么打嗝：用手推一下墙。

这个动作可能让你一头雾水，但如果你不这样做，打嗝很容易就会变成呕吐。因为失重，你胃中的物质不再会乖乖地待在胃的底部，而是均匀分布在胃里。所以，你需要在打嗝前伸手推一下墙，利用墙施加给你的反作用力来代替重力，把胃里的物质“固定”住，这样就可以只排出胃里的气体，正常打嗝了。

7. 怎么洗澡：戴呼吸罩淋浴。

在失重环境下洗澡是个麻烦事，水会四处乱飘。但你别担心，科学家们早就有了解决方法。美国的天空实验室和俄罗斯的“礼炮”号空间站就配备了专门的淋浴装置——上部是加压喷水装置，下部是由防水材料制成的封闭圆筒，关严接缝处就能洗澡了。为了避免口鼻进水，当你进入圆筒时，别忘了戴上口鼻呼吸罩，呼吸罩的管子会与外部联通，让你畅快呼吸外面的空气。

8. 特别注意：每天必须运动两小时。

在地球上，平时不运动也没太大关系，但在太空中，不运动可就有点危险了——失重会导致骨骼和肌肉流失，患上骨质疏松等病症，必须靠运动维持健康。因此，每天都需要锻炼两个小时。常见的运动项目就是骑自行车，不过太空里的自行车没有车把和车座，你的双手完全被“解放”，你能去翻翻书，或者操作音乐播放器。

现在，你的基本生活问题都解决了，可以专心享受太空之旅了。

呆若木鸡与难兄难弟

马伯庸

读史之时，发现一个有趣的现象：许多我们耳熟能详的历史典故，如果究其本源，就会发现，它们的起源，往往与我们现在的用法大相径庭。

比如“城门失火，殃及池鱼”这个成语，乍一看，很好理解：城门着火了，大家纷纷去池塘里打水救火，结果把池塘的水舀光了，水里的鱼全干死了；比喻遭受了无妄之灾。

可翻开汉朝人应劭写的《风俗通义》，里面明明白白地写道：“城门失火，祸及池中鱼。俗说：司门尉姓池，名鱼，城门火，救之，烧死，故云然耳。”闹了半天，池鱼不是池塘里的鱼，而是姓池名鱼的一个大活人，殃的是这么一个“池鱼”。

最具代表性的，是“呆若木鸡”这个成语。其实它本来是一个褒义词，出自《庄子》，讲一个叫纪渻子的人为齐王训练斗鸡。十天后，齐王问他鸡训好没，他回答没有，它现在气势还太骄盛；又过十天，齐王来问，纪渻子仍回答没有，环境还会干扰它的注意力；又过十天，齐王再问，纪渻子回答不成，它还有点疾视盛气；再过十天，纪渻子说练成了，它现在虽然偶尔叫几声，但锋芒完全内敛，杀气无一丝外泄，看上去好似木鸡那么呆，但别的鸡看到这种对手，往往不敢迎敌，掉头就跑——这就是《一代宗师》里宫羽田说的："刀的真意不在杀，在藏。"

所以这个成语正确的用法，是形容绝世高手的境界。比如元代大儒韩性有诗句"遗荣等刍狗，养气如木鸡"，形容很高的境界。明代王世贞夸奖卓明卿长得有气质，说过一句"更十年而状子，若木鸡者，庶可当道民矣"——搁现在，这就算骂人了。

还有一个成语：难兄难弟。"难"字应该读二声。它出自《世说新语·德行》："陈元方子长文，有英才，与季方子孝先，各论其父功德，争之不能决，咨于太丘。太丘曰：'元方难为兄，季方难为弟。'"

意思是说，陈纪的儿子陈群，和陈谌的儿子陈忠争论，到底两人的爹谁比较厉害。最后他们找爷爷陈寔去评理。陈寔说这两位实力相当，难以评价孰高孰低——和"不相伯仲"的用法类似。现在据说妥协了一下，"难"读二声，是成语本意；读四声，意思是兄弟俩一对倒霉蛋。

如果我们用这两个成语的最初意义来造句，应该是这样：叶孤城和西门吹雪卓然立于紫禁之巅，两个人渊渟岳峙，其呆若木鸡的英姿，真是难兄难弟……算了，还是错着用吧。

不过，为这些成语略做正本清源的梳理，并不是为了说现代人的用法是错的。我一直觉得，一门有活力的语言，始终是处于变化中的。很多我们熟悉的汉字，是从写错的俗字演变而来的；很多我们使用的成语，也经历了复杂而漫长的流变过程，与社会变迁息息相关。通过对词源的考据，我们感知到的是世间万象的无穷变化。

客机为什么不安装弹射座椅和降落伞

侯知健

几乎每一次客机失事造成重大伤亡，都会有人发出这样的疑问：为什么客机不给乘客配备降落伞呢？为什么客机不能装弹射座椅呢？

一

绝大多数人对弹射救生的期待，产生于军用飞机。影视作品中，常能见到飞行员弹射生还的场景。但实际上，这种技术有极强的应用局限性，根本不具备推广给客机的价值。

根据实际统计，各国被弹射的飞行员的脊柱骨折发生率在16%—37%之间。1978年至2000年期间，美国空军的弹射人数为362人，死亡率8%，重伤率20%，轻伤率62%——真正能不受伤的幸运儿，仅有10%。

对于相当高比例的人群，身高体重等生理因素决定了，他们拉动弹射手柄就意味着死亡的到来。即使是身体条件符合要求，并受过相关训练的人，能否在弹射救生中免受伤害，很大程度上依然取决于运气。

2012 年，中国出口坦桑尼亚的 K-8 教练机在地面起飞的滑跑过程中出现异常，飞行员双双弹射。前舱飞行员死得相当凄惨，坠落方位在弹射点前方 94.6 米、右侧 10 米处，救生伞根本没打开，直接连人带椅砸穿了屋顶。

说实话，飞行员的选择简直莫名其妙。当时飞机的速度非常低，也没有全面起火等危险情况，完全可以紧急制动停下来。这架飞机的主要损伤是无人控制后撞了机头，简单修复以后继续交付使用。

这位坦桑尼亚飞行员死亡的原因只有一个：他忘记按自己的身高、体重来调节座椅高度了。该座椅当时的状态是火箭包的档位被设置在三档，椅盆位置处于上极限。按他的身高、体重计算，他使得座椅的偏心距状态（2.4 毫米—27.4 毫米）超出安全极限（10 毫米—35 毫米）7.6 毫米。

用简单的话来解释他的死因就是：由于火箭推力方向和重心的距离超标了不到一厘米，火箭一点燃，就推着座椅向前快速旋转；在旋转的过程中，稳定伞（稳定姿态、方向的辅助小伞）又牢牢地把人和座椅给缠住了。结果人、椅不能分离，救生伞（主伞）也打不开，以致飞行员活活摔死。

这不是中国弹射座椅才有的问题，早在前两年，F-35 不允许轻体重（62 千克及以下）飞行员驾驶的新闻就一度引起关注。其装备的马丁 - 贝克的 MK-16E 弹射座椅，在 A 型（装备 EF2000）基础上减重 10.6 千克以后，飞行员体重差异对人、椅重心范围带来的影响变大了；弹出去以后，人、椅组合的翻滚速度会大大超出安全范围，非常有可能导致开伞的瞬间对颈椎造成严重的伤害而致残、致死。

二

所有的弹射座椅，其设计都是针对军事空勤人员的。即使是身高、体重被严格限制的群体，弹射座椅也只能适应其中 90% 的人。

太高、太矮、太轻、太重……都会导致人、椅系统失去飞行稳定性，进而丧失救生能力。即使是各方面都非常优秀的飞行员，也并不一定就能在弹射中安然无恙。

曾将空中解体、犹如残骸的苏 -27 原型机安全降落的萨多夫尼科夫，就在拥有弹射经历的情况下，在 1988 年 9 月 28 日的 T10K-1（苏-33 原型机）飞控故障坠毁事故中脊柱严重受伤，没过多久就去世了。

很多人都以为，弹射座椅是靠火箭动力飞出座舱的。其实，所有的现役弹射座椅都是两级动力设计：先靠高能火药弹驱动的弹射筒把座椅弹出座舱，随后才启动火箭进一步推动座椅远离飞机。

设置这么复杂的唯一原因，就是第一级加速的冲击过载（从头到屁股方向）已经达到 18—20 倍重力、持续 0.2 秒，接近人体脊椎特别是颈椎的极限了，推力再猛就会高概率当场致死致残。

救生伞打开的时候稍微好一点，但也会达到 14—16 倍重力、持续 0.2—0.3 秒。

在这个过程中，人要避免受伤，还要保证姿势和动作的正确，才能让脊椎处于最能承受冲击，肌肉最大程度帮助脊椎分担受力的理想条件。

但实际事故中，大量弹射和开伞都是在飞机失控、翻滚中进行的，根本做不到身体正直、紧贴靠背、头靠座椅一类的要求。

退一万步讲，假设真能造出安装弹射救生设备的客机，又能怎样呢？其结果非常明显：客机的整体安全性会严重下降，旅客乘坐的舒适性和灵活性将荡然无存，机票费用会暴涨到天价——进而导致新型客机被彻底抵制，在市场上完全失败。

这一切，都是弹射座椅的技术要求所决定的。

弹射座椅的工作流程中，弹射、加速、开伞，诸多环节都是依靠高能火药完成的。一个座椅上下都是弹射弹、椅背火箭、两向推力火箭包、风向展开火箭、射伞枪、破盖枪、双向传爆机构等足以致命的危险品。

再怎么设计，弹射需要的动作和能量指标都无法改变，火工品数量和总的火药用量不可能减少。毫不夸张地说，每一个弹射座椅上都带着好几个炸弹——总能量足够连人带椅推出 100 米远。

一架客机，如波音 737 或者空客 A320，一般可运载一百五六十人；即使是打个对折，按七八十人计算，这架飞机上也会多出至少三四百个大大小小的炸弹。哪怕是炸一个，或者意外点燃一个，都足以造成灾难性的后果。

而且，多次发生的空中恐怖事件，也让人必须正视这样一个问题：一定会有恐怖分子，把主意打到这些座椅自带的火工品上。

而受限于工作方式，威力最大的主火箭根本不可能被牢固地掩藏——这就有太多的办法把它点燃甚至引爆了。

这种设计本身带来的额外风险，已经远远超过现代客机的失事风险。

三

不具备足够行为能力、足够身体素质的乘客将完全失去搭乘资格。能够搭乘的乘客，必须提前递交身高、体重资料，以便航空公司提前对座位——包括火箭挡位、椅盆高度等进行设定，接受弹射姿态训练的详细培训，且乘客之间禁止互相交换座位。

客机经济舱座椅的舒适性已经够差了，弹射座椅的舒适性就更差了——至少绝不允许乘客在中途自由变动靠背的角度。而且，弹射座椅确保安全的必需措施，就是在紧急状态下对人体的有效束缚——要保证这一点，乘客的肩部、腰部、腿部，都必须与座椅完全连接。

仅仅有束缚是不够的，乘客还必须从头到脚都配备防护装备，它们包括：

头盔——起到三重作用，即防止外物撞击；阻挡高速气流吹伤眼睛，顺着鼻孔和嘴对呼吸道、肺部和肠胃造成严重伤害；减弱弹射座椅各个火工品工作时的爆轰冲击波和噪声伤害。

氧气面罩——防止人弹射过程中因为高空缺氧而导致的严重损伤。

阻燃材料制成的飞行服——相较于战斗机，弹射座椅的火箭尾焰灼烧客机座舱内部的情况将会更加严重。

四

弹射救生，座椅肯定需要一个飞出机身的无障碍通道，这就要在机身上开一个很大的洞。

飞机上的每一个大开口，都会对机身结构的强度（不易破坏）和刚度（不易变形）造成巨大的破坏。所以需要围绕着这个口子，对承力结构进行额外的补偿——这就意味着巨大的重量，以及设计和制造成本。

轻型教练机用的轻量版弹射座椅，比如马丁 - 贝克 MK-16L，单个重量也在 47.6 千克，性能倒是刚刚够喷气客机用。座椅更重的同时，客机的地板还要强化，以应对弹射的冲击。

要满足给飞机上的人都装上弹射座椅，就意味着一架波音 737 或者 A320 级别的客机，至少要在机身表面的承力结构上开七八十个大洞，地板还要被空前强化。

以现在的工程技术，一定要做，也未必做不出来。只是额外的结构补强重量，会把飞机底部货舱的货运重量指标占用殆尽，而这原本是航空公司重要的盈利部分。

为了避免弹射座椅之间的互相干扰和冲撞、烧伤，乘客之间必须拉大间隔。乘客数量要继续减少——这意味着增加的飞机运行成本，反而得由更少的乘客来分担。

设计制造、燃油消耗带来的成本上升，在票价上升的因素比重中，大概连一半都占不到，最关键的是弹射座椅的检查、维护、保养成本。比如爆炸品的检查、更高的库房设计建造标准、严苛的周边规划以及日常管理维护，都意味着巨额的开支。相关人员需要更高的资质，更高的工资和福利。这些因素叠加在一起，机票的价格必然要暴涨。

五

关于客机救生的问题，还有人质问，为什么不给乘客配备降落伞呢?

这个问题比弹射座椅靠谱得多，历史上既有通过舱门跳伞逃跑的客机劫机犯，比如大名鼎鼎的库伯；也有毁灭性试验中的试飞员——波音 727 撞击沙漠研究坠机，飞行员中途跳伞离机。但必须强调的是，这些跳伞，都是发生在客机飞行可控的平稳状态下。

假设允许各个舱门在飞行中打开，在现代客机的空难中，超过 90% 的事故都出现在起飞和降落阶段，高度通常非常低。

在这类情况下跳伞，就算是老早站在打开的舱门边上跳，留给人的反应时间也非常短。不是专业的跳伞运动员或者资深爱好者，跳下去通常也是凶多吉少。

跳伞是一种复杂的技能——生活不是游戏，不能捡起装备就自动获得技能。而且必须强调的是，现在普遍采用下单翼吊舱布局的客机，从前门跳伞就是自寻死路——被吸进发动机、撞上机翼的概率太高了；从中间或者后面的应急门跳，被卷进发动机喷流的概率也很大，结果也是九死一生。

让一架客机动辄一百多人安全离机是不可能的，而且如果所有人都往机尾应急门方向移动，会对飞机的重心造成严重的影响。此时，飞行员的操纵会变得过度敏感——重心后移导致飞机稳定性下降，最终加剧飞机失控的程度。

很多人谈及空难就会想到无一生还的坠毁事故，实际上在大量事故中，飞机往往能够成功或者半成功迫降，大部分，甚至全部人都能得以生还。其中，机上的乘客保持相对良好的秩序，飞机重心得以平稳不变，使飞行员仍然能尽力控制飞机，乘客在安全带的保护下做好防冲击准备，是能够幸存下来的关键。

城市人的宠物

Junitaille

“我要一只猫，我现在就要一只猫。要是我不能有长头发，也不能有任何有趣的东西，我总可以有只猫吧。”

从芝加哥的橡树公园到潘普洛纳的城市大厅，从巴黎的圣米歇尔大街到哈瓦那的科希马尔渔村，海明威带着“雪球”和它的后代走遍世界诸城。“雪球”是他最爱的一只六趾猫，猫在这位硬汉作家生活中的地位，从他饮弹自杀前留下的那句“晚安，我的小猫”的遗言里可见一斑。随着城市化进程被摁下加速键，城市里的宠物猫也开始自身的发展历程。

那么，一只猫到底要经历什么，才能走进千家万户？

法国历史学家埃里克·巴拉泰是研究动物学的专家，他为宠物猫在城市里的发展史勾勒出几个迥然不同的阶段。

古埃及时期，尼罗河沿岸到处是稻田和小麦，这些植物吸引了很多啮齿类动物。这时，猫以“埃及守护者”的姿态横空出世，成为尼罗河文明里为数不多的、能和法老共享神明的动物。猫保护粮仓，使得野猫在非洲走红。由于当时还没有家养猫一说，于是野猫成了古埃及时期的“网红”。

希腊历史学家迪奥杜拉斯·塞库鲁斯曾这样描述猫在古埃及的高贵境遇：猫居住在寺庙里，人们用牛奶、面包和尼罗河鱼喂养它们。猫的地位逐步攀升，连那些照看猫的人的社会地位也因此而提高。

埃及人认为，如果蛇统治世界，地球将会被夜晚统治，永远不会出现白天和太阳。这也让“蛇的天敌”——猫成为某种神化符号，甚至有人说，那些进入埃及人居所的猫，其实是太阳神派来的使者，它们是为了拯救即将被蛇所征服的世界而与人类打成一片的。

这是猫，或者更具体一点说，是宠物猫的地位在有城市雏形的世界各地达到的第一个巅峰。在猫被看作太阳神和巴斯泰托女神之后，古埃及文明开始走下坡路，埃及人也开始对猫亮起屠刀——他们把猫杀掉做成木乃伊，并作为供品供奉神明。

其实，猫在公元前1000年左右就已经进入不少家庭了，而且在家庭里一直拥有特殊的地位。

“埃及有一幅画，画中的猫坐在人的腿边，这是猫第一次以艺术形象出现在画作中。”巴拉泰说。

宠物猫在此后被禁止售卖，不过有胆大的水手把猫带到船上进行走私。于是在地中海国家的港口城市，很多去欧洲和印度的轮船上都有摇着尾巴的宠物猫。

进入古罗马时代，谈论猫似乎成了一个禁忌，这也是猫在城市发展史里经历的一个艰难阶段。在罗马，人们最喜欢的宠物是鸟，这就让猫的到来成为一种威胁。“即使到了17世纪，地中海国家的人们对猫的批评依然存在，因为猫动摇了鸟作为宠物在人们心中的地位。”

罗马人认为猫是荒淫无度的，于是在三四世纪，猫成了禁语的代名词，罗马、希腊对猫的谴责，以及宗教对猫的妖魔化延续了好几个世纪。

猫重新找回自己在城市生活里的重要地位，是在 14 世纪初。在当时的欧洲，猫去世后会被主人埋葬在墓地里，有条件的还为猫立起墓碑，这也昭示了猫在文艺复兴时期地位的回升。

猫在真正意义上成为“城市人的宠物”是 18 世纪的事了。养宠物猫的贵族把自己对城市生活的情感和向往投射到猫的身上。“尤其是法国贵族，他们觉得自己细腻、优雅，于是也这样打扮猫，给猫戴项链、喷香水，让猫浑身香喷喷的。”巴拉泰说。

到了 19 世纪初，在印象派画家莫奈和雷诺阿的作品里，猫已经成为人类家庭的成员。相比于狗的忠诚与耿直，猫因高冷的个性得到作家和艺术家的喜爱，这也赋予了那些以猫为题材的作品些许布尔乔亚式的风情。

“浪漫主义时期的艺术家也喜欢猫。由于长期自认为被城市抛弃并被边缘化，他们大多离群索居，不被大众喜爱，所以猫成为他们抒发情绪的寄托物。”巴拉泰说。

20 世纪 60 年代至 80 年代，养猫在发达国家大城市的中产阶层形成一股潮流，猫成了独立自主和向往自由的动物。1983 年，比利时漫画家菲利普·格吕克的代表画作《猫先生》出版，那只有着圆圆的大鼻子、尖尖的耳朵的胖猫形象迅速走红，格吕克也借胖猫之口调侃自己的创作过程：“如果有一天绘制这个漫画的人死了，我只好自杀了。——猫先生”

“人类不是情深义重的动物。他们在人际交往中流的泪、做出的同情姿态，只是生而为人必须缴的税而已。这种混淆视听的表演其实是一种非常费心神的艺术。擅长表演的，都是被尊为‘此艺术领域中比较有良心的’，在社会上非常吃得开。”这段话来自夏目漱石的小说《我是猫》。巴拉泰坦言，自己很喜欢这种以猫的视角来观察

和反思人类的行为。

“我其实反对‘宠物猫’的叫法，因为谁从来都不是谁的宠物。人和动物应该是平起平坐的关系。”

让『绝症』不绝望

王珊

治疗带来的破坏

人类与癌症的战争已经持续了千年。在这场人与疾病的战役中，人们亢奋、积极、激进，但更多的是绝望和被动。尽管如此，不管是科学家、患者还是身体健康的人，都长期执着于一个更美好的愿望：癌症有可能被终结吗?

即使到现在，仍没有人能够给出一个确定的回答。获得 2018 年诺贝尔生理学或医学奖的免疫学家詹姆斯·艾利森更是清楚癌症治疗有多么艰难。他 11 岁的时候，母亲因癌症去世——母亲接受的是放射性治疗，他看到母亲因治疗皮肤被灼伤，人也憔悴到了极点。后来，他的一个舅舅得了肺癌，化疗无效。另外一个患癌的舅舅在目睹了妹妹和哥哥的经历后，拒绝接受治疗。

放疗作为癌症治疗的辅助手段已经具有相当长的历史，最早可以追溯到 1895 年伦琴发现 X 射线。1940 年以后开始出现的细胞毒性化疗药物，也就是我们常说的化疗，则被称为抗癌药物的“第一次革命”。和放疗一样，化疗的作用机制是杀死快速分裂的癌细胞。

詹姆斯·艾利森的母亲和第一个舅舅生病是在20世纪50年代后，当时，研究者们对利用化疗治愈癌症充满了热情。比如，一家当时名为癌症化学疗法国民服务中心的机构已投入运行，在1954年到1964年的十年内，这家机构测试了8.27万种合成化学试剂、11.5万种发酵产品和1.72万种植物衍生物，每年对100万只小鼠开展各种化学实验，以寻找一种理想的化疗药物。

但这些一次次萌发的热情在现实面前一次次冷却——化疗和放疗一样，两个治疗手段都无法区分恶性细胞和正常细胞，以致“杀敌一千”，要“自损八百”，这使得医生每时每刻都在治疗癌症和维持患者基本生命之间不断权衡，甚至妥协。

詹姆斯·艾利森说，母亲和两个舅舅的经历并没有促使他专攻癌症研究，但他承认，目睹了放疗和化疗造成的破坏，他认为免疫治疗是一种更有效、毒性更小的抗癌武器。

革命性的改变

其实，在一百多年以前，科学家就在想怎么利用人体免疫系统来治病。美国的外科医生威廉·科莱是第一个尝试将这种方法运用在实际治疗中的人。他尝试向癌症患者体内注射死的链球菌以治疗肿瘤，有些病人在接受细菌治疗后肿瘤消失了。到了20世纪50年代，研究者们已经意识到肿瘤治疗有特异性，如免疫系统对于某一种肿瘤有反应，可换一种肿瘤就没有反应。但科学家们对这种抗肿瘤免疫应答反响的机制并不十分清楚。

相比较而言，被称为癌症治疗领域“第二次革命”的靶向治疗具有更清晰的前景。面对放疗、化疗无法区分恶性细胞和正常细胞的问题，科学界开始思考，能否研发一种对癌细胞有强特异性的化疗药物，只杀死癌细胞，不影响正常细胞。1970年，致癌基因的发现，使得这个想法成为可能。2001 年，第一个真正意义上的特异靶向药物格列卫上市，用于治疗 BCR-ABL 突变慢性白血病，它的出现让患者的五年存活率从 30% 上升到 89%。

但靶向药物只对特定类型的癌细胞有效，比如说，非小细胞癌的特效药色瑞替尼针对的是突变的 alk 基因，只有 3% 到 5% 的癌症患者才有 alk 基因突变。对于没有突变的患者，这个药物是完全无效的。而且，癌细胞会不断地进化产生耐药性，从而导致癌症的复发率增高。

1973 年，詹姆斯·艾利森在得克萨斯大学奥斯汀分校获得生命科学博士学位。1977 年，他进入得克萨斯大学 MD 安德森癌症研究中心工作，主攻免疫系统研究。当时，他对免疫细胞 T 细胞的功能产生很大兴趣——20 世纪 80 年代，科学家已经尝试将 T 细胞打入患有肿瘤的小鼠体内，肿瘤消失了。那么 T 细胞是怎样激发、识别、找到肿瘤细胞并把它们清除掉的呢？和许多研究者一样，詹姆斯·艾利森试图破解这种机制。

1996 年，詹姆斯·艾利森在一次实验中发现，T 细胞中的 CTLA-4，在某种程度上扮演着“制动器”的角色，就像一个“刹车闸”——通过抑制 CTLA-4，就有可能使 T 细胞大量增殖。詹姆斯·艾利森进行了大胆的假设，如果“阻击”CTLA-4，那么是否可以解除 T 细胞受到的束缚，进而全力攻击肿瘤细胞呢？他通过大量的动物实验证实了这一想法，并最终形成“检查点阻断”的免疫新疗法。新疗法在黑色素瘤晚期患者身上取得了良好效果，是首个可以有效延长黑色素瘤患者生存期的疗法。

与詹姆斯·艾利森分享诺奖奖金的本庶佑，则早于詹姆斯·艾利森 4 年就发现了 T 细胞的另一个“刹车闸”：PD-1。这是另外一个重要的免疫抑制受体分子。和 CTLA-4 相似，PD-1 也可作为 T 细胞的“制动器”，只不过作用机制不同。在此基础上，詹姆斯·艾利森与本庶佑分别制备了针对性阻断 CTLA-4 和 PD-1 作用的单克隆抗体，并相继开展了肿瘤患者的临床治疗试验。2011 年美国食品和药物管理局（FDA）批准 CTLA-4 抗体上市，2014 年 PD-1 抗体也获准上市，用于癌症患者的临床治疗。

詹姆斯·艾利森在获得诺奖后的一份声明中说：“能够见到那些接受免疫检查点阻断治疗后取得成效的病患，对我来说是一种伟大的荣耀，这是基础科学强大力量的鲜活例证，激励着我们继续去探究事物的运作原理。”

我与《清明上河图》的故事

冯骥才

冥冥中我感觉《清明上河图》和我有一种缘分。这大约来自初识时它给我的震撼。敢于把一个城市画下来的画家，我想古今中外唯有这位宋人张择端。这幅画无比精确而传神，磅礴且深厚。当时我二十岁出头，气盛胆大，不知天高地厚，居然发誓要把它临摹下来。

临摹是学习中国画笔墨技法的一种传统。我的一位老师惠孝同先生是湖社画会的画师，也是位书画大藏家，私藏中有不少堪称国宝。我上中学时逢假期就跑到他家临摹古画。惠老师待我情同慈父，像郭熙的《寒林图》和王诜的《渔村小雪图》这些绝世珍品，都肯拿出来，叫我临摹真迹。临摹原作与临摹印刷品是截然不同的，原作带着画家的生命气息，印刷品却平面呆板，徒具其形。然而，临摹《清明上河图》是无法面对原作的，这幅画藏在故宫，我只能一次次坐火车到北京，去故宫博物院的绘画馆看，常常一看就是两三天，随即带着新鲜的读画感受跑回来伏案临摹印刷品。然而故宫博物院也不是总展出这幅画，所以我常常是一趟趟白跑，乘兴而去，败兴而归。

我的初次临摹是失败的。我自以为习画从宋人院体派入手，《清明上河图》上的山石树木和城池楼阁都是我熟悉的画法，但动手临摹时才知道，画中大量的民居、人物、舟车、店铺、家具、风俗杂物和生活百器的画法，我在别人的画里不曾见过。它既是写意，也是工笔，洗练又精准，活灵活现，这全是张择端独特的笔法。画家的个性愈强，愈难临摹，而且张择端用的笔是秃锋，行笔时还有些“战笔”，苍劲生动，又有韵致，仿效起来十分难。偏偏在临摹时，我选择从画中最复杂的一段——虹桥——入手，以为拿下这一环节，便可总揽全卷。谁料这不足两尺的画面上竟拥挤着上百个人物。各人各态，小不及寸，手脚如同米粒，相互交错，彼此遮蔽，倘若错位，哪怕差之分毫，也会乱成一片。只有经过临摹，才明白其中的技艺无比高超。于是画完虹桥这一段，我便搁下笔，一时真有放弃的念头。我被这幅画打败！

重新燃起临摹《清明上河图》的决心，是在“文化大革命”期间。一是因为那时候天天有大把的时间，二是我已做好充分准备。先自制一个玻璃台面的小桌，下置台灯。把用硫酸纸勾描下来的白描全图铺在玻璃上，上边敷绢，电灯一开，画面清晰地照在绢上，这样再对照印刷品临摹就不会错位了。至于秃笔，我琢磨出一个好办法，用火柴吹灭后的余烬烧去毛笔的锋尖，这种人造秃笔画出来的线条，竟然像历时久矣的老笔一样苍劲。同时我对《清明上河图》的技法悉心揣摩，直到有了把握，才拉开阵势，再次临摹。从卷尾始，由左向右，一路下来，愈画愈顺，感觉自己的画笔随同张择端穿街入巷，游逛百店，待走出城门，自由自在地徜徉在人群中……看来完成这幅巨画的临摹应无问题。可是忽然出了件意外的事——一天，我的邻居引来一位美籍华人，说要看画。据说这位来访者是位作家。我当时还没有从事文学创作，对作家心怀敬仰之情，遂将临摹中的《清明上河图》抻开给她看。画幅太长，画面低垂，我正想放在桌上，谁料她突然跪下来看。那种虔诚之态，如面对上帝，使我大吃一惊。像我这样在计划经济环境中长大的人，根本不知市场经济生活的种种作秀。当她说如果她有这样一幅画，就会什么也不要时，我被深深打动，以为真的遇到艺术上的知音，当即说“我给你画一幅吧”。她听了，那表情，好似到了天堂。

艺术的动力常常来自被感动。于是我放下手中画了一小半的《清明上河图》，第二天就去买绢、裁绢，用红茶兑上胶矾，一遍遍把绢染黄、染旧，再在屋中架起竹竿，系上麻绳，那条五米多长的金黄的长绢，便折来折去晾在我小小房间的半空中。我由于对这幅画临摹得正得心应手，画起来很流畅，我对自己也很满意。天天白日上班，夜里临摹，直至更深夜半。嘴里嚼着馒头咸菜，却把心里的劲儿全给了这幅画。那年我三十二岁，精力充沛，一口气干下去，到了完成那日，便和妻子买了一瓶通化的红葡萄酒庆祝一番。掐指一算，居然用了一年零三个月！

此间，那位美籍华人不断来信，说尽好话，尤其那句“恨不得一步就跨到中国来”，叫我依然感动，期待着尽快把画给她。但不久唐山大地震来了，我家被毁，墙倒屋塌，一家人差点被埋在里边。人爬出来后，心里犹然惦记那幅画。地震后的几天，我钻进废墟寻找衣服和被褥时，冒险将它挖出来。所幸的是我一直把它放在一个细长的装饼干的铁筒里，又搁在书桌抽屉最下一层，故而它完好无损。这画又随我一起逃过一劫。它与我是寻常关系吗？

此后，一些朋友看了这幅无比繁复的巨画，劝我不要给那位美籍华人。我执意说：“答应人家了，哪能说了不算？”

待到 1978 年，那位美籍华人来到中国，从我手中拿过这幅画的一瞬，我真有点舍不得。我觉得她是从我心里拿走的。她大概看出我的感受，说一定请专业摄影师拍一套照片给我。此后，她来信说这幅画已镶在纽约曼哈顿第五大道她家客厅的墙上，还是请华盛顿一家博物馆制作的画框呢。信中夹了几张这幅画的照片，却是用傻瓜相机拍的，光线很暗，而且不完整。

1985年，我赴美参加爱荷华国际笔会，中间抽暇去纽约看她，也看我的画。我的画的确被镶在一个巨大又讲究的画框里，内装暗灯，柔和的光照在画中那五百多个神态各异的人物的身上。每个人物我都熟悉，好似熟人。虽是临摹，却觉得像是自己画的。我对她说，别忘了给我一套照片做纪念。但她说这幅画被固定在镜框内，无法再取下拍照了。属于她的，她全有了；属于我的，一点儿也没有。那时，中国画家还不懂得画可以卖钱，无论求画与送画，全凭情意。一时间我有种被掠夺的感觉，而且被掠夺得空空荡荡。它毕竟是我用年轻生命中一年多的时间换来的！

现在我手里还有小半卷未完成的《清明上河图》，在我中断这幅而去画了那幅之后，已经没有力量再继续这幅画了。我天性不喜欢重复，而临摹这幅画又是太浩大、太累人的工程。况且此时我已走上文坛，我心中的血都化为文字了。

写到这里，一定有人说："你真笨，叫人弄走这样一幅大画！"

我想说，受骗多半是因为一种信任或感动。但是世上最美好的东西不正来自信任和感动吗？应该守住它，还是放弃它？

我写过一句话："每受过一次骗，就会感受一次自己身上人性的美好与纯真。"

这便是《清明上河图》与我的故事。

在直播中做科普

廖宇虹

活人会被尿憋死吗？闪电为什么不走直线？雨滴从高处落下，为什么不会砸伤人？……

无论多么稀奇古怪的物理问题，只要你想了解，就可来到“二次元的中科院物理所”——这是由中国科学院物理研究所官方认证的B站（视频网站Bilibili的简称）账号。

中科院与B站，在人们的印象中，分别代表了科研的严谨与二次元的“闹腾”。而当二者碰撞到一起，却产生了十分奇妙的火花。

从2019年3月以来，“二次元的中科院物理所”在B站的视频播放量达到近500万次，而直播人气最高峰时有140多万人在线观看，已经累计为网友解答了1000多个脑洞大开的问题。

又“皮”又硬核的“90后”

“超导体不仅能在上方悬浮，它还可以在磁铁轨道的下方悬浮，侧边悬浮都可以。它未来有可能实现轨道交通的悬浮。”通过手上的实物演示，这些原本让普通人听不太懂的话语瞬间都有了可以参考的具象。这场演示的主人公——中国科学院物理研究所博士李治林——生于 1990 年，如今他已经是直播团队里年龄最大的一位主播，网友称其为“大师兄”。

每周三晚，这个平均年龄 25 岁的团队都会在中科院物理所的一间实验室里进行直播。和很多科研工作者一样，他们原本的生活少有波澜，整天泡在实验室做实验。平常，他们也许会更严谨地使用专业名词及知识，但自从有了这样一个直播间，他们开始用一种很“皮”的方式谈论科学，一种隐藏的天性在这里得以释放。

比如说“大师兄”李治林。“光很强，就有一个镜面反射的倾向。你要降低这种倾向，就抹点粉，把表面变得粗糙一点。所以明星抹粉其实不是为了让皮肤更光滑。”话到此处还算一本正经，可随即他又开始对观看直播的网友们“胡说八道”起来：“弹幕里的话你们相信吗？不相信的话回复 1，相信的话回复圆周率小数点后第 50 位。”

“我们是这样一个有点‘二’、有点‘皮’，但实际上内容很硬核的团队。”中国科学院物理研究所综合处副处长、科普工作负责人成蒙介绍道。

嘴上可以很“皮”，但在进行实验时，手套、护目镜、口罩，该有的一个都不能少，步骤一步也不能错。对网友们感兴趣的问题，他们都会通过实验来验证或辟谣。比如，他们将捡来的一片树叶撕碎放入量杯，加入酒精泡一泡，液体会变成绿色，再用验钞笔一照，它就会像荧光棒一样发光，然后说：“生活中某些东西有荧光，有传闻说荧光有害。叶绿素是一种最典型的荧光材料，你天天吃菜，会担心叶绿素有毒吗？”

对这些在生活中三点一线的中科院博士来说，科普是他们自愿承担的工作。直播这种新鲜、可交流的方式，不仅是他们单调生活的调剂，而且成了他们反刻板印象的一种抗争手段。

现代版“十万个为什么”

“真正的知识不是书本上一个个孤立的知识点，而是彼此紧密联系的。生活中处处是科学。”李治林说，“在直播时不会回避复杂的原理和公式，这样人们才会对科学有一个更全面的认识。”

但对科普的内容，他们也有自己的原则——尽量不讲太玄乎的东西。比如避免把相对论、量子力学、宇宙学神秘化，而更多地说说其中的数学原理或实际应用。大多时候，他们的直播内容可能是当天跟粉丝征集的，有时是在食堂吃饭时临时想到的——生活中无处不在的“为什么”都可能成为他们的选题。

每次李治林出场时，总有弹幕问“为什么他的头发这么多”“他是不是没洗头”。被问得多了，他索性将一期直播的主题定为头发，从头发的微观结构讲到光的偏振，顺带解释为什么自己的头发在摄像机下看起来不自然。

科普团队里的博士王恩则试图在生活中彻底贯彻科学理性。因曾在景区排队上厕所等到崩溃，他写了一篇长文研究上厕所时如何排队用时最短。为了弄清怎么挑西瓜，他还给西瓜做物理建模，分析应该怎么科学地拍西瓜，什么频率的声音对应怎样的成熟度。

还有一次直播恰逢森林火灾频发时期，他们给观众演示了一个反直觉的实验——烧纸产生的烟没有向上飘，而是像水流一样顺着纸筒向下流动。借助于此，他们解释了火灾中死者往往是窒息而死的道理，同时提醒观众，遇到火灾时一定要用湿布捂住口鼻。

许多网友前来留言：“过去十几年的物理白学了。”“要是高中物理也这么教，我高考能考满分。”“原来物理可以这么简单有趣。”

“我们想让大家感受到，科学是很美、很酷也是很有用的东西。

我们会去讲那些老师不教、爸妈不会、不问憋得慌的问题。还有人叫我们现代版的‘十万个为什么’。”提及此，作为团队带头人的成蒙感到有些自豪，也有了更强的使命感。

科普的“科学方法”

从2014年11月开始，中科院物理所建立了自己的微信公众号，2018年开始制作短视频，现在又紧跟潮流，进入网络直播领域。

“初创阶段是比较费劲的，因为我们连道具都没有。”李治林回忆道，“我们花了大概一年时间，自制了80多个道具。”人体发电机、激光炮打气球、花朵形状的记忆合金……为了更容易被网友们接受，这个年轻的团队可谓绞尽脑汁。

“其实我觉得更难的是，对于那些跟生活，或者是跟公众交集特别少的科学的概念、科学的进展、科学最前沿的内容，怎么才能让大家觉得有兴趣。”成蒙举例说，“比如对于高能量密度的锂离子电池或清洁能源设备，你会觉得它们好像跟自己没有什么关系。我们给它起名叫‘国产超大号充电宝’——问题就变得简单了。”

科研更多时候是“高高在上”的，但科普不是——越能被人们接受的方法，越是它的“科学方法”。如今，科普的场所早已不局限在学校、科技馆，一张工作台、一块小黑板、几盏摄影灯和各类道具，冰冷的知识灌输变成生动有趣的段子和实验——仅仅通过一块小小的手机屏幕，就能将科学与普通人的距离拉近一点。

当然，除了内容有趣、接地气，科普还应是与时俱进的：在5G商用时代来临之际，2019年7月初，“二次元的中科院物理所”还进行了一场关于5G的直播。两位中科院博士通过在4G和5G网络环境下下载和上传的速度进行检测对比，向网友们展示了5G网络的速率。

截至2019年7月，中科院物理所的科普团队共发表科普文章近6000篇，直播超过50小时。他们从生活中最常见的现象讲起，联系到当代最前沿的科学技术。

“好奇心是一种既珍贵又脆弱的东西，我们希望能保护好它，甚至培养它。”李治林说。

论看电影流泪

林语堂

因为我看电影常流泪，所以看见隔座的姑娘拿手绢擤鼻子，或是出来后颊上留两条泪痕，便比较喜欢她，相信她大概心肠不错。对于哭这件事，成年人多半会难为情，但中西略有不同。先就这中西不同讲讲。

英国人哭不肯出声，也不肯让人看见。英国教育最重“人格”，而所谓“人格”，大部分是指勇毅、隐忍、动心忍性的功夫。英国人动起怒，先把牙关咬紧，一声不响，即所谓“人格”。英国公学的小学生被大学生欺负，吃了几记耳光，挨了几个嘴巴，不哼一声，就令人佩服，说这孩子是贵族家庭出身，有大家子弟的模样。这在英国，叫作“吃得起拳头”。后来这话就成了普通用法。比方你对英国人说，某人能吃苦、有毅力，英国人便说：“可以吃得起几下拳头。”这是称赞的话。他们在古代就是如此，古代英国文学中的英雄，受伤要死，也要逃到人迹罕至之地静静死，就是这个意思。

中国人对流泪的态度大不相同，故社会上、文学上、戏台上，常有放声大哭之声。原因是，一则有儒家适情哲学；二则孔子哭之恸、申包胥哭秦廷，有种种榜样在前；三则丧礼把放声大哭也列入仪文，拭泪挥泪也都有明文规定；四则诗词戏曲已把“挥泪”手势化为艺术，认为美观；五则生活实在太苦，大有非哭不可之势。基于这些原因，中国人当众哀哭，也就不以为耻了。这种中西心理情绪之不同是要研究的。钱锺书先生曾于《天下》月刊批评中国悲戏不如希腊悲剧，因为剧中英雄太少伟大丈夫气。其实《长生殿》之唐明皇把贵妃交出，不肯双双自缢或服毒而死，有欠英雄本色，我也承认。但如霸王别姬，一剑杀爱姬，又一剑自刎，我认其为豪杰，不愧为悲剧主角。天下真英雄哪有不流泪的？唯儿女情长者才真有英雄远志。老残说得好：“哭泣者，灵性之现象也。有一分灵性，即有一分哭泣，而际遇之顺逆不与焉。”沈君烈亦是文章“鬼才”，他说：“人生何必时俗喜，亦何必鬼神怜，但愿对俊男子大吐肝膈，痛哭一场，足了事矣。”这比较能代表中国人对哭的态度。

以上是略略讲起中西对哭态度之不同。其实中国人也认为看电影流泪，不大有尊严。

我真不懂，看电影流泪有什么可羞耻的？看一本可歌可泣的小说，看一部悲楚动人的影片，为什么不可以哭？西方有亚里士多德，东方有太史公，都是讲戏剧之用在于动人情绪。亚里士多德的著名悲剧论，说悲剧之用是如清泻剂，其作用叫作“清泻作用”，是把我们肝膈荡涤一下。太史公是否说过同样的话，这时也懒得去查。但是他的确比许多现代人懂得心理，懂得笑与哭之用。《滑稽列传》就是拥护幽默的，看来比“今夫天下”派唾骂幽默之小子下流，实际上却比我们懂心理学。太史公自己哭吗？他一部《史记》就是悲愤而著的书，哪有不哭，又哪有不知哭之效用？但是我们也不必引经据典。假使有一个可歌可泣的故事，在台上表演，而观者不泣，不为所动，不是表演者艺术太差，便是观众已失人情之正了。

自然，哭泣不大雅观，我也知道，多情与感伤有所不同，事各有时。我们看见白痴无故而笑，无端而哭，或者男子动辄流泪，认为未免太无丈夫气了。但是，人非木石，焉能无情？当故事中人，床头金尽，壮士气短，我们不该挥几点同情之泪吗？或是孤儿遭后母凌虐，或是卖火柴的小女孩冻死路上，或是闵子拉车，赵五娘食糠，我们能不心为所动吗？或是夕阳西照，飞鸟归林，云霞夺目，江天一色，我们能不感叹宇宙之美而不由得眼泪夺眶而出吗？在电影里，情节总是比日常离奇，人物总是比日常可爱，所以动人之处自然比日常生活多。假如我们去看电影而情不为动，还是真能看电影的人吗？

其实看电影而哭者不必自愧，看电影而不哭者亦不必自豪。伯牙无良琴则无所用其技，良琴不遇伯牙则不能尽其才。同一架琴，一个琴师弹便有一种音调。凡艺术都是靠作者与所用材具的一种相感相应，也是靠作者与观者、听者、读者的相感相应。同一画图，由甲看来索然无味，而由乙看来悠然神往。所以一种艺术之享受，一方在于作者，一方也为观者自己的灵性学问所限制。观者愈灵敏，则其感动之力愈大。程子说，同一本《论语》，“有读了全然无事者，有读了后其中得一二句喜者，有读了后直有不知手之舞之足之蹈之者”。所谓得一二句喜者，也是各人不同，有人喜欢这句，有人喜欢那句，这就是欣赏艺术所受观者、听者、读者灵性及学问上之限制。同一处夕阳美景，一人看来欢天喜地，乐不可支，另一人看来，却是一个锁保险柜回家的暗示。

人生本来是有笑与泪的，所要紧的是看因何而流涕。有狂喜之泪，有沮丧之泪，有生离死别之泪，有骨肉团圆之泪，有怀才不遇之泪，有游子思家之泪，有良友重逢之泪，有良辰美景之泪，有花朝月夕之泪。似是谁要哭，听他哭，因为我们本来是有情动物，偶然心动，落一滴同情之泪，或怜爱之泪，或惊喜之泪，于他是有益的。

入眠与警醒之间

杨照

这是一个因为失眠而在历史上留下大名的人。18世纪中叶，俄罗斯派到萨克森宫廷的大使凯塞林伯爵，雇了当地一位钢琴家哥德堡担任他的私人乐手。一天，这位伯爵无论如何都睡不着。或许是想起了自己常常在宫廷音乐会中打瞌睡的经历吧，伯爵就将哥德堡叫来，看他能否演奏什么催眠的音乐。哥德堡还真没接过这样的任务，试了几种不同的乐曲，都未能让伯爵入睡。

担心未来几天还要承担同样任务的哥德堡，便去向他的老师求救。当时在萨克森担任宫廷乐长的老师巴赫认为，恐怕得专门写一首曲子。伯爵同意支付四十个金路易，请巴赫写曲子，再让哥德堡在床边演奏。

四十个金路易换来的，是首连主题在内包括三十二个乐段的变奏曲。本来没有什么机会被后世记得的凯塞林伯爵，竟然因为跟这首曲子搭上关系，而在音乐史上留名。还有哥德堡，也因此被后世铭记。

这个故事被反复传颂，不过是真是假却一直有争议。没有任何可信的史料证明这件事真的发生过，当然也没有证据可以推翻它。

如果从其他方面衡量呢？有一点或许可以支持这个故事。变奏曲这个形式，在巴赫的时代已经比较普遍了，可是在巴赫留下的众多作品中，变奏曲却极为稀少。除了这首《哥德堡变奏曲》，巴赫只写过一首“意大利风”的变奏曲。显然，巴赫不怎么喜欢变奏曲，或许正是因为他觉得变奏曲容易让人昏昏欲睡吧，所以接受委托写催眠曲时，他自然就选择了变奏曲形式。

还有，这首变奏曲具备惊人的数学齐整度。三十个变奏，每三个构成一组，虽然巴赫并没有标记速度指示，然而从乐曲内部可以清楚地感受到，每一组中的第一首都是较为快速激动、充满变化的；第二首则以较慢的速度呼应主题所展现的抒情性；每一组的第三首，巴赫明确地用卡农的形式表现，且公式化地让每一首卡农前后追逐旋律的音高差距愈来愈大。从一度同音追逐，到二度音、三度音，一直增加到九度差距。这样的规律变化，让本来就已经很具数学性的巴赫音乐变得更加严谨。或许他就是要用可预期的反复，来帮助伯爵渐渐进入梦乡吧！

然而，历来也有许多音乐家和音乐史家不买这个账。不相信《哥德堡变奏曲》是催眠曲这个阵营的大将之一，正是另一位与这首乐曲永远联系在一起的历史人物——钢琴家古尔德。

古尔德提出的反对理由之一是，只付四十个金路易，怎么可能换来巴赫这样一首长达三十个变奏，演奏起来至少四十分钟的庞大键盘曲？古尔德不相信故事真实性更关键的一点是，听这样的曲子，怎么可能睡得着？

这首变奏曲，绝对不像表面形式看起来的那么工整、单调。巴赫在作品中尝试了不同的手法，完全看不出是为催眠而作。没有特别沉稳的音域，没有特别缓慢的节拍，没有避免激烈乐曲涌现的限制，音乐自由地流淌着，上下左右、无所忌讳地探索着不同声音的情绪，这怎么可能是一首让人听了会睡着的曲子？

的确，很多人在第一次听到古尔德弹奏这首曲子的录音时，都会忍不住坐直上身，认真地聆听。古尔德在1955年第一次灌录《哥德堡变奏曲》，从此一炮而红，这不但让他跻身著名钢琴家之列，而且让《哥德堡变奏曲》声名大噪，还改变了20世纪后半段巴赫音乐的演奏风格。

1955年之前，巴赫键盘音乐的主流，是由兰多芙斯卡带领的大键琴复古乐风。兰多芙斯卡参与设计、制造了能发出较大音量的大键琴，又练出一身将大键琴音乐性发挥到淋漓尽致的功夫，一时所向披靡，说服许多人，钢琴根本不适合用来呈现巴赫的作品。

然而古尔德的录音一出，巴赫的音乐在钢琴上获得了新的生命。古尔德让《哥德堡变奏曲》中那么多不同的变奏听来都再自然不过，那琴音好像超越了演奏家，也超越了乐器，自己活着、动着。听到这样的音乐，谁还会觉得钢琴跟巴赫有隔阂呢？

古尔德一共留下了四个正式的录音版本，最常见的是1955年版和1981年版，前者演奏了三十八分钟，后者呢？演奏了五十一分钟！怎么可能有这么大的差异！但两个不同版本听上去同样自然，同样具有说服力。这或许就是古尔德演奏艺术最迷人的地方，也是巴赫钢琴音乐最迷人的地方吧！

基因真的能『剧透』人生吗

白简简

“只需1毫升唾液，你就可以轻松在家获取基因检测报告，包含祖源、运动、营养、美肤、健康、心理等9大类的200项报告……”几个月前，我看到这条广告，于是花了几百元，并寄出我的唾液。

两周后，拿到报告的一瞬间，坦白讲，我被震撼了。这一毫升唾液“出卖”了我太多的信息。比如，我是60.55%的北方汉族、38.41%的南方汉族，至于还有0.90%的韩国人血统，似乎和家族记忆中祖上曾往返东北做木材生意有一丝微妙的关联。

基因不仅暴露了我的现状，似乎还“剧透”了我的未来。比如，我患“老年性黄斑病变”的概率是普通人群的4.98倍——我外公目前正受此病困扰，而患“特发性肺纤维化”的概率又是普通人的2.17倍——我爷爷因此病逝。

在惴惴不安中，我翻到了加拿大英属哥伦比亚大学社会与文化心理学教授斯蒂芬·J.海涅的《基因与命运》一书。DNA双螺旋是否编织好了我们无可逃脱的宿命？

必须承认，人类有一些性状确实受到基因的影响，比如身高、体重、眼睛的颜色、新陈代谢率；很多心理性状也可以遗传，研究表明，基因对智力、性格、自尊，乃至患上精神分裂症的可能性都有很大影响。接下来说的你可能不信，但基因的确还能影响更多：是否喜欢爵士乐、看多长时间电视、是否愿意买很多巧克力……比起看手相、测星盘，基因占卜学简直太科学了！基因似乎是不可抑制的核心力量，最终决定了我们是谁。

2014 年英国播出过一档电视节目《已故名人的 DNA》，主持人马克·埃文斯就是基因宿命论者的典型代表。爱因斯坦为什么那么聪明？玛丽莲·梦露为什么那么迷人？希特勒为什么那么邪恶？他相信只要读取这些名人的基因信息，就能得到问题的答案。

有一期节目，埃文斯试图解释猫王的死因。他得到了一份猫王的头发样本，基因检测结果显示了可能导致偏头痛、青光眼、肥胖症等疾病的因素，而猫王生前恰恰受到这几种疾病的困扰。埃文斯由此总结，猫王的早逝是基因决定的宿命。

真的是这样吗？海涅教授表示，事实上，人的大部分症状都不是基因直接导致的。比如，大约有 97 种常见的基因变异会增加患肥胖症的可能，而我们每个人都或多或少带有。其实，猫王死于不健康的生活方式（他生前吸食多种毒品），但人们显然更愿意相信他死于基因。

而事实上，就算是身高，可遗传性高达 80%—90%，但与人类身高相关的单核苷酸多态性竟然多达 294831 个，而且所有基因变异组合在一起，也影响不了人类身高差异的一半。这意味着，想通过基因工程定制后代的身高，就必须调整胚胎里的近 30 万个基因，成功的概率还只有一半。与其费这个工夫，不如多喝点牛奶。

“就像醉汉在路灯下面寻找钥匙——因为那里光线好，我们也常常容易用‘开关思维’来理解基因：有这个基因会怎样，没有又会怎样——因为这是思考复杂问题的简单方式。”海涅说。

社会心理学家曾做过一个实验，让斯坦福大学的白人和黑人学生做一份很难的语文试卷。第一组直接考，白人和黑人的成绩没有差别；第二组在考试之前要求他们说明自己的种族，结果，白人答对的题目数量是黑人的两倍。还有类似的测试，在数学考试中提醒女生注意自己的性别，那她们就会考得更差。

所以，如果你相信基因，你就可能真的被基因影响，即便那不是基因的问题。还记得吗，除了基因，我们也曾相信过血型，这方面日本人是专家。他们认为，O 型血的人乐观向上、意志顽强、善于交际，但又有点以自我为中心，同时是个工作狂。

小时候，我曾在爸妈的书架上看到过一本讲“血型与性格”的书，根据书中分析，我应该是妥妥的 B 型血（正好我爸也是 B 型），直到多年后体检，我才知道自己是 O 型血。更有趣的是，我对照 O 型血特征，居然也觉得很符合——这大概就是算命的原理。

基因的“力量”令我们折服，有时候我们也愿意相信“罪魁祸首”是基因，因为这听上去比自己的不作为更容易让人接受。比如，我的基因报告说，我是一个“主观幸福感弱、情绪稳定性弱、抗职业倦怠能力弱、抗焦虑能力弱”的人。这样一来，工作以来的种种不快都找到了不可抗的原因，心中一下子舒坦不少。

人类一直在“发低烧”吗

王昱

人类的正常体温究竟是多少？如果你比较关注自己或家人的身体健康，就会本能地回答：“37℃啊！”但最新的研究证明，这个常识可能是错误的。美国科学家的一项最新研究指出，自19世纪60年代以来，美国人的体温一直在下降，目前平均体温仅为36.6℃，而非37℃。这意味着，人类的正常平均体温可能需要重新定义。难道百年前的古人一直在“发低烧”吗？别笑，事实可能还真是如此。

平均每10年下降0.03℃

据美国《时代》周刊报道，美国斯坦福大学的研究者朱莉·帕森内特说，研究人体体温的医生几十年前就意识到平均体温37℃这一数字过高，“但他们一直认为这只是过去的测量误差，并非因为人体体温真的下降了”。

为弄清真相，帕森内特和她的团队综合分析了三个数据集。第一个数据集是取自包括美国南北战争时期联邦军23710名退役军人在内的美国人的体温数据，测量于1860年至1940年间。另外两个数据集的时间跨度分别为 1971 年至 1975 年，以及 2007 年至 2017 年。研究团队总共分析了 677423 份体温数据。

结果显示，美国人的体温平均每 10 年下降 0.03℃。19 世纪初出生的男性，体温比现在男性的高了 0.59℃；而女性的体温自 19 世纪 90 年代以来，已下降了 0.32℃。这意味着，现在美国人的平均体温约为 36.6℃，而不是人们普遍认为的 37℃。

此外，研究还发现，不管哪一年的测量数据，老年人的平均体温都要高于同一年测量的年轻人的平均体温。

帕森内特说："最有可能的解释是，在微生物学意义上，我们与过去的人差别很大。由于出现了疫苗和抗生素，现代人较少感染病菌，所以，我们的免疫系统不像过去那么活跃，身体组织也不易发炎。"

虽然这项调查的对象只有美国人，但帕森内特指出，如果事实的确如此，那么在健康状况有所改善的其他国家，人体的体温应该也已经下降。人类体温的下降趋势会不会很快停止？她表示："人体体温存在一个极限值，体温不会降至 0℃，但具体降到哪个值，我现在也不知道。"

人类体温标准为什么是 37℃

人类的平均体温随着生活和医疗水平的进步在下降，原因则是我们的免疫系统不那么活跃。这种说法听起来有那么一点离经叛道的意思，但仔细探究一下，你会发现标准体温是 37℃这个常识，其实也没你想象的那么可靠。

一个多世纪以来，37℃一直被用作人类健康的体温标准，但这个标准在不断受到质疑。

摄氏度这个概念是瑞典天文学家安德斯·摄尔修斯在 1742 年提

出的，也就是说，在18世纪中叶以前，人类其实对“正常体温”没有什么概念，即便在之后很长一段时间里，医学界也认为人的体温存在较大的个体差异。直到19世纪中叶，德国医生卡尔·翁德里希打破传统观念，对2.5万名成年人的腋窝进行了数百万次的温度测量，并基于这些数据撰写了一篇影响深远的文章，提出37℃是人类的平均体温。自此，这一标准被当作金圭玉臬奉行了一个多世纪，37℃成了正常体温的“生理点”。但翁德里希医生提出的仅仅是一种现象，并没有解释为什么人类的体温需要恒定，以及为何恒定在37℃左右。

这其实是两个问题，对于人类以及其他恒温动物为何具有恒温能力，科学界已经有了两种主流的解释：一种认为大脑在恒温下运作得更好；另一种则认为这是某些动物从依赖水生环境彻底转向陆生环境的演变结果，这两种解释也许都是一些动物维持身体恒温的目的。动物维持比环境温度稍高的体温，有利于增强动物体内糖酵解的能力，以及促进酶的活性。

在生存竞争中，这意味着许多优势。如它可以提高动物的运动能力，使其更易捕捉猎物、保卫领地。但为何人类的体温要恒定在37℃呢？

研究发现，37℃其实是人类维持体内酶活性的一个“高限”，比这个温度稍稍升高几度，人体内的酶就会失活。但相反，温度有些许下降（比如在30℃—35℃）对这些酶的影响并不明显，甚至能让其更加高效。

我们的体温是被真菌“逼上梁山”的吗

既然维持越高的体温就要消耗越多的能量，那么，为何人类会出现更高的体温呢？对此，生物学家提出了一个很奇怪却比较被学界认可的答案：保持较高的体温很可能是为了抵御致命的真菌。

在近十亿年的时间里，真菌一直都是地球生命故事的主角之一，甚至多细胞动植物与它们相比都是后来者。而在多细胞动植物兴起后，真菌侵蚀了几乎所有物种：植物叶子上有真菌，根部有真菌；两栖类和爬行类动物携带着数以千计可感染疾病的真菌病原体；甲虫、蚂蚁和白蚁等昆虫都培养真菌。

然而，在生物界横行无阻的真菌，唯独在恒温动物这里遭遇了顽强抵抗。生物学家发现，入侵人体的真菌数量惊人得少。其中最常见的包括几种毛癣菌，可以引发足癣。还有肺囊虫，可以使人类免疫系统受损并引发肺炎。但在大多数情况下，肺囊虫只能温顺地生活在我们的肺里，只有在肺部温度下降（所谓的受“风寒”）时才出来作乱。

无独有偶，人类并非唯一不受真菌困扰的物种，绝大多数哺乳类动物和鸟类很少受到真菌的骚扰。尽管它们所接触的真菌种类超过四千种，但长在哺乳类动物身上的只有不到五百种，并且大部分不会致病。对鸟类的研究同样显示，几乎没有什么真菌引发的鸟类疾病，而大多数鸟类的体温比哺乳类动物的更高。

而那些体温略低的少数哺乳动物，似乎都更易感染真菌。鸭嘴兽就是一例。它们体温略低，仅有 32℃。同样的，在北美，冬眠蝙蝠也容易被真菌入侵，引发白鼻子综合征，导致发病死亡。而兔子身上虽然几乎没有病原真菌，其睾丸部分却易受到真菌袭击，因为这个部位仅有 35℃，比它们身体的其他部位要低 4℃—5℃。

这种研究为我们揭示了一幅新的自然界图景——恒温动物并不是自主选择了较高的体温，而是被真菌等病原体“逼上梁山”，不得不维持高体温，用这种升温的方法遏制无处不在的病原体入侵。事实上，并非我们所有的机体细胞都能适应这种高温，比如很多动物的精子在高体温下无法发育。因此，人类等动物雄性个体的睾丸才会探出体外装在阴囊里，成为争斗中很容易被攻击的一个弱点。

所以，人类采取“高体温策略”其实并非自愿。那么，在一个真菌等病原体较少、免疫机制不需要那般活跃的环境中，我们的体温是否会自主地降下来呢？美国学者这项最新的研究似乎也体现了这种趋势——在躲过了与我们缠斗数百万年的“宿命之敌”的骚扰后，一场全人类的“低烧”似乎也在退去。

考拉之死

秋池

无处可逃

托尼·多尔蒂看到车窗外那只考拉时，它刚刚从燃烧的丛林里爬出来，歪歪扭扭穿过马路，深灰色的毛变得焦黑，它像是被吓坏了，慌不择路地爬向马路对面另一片燃烧的树林。

“它看上去非常脆弱。”托尼从车上跳下来，边跑边脱下身上的白色 T 恤，冲进树林用 T 恤裹住它，把它抱了出来。

她将它放在远离火焰的地上，给它喂矿泉水。考拉是一种平时几乎不喝水的动物，它们靠吃桉树叶获取大量的水分。然而此时这只惊恐的小动物用两个爪子死死抱住托尼的矿泉水瓶子，快速吞咽。托尼把水浇在它身上降温，它的躯体被大面积烧伤，当水和手触碰到皮肤时，它发出了痛苦的呜呜声。

“我从来没有听考拉那样叫过，几乎像是在哭喊。”托尼说。她用毯子将它裹起来，毯子上布满了暗红色的血迹。

这只考拉被迅速送往澳大利亚麦考瑞港，那里有全世界唯一一家专门照顾和保护考拉的考拉医院。

从2019年9月开始，澳大利亚的森林大火已经燃烧了将近五个月，过火面积迄今超过1000万公顷，至少24人死亡，2000多座房屋被毁，死伤动物不计其数，“连沼泽都在燃烧”。而大火主要席卷的三个州——东海岸新南威尔士州、昆士兰州和维多利亚州正是澳大利亚最重要的考拉栖息地，如今，这些栖息地大约有80%已被摧毁。据《纽约时报》2020年1月中旬的报道，大约有2.5万只考拉死于这场大火。

“它们几乎不可能逃脱。袋鼠会跳，鸟会飞，可考拉只会缓慢地爬。”一位消防员说。遇到山火时，它们只会往树顶上爬，蜷成一个球。桉树是世界上最耐热的树种之一，但依然无法抵挡这种规模的山火，当树顶的温度过热时，它们不得不爬下树，爪子被滚烫的地面灼伤，再也回不了树上。

濒危已久

托尼给自己救下的那只考拉起了名字——路易斯，这是她外孙的名字。她在考拉医院见到了它。它卧在篮子里，安静地啃着桉树叶，托尼轻轻抚摸它的头，它抬头看了她一眼，又低下头继续啃树叶。

考拉生性温顺，行动缓慢，一生的大部分时间都趴在桉树上睡觉。美国前总统奥巴马、俄罗斯总统普京、德国总理默克尔……几乎每位到访澳大利亚的政要都留下了怀抱考拉的照片。它们像抱住桉树一样紧紧抱住人的脖子或小腿，憨态可掬。对于到访澳大利亚的游客，“如何正确地抱考拉”“到哪里抱考拉”是必做的功课之一。

但事实上，早在这次大火之前，考拉在澳大利亚的生存环境已经不容乐观。

据澳大利亚生物多样性中心统计，2016年的考拉数量在30万只左右，而随着近年气候变化加剧和人类对考拉栖息地的侵占，考拉的数量锐减到4万至10万只。它们死于山火、干旱这样的天灾，也死于车祸、偷猎这样的人祸。在部分地区，考拉数量甚至锐减80%。目前，考拉在澳大利亚多个地区已被列入濒危动物名录。

除了天灾人祸，考拉还常常死于人类莫名其妙的恶意。2018年，澳大利亚动物保护人员在昆士兰州一个公园里发现一只大约五岁的考拉，它的前肢被人用钉子钉在木柱子上，被发现的时候已经因失血过多而死。

澳大利亚考拉基金会主席黛博拉·塔巴特在2019年5月的一份声明中悲观地写道："考拉在整个澳大利亚已经功能性灭绝。"这一判断在动物学界引发争议，功能性灭绝通常被用到数量只剩几百只的动物族群身上，很多人认为考拉的数量依然能维持自我繁殖，并未达到如此危险的地步。但黛博拉女士坚信自己的判断，认为按照目前的速度，考拉将在未来三代内灭绝。

"我开车去了它们几乎全部的栖息地。我清楚地知道没有一个考拉族群是安全的。我不在乎其他人说什么，我到过现场，我看到它们处在什么状况之中，我要把这些写下来，这份工作我已经做了31年。"她语气激动地告诉媒体。

政治短视

这种特大火灾无法通过水弹飞机或消防人员扑灭，人们只能无力地等待雨季的到来。那也意味着，将有更多的考拉死于这场大火。

有人尝试寻找真正的解决方案。"气候变化似乎已经变成一种新的常态，这意味着考拉接下来的生存将更加艰难，如果我们不做点什么，我们就会渐渐失去它们。"从事野生动物救治保护工作20年的派恩说。

近年来，澳大利亚森林大火越发频繁，人们普遍认为这与全球变暖密切相关。新南威尔士州前消防和救援专员格雷格·穆林斯在《悉尼先驱晨报》的专栏文章里写道："火灾在从未发生过的地方，以前所未有的频率发生……雷暴引发的火灾以前很少见，而现在越来越频繁。"

在如今的澳大利亚，气候变化已经变成一个敏感的政治议题——考拉生活在荒无人烟的野外，却被卷入人类世界复杂的政治博弈。

在这场导致大量考拉死亡的大火发生之前，30 万澳大利亚人曾走上街头游行，呼吁政府对气候变化采取行动，控制温室气体排放，然而收效甚微——澳大利亚的政党在气候议题上存在巨大的分歧，左翼工党呼吁"减排、去煤、应对气候危机"，而执政的自由党总理斯科特·莫里森一直支持传统能源行业，认为"去煤"将会导致无数人失业，"减排"则会牺牲经济发展。

根据新气候研究所、气候行动网络和德国观察等智库机构联合编制的《2020 年气候变化绩效指数》，在对国家和国际气候政策的评估中，澳大利亚被认为是表现最差的国家。

这次的火灾发生之后，有媒体问及莫里森此次火灾和气候变化的关系，莫里森没有回答。

在澳大利亚国立大学气候科学家乔尔·格雷格看来，政客的短视和冷漠正在葬送这个国家的未来。"天气会变得越来越酷热，我们在未来将看到更加极端的灾害。政客们把球踢来踢去，我们真的错失了为将来所要面临的一切做好准备的机会。"

英国历史学家罗曼·克鲁兹纳里克曾提出过"空白时间"的概念："英国十八九世纪殖民澳大利亚时，利用'无主地'的法律原则来为自己的征服与殖民统治辩解，无视原住民的存在和他们的土地所有权。今天我们的态度也像对待‘无主地’一样，把未来当作‘空白时间’，无人居住、无人认领，任凭我们主宰。”

如今，考拉的命运似乎正在“任凭我们主宰”，而它们对此并无发言权，它们甚至不会出现在那个“空白时间”里，就像被救下来一周的路易斯，最终还是没能挺过去。志愿者喂它桉树叶，它一个小时才能吃下去一片，它闭着眼，嘴里含着树叶，眼角渗出眼泪，医生猜测它承受着巨大的疼痛。为了使它免受更多的痛苦，它被实施了安乐死，在小筐里安静地离世。

未来，在那个“空白时间”里，人类也许会成为最孤独的动物。

Ent

孤独的 52 赫兹

故事的开始是在 1992 年 12 月 7 日，惠德比岛海军观测站的中士维尔玛·兰奎捕捉到一个信号。它并非来自某个已不复存在的国家的潜艇。它是一首鲸歌。

但是这首歌的频率是 52 赫兹。

这不对。就声音模式而言，它有点像蓝鲸，可蓝鲸的频率在 15 赫兹至 20 赫兹。没人记录过这个频率的鲸歌。

所以她和她的同事开始追踪这首歌。接下来的十几年里，歌声的频率逐渐降低，从 52 赫兹降到 50 赫兹，但始终清晰可辨。论文里这样描述："北太平洋海盆，任何水听系统的声学数据均未识别出类似特征的其他呼叫。每次仅有单一序列的呼叫得到记录，没有重叠……轨迹和其他鲸物种的位置及运动均未表现出关联……"

在最后的讨论部分，作者写道："也许很难接受的是……它可能是广阔海洋里唯一一头这样的鲸。"

这篇论文的第一作者是海洋学家威廉·阿·沃特金斯，是他提出使用海军闲置设备追踪鲸迁徙的想法。他为维持这个项目的运行而竭尽全力，但“9·11”改变了这一切。海军重新部署，原来的经费和岗位都没有了。

2004年8月，论文被《深海研究》接收。一个月后，沃特金斯因癌症逝世。他的同事开始收到关于这篇论文的信。这些信和过去的学术往来截然不同，它们均来自普通人。悲伤的人，心碎的人，在鲸歌里听见了自己的人。

52赫兹鲸的传奇就这样诞生了。

人们想象它是一头孑然一身的蓝鲸，在大海中独自游动，唱着无人懂得的歌。人们想象它毕生都在呼唤自己的另一半，却始终没有回应。人们想象它是一支独一无二的号角，面对大洋深处，发出过去不曾有、将来也不会再有的呐喊。

但是没有人见过它。沃特金斯去世后，再没有人系统地追踪过它的声音。

所以，我们不知道它是什么物种或者种间杂交，不知道它是否有同伴，不知道别的鲸能否听懂，不知道它有没有繁殖过，不知道它是不是孤独。鲸会觉得孤独吗？人所谓的孤独又到底是什么呢？

而它对陆地上的一切毫不在意。它的故事进入人类的世界，但它首先是一头鲸，还在游动，还在歌唱。

2010年，另一个研究团队在多年后再一次捕捉到符合这种频率的鲸歌，而且同时在两个地方。

一次检测并不能说明任何问题，但这意味着希望。也许52赫兹终于找到了同样歌声的另一个自己。也许它其实一直是特殊鲸群的成员，只是喜欢时不时单独行动。甚至也许，在20年的漫游后，它把自己的歌声教给了其他的鲸。也许它将不再孤独，也许它从来就不曾孤独。

也许，等待另一头鲸的出现，需要的不过是时间而已。

网络『松绑效应』

岑嵘

当你在麦当劳的柜台前点餐时，会和你在麦当劳的手机 App 上点一样的食物吗？你大约会肯定地说，这个没啥区别。然而美国加州大学行为经济学家什洛莫·贝纳茨告诉我们，你可能错了，我们通过手机屏幕下单时，会将服务生的眼神反馈剔除掉，我们的偏好正以一种可预测的方式被改变。

为了证明存在这种偏好的变化，研究人员分析了一家大型比萨连锁店 4 年多时间里的 16 万个订单。因为这家连锁店在研究中期引入了一种在线订餐系统，研究人员得以实地考察在网上下单是如何改变顾客习惯的。

根据数据，顾客在网上下单时，会选择配料更多、热量更高的比萨，比平时买的多了配料和卡路里。他们会选择一些异乎寻常的配料，比如“四倍培根”，或者火腿、凤梨等，而不再选择普通的意大利辣肠比萨。当可以网上下单时，培根的销量增加了 20%。

经济学家指出，这些订单反映出我们的选择偏好，在线下单的顾客也会因为较高的“消费者剩余”（消费者愿意支付的价格和实际支付价格之差）而感到满意。但是很明显，这些食物并不利于我们的健康。我们的胃可能想要一个堆满培根的比萨，但我们的动脉血管可不这么想。

我们为何会在手机或电脑屏幕上订购更多不利于健康的食物？这种现象是由网络“松绑效应”造成的。

屏幕能够引发“松绑效应”，是由于它们消除了人们因他人的评价而产生的正常焦虑和自我意识情绪。人们与屏幕的互动比人与人的互动更为诚实。比如，你在老师递来的调查表上，写上最近最想看的书是《百年孤独》《战争与和平》，而你的线上购物车里放着的却是《鬼吹灯》。同样的道理，比起当面道歉，人们也更容易在微信上说出“对不起”。

密歇根大学的心理学家弗雷德·康拉德曾做过一个实验，来调查人们在面对手机屏幕和研究者时，是如何回答饮酒习惯问题的。康拉德招募了600名实验对象，随机给他们分配不同的测试条件。对一部分受试者，研究人员通过电话来询问他们多久酗酒一次，对另一部分受试者则通过手机短信来询问。

很快，一个清晰的模式显现出来：当面对电话询问时，人们大多会矢口否认自己酗酒，但当问题以文字的形式呈现时，人们回答问题就更加坦诚。

当我们在手机上点餐时，我们不必担忧其他人怎么看待我们不健康的习惯，以及我们对待金钱的慷慨程度。我们可以任性地点上一大堆食品，却不必在意服务生诧异的眼光。换句话说，这是因为手机不会给我们任何反馈，而让我们得以肆意放纵。

北斗背后的『90后』

邱晨辉

得知北斗三号最后一颗全球组网卫星发射成功时，46 岁的中国航天科技集团一院总体部主任设计师胡炜感慨道:“这是创新的胜利，也是年轻的胜利，我们就是要永远保持年轻的心态、创新的冲动！”

这位航天“老兵”所在的队伍，成功研制出长三甲系列火箭，后者成为我国唯一的“北斗专列”。2000 年，长三甲系列火箭发射了我国第一颗北斗导航试验卫星，至今共进行了 44 次北斗发射，将全部北斗卫星成功护送升空，发射成功率达 100%——即便放眼世界航天舞台，这样的成绩也比较罕见。

改变 30 年不变的流程

今年 30 岁的朱平平，虽然是火箭研制团队里的年轻面孔，但是担任长三乙火箭动力系统指挥的他，已经是研制团队的骨干。队伍里还流传着他的几则故事，其中一个和火箭加注有关。因为火箭加注的所有环节，朱平平都必须在场。在一次火箭执行北斗任务时，意外突然发生。数据显示：常规加注量比要求值低了一些。朱平平的神经立即绷紧，他和同事停下手头的活儿，第一时间定位故障，重新计算加注量，讨论解决方法，精准完成了一系列危机处理动作。等问题解决后，火箭可以准时发射了，朱平平却倒在了工作岗位上。

之后，他被确诊为急性肠梗阻。医生告诉他，情况很危急，有的急性肠梗阻发展很快，甚至会导致死亡。朱平平听后冒出一身冷汗，在此前的任务中，他虽然感到腹部疼痛，却总觉得可以忍。

“那时候，确实顾不上那点疼痛了。”朱平平说。

和这位“90 后”有关的另一个故事，关键词是“打破传统”。

在点火发射前，长三乙火箭需要补加两次推进剂，这样的流程在中国航天领域已经沿用了近 30 年。朱平平却打破了这一传统，成功地将两次补加“合而为一”，改变了这项 30 年不变的流程。朱平平告诉笔者，以前的“第一次补加”是为了预冷发动机，“第二次补加”则是补充预冷时挥发的推进剂。不过，一次补加，就需要上百条口令，要不断打开、关闭各种阀门。这不仅带来巨大的工作量，还暗藏一些出错的风险。

如今，长三甲系列火箭的发射场工作，周期一步一步缩短，流程一步一步优化：从一开始的 50 天至 60 天，到现在的 20 天至 22 天。这背后，就有推进剂补加流程改变的功劳。

“我们的每一步改进，离不开汗水和智慧，更离不开老一辈航天人打下的基础。”朱平平说。为国铸“箭”，是他们这一代航天人的责任，这不仅需要他们继承老一辈航天人严慎细实的作风，还要胆大心细，敢挑重担，有敢于创新的勇气。

成为航天系统的一员

1994 年出生的许哲琪，是长三甲系列火箭研制团队里的年轻队员之一，是一个不折不扣的航天“后浪”。

她的航天梦想，还要从一次宣讲会说起。

一次偶然的机会，许哲琪听了一场中国运载火箭技术研究院即中国航天科技集团一院的宣讲会。航天人一代代接续奋斗的故事，让她深受感动和鼓舞。从此，她下定决心要成为火箭研制队伍中的一员。

有意思的是，在许哲琪毕业时，火箭院并未在她所读的学校开设宣讲会。她跑了三个不同的学校，并在网上投了简历，多路并进，最终才成了航天系统的一员。

入职以后，为了学习与火箭相关的知识，许哲琪下班后会在办公室看设计图，学习相关文献。那时，她注意到一个现象：几乎每天，师父黄皓都在加班，一定要把当天的工作做完才下班，从不拖到第二天。

刚接触综合试验时，许哲琪还没有形成产品把控的观念，在一次接线时，她从线上削下来一段三毫米左右的胶皮。由于胶皮比较小，许哲琪没有及时扔进垃圾桶，随手放在了桌上。黄皓看见了，严肃地朝着许哲琪的方向喊道："这是人为制造多余物，桌上有很多插孔、插头，这么小的胶皮随手放在桌上，极可能造成堵塞！"

那是许哲琪第一次看见黄皓这么严肃，小姑娘有些吃惊。在此之前，师父在她心里是个很有耐心的航天前辈，如今因为这件"小事"遭受批评，她有些委屈，也有些不解。

但很快，这件"小事"让她意识到，此前新闻报道里常说的"航天人的严谨"，竟离自己如此近。更重要的是，这份严谨，没有那么多的情怀可以渲染，就是在日常工作中"细致，细致，再细致"。

"每一次发射成功，都离不开对细节的把控，但凡有一个人粗心大意，都可能将所有人的努力毁于一旦！"许哲琪告诉笔者，几年过去，她也逐渐学会了火箭研制人员的严慎细实。

“90后”站上指挥岗位

这一次发射，是许哲琪第一次独立担任测量系统指挥。测量系统指挥是一个协调统筹的角色，要求担任指挥的人员根据日程工作安排，与相关岗位及技术负责人沟通后发布每天的工作，调动系统人员配合，时刻关注前后端工作情况，及时向发射队汇报。

“来发射场之前非常激动，这是我第一次担任指挥，又是北斗全球组网的最后一次发射，意义重大。”许哲琪说。

刚到发射场，这位小姑娘还是有些紧张，每天必须加班看测试细则和操作规程。她总觉得，自己多熟悉一些细则和规程，就能多一分底气。发射队的很多前辈和同事也给她打气，给了她不少帮助。

2020年6月23日9时43分，长三乙火箭点火升空。看着屏幕上的发射直播画面，测试间里的许哲琪流下激动的泪水。在火箭院的研制队伍中，像胡炜那样几十年如一日坚守岗位的人，像朱平平那样敢挑重担、勇攀高峰的人，像许哲琪那样刚走上工作岗位的新人，还有很多。

“北斗发射任务持续20年，完成这项庞大的工程，离不开一代代航天人的接续奋斗，离不开航天精神的传承。要问航天精神是如何传承的？就像一线的航天人一样，从前人手中接过火炬，在平凡的岗位上发光发热。”长三乙火箭发射队临时党委副书记、中国航天科技集团一院团委书记李迪克说。

相比于那些“90后”航天人，胡炜说自己早已不那么年轻了，不过他依然清晰地记得一位前辈的教诲——当每天所做的工作让你感觉陌生、费解、不懂时，你要去问别人、请教别人，这并不可怕，这说明你在进步；但当你对每天干的工作都很熟悉，闭着眼睛都知道怎么干时，就要警惕，因为你很可能是在原地踏步。

“所以，我们不敢懈怠，要像年轻人那样永远年轻，永远创新。”胡炜说。

鲸落，万物生

王祝华

鲸作为地球上最大的哺乳动物，广泛地分布在世界各地的海洋中。在鲸的家族中，体形最大的蓝鲸体长超过 33 米，重 170 吨以上。

近日，中国“深海勇士”深潜器搭载母船“探索一号”完成 2020 年首次科考 TS16 航次任务。让大家意想不到的是，科学家们在本次科考过程中收获了一项重要成果——在中国南海 1600 米深处发现了鲸落，这是我国科学家第一次发现该类型的生态系统。“鲸落”一词迅速登上热搜，让更多人认识了这种奇特的生态现象。

鲸死后化成深海生命的“绿洲”

“鲸落”从字面上理解，就是鲸死亡后沉入海底的意思。在研究中，鲸的尸体、坠落的过程以及形成的海洋生态系统等，被生物学界统称为“鲸落”。

鲸一直有着“海上霸主”的威名，它的死亡甚至也足以成为一场盛大的献祭。如果把深海的海底比作荒漠，与深海热液、冷泉一样，鲸落如同荒漠中的“绿洲”。

TS16航次科考队队员、海南热带海洋学院生态环境学院教授赵牧秋向记者描述了鲸落的四个阶段。

首先，鲸沉入海底时，最初尸体上的大量蛋白质和有机物会吸引鲨鱼、盲鳗、甲壳类生物前来。它们以鲸落中的柔软组织为食，如果鲸的体形足够庞大，鲸落上的蛋白质可供这些生物食用4—24个月之久。另外，鲸脂的热量极高，在鲸落被海洋生物们完全吞食、分解的漫长过程中，肥腻的鲸脂包含的能量会细水长流地变成推动海底生态圈运转的“燃料”。

接下来，轮到一些多毛类和甲壳类无脊椎动物登场，这些“机会主义者”能够在短期内适应所处环境并快速繁殖。它们一边从鲸落中获取食物，一边又将其作为居住场所，在这里繁衍生息。

随后，大量厌氧菌会在鲸落中滋生、蔓延。它们进入鲸骨和其他组织，分解其中的脂类，并与海水中溶解的硫酸盐结合而产生硫化氢。化能自养菌则将这些硫化氢作为能量的来源，利用水中溶解的氧将硫化氢氧化以获得能量，与化能自养菌共生的生物也因此有了重要的能量补充。

最后，当有机物质被消耗殆尽，鲸骨的矿物遗骸又会以礁岩形式成为生物们的聚居地，比如，充满生机的珊瑚礁。

“鲸落从形成到最后完全分解，可能需要几百年时间。这期间不光鲸落所在地的环境和生物种群的分布会发生改变，甚至连新物种的演化都可能受到影响。”赵牧秋表示。

此前，科学家们在鲸落的鲸骨中发现了几种特殊的吃骨虫，它们只寄生在鲸落的骨头中，样子类似于水纹形的荧光棒。它们产下的成千上万的幼虫在海洋中漂浮，直到遇到另外的鲸落，然后重新开始这一过程。

赵牧秋表示，鲸落的出现不仅为深海生物提供了丰富的食物来源，更重要的是将鲸在海水上方获取的能量向下运输，极大地促进了深海生物的繁衍和发展。“鲸骨以矿物基质的形式贮存丰富的脂类，这些营养成分靠细菌分解十分缓慢，一头大型鲸可以维持上百种无脊椎动物生存长达几十年甚至上百年。”

一鲸落，万物生，对漆黑的深海而言，这是一份极其贵重的礼物。

目前发现的自然鲸落不超过 50 个

这一次我国科学家在南海 1600 米深处发现的鲸落，约 3 米长。据科学家们分析，这个鲸落为齿鲸的尸体，很有可能是鸟嘴鲸，目前在鲸尾上尚有组织残余，估计它死亡的时间并不算长，具有长期观测价值。

那么，是不是所有的鲸死亡后都会形成鲸落？答案是否定的。

并不是所有的海洋环境都能够形成自然鲸落。有科学家通过对美国加州蒙特利峡谷处鲸鱼尸体的长期观察发现，海水深度和相关的物理环境，对鲸落生态圈的形成起着至关重要的作用。

自 1977 年，美国海军的潜水艇第一次在深海中发现了鲸的骨架，随后直到 1987 年，美国科学家克雷格·史密斯才在人类历史上第一次发现鲸尸体形成的生物群落。直到现在，人类发现的现代自然鲸落的数量，不超过 50 个。

有的科学家为了研究鲸落的奥秘，只能无奈地“人造鲸落”。2011 年，美国海洋生物学家格雷格·劳斯和他的团队，将一头搁浅死亡的鲸绑到船上，将其沉入海底。这条搁浅而死的鲸重量达数十吨，但是由于和自然死亡的鲸不同，搁浅后鲸的体内会迅速产生气体，难以沉入大海，所以格雷格和他的团队不得不在鲸身上绑了几吨的金属来配重。

格雷格为这个人造鲸落起了一个美丽的名字——“花蕾”。2014年，当人们再次潜入深海探访“花蕾”时，透过摄像头可以清楚地看见，它的身上真的覆着了一群群白色、黄色、橙色的微生物群落。

生命消亡每天都在发生，但是为什么人们发现的自然鲸落的数量如此稀少？首先，随着全球气候的变化及人类活动的影响，鲸被捕杀或者由于受到声呐干扰而搁浅的数量增多，海洋中鲸类数目急剧减少，鲸落也变得稀少。

其次，山东大学海洋学院教授、世界自然保护同盟鲨鱼专家组委员王亚民表示，鲸落是一种偶发的自然现象，在海洋生态系统中属于比较特殊的存在。由于无法及时预测一头鲸什么时候死亡，什么时候沉入深海海底，因此，鲸落的发现除了与深潜科学技术发展水平相关，还有很大的偶然性。

相关链接

众所周知，地球表面大约有四分之三是海洋。在海洋中生活的微小植物，被称为浮游植物。整个海洋生态系统的维持是由这些植物驱动的。

美国杜克大学生物学家乔·罗曼等人指出，人类对这些浮游植物的依赖性很强，我们呼吸的氧气一半由这些浮游植物的光合作用生产。当浮游植物耗尽了水中的营养物质时，这个生态系统的平衡将被打破。

但是，大自然给浮游植物提供了一种意想不到的肥料——鲸的粪便。

鲸的排泄物会释放出大量的营养物质，粪便附近是浮游植物生长的理想之地，在那里，浮游植物会释放出大量的氧气，使人类受益。

靠人类存活下来的物种

七　君

人类活动给许多生物的生存造成了威胁，可是也有一些生物是依赖人类才能“超长待机”、逃避灭绝的命运，在地球上存活下来。

你可能不知道，南瓜和西葫芦属于早就应该灭绝的物种。南瓜和西葫芦都是葫芦科南瓜属的植物，现在南瓜属几乎没有野生品种了，只剩人类培育的那些品种。

为什么呢？因为南瓜属植物种子的传播者早就灭绝了。

原来，南瓜属的植物富含葫芦素，苦味的葫芦素是植物用来防止动物啃噬的“生化武器”，人类只要吃几口富含葫芦素的野瓜就会中毒。

和人类类似，中小型哺乳动物都不太喜欢有苦味的野瓜。比如，在美洲野外可以找到的南瓜属臭瓜，成熟后的味道很苦，猫和狗都不吃。牛吃了以后，它们的奶水会变苦，如果不是饿极了，它们也不会吃，因为牛一下子吃太多臭瓜就会中毒。

但是大型哺乳动物，比如已经灭绝的美洲乳齿象和地懒却不怕。一方面，这些动物因为体型的关系不容易中毒；另一方面，它们品尝苦味的受体 TAS2R 基因比小动物的少得多，所以对苦味不太敏感。从美洲乳齿象和地懒的粪便化石可以看出，它们常吃葫芦科植物的果实。

这一点现在也成立，非洲象就会吃葫芦科的苦味瓜。尼泊尔的独角犀牛也喜欢吃滑桃树的苦味果子，每天能吃数百个。

因为不缺传播者，在一万年前，南瓜属植物的口味虽然比较苦涩，但是能在美洲欣欣向荣地生长。

可是，在全新世早期（约 1.1 万年前），美洲的大型哺乳动物灭绝了。大型哺乳动物灭绝后，南瓜的处境就很艰难，因为小动物不喜欢它们的苦涩，因此不会帮它们传播种子。如果不是人类及时培育出能吃的南瓜，它们恐怕早已灭绝。

可以说，南瓜和葫芦是靠“吃瓜群众”才得以幸存的。

实际上，和南瓜属的蔬果类似，许多美洲植物早就应该灭绝了。

比如，牛油果的大核就是为地懒准备的，小动物无法吞下整个核，也就做不到帮牛油果传播种子。和牛油果类似，番木瓜的传播者也灭绝了，它们的种子有毒且颗粒大，小型动物无法把它们搬运到其他地方。

生长巧克力原料的可可树也和南瓜类似，它们种子的传播者已经不在世上了。在距今 2.2 万年至 1.3 万年的上一个冰河世纪，可可树的分布范围急剧缩小。而现在它们的种子主要靠人类传播和栽植，在野外它们并没有得力的传播者。

美国柿的传播者也灭绝了。这种柿子的种子是有毒的，不能咬碎了吃，所以小型动物不可能为它们传播种子。

最早发现如今的许多瓜果“穿越时空”的是宾夕法尼亚大学的生态学家丹·詹岑和亚利桑那大学的地质学家保罗·马丁。1982 年，他们在《科学》上发表了一篇文章，指出中美洲许多蔬果的真正传播者早已灭绝。

后来，这种生物本该灭绝却还存在的现象就被叫作“演化时代错位”。

上面介绍的这些“超长待机”的植物来自美洲，咱们平时见不到它们的果树本体。但是，在中国，我们平时在马路上也可以看到一个穿越而来的树种，那就是银杏。

银杏在侏罗纪时代就存在了，因此常被称为活化石。“活化石”这个昵称让许多人产生了误解：银杏的适应力很强。现实并非如此，银杏果实的传播者早就灭绝了。如果不是人类，银杏也早该消失了。

银杏的果子很臭，并不招大多数动物喜欢。因为银杏果子的独特臭味，一些肉食动物也会吃它们。可是，肉食动物往往通过排泄粪便来画领地，所以它们的传播效率也是有限的。

现在大家并不清楚银杏过去的“战略合作伙伴”是谁。中生代啮齿动物多瘤齿兽可能是银杏种子的传播者，它们和松鼠一样有存粮过冬的习惯，可是它们早已灭绝。

因为银杏种子的主要传播者已经灭绝，而后来出现的传播者效率不高，因此大概在 200 万年前，银杏的分布范围缩小到浙江天目山等我国境内的少数几个避难所。

如果不是我国古代某些僧人的培育，银杏可能早就“团灭”了。因为这些僧人给我们留图又留种，所以我们现在还可以在城市中见到它们。在 1730 年至 1750 年，银杏被引入欧洲。2019 年，浙江大学发表在《自然通讯》上的一项研究发现，现在世界上几乎所有银杏都是天目山银杏的后代。

如果没有人类，一些动物很快就会灭绝，比如马。

马虽然是常见的家畜，但你可能不知道，这世界上可能已经没有野马了，野马在几百年到几千年前就灭绝了。2018 年，发表在

《科学》上的一项研究指出，曾被认为是最后的野马的普氏野马，实际上是 5000 年前在中亚被驯化的马放养到野外形成的群落。

现在普氏野马也混得不好，在野外它们的数量十分稀少，全靠人类的保育计划才勉强没有灭绝。

野马在灭绝线上的挣扎和它们这个目的属性有很大关系。

实际上，奇蹄目的动物（如马、犀牛）普遍不如偶蹄目的动物（如牛、羊）成功。偶蹄目动物的适应性更强，可以在更极端的环境里生存，但是奇蹄目动物就不行。许多奇蹄目的动物在始新世晚期（约 3660 万年前）就灭绝了。

偶蹄目动物的反刍消化系统比奇蹄目动物的后肠发酵式的消化系统更为高效，这可能是偶蹄目动物目前分布更广的一个原因。

当然，也有人认为，偶蹄目具有的颈动脉网对大脑有重要的保护作用。颈动脉网可以让大脑温度不会随体温剧烈波动，这让它们可以适应多变的天气，这种优势也是奇蹄目动物所不具有的。

总之，若不是人类的存在，我们熟知的许多物种会很快消失。

“奋斗者”号的深海之旅

王晓波

10909 米是什么概念

10 米，这是普通人在不携带任何潜水装备时可以下潜到的深度；113 米，这是一名法国潜水员创造的裸潜纪录；332 米，这是人在借助水下呼吸器后下潜到的最深纪录；10898.5 米，这是 2012 年卡梅隆搭乘的“深海挑战者”号下潜到达的深度。

而中国研制的全海深载人潜水器“奋斗者”号下潜的马里亚纳海沟 1 万米处，水压超过 110 兆帕，相当于 2000 头非洲象踩在一个人的背上。

马里亚纳海沟被称为“地球第四极”，最深处超过 1.1 万米，也就是珠穆朗玛峰顶上再叠一座西岳华山的海拔高度……

“奋斗者”号如何承受万米深潜的重压

面对如此巨大的压力，“奋斗者”号该如何“抗压”？世界上其他到达过这里的载人潜水器又是怎么做到的？

八年前，加拿大导演卡梅隆就曾乘坐着“深海挑战者”号，成功挑战了马里亚纳海沟。而潜水器抗压的关键在于其结实耐压的球形载人舱。

与世界上的其他潜水器相比，“深海挑战者”号球舱的厚度相差不多，但大小不到它们的一半，可谓“皮厚馅小”，这也是卡梅隆能够抵达万米深处的原因。

但“深海挑战者”号的球舱太小，连五六岁的儿童都很难在其中站直，无法搭载更多的科学家和科研设备。为了能在里面连续待上六小时，卡梅隆甚至要专门练习瑜伽。

为了保证载客量，载人舱要足够大；而为了减轻潜水器的负担，球舱又不能太重。为了承受万米深海处的压力，做成又大又轻又坚固的载人舱至关重要。

国产新型钛合金材料就是解决这一问题的关键。

经过多年的不断优化和上千次的测试，中国自主研制的新型钛合金终于问世。该材料强度高、韧性好，“奋斗者”号的球舱用其制成，可以容纳最多三名科学家安全地在海底进行科考任务。现在，“奋斗者”号终于可以顶住巨大的海底压力，安全载人潜入万米深海。

从出发到回家，“奋斗者”号会经历什么

在茫茫大海上，如果把“奋斗者”号看作前往深海的交通工具，那么从出门到完成任务后平安归来，这一路上“奋斗者”号会经历什么呢？

“奋斗者”号就像前往深海的交通工具。出门在外，首先需要确认好下潜海域的水文、气象和地形信息，之后要对“奋斗者”号进行充油、充氧以及充电工作。

这样，活力满满的“奋斗者”号，就可以从停放车间由轨道推

出，到达母船艉部，通过 A 架向海面布放了。

三名潜航员会在潜水器推出前进入内部，在舱内进行通电检查，确保设备运转正常。

之后，A 架的两台液压臂会将潜水器提起、移动、下放，最终布放到海面上。

这时，舱门紧闭的“奋斗者”号就形成了一个密封球体，彻底将外部的海水和空气隔绝开来。

当母船想要与“奋斗者”号联系时，就需要使用无线电通信甚至高频通信系统。建立通信后，潜水器就可以等待母船上的指挥中心下达命令了。

接到下潜命令后，蛙人小队会帮助潜水器脱钩，潜水器就开始注水下潜。

临近海底后，潜水器会抛掉第一组压载铁使自己达到悬浮在水中的均衡状态，并按照作业计划进行海底作业。完成作业后，潜水器会抛掉第二组压载铁，使潜水器所受的浮力大于自身的重力，上浮返航。

经过几个小时的漫长归程，“奋斗者”号就会浮出海面，醒目的橘红色涂装和装载的定位信号发射器会让母船迅速找到“奋斗者”号。“奋斗者”号只需依照之前的布放流程原路返回，就能平安返回母船。

关于潜水器，这些事情你必须知道

从百米浅海到万米深海，在中国载人深潜事业劈波斩浪的几十年中，我国先后突破了多项核心深潜技术。中国一代代深潜人的“深蓝梦”逐步实现。

“7103”救生艇是中国第一艘载人潜水器，自 1971 年开始研制，

1986年研制成功。虽然它只能下潜300米，航速只有4节，但它是那个年代最先进的救援型载人潜水器。

随着时间的推移，中国探索海洋的深度也在随之变化，比如1985年的“海人一号”，1994年的“探索”号等，这些越潜越深的潜水器为水下定位、声呐探测、抗压材料和机械控制等诸多领域积累了经验。

2010年7月，中国第一艘自主设计和集成研制的载人潜水器“蛟龙”号下潜深度达到3759米，这标志着中国成为继美、法、俄、日之后，世界上第五个掌握3500米大深度载人深潜技术的国家。2012年6月27日，这艘7000米级载人潜水器完成了它的终极挑战，最终将纪录保持在7062米。“蛟龙”号还拥有世界先进的悬停和自动驾驶功能，可以抵御海流的干扰，工作时能够稳稳地“定”在海底。

与十年立项、十年研制的“蛟龙”号不同，我国第二代载人潜水器——“深海勇士”号，从研制立项到海试交付只用了短短八年，且国产化程度更高，实用性更强。

不可思议的是，在2016年“深海勇士”号尚未下水的情况下，万米级载人潜水器就开始同步研制了。

中国“奋斗者”号载人潜水器，融合了之前两代深潜装备的优良“血统”，不仅采用了安全稳定、动力强劲的能源系统，还拥有更加先进的控制系统和定位系统，以及更加耐压的载人球舱和浮力材料。

除了载人潜水器，我国还有“海斗”号、“海燕”号和“海翼”号等无人潜水器。其中，“海斗”号有远程遥控和自动作业两种模式，是中国首台万米级科考潜水器，让中国拥有了自主研究万米深海的能力。

苍蝇为什么难打

七 君

夏天在外边吃饭的时候，苍蝇经常会不请自来。打苍蝇是一件技术活，因为苍蝇的飞行轨迹十分诡异，人类只靠双手很难打中。

苍蝇为什么会乱飞呢？

你可能不知道，苍蝇这样乱飞，实际上符合一个数学原理，这个原理让它们的飞行轨迹难以捉摸，从而避免被打中。

这个数学原理，叫作“莱维飞行”。

莱维飞行是一种分形，也就是说，不管放大多少倍，看起来还和原来的图案类似。更重要的是，莱维飞行属于随机游走。也就是说，它的轨迹并不能被准确预测，就像苍蝇的步伐一样鬼魅。

很显然，莱维飞行可以帮助苍蝇躲避掠食者和想要敲扁它们小头的人类。2008 年，东京大学生物学家岛田正孝的团队发现，家蝇的飞行线路就属于莱维飞行。

不仅是家蝇，家里常见的果蝇也是“莱维飞行家”。比如，黑腹果蝇飞行的时候常常是直线飞行夹杂飞速 90 度大转弯。它们的飞行轨迹就是莱维飞行图。

一些微小的粒子会有布朗运动。虽然布朗运动也属于随机游走，不过，布朗运动和莱维飞行不同。

布朗运动有个特点，就是每一步的步长集中在一个区域内。

莱维飞行就不是这样了。在莱维飞行图中，每步行走的距离都符合幂定律。也就是说，运动中大多数的步子很短，但有少部分步子很长。

莱维飞行和布朗运动步长的不同，使得莱维飞行比布朗运动更有效率。在走了相同的步数或路程的情况下，莱维飞行的位移比布朗运动的大得多，能探索更大的空间。

这一点对需要在未知领域捕猎的生物来说至关重要。果不其然，发现莱维飞行的法国数学家本华·曼德博的导师保罗·皮埃尔·莱维最早发现，生物的许多随机运动都属于莱维飞行。

举个例子，鲨鱼等海洋掠食者在知道附近有食物的情况下，采用的是布朗运动，因为布朗运动有助于“光盘”——清空一小片区域内的食物。但是当食物不足，需要开拓地盘时，海洋掠食者就会放弃布朗运动，转而采取莱维飞行。

2008 年，一个来自英国和美国的科研团队在《自然》杂志上发表了一项研究成果，他们给大西洋和太平洋的 55 只不同海洋掠食者（丝鲨、剑鱼、蓝枪鱼、黄鳍金枪鱼、海龟和企鹅）带上追踪器，跟踪观察它们在 5700 天里的运动轨迹。

在分析了 1200 万次它们的动作后，这些研究者发现，大多数海洋掠食者在食物匮乏时偏好莱维飞行。更有趣的是，它们的猎物，比如磷虾的分布，也符合莱维飞行的特征。

不仅如此，土壤中的变形虫、浮游生物、白蚁、熊蜂、大型陆地食草动物、鸟类、灵长动物在觅食时的路线也有类似的规律，莱维飞行似乎是生物在资源稀缺的环境中生存的共同法则。

实际上，对浪迹天涯的动物来说，找到下一顿饭靠的不仅是运气，还有高等数学。在对猎物的分布情况几乎一无所知的情况下，莱维飞行的效率远超布朗运动。这或许就是它们在碰运气的时候都会转入莱维飞行模式的原因吧。

因此，生物学家提出了莱维飞行觅食假说，用来形容动物听天由命时的运动轨迹。

不仅是野生动物，许多现象都有莱维飞行的特征。

比如，当水龙头滴水时，两滴水滴之间的时差属于莱维飞行，健康心脏两次跳动的间隙，甚至连股票市场的走势都是莱维飞行。

注意到莱维飞行在以捉摸不定著称的股票市场的应用空间后，金融学家开始用莱维飞行对金融市场进行研究。

莱维飞行甚至被用于研究流行病的爆发。

1997 年，程序员汉克·艾斯金因为想知道钱都去哪儿了，建了一个网站。

人们将纸币上的序列号，以及当地邮政编码输入这个网站，就可以追踪纸币的运动轨迹。

艾斯金建这个网站只是觉得好玩，但是，德国柏林洪堡大学的物理学家德克·布罗克曼和同事在研究传染病时，注意到这个网站。他们认为传染病的传播路线和纸币的类似，于是调用了这个网站的数据进行分析。

在分析了 46 万张纸币的轨迹后，他们证实了自己的猜测：传染病的传播和纸币的传播一样，符合莱维飞行的特征。他们把这项研究发表在了 2006 年的《自然》杂志上。

布罗克曼的这个发现和当时的主流流行病学理论相悖（主流流行病学理论认为，所有人的感染概率是相同的），但是莱维飞行能比传统理论更好地预测疾病的传播，因此，现在许多流行病模型都在使用莱维飞行理论。

最后，别以为人类行为能逃脱莱维飞行的支配，人类在旅游和购物时的轨迹也属于莱维飞行。没想到，血拼的“剁手党”和乱飞的苍蝇是一样的吧。

数字人民币画像

科技君

“千呼万唤始出来”，数字人民币终于亮相了。作为四大试点城市之一的深圳，前段时间通过抽签的方式将一千万元数字人民币红包发给五万名市民。

然而，数字人民币刚推出没多久，市场上竟出现了假冒的数字人民币钱包。人们纷纷哀叹：“还不知道真的什么样，假的已经出来了。”那么，数字人民币究竟是个什么新事物？

这一次央行主推的数字人民币，专业名称叫作DC/EP，是“Digital Currency（数字货币）”和“Electronic Payment（电子支付）”的缩写，中文名是“数字货币和电子支付工具”。

数字人民币的功能与纸币并没有本质区别，不过是将纸钞从实物转成数字形态。可能有些人会联想到比特币或者脸书推出的Libra等区块链技术。但与这些虚拟数字货币不同，数字人民币由央行推出，是有国家信用背书的。

另外，数字人民币还拥有不计付利息、免绑银行账户、双离线支付等众多优点。看到这里，作为一个普通消费者，肯定还是满脑子问号：这和微信支付、支付宝有啥区别？

从使用场景来说，数字人民币是法定货币，具有强制性。举个简单的例子：由于微信、支付宝的竞争关系，淘宝网不允许微信支付，而京东不允许支付宝支付。数字人民币打破了这种僵局，任何商家都必须接受数字人民币这种支付手段。如果有商家拒绝，我们可以选择报警。

另外，数字货币更加便捷，它不需要“账户”，货币直接与用户本人挂钩。而用户与用户之间不需要进行账户绑定，只需手机相互碰一下就能实现转账，连网络都不需要，也就没有了微信或支付宝有时“扫不了码”的尴尬。虽然数字人民币不需要进行银行卡绑定就可以使用，但这样的前提是需要有一个钱包来存钱。这个存钱的方式，根据深圳发放数字人民币红包的活动来看，最终应该是下载一个“数字人民币”的 App。

央行数字货币研究所所长穆长春指出：微信和支付宝是金融基础设施，是钱包，而数字人民币是支付工具，是钱包的内容。“在数字人民币时代，钱包里面增加了数字人民币的选项。未来老百姓使用微信、支付宝支付不仅可以选择商业银行存款货币，也可以选择数字人民币。”

从安全性来说，有国家背书的支付方式无疑比第三方更安全，特别是在大数据时代。数字人民币拥有可控的匿名性。比如，很多人担心如果手机被偷了，里面的数字货币岂不是也没了？但小偷偷了钱，总要想法把钱转走。在现金时代，钱都是匿名的，你无法证明被偷的钱就是你的。在数字货币时代，每一笔钱都有据可查，小偷只要转账就会留下记录，所以对用户来说，数字货币更加安全可靠。

对于货币的发行方也是如此。纸币和硬币在流通过程中容易被伪造，没有经验的人较难分辨。而数字货币普及后假币将无所遁形，洗钱、贿赂、恐怖活动融资等非法行为也可以通过对货币的来源、去向、支付原因、支付金额及频率，甚至对数字货币本身进行数据分析，使得监管更加容易。

数字货币还有利于推动人民币国际化。手续烦琐的货币兑换在线上即可轻松完成，数字化带来的便利，将会使人民币在国际上更受认可。若将数字人民币交易应用在“一带一路”等区域经济合作组织上，将有助于扩大交易规模，进一步带动数字人民币交易，促进区域经济合作。

除中国之外，世界其他三大经济体近期也动作频频，积极推动数字货币的进程。2020 年 10 月 2 日，欧洲央行发布了首份数字欧元报告。日本紧随其后，于 10 月 9 日发布数字日元报告。而美联储早在数字货币领域布局多时。

数字人民币、数字美元、数字欧元等都已整装待发，这一金融行业百年未有之大变局就此拉开帷幕。

厨房为何拒绝蓝色

史军

为什么我们今天很少在厨房和餐厅里看到蓝色食物？这其实是植物给人类基因留下的印记。

我们看一看，是不是因为蓝色是一个危险的信号？换句话说，这是不是来自食物的警告？毫无疑问，动物鲜有蓝色，即便是多彩的昆虫也鲜有蓝色种类。问题来了，难道说蓝色的植物本身代表着危险，我们不去啃食蓝色的花果枝叶，最终就会在基因中拒绝蓝色，就如同我们天生拒绝苦味那样吗？

警戒色并不新鲜。人们对于动物的警戒色认识颇多，胡蜂的黄黑相间条纹、海蛇身上明晃晃的黄色都是向捕食者示意它们有毒的标记。但是长久以来，很少有人关注到植物也有警戒色，毕竟植物可以通过光合作用来生产养料，而且在大多数情况下，被动物啃食之后，可以逐渐生长复原。看看办公室窗台上那盆被反复揪叶子泡水喝却依然枝繁叶茂的薄荷，就知道植物的再生能力有多强大了。

然而，这并不代表植物就不需要防御，也不代表植物就没有与动物一样的警戒色。哀鸽在采食巴豆种子的时候，会特别避开那些着色均匀的浅灰色的种子，而专门选择那些带斑点的种子，因为浅灰色的种子毒性要强得多。通常被认为是植物警戒色的颜色包括黄色、橙色、红色、棕色、黑色和白色，以及它们配搭的颜色，唯独没有蓝色。

如果蓝色压根儿就不是一种危险的颜色，那么为什么我们不喜欢蓝色的食物呢？问题可能还是出在植物的颜色上面。

在中国科学院西双版纳热带植物园发起的一项调查中，整个西双版纳热带雨林的 626 种果实中，只有 1% 的果实是蓝色的，而红色的果实占 19%，黄色的果实占 13%。蓝色的果子实在是不受人待见。其实这也难怪，在野外，波长越长的颜色具有越强的传播能力，而蓝色这种短波长的颜色很容易被忽略。这是蓝色不受待见的根本原因。

那为什么世界上还会存在蓝色的果子呢？除了基因遗传的多样性，还有很多蓝色果子的"播种机"是没有彩色视觉的，比如蓝莓的老主顾灰熊就没有彩色视觉，在它们眼里整个世界都是黑白的，蓝莓长成什么颜色也就无关紧要了。

相反，植物在爱好色彩的人类身上留下了爱吃的信号：红色和黄色。这也是大多数动物喜欢的，鸟儿爱红色，虫子爱黄色。在长时间的演化历程中，不管是人类还是动物都更倾向于选择自己熟悉的食物，而不是去贸然选择一种完全陌生的食物。且红色和黄色恰恰是植物世界中果实最常见的颜色，我们只是凑巧形成了这种选择偏好。附带说一句，让大家更为惊奇的是，在之前的调查中，黑色果实所占的比例为 40%，并且在光照条件不好的地方，动物倾向于选择吃这些黑色的果实，因为它们更容易从背景中凸显出来。这也就解释了，为什么我们喝蓝色可乐只是寻求新奇刺激，却能欣然接受墨鱼汁拉面这种美味。其实这也是被植物果实训练出来的偏好。

人类也对植物做了一些莫名其妙的事情，比如说，把橙色定义成胡萝卜色。在自然界，人家胡萝卜并不在意人类的喜好，颜色多得不得了。野生胡萝卜根的颜色，有白色、有黄色、有绿色、有紫色，这也不奇怪，因为本来就没有什么选择压力，毕竟这些埋在地下的细瘦的植物根，也不是动物的主要粮食，偶尔被牛羊抓住机会啃一啃，谁也不在意它们的长相。就好像说，人类并没有统一变成单眼皮或双眼皮，主要还是因为单眼皮的人和双眼皮的人都能找到伴侣生育后代。这就是没有选择压力的结果。

而对胡萝卜的长相影响最大的是荷兰人。荷兰园艺学家的种植技术高超，不仅搞定了郁金香，更重要的是改变了胡萝卜，他们培育的胡萝卜又大又甜，将胡萝卜从野生植物变成了上好的蔬菜。按说，市场上的胡萝卜应该是多姿多彩的，然而荷兰的园艺师傅们有自己的小嗜好，他们就喜欢荷兰的幸运色——橙色。所以他们留下的是橙色的又大又甜的胡萝卜，至于其他颜色的，只能对它们说抱歉了。于是，胡萝卜色就同胡萝卜的颜色捆绑在了一起。

要说颜色完全没意义，这也是不对的。我们今天的西瓜几乎都是绿皮、黑籽、红瓤的。但是在三十年前，生活就像一袋子西瓜，你永远不知道，下一个切开的西瓜瓜瓤会是什么颜色。红色、黄色、粉色、白色的瓜瓤，你都能碰到。不过，西瓜的颜色与甜味真的有关系，红色的瓜瓤最甜，黄色的次之，白色的最不甜。所以瓜瓤是白色的西瓜去当了西瓜籽生产者，瓜瓤是黄色的西瓜变成了调剂色彩的龙套，而充当主力的西瓜几乎都是瓜瓤是红色的西瓜。

顺便说一下，如果你看到 17 世纪的西瓜更是会吓一跳，那瘪瘪的瓜瓤居然是有空洞的，显然不如今天的西瓜瓤丰满紧实，那不是因为西瓜长残了，而是人类强迫它们越来越丰满。这一切都要归功于育种专家。虽然持续了一个世纪的郁金香狂欢以市场崩盘收尾，但是人类追求稀有植物的历程远远没有结束。

古代书院的另一面

金陵小岱

古代的学制体系是由官学、私学、书院组成的。书院起源于唐代，但唐代的书院还只是为官方修书、校书以及偶尔为皇帝讲经的地方。到了五代末，书院逐渐变成培训机构，开始聚徒讲学，主要工作是培训学生参加科举考试。

你可别小看这书院，能让古代的家长把孩子送去上课的地方，校舍、师资、管理制度都不会差。尤其到了宋朝，书院界形成了“产业链”。南宋有一个人叫吕祖谦，可能你知道他是著名的理学家、文学家，但你可能不会想到，他还是著名的丽泽书院的创始人和“金牌讲师”。

吕祖谦非常有才华，他早就考上了进士。作为一个过来人，他认为自己很有必要授业讲学。不过，他讲课的主要内容就是教大家如何考试，主攻科举。对于前来参加培训的学生，吕祖谦给每个人发一本内部教材——《东莱博议》，这就是我们现代所谓“密卷”的前身。这本内部教材里不仅分析了“考试大纲”，还收集了历年的高分答卷。更诡异的是，这本内部教材还是黄色的，于是被称为

“黄册子”，是不是像极了现在的“黄冈试题”“启东作业”“海淀试题”？由于吕祖谦专攻科举，于是就有人骂他：“一天到晚就知道钻研科举考试，没意思！”有人还专门为此写了诗：“区区黄册子，所事唯夺魁。”奈何人家就是厉害，不仅教材编得好，还擅长押题，据说有一年连科举考试的具体题目都押中了！江湖上就又有传闻：“如果你拥有了那本黄册子，基本上就等于可以考中科举。”因此，连理学大师朱熹都把持不住了，赶紧把儿子送到吕祖谦的“培训机构”去上学。

后来到了元明清时期，书院渐渐地沦为科举考试的附属机构，因为大多数书院都接受朝廷的管理，就连书院负责人的任免、教材的改编都要由官府来确定。如此一来，书院与书院之间也形成了竞争关系，因为它的口碑主要取决于科举考试的录取率。为了提高录取率，后来的这些书院比吕祖谦的丽泽书院还要夸张，它们不仅有内部教材，还会搞各种模拟考试，包括要学生背当年的时政热点，比如灾荒、瘟疫等题材。

有这样的书院，孩子读了就有极大的概率考中科举，古代的家长纷纷把孩子送去上课。古人读书年龄偏早，许多参加科举考试的学子也不过是十几岁的孩子，所以古代孩子的学业是很辛苦的。

座次移转

郗文倩

在中国人的观念里，餐桌是重要的社交场所，尊卑敬让等种种人际交往原则都要在其中有所体现，如何就座遂成为饭前必讲的规矩。

拿座次安排来讲，无论是家庭聚会还是宴请宾客，现代餐桌座次礼仪大都简化为以“里”为上，长辈、客人往“里”请，坐在里面的座位上。“里”就是“礼”，这是因为“外”座常常是上菜的位置，坐在外侧的人有时还要兼职店小二，跑跑腿、倒个茶、拿个毛巾之类的，这座位自然就不能算是上座了。而古人宴席座次安排则注重方位。在一般的房屋或郊外帐中宴饮，大多以东为尊。《史记》中，西楚霸王项羽在鸿门军帐中宴请刘邦，“项王、项伯东向坐。亚父南向坐，亚父者，范增也。沛公北向坐，张良西向侍”。在这里，项羽和他的叔父项伯坐的就是主位，坐西面东，是最尊贵的座位；其次是南向，坐着谋士范增；再次是北向，坐着项羽的客人刘邦，这说明在项羽眼里，刘邦的地位还不如自己的谋士。最后是西向东坐，因为张良地位最低，这个位置给了他，叫侍坐，即侍从陪客。鸿门宴上座次的安排是主客颠倒的，这反映出项羽的自尊自大，他用这种违礼的方式表示对刘邦、张良的轻辱。

但如果在比较讲究的堂内宴请，就是以面南背北的位置为尊了。

堂是古代宫室的主要组成部分，一般位于宫室主要建筑的前部中央，坐北朝南。由于当时宫室都是坐落在高出地面的台基上的，所以堂的位置也比较高，前有两根楹柱象征大门，又有东西两阶通向庭院。因此，堂是比较宽阔敞亮的场所。堂后有墙，把堂与室、房隔开，室、房有门和堂相通，古人因此有“登堂入室”的说法。堂的这种格局在古代变化不大，一般就用于举行典礼、接待宾客和举行宴会，这时，座位就不是以东向为尊，而是以南向为尊了。至于剩下的东向、西向和北向座位，则没有太严格的讲究。

清代凌廷堪根据古人记载，在其所著《礼经释例》中归纳：“室中以东向为尊，堂上以南向为尊。”

古人宴客，根据亲疏尊卑排列东西南北，很显然，这也和当时的餐饮方式有关。

从汉代到唐代中期，宴席形式主要是分食制。《史记》鸿门宴里，主宾东向、北向、南向、西向坐，并不是说他们围着方形餐桌吃饭，而是每人面前有一长方形条案，案上再以托盘等摆放食品。近些年来发掘出的汉代壁画、画像石和画像砖上，经常能看到人们席地而坐，一人一案的宴饮场面。食案一般比较低矮，与人们席地而坐的习惯相配套。

西晋以后，随着西北地区少数民族先后进入中原，床榻、胡床、椅子、凳等坐具相继出现，逐渐取代铺在地上的席子，传统席地而坐分食的习俗就受到冲击。后来，又流行高桌大椅，最终使传统饮食习惯转向合食。陕西省西安市长安区南里王村有唐代墓室壁画，宴饮图正中是一个长方形大案桌，桌上杯盘罗列，食品丰盛，有馒头、葱饼、胡麻饼、花色点心、肘子、酒等。案桌前还有荷叶形汤碗和勺子供众人使用，周围有三条长凳，每条凳上坐三人，这幅图表明饮食方式已发生了划时代的改变。

围坐合食，传统用八仙桌，以前几乎家家都有，在有些人家八仙桌甚至是唯一的大型家具。后来宴客又有了圆桌，这是为了满足聚宴人多和席面大的要求。由于圆桌席位不好分出上下尊卑，每桌人数也松紧可调不固定，所以最初，用惯了方桌的人们颇不习惯，比如袁枚《园几》诗就说道："让处不知谁首席，坐时只觉可添宾。"

不过，正是因为圆桌没有棱角，席位不分上下尊卑，不分正位、侧位，削去了人与人之间的贵贱高低，方显出平等原则，这就有点现代观念了。平等的观念，也可以算是现代文明的标志。目前，国际国内的一些谈判就使用圆桌会议的方式，强调平等、对话、协商。据说，"圆桌会议"起源于1500年前的英国亚瑟王，他让自己的骑士们以及罗马主教大人围坐圆桌，共商国是，骑士和君主间不排位次，平等沟通。每位骑士虽要为成为自由人而在战场赌命，却有极强的尊严感，没有仰人鼻息的委琐和怯懦，而是堂堂正正、不卑不亢的斗士。亚瑟王的圆桌创造了一个理想的公平世界。据说，《不列颠百科全书》为此专门把亚瑟王的"圆桌"收入其中。

在《水浒传》中，梁山之上，聚义厅中也设有一张大圆桌。作者施耐庵大概也想用这张圆桌表达些什么，但最终，他还是让这一百单八将一一排了座次，宋江最终也没有成为亚瑟王。

荀子与牛仔蓝

任多

生活在2200多年前的荀子，和牛仔蓝，有什么关系？二者之间的隐秘联系就藏在《劝学》中的那句名言中——“青，取之于蓝而青于蓝”。

“青”不是青，“蓝”不是蓝

荀子口中的“蓝”并不是我们常说的“蓝色”，而是指一类可提取蓝色染料的植物。从这类植物中提取的染料就是荀子说的“青”，也叫靛蓝。

世界上有很多植物都可以用于提取靛蓝。其中比较常见的有豆科植物木蓝、蓼科植物蓼蓝、爵床科植物马蓝和十字花科植物菘蓝——菘蓝堪称“宝藏植物”，它不仅能用来提取染料，还能治病救人，它的根就是常用中药板蓝根，叶子则是另一味中药大青叶。

靛蓝的使用在世界范围内都有着悠久的历史，而各种含靛植物也在全球划分了各自的“势力范围”。木蓝适宜在热带生长，是印度提取靛蓝的主要原料；欧洲地处温带，适宜菘蓝生长，所以菘蓝成了欧洲的靛蓝来源；中国国土辽阔，地跨热带、亚热带、暖温带、中温带、寒温带和高原气候区六大气候带，因此，在制作靛蓝的原材料方面，我们选择了“都要”——木蓝、马蓝、菘蓝和蓼蓝都是我国制靛的原材料。

在我国传统手工染色技术中，靛蓝扮演着非常重要的角色。早在夏朝，我国古籍中就有了“五月，启灌蓝蓼”的记载，《诗经》中也有“终朝采蓝”的句子。这说明从那时起，我们的祖先就已经开始种植蓼蓝，并且非常熟悉它的生长习性了。

到了北魏，《齐民要术》中出现了这样的记载：农历七月，在地上挖个坑，把蓼蓝切了倒竖在坑里，加水，再用重物一压，让水没过蓼蓝。这样发酵一两天，捞出残渣，把得到的汁液用一定比例的石灰水搅拌，最终沉淀于水底的膏状物就是靛蓝。

有趣的是，在提取靛蓝的过程中，还衍生出一种古代美妆产品。在靛蓝膏体沉淀出来之后，把剩余的溶液匀速搅拌，直到液面出现丰富的泡沫，将这些泡沫捞出晾干，就成了古代女子描眉用的青黛。

染色，并不是泡一泡那么简单

从植物中提取靛蓝只是染色的第一步，真正体现技术含量的操作还在后面。

接下来，要把从植物中提取的靛蓝用水稀释，再往染缸里加入石灰或其他碱性物质，最后慢慢加入米酒或酒糟兑成染液，静置一段时间。在这个过程中，染缸里的染液会发生神奇的变化——染液里的蓝色渐渐消失，变成黄绿色。

这一通复杂操作是为什么呢？这就得从靛蓝的属性说起。从现代化学的角度来看，靛蓝属于吲哚类天然染料。这种“高冷”的物质既不溶于水又不溶于酒精，对织物纤维更没有亲和力，常规的染色方法不能使其着色。

古人在靛蓝染液中加入米酒或酒糟，是为了利用酒和酒糟里的微生物使染液发酵，将靛蓝还原成蓝绿色的靛白。靛白再与碱性溶液反应，变成黄绿色的隐色体，这就是染液变成黄绿色的原因。隐色体可比靛蓝“乖巧”多了，它不仅溶于水，也更容易上染棉麻纤维。

那么问题来了，黄绿色的隐色体怎么变回蓝色呢？织物在染液中浸泡一段时间以后，要放在阳光下晾晒。在阳光和空气的作用下，隐色体再次被氧化，恢复成靛蓝，漂亮的蓝色就这样在织物上“重生”了。

其实在这些步骤之后，还得完成几道固色工序，整个靛蓝染色流程才算完成。很难想象，没有任何现代化学基础的古人，是怎么摸索出这样复杂的一套工艺的。靛蓝染色工艺使蓝色这种自然界极为稀缺的颜色走进人们的生活，甚至一度成为织物最常见的颜色。

牛仔裤的蓝与荀子的“青”

我们熟悉的“牛仔蓝”就来自荀子笔下的“青”——靛蓝。

由于靛蓝染色不够牢固，牛仔裤经过一段时间的磨洗后会出现局部剥色的现象，呈现出蓝里透白的独特色彩。但恰恰是这种褪色的特点成就了牛仔裤迷人的怀旧气质，于是做旧成了牛仔裤生产的一道工序。

牛仔裤诞生的时代，正值工业革命席卷全球。纺织业的高速发展促使全球染料需求量大幅增长，从植物中提取靛蓝根本无法满足与日俱增的市场需求。1890 年，德国化学家霍依曼在前辈拜耳的基础上发明了以苯胺为初始原料的靛蓝合成法。从此，人工合成的靛蓝实现了规模化生产，并逐渐代替植物靛蓝占领市场。今天的牛仔蓝，实际是人工合成的靛蓝。

合成靛蓝和天然靛蓝在化学结构上完全一致，染色原理也与传统染蓝大致相同——把靛蓝染料还原成可溶于水的靛蓝隐色体，然后上染纤维，通过空气或者氧化剂，氧化固着在纤维上，最后皂洗烘干。古代靛蓝染色过程中，使用的材料都取自大自然，可到了现代，牛仔服装生产流程中的每一个环节都对环境极不友好。

首先，人工合成靛蓝染料的过程中需要使用大量化学试剂，产生的废渣容易造成环境污染。而到了织物染色阶段，目前使用的还原剂“保险粉”不仅污染性高，且极易吸湿自燃，有巨大的安全隐患。最后，为了让牛仔裤看起来更时尚，牛仔裤制作完成后，生产厂家往往会使用丙烯酸树脂、酚类化合物、高锰酸钾、次氯酸盐、纯碱、焦亚磷酸钠、草酸和过氧化氢等化学试剂对牛仔裤进行做旧加工，使其产生褪色、褶皱、破损效果。

不仅如此，牛仔裤生产环节耗水量极大，制作一条牛仔裤需要耗费 20 升水，而每年全球生产消费大约 7 亿条牛仔裤，产生的污水量是惊人的。毫不夸张地说，每一抹牛仔蓝都在侵蚀着我们的绿水青山。

那么，有没有一种办法，能兼顾牛仔蓝和绿水青山呢?

为了解决这个问题，人们开始回溯靛蓝的起点，结合现代科技与古人智慧。

两千多年前，先民发现了微生物发酵植物靛蓝的方法，今天的科学家同样从中获得灵感。他们分辨出能合成靛蓝的微生物种类，并且利用基因工程技术，提高微生物生产靛蓝的效率，使这些可爱的小生物成为一个个生产靛蓝的迷你工厂，再结合大规模发酵技术，生物靛蓝又重新回到我们的生活中。

古代中国人的身高是多少

张嵚

中国古代野史演义里一个常见的豪横桥段，就是“炫身高”。

比如古典名著《三国演义》里，但凡牛人出场，都要报身高。白脸曹操身高七尺，爱哭的刘备身高七尺五寸，猛张飞身高八尺，红脸汉子关羽身高九尺。出场没多久就领盒饭的华雄，同样有九尺高。按照现代标准，哪怕最矮的曹操，身高也达到 2.3 米，放篮球队里可以做中锋。“身长九尺”的关羽，身高更是近 3 米，“温酒斩华雄”那一仗，等于是两个“三米大汉”在血拼……而放在正史记载里，许多古代人物的身高，也是让人一换算就吓一跳：比如《史记》里的西汉开国功臣郦食其，出场时就是“年六十余，长八尺”。这何止是个“高阳酒徒”？简直是个巨型大汉。周游列国的孔夫子，也是个“九尺有六寸”的大汉。也就是说，如果把古代名人组个团，那就是个能碾压篮球明星的“巨人团队”。

这震撼一幕，也让很多“历史票友”发出“古人个子真高”的感叹。有些好事者还开启“沉痛反思”模式，追问“为什么中国人变矮了”。相关的奇谈怪论，多年来衍生不断。

不过，古代的度量衡换算，其实和现代出入颇多。比如秦汉至三国时期的“一尺”，并非我们今天熟悉的0.33米，相反只有0.23米左右。这么一换算，许多古代名人看上去无比豪横的身高，也就大大缩水：曹操1.6米，刘备1.73米，张飞1.8米。倒是关羽、华雄、孔子等人，拥有着2.07米以上的身高，即使放在今天，也算是巨人。

而比起正史、野史里记载的数据，真实的古代中国人身高又是什么样的？首先比较准确的，就是考古数据。以北京西屯墓地的考古数据为例，当地共发掘出从汉代至明清年间的四百多座墓葬。以墓葬里的人骨标本推算：此地汉代男性的身高在1.44米到1.54米之间，即使是相对较高的清代男性人骨标本，其身高也只在1.59米到1.6米之间。即使是《三国演义》里“比较矮”的曹操，放这里都称得上高。

如果放在全国范围看，以20世纪80年代国家考古部门的权威数据：中国各地秦汉墓葬里的人骨标本，平均身高约为1.66米，而隋唐宋元明清的墓葬里，这一数据则为1.67米。相比之下，1979年至1980年，中国18岁至25岁的城镇男女青年，平均身高分别为1.7米和1.59米。单看这个对比就可以说，“中国人变矮”是个伪命题。

那这些考古成果，又能否代表古人的真实身高呢？同样能生动说明古人身高的，还有古代军队的征兵标准。

在历朝历代的古代军队里，身高常常是硬性条件。比如战国时代的战车兵和骑兵，对于身高都有严格要求。《六韬》里记载说，当时的战车兵必须“取年四十以下，长七尺五寸以上”，也就是身高“七尺五寸”且40岁以下的士兵。骑兵则要“长七尺五寸以上，壮健捷疾”。可见除了要强壮能跑，“七尺五寸”同样也是硬标准。那

“七尺五寸”又是多高呢？按照秦汉时代的度量衡，换算过来约为1.73米。

发展到“国家养兵”的两宋年间，那些享受着优厚待遇的“大宋禁军”，入选时的硬性条件同样是身高。宋朝禁军的身高，从“五尺五寸”到“五尺八寸”分为五个等级，以宋代度量衡换算，也就是在1.71米到1.8米之间。之后的元明清三朝的军队，也基本沿用了这个选兵标准。“世界第八大奇迹”秦始皇兵马俑坑里，兵马俑的平均身高，也在1.77米左右。

也就是说，倘若穿越到中国古代，身高达到1.7米，那就是标准的“大个子”。

那这样的身高水平，放在同时代的世界上又是怎样的呢？明末造访中国的传教士利玛窦，在其文集里就认为中国不但“远比欧洲富裕得多”，中国人的身高也“较我们（欧洲人）高一些”。哪怕到了19世纪下半叶，欧洲多国的征兵标准依然是1.66米，低于中国宋代禁军征兵标准。1889年波兰军人的平均身高，更是只有1.62米左右。

甚至这“身高问题”，还成了近代中国对外战争里的沉痛注脚：1895年的甲午战场上，当清朝陆军被日本陆军打得全线崩溃时，日本随军记者还嘲讽说“清军个头很高，但完全不使用白刃战，每到白刃战，他们都……一溜烟逃跑”。1900年，当八国联军肆意蹂躏北京城时，八国联军司令瓦德西还在北京各处城门派遣医官，对过往中国人强行进行体检，结果却让他震惊:95%的北京男性市民，在身高与健康状况方面，都符合德军的入伍标准。

也正是这一结果，令瓦德西在写给德皇的信里，做出了一个著名的论断：“我们西方人对于中国人民，不能视其为已经衰弱的，或者是已经失去德行的人，他们仍然充满生气，勤俭巧慧……”

但是，也正是从这一时期起，中国人与西方人的身高差距迅速拉大。在经济民生严重困顿，老百姓营养水平严重低下的旧时代，中国人的平均寿命一度只有 35 岁，医疗救治也严重落后。在苦难的时代里，人民的身体素质自然无法得到保障。

比如抗战时期的国民党军人，在当时的英美“盟友”眼里，一大形象就是营养不良，身体素质差。1943 年时，国民政府曾送 1800 名新兵到兰姆伽（中国驻印军的大本营和训练基地）受训，结果竟有 68% 的士兵因体格不达标而被淘汰。这还是号称优中选优的“中央军”，普通老百姓的营养水平可想而知。曾经有民国学者做过统计，单是 20 世纪 40 年代的上海，14 岁左右青少年的平均身高，竟比十年前的同龄人矮了 5 厘米至 8 厘米。

反而是同时期的西方国家，随着科技、经济的发展和营养水平的提高，国民身高也突飞猛进。以西方学者的统计，从美国建国到 20 世纪 80 年代，美国男子的平均身高提高了 8 厘米。而从 19 世纪末到 20 世纪中后期，欧洲男性的平均身高更提高了 11 厘米。我们关于“欧美人身材高大”的印象，基本都来自这一时期。

但在今天，随着中国的高速发展，中国人其实也在快速变高。以《柳叶刀》杂志的统计数据，从 1985 年到 2019 年，中国男性的平均身高增加了近 9 厘米，女性的平均身高增加了近 6 厘米，中国 19 岁男性的平均身高更冲到了 1.75 米，排名东亚第一。可以相信，这样的变高，依然在快速进行中。

“中国人有没有变高”的问题，不仅是一个生理问题，更是古代生活水平的写照和近代中国多少兴衰记忆的生动缩影。

青黛

李碧华

中药里有一种极轻、极细如尘的粉末，深蓝色，带点儿紫，漂亮而神秘，用一密孔纱布小袋装好。

性寒、味咸，清热解毒，凉血定惊。归肝肺经：大泻肝经实火及散肝经火郁——总之清一切伤肝之火。都市人肝火盛，所以得认识它。

问人："这是什么矿石物料的粉末，磨得那么细？"

"它唤青黛。"

啊，好名字：林青霞的"青"，林黛玉的"黛"。女性化，性感清丽，还带有黛绿年华的茂盛感。怎么不是墨绿色？

"它不是矿石，而是腐烂的叶。"

真是意想不到。

"青黛"的前身，是菘蓝、马蓝、蓼蓝、草大青等叶子。秋天，采药人收取大堆以上植物的落叶，放进木桶或大缸中，再加入清水浸泡两三昼夜，至叶腐烂、脱皮，便捞走残渣，加入已淘过杂质的石灰乳，充分搅拌至浸液由乌绿色转为深红色，捞出液面泡沫，在烈日下晒干。

以自己的痛为世人疗伤。这蓝紫色细粉，黏手黏纸，但一抖即飞，易聚易散易浮。我取过一撮，它马上渗进指甲周边，洗不掉，叫我想起萧红的小说《手》。

在线大脑和离线大脑

〔比利时〕吕克·斯维宁

大脑太复杂。以前人们主要关注大脑中隐藏着特定功能的某些部位或区域，而今，科学家们已经发现了一些脑网络，能将大脑中距离遥远的区域连接起来。本文重点介绍其中三个网络：默认网络、中央执行网络，以及在二者之间切换的突显网络。

美国神经学家马库斯·莱希有一次在用磁共振功能成像仪扫描人脑时，偶然发现了默认网络。莱希发现，躺在磁共振成像仪里的人，明明不需要也不能做任何事，却仍然激活了一个脑网络。

这个脑网络连接着大脑中相隔很远的区域。而当测试对象需要做任务（比如解谜）时，这个后来被命名为“默认网络”的脑网络就立刻沉寂了。

有人也把默认网络称作“休息网络”，这有点儿误导人，它和睡觉相似，你在睡觉时大脑也在努力工作，会强化记忆力，并清除各种废物。我更倾向于用“离线网络”这个称呼。

当你处于离线模式时，大脑其实非常活跃。例如坐在长椅上沐浴着阳光什么都不做的时候，你有没有注意过，这种时候才会产生真正绝妙的想法。这可不是巧合。

离线网络能激发创造力、同理心，并营造良好的自我形象。因此，可以这样说，你的大脑在离线时做的工作最有趣。

当你畅想未来时，离线网络也会活跃，这能让你更好地领导别人，更有效地影响别人，因为创造力和同理心都来自离线大脑。

除了离线网络（休息网络），还有在线网络（注意力网络），科学家也将在线网络称为中央执行网络。注意力是指人们在某个时刻让自己全神贯注于某件事情，把其他东西都抛到一边。当注意力很集中的时候，人们就能完全投入手头的工作当中；反之，则会不自觉地开始做白日梦，神思恍惚，不知不觉就放下了手中的报价单，转而去思索晚餐吃些什么，或者发现自己已然置身于离线的世界之中了。

当你专注于某件事情，例如停车、解决危机或者解答数学难题时，你就会使用你的在线网络。这个网络用处很大，如果没有它，我们将没法解决需要执行力的问题。

但遗憾的是，在我们的生活里，在线网络和离线网络之间的平衡常常被打破。人们只对以任务为导向的在线网络青眼相加，而常常忽视离线网络。有人可能会反驳，统计学问题能让人感到平静。但一般来说，过多的在线大脑活动会让人过度紧张，从而产生压力，导致生活质量下降。

当然，你的大脑并非总是在线几个小时，然后又离线几个小时。现实中，大脑在这两种模式之间的切换频率非常高，往往在一瞬间就能完成。

假如你开车去旅游，你会密切注意路面情况，尤其在繁忙的高速公路及其支路上。但当车流顺畅时，你的思绪就会游移：没把那封邮件发出去，希望不要给同事添麻烦；希望景区风和日丽，如果下雨就完蛋了，就像上次在威尼斯一样……直到出现堵车，你的在线网络才回来。

所以我们的大脑可以在做白日梦和只专注于“此时此地”之间完美切换。脑网络本身并没有优劣之分。有时，在线和专注非常重要；有时，大脑离线则一刻值千金。反之亦然。

请注意！如果你一直使用在线网络，过度专注于某项任务，你就可能会忘记很多事情，比如某个重要之人的生日，甚至还会发生把孩子锁在车里这种事。离线网络也有缺陷，如果在堵车时陷入沉思，那么可想而知，交通事故离你也就不远了。

我们必须在离线网络和在线网络之间保持平衡，因此人脑有一个网络来监管这一平衡，我们称之为突显网络。它时刻监控着“大脑环境”，也密切关注着我们身体中的所有变化，决定接下来是运作离线还是在线。

如你遇到了生命危险，那你就不应该把时间浪费在离线网络上，想着提出什么创造性的解决方案。你的注意力必须集中于外部环境，以便能够立即做出反应。

这时候，我们的突显网络就发挥作用了。它能够在我们需要的时候将大脑切换到在线模式，反之亦然。这样，突显网络就能够让我们的大脑尽可能高效地处理大量信息，筛选出重要的内容，从而帮助我们度过潜在的危机。

突显网络的选择并不多——它只能激活离线网络和在线网络这两者之一。如果某个信号具有危险性，非常紧急，那么在线网络就会被激活；而如果情况允许我们走神，那么离线网络就能发挥作用。这也是为什么我更倾向于将突显网络称作“交换网络”。

有的事情触发交换的速度比较快，比如疼痛会立即吸引交换网络的注意，并让它激活你的在线网络。当你疼痛时，你是否尝试过用其他事情转移注意力？很难，对吧？唯一有用的做法是在其他地方施加疼痛。

身边发生的动静也是突显网络极为重视的信号。移动的物体会立即引起大脑的注意。

有一次，我正安静地坐在水边，将脚泡在水里，忽然我就被吓了一跳，原来是一只小鸟从不远的地方向前跳了几步。这是很正常的自然现象。但物体开始移动，大脑的在线网络就被激活了，因为交换网络发出了警报。

想想原始人吧：他害怕所有的动静，因为哪怕是最小的动静都可能代表着危险降临。而如果身边的环境安静了太久，我们有时也会失去冷静，担心可能是暴风雨前的沉默。

古人梳刘海儿吗

郑昭昕

近年来，古装剧中的男女主角常梳着各式各样的刘海儿，这不禁让人好奇，古人梳刘海儿吗？

头发在中国古代社会与社会风俗、道德规范等密切相关。譬如中国古代素有成人礼的传统，男子成人礼时要将头发梳成大人模样，扎个髻再戴冠即为“冠礼”；而女孩则成人礼时盘发配笄，便为“笄礼”。

这种束发传统为古代冠服制度的一部分。自周代起，中国便有相当完整的冠服制度，对不同礼俗中对应的服饰、发式都有明确规定。

周代男子的发型多为“椎髻”，也就是把头发在头顶束成直立状的发髻。梳成椎髻后，再用冠帽将发髻套住，防止头发散乱。

秦汉时期形成了较固定的发式。看看秦始皇陵出土的兵马俑，便可知道当时流行的男子发型。这八千余名士兵中，一般步兵的发髻多向上梳并略偏某一侧，他们有的用发带裹发定型，有的戴有冠帽。考古研究成果显示，自先秦起，男子普遍流行“帻”这种冠饰，它实际上是一种包头布，即用一块巾布从脑后向前把发髻捆住，在前额处打结，使巾布的两角翘在前额作为装饰。这种冠饰在当时可是公认的“时尚单品”，乐府诗《陌上桑》中“少年见罗敷，脱帽著帩头”中的“帩头”便是指这种冠饰。

南北朝时期，受鲜卑胡服影响而出现了“幞头”——一种包裹头部的纱罗软巾，其特征是脑后披有两条长巾。后来，幞头逐渐成为贵族男子的日常冠饰，而“卑贱执事低微者”仍戴帻。

无论戴幞头还是帻，先秦至秦汉时期的男子发型基本上都是长发且束发为髻，鲜少有额前短发这种刘海儿造型。

那么，刘海儿是否出现在女子发型中呢？

古代女性的发型十分丰富，她们将乌黑的长发分股挽束成各式各样的髻、鬟，用笄固定后，配以各种华丽的冠饰。自周代起，妇女便流行梳高髻，至秦汉时期仍旧盛行，尤其在汉代还出现了许多新的发髻花样，有垂在脑后的堕马髻、束于头顶的盘桓髻、层次丰富的缕鹿髻等。

纵览先秦至汉代的男女发型，似乎都不见刘海儿的踪影，那刘海儿到底是什么时候出现的？

隋唐时期的男女发式基本承继了前朝的形制样式，同时还发展出大量丰富多姿的造型，唐代社会上普遍流行“高冠峨髻”。

以“高冠”为时尚的男性发式仍以束发成髻为主，只在冠饰上做了许多创新，出现了进贤冠、笼冠、武弁、纱帽等新冠饰。冠饰的材质也有很多改进，初期冠饰用料都是较为粗糙的布匹，如缯、绢等，后期则多用纱罗等轻薄织物，透气又美观。

另一方面，唐代女性的发式更为丰富。当时发型以巍峨华丽为美，继承了先秦以来高髻的造型，同时还发展出翻荷髻、反绾髻、凤髻、交心髻等，雍容华贵间还有一丝慵倦之美。

唐宋诗歌文学常提及女性发髻之美，譬如白居易的《井底引银瓶》描绘了少女“婵娟两鬓秋蝉翼”，韦应物在《长安道》中描绘了盛唐佳人之美：“丽人绮阁情飘飖，头上鸳钗双翠翘。低鬟曳袖回春雪，聚黛一声愁碧霄。”

除了发髻，唐代还流行以鬟和鬓做造型。鬟与髻不同，历代流行的髻都是实心的发盘，而鬟是一种中空的束发造型。唐代女子将长发束起再挽成环状，环状的发束可变换多种造型，环数也可按自己的喜好而定。鬟的造型尤受年轻女性喜爱，按照高低大小可设计成花样不同的鬟式，譬如当时流行的双鬟望仙髻，便是在后脑勺偏高处将长发挽作双环状的鬟式。

除此之外还有鬓，鬓是两耳旁的发。唐代女子根据发髻式样设计出各类鬓式，如松鬓、蝉鬓、雪鬓等，有些妇女也会在发鬓上饰以花钿等装饰，更显华贵俏丽。

然而，幼女的发式并无髻、鬟、鬓之分，大都垂于额前。少女发式则是四垂短发，以发覆眉目，这不正是刘海儿的原型吗？李白在《长干行》中也曾描绘：“妾发初覆额，折花门前剧。郎骑竹马来，绕床弄青梅。”这说的便是小男孩和小女孩天真烂漫、青梅竹马的情韵。古代的刘海儿造型起初是在幼儿、孩童身上出现的。

实际上，古代孩童在未成年之前，发型都是自然下垂且有修剪的，自周代起孩童的发型多为小丫角，男孩子剪发后留下额上左右两角的胎发；女孩子则留的是垂于额头中央的胎发，而这种孩童时代所留的头发，被称为“留孩发”。

“刘海儿”与“留孩发”发音相近，有一种说法认为“留孩发”为民间口语，“刘海儿”是其书面用语。除此之外，民间还流传着一个关于“刘海儿”的传说：相传唐代有个名叫刘海的仙童，他的前额上有一排整齐的短发，模样童稚可爱。此后，人们便习惯将前额上的短发，称为“刘海儿”。

为何银行卡的密码只有六位

谭保罗

银行卡的密码是六位数字，第三方支付的密码也是这样，但我们注册很多网站的时候，却被要求用复杂的字母、数字和特殊符号来进行组合。后面一种情况时常让人头疼，因为我们很容易忘记太复杂的密码。

为什么和钱相关的密码这么简单，网站注册的密码反而如此复杂？难道钱还不如其他东西重要吗？显然不是。

这是一个经济性的问题，任何创新，都要考虑消费者使用的经济性——要减少他们的精力耗费，或者帮他们节省金钱。

银行卡用六位数的密码无疑是经济的。首先，银行卡的用户范围很广。比如老年人的记忆力可能不好，还有平时到处注册网站和App的年轻人，设置的各种密码非常多，如果密码过于复杂，那么他们很可能把密码搞混。而六位数密码就好多了，更容易让人记住，也不容易搞混。

支付密码也是如此。一位互联网大厂的支付工具工程师曾告诉我，他们在设计支付工具的支付密码时，也考虑过复杂方式，但最后还是决定用最简单的六位数字密码。他们通过很多次模拟实验，并用很多模型试过之后，发现六位数字密码能最好地达到安全性和经济性的平衡。

其实，还有一点不要忘记。无论银行还是第三方支付工具，他们都有很强的技术实力，拥有强大的基于数据、影像等技术手段的安全系统，并以高薪维持着行业内最优秀的工程师团队，完全可以抵御普通黑客的攻击，保证用户的密码安全不出问题。

相反，很多网站的注册之所以要更复杂的密码，就是因为它们实力不够，必须通过让用户耗费更多精力，记住更复杂的密码来保证安全。一个有意思的现象是，越是实力差的公司所开办的网站或App，你需要记住的密码可能就越复杂。

考虑用户使用的经济性，另外一个例子是超音速飞机的没落。

1967年，法国人和英国人联合，造出了在航空史上注定留下浓墨重彩一笔的协和式飞机。协和式飞机能以两倍音速飞行，乘坐这种飞机，从伦敦和巴黎到纽约的时间，比乘坐普通民航客机缩短了一半。

可是，协和式飞机现在基本退出了民航市场，英法两国总共生产了大约二十架。

为什么超音速客机比不过亚音速客机？最重要的原因，无疑是用户在使用它的时候，感觉缺乏经济性。它的票价是普通民航客机的两倍以上，这使得它抛弃了中层商务人士和普通人旅游的大市场，而这二者刚好是民航客机维持盈亏的基本盘。

好的产品，未必要依赖更复杂、更先进的技术，它只是让用户在使用的时候，给他们带来“经济性”，肉眼可见，就最好不过。

一两银子的购买力

杨津涛

《水浒传》里，鲁智深、史进、李忠在酒店里闲聊，看到卖唱的金家父女。鲁智深可怜他们，自己“去身边摸出五两来银子”后，又对史、李二人说：“借些与俺。”史进立刻“去包裹里取出一锭十两银子”，李忠则抠抠搜搜地“去身边摸出二两来银子”。

“鲁提辖看了，见少，便道：‘也是个不爽利的人。’”

小小一幕，便把元明时期不同阶层的经济状况展现得一清二楚——《水浒传》的故事发生在北宋，但反映的是作者所处的元明时期的社会风貌。表面上看，史进豪爽，李忠小气。但史进家家道殷实，出逃时又带了全部家当，十两银子于他不算什么；鲁智深是中级军官，五两银子是他将近一半的月薪；李忠呢，不过是打把式卖艺的平头百姓，这二两银子没准儿就是他花十天半个月挣来的辛苦钱。

一两银子合多少人民币

同我们在电视上看到的一样，作为货币的白银，主要被铸成

“元宝”。元宝上刻有产地、重量、经手官吏、工匠姓名等。

将白银换算成人民币，通常是以米价为中介。不同时期，各个地区的米价差异颇大。黄冕堂在《中国历代物价问题考述》中列举的数据显示，一石米的价格，明朝从两三钱到一二两，清朝从五六钱到二三两。明清时期，1 石约合 0.1 立方米，1 立方米大米约为 800 千克，现在全国米价大致为 5 元 / 千克。如果用明嘉靖年间均值 0.8 两 / 石、清乾隆年间均值 1.5 两 / 石的米价来计算，1 两白银在嘉靖时相当于人民币 500 元，在乾隆时相当于 267 元。乾隆年间白银的购买力几乎跌为嘉靖年间的一半，这是隆庆开海后，南美、日本的白银不断输入中国导致的。

古人收入有多少

在古代，官员是高收入阶层。以清朝来说，官员的俸禄包括白银和大米，其中一品文官的年俸是白银 180 两，九品的文官年俸是白银 33 两。雍正以后，官员有“养廉银”这一合法津贴，其金额通常是俸禄的几倍，乃至几十倍。

读书人就是当不了官，一直做教书先生，工资也相当可观。大学者到书院去做“山长”，通常一年有几百两收入。曾国藩平定太平天国后，重建了南京的钟山书院。该书院山长的年薪是白银 984 两，包括正式工资、伙食补贴和过节费。

明清时期，还有工资日结、月结的短工，一干一年的长工。清朝时，东三省禁止内地移民，人口较少，所以用工成本极高，工人的年薪为白银 9 两至 15 两；经济发达的江浙地区，工人的年薪为 6 两至 8 两；陕西、山东、湖北等大多数地区的工人年薪为 4 两至 6 两；待遇最差的是甘肃、广西、贵州，一个长工干一年只能得到 1 两至 3 两。

至于医生，西门庆家请大夫看病，少则给白银二三钱，多则四五两。看来医生在什么时代都是高收入群体。

明清时期，普通工人的平均月薪在一两白银左右，但因白银的实际购买力发生了变化，所以清朝工人的生活水准较明朝工人的有所下降。

一两银子能买什么

一生用度，主要在衣食住。侯会在《食货金瓶梅》里搜罗了不少实例，展示了晚明社会的生活百态。

先说“衣”。常峙节穷困潦倒时，西门庆资助了他一笔银子。常峙节给妻子买了“一领青杭绢女袄、一条绿绸裙子、月白云绸衫儿、红绫袄子儿、白绸子裙儿”，为自己买了“鹅黄绫袄子、丁香色绸直身儿”，这七件量身定制的服装，再加上“几件布草衣服”，一共花去“六两五钱银子”。

这么算下来，一件比较好的衣服，大约也要一两银子，相当于人民币500元。《金瓶梅》中真正昂贵的衣服，还要数李瓶儿那件貂鼠皮袄，值白银60两，相当于人民币3万元。

再说“食”。《宛署杂记》中记录说，明万历年间，猪肉每斤白银0.02两，牛羊肉每斤0.015两，整只活鸡0.04两，5斤重的大鲤鱼0.1两，烧酒每瓶0.05两。当时1斤约相当于600克。在这种物价标准下，《金瓶梅》里的饭馆也都收费不高。侯林儿与陈敬济在酒馆里点了“四盘四碟，两大坐壶时兴橄榄酒”，以及“两三碗温面”，总共花了“一钱三分半银子”，也就是0.135两白银，不到100元人民币。

再说“住”。房子让当代人操碎了心，在古代买房也是大事。网上曾流传着一个段子，说卖炊饼的武大郎都住得起独立小楼。其实真相是，潘金莲把钗子卖了十几两银子，“典”下了“县门前楼上下两层四间房屋居住，第二层是楼，两个小小院落，甚是干净”。所谓“典”，就是从房主那里获得使用权，房主保留产权，可在一定期限内赎回房产。虽不是买，但几千块就能在县城里几乎无限期地住上独立小楼房，也是相当划算的。

那时的“商品房”不会让工薪阶层望而生畏。西门庆帮常峙节买的“前后四间”房，只要白银 35 两。按明朝工人每月一两的平均工资算，节衣缩食几年，也能全款买房。当然了，阳谷只是小县城，那里的房价相比于京城这样大都市的，一定便宜不少。

明朝时，大城市中的普通工人每月大概能赚到一两银子，这些钱可以买大约 100 千克大米或 30 千克猪肉，或者一件量身定制的时装。

宇宙大爆炸的余晖

〔英〕马库斯·乔恩

宇宙大爆炸的火球有些像核爆炸的火球，但核爆炸的火球热量在一小时、一天或一周内就会消散开来。相比而言，大爆炸的热量就无处消散了，只能在宇宙中徘徊。事实上，宇宙里也只有大爆炸的产物。时至今日，大爆炸遗留的热量仍充满宇宙，围绕着我们。在过去约 140 亿年的膨胀中，温度已然冷却下来，大爆炸再也无法发出可见光，只能释放出一种不可见的光，即微波辐射。

微波对你而言一定不陌生，它被应用于手机通信、加热食品、传播电视节目等领域。如果你用过老式电视，当你切换频道时，中间会有画面停顿现象或者雪花出现在屏幕上，大约 1% 的画面停顿和雪花就可能来自大爆炸产生的微波辐射（在调长波电台时，中间停顿的空白也是同样的道理）。这些微波在被你家电视天线捕获之前，已经在宇宙中飘荡了约 140 亿年，上次它们接触到的其他事物是宇宙开端的那个火球。

事实让人震惊，宇宙中 99.9% 的“光”，也就是光子，都来源于大爆炸，仅 0.1% 的光子源于恒星以及星系。这就是宇宙最为惊人的特征：宇宙微波背景辐射。如果你有双能看见微波的眼睛，那么你眼前的世界，包括空空如也的空间都会发出白亮的光。你就像住在一个大灯泡里。科学家直到 1965 年才发现宇宙微波背景辐射，而且完全出于意外。

但是，我们周围的所有事物都会发出微波，我们难以分辨哪些是大爆炸发出的。这正是 1964 年新泽西州霍姆德尔的两位科学家阿尔诺·彭齐亚斯和罗伯特·威尔逊碰上的难题。这两个人被巨型喇叭状的微波探测器吸引到贝尔实验室工作。彭齐亚斯和威尔逊想用探测器研究天文学，探测疑似围绕银河系的超冷氢气。由于他们预测该气体微波十分微弱，所以首先他们要测量其他微波源，比如说，近处的树木、建筑、天空，甚至是探测器本身。然后他们再将这些干扰源剔除，剩下的可能就是需要的微波信号。

但当他们把所有干扰源都剔除后，仍有稳定背景噪声。这样的微波应当是由一种温度比绝对零度高 3 摄氏度，即零下 270 摄氏度的物质辐射产生的。最开始，他们认为这是纽约市发出的微波。但是，当他们将探测器的喇叭口对着天空或者背对纽约市时，噪声依旧存在。然后他们又猜测微波源应该是太阳系中的一些会发出无线电波的天体，如木星。但几个月过去了，地球沿轨道绕太阳运转，噪声依旧稳定不变。彭齐亚斯和威尔逊甚至想过这是不是附近核弹试验产生的高速电子飞入大气产生的背景噪声。然而，这种背景噪声一直很稳定，不随时间改变，这并不符合任何猜测的特征。

最后，两位天文学家将目光锁定在两只鸽子上。它们在探测器狭窄的底部建了个鸟巢。因为探测微波用的电子设备也固定在“喇叭”的底部，而这些设备会散发热量，所以鸽子们选择了这个舒适温暖的住处，这是在新泽西州度过严冬的最佳住所。彭齐亚斯和威尔逊发现鸽子们在微波探测器的表面覆盖了一层白色的电介质，即大家熟知的鸟粪。那么，是不是鸟粪发出的微波造成了这稳定的背景噪声呢？

两位天文学家捕获了鸽子，还附上推荐信把鸽子送往别处安家。然后他们穿上长筒靴，拿着扫帚钻进“喇叭口”里收拾干净鸟粪。但是结果与他们的预期相反，稳定的背景噪声仍旧存在。

直到 1965 年的春天，他们在天文学上仍一无所获。一次彭齐亚斯给他一个科学家朋友打电话，忍不住向朋友抱怨他和威尔逊在霍姆德尔遇到的倒霉事，结果他朋友一听这事，立马来了精神。他朋友先前听过理论家詹姆斯·皮布尔斯的演讲，演讲中提到普林斯顿大学正在进行一项实验，旨在探测大爆炸余晖的热量。普林斯顿大学离霍姆德尔只有 30 英里（约 48 公里）的距离，彭齐亚斯一放下电话，立刻就给皮布尔斯的导师，普林斯顿大学的罗伯特·迪克打了个电话。迪克当时正在办公室里吃便餐，研究小组成员都和他坐在一起。迪克刚放下电话，他扭头对他的同事们说道：“啊哈，咱们有料啦！”

现在我们已经知道由彭齐亚斯和威尔逊发现的微波辐射与绝对零度以上 2.726 摄氏度发出的辐射相匹配。“大爆炸余晖发出的微波辐射与你家的微波炉发出的微波一样，只是能量低得多，”史蒂芬·霍金这么解释道，“不过，用它来加热比萨的话，只能加热到约零下 270 摄氏度。呃，这连解冻都不行，更别提烹饪了！”

彭齐亚斯和威尔逊因发现宇宙微波背景辐射，证明宇宙起源于大爆炸，从而荣获 1978 年诺贝尔物理学奖。有人问，那两只鸽子后来怎样了呢？鸽子有归巢的习性，所以它们又飞回霍姆德尔探测器了。没办法，就只能把它们处理了。但是，它们的鸟粪却名垂科学史，广泛流传在各种天文学著作中。这个乌龙事件应该是科学史上对鸟粪最大的一次误会。

宋人碗里的春天

刘万祥

在寻常的烟火日子里，碗是我们再熟悉不过的东西，有各种花纹和款式，四季皆可用。对宋人而言，却不是这样的。他们的碗，仿佛只属于春天，有春风拂柳的淡淡色泽，有春水游鱼的灵动花纹，也有盛满春菜的简淡清欢。

宋人的春天，在碗里。

宋人崇尚青色与白色，落到一个个碗中，便是青瓷如玉，白瓷胜雪。这种美最动人的地方，或许就在于那种淡淡的素雅之色，如春日薄雾，如春水初生，如江南三月的拂堤春风。而且光是宋瓷的青色，就有天青、粉青、梅子青、影青……似乎就连春天的时间流动感都被拉长了。

特别是宋人最有代表性的汝窑，釉色天青，又名雨过天青。第一次看到故宫博物院的那只汝窑天青釉碗时，忽然懂得，宋徽宗梦里的天空，分明就是江南三月的杭州：雨后初霁，一抹天青随风缓缓游动，带着淡淡的绿、淡淡的白、淡淡的粉。若不是传说中那样以玛瑙入釉，或许不会有这般“似玉非玉而胜玉”的质感和色泽。

陆羽的《茶经》里讲过，青瓷类银类雪，白瓷类玉类冰，是最适合喝茶的“冰瓷雪碗”。虽然我们如今常说，宋人点茶喜欢用黑色的建盏，但是，爱喝茶的宋人，平时仍会沿继唐代，使用这样的冰瓷雪碗。

把春天的团茶碾成茶末后，投入青瓷茶碗中，一边注水，一边用茶筅用力转圈击打，直到将茶汤打出犹如雪浪般的泡沫。端起那个天青色的茶碗，仿佛能看见春江浮沫、疏星淡月。这是宋人的碗，是宋人心中永不消逝的春天，也是宋人所崇尚的生命之色：纯洁、素净，质本洁来还洁去。

没有哪个朝代像宋朝一样，用单色釉把春天演绎到极致。但端庄内敛的宋人也有调皮的时候——既然不喜欢绚丽庸俗的美，那就在花纹上做文章。对于北宋时期的越窑碗，有人曾感慨：一碗春水。

那份诗意确实让人心中一颤，碗身盈盈流动的线条，有深有浅，仿佛淡淡的江南烟波。或许看到这件青釉水波纹碗，我们才能感受到，流淌在宋人心中的春水到底是什么样。

许是“翠眉曾照波痕浅”的南浦惜别，或是“暖雨晴风初破冻”的春心摇曳，也可能在“水是眼波横，山是眉峰聚”的眉眼盈盈处……

当宋人拎起一只梅瓶，将春酿汩汩倒入碗中，酒水的冲力在碗里回旋荡漾，连碗底的游鱼也差点儿跃出水面来。春碗盛春酒，或许只有这样，才能表达这件器皿所洋溢出的那种盛大却又内敛的喜悦。相对于青瓷来说，白瓷的釉更轻薄，正便于刻花。宋人便在这件定窑白釉碗的盘心刻上游鱼和折枝花的模样。

古人说：“致广大而尽精微。”宋人的碗里，包含着春江游鱼的细微生活，也藏下了宇宙的生生不息。

远志：最励志的本草

阿南

我最初是通过刘义庆的《世说新语》知道远志这一味中药材的。书中提到，心怀隐居东山之志的谢安曾多次拒绝朝廷出仕的邀请，后来碍于一代枭雄桓温的再三相邀，才终于出山当了桓温的司马。一天，有人给桓温送了一些草药，其中就有远志。桓温便问谢安："此药又名小草，何一物而有二称？"一种东西为什么会有两个名字呢？谢安闭口不答。这时，在座的素以诙谐著称的名士郝隆回答："隐居山中时叫远志，出山后便成了小草。"显然是在调侃谢安晚节不保，屈就朝廷一事。桓温爱才心切，怕谢安面子上过不去，赶紧打圆场说："郝参军这个失言却不算坏，话也说得极有意趣。"

我当时折服于刘义庆通过寥寥数语，便将三人的性格特征刻画得淋漓尽致的笔法，哪里有心思去深究远志的前世今生。

某年五一假期，我和家人去丫髻山游玩。在沿阶登顶的途中，我偶然瞥见在向阳的贫瘠风化土地上，有几丛十多厘米高的植物开着蓝紫色小花，煞是好看。我稍事停留，站在一旁向来往的游人请教它的名字，但游人都忙着赶路，顾不上回答我。我只得拿手机拍了几张照片，方便路上继续询问。在半山腰处，终于有一位游人不吝赐教，说这是阮志，山上多的是。阮志？我的大脑里怎么也搜索不到这么一种植物。

直到抵达金顶，扶栏远眺，我仍在想阮志。清风中，我猛然想起平谷和蓟州一带的口音特点，猜测半路上那位中年男子所说的“阮志”，会不会是《世说新语》中提到的“远志”。我立刻拿出手机查询了一番，果然证实了自己的猜想。

回家后，我补了功课，这才知道郝隆一语双关的由来：作为中药材，远志指的是这种植物的根，而发苗长出的枝叶又被称作小草，小草虽然也可益智，却不具远志的祛痰功效。显然，东晋时期的人们对远志的了解还有一定的局限。北宋的《本草图经》强调：“古本通用远志、小草；今医当用远志，稀用小草。”

古人处世，相较于今人含蓄了许多，但也不乏妙趣，比如汉唐时期别离时的赠柳旧俗。古人们也常借用某一事物名称的谐音，来表达自己的心志。相传，姜维诈降期间，曾遣人给母亲捎去远志、当归以明心志。这便是“但有远志，不在当归”这一名言的由来。据载，此类习俗在魏晋时期已颇为盛行，召唤出行在外的人回归时会寄送当归，若收到者自觉大业未竟，拒绝返回，则回寄远志。晚清时期的思想家、诗人龚自珍，因屡次建议清廷抵制鸦片遭拒，自觉报国无门，借用远志、小草之异，奋笔写下诗句：“九边烂熟等雕虫，远志真看小草同。”

远志是有名的益智良药，唐朝以前多用来提高人的记忆力。葛洪在《抱朴子·内篇·仙药》中说：“陵阳子仲服远志二十年，有子三十七人，开书所视不忘。”“药王”孙思邈更是将远志列为益智方药的首位。现在，远志益智安神、抑菌抗癌、降压、催眠等功效正逐渐得到现代医学的证实。

像远志这样拥有十足现代感且具有深远意蕴“花语”的植物，在本草中并不多见。远志耐旱、不喜湿，只需选择排水性良好的植料，控制浇水量即可保持生长；一旦过了苗期，不需要多么细心养护，也能茁壮成长。远志丛生的枝干，仅十几厘米高；其细细的叶子互生，仅 1 厘米至 4 厘米长。配上山石或枯木，这么矮小的一丛远志，也便有了玉树临风的仪态。等到 5 月，远志进入花期，2 厘米至 14 厘米长的总状花序便会从枝头冒出，探出蓝紫色的花。在随后的两个月内，花朵的顶端会慢慢开满淡紫色的花丝，状若朋克的夸张发型。这应该是为了提高传粉概率而进化出的结果，却为养花人提供了为之一振的视觉效果。

独一无二的舌纹

黄书奇

德国著名哲学家莱布尼茨说：“世界上没有两片完全相同的树叶。”人们习惯性地在这句话的后面加上一句：“世界上也没有两个完全相同的人。”

随着科技的进步，无论是手机还是电脑，或是任何与解锁有关的东西，都融入了指纹识别、人脸识别等具有唯一性的解锁方式。

这个世界上没有两个完全相同的人，同样也没有完全相同的指纹。而人脸识别，其实核心也和虹膜一样，具有唯一性。也就是说，指纹、虹膜都具有独一无二的特性。而人类的唯一性，除了指纹和虹膜，还可以通过舌纹辨别。

指纹被誉为“人体的身份证”，那么指纹是怎么形成的呢？

指纹由基因决定，在人成长的过程中又会受到环境的影响。基因不同，环境不同，所以每个人的指纹都不相同，也就具备了唯一性。指纹在人还是胎儿的时候就存在，在胎儿六个月的时候就已经长成。其后随着年龄的增长、身体的长大，指纹所变化的也仅仅是大小，纹路不会改变。所以，可以说指纹生来就注定了它的“样貌”，且一生不变。正是这种唯一性让指纹在生活中的用途越来越广泛。比如，各种软件的指纹解锁、公安机关的破案线索等等。最早利用指纹来辨别人们身份的就是中国和古巴比伦。

与指纹同样具有唯一性的是舌纹。

舌纹，顾名思义，舌头上的纹路，与指纹一样，都是独一无二的，具备唯一性。那么，舌纹又是怎么形成的呢？

其实与指纹形成的原因一样，舌纹也由人体的基因所决定。基因不同，舌纹就不同，即便是双胞胎，舌纹也是不一样的。可以说，舌纹是人体的“第二张身份证”。

酸甜苦辣咸，人生五味，也是我们切实能品尝出来的味道。我们依靠舌头在口腔内配合牙齿咀嚼食物，品尝味道，这是舌头的功能之一。人类出生之后牙牙学语，也需要舌头配合，这是舌头的第二大功能。中医讲究“望闻问切”，通过观察舌苔，可以看出身体存在的很多问题，从而辨证论治，这是舌头的第三大功能。

中医有“心热则舌裂而疮”的说法，即舌头表面纹路断裂，从中医上讲就是心火旺盛。当然，不同的舌纹现象，能体现出不同的身体症状。

或许有一天，我们在验证身份时真的要“舔屏”了！

真菌消失后的世界

〔法〕蒂图昂·科莱

入秋之后，雨后阳光普照，如此好的天气，人们忍不住想去森林里散步、采蘑菇。

然而，法国的采菇人从森林回来后都在嘀咕，怎么树底下完全不见鸡油菌和牛肝菌的踪迹，更别提有毒的鹅膏菌了。就连地窖里种植的双孢蘑菇也没有了！几个月后，某个国际科学研究机构宣布了一项可怕的发现：全球的真菌都消失了。原因不详，有可能是某种病毒或细菌作祟。即便有许多喜欢吃松露和牛肝菌蛋饼的人在苦苦等待真菌回归，这也不能代表全球所有人都是这样。真菌形态多样，有些甚至要用显微镜才能看到，而部分种类会带来大麻烦，每年都有人因真菌感染疾病，例如会侵犯肺部的曲霉病，能引发严重脑膜炎的隐球菌病。如此说来，真菌的消失或许能让数百万人受益。

对整个动物界而言，真菌的消失还有其他值得高兴的地方：至少 120 种两栖类不会因感染壶菌而灭亡，已导致 600 万只蝙蝠死亡的白鼻综合征亦不复存在。遗憾的是，这对农业生产者来说算不上欢欣鼓舞的消息，因为会导致庄稼霉变的霜霉病是由俗称“水霉”的卵菌引发的，而它们实则早已脱离真菌界自立门户。不过，没有了真菌，卫生间墙壁或食物的确不会长霉斑了，一些人还可以告别头皮屑和足癣的困扰。看来，真菌消失还挺好！

悲伤的春天

不过，到了来年春天，林业人员就开始着急了。本该是万物复苏的季节，小草却开始枯黄，树木也不再开花，因为大部分的植物都需要和真菌共生以更好地生长。其实大多数人缺乏对真菌的了解，比如，作为盘中餐的蘑菇既非植物，也非动物，恰恰属于真菌。

真菌并不仅仅是人们在树林或田野散步时看到的伞状突起，这些菌盖其实是它们的繁殖器官：它们每年冒头一次，为的是传播孢子，孢子散落到各处，生长出新的个体。一旦完成繁殖工作（通常在秋天，某些种类也会在春夏繁殖），真菌的菌盖和菌柄就会消失。

互利共生

真菌的“真身”是深入地下庞大而密集的丝状网，能绵延数平方米，甚至数公顷。部分真菌的丝状组织被称为菌丝体，它会和周围的植物建立一种紧密的共生关系。当菌丝体接触到某株植物时，会缠绕其根部末端形成一个密集的网状系统。紧接着，菌丝体进入根的内部，建立一个物质交换区。植物将通过光合作用制造的糖分中的 20%—40% 提供给真菌。作为回报，真菌能帮助植物更好地吸收土壤里的水分和营养，因为菌丝体的网络远比植物根系密集而且分布范围更广。真菌与植物的共生结构叫作菌根，极为高效，自然界 90% 的植物都依靠这种关系生存。

植物通过叶片吸收二氧化碳，借助光来启动光合作用，同时再利用水和矿物质制造营养物质。真菌的菌丝体进入植物的根部，形成菌根，为相互之间的物质交换提供条件。其他种类的真菌充当清道夫，分解腐木和枯叶，有机物被消化，其中的矿物质被送回土壤，二氧化碳则被释放到大气中。

问题显而易见，没有真菌，地球上几乎所有的植物都没法享受“外卖到家”的服务了。当然，植物还可以尽量延伸自己的根系来自食其力。只不过，额外生长的根系需要很多能量，非常不划算。更何况，在根部延伸的过程中，植物很容易碰到周围其他植物的根系，资源争夺在所难免。此外，真菌还能保护植物：它们在土壤中的污染物扩散至植物根系前将其先行过滤，还能为植物提供化学防御，使其免遭病害或寄生虫入侵。总之，没有真菌，众多植物都会枯萎。即使少数植物幸存，为了节约使用有限的资源，它们只能尽量抑制自己的生长。

告别面包、蛋糕和巧克力

真菌的消失不仅关系到自然景观，人们的日常生活也将发生天翻地覆的变化。首先，我们会和酵母道别，因为这些微小的真菌是一切发酵工艺的根基。没有酵母，自然也就没有葡萄酒和啤酒，制作面包和蛋糕更无从谈起，甚至连巧克力也没有了，因为让可可豆发酵是制作巧克力不可或缺的步骤。

真菌还是药物的来源之一。1928 年，英国细菌学家弗莱明发现了青霉素，这是世界上第一种抗生素。此后，人们陆续发现了数十种可以杀死细菌的真菌毒素，它们使足以致命的细菌感染问题迎刃而解，换作以前，剧烈的牙痛都可能致命！一些从真菌中提取的物质可以用来治疗心血管疾病、癌症和抑郁症。

因此，真菌消失后也将致使药典里的一大部分药物跟着消失。虽然，如今部分药物来自化学合成，但仍有一些药物提取自实验室培育的真菌。再者，至今人类都还没有完整统计和完全弄清世界上的所有真菌。城市里的真菌中有 90% 仍属未知，热带雨林的未知真菌更是占到 99%，而这些都有可能是新品种药物的潜在来源。

生命史的垃圾箱

然而，真菌消失带来的最严重后果要在数年后才会显现。多种真菌扮演着生态系统“清道夫”的角色。真菌以有机物为食，通过分解有机物形成腐殖质，把有机物中的营养成分带回土壤，供植物重新利用。如果没有这一步，土壤会变得越来越贫瘠，植物也将因缺少营养而逐渐死亡。

当然，细菌也能起到一部分给土壤增肥的作用。但是，木质素降解主要靠真菌。这种复杂分子用于构成植物的机械组织，是木材的主要成分，在各生态系统的生物量中占 20%—35%。换算下来，每年有 500 亿吨至 1500 亿吨木质素需要被分解。如果不及时循环，大自然中将堆满有机物。不出几年时间，森林会被堆积如山的腐木取代，而草原也将变成一片沼泽。

最终，几乎整个生态系统都将因真菌的消失而崩溃，地球不再宜居。更糟糕的是，木质素主要由碳组成，在分解的过程中，碳以二氧化碳的形式重回大气。如果没有真菌参与分解，碳被封存于木质素中。起初，影响还算正面，因为温室效应的“元凶”二氧化碳的排放减少了，几个世纪后，人类活动排放的二氧化碳被抵消，全球升温得到抑制。然而，现有的植物需要继续利用二氧化碳进行光合作用。一至两个世纪后，当二氧化碳储备消耗殆尽，地球将会进入新的冰期。缺乏二氧化碳，所有的植物都将逐渐灭亡，相应地，食草动物必然会消失，继而食肉动物也就消亡了。

简而言之，假如真菌消失了，地球上的一切都完了。

一切颜色的尽头

as center

黑色在世界各地文化中的词根和词源里，都有“燃烧”之意。从人类最早的绘画作品中我们可以发现，生活在旧石器时代的人从燃烧后的木炭中研磨氧化锰矿石来获得黑色颜料。

对古埃及人来说，黑色有较为正向的含义，代表被尼罗河淹没的营养丰富的黑色土壤，以及为死者提供保护的死神阿努比斯的颜色。古埃及艺术家将用燃烧后的动物骨头和木炭进行研磨，与水混合制成黑色颜料。

黑色对于古希腊艺术家来说是十分重要的颜色，它代表冥界，与生者的世界分开。公元前 6 世纪，古希腊人用含有铁元素的黏土，通过控制窑中氧气的浓度和温度，烧制出红色氧化和深黑色磁铁矿，使黑色的装饰图案呈现在红色陶器表面。

处在不同地域的文明古国都不约而同地独立发现和配制出用于书写和绘画的油墨。中国墨的历史最早可以追溯到三四千年前，学术界普遍认为，墨的历史比毛笔的历史要久远，迄今为止人们发现的最早的墨是 1975 年湖北云梦秦墓出土的墨块。

20 世纪初期，学术界发现了甲骨文，出土的甲骨片表面记有大量卜辞的黑色图形文字，人们在研究这些最久远的文字时才知道，墨出现的时间可以追溯到商代。

在先秦时期，制墨的原料有木炭和石炭，煤就是石炭的一种。由于石炭开采后可以直接使用，十分方便，因此当时的墨也被称为“石墨”。《说文解字》中说：“墨，从土从黑。”这里的“墨”，指的就是石墨。古人把石墨捣碎，兑入清水，形成墨汁，直到东汉末年仍被普遍使用。

在使用石墨的过程中，人们发现，即便把石墨研磨到极细，也会有颗粒感，写出来的字不美观，于是，人们纷纷开始寻找石墨的替代品。曹植在诗中写道：“墨出青松烟。”这说明古人已经发现松烟可以用来制墨，制作方法是燃烧松木，烟遇冷而凝固生成烟炱，收集烟炱，将动物的生皮胶与其混合后杵捣、锤炼制成松烟墨。这种墨光滑细腻，书写时十分流畅。随着制作技术的提高，到了南北朝时期，松烟墨取代了石墨。

15 世纪，《四十二行圣经》的发行代表着西方印刷书籍时代的开始。德国人谷登堡在毕昇的印刷术产生约四百年后，不但发明了金属活字印刷术，还发明了一种印刷墨水，其金属含量很高，铜、铅和钛占大部分，所以仔细看上去字迹可以反光。

《四十二行圣经》是欧洲最早的印刷书，促进了欧洲出版业的发展，也促进了欧洲的现代化。由于白纸黑字可形成鲜明的色彩对比，便于阅读，所以黑白配仍然是今天书籍、报纸和计算机文档最常见的颜色组合。

葡萄藤黑是在罗马时代通过烧葡萄的藤和茎而制成的。15 世纪，意大利画家切尼尼在《艺匠手册》中，描述了这种颜料在文艺复兴时期的制作方法：“有一种由藤蔓卷须制成的黑色颜料，将葡萄藤卷须燃烧后，加一些水混合研磨，便可制成黑色颜料，是我们使用过的完美颜料之一。”

炭黑被用作油画和壁画的颜料，也被用作织物的染料。切尼尼同样描述了炭黑在文艺复兴时期的制作方法：“点燃一盏装满亚麻籽油的灯，放在一口干净的平底锅下，并确保灯的火焰和锅底部有两到三根手指的距离，生成的烟雾会在锅底浓稠地聚集。把这种材料（即这种烟雾）从锅底扫下来并收集起来，无须研磨即可作为颜料使用，因为这种‘灰’的精细度非常高。”

象牙黑，也被称为“骨炭黑”，公元前 4 世纪由希腊宫廷画师阿仙利斯发明，最初是通过燃烧象牙并将其产生的灰与油混合制成的，深受中世纪艺术家们的青睐，且后世伦勃朗、毕加索等画家也经常使用。因动物保护，这种颜料于 1929 年停止大规模生产，如今用普通的动物骨骼取代象牙烧制而成。

火星黑是 20 世纪开发的一种成分为氧化铁的黑色颜料，它的名字来源于“战神”火星和铁的“守护神”。火星黑比其他黑色颜料覆盖力更强且毒性更小，被业界评为丙烯颜料中在不透明度、耐光性和持久性方面令人满意的黑色颜料。

我们的眼睛能看到物体，是因为可以看到物体发射或反射出来的光。即便是生活中随处可见的黑色物体，它也可以反射一部分光，因此，我们仍然可以看到它。

2014 年，科学家们居然研制出这样一种材料，它是由碳毫微管组成的，每个碳毫微管都只有人类头发的万分之一细，光线一进入纳米管之间的间隙，就会立即被捕获并被吸收，它能“吃掉”99.96%的光线，和黑洞接近。

这种最黑的物质名为“梵塔黑”，又称“超级黑”，将它覆盖在物体表面上后，看起来真像一个黑洞。

2019年9月，麻省理工学院的科学家发现了一种“超黑”材料，为了让碳纳米管在铝表面生长，研究团队把铝箔浸泡在盐溶液中，除去了表面的氧化层。这时产生的新材料的电学和热学性能都有显著提高。科学家进一步测量后发现，该材料从各个角度吸收了超过99.995%的光，成为有史以来最黑的材料，比“梵塔黑”还要黑十倍。

这项研究作为艺术品在纽约证券交易所展出，名为“虚荣救赎”，科学家在一颗16.78克拉的天然黄色钻石上涂上这种新材料。令人眼花缭乱的宝石在使用涂层后成为一种扁平的黑色物体。

提到中国的颜色，人们会说起红色和黄色，却很少提及内敛的黑色。红色、黄色象征积极、自信和一往无前的勇气。黑色代表着内敛、平和，提醒我们如何与复杂的世界相处。

黑色也象征中国精神的另外一面，是我们在纷纷扰扰的世界中保持平和的养分。它提醒我们，再复杂的变化，都有一个原点。所以，不妨随遇而安。

唐人中榜后要办哪些宴席

李永志

乡试后的鹿鸣宴

隋朝大业四年（608年），隋炀帝开创了选拔人才的科举考试。到了唐朝，科举考试分为地方考试和京师考试，其中，地方考试也被称为解试，元朝时改为乡试。唐朝时，解试时间为三天，与现代的高考时间相仿。解试结束后，一般于放榜次日，地方州县官员会宴请考官、学政和中榜学子，举办祝贺考中乡贡的“乡饮酒”宴会。在杜佑的《通典》中，此等宴请被称为“行乡饮酒礼”。也就是说，唐人将这种宴请视为一种礼仪。在这样的宴会上，人们会吟诵《诗经·小雅·鹿鸣》，这可能就是该宴会被称为“鹿鸣宴”的原因。

唐朝的鹿鸣宴有一些成规：参加宴会的学子必须是应试合格者，这是其一；其二是饯行，宴请后，地方官员陪同学子进京，继续赴考——据史料推测，陪同赴考也有资助路费的考虑。除了《小雅·鹿鸣》，宴会上吟诵的诗篇还有《诗经·小雅》中的《四牡》《皇皇者华》《节南山》等。

唐朝的鹿鸣宴，体现了统治者和地方官府对儒家文化的重视。

新科进士的闻喜宴

进京赴考的学子，经省试中榜后为新科进士，在礼部发榜后，敕令举办的一系列宴会，被称为“闻喜宴”，也叫“敕下宴”——顾名思义，闻之则喜。唐朝的闻喜宴常于曲江之畔举行，因而又被称为“曲江宴”。

闻喜宴本是新科进士们的私宴，新科进士们以“醵罚”（凑钱饮酒为醵）的方式集资，类似于现代社会的凑份子、“AA 制”。据《旧五代史》卷三十八：“敕新及第进士有闻喜宴，逐年赐钱四十万。”说明也有朝廷赞助的情况，但官方赞助似乎未成定例，唐朝的闻喜宴仍以私宴为主，间或有官方赞助的。直至宋朝，朝廷才对闻喜宴进行正式赞助，并将其发展为官方活动。

闻喜宴的发起主体为何会在宋朝出现变化呢？这与当时的社会风气有一定关系。进士宴会吸引了多方势力参与，即将走上仕途的进士们自然成为他们拉拢的对象，人们相互攀附，结成各种私人关系，形成小集团。这样的势力一旦产生，就容易引起皇家的不安。在统治者看来，任由民间办活动，对自己可能形成不小的威胁。据宋朝王栐的《燕翼诒谋录》记载，自唐以来存在“进士皆为知举门生，恩出私门，不复知有人主”的现象，所以出现了“除赐宴外，不得辄有率敛，别谋欢会”的声音。由私宴改为国宴是统治需要，杜绝了私宴带来的攀附风气，让宴会从此打上皇家的烙印。

闻喜宴的举办地点和时间也时常调整。地点有时在琼林苑，有时在公园，举办的时间要根据皇帝的下诏时间确定，更像临时性的宴会。

进入官场前的关宴

在唐朝，科举及第学子的宴会活动有很多，与闻喜宴相呼应的是关宴。这是新科进士在京城的最后一次大规模聚会，费用全部由学子自掏腰包，由专业人士进行张罗。

关宴的举办地通常在杏园，据傅璇琮的《唐代科举与文学》考证，杏园在曲江之西，与慈恩寺南北相望，因此关宴又被称为“曲江大宴”。唐诗《曲江红杏》中“女郎折得殷勤看，道是春风及第花”的“及第花”指的是杏花。杏花二月开花，报春早，选在杏园举办关宴正取此意。这是唐朝进士们参加完吏部关试，进入官场前的告别宴会。学子从全国各地到京师，宴后再各奔东西，按古代的交通状况，此别对很多人而言将成为永别。

告别宴会让参与者能用心其中，但仅告别这一项活动，仍不能将宴会推到重要位置。让关宴备受重视的另一个重要原因是它的社交属性。《唐摭言》载：“曲江之宴，行市罗列，长安几于半空。公卿家率以其日拣选东床，车马阗塞，莫可殚述。”新科进士是这次宴会的主体，但是除了他们，宴会的积极参与者还有京城的达官贵人，谁家里有妙龄待嫁女子的，会借此机会物色女婿。普通民众也会去看热闹，导致道路拥挤，可谓盛况空前。《唐摭言·慈恩寺题名游赏赋咏杂纪》记载：“……公卿家倾城纵观于此，有若中东床之选者，十八九钿车珠鞍，栉比而至。”

告别、选婿这些活动使关宴获得广泛关注，除此之外，宴会的助兴活动，比如探花活动，更加博人眼球。吴融在《海棠二首》中有“太尉园林两树春，年年奔走探花人”的诗句，提到了探花活动。探花活动是事先选择同榜进士中最年轻且英俊的两个人为探花使，探花使骑马遍游曲江附近或长安各处的名园，沿途采摘鲜花后在琼林苑赋诗，用采摘的鲜花迎接新科状元。该活动最重要的工作是挑选探花使，探花使的要求是长相俊朗，这与唐人选拔官员既看能力也看外貌的观点一脉相承。

实际上，不管是告别、选婿，还是探花活动，都寄托了唐人对进士的期望，也表达了进士们登科后的喜悦和对未来的憧憬。

鹿鸣宴、闻喜宴、关宴仅是唐朝众多中榜学子宴会的剪影，但因为其时间节点特殊而备受人们重视。这些宴会活动不仅是聚会，对中榜学子来说，也是一次扩充人脉、建立圈子的机会。

徐霞客的意义

最爱君

1924年6月，英国探险家乔治·马洛里和队友出发攀登珠峰，就再也没有下来。此前，他已经失败过几次，但还能活着回来。有记者不断地问他，你为什么要攀登珠峰呢？

其实，他们想问的是，攀登珠峰有什么意义，值得你用命去搏？马洛里被逼急了，说了一句禅味十足的话："因为山就在那里。"

一

徐霞客生活的年代，在历史学上被标示为"明朝晚期"。

当时的大众旅游风气之盛，跟现在有得一拼。

每逢春秋佳日或传统节日，著名景点乌泱乌泱都是人。泰山、普陀、九华、峨眉等名山胜地，游人如织，香火如云。

徐霞客的旅游也经历过一个"咖位"不断进阶的修炼过程。他早年立下壮游天下的远大志向，与社会的旅游风尚不无关系。"丈夫当朝碧海而暮苍梧，乃以一隅自限耶？若睹青天而攀白日，夫何远之有？"这是他的豪言壮语。

现代攀登珠峰的人不要命，一般都会把遗书准备好，当时热爱旅游的人也有一股搏命的精神。

年长徐霞客大约20岁的袁宏道在攀登华山时，险些失足丧命，却没有后怕之意，反而吟道："算来白石清泉死，差胜儿啼女唤时。"

人总有一死，或死于卧榻之上，妻儿在一旁哭哭啼啼，或死于远游途中，长眠在清泉白石之间。袁宏道希望自己是后者。

在徐霞客三十余年的旅游经历中，楚、粤西、黔、滇之游是最为艰苦的。他为这次出游谋划了很多年，一直担心再不出发就年老力衰去不了了。

崇祯十年（1637年）正月，终于进入湖南境，开启楚地之游时，他已经50岁了。

此行他只携带了基本的生活必需品，除了暖身的衣服和盘缠外，没有准备任何防身的武器。他的远游冠中，藏着母亲生前给他的礼物——一把银簪。母亲在他首次旅行时，将此银簪缝于帽中，以备不虞之用。

他随身的考察工具极为简朴，一支笔，一个指南针，却携带着丰富的书籍，都是一些派得上用场的地理资料。

最后，他不得不怀揣朋友们的引荐信，以便在危难的时候向地方官求助，或筹措路费。

和他一同出发的，有两个人。一个是仆人兼导游顾行，另一个是和尚静闻。静闻是要到云南鸡足山朝圣的。徐霞客可能背着一把锸，用他的话说，随时随地可以埋葬他的身躯。

徐霞客在启程之前已做好遇难捐躯的思想准备。在写给大名士陈继儒的信里，他说万一有个三长两短，死在这片"绝域"，做一个"游魂"也愿意。

旅程的艰险，确实配得上他的思想准备：多次遭遇强盗，三次绝粮。一路下来，他练就了贝爷一般的荒野求生能力，可以几天不吃饭。

在湘江的船上，一伙强盗趁着月色来打劫。徐霞客跳江逃生，丧失了随身的财物。静闻死守船中，救出了《徐霞客游记》手稿及同船人的财物，身负重伤。顾行也受了伤。

尽管备受打击，徐霞客没有考虑返程。他的方向不会变。

最终，静闻死在粤西之游的路上。徐霞客带着他的骸骨和刺血写的经书，直奔鸡足山，完成了这位风雨同路人的遗愿。

在云南太保山漫游时，有人要去江苏，问徐霞客要不要帮他带家书回去。

徐霞客犹豫许久，婉言谢绝了。他说："余念浮沉之身，恐家人已认为无定河边物，若书至家中，知身犹在，又恐身反不在也……"

不过，当晚，他为此失眠，还是写了一封家书。

对他来说，死亡是每天可能邂逅的东西。所以，是死是生，两可，他无从预知自己能否看到明天的太阳。

1639 年，这次万里远游以一场致命的疾病结束。

徐霞客因久涉瘴地，染疾在身，在鸡足山养病，后病重，双脚尽废。1640 年，一帮人用滑竿把他抬回了江阴。

1641 年，徐霞客溘然长逝。

二

徐霞客在世的时候，他的朋友圈已经公认他是奇人、"怪咖"。

曾任宰辅的文震孟说："霞客生平无他事，无他嗜，日遑遑游行天下名山。自五岳之外，若匡庐、罗浮、峨眉、嵾岭，足迹殆遍。真古今第一奇人也。"

当时的文坛领袖钱谦益也说，徐霞客是千古奇人，《徐霞客游记》是千古奇书。

晚明旅游之风那么盛，登山不怕死的也不少，为什么只有徐霞客游成了“奇人”？最根本的原因是，徐霞客跟其他任何一个旅游者都不一样。他无编制，无职业，无功利心。

袁宏道经常在游记里把自己描写成离经叛道的怪杰，但他与徐霞客的距离，至少差了一个王士性。

这三个人，都是晚明著名的旅游达人，但除了晚辈徐霞客，其他两个都有编制。他们的旅游，在当时被称为“宦游”，就是借着外出求官或做官之机，顺便旅游。

徐霞客不一样。他是个字面意义上的“无业游民”，为了旅游而旅游。或者说，他的职业就是旅游，他的人生就是旅游，他为旅游而活。这样的职业旅行家，在传统中国社会是独一无二的。所以，他比其他任何旅游者走得更远，也更专业、更卖命。清朝文人潘耒评价他说：“以性灵游，以躯命游，亘古以来，一人而已。”

徐霞客途穷不忧，行误不悔，多次遇盗，几度绝粮，但仍孜孜不倦去探索大自然的未知领域，瞑则寝树石之间，饥则啖草木之实，不避风雨，不惮虎狼。他摆脱了视游山玩水为陶冶情操之道的传统模式，赋予了旅游更具科学探索与冒险精神的内涵。他征服过的地方，往往是渔人樵夫都很少抵达的荒郊，或是猿猴飞鸟深藏其中的山壑。

他白天旅行探险，晚上伏案写作，有时甚至就着破壁枯树，燃脂拾穗，走笔为记。他以客观严谨的态度，每天忠实记录下当天的行走路线，沿途所见的山川风貌与风土人情，以及他的心得体会。

关键是，他写游记压根儿不是为了发表。写着写着，写成了习惯，或许就把写游记当成了与自己的对话而已。

可以说，他所做的一切，纯粹是为了满足自己的求知欲和好奇心，除此之外，他没有什么功利心，也没想过什么实用价值。也正因此，他才不会变得短视，从而使得自己的人生与文字在几个世纪之后仍然散发着理性的光辉。

三

面对徐霞客这样的“怪咖”，我们几乎无法做出合乎社会规范的评价。不管是晚明的规范，还是现在的规范，似乎都容纳不了这样一个人。

我们现在把徐霞客捧得那么高，其实无非看中了他的游记中体现的科学精神。但这一点，徐霞客本人并不在乎。他的游记流传下来，本身就带有偶然性。

如果他的游记失传了，我们还会如此追捧他吗？我想，肯定不会。

清代纪晓岚评价徐霞客时，显然遇到了类似的困境。他在《四库全书总目》中给予《徐霞客游记》较高的评价，说“其书为山经之别乘，舆记之外篇，可补充地理之学”。但他对徐霞客的人生选择并不赞赏，所以对徐霞客的旅游动机进行了揣测和批评，说徐霞客“耽奇嗜僻，刻意远游”。就是说，徐霞客性情乖僻，惯于标新立异，处心积虑地游走他方并沉溺其中，有沽名钓誉之嫌。

搁在今天，这句话的意思就是，你的行为超出了我的想象，所以是可疑的。

徐霞客觉得自己的活法很有意义。对不起，我们都觉得没意义，就没意义。

总有一些超越世俗的无意义的事情，总有一种纯粹的内心需求，孤悬着，没人理解。哪怕极少数人走出暗室，看到了阳光，大多数人也不会认为阳光下就比暗室里温暖。

因为，他们已经逾越标准答案的范畴，相当于自行答题。人生的标准化是从标准答案开始的。你应该活成什么样子，什么时候应该干什么事，这些都有标准答案。每个人都要对照标准答案作答。

徐霞客偏题了，只能被归入“千古奇人”。

古代盔甲为何多是黑色和红色

冷兵器研究所

甲胄爱好者往往会注意到这样一个现象，日本保存下来的古代盔甲不是黑色就是红色，而根据文献，中国古代的盔甲也明显都是黑色或红色。玄犀甲和朱犀甲，就分别是黑色和红色皮甲。那么，为什么盔甲往往是黑色或红色呢？

在解释这个问题之前，要先说一种看似与盔甲无关的东西——漆。本文所说的漆，不是现代所使用的各种油漆，而是过去被称为大漆或者生漆的天然漆。这种天然漆是从漆树上割取的。

漆树分布很广，在中国，除黑龙江和新疆外，其余省份均有栽培。另外，漆树在朝鲜和日本等国也有分布。刚割取的漆液呈乳白色黏稠状，在接触空气后，漆的颜色会因氧化而慢慢变深，最后变成黑色。因为生漆氧化后色泽比较深，往里面加入别的颜料也不明显，所以不少漆器不是黑色就是红色。有关出土文物显示，东方的传统盔甲，特别是皮甲，都是要上漆的。

除了日本现存的盔甲，在中国发现的相关实物或者雕塑也大多如此。比如刚出土的兵马俑身上就带有颜色，其盔甲也是以黑色居多。又如1979年湖北曾侯乙墓出土的数十领皮甲，其中包括楚甲和吴甲两种类型的皮甲，以及防护战马的马用皮甲。虽然许多皮甲出土时已遭到破坏，但是，根据皮甲上面的漆壳，仍然可以分辨出其表面所涂的漆大部分是黑漆。雕塑除外，韩国发现的唐代盔甲甲片也是黑色的。

古代制作盔甲的成本很高，以至早期只有车兵有全装重甲（曾侯乙墓出土的盔甲疑似给车兵或者高级将领使用）。其中，漆的使用就是导致盔甲成本高昂的重要原因之一。

一棵漆树，要生长七年之后才可以进行第一次割漆，而且每割十天就要歇十天。每次割漆，不像人们想象中那样，树皮一割开就有漆液流出，而是要等十分钟以上，漆才会从割破的树皮中慢慢渗出来。漆液的流量非常少，以至有“百里千刀一两漆”的说法，就是说漆农们得走上一百里路，在漆树上割一千刀才能得到一两漆。此说法虽然有些夸张，但是也生动地说明了生漆的产量之低和价值之珍贵。

而且一棵漆树割一年漆要缓两年，不能一直割，否则会因树皮被割划过多而死去。即使是现在，一套大漆家具的价格也十分惊人。

那么，古人给甲上漆只是为了好看吗？诚然，在战场上，黑色和红色营造一种肃杀的气氛，上过大漆的盔甲外表美观又有一种肃穆感，但是给甲上漆可不只是为了好看，而是有助于提高盔甲的防御性能。

大漆究竟有何独到之处，竟然能提高盔甲的防护能力呢？这是因为，大漆的主要成分是漆酚，其他还有树胶质、氮、水分及微量的挥发酸等。漆酚的分子结构，使得漆酚具有芳香族化合物和脂肪族化合物的双重特性，在漆酶的催化氧化作用下形成漆酚多聚体，再加上长侧链的氧化聚合反应，从而形成网状立体结构。这种结构

除了使漆膜光泽明亮、亮度典雅、附着力强，也使得大漆的漆膜具有优异的物理机械性能——坚硬。在现代，鉴别大漆家具的时候，除了闻味，一般也会拿硬物划一下家具表面。

这样厚厚的大漆涂在盔甲外面，就像给盔甲贴了一层硬化膜一样。所以，真实的皮甲可不是影视剧中那种软皮子。其制作流程为：先塑形，然后翻范，之后进行焙烧（60℃—70℃的温度加热）、浇注，再对模具进行修整和配套。经过这一系列工序之后，再夹入皮料。然后进行高温处理，把皮料压制成甲片，最后打开模具，把甲片取出修整上漆。

本来加热压制后的甲片已经很坚硬了，曾有人测试，用 60 磅长弓射击一件只经过普通处理、没有上漆的皮甲，结果在 13 米的距离上，没能射穿皮甲。再刷上大漆之后，甲片硬度更强，这样穿戴者才会有信心去面对战场上的刀枪箭矢。

万物的雅称

物道君

有人说，名字是这个世界上最短的咒语。天地之初，一片混沌。当人们开始给万物命名，日月星云，山河湖海，世界从此有了模样，有了想象。同时，心怀诗意的古人们，又在诗词文赋里，为天地万物取了雅称。他们深信，每一缕风、每一片云、每一阵雨，都值得被铭记。那你知道，古人对万物的雅称有多美吗？

“乘风游碧落，踏浪溯黄河。”在道家看来，东方最高的天有碧霞满空，称为“碧落”。后来，泛指天空。白居易亦在《长恨歌》中写道：“上穷碧落下黄泉，两处茫茫皆不见。”

在古人眼中，天圆地方，故称地为“大矩”。我也很喜欢古人对山岳河渎之神的总称：坤灵，出自《司空箴》：“普彼坤灵，侔天作则。分制五服，划为万国。”这一美称，描绘出大地的灵秀之气，大地之神灵。

东方有日出，光芒万丈起。谢庄《月赋》云：“日以阳德，月以阴灵。擅扶光于东沼，嗣若英于西冥。”“扶”为扶桑，是东海中的神木，生在日出的地方。“扶光”则代指旭日之光。

四季轮转，昼夜交替，每一个时段的太阳亦有自己的雅称。春天的阳光，叫春晖；清晨的阳光，叫晨曦；傍晚的阳光，是夕照。月亮，或许是中国人遥寄了最多思念与想象的事物。在古代传说中，有专门为月神驾车的神仙，名为望舒。屈原便在《离骚》中写道："前望舒使先驱兮，后飞廉使奔属。"后来便代指月亮。我亦甚爱黄庭坚那句："晴夜遥相似，秋堂对望舒。"

在古人的世界，俯仰之间，皆有浩瀚的诗意。曹操观沧海，直抒胸怀："星汉灿烂，若出其里。"白居易看见深邃空中的几点星辰，写下"稀星点银砾"。天空，是"玉宇"，繁星点缀了澄净的夜空。

北极星，是"北辰"，"居其所，而众星共之"。

天上的云，一定是由仙女织就的。她们的纤纤素手，携来几缕阳光的晴朗，涤了几许湖水的连绵，轻轻地揉搓，便凝成了天边的云，是为"纤凝"。

如若你在秋日的清晨醒来，指尖抚过草叶，会发现上面结了一层薄薄的白霜。在古人的想象里，那是一位名为青女的女神撒下的。《淮南子·天文训》云："至秋三月……青女乃出，以降霜雪。"青女，是掌管霜雪的女神。青女走过的地方，思念都结成了霜。

每一场雨，都有自己的名字。周邦彦的细雨叫"轻丝"，苏东坡的阵雨叫"跳珠"，李白遇见的雨叫"银竹"。知时好雨是滋润万物而不争的，古人送其美名：灵泽。王逸《九思》说："思灵泽兮一膏沐，怀兰英兮把琼若。"灵泽，是天之膏润也，也可比喻君王恩德。

雪，亦有许多美名。我独爱"寒酥"。明朝徐渭有诗云："朝来试看青枝上，几朵寒酥未肯消。"或许是天上的仙女们在吃下午茶，一杯热茶，一口雪花酥。樱桃小口轻咬，簌落落地掉了点碎末。它们纷纷落入凡间，落到枯枝上，落到房顶，落满青山……便变成寒酥。

庄子《逍遥游》云："鹏之徙于南冥也，水击三千里，抟扶摇而上者九万里。"从此，盘旋而上的暴风，称为"扶摇"。

不仅如此，古人还为四季的风都取了美名。春天的风，叫和风；夏天的风，叫熏风；秋天的风，叫金风；冬天的风，叫朔风。应花期而来的风，叫作花信风。二十四番花信风，从小寒至谷雨，风里皆是花的消息。

茶，人在草木间。西晋张华《博物志》记载："饮真茶，令人少眠，故茶美称不夜侯，美其功也。"有时候，喝茶会让人睡不着，是为"不夜侯"。恰如你与心心念念的人终于相见时，窗外月明星稀，人亦不肯睡去，不肯辜负这良夜。

有人说，如果没有酒，唐诗宋词将少一半韵味。我要说，幸好有酒，可忘人间千愁。陶渊明说："泛此忘忧物，远我遗世情。"

苏东坡说："我醉歌时君和，醉倒须君扶我，惟酒可忘忧。"这人间的愁苦啊，解不掉的，那就在一杯酒里，饮尽悲欢，暂且遗忘。

古人为何要给万物取雅称？也许是因为四时之景皆不同，世间万物皆有灵。也许是因为手捧不夜侯，遥望星汉时，有一阵清风吹过手心，荡起一圈涟漪，那是诗意，也是中国人的浪漫。

自然有了名字，就有了样子。万物有了雅称，从此，人间就有了美的意义。

没有过不去的『槛儿』

小西

一

讲一个宋代《轩渠录》里的冷笑话。

湖州知州苏轼那天同一班幕僚游道场山。到了山寺，恰有个和尚靠在门上打盹儿，苏轼一见之下，玩心又起，说："髡阃上困。"

"髡"是先秦时的一种刑法，受刑人会被剃掉头顶的头发，无他，羞辱而已。战国时擅长谐谑的大政治家淳于髡，就是因为受过髡刑，才得了这个名字。后来和尚因为剃度，也被称作"髡"。"困"不必解释，太困了，自然忍不住要打个瞌睡。至于那个"阃"字，则是指门的一个部件——门槛。

二

门槛随处可见，同其他建筑构件相比，门槛绝少修饰雕琢。

然而，它绝不能被忽视。

383年，淝水之战前线，东晋指挥部，总指挥谢安正同人下棋。北方苻坚亲率八十万大军进攻东晋，而东晋大将谢玄手中却只有八万北府军。忽然，前方战报传来。谢安读罢，脸上没有丝毫变化。对弈者终于急了，问什么情况，谢安淡淡答道：“小儿辈大破贼归矣。”

此刻的谢安，简直是神一样的存在。不过紧接着，门槛泄露了一些不为人知的秘密——《晋书·谢安传》随后说道：“既罢，还内，过户限，心喜甚，不觉屐齿之折……”这事儿让谢安的形象瞬间多了几分亲切可爱：下完棋，回内室，内心实在太过汹涌澎湃的谢安压根儿没留意到脚下，只下意识地抬了抬脚——木屐的后跟磕到门槛（户限）上，咔嗒，断了。

三

起初门槛的出现，是为了挡住各种危险。

黄河流域的半坡遗址，有一种房子是一半在地上一半在地下的。按照考古专家还原的样式，屋中央有中心柱，一圈木头斜架着，在中心柱顶部交汇，搭成一个锥体，外面再铺上泥和草筋的混合物，一个能遮风挡雨的屋子就搭成了。然而空间终究有限，于是再往下挖几十厘米。再讲究些，在进门处修个门厅（门道）。

所以在门口筑一道土槛就万分必要了——防止雨水倒灌。

当然，就算是地上建筑，门槛也是必要的。也有建筑内外齐平，顶上照例是锥形的，锥体下方却不是地面，而是一道矮墙，由一圈木柱支撑起来，外面照例糊上泥草混合物，也不算太矮——将近一米。屋子的槛就是那道矮墙。门槛那么高怎么进出？有台阶。乍一看，门就像是在墙上开的一个洞。这么高的门槛，好处也显而易见——不但防风防雨，还保暖。

后来建筑式样不断发展，门槛的样子变化不算大，人们对它的诠释却丰富起来。

《诗经·谷风》里的那个姑娘，说起负心人来，真真泪眼婆娑，“不远伊迩，薄送我畿”——我都要走了，不奢望你送很远，只求再多陪我走几步，你却只把我送到门边。“畿”就是门槛。

为什么直到今天，送人也依旧得送到门槛外才合乎礼节？因为门槛分隔开门户内外，会让人自然联想到“界限”一词——内外有别。

门槛挡住的已经不单是风雨，还有各种危险。民间要挡住蛇虫八脚、各种妖邪，国家亦要挡住外来威胁。

一日，汉文帝随口感叹：“我要是有廉颇、李牧这样的大将，哪里还会担心匈奴犯边？”冯唐却应道：“陛下，您就算有廉颇、李牧之类的将军，也不会用他们。”

汉文帝问冯唐：“何出此言？”

冯唐单刀直入：“臣闻上古王者之遣将也，跪而推毂曰：‘阃以内者，寡人制之；阃以外者，将军制之。’”——我听说，古时君王派遣将军，会跪下来推着战车说，国门以内，我做主；国门以外，将军裁定。

这一番用人不疑的雄论，不单汉文帝听进去了，后来的司马迁也大发感叹：“有味哉！有味哉！”

不过到了末代皇帝溥仪这里，又是另一种景象了。那日皇后婉容的弟弟润麒新得了个宝贝——一辆自行车，于是骑到紫禁城中，同姐姐、姐夫一起玩。都是十几岁的年轻人，自行车成了溥仪和婉容的新消遣，溥仪为了让自行车在宫中畅行无阻，竟叫人把很多门槛都锯掉了。

紫禁城的门槛的确对溥仪没有意义了。这个三岁登基的皇帝，六岁退位，不过是仍住在紫禁城里过着似乎与世隔绝的日子罢了。锯掉门槛这样的举动，与其说是任性，莫如说是一种无力——只有在这紫禁城，他还是皇帝。

四

门槛又是什么时候成为身份地位的代名词的？

这就要说到孔子曾经教导弟子的一句话："入公门……行不履阈。"阈，门槛。进国君的外门，切勿大剌剌踩着门槛就进去。孔子的这番规范，在《礼记》里写得清清楚楚："大夫、士出入君门……不践阈。"所以过门槛，务必庄重。

虽说这规矩是出于尊卑礼仪的考虑，但汉服自古宽袍大袖，穿的又是木屐，一脚踩在门槛上，不说仪态有差，安全性也欠佳。

民间后来也渐渐衍生出各种"门槛不能踩"的规矩，门槛就不怒自威起来。

门槛越高，进门越费力，就让人生出越多敬畏感来，乃至如今还经常见到一些宫殿寺院，包括民间的大宅院，门槛高度竟然齐膝。苏轼调笑"髡阃上困"的那道山寺门槛，能让和尚靠在上面打盹，想来也不会低。

但在高度问题上毕竟不宜太任性，于是赵合德，也就是赵飞燕的妹妹，想了个主意：把她住的昭阳殿"切皆铜沓黄金涂"。"切"（音"砌"）即门槛，门槛外包上铜，涂上黄金。

给木门槛穿外衣的倒也不止赵合德，还有南朝的智永禅师。智永禅师自不为哗众，实在是书法太好，上门求字者竟狂热到把他住处的门槛都踢穿了，没奈何，禅师只得用铁皮包住木门槛。"铁门限"（铁门槛）的名声又起，智永的书体竟连带被称为——"铁门限笔"！

五

苏轼讲“髡阃上囷”笑话的时候，大约是在元丰二年（1079年）。

这年春天他从徐州调任湖州，日子过得逍遥自在，也颇有政绩。他自然不会想到，这年夏天，他就会被捕入狱，差点死于狱中，甚至给弟弟苏辙留下了一首绝命诗：“与君世世为兄弟，更结来生未了因。”绝处逢生的苏轼随后被流放黄州，这个人生的巨大转折，也终于成就了后来的苏东坡。再后来，他的命运还将大起大落，他也将被一次接一次地流放。不过如你所知，无论怎么难，苏先生总能把日子过成诗和远方。

也真是应了那句话：这世间，没有过不去的“槛儿”。

汉朝的环境保护法

邢耀龙

王莽这个人，在历史上充满了争议。白居易曾感叹，如果在元始五年（5年），王莽得一场大病去世，他将在历史上留下一张完美的面孔。

那么，我们就来到元始五年的朝堂上，来看看王莽递给姑姑王政君（当时的太皇太后）的一份奏折。

“我承蒙皇帝和百姓的错爱，忝居安汉公之高位，不敢懈怠。我看到百姓常常违背天时进行劳作，随意砍伐山林、捕捉鸟兽，因为不顺应自然规律，虽然勤勤恳恳，但终年没什么收获。想到这里我心痛得吃不下饭，于是熬夜制定了不违农时的环境法规，请允颁行全国。”

“可”，这几乎是王政君给王莽提出的施政建议的统一回复，她实在太喜欢这个侄子了。王家其他的亲戚仗着外戚的身份横行霸道，而这个侄子不仅孝顺，还具有极高的道德水准和聪明才智，给王家长了脸面。

于是，这份诏条以太皇太后的名义颁布，通行全国。

今天我们能够知道这份诏书，是因为悬泉置。1992年，悬泉置的考古工作进入尾声，就在考古人员清理坞院东北角办公区的时候，发现草泥的底部有墨书的痕迹，这样的碎泥一共有二百余块。为探清上面究竟写了什么内容，考古人员将泥块整体封存。回到兰州之后，六个人用了半年的时间才完成拼合，再用汉代敦煌传统办法——牛粪和泥——黏合复原，这就是著名的《使者和中所督察诏书四时月令五十条》，简称“四时月令五十条”。

这份诏条是写在悬泉置办公室的土坯墙壁上的。王莽和王政君的对话就写在诏条末尾，我们这才得以知道王莽的政策在民间施行时的生动细节。

所谓“四时月令”，就是春、夏、秋、冬四季和每个月份的法令，记录的是一年四季生产、生活中人们需要注意的禁忌和事项。王莽从“四时月令”中选出最重要的五十条，内容是对先秦至汉的“天人合一”思想体系中人与环境和谐相处规定的总结，对于指导民间社会活动有很强的针对性。“四时月令五十条”中最独特的内容就是关于生态资源保护的规定。

王莽十分关心森林覆盖率和水土流失问题。在春、夏两季的规定中，多次出现“禁止伐树”“毋焚山林”等要求，因为春季、夏季是林木生长的季节，如果此时砍伐树木，会打破森林的生态平衡。只有在秋季，人们才能砍树，但砍伐的时候只能选择枯树或枯枝，不能砍大树。这就有效地实现了森林资源的持续利用，不致破坏区域小环境。

王莽还十分关心动物资源和生物链的保护问题。春季是动物繁殖的季节，诏条严禁摘鸟巢、掏鸟蛋和捕杀动物幼崽。每当读到这条月令，我的后背就会生出一丝寒意。我小时候的生活是十分寡淡的，记忆中鸡窝里的蛋从来不会被用来炒菜，因为鸡蛋是用来换学费的。好在我和小伙伴都有敏捷的身手，总能在春天的鸟窝里摸出蛋来煮着吃，以抚慰乏味的童年。直到 7 岁的一天下午，我爸在灶台下发现了鸽子蛋的蛋壳，他拿着老牛皮制成的皮鞭，狠狠地打在我浑圆的屁股蛋上。后来，母亲煮了一颗硕大的鸡蛋给我吃，父亲似乎也完成了王莽交给他的环境保护教育的任务，这分明是中国古代自然精神的延续。

作为西汉行政体系中的边疆基层组织，悬泉置把汉朝官方的“生态环境保护法”书写在办公室的墙上。两千年后，悬泉置墙壁上的墨迹虽然已经漫漶不清，但与自然和谐相处的生活方式在千年不断的谆谆教诲中得到传承。

虽然这部“生态环境保护法”减缓了敦煌自然环境的恶化，但随着敦煌人口的逐渐增加，开垦的屯田面积超出绿洲的承载能力，土地还是逐渐沙漠化了。悬泉置的一枚木牍上记载：“二月中送使者黄君，遇逢大风，马惊折死一匹。”这是说官府派人去执行公务，在路上突然遭遇风沙，一匹马受惊而死。可见当时此地的生态已经从汉初的水草丰茂变成飞沙伤人伤畜了。悬泉置的考古地层中，在地面以下约 0.8 米、1.2 米、1.4 米处都发现了厚一厘米左右的黄沙层。所以专家推测，在汉代，大约每隔五年，此地就会发生一场大规模的沙尘暴，这从侧面印证了上述记载。

由此看来，敦煌的历史，也是一部环境变迁史。

中文打字机

苗 炜

我最近看了一本书《中文打字机：一个世纪的汉字突围史》。我从来没用过中文打字机，也从来没见过中文打字机，因为这东西从来没有进入过“家用”行列。在19世纪90年代，世界上大多数语言都有了自己的打字机，它们都是根据拉丁字母打字机改造而来，中文被隔绝在打字机世界之外。当时就有人激愤，说这正是废除汉字的理由之一。其隐含的意思是，中文是指向过去的，越学中文，越要向古代学，而打字机的发明都是基于英文的。废除汉字，这是鲁迅、钱玄同等人当年的想法。

《中文打字机》一书中有意大利奥利维蒂打字机1950年的一则平面广告，画面上方是一块黑板，写满了商周时期的甲骨文和金文，画面下方是一排漂亮的打字机，广告语是“从古代到奥利维蒂”。显然，甲骨文和金文代表着“古代”，新型打字机代表着文字处理的现代。1900年1月，《旧金山观察家报》刊登过一篇小品文，说唐人街附近的一家报社里，存放着一台中文打字机，配有一个长达12英尺（约4米）的键盘，其上共有5000个按键，需要一个打字员拿着喇叭发号施令，四个打字员在键盘上操作，才能打出汉字来。这篇文章还配有一张漫画来嘲笑“中文打字机”。那时候，“中文打字机”是一个讽刺性的比喻，是空想出来的一种极大极笨拙效率极低的机器。

外国人对汉字的认识，有三个手段。第一个手段是统计字频。他们发现儒家经典《论语》，用了3000多个不同的汉字；中译本《旧约》全文503663字，但印刷所需的汉字是3946个；《新约》全文173164字，只有2713个不同的汉字；《康熙字典》中的汉字有四万多个，但常用的三五千个汉字就足够写文章搞印刷了。传教士相信，把一套中文金属活字排布得更紧凑，就可以让排字工人在一步之内拾取所需的任何汉字，其中500个最常用汉字放在一起，会极大提高工作效率。最早发明的中文打字机就是以这个思路弄出来的，一个大圆盘，包含4000个常用字，中间一圈是最常见的七百余字。后来商务印书馆开发的中文打字机，也是以常用字构建键盘。

第二个手段是拼合汉字。英文单词由字母构成，那汉字是不是由部首构成的呢？他们发现，部首并不是汉字的“字基”，而是一种分类成分，用来查字典可以，作为组字的工具却有很多不便。比如“明”和“昔”中都有一个“日”，但大小并不相同。欧洲的字体设计师和印刷工匠硬生生将汉字拆开再拼合，其结果就是太难看了。拼合汉字破坏了汉字书写的连贯性、整体性和美感。

第三个手段是“代码”。1871年，上海与香港之间开通了电报通信。两个外国人发明了中文电码，选取6800个常用汉字，按顺序编码为0001到9999的四位数，在电码本中预留3000多个空位置，以供电报员根据工作需要输入一些不常用的汉字。

林语堂设计的“明快打字机”是最像英文打字机的中文打字机。它只有72个按键，每个按键看上去都是汉字的一个“字基”，打第一下、第二下，都不会出字。打第三下，会出现八个汉字，要从中挑出你要打的那个字。这种交互模式不是“所打即所得”，中间加了一个“搜索”的过程，现在我们使用的输入法，其实就是这种交互模式。林语堂耗费巨资研究的打字机从未量产。

周有光到了晚年在一次接受采访时还说：“我到如今还认为中国的文字不太方便，在电脑上使用不能跟人家竞争……”

大家都知道，一切早已改变。

盐与王朝的兴衰更替

白玮

拥有盐，就拥有富贵

对漫长的以农耕文明为生存线的古中国来说，除了粮食和土地，盐就是第二产业里最大的财富。因此，抓住了盐，就等于抓住了富贵。

在几千年的王朝史里，不管是高高在上的朝廷，还是游走于江湖的商贩，几乎都把盐视为实现暴富的最佳途径。因为土地都是帝王家的，粮食又是民生之本，铁是兵器之本，都不能商用。只有盐，才具有最大限度的操作空间。

在所有财富故事的脚本里，几乎都有政治的身影，因政治而富贵，也因政治而衰落。这一点，在盐的富贵里表现得淋漓尽致。

而对一直行走于权力边缘的盐商来说，真正的富贵是从盐引开始的。盐引是古代王朝给盐商的卖盐许可证。盐在古代都是由国家垄断的，不是谁都可以卖的，国家给你盐引你才有权销售。

所以，拥有了盐引，就等于拥有了富贵。

由盐滋生的超级特权

盐引源自大明王朝。

朱元璋开国不久，为了防止元朝残余势力的反扑和侵扰，在东自辽东、西至甘肃的辽阔边境上，常年派驻八十万边防大军。保证八十万大军的日常补给是一项庞大工程。为了减轻朝廷的压力，明王朝就想出一条妙计：诏令天下商人前往边关输送粮草。朝廷为此给出的回报是，发放给商人们同等比例的盐引，准许商人们在指定地区销售食盐。这就是著名的开中制，它和后来推行的以纳银代替纳粮的体系合称“开中折色制”。

开中折色制在维持了大明帝国边关粮草供给的同时，造就了一代代富贵盐商的传奇，也成就了得地利之先的晋商们的商业帝国。

到了清朝，清廷在沿袭明制的基础上，实行引岸制度，规定盐商运送销售食盐，必须向盐运使衙门缴纳“盐课银”，如此才能领取盐引。而领取盐引，又须有引窝。

引窝就是运输食盐的特权凭证，按现在的话说，就是政府的批文。盐商们为了获得这一特权，必须向朝廷主管部门缴纳巨额银两进行“认窝”，其本质就是花钱购买食盐的运销特权，拥有了引窝批文的盐商就等于拥有了运销食盐的超级特权。

盐缔造的财富神话

扬州盐商们就是在这一背景下迅速发迹的。

扬州本不产盐，但它的地理位置得天独厚。它处在长江、淮河和隋唐大运河的交汇处。当时全中国最大的盐产地——两淮盐场所产的盐，都由水路经过扬州，销往各地。扬州既是两淮盐业管理机构的驻地，也是中国最大的食盐中转站。

凭着天生的“逐利”嗅觉，各地商贾纷纷提款下扬州。一时间，自山西、陕西、安徽前来领取盐引的商人们瞬间就把扬州挤爆了。原来的扬州城已经容纳不下新增的人口，城市不得不向东边靠近运河的盐商聚居区扩延。

扬州城因为盐商的到来而扩建，商人们在这里修建了精美的会馆，砌起了新的城墙。清朝人曾下过这样的断语：“扬州繁华因盐盛。”

在这里，商人、官员觥筹交错，夜夜笙歌。小小的盐引就这样写下了扬州财富故事的传奇。

对聚集到扬州的商人们来说，通往财富的道路简单而明确：他们只需从官员那里获得盐引，以换取更多的盐。

就是在这种政策背景下，作为朝廷利益的“代盐人”，盐商垄断了全国食盐的销售与流通，甚至操纵盐价，获取巨额的垄断利润。当时，两淮盐商的销售区包括安徽、河南、湖南、湖北和江西等省份，是全国十一个销盐区中最大的一个，利润高、范围广，使得扬州盐商富可敌国。富者的银两以千万计，百万银两以下的都只能算作小商贩。

经过康熙、雍正、乾隆三朝的积累，扬州盐商的财富量和影响力达到极致。单就财富的总量来说，放眼全球，无可匹敌，以乾隆三十七年（1772 年）为例，扬州盐商为清廷国库提供的盐税占到世界经济总量的 8%，盐商们真的是富甲天下。

也正是因此，扬州菜才缔造了像马曰馆、马曰璐马氏二兄弟和江春、江昉二江兄弟的财富神话，更铸就了扬州文人菜的繁华。

盐，政治的调料

我们之所以把盐说成政治的调料，是因为在几千年的中华王朝历史和世界文明史的烹煮过程中，盐就像法师手中的法器，冥冥之中，总是在历史的大锅中搅拌着一个王朝的心脉。

仅就中国历史来说，自盐被发现以来，在王朝的兴衰中，一直重复着这样的怪圈：每一个中央集权王朝建立之初，都会轻赋税、薄徭役，将盐权放归民间，由民间自营。随后，王朝为了填补中央国库的空虚，又将盐业专营起来，以满足王朝庞大的财政开支。接下来，王朝中央集权控制力越来越弱，盐权逐渐被朝廷豪强把持瓜分。盐，成为盘剥民生的工具，盐价不断高涨。

在盐价居高不下时，民间英豪开始不畏生死，走贩私盐。更多时候，还官商勾结。最后，民间纷争，天下大乱，王朝覆灭。于是，一个新的王朝建立。

几千年下来，历史的循环路线就是在盐锅的翻腾中不断重复着翻炒。盐正，则国正；盐失，则国乱。就像我们日常的炒菜，盐正，则味正；盐一旦乱放，这饭就乱成了一锅难以下咽的糊涂粥。

盐就是这样与王朝的兴衰更替息息相关，读不尽，品不完……

晷之铭

桂涛

英国和美国的老建筑多，留存下来的日晷也多。一般来说，园中若有晷，晷上必有铭。公园里、大学内、教堂外，细看那些水渍、锈迹斑驳的石晷、铜晷，晷面上的铭文是数百年前人们对于“时间”的态度：

有警示时光如梭的，如“时光如影，稍纵难寻”“时光一去，永不复回”。

有洞悉生命难永恒的，如“视吾之影，知汝之命”“你我皆为尘与影”“生命是一个泡泡”“应视每日为汝生命中的最后一日”。

有感悟时间伟大的，如“时间是真理之父”“时间，你无法拥有它，也不会失去它”。

有深谙生命之道的，如“阳光为每个生命而灿烂”“黑暗过后，光总会来”“即使是最闪亮的日子，也有阴影”。

有幽默隽永的，如“我只在晴天才灵验”“太阳一下山，人们便对我不闻不问”“让别人去讲述那些暴风雨的故事吧，我只记录晴朗的日子”。

在国内，日晷上也能找到铭文，但不如国外那么常见。最知名的是清华大学里那块刻有“行胜于言”的日晷——这是1920届学生毕业时献给母校的，这四个字从此成为清华倡导的校风。

此外，我在朋友那里见过他珍藏的一块巴掌大的明代青铜日晷残片，上面除了标有刻度和十二地支，还有一笔一画刻下的四字铭文“顺天之道”，十分少见。将这样的信息通过日晷流传下去，在当时不知是天文官员还是皇帝本人的意思。

日晷被人类作为计时工具使用，几千年来多出现在东西方的宫廷、官府、宗庙、学校、大宅院，从来没有“飞入寻常百姓家”。作为石制、铜制时钟，日晷总是与权力、力量相联系。学堂外安置日晷，象征知识的力量。拉丁语中，“知识”与“光”就源于同一个词根，获取知识，就拥有了光明，也就获得了力量。

皇帝在宫殿前摆放日晷，象征自己拥有向万民授时的权力。历代中外顺天而治的皇帝都把制定和颁布历法视为皇权的象征，历法经诏令颁行就成了法律。地方政权遵从中央王权统治的重要标志，就是遵奉历法。日晷展示着一个朴素的道理：谁能定义时间，谁就掌握了权力。

因此，象征权力的授时器具上应该刻什么，也成了一个有趣的问题。

从日晷上的铭文看，东西方的君主贤哲们达成了共识。他们不约而同地将时间、生命、天道、光影、阴晴等这些权力难以掌控的主题刻在日晷上，警示世人，也警示自己。他们深知，天行有常，不为尧存，不为桀亡。任你是国王还是乞丐，在自然法则面前一律平等。

诸葛亮的财产去哪儿了

刘 路

三笔固定收入的价值

诸葛亮给刘禅上过一道奏表，公开了自己的家产，他说："成都有桑八百株，薄田十五顷，子弟衣食，自有余饶。至于臣在外任，无别调度，随身衣食，悉仰于官，不别治生，以长尺寸。若臣死之日，不使内有余帛，外有赢财，以负陛下。"

就是说，诸葛亮家里有 800 棵桑树、15 顷田地，其他的就是一般的生活必需品。汉代的 15 顷地，相当于今天的 700 亩。这么一听，诸葛亮的家产好像也不少。

诸葛亮死后，人们发现，他家里真的就这点东西，别的什么都没有。所以，你了解的那个清廉的诸葛亮，是可信的。既然诸葛亮很清廉，为什么又说他的家产不少呢？别急，我们来算一算，诸葛亮到底有多少财产。

先来算算收入。因为史书中没有关于蜀汉官员收入的记载，我们比照东汉的情况来计算。为了方便，我们只计算诸葛亮当丞相以后的收入。

诸葛亮的日常收入，主要由五个部分组成。

第一部分叫俸禄，每个月都发，类似于我们今天的工资。诸葛亮每个月的工资，一部分是粮食，一部分是货币。粮食是175斛粟（小米），货币是1.75万钱。东汉官方的粮食价格是1斛小米价值100钱，按此折算，诸葛亮每个月的工资是3.5万钱，一年就是42万钱（暂时先以东汉五铢钱来核算）。

诸葛亮收入的第二部分，叫制度化赏赐。赏赐一般有两种：一种是大臣立了功，皇帝高兴，临时给立功者发的福利；还有一种是每年都要固定赏赐的，也就是制度化赏赐。东汉有春赐和腊赐制度。春赐就是年初立春的时候发的福利，相当于过节费；腊赐就是年底腊月的时候发的福利，相当于年终奖。

诸葛亮的春赐福利（过节费）应该有60匹帛，也就是丝织品。腊赐福利（年终奖）有20万钱、200斤牛肉、200斛粳米。帛若按每匹500钱计，60匹就是3万钱；200斛米，折合成粟约为333.33斛，约为3.33万钱。200斤牛肉忽略不计，再加上20万钱，两笔福利一起折算，大概是26.33万钱。

除此之外，诸葛亮收入的第三部分，是食邑收入。按照汉代的制度，如果被封了爵位，会享有一定户数的赋税。我倾向于诸葛亮被封的是乡侯，而赞同诸葛亮是乡侯者，一般认为在蜀汉有武乡这个地方，也就是诸葛亮的封爵可以带来实际收入。参考汉魏之际，乡侯的食邑以六七百户的居多，按照一户200钱算，一年也有13万钱左右。

综上，俸禄（42万钱）、制度化赏赐（26.33万钱）和食邑收入（13万钱）是每年的固定收入，年景好的时候，一年约有81.33万钱。

诸葛亮从章武元年（221年）四月担任丞相，到建兴十二年

（234 年）八月去世，一共当了 13 年零 4 个月的丞相，工资（俸禄）总额大概是 560 万钱。其间经历了 13 次制度化赏赐，总额大概是 342 万钱。诸葛亮从建兴元年（223 年）五月封侯，到建兴十二年（234 年）去世，共 11 年，食邑收入是 143 万钱。这三个部分加起来，一共是 1045 万钱。

临时赏赐的价值

除此之外，诸葛亮还有两种不固定的收入。

一种是前面提到过的临时赏赐，就是刘备、刘禅临时赏赐给他的。目前能够看到的临时赏赐有两次。不是说就赏了两次，而是有记载的只有这两次。

一次是《三国志·蜀书》里说的，刘备平定益州以后，对诸葛亮、法正、张飞、关羽进行了一次大规模赏赐，每个人被赏黄金 500 斤、白银 1000 斤、钱 5000 万、锦 1000 匹。

先来算一笔形象一点儿的账。汉代 1 斤相当于今天的 222 克。500 斤黄金，就是今天的 111 千克。假定 1 克黄金是 350 元左右，111 千克黄金就价值大约 3885 万元人民币。

我们回到汉末三国时代，当时金银的比价是 1∶5，也就是说，1000 斤白银，相当于 200 斤黄金。这样，500 斤黄金和 1000 斤白银加一起，折算下来是 700 斤黄金。1 斤黄金，东汉前期价值 6000 钱到 1 万钱。我们按 6000 钱保守估值，700 斤黄金至少得有 420 万钱。

锦，按均价 1 匹 500 钱算，1000 匹就是 50 万钱。刘备这一次赏赐，每人共计 5470 万钱。

还有一次临时赏赐，是刘禅赐给诸葛亮的。有本书叫《北堂书钞》，它里面引用了一封诸葛亮写给李严的信，就提到诸葛亮受赐

8000斛粮食。

现在通行本的《诸葛亮集》里，提到这个数字时，一般写成“八十万斛”，但《北堂书钞》流传的版本很多，一些版本里并没有“万”字，还有把“十”写成“干”的。“干”和“千”又很容易混淆。因此，所谓“八十万斛”，很有可能是“八千斛”的误写。如果这8000斛粮食是粟，折算下来又是80万钱。

这两笔临时赏赐加在一起，是5550万钱。

不动产的价值

除了临时赏赐，最后一种收入，就是诸葛亮的15顷田和800棵桑树，它们也有产出。但是这个不太好算，我们暂时先不考虑。不过15顷田，合1500汉亩，东汉中期成都附近的田地价格，按照中等水平的田地算，是每亩1631.57钱。1500亩，也得有245万钱。

咱们把前面算过的都加起来，固定收入是1045万钱，史书记载的两次临时赏赐是5550万钱，固定资产估值是245万钱，三笔合在一起，是6840万钱。这是诸葛亮收入的下限，其实际收入还要比这个多。

当然这种计算很多是估值，因为史料有限，我们无法算出诸葛亮的确切收入。但很明显，如果仅从收入和资产上看，诸葛亮的财产，绝对要比他自己公开的多。

可问题是诸葛亮最后确实没剩下多少遗产，他自己整天忙着治国打仗，也没心思去大把花钱，那这些钱到底去哪儿了呢？裴松之注引的《云别传》记载过，赵云北伐失败回来，还有不少物资，诸葛亮曾经提议把这些物资分给将士。考虑到诸葛亮一贯的性格和品德，以及蜀汉的财政状况和北伐的巨额花销，诸葛亮的巨额财产，他要么没领，要么捐出去了。

小人物的伟大

意公子

当你在工作时，有没有一个瞬间会觉得自己只是一颗小小的螺丝钉，被一种“无意义”包围？但你知道吗，早在两千多年以前，正是一颗又一颗小小的“螺丝钉”，创造出了一个世界奇迹。

跪射俑

秦陵兵马俑，是秦始皇嬴政的陪葬品。1974 年 3 月，秦陵兵马俑被发现，随后震惊了全世界。

经过不断的努力，考古工作者们一共发现了四个坑。除了第四个坑有坑无俑，其余三个坑都有大量陪葬品。

一号坑占地面积最大——几乎有两个足球场大的俑坑里，整齐排列着由步兵和车兵组成的军阵。如果根据已经出土的陶俑和陶马的排列密度来估算，真到了挖掘结束的那天，大概会有 6000 个兵马俑齐刷刷地目视前方，像一支精锐的前锋部队。

二号坑最为壮观，骑兵、车兵、步兵和弩兵，这些都能在其中看到。1300 多件陶俑、陶马，80 多辆战车，数万件青铜兵器，这里活像秦始皇的大规模多兵种部队的布阵现场。更有意思的是，考古人员还在二号坑首次发现了将军俑、鞍马俑、跪射俑……

三号坑是这几个坑中最小的一个。虽然小，但它同样很重要——你完全可以把它当作“三军作战指挥部”。因为三号坑没有像其他两个坑一样被大火焚烧过，所以我们才能在陶俑出土时看见颜色鲜艳的彩绘，看见兵马俑的真正面貌。

三个兵马俑坑里据推算有8000多个陶俑、陶马，组成了一支包括前锋、多兵种部队和指挥部在内的庞大的地下军团。每一个陶俑都形象高大、威武生猛，而且最关键的是，每个陶俑的模样都不一样。

我们不禁要问:2000多年前，这些如此写实的面孔，是不是真的存在过？他们是怎样被创造出来的？在那个科技并不发达的时代，这么宏大的工程，究竟是怎么一步步推进的呢？

制作这么大规模的兵马俑军团，首先要解决的就是材料问题。根据一次次模拟复原的情况，专家们发现，只有采集自秦代地层的垆土和棕红土，再调配20%左右的沙子，才最接近兵马俑的泥坯。这么多土，到底是就地取材，还是在全国范围内统一调配，目前还没有明确的答案。但可以肯定的是，在当时要运输这么多陶土，一定是一项非常大的工程。

有了原材料，还需要做出陶俑的样子。考古学家经过研究发现，兵马俑并不是一体成型的。它有点儿像我们小时候玩的芭比娃娃，躯干、四肢、头部是分别装上去的。装好以后，工匠们会采用刮、削、挖、画、贴等方式进行精细加工。这可是细致活儿！

如果有机会去秦始皇兵马俑博物馆，你会发现，秦代工匠的雕工实在太精细了。无论是秦俑的须发、眉毛，还是武士铠甲上那些甲片的叠压关系和编缀细节，都被刻画了出来。你甚至能在跪射俑的鞋子上，看见疏密有致的针脚。

而且这些陶俑的大小和真人差不多，加上脚下的踏板和发髻、发冠，他们的平均身高直逼 1.8 米，平均重量有 180 千克。陶马更重，超过 300 千克。一个有着数年学习经验的专业美术生，捏一个不到 40 厘米高的陶器都会有中途塌掉的担忧，而陶俑这个 1.8 米高的大型作品，里面还是空心的，要怎样才能保证它能支撑起来呢？

西安美术学院雕塑系毕业、专门研究兵马俑的孙炜，在一次次实验中，终于找到了答案。简单地说，就是人体的重心在哪里，陶俑的重心就在哪里。

选好的陶土经过预制、反复捶打和醒泥后，再被搓成比大拇指略粗的泥条。紧接着，孙炜把这些泥条一根根慢慢盘起来。听起来虽然容易，但在盘的过程中，因为要不停地调整重心和加固泥条，刚开始的时候，孙炜一天就只能盘 40 厘米那么高。

说到这里，你不得不佩服秦人的高超技艺！

最后，也是最重要的一步，就是烧制环节。

秦始皇陵兵马俑一号坑

烧制兵马俑的过程，可一点儿都不比制作环节轻松。因为这些兵马俑和真人、真马一般大小，并且很沉，这就要求烧制的陶窑的窑室高度至少要有 2 米，才能容纳下这些大物件。并且，想要焙烧成功，温度需要控制在 950℃—1050℃。一旦火力不足，陶质就会疏松，且色泽不一；而火力要是过头了，陶俑就会出现裂纹或者变形。这就对陶窑的构造和密闭性提出了很高的要求。

我们现在已经无法非常确切地知道，当年秦人究竟是怎样做出这一个个兵马俑的了。但从已经出土的数千件兵马俑来看，没有任何一件出现裂纹，也少见陶片夹生的情况。

烧制完成之后就是彩绘。我们现在看到的大多数兵马俑呈陶土色，但事实上，兵马俑最初的时候都有彩绘。秦人在兵马俑的身体上刷上一层生漆，然后在生漆上添加各种颜色的装饰。可惜的是，当埋藏在地下 2000 多年的兵马俑重见天日，一遇到空气，它们表层的水分迅速蒸发，这层生漆大多也就翘起来并脱落了。

现在，我们基本把兵马俑的制作过程捋顺了。

从材料的运输到黏土陶俑的制作和精雕细刻，再到烧制与彩绘，制作兵马俑的每一个环节都需花费大量人力和物力。但这 8000 多件陶俑、陶马还不是秦陵兵马俑的全部。为了让这项浩大的工程不出差错，秦国当时沿用了战国中期就开始采用的“物勒工名”制度，就是在兵马俑身上刻下制作工匠的姓名，以便在审核验收不过关的时候，进行追责。

我们要感谢这个制度，因为它的存在，我们今天才有机会了解，在 2000 多年前，究竟是一群什么样的人，姓甚名谁，创造了这样的世界奇迹。他们是当时最普通的陶工，有些人连名字都起得非常随意。

但不可否认的是，正是这一个个小人物，在漫长岁月里，前赴后继地为一项伟大的工程倾尽全力，才有了今天我们得以看见的世界奇迹。

他们塑造的也并不是什么伟人、帝王，而是和他们一样的小人物，一群在战场上抛洒热血的士兵、将领——他们双目圆睁，或微微含笑，或目光深沉，或文静腼腆。当你看着这些秦俑时，透过他们丰富的表情，或许会看到那些征战六国的故事中的一个个鲜活的小人物。他们也许是在战场上死去的工匠的亲人，也许是匠人们在日常生活中最敬仰的人，又或者就是陶工自己。

当我们有一天站在秦始皇长眠的地方，一个个栩栩如生的陶俑就在眼前，谁也不知道他们是谁，历史也没有记住他们每一个人的名字，但因为他们的存在，中国历史上有了第一个大一统的王朝。

闭上眼睛，恍惚中好像有将士们的呐喊声从远方传来。集结的号角吹响，那声音响彻天地，穿过 2000 多年的岁月，向我们发出来自七国战场的最强音。

在铁与绸之间

张 炜

屈原的一生是政治的一生。他是一个政治诗人，一个庙堂里诞生的抒情者。我们可以设想，如果他没有走入逆境，很可能成为类似西方的那种“桂冠诗人”，咏庙堂之趣，歌庙堂之德，而且不乏宏大、绝美和华丽。他将领受一切王权所能赋予的光荣和恩惠，获得崇高的世俗地位。以他的资质、能力和身份，完全配得上那顶桂冠。

然而屈原走向了一条完全相反的道路，他是一个政治失意者，一个被排挤和倾轧的庙堂忠臣，进而成为一个被流放者。史书记载，他经历了至少两次流放，一次比一次悲苦，一次比一次不堪，最后穷途末路，一死了之。

这一切的根源颇为复杂，有政见之争，有个人恩怨，还有其他种种难言之处，但政见分歧可能是一个关键。楚国朝廷内部虽然纷争繁复，却有一个基本而重要的选项，将朝臣分成两大派别：亲秦派与亲齐派。秦国与齐国构成了一西一东两大力量，一个是军事强国，一个是经济强国，有着不同的文化结构和生活指向。在七雄竞逐的政治版图上，领土阔大的楚国具有至关重要的地位，它倒向和倾斜于某一方，后果将是致命的。

诸侯割据、四分五裂的战国时代，催生了一大批“合纵连横”的摇唇鼓舌者，即所谓的“纵横家”，最著名的代表人物为张仪和苏秦。这些巧舌如簧之徒走马灯似的穿梭于各诸侯国之间，使整个社会局面更加动荡。从一段段奇妙的历史记载中，我们便能感受到那是个充满戏剧性的特殊时代，那些记录简直不像真实的历史，而更像一出演义，像埋下伏笔的戏剧设计，像一支挂在墙上必要打响的枪，像斯坦尼斯拉夫斯基戏剧理论中所规定的格局：既惊心动魄又过于巧设。

可真实的历史确是如此，张仪和苏秦之辈屡屡得手，他们以一人之力搅动天下，无论是秦国、齐国，还是其他五个大国，无论多么神圣庄重的盟约，多么足智多谋的臣僚，多么威赫的文武班底，竟然都难敌一人口舌之力。这些人甚至在很大程度上影响了一个民族的未来，并且直到几千年之后的现代社会，都要承受这段历史的后果。

当时历史曾面临许多选择，或是将命运指针拨向穷兵黩武的西部强秦，或是拨向繁华富庶的东方齐国。齐地海风吹拂，物质富裕，昌明而奢华。它与秦国那种严苛、凛冽的高原性格相去甚远，与现代物质主义的挥霍奢靡之风倒是颇为接近。当时处于齐国腹地的东夷人已经发明了炼铁术，从而使冷兵器时代的武器发生了一次飞跃，出现了更加锋利的刀剑和箭镞，使得战争也进入一个新的时代。原来以铜锡合金为主的金属兵器，得到大幅度的跃升和改良，杀伐之力大为加强。

在发明者的故乡齐国，由于财富的巨量积累，科技水平遥遥领先于其他诸侯国，所以齐人拥有非同一般的军事力量，甲胄闪亮，军服炫目，马匹强壮，战车坚固，齐国的一切，无不令出使该国的屈原惊叹。据记载，鼎盛时期的齐军气象非凡，所向披靡，只是到了后来，齐国的繁华和富裕走向反面，它的豪奢浮华、物质主义、娱乐至上使国民慵懒颓废，国家政体变得虚浮无力，国民精神涣散，心理颓丧。于是历史记载中又出现了另一种描述：这些装备精良的齐国士兵徒具观赏性，一旦拉到战场上，战鼓一响，弓箭一发，即扔下武器四散而逃。这都是后话了。除了铁的发明，齐国人还发明了丝绸和纺织术，柔软华丽、轻薄到不可思议的丝绸，成为天下最精美、最令人惊叹的物产。有了丝绸才有后来的“丝绸之路”，让整个世界为之惊艳。通过那条蜿蜒曲折、悠长遥远的道路，才有了汉文化的西进传播。

不知当年齐国的丝绸会对诗人屈原产生多么大的诱惑，它不同于冰冷的铁，它不是坚硬的、单调的，而是滑润的、五彩斑斓的。直到今天，丝绸的代表作仍然存于齐国故地周村。如果说铁器代表了生硬与残酷，那么丝绸就代表了享用和安逸，它是日常生活中柔软的代表，是享受和娱乐的象征。后来人们几乎忽略了齐国与铁的关系，却牢牢记住了它与绸的关系。

位于长江流域的楚国，面对秦国和齐国伸出的橄榄枝，就要面对“铁与绸的选择”。丝绸的柔软、起伏如大海之波，与三面环海的齐国气质更为接近。铁虽然产生于东方，最大受益者却不是发明者东夷人，不是齐国，而是西部高地上的秦人。铁的冷硬锋利使人想起凌厉严酷的西北风。就文化血缘上的亲近感而言，屈原自然会选择齐国，这缘于那种浪漫的文化血脉。齐国松弛开放，神仙文化源远流长，有迷人的《韶》乐，更有思想的都会稷下学宫。鱼和盐代表着富足，屈原向往东方，向往大海，在今天看来，似乎更接近一种现代的思想和审美方向。我们无法想象一个浑身挂满鲜花的纯美诗人会选择秦国。那些海雾微茫中的仙山代表着放逸，与冲淡的老庄思想有着某种相似之处。还有齐人邹衍关于大九州的浪漫想象，显然都在预示一条自由开放之路。

在齐、秦、楚三国鼎立时期，楚国的任何选择都举足轻重。楚国拥有长江淮河流域的广大土地，物产丰富，气候湿润，景致优美。楚人倔强、强悍，具有非同一般的心智和力量。楚国有一句传播很远的民谣："楚虽三户，亡秦必楚。"这是多么雄壮的豪志，令人恐惧，与陶醉在物质享受和消遣娱乐中的齐国是多么不同。后者拥有最先进的技术和巨量财富，有着令人迷恋的音乐艺术，甚至还发明了足球。记载中，齐国都城临淄的居民，生活优越闲适，趾高气扬，这在战乱频仍、争夺惨烈的冷兵器时代，是多么危险的一种生存状态。实际上，这种繁华与优越最不堪一击。正是在这样一种历史情势之下，楚、齐联合是多么明智和重要，那将是财力与强悍的结合。相对于冷酷、粗蛮和血腥的强秦，这种联合将是一种理想选择，是楚人获取最大利益、拥有美好未来的一个决定性步骤。

作为外交大臣，诗人屈原几次出访齐国，并且长期滞留。在那个生活节奏舒缓、富裕的国度，他感受到人性的舒畅与自由，其情感的靠拢是自然而然的。一个能够明晰洞察时势的诗人，对于齐国当然也不可能毫无保留，只是在记载中我们没有看到留下来的相关文字。总之，以诗人为代表的亲齐派一度占了上风，最终却由于各种原因失败了，楚国选择了秦国。其结局就是楚怀王被强秦囚禁，国破家亡，楚国都城被迫迁移，群臣溃逃。

这段历史不堪回首，与国家共存亡的诗人也走向末路，投向了大江。水波像丝绸一样起伏抖动，抚摸、缠裹着诗人，一起奔向那个遥远的所在。冰冷坚硬的铁割裂了绸。

皇帝与医生的『攻防游戏』

谌旭彬　杨津涛

司马迁在《史记·扁鹊仓公列传》里，记载了一段“扁鹊见齐桓侯”的故事。这个故事涉及一个成语，叫“讳疾忌医”。

当然，扁鹊的故事是假的。《史记》说扁鹊既医治过赵简子，又医治过虢国太子，这在时间上就很可疑，它意味着扁鹊必须活够两百岁。齐国或者田齐也没有什么“桓侯”。而且，《史记》里还说扁鹊的高超医术来自神人“长桑君”传授的透视术，“不待切脉望色听声写形”，不玩什么望闻问切，可以直接看穿人的五脏六腑，这种叙述已属怪力乱神。

据朱维铮的考据，司马迁为扁鹊立传，其实是想借这个虚幻的人物，来传递一种“治国如同治病，不可讳疾忌医，更不可弃良医而信庸医，致使轻恙变重症，自招乱亡”的现实忧虑。他把扁鹊的传记插在政治人物田叔、刘濞的传记中间，而不是将其与天文、气象、占卜之人归为一类，也是为了凸显这个目的。

齐桓侯或者蔡桓公“讳疾忌医”的故事是假的。慈禧太后与光绪皇帝“讳疾忌医”的故事，却是真的。

杜钟骏是晚清时期的一名候补知县，号称擅长医道，故被人举荐入宫给光绪皇帝看病。他后来留下了一篇回忆文章《德宗请脉记》，里面说，自己在诊病之前，已深知慈禧和光绪的忌讳：“皇太后恶人说皇上肝郁，皇上恶人说自己肾亏，予故避之。”

按中国传统医学的说法，一个人“肝郁”，往往是因为他的心情长期不愉快。能让光绪皇帝不愉快的自然只会是慈禧，而慈禧绝不愿承认自己在迫害光绪。一个人“肾亏”，则往往意味着他不够男性化，不够阳刚，有损皇帝的光辉形象。所以，当着慈禧的面给光绪诊病时，杜钟骏小心翼翼地避开了“肝郁”与“肾亏”这些字眼。

在“给皇帝看病”这件事情上，讳疾忌医其实只是小事，最要紧的是如何保住自己的脑袋和前程。

唐朝的某些皇帝就很喜欢杀医生。最残暴的杀医事件发生在870年，唐懿宗的爱女同昌公主病故，参与医治的韩宗绍、康仲殷等二十余名医官被杀，他们的宗族亲属三百多人也被株连。出面反对诛杀的大臣温璋，也因遭到皇帝的革职贬窜而服毒自杀，死后还被皇帝唾骂“恶贯满盈，死有余辜”。

明朝皇帝也很喜欢杀医生。明仁宗朱高炽做太子时，其妃张氏长达十个月没有来月经，御医们会诊后一致认为张氏怀孕了。只有一位叫盛寅的医生说张氏没有身孕，而是患了某种疾病，并开了一剂被众御医认为可能导致堕胎的“禁药”。后来，张氏病情加重，只好死马当作活马医，要试一试盛寅的药方。但在试药之前，朱高炽已命人将盛寅抓了起来，以致他的家人忧心如焚，担心全家会被“磔死”，也就是将肉一片片割下来处死。盛寅一共被关了三天，朱高炽见吃了药的张氏病情没有恶化，才放他回家。再然后，吓破胆的盛寅“求出为南京太医院”，想方设法离开皇家，调去了南京工作。

嘉靖年间的太医许绅则直接被吓死了。“壬寅宫变”时，嘉靖皇帝差点被饱受他摧残的宫女杨金英等人勒死。许绅奉命急救，将皇帝从鬼门关拉了回来。活过来的皇帝前脚封赏许绅为太子太保，许绅后脚就去世了。在遗言里，许绅明言自己死于“惊悸”：“吾不起矣。曩者宫变，吾自分不效必杀身，因此惊悸，非药石所能疗也。”

意思是，我活不了啦。之前奉命去抢救皇帝的时候，我就知道，如果救不回来，自己肯定难逃一死，我的“惊悸”之深，早已病入膏肓。

杜钟骏入宫去给光绪治病，倒不必担心会送命，因为时代已经走到1907年（次年光绪去世），杀医生成了一件公认的极不文明、极不体面的事情。御医们需要担忧的是自己的前程——之前同治皇帝驾崩时，御医李德立等人均“革职戴罪当差”；之后光绪与慈禧离世，御医张仲元、全顺等人，也都被革了职。

为了趋利避害、规避皇权的惩罚，历代御医都练就了一套“不求有功、但求无过”的高超本领。他们热衷于开无风险的补药，而非治病之药；热衷于用“慢治”卸责，而讳言药到病除；热衷于“从众诊断”，随大流，绝不说和其他人不一样的话，绝不发表独到的见解，如此就可以处在法不责众的安全位置。这些，而非医术，才是御医们必修的核心职业技能。

皇帝当然也不傻。为了反制御医们的这种手段，晚清的紫禁城发明了一种“轮诊”制度，简单说就是以若干天数（比如五天或者十天）为一个周期，每天让一名医生前来诊病，让他单独写出自己的诊断意见和药方，不许医生们彼此交流。最后由皇帝和大臣们来判断谁的诊断和药方是可信的。杜钟骏虽然不是御医，但他既是入宫看病，于是也被安排与其他被举荐的医生一起参加“轮诊”。这个外来人很不理解这种做法，对内务府大臣说：“六日轮流一诊，各抒己

见，前后不相闻问，如何能愈病？”

大概是懒得跟这些“民间名医”解释，解释起来也麻烦，内务府的回复很简单：“内廷章程向来如此，予不敢言。”

如此这般，皇帝与他的医生们就陷入一种漫长的死循环中。皇帝无法信任医生，医生也不敢给皇帝提供关于疾病的独立见解。双方不再是一种简单的医患关系，而更像在玩一种两败俱伤的攻防游戏。

班婕妤的化妆盒

镜子

打开现代女性的化妆包，粉底、粉饼、口红，这几样化妆品出现的概率十分大，其次是眼影、眼线笔、腮红、睫毛膏、修容饼等。那么在古代，女性的妆奁中是否也有这么多化妆用品呢?

班婕妤在一篇名为《捣素赋》的汉赋中写道：

调铅无以玉其貌，凝朱不能异其唇；胜云霞之迩日，似桃李之向春。红黛相媚，绮组流光，笑笑移妍，步步生芳；两靥如点，双眉如张，颓肌柔液，音性闲良。

“调铅”的“铅”大概为涂面的铅粉，又称“铅华”“胡粉”等。汉代刘熙在《释名·释首饰》中注解了胡粉：“胡，糊也，脂和以涂面也。”“凝朱”为朱红色的口脂。“凝”为凝固、凝结的意思，“脂”即凝固的状态，所以古代人把口红称作“口脂”。“红黛”代指红唇黑眉。“黛”又称“石黛”或“黛石”，即以石墨制成的画眉石。

一篇汉赋中蕴藏了这么多与美妆相关的信息，它不仅表达了作者的情感，也刻画了当时宫廷女子的音容笑貌。除了眉黛脂红，文中的“两靥如点，双眉如张”，将女子的妆容也描写了一二。

古代女子对底妆有什么要求

打底妆是化妆的第一步，也是极为重要的一步。底妆会直接影响最后的成妆效果。那么，什么样的底妆才算优秀呢？按照现代要求来讲，必须色白皙、能遮瑕、易上妆、慢氧化、不脱妆。古代女子对于底妆也有色白皙和易上妆的要求。东方的审美一向以白为美。明代张岱在《陶庵梦忆》之《二十四桥风月》中记载：“灯前月下，人无正色，所谓‘一白能遮百丑’者，粉之力也。”这段话点明了妆粉能使人变白的美颜效果。好的底妆除了增白，还要讲究令肌肤细腻具有滋润感，就如清代叶绍本的《金缕曲·晚浴》所言：“肌滑凝脂巾易拭，疏雨梨花娇受。”

最初，人们用米粉来敷底妆。米粉的颜色甚白，符合人们对于美白的追求。《说文解字》中注解：“粉，傅面者也。”《释名·释首饰》中也有注解：“粉，分也，研米使分散也。”这是较早的有关米粉妆效、用途的文字记载，因此米粉大概是我国最早的“粉底”。不过这种底妆涂抹在脸上容易脱妆，后来人们又在里面加入油脂，改良成了米粉膏。米粉膏比米粉细腻，上妆后面部肌肤较之前滑嫩。膏状底妆的出现大大地改善了脱妆的问题，后世便一直沿用混入油脂的方式做化妆品。

古代的粉底有哪些

以米粉作为粉底的效果并不理想，粉末无法很好地吸附在脸上，也不太容易上妆。虽然后世将其改良成了米粉膏，但人们对此并不满足，因此又研制了它的替代品——铅粉。此粉为铅、锡、铝等金属烧化后碾磨而成。它的优势除了易上妆，其细腻程度、质感，以及吸附性等也都远胜米粉。

除了米粉和铅粉，古代还有一种叫“紫粉”的化妆品，相传是魏文帝的宠妃段巧笑所做。晋代崔豹的《古今注》记载：“魏文帝宫人绝所爱者……巧笑始以锦衣丝履作紫粉拂面……”北魏贾思勰的《齐民要术》则记载了紫粉的做法——用米粉、胡粉、葵子汁等加工而成，呈淡紫色。紫粉就是因其颜色而得名的。在制作紫粉的过程中，需配有一定比例的胡粉。“不著胡粉，不著人面”，即不掺入胡粉，粉末就没法附着在人脸上。这也进一步说明了铅粉的稳定性。

紫粉的作用主要在于提气色和去黄，人们用后面部肌肤会变得洁白光亮，整体精气神也会显得更加饱满。这主要是葵子汁在发挥作用。明代李时珍的《本草纲目》记载：“落葵子，悦泽人面，可作面脂。”落葵子“取子蒸过，烈日中暴干，挼去皮，取仁细研，和白蜜涂面，鲜华立见”。同样，我们现代人在上妆时，如果气色不佳或面部有黄斑，在上粉底前也会先用紫色隔离妆前乳进行调和。

此外，还有檀粉。檀粉诞生于唐代。它由胭脂和胡粉调和而成，颜色为檀红色，使用时可直接涂抹于面颊上。唐代杜牧的《闺情》有言：“暗砌匀檀粉，晴窗画夹衣。”檀粉是“檀晕妆”的精髓，其颜色为浅红色，将其涂抹在脸上有提升血气的视觉效果，使皮肤看上去细腻红润。这大概是古代粉底中的“粉调王者”，一度为爱美的女性所追捧。到了宋代，檀粉更是风靡一时。宋代苏轼在《次韵杨公济奉议梅花十首·其九》中就写道：“鲛绡剪碎玉簪轻，檀晕妆成雪月明。”更有诗人形象地以荷花的颜色比喻檀粉的颜色，并称赞用檀粉涂面，大有出水芙蓉天然晕色之美，如宋代杜衍的《雨中荷花》：“翠盖佳人临水立，檀粉不匀香汗湿。一阵风来碧浪翻，真珠零落难收拾。”

在秦朝考“驾驶证”需要几步

孙琬璐

在现代社会，一个人但凡开车上路，必备机动车驾驶证。在古代，人们多骑马，那么骑马需要“驾马证”吗?

在正式骑马上路之前，古人也得按照规定和章程拿到“驾马证”，而且一点儿也不比现在考驾照轻松。“驾马证”的由来可以追溯到秦朝。秦朝《除吏律》中记载，如果一个人连续四次没有考到驾马的证件，就要被罚做一定的徭役。当然，这是针对在战场上保家卫国、浴血奋战的骑兵而言的，如果他们的驾驶技术不达标，会直接影响战局的走向。但是，你也不要以为普通百姓考“驾马证”能轻松多少，百姓“驾马证”考试的流程、内容、标准与骑兵是一样的，只是少了些限制而已。

在唐朝，除了“驾马证”，还有“牛车证”“驴车证”等，考试的要求也更加严格。《唐律》中提到，驾驶员必须持证上岗。此外，拥有上述“驾驶证”的人必须在官府备案。在有运输需求时，雇主只能聘用这些人。值得一提的是，这种方式不但为政府解决了部分收支问题，而且降低了交通事故发生的概率。

不过，大家也不要过于高看这些“驾驶证”。虽然当时拥有“驾驶证”的人少之又少，在一定程度上算是美差一件——既有稳定的收入来源，又可获取一定的社会信赖与尊重——可是一旦出了问题，真正担责任的就是驾驶人员。尤其是那些给达官贵族干活的驾驶人员，如果哪天自己的雇主心血来潮做了什么愚昧至极之事，比如两家雇主想在街头搞一场对飙赛，出事后挨处分的人还是驾驶人员。所以，唐朝的“驾驶证”可以说是一个有效的问责机制，以此约束驾驶人员，使其遵守交通规则。

下面，我们以秦朝的“驾马证”考试为例，看看考“驾驶证”要考几个科目。

科目一俗称马脖子系铃铛。考试时，考官让考生驾马跑起来，马脖子上铃铛发出声音的节拍必须和马蹄的保持一致。

科目二有点儿像现在考的曲线行驶，俗称“S 弯”。考试时，考生驾马沿着蜿蜒曲折的河道奔跑，且不能让马蹄沾水，就像现代人考“S 弯”时，车轱辘不能碰到线一样。

科目三俗称直线行驶。它与现代的直线行驶基本吻合，就是让考生驾马沿着操场的旗杆奔跑，且不能触杆。

科目四是上路实践操作。多辆马车交叉行驶，且彼此之间不能有任何触碰或剐蹭。当然，不要以为考过了这四项就可以顺利拿到“驾马证”，还有终极考试等着你。

这便是科目五，俗称射杀野兽。考生要驾马把野兽驱赶到指定区域，并顺利将其射杀。看来古人考“驾驶证”，还得附加考个“猎杀证”。

古人考“驾马证”并不容易。因为驾驭的牲畜具有不稳定性，容易受惊，所以驾驶畜力车上路——既要遵守交通规则，又要保证行人和车辆的安全——可谓难上加难。

莎士比亚的餐桌

颜渔家

哈姆雷特在母亲的婚礼上抱怨："葬礼上的烤肉尚有余温就被端上了婚礼的宴席。"他是责备母亲，父亲尸骨未寒就又结婚了。这里的葬礼烤肉并不仅仅是葬礼上的残羹冷炙，其实葬礼烤肉是一种曾经很流行的食物，它的外壳是由糕点皮制成的，起到密封的作用，能让其内的食物保存得更久。这层外壳更像是保鲜盒，所以比较粗糙，常常会被扔掉而不是被吃掉。

麦克白夫人提供的饮料非常讲究：为谋杀国王扫清道路，她用有毒的蛋奶酒夺走了马车夫的性命。这种蛋奶酒是文艺复兴时期餐桌上半食半饮的必需品，用麦酒或西班牙雪利酒加奶油制作而成。所以说，要真正理解莎士比亚作品中的饮食文化，我们需要揣摩西方食品史，甚至得研究一两本文艺复兴时期的食谱。

昂贵的雪利酒

对文艺复兴时期餐桌的研究，可以帮助我们更好地了解莎士比亚的戏剧。比如说，莎翁笔下的人物选择了哪一种酒，也就告诉了读者和观众他是什么样的人。在伊丽莎白时代，昂贵的雪利酒是非常流行的，莎翁笔下最著名的酒鬼福斯塔夫最爱雪利酒。他曾发誓永世不沾酒，然而在后来的场景中，他高呼如果他有一千个儿子，他要教授他们的首要原则就是戒绝那些单薄无味的酒，并终生效力于雪利酒。

而麦芽酒则低一个阶层，相对来说味道淡，酒精含量低。在莎士比亚所处的时代，麦芽酒和啤酒十分流行，尤其在城镇。麦芽酒是一种传统的啤酒，那时麦芽酒在酿造中不加酒花，口味比较清淡。在《驯悍记》中，贵族们开玩笑，把烂醉如泥的补锅匠斯赖从冰冷的街道上抬到房子的床上。他们骗斯赖说他是贵族，并在其醒来的时候，准备了白葡萄酒、蜜饯果子，出身低微的斯赖却大喊一声："看在老天爷的面上，来一壶淡麦酒！"

在莎士比亚的巅峰时期——16世纪后期，啤酒是温暖、深色、混浊的。那时酒通常以浓烈程度进行分类：烈啤酒、餐桌啤酒、船啤酒以及小啤酒。小啤酒酒性软弱，是把酿酒的剩余物用开水洗净、稀释，经第二次发酵酿制而成。《亨利六世》中成衣匠杰克·凯德带着"穿着皮围裙的人"（工匠）改革，承诺"要让喝小啤酒成为重罪"。

在《亨利四世》中亨利王子乔装打扮混迹街头的时候，在"野猪头酒馆"喝过小啤酒。在剧中的关键时刻，亨利王子坦陈他想喝一口小啤酒，却遭到朋友波因斯的阻挠："一个王子不应该如此无教养，想起这种淡而无味的贱物。"

在莎翁所处的时代，某种特定的肉类与某人的心情、职业，乃至国籍相关联。例如，培根被视为只适合工人和体力劳动者吃的食物，因为培根很难被消化，而重体力劳动可以促进消化。鸡肉则更受人们喜爱，有些人还把它当作最适合给患者吃的食物。阉鸡是一种更奢侈的肉——约翰·法斯塔夫爵士最爱吃的肉，《维洛那二绅士》中朗斯的狗从餐桌上偷过一条阉鸡腿。牛肉使人愚昧，莎士比亚曾两度提及这一点——《第十二夜》中，安德鲁·艾古契克说："有时我觉得我跟普通人一样笨；可我是个吃牛肉的老饕，我相信那对于我的聪明很有妨害。"

餐桌上的戏剧冲突

很难找到一部在餐桌上没有产生冲突的莎士比亚的戏剧。用餐，是剧作家最好的借口，让许多人同时聚集在同一个舞台上，让朋友和陌生人见面，在一个狭小的空间，角色都别无选择，只能说话和互动，从而创造紧张的气氛。

《驯悍记》中，彼特鲁乔想征服任性的凯瑟丽娜，所以他在婚礼和招待会之间把她偷走，最后让她在没有饭吃的饥饿中屈服。《皆大欢喜》中，奥兰多在森林盛宴发力，为最后的婚姻埋下伏笔。《雅典的泰门》中，泰门特设了一桌非同寻常的白开水"宴席"，待旧日的朋友来"赴宴"时，他把大碗的温水泼在这群狼心狗肺者的脸上，咒骂他们泯灭人性的良知，然后用碗碟、石块将他们打跑。

在当时，一个人吃什么，在很大程度上由他所处的阶级决定。地主士绅，甚至是富有的商人都可以通过节日的宴会，炫耀自己的财富。当时盛宴的主角是蜜饯和由坚果包裹的糖果。在《温莎的风流娘儿们》中，福斯塔夫呼唤天上掉下"用来清新口气的小甜点"，宴会的主角不是各色菜肴，而是甜点，或者说是精心制作的糖果和甜品雕塑。那些条件允许的富豪，会在豪宅之外，建造单独的宴会厅来招待客人。

在《亨利四世》的第二部分，乡村法官吩咐台维："告诉厨子威廉，叫他预备几只鸽子、一对矮脚母鸡、一大块羊肉，再做几样无

论什么可口一点儿的菜（kickshaws）。”kickshaws 一词是莎士比亚从法语借来的，这个词涵盖了一大堆美味的开胃菜。

在哲瓦斯·马克汉姆 1615 年（莎士比亚在 1616 年去世）出版的《英国主妇》一书中说，家庭自制 kickshaws 需要将鸡蛋、奶油、黑醋栗、肉桂、丁香、菠菜、菊苣、万寿菊花和猪脚（鸡脚）混合。但他也建议使用小鸟、块根、牡蛎、内脏和柠檬。

莎士比亚不仅向我们展现了文艺复兴时期英国的食物，还表现了当时英国人的人生态度。

司马迁的空间智慧

王鼎杰

提到中国历史上在地理开拓方面的典型人物，第一个要说的，肯定是大禹。

说到大禹，你一定会想到“治水”。没错，大禹治水的英雄形象，可以说是深入人心。但在《史记》里，大禹治水的历史只占了很小一部分，司马迁花了大量笔墨写的，恰恰是大禹对地理的开拓和天下九州的划分。在我看来，大禹不仅仅是个治水英雄，更是中国历史上第一个进行全面深入的地理调查和地理资源开发的领导人。

按照司马迁的记载，大禹是黄帝的玄孙，在舜帝时期奉命治理洪水，他无私奉献，“过家门不敢入”。在治水的过程中，大禹历尽千辛万苦，深入山地、江河、沼泽等多种地理环境。他借助各种各样的工具，逢山开路，遇水搭桥。

最终，大禹成功克服了地势地形带来的阻碍，用十三年时间，解决了自尧帝时代以来的洪水灾害。但治水只是一个开始，大禹紧接着对他走过的地方进行了全面而深入的地理调查。

他探明了重要山脉的走势、重要河流的源头和河道变化，以及重要的湖泊、沼泽分布。与此同时，还将各地的土壤颜色、质量，特殊物产等信息都列入调查范围，并且根据这些信息，对土壤土质进行了上中下的等级划分。

此外，大禹按照勘查收集到的地理信息，将华夏地域划分成九个大的行政区（冀州、兖州、青州、徐州、扬州、荆州、豫州、梁州、雍州），明确了每个州对中央政府的经济义务，以及中央对地方的责任。比如治理洪水、兴修水利工程、遇到灾荒时跨地区进行救灾物资的调度。

从此，九州都由同一个中央负责，人们居住的范围也以此为基础，不断向四方延展、开拓。这就是司马迁所说的“九州攸同，四奥既居”。

这个过程，《史记》的记载非常详细。大禹的历史，不仅仅是一个过家门不入、无私奉献的道德教化故事，更是一个早期文明中的个体对地理深入探索、开拓的艰难过程。通过大禹的调查，华夏世界的疆域格局，第一次清晰地呈现在我们面前。

其实，司马迁本人就是一个非常重视地理调查、具备空间智慧的人。他走遍了中国的大江南北，对黄土高原、华北平原、东南丘陵、云贵高原以及沿海地区进行过广泛的调查和深入思考后，才动笔写《史记》。

所以，在《史记》中，你不仅会看到刘邦君臣根据地理信息争论首都选址问题的过程，还会看到司马迁从地理多样性的角度探讨经济多样性的思维方式。比如，司马迁在《货殖列传》里，就根据地理特性，把全国分成若干个经济区。他还明确指出，地理环境的不同，造成了物产的不同，而不同物产的交易流通，能够极大促进社会的繁荣。

无论放在哪个时代，司马迁对地理重要性的洞察和判断，都是非常厉害的，也正是从司马迁构建的这个宏大的空间视野之中，我们看到了对历史的另一种读法。

不仅仅是《史记》，在《周易》《周礼》等早期经典中，也有中国古人对山川地理的丰富记载。春秋时期的《孙子兵法》更是全世界最早、最深入探讨地理和战争关系的著作。至战国时代，邹衍提出著名的“大小九州”理论，提出天下共分为九个大州，每个大州又分为九个小州，而大禹划定的九州，合起来只是一个小州。

正是有了这个认识，后来的中国人对未知世界充满了好奇，向外探索的脚步也从未停止。西汉汉武帝为了寻找传说中的乌孙国，派出张骞使团；东汉汉和帝为了寻找罗马帝国，派出甘英使团。

可惜到了中国古代社会的后期，这种空间思维，或者说这种对未知世界的好奇心越来越淡薄，知识精英普遍失去了对地理探索和开拓的渴望。

结果就是，明代的中国虽然在造船技术和航海技术上一度领先全球，但最终还是与大航海、全球贸易擦肩而过。

又比如李鸿章，他是中国早期近代化的推动者，他年轻时写过著名的诗句：“一万年来谁著史，三千里外欲封侯。”从字面意思看，“一万年来”确实气象宏大，代表着我们的时间积淀非常深厚。但是，接下来的“三千里外”，就有点小家子气了。而同时期的西洋列强，早就以一万里为单位，进行全球性的战略布局了。

随着科技的进步，人类的空间探索从海洋扩展到天空、太空，乃至虚拟空间。时至今日，我们要学会从世界看中国，更要学会从空间读历史。

2019—2023 纪念版（全5册）

DUZHE

读者

04

励志卷

读者杂志社　编

读者出版社

图书在版编目（CIP）数据

2019—2023《读者》：纪念版. 4，励志卷 / 读者杂志社编. -- 兰州：读者出版社，2024. 3
ISBN 978-7-5527-0798-4

Ⅰ. ①2… Ⅱ. ①读… Ⅲ. ①文摘－世界 Ⅳ. ①Z89

中国国家版本馆CIP数据核字（2024）第009567号

2019—2023《读者》纪念版·励志卷

读者杂志社　编

策划统筹　赵元元　王书哲
责任编辑　漆晓勤
封面设计　李　娜

出版发行　读者出版社
地　　址　兰州市城关区读者大道568号（730030）
邮　　箱　readerpress@163.com
电　　话　0931-2131529（编辑部）　0931-2131507（发行部）

印　　刷　北京盛通印刷股份有限公司
规　　格　开本 787 毫米 × 1092 毫米　1/16
　　　　　印张 12. 5　字数 174 千
版　　次　2024 年 3 月第 1 版
　　　　　2024 年 3 月第 1 次印刷
书　　号　ISBN 978-7-5527-0798-4
定　　价　128. 00元（全5册）

目　录

生活的美就在于从容不迫

蒋勋

童年的时候，父亲母亲与我的关系很深，尤其是母亲。记得小时候，有一次父亲问我考了第几名，我说第二名。父亲就严厉地问：“为什么没有考第一名？”我正发抖时，母亲一把把我抱走，说：“别理你爸爸。”我好感谢那样的拥抱，仿佛把一切我无法承担的压力都纾解了。

我常感觉母亲有一双魔术师般的手：我小时候盖的被子，是母亲亲手缝制的；人家送我母亲十几种毛线，她就织成毛衣，每年过年再把旧毛衣拆了，用旧毛线织出新花样，便又是一件新衣了。

记得我很小的时候，就跟在母亲身旁，看她买菜、包水饺。不论买什么菜，她总是会用食指跟大拇指的指甲，把老的地方掐掉，把普通的食材变成我们嘴里最好吃的菜。

我很同情现在的小孩。我的学生不知道什么叫择菜，你给他们四季豆，他们不知道要怎么处理。因为在他们长大的过程中，没有人带着他们择菜洗菜。他们也很少吃到真正好吃的东西。如今，再富有的人家，小孩子也难免吃到很糟糕的东西。

美的感受，是需要时间的。我们那个年代的父母，在生活上花了很多的时间。譬如我盖的那床被子，现在看来是多么奢侈，因为那是母亲亲手做出来的，而且母亲每个星期都会拆洗一次。

那个年代没有洗衣机，她要到河边去洗，拿木棒槌敲打。被单洗完以后，用淘米水浆过，等到阳光好的时候搭在竹竿上晒。我盖被子的时候，被单上就有阳光和米浆的味道。我想现在全世界能买到的最贵的名牌被子，大概都没有那种奢侈。

我觉得现在的人其实很穷，我们很难为慢节奏的生活花钱。但其实，慢节奏中才有生活的质量。今天的有些人，盖着乱七八糟的被单，清洗的时候就丢进洗衣机，用的可能是含有不健康成分的洗衣粉。所以忽然觉得，我成长的过程其实是相当富有的，所有手工的物品，都有一种买不到的精致。

人类的手，是一切美的起点。人类五种感官的活动，构成了美学。所谓美的感受，也源自你对一个人的情感，对一个地方的情感，对一个事物的情感。我的第一堂美学课，其实是母亲给我上的。我们过去经常会走到院子里去看一朵花、一片叶子，做很多没有目的的举动，她不像其他大人，看到小孩没事做的时候会慌张。

我尽量学习母亲的这种不慌张。在大学教书的时候，每年四月，羊蹄甲红成一片，上课的时候我都可以感觉到，十八九岁正在恋爱的年轻人，根本就没有心思听课。我会停止上课，带学生去花下坐一个钟头，聊天，或什么都不做。

我们需要有这样的课堂。不是每天都要如此，而是教育者偶尔要带孩子出去看花，去听海浪的声音，让他们脱掉鞋子去踩沙滩。教育不要那么功利，要让年轻人重新找回他们身体里的很多的渴望。

生活的美，需要人们舍得付出时间去创造。而在当今的职业状态下，做父母的很难做到。

我有一个朋友，他爸爸已经九十多岁，这几年身体不好，坐在轮椅上。他请了三个护工照顾爸爸。有一天他跟我说他快累死了，爸爸却总是抱怨。我就说，老兄，讲老实话，你爸爸不需要护工，你爸爸需要你。

我们可能完全忘记了亲子关系是什么。我告诉朋友，你父亲需要的不是医师也不是看护，在他心灵最荒凉的时刻，他需要的是你握握他的手、搂搂他的肩膀，跟他撒娇。对上一辈如此，对下一辈亦然。

我给一个公司的员工上课。这些人多从名校毕业，平均年龄三十几岁。他们进入这家公司以后就有股份。他们每天看着股票涨跌，但如果十年内离职，股票就全部收归公司。所以没有一个人敢离职，人就相当于卖给这家公司了。

这是他们认为最好的管理。这家公司的业绩到现在依旧很好，可是同时他们也要付出代价。他们的主管很自豪地告诉我，这里没有人在晚上十一点以前回家，其中有一个，八年都没有休假。

有一天我讲完课，有人向我提问，他说："我女儿现在五岁了，您认为她应该去学小提琴还是钢琴？"

"你是那位八年没有休假、晚上十一点都不回家的爸爸吗？"我问道，他点点头。然后我给出了我的建议："你可不可以先不要关心女儿要学小提琴还是钢琴，赶紧回家抱抱她吧。"

我知道他不能理解我的这个建议，但我真的希望一个五岁的孩子能够记住父亲的体温，将来她走到天涯海角，也能拥有很大的安慰和鼓励。这是人最本质的、最根本的渴望，即便我带进课堂的是艺术，但我所要表达的，却不只是艺术，还有艺术旨在传达的生活哲学。

因此，我感谢我母亲的陪伴，感谢我们一起做过的看似无聊的事情。德国浪漫主义时代的文学是歌德的《少年维特之烦恼》，是贝多芬的音乐，是海涅的诗，是尼采的超人哲学。他们共同的人生梦想是“狂飙”，“狂飙”是生命飞扬的追求。感谢母亲记住了她青春时的热情、爱与狂飙的梦想，并告诉我，她曾有过的生命之爱。

十万残荷

顾晓蕊

又是一年凛冬到，山寒水瘦。我乘车穿过半座城，去湖边看荷，拍荷。

倘以为那些残荷孤绝、凄冷，尽是凋败景象，倒也不尽然。若单看每一株残荷，纤枝枯瘦，孑然如鹤，但十万残荷，一片连着一片，绵延数里，便显得声势浩荡。

算来，我搬来这座小城已二十余年，体会到残荷之美，却是近几年的事。

在葱绿的年纪，也喜欢荷，只是我那时迷恋的，是亭亭而开的荷，绽于碧波之上。“山有扶苏，隰有荷华。”它从《诗经》中迤逦而来，宛若临水照花的仙子。

犹记得那年，去江南小镇游玩，看上一件旗袍。青绿的锦缎底子，一朵荷盛绽在裙摆处，令人想起苏轼的那句词：“一朵芙蕖，开过尚盈盈。”

我虽生得寻常模样，好在有鲜亮的青春底子，一袭玲珑旗袍穿在身，便有了风情，有了味道。想来，那时对荷的喜爱，是沉醉于它浓烈、张扬的美。

走过小半生光阴，再看残荷，终是懂得，当繁华落尽，洗却尘俗，它已抵达至简之境。生活的美，不在于曾经轰轰烈烈，而是归于平淡后，那一份宁静从容。近观株株残荷，或弯曲如弓，或俯于水面，或昂然挺立，无论哪种姿态，都是一幅幅水墨写意。它曾有多妖娆、多盛大，而今就有多苍凉、多萧索。

画坛怪才李老十，独怜残荷，斋号“破荷堂”。他懂荷，惜荷，画荷，与残荷仿若前世的知己，有着灵魂的相通与相惜。他笔下的秋荷、雨荷、风荷、月荷、墨荷，萧索冷峻，独立苍茫，自有一种清净深远的意味。

他有一幅画作《十万残荷》，洇染纸上的十万朵残荷，携着冷瑟的肃杀气息，在你面前铺延开来，充溢着铁马冰河的悲壮。这满目凄荒里，有一种惊心动魄的美。

吴贯中也画残荷，却枯而不朽、凋而不伤，相较而言，我更喜欢他画中的意境。明快简洁的淡墨线条，舒展横斜，虚实有致，勾勒出残荷独有的韵致。

那一茎茎枯荷，萎了，败了，已撑不起昔日的繁华记忆，却又枝叶清朗，筋骨铮铮。一如画家本人所说，想画的已非荷非塘了，而是自己的春秋，自己的风骨。

一代绘画大师齐白石，年近半百才热衷画荷。他笔下的荷，红花墨叶，偶有鸳鸯、蜻蜓、翠鸟点缀其间，热烈、饱满、奔放。即使画的是荷枯藕败，也画面清朗、天真洁净，显现着灵动的气韵和勃勃的生机。白石老人的作品中，充满禅味禅趣，不贪，不求，不争，不执，如此圆融平和，已达人生至境。

人活到一定年纪，是往回收的。不人云亦云，不随波逐流，也无须讨好任何人，只安心做回自己。以一株残荷的姿态，不攀缘，不依附，在风雨中，站成一道绝美的风景。

张爱玲在《倾城之恋》中写道："你年轻吗？不要紧，过两年就老了。"还真是如此，仿佛是转瞬之间，青春远去，鬓角白发渐生。

终有一天，我们也将老去。老了，亦无须伤怀，要老得有气韵、有风骨。其实，只要你愿意，依然可以活得优美、精致、高贵，拥有一个气象万千的世界。

地铁上的盲女与狗

阮义忠

那天，在地铁永宁站的入口处，我看到一个牵着导盲犬的盲女，好奇心大起。此处线路复杂，要爬好几处楼梯，拐好几个弯才能抵达月台，普通人都有可能转迷糊，一个什么都看不见的人，到底是怎么办到的呢？我决定扮演侦探的角色一路跟随，并与她保持一定的距离。

没想到她的动作竟如此流畅，双脚上下楼梯的起落比我这关节不好的人还利落；行经闸机，更是卡一掏便放在刷卡处。视障不但没打败她，还让她拥有了一份常人罕见的从容。任何一件我们认为平常的小事，她却是经过了长期训练，以至一举一动都拿捏得恰到好处，仿佛舞蹈般优雅。

那条拉布拉多犬就是她的双眼，对地上的一切，看得比人认真多了。脖子上拴的那条皮带仿佛神经线，将它与主人连为一体，任何的轻微晃动都能让主人知晓路况。把主人妥妥帖帖地引入车厢后，狗儿便趴在座位下，舒舒服服地睡着了。

戴着墨镜的盲女非常灵敏，每当地铁进站，便细心地用脚护着狗儿的腿、爪，以防被上下车的乘客不小心踩到或踢到，就像护着孩子的母亲。除了眼睛，我相信她的其他感官都不输常人，她心灵的视界绝对比我想象的多彩多姿。虽然看不见自己的穿着，她全身的打扮却十分时髦，鼓鼓的背包，轻便的牛仔裤、休闲鞋，两条辫子垂在鸭舌帽外，胸前还挂着 iPod。整个人看起来高高兴兴的，不带丝毫哀怨。

见她在最热闹的西门町下车，我真是羡慕极了，心想，将来老了，走不动了，我也要买辆电动代步车，坐着它在地铁站横出直入，于大街小巷任意穿梭。任何障碍都不该阻碍人以自己的方式享受生活，也没人可以不珍惜生命、不感恩环境提供给我们的种种美好！

绣球的魔术

明前茶

76岁那年，二伯执意带着老伴住进养老院。他们一生没有孩子，住进养老院可享基本的医疗服务。最重要的一点是，二伯作为一名植物学家，想在还有精力写作的时候，把自己的经验整理一下，写一本书。所以，他需要摆脱烦琐的家务，摆脱一日三餐、看病拿药的奔波。住养老院是最好的选择。

有意思的是，二伯找养老院的首要条件，就是要有一个大院子。这样，他得空可以在那里养花植草，把院子打理成一座“梦幻花园”。

二伯种的第一批花，就是绣球。这是一种易活的灌木，能够在3个月之内，从扦插的幼苗一路开枝散叶，蓬蓬勃勃结出一个个比婴儿脑袋还要大的花球来。

黄梅雨天，我去看望他的时候，发现冬季还是一片萧瑟的小径两侧，已经开满了红色、紫色、蓝色、粉红色、浅绿色的绣球，高的过人头，矮的及人腰。养老院的老伙伴，拄着拐杖的也好，坐着轮椅的也好，中风后一拐一拐地用助步器学走道的也好，趁着雨歇，都出来看花。自从有了绣球花，不愿到院子里活动、整天唉声叹气的老古板们表情都变得活泼了，变得喜悦可亲。有的老人轻挽过一枝花，闭目深嗅，无比陶醉；有的老人在工作人员的指导下，用智能手机上的微距镜头，拍花球的结构。

二伯满脸得意，说："你瞧，只要一个人对美还有感应，他就会觉得活着真好，他就不会被衰老和疾病所打败，不会被生命之火将熄的前景，搞得一脸抑郁麻木。"

二伯向我介绍这里的绣球品种。恩齐安多姆，花开放时是晚霞一样明艳的鲜红色。二伯收集了食堂里的橘子皮，切碎后泡水发酵，浇灌这种绣球花，把土壤变成酸性，花朵就变成了童话般的深蓝色。

奥塔克萨，是日本人培植的矮生品种，是二伯专门种给坐轮椅的老伙伴观赏的。刚开放时是一种淡淡的少女般的粉红，带一点忧伤的粉紫色调，浇灌少量橘子皮水之后，会变成清爽的粉蓝色。

大八仙花，是很常见的绣球品种。刚刚开放时是春夜月光一般的嫩绿色，等整个花冠彻底绽开，魔术表演就开始了——如果土壤是偏酸性的，花球就变成深蓝与浅蓝交织的颜色；若是在被草木灰改良的偏碱性土壤里，花球就变成俏丽的粉红色。如果在掩埋草木灰的地方再喷上橘子皮水呢？由于土壤接近中性，花球就变成了粉紫色。

二伯说，上个月，养老院一位独居了 10 年的 92 岁的老爷爷，看中了一位会跳民族舞、会包饺子的 78 岁的老奶奶，天天跟二伯讨一个绣球，一大早，就挂在老奶奶房间的门把手上。

每天，他讨的绣球的颜色都不一样；每天，老爷爷都要用他小时候读私塾攒下的童子功，以端正的小楷写一句诗在小卡片上。

大家有意撮合他们，所以经常有人去老奶奶那里夸她新插的绣球花，对她一语双关地说："有人向你抛绣球了，你可是喜滋滋地接了呢。”又说：“你瞧这一笔字，这得是个多么有涵养的老人家。”

“那位老奶奶心动了吗？”

“再过一个月，他们就打算结婚了。我们这里的老伙伴，打算用最后一批绣球花，给他们搭一个花团锦簇的婚礼拱门。到时候你一定要来看啊。”

提笔

朱天文

如果那也算创作——四岁时一个暑夜，妈妈抱我在门前看星星，见天空划过一道流星，我说："星星多么美丽地滚下来。"可以想见当时的妈妈会如何惊诧且觉好笑呢，以至于二十年后的现在，她仍屡屡向朋友们提起。

家里有小孩的人都知道，其实三五岁的儿童哪一个不是天才。我有位朋友做早点煎蛋，不小心蛋黄流了出来，她叫了声："糟糕，破了！"她读幼儿园的儿子在旁说："没关系，妈咪，我们把它补好。"又有位朋友的侄女告诉我："鱼缸里两条小花鱼，这条是男鱼，那条是女鱼。"她认真地说："因为女鱼穿着裙子呀。"她还指出女鱼眼睛上有两弯细眉毛。每每被这些小天才惊得张口结舌，就想自己也生一个孩子，只要把孩子的一句句话记录下来，就够出一本好书了。所以我素来对婴儿与儿童手足无措，好像他们是面魔法镜，照出我这个庞然蠢物。

记得有一回，那是初春太阳煦煦的午后，家家在院里晒被褥，隔邻门口一辆红色推车里放着个女娃娃，玉琢琢一团粉人儿，一会儿舞拳，一会儿踢脚，一会儿又笑，简直没有半刻停歇，每一寸都是绝对灵动的。她的眼睛令人羡慕极了，眼白透着澄净的瓷蓝，是婴儿的眼睛中才有的那种蓝。我看着看着却惆怅起来，心想这一刻怎么也无法永远留住，她自己也永远不会知道。相片留下来的当然不能算，最终是唯我看到、知道，而且可预见，她一天天长大，一位天才于焉陨没，终无人知。

生活当中，不知有多少这样的时刻，想留留不住，像京戏里紧锣密鼓砰锵一停、亮相，像抽刀断水——水更流。我非常悲哀地发现，对于稍纵即逝的瞬间，除了提笔，几乎没有任何方式可以留住。若有所谓的写作动机，或许我为的就是这个。

常言道，大人不失其赤子之心。读到庾信《春赋》中的一句“影来池里，花落衫中”，眼前一亮，始觉赤子之心竟就是这样，与人与物毫无一点隔膜——喊山山响，叫水水应，众生百相如影来池中，兜兜拢拢落花又一身，原来都是自家人、自家事，多么热闹痛快啊。《史记》中描述刘邦“仁而爱人”，司马迁自己亦被批评为“多爱不忍”。果然没有一部历史像《史记》这样写游侠、刺客、酷吏，写得这样好看而具有文学性。我从来不相信以仇愤或压迫的情绪可以写出好文章，便连若干人喜欢讲的救赎感或忧患意识，恐怕都嫌造作。对生命的喜悦，以及对物质世界的喜悦，就是这样的赤子之心，不但能在创作上成为不竭的源泉，而且使人在惊涛骇浪中亦能不忧、不惧。

发脾气

亦舒

发脾气的对象，至少要旗鼓相当，有本事就对老板大发脾气；气出在妇孺、弱者、下属身上，未免胜之不武。什么时候发脾气，也有讲究：乱发脾气，无理取闹，诚属不智；为争取正当利益，拍案而起，则无可厚非。

永远不发脾气，在今时今日不大行得通。社会节奏急匆匆，谁会费时地琢磨别人的心里在想些什么，所以一定要直截了当地说出来，可如果不得要领，就得采取比较慷慨激昂的态度——也就是发脾气了。

脾气人人会发，却也讲究身份。很普通的人，只拥有很普通的才智，脾气还是少发为妙，发错脾气，惹人生厌。连说话都没有资格的人，居然乱发脾气，更是自寻死路。

有人隔些时候发一阵脾气，视作平常；有人一生发一次脾气，不可挽回。

真正一身坏脾气的人十分吃亏；会挑时候来发脾气的人则是聪明的人，当然占便宜。

感谢你让我温柔

乔凯凯

朋友开了家民宿，设计风格雅致又简洁，生意不错。

一日，我在朋友处喝茶，顺便帮着收拾房间，发现桌上留了张便笺，写着："你是我见过的最可爱、最温柔的老板，希望有机会再相遇。祝生意兴隆。"我给朋友看后，她笑得很开心。

确实，被认可、被夸奖是令人高兴的。"我的内心更多的是感激。"朋友的话让我不解。她说："我的脾气你还不了解？大部分时候，我哪和温柔沾边？"说得没错，朋友有点大大咧咧，脾气也不太好，遇事容易急躁。朋友笑起来，说："所以我说我感到幸运和感激。温柔这东西是相互的，我感受到他的温柔，才会回馈给他温柔。顾客说我温柔，那是因为他更温柔。"

说得真好。你可爱，我才会可爱；你善良，我才会善良；你温柔，我才会更加温柔……不用夸奖我温柔，我要感谢你让我温柔。

跳舞吧

邱苑婷

有些不太好意思，这个故事是关于我自己的。

我跳街舞多久了呢？这个问题不太好回答。我的舞者梦，一直处于一个断断续续的状态，就像大部分普通的业余追梦人：五岁和十岁分别上过半年专业舞蹈学校，最终没能坚持。接触街舞大概是进入高中以后。我和班上几个男生试图自学托马斯旋转，也曾在网上看迈克尔·杰克逊，跟分解视频自学“太空步”，模仿过手臂像电流通过一般的动作，但始终不得其法。小城市没有什么街舞文化，真正开始进入街舞文化的内核，其实是来到北京后近一两年才发生的事。

那时我已经工作了一年，长期的伏案码字让我的颈椎和腰椎开始出现不适，参加舞社只是为了有机会活动活动筋骨。

刚进舞社时，挫败感特别强。原本信心满满，觉得自己也算有些基础，上课后却发现异常吃力——老师教得太快了，我完全记不住动作。以前在学校，每周只学一个八拍甚至更少，几个月内反复跳；而眼下的专业舞社，每周教一支新舞，不到一小时就要记住二到四个八拍的动作并要跟上音乐。

我平生第一次体会到当班上的后进生是什么感觉。短短十秒的音乐就跳了两个八拍，动作既快又多，大家到底是怎么记住的？要发力？我感觉自己已经很用力了，为什么老师还是摇着头说我软绵绵的？听音乐？我能感受到音乐和基本的节拍啊，一遍又一遍反复听、仔细听，到底要听什么？动作要有质感，究竟是什么意思？我渐渐发现自己其实对真正的街舞几乎一无所知。整整一年，我都没办法当堂记住动作，直到老师指着我说："其实你第二天就能跳得很好，但你不能一直指望课后再练。"老师然后转向所有人说："如果有一天，你们喜欢的大师级舞者来了，但大师课都是一节课教完一整支舞，而你们连动作都记不住，就别提要学到什么质感了，根本没用。"

每隔一段时间，老师会在课程结束后，根据每个人的情况指出各自的问题和改进方向。我始终记得，我下定决心结束三天打鱼两天晒网的状况，也是因为这样的一次课后点评：那天只来了三个学员，都是入门水平，跳完后，我们一直躲在后排的角落。以为从来不会被注意到的我第一次得到老师的评价："你们至少都能顺下动作了，我从你们上课时的眼神里能看出来，你们是想认真跳舞的。"

那时距离我第一次来这家舞社已经一年了。这一年里，我断断续续、有一搭没一搭地上课，只是单纯地享受跳舞时的快乐，偶尔释放另一个自我，说不上有多大长进。当时同班的另外两名学员，一年前刚到时我也曾见过。那会儿她们看上去没有多少舞蹈基础，身体协调性和动作框架都显出初学者的稚嫩。但那一年里，每次去舞社一定能看见她们俩——她们几乎每天都风雨无阻地来上课——一年后，眼瞅着两个人都有了不小的进步，这让吊儿郎当、自以为有点基础却停滞不前的我自愧弗如。

这在某种程度上也成为一种刺激和验证。大概就是从那天开始，我下定决心把跳舞提上日程——最近一年，同事们渐渐开始习惯，每次会后聚餐，吃到七点半左右就会问我："你是不是该去跳舞了？"

我曾以为舞社里大多是大学生，年轻，抱着兴趣利用课余时间来跳舞。后来熟悉了，我才惊讶地发现这里百分之八十都是上班族。刚提到的那两个人，一个是机场地勤，有时头天上夜班，第二天休息半天，下午就花一两个小时车程赶来学舞；另一个是公司秘书，每天下班后赶来，如果老板有事找她，跳完舞她还得回公司熬夜加班；再比如其他人，有银行柜员、媒体人、小学教师、幼儿教师，有程序员、心外科医生。这位心外科医生常常是刚做完手术就赶到舞社，或者在凌晨排练结束后又赶回医院，几个小时后便会看见他在群里发出的消息："我刚从手术台下来……"

"你们都不睡觉吗？都不休息吗？"每每听到这样的日程安排，我都掩饰不住惊讶和钦佩。

"很累的。"有时他们会这样回答我。

那为什么还要坚持呢？这个问题我从来没有问出口，我知道答案：因为喜欢啊。

跳舞不是一件只有快乐的事。跳舞是需要努力和付出的，会有痛苦，有挫败，有倦怠，有懒惰，有怀疑，有热情的消磨，有当下苦恼着的好像怎么也过不去的瓶颈，有肉体的疲累和伤痛，有无法确切看到未来的迷茫……这简直像一场过于漫长的恋爱，当最初的快乐甜蜜逐渐掺杂了痛苦、倦意和许多复杂的情绪，许多时候也不可避免地让人产生放弃的念头。可也正是付出的时间、精力、思考，所有这些深入的过程，让他们在面对困难时，依旧能够体会到跳舞的快乐，以及一种更深层次的快乐——通过理解舞蹈和自己的身体，最终理解这个世界。

我很喜欢《小王子》的故事：有五千多朵玫瑰几乎一模一样，但只有一朵是特别的，因为小王子为她浇过水。跳舞，便是他们的玫瑰。

心锚

严明

南非一个出租车司机20多年来一直在找一首中文歌。只要他的车载到中国乘客，他就会试探地问询，然后把记忆中的曲调哼一哼，让中国人辨听，以求歌名。所有中国乘客听了他那莫名其妙的哼唱后，给出的答案都是摇头说抱歉。

直到这一天，有两位来自中国台湾的青年男女搭乘他的车，黑人男子又哼起那首歌。女乘客隐约觉得自己知道，她掏出手机，在网上查找出一首歌的视频，交给司机。

“乌溜溜的黑眼珠和你的笑脸，怎么也难忘记你……”那是罗大佑的《恋曲1990》！

黑人司机激动坏了！开始跟着哼唱，最后把车停到路边，找出连接线，把手机接到车载播放器听歌，直至泪目……黑人司机说出了原因：这是妈妈最喜欢的歌。他很小的时候在老家，妈妈常带他去一家中国人开的店铺玩，店里经常播放这首歌。这首歌成了妈妈的最爱，妈妈也经常在家中唱给他听。后来，妈妈去世了，他长大后来到南非开出租车。小时候经常听妈妈唱的这首歌成了他思念母亲时的一种寄托。

黑人司机晃着头跟着音乐含糊唱到末尾“永远无怨的，是我的双眼……”想必他根本不知道这是什么意思，但我想说，那音乐一定跟他当时的眼神特别配，配得上他这么多年的找寻和想念。

这些歌，是音乐家在时空里用爱设置的链接，是他们悄悄植下的心锚，也是我们不能抵抗的埋伏。

一只蝴蝶在帽檐

沈铁伦

阿加莎·克里斯蒂六岁那年，父亲带她和姐姐去骑马。父亲特意请了一位导游。导游是个热心的小伙子。他牵着阿加莎的坐骑往山上走，一会儿说笑话逗这位英国小姐，一会儿又摘一小束花送给她。一切都很顺利，直到午饭时间，导游兴致勃勃地捉了一只美丽的蝴蝶向阿加莎跑来。

“送给小姐。”他说着，从翻领上取下一个别针，刺穿那只蝴蝶，把它别在阿加莎的帽子上。那只被刺穿的可怜的蝴蝶扇动着翅膀。阿加莎感到帽檐上的垂死挣扎，她太难受了，她哭了。她哭得没法吃午饭，哭得没法回答别人的询问。父亲和姐姐百般安抚未果，最后都气恼了，认为“她太小了，害怕骑马，我们不该带她出来玩”。

一行人满脸不高兴地回到家。母亲站在门口迎接他们。小女儿哭了，母亲看了阿加莎几分钟，然后说：“是谁把这只蝴蝶放在她帽子上的？”姐姐回答是导游。母亲说：“我明白了，你不喜欢这样，对吗？它是有生命的，你觉得它受到了伤害，对吗？”

大约六十年后，已经誉满全球的侦探小说女王阿加莎在撰写个人回忆录时，这样写道：“我疯狂地扑到母亲怀里，搂着她的脖子说，对对对！它在拍动，不停地拍动，可导游是好心，他是善意的，我不能说。母亲轻轻拍着我说，我完全了解你的感受。”

阿加莎的父亲向来十分宠她，她和姐姐的关系也终生和睦。但在那个刹那，那个年幼的她有苦难言的刹那，近在咫尺的父亲、姐姐都不能理解她的眼泪，而在家里迎接她的母亲只看了一眼，就如一道光照入深井一般。爱，有时和理解是两回事。

在垂垂老矣之际，阿加莎回忆起六岁的那次骑马之行，当母亲拍着她时，她才如释重负。阿加莎说：“当你无法避免长时间陷入有苦难言的境地时，有人知道你心里想什么并说了出来，那是多么美妙的解脱啊。”

不知老之将至

和菜头

在我还是个少年的时候，对成为大人之后的情形有两种恐惧。一种是变成一个讲台上秃顶大肚子的中年男子，面对人群侃侃而谈。大学一年级参加讲座的时候经常目睹这样的场景，我站在人群中，看着身边一张张兴奋的年轻面孔，觉得一切都难以置信。我不觉得那是什么讲座，引起狂热的总是那些对年轻人的巧妙恭维和对前景莫名其妙的承诺。总之，在我看来那都是一些言辞上的技巧，和知识、见地、智慧全无关系。

另一种恐惧来自我对生活的观察。我发现成年人时常会说重复的话，而且年龄越大越容易如此。他们可能在几天前已经和你说过相同的话，用相同的逻辑、相同的表达做过一番表述。但是几天后，他们仿佛浑然忘记了有过这样的谈话，带着和上一次相同的表情和兴致，向你复述一遍，还希望你会有和上一次相同的反应。这时候作为一名年轻人，你不得不保持得体的态度，但是又会忍不住透过对方的眼睛，想看清楚对方的颅骨深处究竟是怎样的结构，是一片混沌的星云，还是一个无限循环的圆周？以及免不了去思考：同样是人类，为什么他会和我有这么大的不同？

不同的表征之下，隐藏着相同的原因。即便是一个少年，也可能在很早之前就觉察出成人世界里隐藏着的衰朽气息。这两件事情之所以会让我感到恐惧，是因为其下掩饰不住的衰老。当一个人开始老去，并非只是皮相上的改变。在那一天到来的很久之前，他的精神世界早已经开始衰败。一个雄心勃勃的讲演者，不会热衷于征服天真无知的少年；一个勇于思考的写作者，不会沉迷于既有的知识和观念边界。防守方才总是和边界平行着巡逻，进攻方却总是对边界垂直前突。

每当我环顾和我同时代的人，看到他们安营扎寨，有时候不免心生羡慕，觉得他们得据此土，也算是很好的选择。但是再看他们从此不再前行，又会有更大的恐惧升起，远甚于对身无立锥之地的恐惧。我怀疑人生中并没有什么在小院葡萄藤架下的躺椅上的安然老去，或者说，这样的幸运并非人人都有。有的是不间断地跋涉，不停歇地出发，如果世界是一张不透明的黑色地图，一个人能做的是努力多探亮一小圈面积。虽然和地图的总面积相比，那不过是微不足道的一个小点，但是，探亮的行为本身是有意义的，它和不断侵蚀自己的衰老相抗衡，努力激发出对生活和人生的兴趣来。临到终了，也许会活出一点点不同的自我。

《论语》里有一句话："其为人也，发愤忘食，乐以忘忧，不知老之将至云尔。"我曾经觉得这是很容易做到的事情，无论是读书、看电影还是打游戏，早就已经抵达这样的境界。可我现在觉得，自己能够做到后半句就已经很不错了，更别说什么忘食忘忧。实际上，我认为不知老之将至已经算得上是一种幸福人生。起码一个人有值得继续前行的理由，并且知道自己的惊人无知，像个孩童那样还对世界充满了好奇。还有什么比这更美好的人生呢？

遥远的动力

张炜

这么疲乏，这么缺少动力，我又一次无精打采了。每逢这时我就去想小时候的事，想那时周围的环境。

我想得比较多的是屋子后方的那棵大李子树，还有院角的石榴树。我差不多又闻到了它们的气味。那像银粉似的微微呈灰的浓烈繁密的李子花，那交织盘旋的一道道枝丫。石榴火红火红——我是指花儿和骨朵儿，石榴叶儿是墨绿的，很硬很亮。有一只七星瓢虫在它的小枝条上爬。一群群蜂子嗡嗡缠着李子花，怪模怪样的鸟和蝴蝶也飞来了。石榴树下有着一层硬壳土，上面是蚂蚁洞穴什么的。还有蚯蚓吐出的东西。蚂蚁一次次出来，仿佛心事重重。它们当中有几只身体超乎寻常的大；有的长了翅膀，但未见飞。石榴花不见得都能长出石榴来，但是一枝也不能折。李子树干上有蝉蜕下的壳儿，它们永远地趴在那儿，像一个个生命的影子。

这样想象着，沉浸在对我童年两个无言的朋友的怀念中，心中一阵阵激动。好像有什么至关重要的东西又一次默默来临了，我忍不住去叙说这复杂的、温柔的感觉。

可是我大约一次也没有直接去描述李子树和石榴花，只把它们放在心的角落里，留着与自己交谈。这真是奇怪的现象。它们仿佛连接在了一个什么动力的源头上，给我崭新的力量。它们那种烂漫和芬芳是永恒的，一直鼓舞着我。它们有时也使我平静，使我柔和，让我从眼前的烦恼得失中解脱出来。

它们代表了我的童年，成为我重要的依托。它们象征了什么，暗暗给予我启示。过去发生了多少事情，大多淡忘了，偏偏这两棵植物越来越鲜艳。这让我费解。离眼前的生活很遥远的事物，究竟有多少使人一想就感到温暖，感到充实？恐怕是不多的。它们太普通了，普通得让人无法忘记。它们好像属于我的最本色的过去，属于一种“原来”——任何后来的人和事比起它们，都显得疏远了。

它们是绿色的，是童年的颜色，是诗的叶子。

它们长在泥土里，并不乱跑，安静厚道，不可能伤害任何人。一个人在最弱小的年头里最容易交往一棵树或几棵树，友谊长存，思念绵绵。这种友情在今天的我看来多少有些陌生了，这只能怪我变得不朴实了。它们仍然是任何别的东西所无法取代的，我渐渐明白了。

我相信每个作家都有他自己的李子树和石榴花。他一生写了无数东西，差不多都与它们有关。

弓循节制

张敬驰

教我小提琴的老师，可算是本地提琴界的一股清流。当别的老师都在训练学生左手按弦的速度与熟练度时，他却不紧不慢地说：“小提琴右手弓法，重在节制。就好比，全音符以下用半弓便可，无须拉全弓。”

这我当然知道，只是 4 秒以下的音符，我的小笨手也来不及走完近一米的全弓弓长。在有些时候，节制并非是作为一种美德而刻意为之。当能力不足以承担全弓奏响的绚丽时，节制地运用半弓，也是一种不能为则不为的韬晦。

但自我忖度能力可以达到之时，便隐隐生出忽视节制的风险了。譬如，为了追求乐音的圆润，我常常在弓毛上抹过多的松香。屡次劝教不听后，老师给我取了一份极长的总谱：“从头到尾，把这首过一遍。”

琴声初起，弓毛上附着的松香在琴弦的细微震颤下如腾起的烟雾，又混杂着暖阳随风飘飞，声音也是极其洪亮饱满，在琴房中回响激荡。

但总谱还未拉到一半，弓上的松香已耗去大半。虽与正常演奏时的用量相差无几，但和刚才的声音相比，就显得尤为干涩生硬。

“听到了吧，松香用得不节制，初听是不错，但演奏到一半声音和前面对比，就有些不堪听了。”原来，节制并不是“不能为而不为”，而是“可为而不为”。自己有能力去做，却懂得控制自己的力量，为的是在整个过程中达到一以贯之，不会因一时的高歌而衬出之后的无力。

不过，老师教我的弓忌太紧，却一直未有解释。调节旋钮将弓毛收紧，运弓时便更加有力，弓也更容易掌握。老师却一直强调弓的松紧亦要有节制，总是将我的弓调成半松状态，待拉到乐曲高潮时，弓上支撑的横梁失去平衡，稍不注意就倒在琴弦上。“执弓不坚啊！”老师微微叹气。

待软弓用得自如后，便该参加比赛了。“你用这把弓吧。”老师将他的弓递过来，拿在手上有些分量。看纹理，应是不错的枫木。重要的是，硬弓，满松香。“老师，这松香和硬弓……”“弓毛两面均上松香，虽是浪费了点，但一曲下来应该没问题，至于硬弓，你上台就知道了。”

台上，用惯了软弓的手，拿起硬弓竟游刃有余。突然意识到，节制地用弓，是为了厚积薄发，最终要在“当为而敢为”时，将先前节制所攒下的力量，尽数爆发出来。

隐约想起上台前老师对我说的话：“乐曲到高潮的时刻，在技法上别太节制。但心还是收收好，别盯着奖杯。你看那些冲着拿奖来的人，看上去肆意，弓实际上已经乱掉了……”

弓循节制，方得不乱，方可绚烂。

我们都脆弱

张春

那大概是爸爸去世的第十年。妈妈和我一起办什么事，她突然说："有的时候，我看到人家用轮椅推着自家流口水的老头儿，都觉得很羡慕。你爸爸要是在世，即便是那个样子，我也会觉得很幸福。"

我完全不理解这句话。怎么可能呢？如果家里有一个那样的人，不是落入了无底洞般的艰辛吗？难道不是会令每个人都痛苦吗？

这次对话虽然离现在不过几年时间，我的想法却好像发生了许多变化。当时我还和许多年轻人一样，想着万一自己得了什么绝症，肯定不会去医治，反正也只是花钱续命；我不想花光家里的钱，不想让他们人财两空。

按那种想象，好像人濒死的时光会是一生中最美好、最痛快的。这几年，我才渐渐明白其中的荒谬之处。

有段时间，我非常害怕妈妈会死掉，只要她发的信息语气不对，我就非常紧张，千万个坏念头在脑海中闪过。

"那我还不能死啊，我要活到你不怕我死的时候。"她听完这样说。

另一个念头我没有对她说过。曾有一段时间，我总是想着自己只活完妈妈在世的时间，她不在了，我就可以去死了。

母亲生下一个孩子，当自己不在以后，孩子可以继续生活下去，孩子的孩子再继续生活下去。我不能把这个残忍的念头告诉她，直到现在。现在我已经不这样想了，我想，即使她不在了，我也要好好活下去。

她转发了一篇《母亲生病怕耽误孩子，瞒着孩子一直到去世》的文章，说看得流泪。我勃然大怒，跟她说："你可别这样啊！这对母子做这种事太傻了，根本没有这个必要，一点儿也不感人！"她说，她当然不会这么做，只是在想自己为外婆做得不够。

我想我们已经沟通好了，我不必担心她会做傻事，也不必担心她会不相信我。

妈妈患面肌痉挛已经十几年了，没有大碍，却很折磨人。这种病通过手术可以解决，她也联系了医生，只差下决心了。她的好朋友们叫她赶紧去做手术，她们自告奋勇要照顾她。

妈妈跟我讲的时候说："我去做手术，当然是让我女儿照顾我啦，要她们做什么！真可笑！"

听她这么说，我心里好暖。"谢谢你这样讲。"我差一点儿脱口而出。

"而且，我觉得你肯定会把我照顾得很细致、很好。"她又说。

其实，没那么好。陪她做手术加上恢复期，我们一起过了30多天。我离家快20年，我们很少在一起待这么长时间。她哼哼唧唧、不听话或者啰唆的时候，我仍然会吼她。

她问："你总是凶我做什么？"

我答她："久病床前无孝子！"

医院的伙食太差了，我溜出医院吃好吃的，还发照片气她。她也真的很不像话。在我心目中坚不可摧的妈妈，那时候的形象完全被她颠覆了。在我看来，她会有点儿夸张地描述自己的不适：哪里哪里痛，眼前发黑，头晕目眩。我这才发现，她平时身体真的还可以，所以这些不适才会让她这么恐慌。而我，一个资深病人，精神不济、背痛的情况差不多时时刻刻在发生，所有痛楚早已隐忍于心。

我告诉她："你就是没生过病，所以才这么害怕，这些不舒服，很多普通人都会有的啦！真没想到，我的妈妈居然是个娇滴滴的妈妈！"

她并没有忌口，只是手术刚结束时有些吃不下东西，却整天感到饿，饿了就会更馋。想吃什么，她自己没有体力做，只能叫我做。

我不太喜欢做饭，也不太会做，她就逼着我烧肉、烧汤、炒菜，给她买糖炒板栗。她教我做菜，一只手扶着门框，一只手扶着自己的头，靠在门边指挥："现在放盐，尝一下，把扁豆放进去，放点儿水炖一炖……"她拖着虚弱的身体，教会了我冬瓜烧肉、瓠瓜烧肉、土豆烧肉、扁豆烧肉、红烧鱼。她为了哄骗我多做饭，每次做饭时都旁敲侧击："别说，你做菜还真有点儿天分呢！"

"吃饱点，半夜饿了就喝芝麻糊吧。"

"不过你不在，他们也能搞好的，对吧？"她为耽误我的工作而感到不安。

"对，但是有我在会更好。"我毫不安慰、毫不掩饰地告诉她。

"那怎么办呢？不然你就早点回去？"她试探着问。

"我在这里更好，又没有别的妈可以伺候。"

"嗯，我也不是常生病。"

"是啊，好不容易才摊上一回，我要珍惜机会。"

"要得，要得。"

不知道她感觉如何，但我那个月过得非常幸福。我总是反复记起当时的许多事，并且在心中微笑。就像我把那些时间放进了花篮，时不时取出一朵来欣赏。尽管是我在照顾她，却尽情地做了一回女儿。

这真的很有趣。2003 年，我病重，是她照顾我。我却每天梦见我把她气死了。我总是梦见她被我气得扎进水井——我的心一下被抽空，窒息感袭来，挣扎好几分钟才能醒过来，醒来之后常常哭得止不住。

当时我明明最虚弱、最无力，却担心着不要气到她。现在这个有力气的我在故意气她，却觉得很幸福。2003 年，我 20 出头，心高气傲，妈妈也正年轻力壮。我们两个都像钢铁一样坚强。

我的同学问我的爸爸怎么不来医院看看。爸爸已经去世了，当然不会来。我和妈妈却一起说："他忙。"

生活不能自理的我，瘫痪在床上，用尽力气唱歌："继续信赖，幸福仍然列队在等待，我们的到来……奇迹终会存在……永远，魔幻的蓝天，永远驱散那黑暗……"她瞒着我，独自出去放声大哭。我们都很痛。我每天都梦见我把她气死了，而她不知能去哪里求菩萨，把我的病转移到她身上。

保持坚强的两个人，就像镜子照着镜子，照得人越来越亮，感情却埋藏得越来越深，什么都表达不出来。痛铺天盖地地生长着，让人透不过气来，无处可去，只好沉入自己的心，沉入对方的心。

也许人依靠坚强能勉力活下去，但依靠脆弱才能感到幸福。我们依靠着彼此的毛病，彼此抱怨。我们谁都改不了，我讥讽你、抱怨你，因为我知道你改不了，我也改不了，我们就是这样一直爱着彼此。

你是改不了的，但我还是爱你。你不用改了，反正怎么样我都爱你。就算你费劲去改，我也没法更爱你，大概会更喜欢你一些，但爱是一样的，都是那么多，那么不能改变。我的爱牢固极了，你的缺点是改变不了的，好处也改变不了，什么都改变不了。我相信你对我也是这样的看法，特别简单，就跟石头一样。

我又想起她说的，羡慕别人家的老头儿坐在轮椅上流着口水。爱，就是一起生活，在艰辛中去爱。反正总是要忙活，总要度日，与其忙别的，不如为这个爱着的人忙碌。如果我还会生病，我会好好体会被爱的感觉。我还希望妈妈尽量活得久一些，哪怕她在轮椅上流口水，我也会觉得很幸福。我已经完全明白了这是什么意思。

次佳的选择

黄永武

“最佳的选择往往不是最后的选择，最后选择的，常是次佳的选择。”

这倒是说出了人生中一个很普遍、很真实的道理。这原本是一个人人必须面对的缺陷世界，“次佳的选择”其实可视为一种人生哲学。平心想想，你青年时期所读的学校、所读的科系，中年时期所任的职位、所达成的使命，以及老年时期总计一生功名利禄的成果，哪样是一等一最满意的选择？纯然决定于自身的尚且如此，何况牵连决定于他人的呢？能有次佳的选择，已经很幸运了！

比如在婚姻择偶方面，由于时间、空间、个人心情的条件，这三者迟速错综，稍纵即逝，很难当你认为他是最佳选择的时候，他也恰巧认为你是最佳的选择。因为你看他是一百分时，他看你是九十分还不行，他心中也许挂念着另一个一百分。或许他正处于一百分的巅峰状态时，你还处在五六十分的状态，旗鼓不相当，简直是癞蛤蟆想吃天鹅肉。或许你已经到了想定下来的时刻，可他还没有定下来的念头，你觉得可以挑他的时候，他觉得还需要慢慢挑。

我们常见到早过了适婚年龄的女强人在集会讨论时说："好男人都死到哪里去了？"其实，要想慧眼识别好男人，本来就不容易。油嘴滑舌、珠光宝气、引人注目的也许不是好男人，好男人在适婚年龄，也许一点儿也不起眼，条件平平。等你省悟他是个好男人时，往往其身边早有了"庸庸多厚福，丑丑做夫人"的另一半，你只好徒叹自己冰雪聪明、才能出众吧。

由于时空条件凑得恰恰好极为困难，要匹配的双方刚好皆处于最光彩耀眼的状态下，虚位以待地相遇，真不容易。就像一个人手里拿着耀眼的金块，想出卖给一位妙龄女郎，那妙龄女郎正提着足够的钱想去买金块，而且金块大小恰如其愿，真是可遇而不可求。绝大多数时候，当你奔过整条街，遇到的都是望望金块不想买的人，更别说恰好是你最爱的人来买下你的金块，更何况你要卖的还称不上是耀眼的金块！

人生的路上，我们会错过许多有人卖金块，我们当时却买不起的机会。金块买不起，更觉得错失的金块最可爱，就像追不到凤凰，更觉得那飞走的是天上最好的凤凰，才把"最佳选择"的第一把交椅空留着，而总觉得自己仅仅得了个次佳的选择。

明白了人生原本有许多无奈的缺陷，实在不必为次佳的选择而自怨自艾，更应乐观地勇于面对缺陷——没有最佳的，就选次佳的；次佳的也选不到，再选更次佳的。能不能选到最佳的，取决于上天。选到了最佳的，结局也不一定就最佳。要使结局成为最佳，那便决定于自我。

上天只决定前一半，只有极少数人得到上天的钟爱，绝大多数的人要靠自我努力实现后一半。即使选到次佳的，也要用后天十倍的努力，把七十分、八十分、九十分的选择，增足成一百分，补足人生的缺陷。

销售自己

马未都

如今有很多销售是服务类型的销售，他不是直接把商品卖给你，而是在销售自己的一种能力，比如导游。

有一年去日本，我们跟当地导游说，六个人的小团，走最高端的路线，不怕花钱。我们说了个数，导游回去算了好几天，回话说，你们说的那个数花不掉。那怎么办呢？他说，要么增加日子，要么减钱，我们顿时对这位导游十分信任。到了日本，我们去最好的传统餐厅吃饭，贵是有道理的。餐具一上来，我就愣了。餐具大多是雍正、乾隆年间的——全是老的。

我们在日本大小吃了有十多顿饭，每次从餐厅出来，导游准在左边门口站着。后来我发现，我们去餐厅吃饭，导游迅速扒拉两口，完了就在那里等着。我们出来有时候快，有时候慢，有时候一顿饭要吃两三个钟头，导游也不离开。这就是专业素质。做导游的，说起来就是销售，销售自己。将来如果再旅游，我一定还请他。可是，后来再没有机会去，但我给他介绍了很多客户。

对销售来说，餐厅是一个很难发挥的地方。来吃饭的人都是大爷。人的素质在餐厅最能体现出来——服务员体现餐厅的素质，来吃饭的客人体现自己的素质。

多年前，有一次我去吃饭，上了条鱼，我夹一筷子送进嘴里，鱼太咸。我就喊服务员，告诉她，鱼咸了——也没别的意思，咸了我们就少吃两口。那个服务员可能怕我们退菜，偏说不咸。我就有点急，我都五十多岁的人了，难道连咸淡都吃不出来吗？

餐厅好坏有一个标准，就是你能否退菜。比如你说这菜不好，她不问你为什么不好就同意退掉；你说这菜咸了，她问你是想重来一盘还是退掉——这就是会销售的餐厅。把这菜扔掉的话，成本微乎其微，而一旦跟客人发生冲突，就得不偿失。

过去的老先生对小事特别计较，朱家溍先生写过他去餐馆的故事。老先生喜欢吃传统菜，有一道北京菜叫糟熘鱼片，白白的，有一种糟味。有一天他点了一盘糟熘鱼片，一吃，叫服务员，说："您这鱼片里没糟。"服务员说："你有什么证据证明它里头没糟？"老头一下就愣了，说："我确实没有证据证明里头没糟，但我这嘴巴证明它里头没糟，它没这味儿。"好的餐厅会销售自己，不在细节上跟客人掰扯。

有意思的人

黄佟佟

有一天早上 5 点，我叫了一辆专车去机场。这位师傅脸上带着笑，和一般专车司机黑口黑面的样子相比，显得格外亲切。

我问："你收入肯定特别高吧。"他说："还不错。"我又问："那你肯定特别勤奋吧？"他笑着说："我没有别人勤奋，他们工作 12 个小时。我只工作八九个小时，从早上 5 点到 9 点，9 点一到，我就回去睡回笼觉，12 点起来，下午见见朋友，喝喝茶，晚上吃完饭我再出来干活儿，从七八点钟干到夜里 12 点。"

我问他："你为什么要选这样的时间段呢？"他答："一是因为这两个时间段公司有补贴，二是因为我避开了最拥堵的时间。这样，睡眠时间充分，还有私人的娱乐时间，而且道路顺畅，我心情好，又能赚到钱，你说我是不是很聪明呢？"我听后大笑，说："你确实是我遇到的最聪明的专车司机。"

那天去机场，看到云蒸霞蔚的景色，不由得心情大好起来。你看啊，《堂吉诃德》里的桑丘，完全不想坐在正桌上装斯文、讲礼数，在世俗的羁绊里耗尽毕生精力，反而愿意在大厅的角落里，吃自己喜欢的面包、葱头。闲看他人的名利人生，是另一种境界的透彻与淡定，远胜人间无数争名夺利的痴人傻事。

生之妙

王飙

死之果，人所共有，但生之妙则各有不同。有人灵珠在握，转丸乾坤，有人荆玉在怀，独步天下；诗不同韵，各显其美曼，曲不同调，各赋其精神。

西汉时期，有性格迥异却相处得还不错的两个人，一个叫陈遵，一个叫张竦。陈遵才气过人，不拘一格，嗜酒贪杯，家常满客；张竦则博学文雅，处世严谨，为官清廉，洁身自好。两个人虽个性不一，但都官至太守，爵至封侯。

恰好有一段时间，两个人都因故被贬，赋闲在家。二人居所不远，却一个家中高朋满座，一个庭院门可罗雀。陈遵天天喝得昏天黑地，好不快哉；张竦只偶尔与前来拜访的人谈论经学道德，亦过得怡然自得。然而，每次二人见面时，陈遵都高诵扬雄的小赋《酒箴》，以揶揄张竦。赋中把从井中打水的陶罐称作瓶，把盛酒的皮囊称作鸱夷。

陈遵只要见了张竦，张口就是：“子犹瓶矣。观瓶之居，居井之眉。处高临深，动常近危。酒醪不入口，臧水满杯……”

相较于陈遵的张扬，张竦有着冷暖自知的从容自在。他说：“人各有属于自我的性情，从而有自己处世的尺度。你的潇洒，我学不来；我的谨静，你也做不到。如果我一味地仿效你，只会败得一塌糊涂！为人之道，譬如江河，殊途一归，各有其妙！”

后来，柳宗元有感于陈遵对《酒箴》的解读，特意作了一篇《瓶赋》，赞曰：“不如为瓶，居井之眉。钩深挹洁，淡泊是师。和齐五味，宁除渴饥……利泽广大，孰能去之。”

不管是古人陈遵也好，张竦也好，柳宗元也好，还是活在当下的你我也好，依着自己的禀赋去经营人生。为龙不必嘲虎山，为虎也不必讥龙潭，怀珠拥玉，各逞风流吧！

半熟

王太生

二十四番花信风过去，叶片渐稠，树上已有小青果，细小青涩，毛茸茸的，懵懂而羞涩，似有一股初生牛犊的犟劲儿，又有经历几番春风春雨的不服输。这样的状态，是半熟。

浅夏，有好多东西半生半熟，它们介于生与熟之间。

小枇杷，半熟。一株枇杷树最唯美的姿势，是树枝一半在墙头上，果子缀满其间，青青绿绿，虽然是冬天开花，它们也才是半熟。没有谁愿意去咬上一口，只有等到蚕老枇杷黄，蚕老了——走向生命的终结，枇杷才熟。

麦子，半熟。麦子的青芒是旺盛的，只有到了小满节气，麦子才渐渐变黄、变熟，大地微黄，麦子才熟。

半熟之美，在于它的青涩，有着生命之初的朝气与光鲜。在视觉上令人愉悦，在味觉上生涩，在心理体验过程中，表现出一种迫不及待。

那么，一个人在几十年的光阴中，于何时半熟？这样的人生四月天，风和日丽的至美时刻。

应该在三十至四十岁之间。有人说，半熟是寻找自身生命方向的刹那体悟，亦是人生哲学的阶段性表述。质朴静美的状态，以简单包容复杂，以天真启示世故，流溢人生“半熟”之美。

先知先觉是早熟，后知后觉是晚熟，不早不晚是半熟。

有的文人，文章十分，性情半熟。

“竹林七贤”之一的阮籍，酒后动不动就哭，而且哭得非常伤心，看上去有点儿疯疯癫癫、神经兮兮。《晋书·阮籍传》有这样一段描述：“时率意独驾，不由径路，车迹所穷，辄恸哭而反。”哭什么呢？哭自己喝醉了，信马由缰迷了路？

半熟，一半是世故，一半是天真。

这世界有许多美好的状态，半熟是其中一种。果子将熟未熟，有些生硬，却是酸甜爽脆。

其实，对一个人而言，不熟，陷入幼稚和简单；太熟，过于圆滑与世故；半熟，也许刚刚好。

忽然

袁琼琼

年轻的时候，有个大我二十岁的女性朋友告诉我："人不是渐渐老的。"

她没生过孩子，直到三十多岁都还维持着少女般的身材，皮肤光洁，发丝乌亮，时常被误认为是大学生。有一天早上起来，她忽然发现自己老了。

我以前听她这样说，觉得是无稽之谈。现在发现，是真的。

有一天早上起来，我忽然就看不清了——眼前的东西模糊，报纸上的字像小蚂蚁般跑来跑去。

刹那间，我有了老花眼。

忽然，头发白了。

忽然，皱纹满面。

忽然，腰间多出了一圈肥肉。

忽然，所有的水分都堆积在脸上。

忽然，有了双下巴。

不骗人，真的是这样。

这让我觉得很像电脑程序。人体里的那个机制是定在某一点上的，当程序运行到那个点上的时候，也许体内会有“咔嗒”的一声，机制便开启。

于是，头发白了。

于是，皱纹满面。

于是，腰间多出了一圈肥肉。

于是，所有的水分都堆积在脸上。

于是，有了双下巴，有了老花眼。

形容人有赤子之心，英文里有一句话是：“他里面有个孩子。”我倒觉得每个孩子里面都有个老人，随着时光流逝，就像发芽一样长出来。

等“老人”完全长出来后，我们便忽然过完了一生。

最大的不幸

蔡志忠

弟子问："什么是人生的大幸？"

智者说："人生的大幸是，该生时生，该死时死。"

弟子问："死亡，是人最大的不幸吗？"

智者说："不！该死之时死不了，才是最大的不幸。"

对于生死问题，道家的观点是：该生时生，该死时死，天福也；该生时不生，该死时不死，天罚也。生死由命，不应刻意强求。

有钱人最关心的是生病和死亡，想尽办法延长自己的寿命；穷乡僻壤的穷苦人家反而比较像道家，将生死看得很淡。

小时候，乡下家家户户都很穷，谁也不敢随便到都市的医院去看病，生怕借来的医药费几年也还不完。

老人知道自己年岁到了，会告诉大儿子说："该是走的时候啦，替我准备后事。"

于是大儿子将大厅的两扇大门拆下，置于两条长板凳上，摆在大厅右侧，当作老人家的临时床铺。再买来棺材放在大厅左侧，然后联系出嫁的女儿和在外地工作的儿子回家，聆听老人家的遗言和准备后事。

我四岁左右，听邻居小孩说某某老伯死了，好奇地去偷看时，发现他所说的老伯竟然还会讲话，吓得落荒而逃。

我一生中，除了感冒、牙痛外从没生过病，也没上过医院。在我死之前我也不会去医院。因为我不认为躺在医院靠高科技设备维持生命，叫作活着。

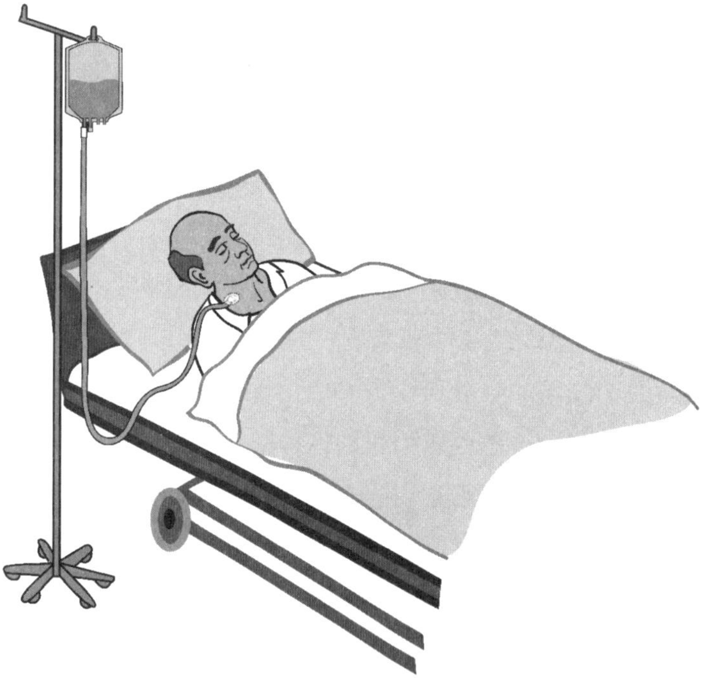

大象哲学

冯仑

以前看电影《狮子王》，我一直觉得狮子是草原上最牛的。我曾经去非洲看过几次动物迁徙。有一次我在肯尼亚，天气突变，电闪雷鸣，所有动物都在跑，连狮子都跑了，只有大象不动。我心里想，狮子怎么会这么胆小？

后来我发现，在草原上，狮子和大象是两个极端的物种。肉食类动物里，狮子是"大王"。而在整个动物世界，肉食类、草食类动物加起来，大象才是"大王"。这很有意思。

大象吃的东西跟狮子吃的不一样，大象吃草，草是大量供应的，不需要跟谁争，大象无时无刻不在吃，结果长成了最大的个头。狮子刚好相反，它们吃了上顿没下顿，吃一顿管四五天，但一次要吃几十公斤鲜肉。

狮子的生存永远是以杀死其他动物为前提的——"你死，我才能活"；而大象是"大家都活，只是我比你勤奋"。这两种动物的生活哲学不一样。

另外，狮子永远是"先发制人"，否则它就吃不着，所以狮子永远是吃奔跑中的动物，抓住目标，吃掉它们。而大象永远待在那儿，"后发制人”，它们从来不主动攻击，哪怕对方是比它们小得多的动物。

我就想，一个与人无争又不攻击别人的人，才有可能成为最牛的人。但似乎这还不够，如果别人欺负你了，你还必须有“后发制人”的本事。

大象怎样“后发制人”？第一，自我防护。它的皮有好几厘米厚，狮子根本啃不下去，它有“盔甲”。第二，大象能用鼻子和牙把“敌人”挑起来摔死。第三，大象有几吨重，把那些摔不死的“敌人”摔蒙了，大象再走过去把对方踩扁。以上几点都很简单——防护、挑起来、踩扁，没有多余的步骤。

我从大象这里体会到一种智慧：要想在竞争中保持强者地位，只要做好三件事就可以：第一，不争。你做的事情一定不能是“你活他死”的事情，一定要做“大家都能活”的事情。第二，要保护好自己。第三，无事不惹事，有事不怕事。

遇到挑战，你回击，要置对方于死地的时候，一定不能有多余的动作，要以最简洁、最有效的方式结束这件事情。

《道德经》讲“夫唯不争，故天下莫能与之争”，大象是典型的写照。《道德经》又反复讲“柔弱胜刚强”，这在大象身上也有体现。大象最怕的是蚂蚁。蚂蚁在夏天很热的时候会找凉快地儿，哪儿凉快？大象的鼻子里。第一，大象鼻子里有黏液，潮潮的。第二，大象呼吸带风，对蚂蚁来说，这堪称飓风。但大象呼吸时，一吸气，一群蚂蚁就被吸到大象的鼻子里，一旦蚂蚁进了大象的呼吸器官和食道，大象就会晕，然后就倒了，倒了之后连饿带渴就死了。

所以，当你感到自己很强大的时候，千万要注意，杀死你的，可能就是最小的事情、最小的东西。你得提醒自己，害死你的往往不是你的敌人，反而可能是跟你相伴而生、关系密切、对你还挺友好的那些人。

拾遗

没来得及的告别

真正的告别几乎都是这样：既没有长亭外古道边，也没有劝君更尽一杯酒，我们还想着来日方长，却已见完了此生最后一面。

国学大师季羡林少小离家，很少回去。直到有一天，母亲突然去世。季羡林连夜从北京赶回老家，送母亲入土。回到老家，他看到的是一口棺材，母亲的面容再也看不到了。村里的宁大婶对季羡林说，你娘临走前，一直唠叨两句话。

第一句是："早知道送出去就回不来，我怎么也不会放他走的！"第二句是："儿啊！你让娘想得好苦呀！离家八年，也不回来看看我。你知道，娘心里是什么滋味呀！"季羡林听到这两句话，伏在土炕上，一直哭到天明。后来，他写了散文《赋得永久的悔》，文中写道："看到了母亲的棺材，看到那简陋的屋子，我真想一头撞死在棺材上，随母亲于地下。我后悔，我真后悔，我千不该万不该离开了母亲。世界上无论什么名誉、什么地位、什么幸福、什么尊荣，都比不上待在母亲身边。"

一个叫皓皓的六岁孩子，手里经常拿着一辆玩具直升机。他的妈妈叫张静，爸爸叫赵朋。2013 年，赵朋出国打工的时候，皓皓才几个月大。如今，皓皓早就会喊妈妈了，也早就会叫爷爷奶奶了，但对爸爸没有概念。现在，张静最怕的事情，就是儿子突然问："我爸爸呢？"有一次赶集，张静抱着皓皓买衣服，看到一件 T 恤上印着"爸爸去哪儿"，她立刻扔下衣服，抱起皓皓就逃了。张静这辈子最后悔的一件事，发生在 2014 年 3 月 7 日。那天，赵朋结束了劳务合同，准备搭乘第二天的马航 MH370 回家。晚上 10 点，赵朋联系张静："跟我视频吧。"他想看看刚满周岁的儿子。但张静拒绝了："孩子已经睡了。"她想，反正他明天就回来了，但万万没想到，这竟是永别。第二天，MH370 就出事了。现在，张静总喜欢唠叨一句话："我咋没和他视频呢，连他最后一面都没有见到。"

前段时间，听一个大 V 说了一件事。前几年，他无意中看到一句话："人能够维持的社交圈不超过 150 人。"看完之后，他做了一件事情：打开 Excel，从 5000 个微信好友里，选了 150 个人写上去，并按照亲疏程度分成五级。一级至交 10 人，二级朋友 20 人，三级熟人 30 人……写的时候他觉得，一级永远都不会变，最多随着时间流逝，被挤到二级。可前段时间，他整理过这个表格后，说："有些曾写在'一级'里的人，已见过了此生最后一面。"

真正的告别总是出人意料，很多我们生命中最重要的人，都是在某个平淡无奇的日子里，穿着一件普通的旧外套，像往常一样出门后，便再也没有回来。

又是一年毕业季，有很多同学高中毕业，也有很多同学大学毕业。我在微博上看到一段话，特别令人伤感——高考前的最后一次语文课，老师听写了全班人的名字，然后说了一句话："考完试，这辈子，这个班基本是聚不齐了。"那时候，我不太懂这句话的含义。

多年以后，我才明白，很多人在你没有意识到的时候，已经与你见过了此生最后一面。

某大学发了一个通知：因为疫情，原则上学分已修满，无重修、无考证需要的同学不用返校。个人相关物品，届时将由老师和同学一起帮忙整理，并统一由学校出资邮寄。这个通知发出后，一位同学对另一位同学说："没想到啊，我们的最后一面居然早就见完了。"

一直觉得这世上的告别仪式有很多，比如喝酒，比如旅行，比如痛哭一场，比如折柳相送。后来才知道，人生中大部分告别都是悄无声息的，原来某天的相见，已是最后一次。此后即便不是隔着万水千山，也再没有相见的机会。

其实，人生就是不断失去的过程，为了不留遗憾，我们要做的是：

第一，好好珍惜每一次告别。

米兰·昆德拉说过一句话："这是一个流行离开的世界，但是我们都不擅长告别。"

我们确实太不擅长告别了，以至于我们总是漫不经心地见最后一次。很多藏在心里想表达的话，都大胆地讲出来吧！

别总以为来日方长，你不知道哪一句就是最后一句，哪一眼就是最后一眼。每一次分开都要好好告别，因为，那一瞬过后才知道是永别。请好好珍惜每一次告别，哪怕是朝夕相对的爱人，也别忘了分别时给他们一个拥抱。

第二，感谢所有从我生命中路过的人。

借用村上春树的句子："你要记住大雨中为你撑伞的人，帮你挡住外来之物的人，黑暗中默默抱紧你的人，逗你笑的人，陪你彻夜聊天的人，坐车来看望你的人，陪你哭过的人，在医院陪你的人，总是以你为重的人……"

尽管我们此生可能再无交集，但是你们组成了我生命中的一点一滴，谢谢你们带给我的快乐和温暖。如果我知道那天是最后一面，我一定会不舍地紧紧拥抱你，然后微笑着说："请好好照顾自己，再见！"

分寸

江泽涵

回观电视剧《大宋提刑官》，宋慈到山清水秀的毛竹坞破一桩凶杀案，忽一众老者跪迎上来，宋慈谦然："下官何敢受此大礼？"谈及村史民风，宋慈又道："下官洗耳恭听。"当推测凶手是否为本村人，忧心百年村誉时，宋慈却肃然："本官自当明白。"

谁说宋提刑一根筋，"下官""本官"切换有术，分寸拿捏得十分到位。案外，平民晚生，自降一格；案中，以事论事，毫不做作。

麦芒伸来，自不能失风骨；孱弱当前，恭逊礼让，乃以柔胜刚之气。毛竹坞人淳朴，所虑之事为常情，换世故些的，怕就要探底、攀亲，妄想左右，一口"本官"真在分寸上。

人有分寸，方不为人轻慢，人也于分寸处显不卑不亢的气度。要说拿捏分寸之功夫，终要绕回修德立行上，这应是一辈子留心的艺术。

我还在彩排中

张立雄

我开车经过阿尔弗雷德王子医院，看见住院部门口站着一个穿着白色病号服的老人。他见了我就挥手，示意我把车开过去。我拐进一段小坡道，里面是一个停车场，稀稀拉拉坐着或站着一些腿脚打着石膏、头上裹着纱布、臂上打着点滴的病人。

老人和周围的几个人挥手告别，一副慷慨从容的样子。在零零落落的道别声中，他打开了车门。费了很大劲儿，他才坐进车里，一边还自嘲："当你老去时，一切都变得可笑。"我问："您的健康出问题了吗？"他说他患的是肝衰竭，来做透析，正在等待做肝移植手术。

他说话带着英国口音，吐字清晰，语调富有弹性，看来受过良好的教育，我就顺便把话题岔开："你是从英国来的？"他哈哈笑了，高兴起来："不是的，我是教戏剧朗诵的，辅导别人怎样在舞台上念台词，我说的是标准英式英语。"车内的气氛顿时轻松、随意起来。

我又问："大概要等多久才能做肝移植？"他说："你问了一个我不忍回答的问题。"我一时没听懂。他变得严肃起来："这是一个残忍的问题，我的幸存将基于另一个人的不幸死亡。我的任何盼生的念头，从理论上说，便是盼另一个人死。”我不禁肃然起敬：自己的命都不保了，他还在钻“生存还是毁灭”的牛角尖。

好几年前，我曾为一个单身犹太老妇做家庭清洁，她住在海边，总是很忧郁，常对我说，人老了，最好一要有钱，二要有健康。我就把这话跟他说了，他听后轻轻一笑，说了句：“愚蠢！你想，人老了身体怎么会好，身体好就说明你还没有老。”我说：“但钱总得有吧？有钱好办事，吃好的、住好的，还有许多人可以随叫随到……”未等我说完，他就非常干脆地抢白道：“要钱干什么？”我以为接下来他会慷慨激昂地说出一大堆道德“鸡汤”，他却有点儿动情地说：“钱对老年人没多大用处，因为老年人其实并不真的生活在现实中，而是生活在回忆中。没有现在，没有未来，只有过去。”他表现出一种老年人才有的伤感和深刻，“年轻的时候做任何你能够做的事，到老你就会得到你想要的东西。”——好像有一点儿道理，年轻时的丰富经历，会使老年的你拥有多彩的回忆。

他的家到了，是内西区靠着大马路的一幢旧公寓。二十五元的车费，他哆哆嗦嗦地摸了半天。我下车绕到他那一边，为他打开车门。他用双手抱住双腿，把它们挪到地上，然后，再扶着车门站起来。他走到围栏边坐了下来，并挥手让我先走。他在黑夜里坐着，白发在风中飘着。他或许还有许多想法，还有一些未竟之愿。

“我还在彩排中。”他朝着我离去的背影朗诵道，半谑半真，却用力很深，力求“字正腔圆”，一如他曾在舞台上那样。我没有回头，只是背对着他举起手，竖起大拇指。有人说，只要还没有盖棺，人生就仍在彩排中；也有人说，人生就是一个彩排的舞台——各自倾情，各自精彩，尽兴而后已。

我要听到你的声音

李松蔚

我上小学的时候，因为住院做手术，耽误过一段学习时间。再回学校时，语文、数学这些科目还能通过自学跟上进度，唯独音乐课，完全没法自学。因为不识谱，本来也不擅长唱歌，音乐课上大家一起唱之前学的歌，我只能跟着其他同学对口型。

我们的音乐老师，是刚从四川音乐学院毕业的大学生。对那个年代的一所普通小学来说，她是光芒耀眼的大明星，一眼就看出我在对口型。课间的时候，她专门问我："怎么不跟着大家一起唱？"

我很羞愧，我想应该解释一下住院之类的情况，但脱口而出的是："我不会唱歌。"

音乐老师睁大眼睛问："不会唱歌？"

然后她反应过来："哦，你的意思是书上的这些歌不会唱。"她翻了翻音乐课本，很随意地把它丢到一边，说："没关系，那就唱你会的歌。"

我呆立在那里。

她说："我要听到你的声音。"

后面的那节课，她没有继续按课本教，而是让大家自由发挥，想起什么就唱什么：唱一首欢快的歌，一首春天的歌，一首跟朋友有关的歌……她弹着琴伴奏。有的小朋友唱得根本没调子，她也伴奏得很开心。我不记得自己唱了什么，大概是一首儿歌吧，她一边敲着琴键，一边冲我微微点头。

这是 20 多年前一件极小的事情。

别误会，我并没有因这件事点燃对音乐的热情。但它对一个小孩子的成长来说，仍然是具有重大意义的一刻：一个公认的很厉害的老师，用满不在乎的姿态丢下课本，却以认真的神情说："我要听到你的声音。"

即使一个小学生很难清晰地用语言表达这件事的意义，但当时的我也确实从中得到了一些信息，这是成长中不容我忽视的信息：唱歌是你想有就可以有的权利。

我以为我发不出声音，其实可以。这个声音好不好听，是另一回事。重点在于那是我的声音，没有人能取代"我"。

在那之前，我完全不记得听过自己的声音；或者听到了，也觉得不好听，不用听。不仅是我，我身边的孩子都一样，大家都是局外人，在想象出来的条条框框里，设置着自己的生活半径。家里有一些儿歌磁带，封面上都是粉妆玉琢的童星，好像只有他们的声音才是好听的，回荡在千家万户的录音机里。那些孩子大概在北京，或在上海，和我的世界完全没有关系，他们生活在一个梦幻的世界里。

不仅是条件的问题，甚至不是视野的问题，小朋友们都能通过电视和杂志接触到花花绿绿的世界，但在心里，有没有想过那个世界跟自己有关？

那一次，我知道，我的声音很重要。

教40岁的女儿弹钢琴

象哥

我在一家琴行教吉他，顺便卖钢琴。

去年7月，琴行来了一位老婆婆，说要买钢琴。从年龄上判断，我们以为她是要给孙女买。结果她说自己想学，学会以后教女儿弹琴。

当她用粗糙的食指在琴键上敲出几个杂乱的音符时，我意识到于她而言，学钢琴将是非常困难的事。老婆婆说自己姓胡，今年60岁有余，我们便管她叫胡阿姨。

胡阿姨看上一台黑色的立式钢琴，9000多元。她轻敲琴键，侧耳听了一下，然后说身上没有那么多现金，希望我们送琴的时候去她家收钱。

“你明天跟着师傅们一起去送琴吧。”老板一边开单子，一边对我说。

第二天，我跟着搬运钢琴的师傅来到胡阿姨家。

这是一栋老旧的楼房，胡阿姨的家在最高层，5楼。进门后是个小阳台，地上摆满了一堆不明物品，都用塑料袋包着，足足一米高。阳台另一头放了个煤炉，正在煮一锅东西，味道很奇怪。

等阳台上的东西挪得差不多的时候，我走进房子，被吓了一跳。那一袋袋的不明物品居然密密麻麻地堆满了整个客厅，直抵天花板。我本来以为胡阿姨是收废品的，但废品没必要用塑料袋包好。帮忙整理的时候，我发现塑料袋并不沉，感觉是棉布一类的东西。

等收钱的时候，胡阿姨说她想提一个要求。我心里有点儿慌，看胡阿姨的家庭情况，我有点儿担心她没钱付账。

胡阿姨解释说，因为昨天刚好要用钱，所以她无法付全款，只能拿出 3000 元，问我剩下的钱能不能分 3 期支付。我打电话给琴行，老板同意了。不过还有个问题，胡阿姨不会转账，只能上门收现金。这事又落在我身上。

要求得到满足后，胡阿姨笑着说我们都是好人，会有好报，然后继续挪那一袋一袋的东西。我忍不住好奇，问胡阿姨这一袋袋的布是做什么用的，外面锅里煮的是啥。“那些布是给我女儿做尿布用的……”胡阿姨说，她女儿长期吃药，容易失禁，所以她准备了这些东西，外面煮的那锅东西其实是在高温消毒的布。

“我女儿昨晚刚去了医院，过几天就会回来。”原来是医院收了剩下的用于买钢琴的钱。

“是不是准备得太多了？”看着堆积如山的袋子，我觉得太夸张了。

胡阿姨说自己眼睛不太好，有一只几乎已经失明了。之所以准备那么多，是想着有一天眼睛完全看不见的时候，自己随手就能拿到这些布。

安置好钢琴，我留意到胡阿姨家里只有一个房间没有放装布的袋子。房间没有门，但用铁栏杆锁着。说是房间，其实更像个牢笼。意识到这或许就是胡阿姨女儿的房间，我隐隐感到胸口发闷。

胡阿姨告诉我，她女儿40岁了，小时候成绩很好，也很乖，可班上的同学排挤她。渐渐地，她变得不愿上学了，一直待在家里，时间长了就病了。胡阿姨的女儿应该是遭遇了校园暴力。有时候，能过健康的集体生活大多靠的是学生自己顽强的生命力。

女儿吃了多年的药都不管用。胡阿姨听说音乐可以治病，女儿小时候也想过学钢琴，所以这次攒钱买了一台。“我就想着趁自己身体还可以，学会弹钢琴，然后慢慢教她，希望可以缓解她的病情。如果我以后不在了，她也能弹弹琴解解闷儿。”

回去后，我给一个教钢琴的朋友打电话，说要给她介绍一个学生。她开始很高兴，等我告诉她胡阿姨的情况，她沉默了几秒钟，说教一个60多岁、没有任何基础的婆婆有点儿为难。我劝了半天，她总算答应了下来。

一个月后，朋友给了我一些反馈，说有一回上课，胡阿姨来了琴行却躲在角落。那天比较忙，她也忘了有胡阿姨的课，结果让老太太白白等了两个小时。

“以后去了一定要找我的朋友，不要怕打扰，你花了钱的。”我很郑重地跟胡阿姨说。

还有一个问题让人头疼。胡阿姨的眼睛不好，看谱子很费劲，老年人学东西本来就不容易，眼睛的问题让她难上加难。教她的朋友心里也是五味杂陈，我跟她说不要有负担，胡阿姨即使只把那一本“小汤1”（钢琴入门教材）弹完，也足够伟大了。

我第二次去胡阿姨家，是去收钢琴的第一期余款。这回我见到了胡阿姨的女儿。当初看到她那个牢笼似的房间时，我感觉自己来到了“生化危机”的现场，如今看来，一切都是我多余的想象。胡阿姨的女儿十分乖巧，像一只猫一样。

她留了一头蓬松的短发，穿着依旧孩子气的、带蕾丝边的连衣裙，洗得十分干净。在父母心里，无论孩子变成什么样，都依然是那个宝贝，只是胡阿姨的孩子从 14 岁起就不再长大，甚至走向失常，像那些还没盛开就凋零的花一样，让人惋惜。

胡阿姨喊她小名阿妹，让她拿水果给我吃。她一会儿给我拿来一串香蕉，一会儿给我拿来几个苹果，然后又是几个橙子。不知道是没记住还是太好客，她几乎把家里的水果都拿了过来。

我看胡阿姨一直忙忙碌碌，估计还没来得及教女儿弹琴。她没法像其他老年人一样，可以从容地支配时间，学习琴棋书画。我说：“胡阿姨，去弹一下钢琴吧，让我也听听。”

胡阿姨拍拍脑袋说：“是哦，让岑老师教一下。”她拉着阿妹坐到钢琴旁，虽然弹琴的动作很生硬，但胡阿姨已经可以弹出一些简单的曲子。然后胡阿姨拖着阿妹的手，一边唱歌，一边帮阿妹把音从键盘上找出来。

随着音乐声响起，我用略显夸张的声音助威呐喊：“好！对！很好！非常好！”阿妹似乎也受到了气氛的感染，变得积极了一点。但她的情绪只能维持 5 分钟，随着不断地弹错，阿妹开始变得烦躁不安。我隐隐察觉到那股黑色情绪将要爆发。

胡阿姨意识到阿妹的不安，便拉着她的手回了房间，大概过了 10 分钟才出来。胡阿姨说，阿妹的病反反复复，平时都是学 3 分钟左右。

听她说完，我说：“胡阿姨啊，这钢琴买得也不容易吧。”胡阿姨说：“还好还好，不过也存了一年的钱。”她说自己每个月有 3000 多元的退休金，女儿也有低保，生活开销还是够的，但阿妹要经常住院，有时候就有点儿艰难。

第三次去胡阿姨家，是她让我过去收第二期的余款。她知道从我那里过来有 20 多公里，觉得每次都挺麻烦我的，于是凑齐了钱把第三期的余款也给了我。拿着她递过来的钱，我心里一时有点儿踌躇不定，不过最后还是收下了，毕竟我不是老板。

几个月后，我给她打了一次售后回访电话。她仍记得我的声音，我们各自问好，闲聊了几句。

“胡阿姨，钢琴练得怎么样了？”

“我差不多能教阿妹弹完一首完整的曲子了。”

同情

廖玉蕙

漫漫暑假，孩子们精力旺盛，四处游山玩水，玩得不亦乐乎。

外子和我唯恐金钱的大量支出会养成他们浪费的习性，于是，由我召集孩子们，晓以大义："最近，我们花了很多钱，爸爸妈妈必须要很努力，才能再赚回来。从今以后，大伙儿都得节省点儿，知道吗？"

儿子出国旅游一趟，花费最多，连连点头称是。女儿则无限同情地回房里，拿出扑满要"救济"我。

过了好些天，外子有应酬，不回家吃晚饭，我因写文章，耽误了做晚饭。儿子于是提议到师大附近解决"民生问题"。

我每回认真写作起来，总是茶饭不思，把自己搞得狼狈万分，红眼披发。那日，因时间已晚，我也来不及收拾自己，便偕儿女出门。

在大碗公牛肉面馆里，母子三人望着价目表低声商量。儿子原要了一碗牛肉面，随即改口只要牛肉汤面。我问为什么，他悄悄地说："你不是没什么钱了吗？省一点儿吧！"

我莞尔一笑，也低声说："没关系啦，吃一碗牛肉面的钱还有。"

我回身问女儿："要二十个牛肉饺子，行吗？"女儿也悄声地说："十个猪肉饺子就好啦！牛肉的比较贵，你不是很可怜，没钱了吗？"

这时，我忽然发觉隔壁桌一位年约五十的男子正静静地聆听我们的对白。我红着脸对女儿解释："买二十个牛肉饺子还是不成问题的，饭总得吃饱嘛！对不对？"

于是，我做主叫了两碗牛肉面及二十个牛肉饺子。一边吃，女儿还一边忧心地问："真的还有钱吗？那你不是得工作到很晚吗？"

付账的时候，柜台的太太客气地告诉我们："刚才，坐你们隔壁桌的那位先生付过了，他不是你们的朋友吗？"

我瞠目结舌，不知所措。随即拔腿追出店外。四顾茫然，但见一拨拨人潮流水般移动着，哪还有那人的踪影？我怏然回身拉起孩子们的手，不小心看见邻店的落地长镜里——一位颜色憔悴的女子拖着两个茫然失措的孩子。

于是，我亦如那善心的男子般，开始疑心起是否真有一个穷困悲苦且体贴动人的故事在其间发生。

有境界的人

曹文轩

这个世界上有一种人，他们不仅将自己的经验转赠给别人，还试图利用自己的创造能力引发新的经验，引导人们进行新的实践。这些知识预设在你的大脑里，令你在面对一些司空见惯的事情时反而发现了新意。比如我们观察大自然，自然只是显示出它本来的样子，既不美也不丑，而你为什么会觉得它美呢？那是因为你的大脑里有能和这个美相感应的知识。

认为一道光很美，一棵树很美，那是因为你懂得美。这目光一定是知识的目光，是因为你的目光里有了知识的积淀，它们看上去才是美的。

举一个例子，中国现代文学史上有一位非常有名的作家，他叫废名。他有一部长篇小说《桥》，《桥》里头有一个画面：一头牛被拴在一棵石榴树下，孩子们使劲儿逗弄它，牛急了，身体触碰到树，树上的石榴花纷纷被撞落在牛背上。大家想一想，如果看见这个场景的是一个不识字、没有知识的农夫，那么这个情景是不容易引起他的审美享受的。因为他没有这种关于美的知识。可废名先生是个读书人，这样的情景在他看来，就是一幅很美的画面，所以他才会生发出美的感叹。

还是这部长篇小说里头，我记得还有一个细节：奶奶老了，满头白发；孙女才十几岁，头发乌黑。这一天奶奶看到孙女在前面走，心里就起了一种伤感，叹息了一声说：“我的头发全白了。”

你知道她的孙女是怎么安慰她的吗？孙女说：“奶奶，白头发、黑头发到了夜里都是黑头发。”这句话，这个思想、这个境界，我可以肯定地说，不是那个小女孩的，而是废名先生的。

我还想起一件事情。有一年北京作协组织了一个活动，领着我们一批作家到北京郊区钓鱼。我们的领队是一位作家，还是中国钓鱼协会的常务理事，他为我们每个人准备了一副钓具。

那天我们坐一辆大巴来到了北京郊区，在一个特别大的鱼塘边垂钓，从早晨到中午，我们居然没一个人钓到一条鱼。我们的领队，那个钓鱼协会的常务理事，也没有钓到。

于是我们放下钓竿，跑到他面前讽刺挖苦他——我们钓不到还情有可原，你怎么可以钓不到呢？

大家七嘴八舌地说了不少，可他一脸淡定地坐在马扎上，望着平静的水面继续钓他的鱼。

他的稳坐钓鱼台激起了我们的愤怒，我们用更“恶毒”的语言去攻击他。他终于把钓竿放下了，回过头来，不屑一顾地看了我们这些人一眼，说：“跟你们这帮家伙出来钓鱼，太无趣。你们知道什么叫钓鱼吗？钓鱼钓鱼，重点在钓，而不在鱼，你们懂吗？”

这是什么？这就是一种境界。这个境界从哪来的？可以肯定地说，是书本给他的。

读书就有这么一点好处：它能让生活中一件看上去非常平庸的事情变得不平庸，让一件非常灰暗的事情变得富有光亮，也能将一件令你感到非常尴尬的事情，在瞬间转化成一个很有境界的事情。

体验无聊

郁喆隽

一个人如果不能体验到彻底的无聊，大概是一种缺憾。

如今的人很少有无聊的时刻。成年人的日程表里每个小时都被填满，小孩子几乎要全年无休地上课、做作业、上补习班。每人手里攥着一个手机，每天面对着它“顶礼膜拜”几个小时——看一会儿新闻，玩一会儿游戏，刷几条短视频，看看朋友圈……如此循环往复，只要你还神志清醒，大大小小的屏幕里自然有无数的内容会不断更新，并以各种方式“投喂”给你。人和人好像可以老死不相往来了。每一秒钟都很亢奋，哪里有空无聊呢？我们似乎只会疲劳，但无法感到无聊。

回想自己的童年，每年暑假都会体会到那种深深的无聊。父母去上班了，一个人待在家里。不到开学前几天，就还没到做暑假作业的时候。那时也根本没有什么课外班或者辅导班。家里没有几本可以读的课外书，偶尔从同学那里借来一本书，很快就如饥似渴地读完。周二的下午没有电视看，红白机里的游戏已经通关了几十遍。艳阳似火，极少有可以吹空调的地方。屋外蝉声轰鸣，屋内电扇摇曳。这一刻才感觉到时间的悠长。

于是一个问题涌上心头：可以做点什么呢？就像一个饥饿的人会想方设法找各种食物一样，无聊的人会绞尽脑汁来摆脱无聊。把读过的书再读一遍，甚至开始抄书。把通关的游戏提高难度再打一遍。一个人上街闲逛，或者到老远的地方去找同学玩。但无聊很快又袭上心头。时间凝固了，流不动，让人心生绝望。此时，人才会“置之死地而后生”——我摊开画纸，描绘一个想象的世界；打开作文本，写下虚构的故事……人在极致的无聊中才会发现，自己的精神世界是无穷的，创作才是逃离无聊的最好方法。

如今，人好像是信息的容器，每一刻都处在满溢的状态，没有丝毫虚空。像一块已经在滴水的海绵，无法再吸收更多的水。无聊是一种虚空，一种充满能量的虚空，它能创造出渴望与期盼来。“无所事事”的人才会开启想象，憧憬另一种可能。无聊或许正是“文化”的开端。

听闻一些人为了健康开始尝试所谓的“轻断食”。其原理非常简单：人体细胞在高营养状态下，会加快分裂；相反，细胞在饥饿状态下会减缓更新，转而修复已有的缺陷。虽然“轻断食”的功效尚无定论，但是我们的感官和精神何尝不需要这样一种“轻断食”呢？无法体验到无聊，人生才会很无聊吧？

在这里，懂得人生疾苦

左灯

2017年，由于某些原因，我得了抑郁症。我被送进精神病院，踏上了“人生新征程”。这里的每个人都有自己的故事，在这里，你会知道什么叫人生疾苦，然后更加惜福。

病　友

一位50多岁的叔叔和我说，他儿子赌博输了300万元逃走了，至今下落不明。家里的两辆车和一套房子都没了，一辈子的心血付诸东流。

这位叔叔做了电休克以后，心情好了不少，常常和我说：“忘记了，忘记了，什么都忘记了。”

很多人说，只有心里放下了才是真的放下。我现在才知道，有些事情不是说放下就能放下的，心结实在解不开时，用物理手段冲击大脑，强制性地忘记，不失为一种纾解方法。

今天，又来了一位新病友。她真的太辛苦了：爸爸突然得了癌症，弟弟瘫痪，家里经济条件不好，还有个正在读书的12岁的孩子。

这种人间惨剧让我觉得，我碰到的那点破事儿算什么啊！

我强打起精神对她说：“姐姐，我可以理解你的痛苦，这里的人都能理解，所以你绝不孤独。”她问：“我会好吗？”我眼神坚定地说：“会。我知道你现在一定觉得自己好不了了，这不怪你，是你的大脑生病了，它在给你传达错误的信息。你必须明白这一点。”

她说：“我老公真的对我很好。现在家里这个样子，我还得了这种病，我真的好自责……”

我立马打断她，浑身散发着“浩然正气”，一本正经地说道：“不要自责！得了这种病，你不需要自责。你必须明白，你的孩子、你的丈夫，你对他们很重要！”

她双手掩面，痛哭起来，我抱住她，一直在她耳边重复着：“记住！你很重要！你对他们很重要！”

她老公一边搀扶着她进病房，一边不停地回头跟我道谢。我看着他们的背影，心中充满怜悯和叹息。命运啊，你为什么要这样鞭挞世人呢？

前 因

我的理智告诉我：我病了，我要勇敢地和病魔抗争，这是真的，是现实。但我的思维老是蒙蔽我，它告诉我：我很好，我没病，我在另一个空间的世界里，这是梦境，是虚幻。

所以我的这段人生，始终围绕着一个非常形而上的辩题：这一切到底是梦还是真的？

有时候，理智打败了思维，我会安心地接受现实，并迫切地希望自己好起来。

有时候，思维占据上风，我会进入“楚门的世界”，觉得眼前的事物，窗户、火车、房子、人，甚至我自己，都是假的。我每天都思考着，怀疑着，自己和自己辩论。

中国古人是充满智慧的。祸不单行、雪上加霜、屋漏偏逢连夜雨，这些话都告诫我们：事情很糟糕的时候，千万不要害怕，因为还有更糟糕的事情在等着你呢。

我的家里出事了，真是“后院起火”。我那兴风作浪二十多年的哥哥又开始胡作非为，七年的囹圄生涯也没让他学乖。

刚开始，我觉得我爸情绪不对，以为他是对我的病没有耐心了。后来他告诉我真相：我那让人头痛的哥哥在外面欠了一屁股赌债。

我得交代一下背景，不然你们不能理解我满腹的愤恨。

我那老是带来各种“惊喜”的哥哥，是我爸妈的养子。我们对他付出的心血真是一言难尽。

小时候，他患了一种非常难治的病，为了治好他的病，我爸妈绞尽脑汁，跑遍了全国。可最后，他竟然用无恶不作来回报二老。

每隔一段时间，他一定会闹出一些稀奇古怪、让人费解的事，偷、蒙、拐、骗，样样俱全，不断刷新下限。

后来，他进了监狱。七年。

从小，全家就围着他一个人转。因为他的病会随时发作，爸妈就让我和他一起睡，以防不测。每个晚上，熟睡中的我一定会被他吵醒，这让年幼的我非常烦躁。

我哥的狼心狗肺，催白了我爸的头发、蒸干了我妈的眼泪。为了给爸妈带来一点安慰，我从小就对自己要求甚高，无论言行举止、学习成绩还是其他方面。我始终告诉自己：能达到 100 分，我就绝不允许自己只做到 99 分。

我的信念只有一个：我一定要非常优秀，才有资格做他们的女儿。

心 结

双重打击让我妈几近崩溃。而我，在我爸说出真相以后才发觉——我真的太差劲了。

“赌债事件”开始发酵，我爸终于把解除收养关系提上日程。他问：“你怎么看？”

我的情绪一下子沸腾了，全身的血液都在“咕嘟咕嘟”地冒泡：“我早就说过！早就该解除！要不是你们心软，这件事早就成了！”

我爸说：“这就是做大人的难处。”

我痛恨爸妈的“软弱”，我狠狠盯着我爸的眼睛，眼泪在眼眶里打转。我爸说：“不说了，你又激动了。”

我一下子把头埋在两腿中间，因为不想面对我爸，不想面对世界，更不想面对无能、无助、无用的自己。

回到病房，我爸佯装高兴地和我说着话。但我不知道要怎么面对他。

我心里明白，他在竭尽全力支撑这个残破的家。养子债台高筑，解除关系又面临重重顾虑；女儿患精神病住院，病情反反复复；妻子的精神几近崩溃。作为一家之主，他不能倒下。

我觉得我实在不够优秀，我的存在，就是为了给这个家庭蒙上更深的阴影。现在的我，给父母带来了太多麻烦、太多不安、太多桎梏。黑暗中，我泪眼婆娑地盯着我爸的眼睛，艰难地吐字：“你是不是很后悔生了我？”这真的是我二十多年的疑惑和心结。

我爸明显被我的问题惊到了。他坚定地说：“不后悔。二十多年，你从来没让家里人担心过，也从没麻烦过家里人。你会得这个病，就是因为你实在太乖了。”

我泪如泉涌，慌忙道歉，边哭边语无伦次地讲了一大堆，最后一句话是：“我觉得，没有我，大家会过得更好……”我爸说：“我不需要你功成名就，不需要你高官厚禄，不需要你才华横溢，不需要你出类拔萃，你什么都不用做，你就做我的女儿。”

——这就是我爸爸，一个庸庸碌碌的普通人，却是我最伟岸、最强大的父亲。

世界是无意的

曾 旻

“我觉得你不喜欢我。”刚坐下，来访者 A 说出了这句话。气氛顿时有点紧张。

“很遗憾我让你感觉到不被喜欢，我很好奇是什么让你有这样的感觉。”心理咨询师继续追问 A 的感受。“我也不知道，但是我见你看我的眼神，就觉得你好像在看一堆垃圾。”A 低头沉默了几秒钟，小心翼翼地给出了答案。

咨询师并不惊讶，保持着平静自然的语气：“我很抱歉让你感觉这么糟糕。我能问问，你对这种感觉熟悉吗？”

“当然熟悉了，这几年我每天都觉得被人嫌弃。”说起被讨厌的感受，A 打开了话匣子，从半年前分手的男朋友，到中学时的班主任、小学时的同桌……最后说到这二十多年来，躲也躲不开的父母。似乎在 A 的世界里，没有人是喜欢她的。

她的讲述令咨询师震惊，同时，咨询师脑海中冒出了另一个声音：她说的故事不见得都是真相，就像她刚刚见到我就觉得我不喜欢她一样——这并不是事实。

有时候，人们内心的“主观事实”和客观发生的“外部事实”并不一致。因为“主观事实”并不总是取决于当下正在发生的事情，还常常受到过去发生的事情的影响。所谓“一朝被蛇咬，十年怕井绳”，一次感受强烈的被嫌弃的经历，带来的可能是对周围所有人的警惕。

于是，生活中被讨厌、被嫌弃的经历都被精确地捕捉到了，而那些不被嫌弃、不被拒绝的时刻却被一一忽略。

心理学家彼得·福纳吉提出了一个重要概念，叫作“心智化”。所谓心智化是指，人们理解自己和他人的内心世界的方法。换句话说，心智化其实是为心理过程建立一个模型：人类的心理过程是看不见的，我们看到的只是他人的行为，但可以据此去推断对方的动机、情绪、需求和渴望等心理。

如何通过外在行为推断他人的内心呢？每个人都有自己的一套模型。当一个人的心智化水平偏低的时候，往往说明他的这套模型总是曲解别人的意图。就像A刚刚走进咨询室，就断定我不喜欢她。

我们如何理解他人，并通过他人去理解自己，这是心智化能力的核心。

这种能力受到削弱，就无法改变了吗？并非如此，正如彼得·福纳吉所说：“当你感到孤独时，逆境会变成创伤。但如果你有良好的人际关系，他们实际上会帮助你消化吸收这种经历。”所以，真正的疗愈其实在关系中。一段良好的人际关系可以帮助一个人提升心智化能力。

有些陷入痛苦的人常常抱怨：“世界对我充满恶意！”可实际上，世界是无意的。

铁壳心

胡展奋

我们来谈谈心。当然，不谈玻璃心，而是“铁壳心”。那是我“自以为是”的比方：我们的小车是铁壳的。如同步态反映心态，驾驶铁壳的是一颗什么“心”，你的车就是什么车态。

行车看性格。你的车其实就是你的脸。

最常见的是“见缝插针”的超车者，一个车头之差，他也要变道超车，泥鳅一样地翻滚在车流里，而如此忙活，结果往往并不如意，到头来还是和我只差几个车头，弄不好还磕磕碰碰、频频剐蹭。生活中，我想他们多半是市侩气十足、孜孜于小胜的逐利者，争强攀比，见异思迁，钻营一生，不过如此。

夜间行车，最烦“远光狗”，是不是？而且是那种亮度超强的大灯，比电焊火花还刺眼，几乎“狼牙棒”一样直击而来，让你瞬间目盲。每每它扬长而过，总似有一种得意：我最亮！我怕谁？

它后面那颗心，超限地“唯我”，上海话曰“独福”（极度自私）。其人表面也许斯文，但其实是个潜在的马路杀手，夜间高速强光，不知多少车毁人亡与之有关。想象中，办公室里，他也活脱脱一个“万人嫌”，从不顾及他人感受，一屁股坐下，音响启动，火力全开；公共坐便器，更是“宁教我负天下人”，一脚踩上，心安理得，变坐厕为蹲厕，只要我干净，管他后来人咋办！

高架桥上，几乎无人不恨强行变道、霸路加塞的。那是马路“鲨鱼”，路越是堵，他们越是霸道；越是霸道，已经堵塞的路段也就越堵……对此，以前我会“路怒”，现在已经淡然。所谓“一叶知秋”，我料想这种人的一生必定挫败，炒股票，频频换股，熊市站岗，牛市踏空；求职场，望山跑马，动辄跳槽，嫉贤妒能，落拓到老。其挫败，同样早已见证于“铁壳”。

你问我依据是什么，我告诉你，这就是逻辑的力量，逻辑的咒语——你无法想象，他坐在“铁壳”里时时霸凌他人，而一下车就“我本善良”。

霸凌是天生会“溢注”的，驾车霸道的，购物也霸道，聚餐也会霸道，且最有可能成为医闹。心理学家认为，此种霸凌成性的人，受意外伤害或猝死的概率高达 60%！

行车看性格，也常会发现懦弱胆小、优柔寡断、游移彷徨者，比较典型的是高速路上“龟速”，多车道上“骑线”，或者干脆一路“龟速而骑线”。

国外高速路上规定行车速度，不是“限高速”，而是“限低速”，常见的是时速“不得低于 60 英里”（约为我们的 97 公里），目的是加大车流量，提高公路的使用效率。说实话，初次在类似的高速上行车，我也有点慌，就怕低于 97 公里时被电子监控拍下。

所幸国内的相关规定较宽松，又规定刚拿到驾照的“菜鸟”一年之内不得上高速，但你在高速上总不能若无其事地“龟速且骑线”吧？时速 40 公里甚至更慢，还要长时间地骑线彷徨，看你占据中道，时而“形左实右”、时而“形右实左”地折腾，让跟在你后面的车如何是好？想从外侧超你，你忽然打左了；想朝右侧变道，你又往右转了。行行好吧！懦弱胆小不是错，上高速硬怼还心安理得，这就是你的不是啦！

如果是上下班高峰期，你不觉得你此刻就是“路障”吗？我们同情“龟速且骑线”的，但性格即命运，现实中，凡事都“黏糊”的人，他们的不如意往往也多于常人。

性格平和善良，或者内敛谦恭的，开车从不轻易变道，也不轻易超车摁喇叭。开车，就是一个代步的过程，一次从某地转移到另一地的交通而已，你的心态和为人就在铁壳里，大家一目了然。

种种铁壳心，也许你还能发现更多。

八分好

汪亭

周末去城西爬山，与友人同行。山路蜿蜒深入，古寺藏匿其中，老树茂盛，绿荫遮阳。当天不逢初一或十五，信徒游客寥寥无几，显得佛门清净。

殿堂出口处，端坐着一位年过古稀的和尚，面前案台上摆着插满签条的竹筒。友人是居士，凡遇佛门中人总要颔首问好。友人站在老和尚面前行了佛礼，随即与他攀谈起来。无所事事的我，只好静坐一旁，默默聆听禅语。

环视四周后，我的目光停留在竹签上。友人笑问："想不想求一支签呀？"我迟疑了片刻。老和尚看我一眼，说："施主，求签安心，心安何须求。"

顷刻，我因这佛偈怔住了。我抽出一支签，递给老和尚。他打开后说："此签为中中签，是一支好签。"听到这儿，我十分疑惑："上上签才是好签呀！"

老和尚微微一笑："上上为圆满，圆满之签并不是好签。在佛界，圆则寂。尘世中，圆满刹那湮灭，容易流溢。其实，中签才是好签，有缺可补，有憾有想，八分为好。”

山谷空灵，古寺清幽，这番话分外叩人心扉。凡事只争八分，不贪十足。

月满则亏，水满则溢，大自然如此，人生亦同。切莫追求十分圆满，舍去二分累赘，定能收获八分之好。

护心之心

铁凝

我一向喜欢丰子恺先生的散文和漫画。他的画亦有他散文的气质，那似是一种浑朴中的优美，散淡中的机智，纯正的童心里饱含大的人生悲悯，看似平凡的小角落里处处可见温暖清新的爱意。《护生画集》顾名思义便是爱护生命，其中丰子恺又着重描绘了人类对动物的爱护或者轻视。他的命题是大的，落笔却别致有趣。比方这幅《生的扶持》，一只缺了足的蟹被它的两个同伴奋力抬着前行。弘一法师在旁有诗云："一蟹失足，二蟹持扶。物知慈悲，人何不如。"丰子恺寥寥几笔，就把这三只团结向前的蟹画得充满人情味儿，有那么一点悲凉，但你看那些舞蹈着一样的蟹爪，却不是为摆脱困境在齐心做着最大的努力么。在一幅名为《盥漱避虫蚁》的漫画中，母亲嘱咐正站在院子里刷牙的孩子，不要用漱口水袭击地上的小虫。还有一幅蚂蚁搬家的画，孩子看见蜿蜒曲折的蚂蚁队伍，便在这队伍的上方排起一溜板凳，说这是长廊，能为蚂蚁遮挡风雨。还有一幅画叫《游山》，画中一女子骑着一只狮子悠闲地在山路上走。画意是说，人如果对猛兽善，兽也会如此柔情，与人和平共处。这真是丰子恺先生的美梦。

也许有人说，因为丰子恺是佛教徒，所以他对“护生”格外有兴趣。这是有道理的。但以此涵盖他生命哲学的全部，好像还是简单了些。也曾有人在读过《护生画集》后，说这是自相矛盾的画作，作者叫我们不要杀生和伤害动物，又叫我们不要损害植物和小草。人类怎么生存呢？难道我们只有去吃沙土和石头么——就是沙土和石头里也可能有动物、植物啊。对此，丰子恺这样回答：“护生者，护心也。详言之，护生是护自己的心，并不是护动植物。再详言之，残杀动物植物这种举动，足以养成人的残忍心，进而把这残忍心用于同类。故护生实在是为人生，而不是为动植物。”这就是前边我所说他的大命题了。他的可贵在于用最“浅显”的形式将它表达了出来，如同他的佛教观那样朴素易通，又那样活泼生动。

不必交谈的时刻

樊小纯

精神上亲近，是精神范畴的亲人；肉体上亲近，是荷尔蒙范畴的亲人，多数时候这二者不统一。人也会因为这种不统一而感到疲惫。

上学的时候，我曾和一个学文科的男生短暂交往。他每天写一段故事，作为前一天故事的延续。他以为这是情书的一种形式，但可惜他写得不尽如人意。我每天读一小段，每天的感觉就少一点。读到第十天，什么感觉都没了。

这种时候，我觉得沉默比说话要好。对于频率不同的两个人，沉默是一种延缓，延缓情绪的扩张——这个世界上很少有人值得一种巨大的情绪。激动人心的事物，寥寥无几，这是上帝为了让人过完一生的一种平衡。

好的关系，是两个人在一起的状态，给生命赋予一种原本不可见的形式。

多数社交都是值得去避免的。我们并没有那么幸运，一直遇到可说话的人。平庸的交流，尽管没有恶意，但实质上是负面的。人不需要过多的新朋友，我们务必要守住那些不必交谈的时刻。

黑格尔1818年在柏林大学的演讲：“……我首先要求诸君信任科学，相信理性，信任自己并相信自己。追求真理的勇气，相信精神的力量，乃是哲学研究的第一条件。人应尊敬他自己，并应自视能配得上最高尚的东西。”

看哲学家雅思贝尔斯和海德格尔的通信节录，就能体会到黑格尔这段话的深意。二人的书信中，充满了学者的冷静与真诚。

人应该葆有这样的交流，使得你们成为这个世界上少有的能互相理解，并能尊为对手的人。其他的事情不必在意。

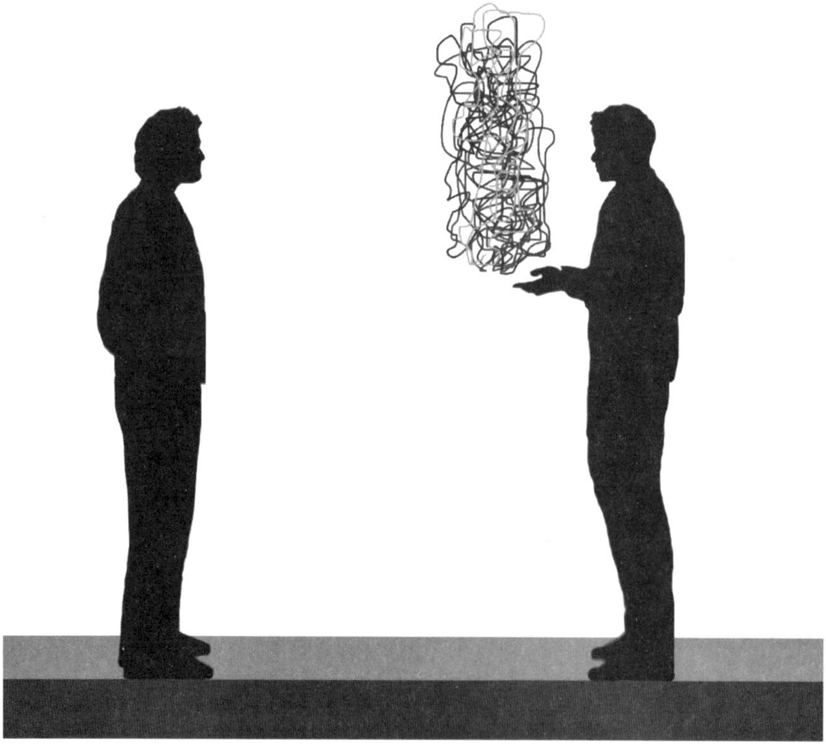

记忆的滤镜

岑嵘

朋友的外公外婆是一对恩爱的老夫妻，平时几乎形影不离。她的外公不止一次自豪地对她说："我和你外婆这辈子没红过一次脸。"

不过我朋友说，这不是真相。据她小时候亲眼所见，外公外婆平时拌嘴不说，激烈争吵就不下七八次，但这丝毫不影响他们眼下的幸福感。

心理学家罗伯特·斯腾伯格写过一本名为《爱情就是故事：亲密关系的新理论》的书，他认为，在成功的婚姻中，夫妻通常会创造可以分享的故事。他们围绕一系列共同的记忆创造一个故事，并用这个故事来印证，他们互相关心对方，在乎婚姻内在的价值。

斯腾伯格列举了26种不同形式的爱情故事。他说，从本质上讲，婚姻的成功取决于双方能互相信任，并通过复述故事来加强这种信任。

在这里，斯腾伯格用了"创造故事"这个词语。没错，这些故事可能并没有发生过，或者当时的情形并非如此。

我们的记忆不仅存在于真实的回忆中，还可以加工和创造。正如王朔在小说《动物凶猛》中写道：“我羡慕那些来自乡村的孩子，他们的记忆里总有一个回味无穷的故乡，尽管这故乡其实可能是个贫困凋敝、毫无诗意的僻壤，但只要他们乐意，便可以尽情地遐想自己丢失殆尽的某些东西，仍可靠地寄存在那个一无所知的故乡。”

在环加利福尼亚自行车大赛中，有新鲜的空气以及沿途的美景，也有让运动员们疲惫不堪的竞争、在瓢泼大雨中的艰难跋涉，以及酷热和疲劳的折磨。在整个比赛过程中，61% 的选手认为途中至少有一个方面让他们感到失望。但是在一个月后，只有 11% 的人还记得当初的不悦。在人们回味过去时，痛苦和疲劳悄悄地消失了，记忆里永远是那一抹美丽的颜色。

研究人员曾经对几十个不同年龄段的人进行跟踪调查。在他们 30 岁左右时，只有 40% 的人认为自己的童年“基本还算快乐”。但是到了 60 岁时，有 57% 的人感觉自己的童年始终充满阳光。而在 70 岁再回忆童年时，则有 83% 的人认为自己的童年是那么令人心醉。

当有一天，你和自己的伴侣都已经老了，你们一起坐在火炉前回忆往事——你们年轻时曾经一起经历的那次旅行，那里有山谷中潺潺的溪水、芬芳的葡萄园以及浪漫的彩虹……然而事实的真相可能是，那次的旅行你们狼狈不堪，错过了末班车，还遗失了证件，山谷中饥饿的蚊子让你们抓狂，一路上你们俩争吵不断，发誓回去以后就分手……可是这又有什么关系呢？后来，浪漫的记忆已经存在于你们的脑海中，那就是另一种真实的幸福。

人为何要开阔

忆 湄

外卖平台漂亮的财报和风光的股价背后，是一张无数外卖员用生命和健康兜底的无解的网。很难说到底是谁的错，互联网是了不起的发明，各种平台是伟大现象的缔造者，但它们既创造了一些美丽的现实，也打破了一些美好的幻想。

消费者热衷免费的产品，但免费的东西其实最贵，因为消费者自己就是产品。消费者为外卖员申冤，就如同在行使权力时反抗权力，在携手共筑的系统中反抗系统，或许就连他们的反抗本身，都会成为算法的养料，反而加固了系统。好的东西有急转直下的尴尬，坏的事情背后却藏着起死回生的转机。事不宜以是非论者，十居七八；人不可以善恶论者，十居八九。当我们对世界秩序的表面判断，蜕皮一样地从心里剥落下来，或许便完成了新一轮的成长。

人的开阔就是这么来的吧。既然许多人设都像一条悠长隧道，你只看见入口和萤火那么小的一个光点的彼端，中间的细节全部消失在黑暗中；既然真实的世界总会挑战似乎已成定局的秩序，还会动摇我们辛辛苦苦得来的一点认识；既然许多事都需要历经相当长的时间，才能形成一个清晰客观的结论，那么，人们最好像一个360度的人，什么都能看见，什么都能接受，什么都不惧怕。

这样的例子实在太多，如张磊在他刚出的新书《价值》里写他早年的经历，就很能说明这个问题。相比投资理念，我倒觉得他早年不断探索和试错的经历，才是最生动的部分。

如果不是他不懂华尔街投行和咨询公司的面试套路，就不会偶然走入耶鲁投资办公室，成就今天的高瓴资本；如果不是他有在五矿集团时期几乎走遍“穷乡僻壤”的经历，就不会真正体会到中国社会的纵深度。正是这样的阅历，才让他在之后的投资生涯里，对中国的崛起尤其三四线城市的发展始终充满期待。

这或许可以给还未被“开阔”浸润的年轻人一点忠告，不是只有生活在最大的城市，从事最光鲜的行业，人生才有意义。

作家余华有一本书叫作《没有一种生活是可惜的》，书里写他同为作家的好朋友马原。在普通人眼里，马原居无定所，好好的作家不写文章，总爱瞎折腾。后来，2017年，马原的新书《黄棠一家》出版，余华说，这时，你发现他的新小说真好看，只有一个十足的江湖中人才能写出来。十年能修成一个举人，十年却修不成一个江湖中人。

马原干了那么多寻常作家干不了也不会干的事，还大病一场去鬼门关前转了一圈，但正是这些开阔，才让他放胆写出世界的流离与荒诞。所以余华说，没有一种生活是不值得过的，所有的生活都充满了财富，只不过看你开采了还是没有开采。

开阔让人活得从容、坦荡，当你拆掉思维的墙，什么事都开始化险为夷。

破闷

张建云

每个人都有闷闷不乐的时候。闷闷，是状态；不乐，是结果。其实，幸福者都是把“闷闷”变成“无闷”的人。事实证明，当我们闷闷不乐的时候，心中的目标偏斜了，志向打折了，理想之光黯淡了。一个“闷”字——心进入一间黑屋子，想出来时，发现那扇门很难打开。而创造者是敢于破闷的。所以白居易说：“破闷如割瓜。”漫长的无聊之后，随着刀切瓜时“咔嚓”的一声，瓜的清香袭来，看着红瓤黑籽儿的西瓜，这个世界陡然清新豁朗起来。

先手与缓手

王路

“阿尔法狗”和李世石下第一盘棋时，突然放弃中盘的缠斗，到左上角补了一手。演播室里坐着好几个九段棋手，他们愣了一下，说：“这一步不好，是大缓手。”大缓手的意思就是，该干的事你没干，跑去弄别的了。但那招缓手之后，“阿尔法狗”就开始全面进攻，李世石处处亏损。

我高三时，背《论语》。一个学霸以为我是为了高考才背，因为有两分的文言文默写。他说，两分不一定出在《论语》上，不划算。到今天，高考的东西我全忘了，但《论语》还能用上。背《论语》这种事，对这个时代的任何人，在任何年龄来说，都是大缓手。

我得益于《论语》的地方很多，就像得益于散步的地方很多。有人会说：“你不努力工作，一天多少时间浪费在闲逛上？绕着小区走一圈，再走一圈，那不是退休老太太干的事儿吗？”其实，我之所以能写出东西，很多思路是在闲逛时形成的。为什么很多人对着电脑一整天一个字都写不出来？因为他不知道对于生活来讲什么更重要，他应该出去散散步。散步不是大缓手，散步是先手。

先手和缓手，在外行眼里是没有区别的。都是在一处战斗正激烈的时候，有人跑了。如果他跑对了，他就是高手，这一招就叫“下一盘大棋”；如果事后证明他跑错了，他就是草包。

高手和庸人的区别就在于，高手能看到哪个地方更加重要，从而及时地腾出手来布上一颗子。如果你没有事先布子，在每一场具体的战斗中，肯定会渐渐落到别人后边。

很多人舍不得眼前的战斗。战斗在哪里，他就认为哪里价值最大，腾不开手。他认为一腾开，就会变成缓手，吃亏了。于是永远被眼前的局面缠绕，一直很辛苦，又一直很被动。

有个朋友本来是程序员，现在做管理和架构，不再写程序了。假如她做程序员时把 90% 的精力都放在写代码上，很有可能现在还是程序员。如果你不能为长期的转型做一些铺垫，就永远没有主动转型的机会，而被迫转型，既辛苦又吃亏。

所以，如果一个人拼命地干活，拼命地提升现在的手艺，而不能腾出手来在别的地方稍稍布局的话，就会活得越来越艰难，就会发现自己这行越来越不好干。这很正常：在局部缠斗下去，利益肯定越来越少。所以要懂得脱先。如果不懂脱先，就会发现，以前掌握的经验慢慢都不灵了，这个世界会越来越让人困惑。

很多看着不变的手艺，细微处也有巨变。过年回家，我妈把我领到一个剃了几十年头的老师傅那儿去理发，说他理得最好，结果他给我理了个小虎队当年的发型，我一星期没敢出门。

有人说，自己做内容，无论平台怎么换，总饿不着，这也看得不确切。就像写文章，不同时代、不同平台，文章也有不同的写法。小学时，老师教作文，段与段之间要换行，段首空两格。谁规定的？孔子这么排版吗？当然不是。这是约定俗成。这种约定有它的载体、时代和寿限。它的载体是纸张，兴盛于印刷出版业发达的时代。在手机屏上写文章，因为手机屏幕窄，一行装不了几个字，分段方式变为隔一行，顶首写。纸质书上，一段三五百字是正常。但今天，手机屏上，一段一句是正常，一段超过两百字，读起来太累了。没有人明文规定这些，但任何事情都有它的规律，摸索出这些规律，就是学问。

人生很多事情都是这样。后来的局促只是因为先前没有布好局。太深地卷入当下的工作，而对长远的局势认不清。因为认不清，会把缓手当先手。最典型的例子就是，工作之后学英语。走在大街上，被培训机构发传单的拉住："先生，需要学英语吗？"你一想，这半年正好有空，为什么不充充电呢？就把报名费交了。

看起来是布局。其实不是。并不是离开目前的战斗，随便在空场摆个子就叫先手。先手是别人还没看出它的用意时，你就知道这一手将来必有大用。而很多人学英语只是因为不知道该干点什么。

先手体现在驾驭空闲的能力上。知道什么时候可以腾出手，知道腾出手来应该干什么。一个人刚毕业时，肯定没有多少空闲，但如果能够善加利用空闲，就可以做很多有意义的事情。

有意义的事情不是指赚钱，也不是指学到什么技能，那些都是小细节，不是大局。大局是令自己有所改观，而且这种改观将影响到长期的道路。关键不在于你做什么，而是要搞清楚，做这件事情，在你生命中可能发挥的作用。

疲劳感与仪式感

流沙

小区里停着一辆车，前保险杠是裂开的，右前门是凹陷的，一边后视镜是碎的，车身满是划痕，还有一个后胎似乎在漏气……看这车型并不旧，应该是五年前才上市的车。

那天遇上车主，是个中年人，他正在换车胎，后备箱开着，那只即将被换上去的备胎还是崭新的。但他总是套不进去，于是我走过去帮他，顺便感叹了一句："你这车要是花几千元整修一下，像辆新车。"他自我解嘲："就是一辆代步车，懒得去管它。三年前刚买来那阵儿，天天洗，像伺候孩子似的……"

想起来确实如此。我刚买新车那阵儿，车身锃亮，赏心悦目，不允许车身积有灰尘。那时，我几乎天天洗车，洗一次，就会发现车身上多了几条细微的划痕，于是自己买了磨砂蜡，慢慢地修复。可是现在呢，车身满是细细的划痕，我既没了那份专注，也懒得去修复。

人一旦对某种事物产生疲劳感和迟钝感，就会渐渐漠视其使用价值之外的美感，并失去新鲜感。相信很多人都有过类似的感受。

譬如，刚搬入新居的时候，窗明几净；但如果不养成好习惯经常整理居室，几年后家里准会像大学时代的宿舍，乱七八糟的——但你早已习惯了，早已忘记了入住新居时的那种美好。

“习惯”是一种可怕的力量。“人生若只如初见，何事秋风悲画扇”，熟悉和习惯可以让我们对“初见”人与物时的美好感觉，慢慢消失殆尽。其实，我们的生活处处充满了美，也许我们只要付出举手之劳，就可以让它变得更美，但许多时候我们已经失去了一双发现美的眼睛。

我平时代步的还有一辆电动自行车，骑了多年，塑料配件都快散架了，骑起来很响，也懒得去修。前几天，电池坏了，我将电动车拖到小区门口的修车铺。待我逛了一圈回来取车，师傅把一辆车推到我面前，我都不敢相信那是我的车——洗去灰尘，更换配件，车像新的一样，让人惊喜不已。师傅看着我，满脸的成就感。

生活就像我的那辆破旧电动车，它的“面目可憎”，它的无味无聊，是因为你失去了新鲜感，习惯于接受现状，不愿意改变而造成的。

去年环卫工人节，杭州一家媒体为环卫工人策划了一场“换装秀”，平时穿着工装的阿姨走进影楼，化了淡妆，穿上时尚漂亮的衣服……光影艺术让她们的容颜和气质焕然一新。你根本想不到，这些被日晒雨淋的环卫女工竟还有这样美丽的一面。这种视觉的对比，让人感慨万千。

现在我们经常会提到一个词：仪式感。因为生活太容易使人陷入疲劳甚至麻木状态，那么，“仪式感”就是一种战胜它们的力量。仪式感是对平常日子的升华，更是对生活本身的升华。它让日子变得不同，它让你知道：工作和生活应该是这样的，而不是“当一天和尚，撞一天钟”。或许，仪式感就是对人对物始终保持“初见”时的心情，是解决“靡不有初，鲜克有终”之难题的有效方法。

著名童话《小王子》中，有一段小王子与狐狸的对话，小王子问：“什么是仪式感？”狐狸说：“它就是使某一天与其他日子不同，使某一时刻与其他时刻不同。”狐狸还建议小王子每天在相同的时间来：“比如说，你下午四点钟来，那么从三点钟起，我就开始感到幸福。时间越临近，我就越感到幸福。到了四点钟的时候，我就会坐立不安，我就会发现幸福的代价。但是，如果你随便什么时候来，我就不知道在什么时候该准备好我的心情……应当有一定的仪式。”

如今再来读这段对话，真的让人回味无穷。关于如何保持对生活的热爱，对美好的向往，狐狸的这段话似乎是最好的诠释。

这样近，那样远

陈染

那一年，搬进某某大楼的第一天，我就在心里默默盘算：尽量不乘电梯，减少与熟人碰面打招呼的概率。幸好，我当时居住的楼层不高，以我的敏捷轻盈，溜进大门之后，三跳两蹿就可以把自己关进家中，大铁门“砰”的一声，人群就与我无关了。

居住的大楼如同一块被掏空的巨石，沉闷无声。平时，人们蜗居在被石板分隔开的空间里，老死不相往来，过着自己的安静日子。楼里住着不少文学界同行，也许在某一时刻，他们正阅读着同一本书，脑子里转动着同一件事，甚至撰写着同题文章。但是，很少有人愿意坐在一起沟通一番。不仅仅是那些怀揣半生阅历的人，年轻人也多没有交流的意愿。

我曾听说这样一件事，楼里有一户人家心血来潮，打算邀请本楼几位同行聚一聚。于是，他们通过电话、微信、信箱，以及留言簿等诸多方式传递消息。据说邀请工作就花费了一个月之久，最后终于得以一聚。

那一天，正巧主人的儿子在家里休假不上班，不知他是孤僻成性，还是懒与人语，整整大半天时间，他把自己紧紧关在一间屋子里，没露面，也没出声。人们只见女主人不时接到一个神秘电话，低声回复几句，然后悄悄走向套房的一隅，轻轻推开那扇一直紧闭的屋门，递进去一杯水或者一块干净的湿毛巾。

有人注意到了这个细节，但是不便主动询问，就佯装没看见。直到傍晚7点多，大家进入了聚会最实质性的内容——晚餐，女主人再一次接到神秘电话。她接完电话回到餐厅后，终于小声说："我儿子今天一直躲在屋里，他饿了，我给他弄点吃的端进去。"大家先是愣了一下，瞬息之间心里的谜团被解开了，众人齐声说："多给他弄一些，多给他弄一些。"最后据女主人说，那一天晚饭，她的儿子躲在小屋里共喝了二两白酒，吃掉了三盘菜和一碗米饭。但是，直到家里最后一个客人离开，她的儿子也没有从那扇紧闭的屋门里出来。

方圆一百多平方米之内，隔着墙壁，她的儿子凭借手机指挥母亲，保持了自己与他人的隔膜。

其实这件事算不上什么，但这件事远比事件本身拥有更丰富的内容。

在这座大楼里，的确有不少人谁也不想了解谁（包括我自己）。有一次，我下楼时撞见某一层住对门的两户熟人，一个男人从自家屋门里出来后，另一户人家的男人也刚好打开房门要出去。当发现对门的人正在关门锁门时，他便迅速地退闪回去，重新关上自家屋门。想必他是打算等对门离开后再出去，免得打招呼。

以前，在我们工作的那座大楼里，各单位的熟人偶尔在大门入口处或者在电梯上碰到，大家总是在短暂的相遇而又得匆匆告别时互道一声："常联系，有空来坐。"

自从人们纷纷搬进同一座家居大楼后，熟人在电梯或楼道里偶尔碰到，却再也没有人敢说一声“有空来坐”了。大家带着各自的隐私在楼道里相遇，不免有些尴尬，甚至有点“鬼鬼祟祟”。以前彼此住得很远的时候倒是容易相约，做了邻居之后，大家却格外慎重起来。

平常心

骆玉明

有个词叫“心魔”，它让我们和世界的关系变得混乱。《庄子·达生》中有一段说赌博者的心理：一个人用瓦器做赌注，他的技巧会十分高超；如果用带钩（古时带钩多配有贵重的装饰，是比较值钱的东西）做赌注，他心里会有疑惧，动作就变形了，技巧就会变差；而用黄金做赌注的人很容易头脑发昏，心烦意乱。如果把赌博视为智力游戏，赌注越贵重，顾虑越多，心智被破坏的程度就越严重，这就是心魔的骚扰。

日本围棋史上的一个故事，犹如对《庄子》寓言的注释。林海峰二十三岁时在旧名人战中挑战坂田荣男，首局败北，这使他失去了自信。在向老师吴清源请教时，吴清源送给林海峰三个字：平常心。吴清源解释说：“你现在最需要的是一颗平常心。老天如此厚待你，二十三岁就挑战名人，这已经是多少人梦寐以求的成就，你还有什么放不开的呢？”林海峰大悟，随后连胜三局，坂田扳回一局后，林海峰再胜一局，挑战成功，成为当时日本史上最年轻的棋坛名人。

老不老是心里的事

南帆

田径场的塑胶跑道上，晚间散步的人络绎不绝。舆论已经深入人心：走路有助于祛除百病，更使气血旺盛。篮球场上的奔跑与冲撞必须有一副强壮的躯体，柔若无骨的瑜伽则要求富有柔韧性的四肢。走路是普及版的锻炼，不存在任何技术难度。为什么在田径场上跑步要逆时针跑？通常的解释是，心脏居于左边，身体的重心偏左；同时，人们的左腿更为有力，跑步向左拐不易摔倒。然而，对晚间散步是不是可以有另外的观点？我固执地认为，逆时针行走犹如把时钟往回拨——顽强地把耗去的生命一分钟一分钟地拨回来。

耗去的生命堆积成了年纪。一把年纪的人，时间藏匿在生命的哪些地方？成熟了，安详了，知天命的年纪换得了一副坦然的神情。当然，还有皱纹、白发和日益肥胖的身躯，岁月是一把杀猪刀。

一把年纪未必就是垂垂老矣：不拿拐杖，走楼梯的时候拒绝搀扶，面不改色地喝一杯烈酒，与年轻的女子开一个无伤大雅的小玩笑——如若身为女子，挺拔的身姿与轻盈的步态是甩下衰老的标记，必要时可以与年轻人斗一段广场舞，咬牙忍住肩周炎的剧痛和膝盖的颤抖。年纪多少依据的是出生档案的记载，客观而确凿；老不老则是心里的事，不服气就算不上老。

一把年纪了还算不上老，不是亏了吗？另一些人愿意尽快领到“老”的牌照。老是资格，是威望，有时还是耍赖的基础，例如倚老卖老。背起手来，腆着肚子踱方步，放慢语速，任意加标点符号断句；喜怒不形于色，高深莫测地轻笑一声把脸转开，让他们揣摩去；要么用鼻孔哼一声，毫不客气地表示不屑——满脸皱纹难道还兑换不到教训人的资格吗？即使没有什么显赫的业绩，一把年纪真实地摆在那儿，对方再大的本事也赶不上。有时与子女斗气，那些曾经耳提面命的家伙远比外人放肆。如果辩论的声音越来越大，经典的一招是心脏病发作——没有多少子女敢于领取道德风险如此之大的口头胜利。

意大利哲学家阿甘本谈到一个有趣的观点：一个人既置入自己的时代，又适度地与时代脱钩——这种人更具有时代性。保持一些距离也许能更为完整地认识时代的整体。我觉得，这种观点似乎更适合一些老者。年轻的时候必须深入时代的每一个缝隙，目不转睛，扑上去捕获种种一闪而过的机遇，他们甚至没有喘一口气的闲暇，也没有心情评判自己的生活。老境将至，渐渐地从忙碌的轨道滑出来，人们开始滋生一些反躬自问的念头。反省上半辈子的成败得失，无形之中也反省自己置身的时代。然而，另一些人可能觉得多此一举。老境将至，还不能留一些时间给自己吗？他们微微一笑，决定抛下自以为是的精英主义观念。年轻人的世界交还年轻人管理，退休就是退后一步，专心休息。心头无事一床宽，睡觉的时候可以放声打呼噜。醒来之后，悠闲地喝几口茶，翻若干闲书，种一些不知名的花，招呼几个老友打麻将。

无论多么低调的人，一把年纪总是自尊的资本。譬如，我们多半愿意援引长者的观点，很少复述后生的思想作为佐证。“一个年轻人曾经指出……”谁肯对年轻人如此毕恭毕敬？“痴长几岁”只是老派的客气话，心里想说的是“我过的桥比你走的路还多”。经验就是资本，老人家当然可以摆开架势训一训年轻人。然而，一个麻烦的问题是，遇到历史上的先哲怎么办？鲁迅五十五岁逝世，王国维才活了五十岁就自沉于颐和园昆明湖。后人的寿命往往长得多。不知不觉到了六十岁，还好意思引用他们的言论作为思想的指南或者学术依据吗？事实上，这种情况比比皆是。杜甫的寿命是五十八岁，王羲之也是五十八岁，曹雪芹四十九岁就溘然长逝。英国的浪漫主义诗人拜伦不过活了三十六岁，雪莱才三十岁。似乎没有多少人关注这些显赫的名字配置了多长的寿命。“人生自古谁无死，留取丹心照汗青”，历史剔除了种种琐碎的情节而仅仅留下耀眼的伟业。进入先贤祠的大人物可以抛开年纪以及辈分这些世俗秩序。他们跳出了岁月铺设的阶梯而获得了俯视众生的资格，高高在上，年长者躬身请教也没有什么可羞愧的。

当然，先贤祠的入场券极为稀罕，绝大多数人无缘问津。先贤祠里的大人物往往拥有超长的精神年龄，以至于可以跨越自己的时代与未来持续对话；相反，凡夫俗子的精神年龄远不如身体年龄，许多人早早关闭了与世界对话的思想通道，六十岁的身体可能只有四十岁的精神积累。当然，他们不可能察觉与承认内心的贫乏，而是热衷于依赖年纪争取权威——这时的皱纹与白发产生了实际的意义。“有的人活着，他已经死了；有的人死了，他还活着。”这句诗的后半句称赞的是鲁迅，前半句并非没有对象。

一颗简单的心

林特特

她在超市门口卖糖炒栗子。

好几次，我经过，她都站在摊位里，忙碌地招呼顾客。

有一回，我买她的栗子，瞥见靠在一旁的拐杖，我再看她的腿，才发现她有些残疾。

她的拐杖，靠着墙。拐杖头是皮革制的，里面鼓鼓囊囊，塞满了海绵。我见过许多类似的拐杖，但她的稍有不同，她的拐杖头上蒙着一个布套。

也许是夏天汗多，包着布，就能经常拆下来换洗？她殷勤地给我装栗子，而我在琢磨她的拐杖。

几天后，我在公交车站碰到她，她拄着拐杖。

她穿一件水红色的衬衫，领子处垂下两根飘带，在胸前打成一个蝴蝶结。

我看着她，总觉得她哪里很特别，我再仔仔细细打量她，这才发现，她拐杖头上的布套也是水红色的。

今天，我去超市，特地经过她的摊位，她的拐杖仍靠在一旁。

今天，她穿一件豆沙色的上衣；今天，她拐杖头上的布套是豆沙色的。

她正给一个顾客称斤两，抬脸冲我笑笑。有人对她说："大姐，给我半斤糖炒栗子。"她"哎"了一声，嘴上答应着，手也没停，从秤上拿下装满栗子的纸袋递给前一个顾客，收钱，找钱，动作流畅。

我说："我也来半斤吧。"

当晚，我于灯下，捻着一粒栗子，又想起她的拐杖。

现在这个时间，她快睡了吧。

睡之前，也许她要做个面膜，也许只是拿吃剩的黄瓜擦擦脸，她会准备好明天摆摊要带的东西、明天要穿的衣服、相同颜色的布套。

当她躺下来，安心入睡，她精心导演并亲自出演的一天已经落下帷幕，而明天，她还会一丝不苟于每个细节——用她认为美的方式。她有好多美的秘密，那拐杖也不过是其中之一。

任真

傅佩荣

我在 30 岁到 40 岁时，座右铭就是两个字——任真。

“任真”就是“让自己真诚”。

那时，我懂得了儒家思想的关键就是真诚。什么是真诚？真诚不是想到什么就说什么，那是缺乏修养的表现，不是真诚。

真诚，就是要像一些宋朝学者那样，随时保持高度的警惕。他们有个比喻很生动，像猫捉老鼠一样全神贯注，注意到一点点动静，就像把自己的心放在手上那样敏感。对自己说的话，以及喜怒哀乐等情绪表现，都要努力做到“发而皆中节”，做到适度。

真诚，对自己来说，就是要让自己的情感发而皆中节；对待别人，就是尽量不要敷衍，连表情都是。

30 岁到 40 岁的 10 年正好是人生奋斗的关键时期，你自身的人格特质、社会对你的了解与评价，都会在此期间初步成形。

如果不真诚，人活着还有什么特别的价值？因此，人要学着做自己，同时，绝不轻易伤害别人或让别人为难。

让自己真诚，在言行方面需要有高度的修养，所以，“任真”不是一下子就能做到的。

我就把它当作座右铭，一直激励自己。10 年下来，我觉得自己有了一点点成绩，可以说自己是一个成年人了。

持满之戒

罗大伦

老子说："持而盈之，不如其已。"这句话怎么理解呢？比如说，有一个盛满了水的容器，你端起来就走，结果会怎么样？水会洒出来。"不如其已"——你不如把它放下。

这句话是说，做什么事，如果非要把内在装得很满才去做，就没法做，所以不如适可而止。后世把老子的这种教诲称作"持满之戒"。

中国人做事特别在意"满"这个字。《淮南子》在解释"持满之戒"时，讲了一个故事。

战国时期魏国国君魏武侯问他的手下李克："吴国那么强大，为什么后来灭亡了呢？"李克回答，因为吴国"数战而数胜"。意思是，吴国打了很多次仗都打赢了，所以灭亡了。魏武侯越听越糊涂，于是问："打仗每次都打赢，这是吴国的福分，怎么会导致灭亡呢？"李克回答："不断征战，老百姓就会疲惫，疲惫了就会心生怨恨；每次都打赢，国君就会骄傲，继而开始放纵，野心会越来越大，野心大了以后就会把国家所有的钱都投入战争，这样会把国力消耗殆尽。

最后，国君的野心大到了极点，老百姓的怨恨也大到了极点，上下都到了极点，按理说，吴国的灭亡都算来得晚了。”

所以，我们做事不要做得太满，要给自己留点余地。人不仅仅要做事，还要享受生活，还要陪家人一起度过快乐的时光。这样，人生才会过得从容一些。

幸福而丰富的一生

连 岳

“英雄留步！”

连太从书房一跃而出，我被迫与她比画几招，才得以放行。

这几天，我们在重读金庸先生的《射雕英雄传》，家里就有了这些疯疯癫癫的场景，宛若回到少年时光。

这次重读，有一部分也是沾了工作的光。《射雕英雄传》我固然喜欢，但是事情很多，花大块时间重温，还是太奢侈。

我小妹妹的大儿子，曾经悄悄网购了咏春拳、截拳道的拳谱。这让我想起小时候偷偷练武的自己，他是时候看一看《射雕英雄传》了。于是，我索性也乘机再读一遍。

我一直觉得《射雕英雄传》其实是一本学习之书。主人公郭靖是个天资鲁钝的笨孩子，这在武侠类小说中，可能是唯一的。他的启蒙老师又是脾气很差的江南七怪，动辄打骂他。用现在的话来说，他是有童年阴影的。但郭靖就是凭执着，慢慢练，一点点进步，终成侠之大者，为国为民。

用洪七公的话来说，笨不要紧，心地好就行。心地好，这世上的资源就会向你汇集，就像郭靖一路得到大师的指点提携一样。

天下总是笨孩子多，但只要他们像郭靖一样成长，人生一定不会差，他们甚至会改变世界。就像金庸先生说的，他希望读者在快乐阅读的同时，想象自己是个好人，要努力做各种各样的好事，想象自己要爱国家、爱社会、帮助别人得到幸福，由于做了好事、做出积极的贡献，得到所爱之人的欣赏与倾心。《射雕英雄传》完美地传递了这个观念。

一部小说令人着迷，又能为读者塑造好的观念，它就是伟大的作品。也正因为如此，我从小判断文学作品的价值，就没有帮派之见，也更不容易屈从权威与主流。谁给读者带来价值，谁就是好作家。在我的心目中，金庸先生就是最伟大的作家。原来武侠小说被视为洪水猛兽时，我视《射雕英雄传》为伟大作品，几十年过去了，它入选《教育部基础教育课程教材发展中心中小学生阅读指导目录》，我为教育的与时俱进感到开心。当然，我仍然视《射雕英雄传》为伟大作品。

这次重读《射雕英雄传》，我反而读得慢，不像少年时，通宵达旦，两天就看完。我更多是在体味金庸的文字之美。他的词汇量无边无际，动词的使用精确细致，用典出神入化，但读起来又是口语，多是短句子，节奏明快，如水银泻地。小时候不知道这是写作教科书，半生过去才明白，心里更是佩服。

金庸先生一生很努力，虽然极聪明，却像郭靖一样下笨功夫。他曾说："我每日读书至少四五个小时，从不间断，在报社退休后连续在中外大学中努力进修。"

可能，幸福而丰富的一生，就是六个字：笨功夫，好心地。

人群中，我们靠弱点认出彼此

黄菲

我的一个小同事，有一次听完我和其他人聊考驾照的经历后，用他一贯诚恳的语气对我说："自从认识你，我对人生变得更有信心了。"满座哄堂大笑。小同事有点着急地解释道："我的意思是，你虽然不会做饭，路盲，数学不好，但也活到这么大了，我和你很像……"于是大家笑得更开心了。

我一时拿不准自己的心情——是该欣慰、生气、羞愧，还是该得意？总之，我举棋不定，怀着复杂的心情回应他："是呀，不但活下来了，还活得白白胖胖的。"

后来我厘清了自己的心情——我不羞愧，也不生气，我啊，其实还有一点点得意，一点点欣慰。没错，我不务实，不能干，我浑身都是弱点，但是，我也活到了现在，不但活得不错，而且看样子还能继续好好地活下去。原来，我们不必对生活戒心太重，如临大敌，不必要求自己壁垒森严，滴水不漏；原来，活着并没有想象中那样艰难，即使带着软肋，我们也可以在自己的小宇宙里全须全尾、自由自在地活下来。而且，满世界都是我们的同类，也许在天涯，也许在咫尺，各有各的笨拙，各有各的弱小，却都好好地活着。我们只要看到彼此安好，就觉得温暖、欣慰，有力量。

我有一个每天都必定会在其中聊天的微信群，群里的9个人是因为喜欢同样的作家而聚到一起的，有公务员、大学教授、保险公司高管……总之，大家看上去都挺“精英”的。我依恋这个群，除了大家三观相合、审美相近，还有个极重要的原因：我们有着非常相似的弱点。

有人说自己数学很差时，立刻有好几位扑上来，恨不得抱头痛哭：“我也是！我也是！”大家痛陈被数学伤害的岁月，唏嘘着“我们这些数学学渣竟然也有今天”。有人说自己体育很差时，也立刻有几位扑上来响应：“我也是！我也是！”大家诉说着当年跑800米时的惨状、立定跳远时的无助，尤其当我生平第一次勇敢地说出自己无法上双杠的不堪往事时，有一位泪汪汪地喊道：“亲姐妹！”她一直以为世界上只有她一个人是这样的。

高潮出现在我说自己五音不全时。万万没想到，9个人的群里有7个人说自己五音不全。我说我一首完整的歌也唱不全，立刻有人说“我也是！我也是”；我说我最讨厌的活动就是去KTV唱歌，立刻有人说“我也是！我也是”……最后，从来不在人前唱歌的我，在群里唱了起来。我那些五音不全的伙伴，也纷纷献上了他们的歌声。我们度过了一个温暖而欢乐的治愈的夜晚。

人群中，我们其实是靠弱点认出彼此的。弱点，才是我们隐藏最深却又最真实的气息。遇到羞怯的人，我会忍不住格外温柔；遇到笨拙的人，我一定会多加包容；遇到脸皮薄的人，我会更多体恤；那些“路盲症患者”“脸盲症患者”，无不让我倍感亲近……活着当然不容易，但也不是那么艰难。人生海海，我们并不孤独，好好活着，就是彼此温暖，就是互相守望。

佛心

刘梅花

李时珍这个人，有佛心。他记载的医案，看起来只是说病，其实讲的都是历史。

他说，有个婢女总挨打，逃进深山。后来被樵夫碰见，但婢女依然黑发童颜，十几年不见老。樵夫回去后立刻向她的原主人禀告，原主人带人进山抓住婢女。问来问去，原来婢女十来年就是吃柏子仁，这味药材才被大家发现。

他只是给你讲柏子仁，但你仔细想想，那个婢女多可怜。

又说："时珍自京师还，见北土车夫每载之，云暮归煎汤饮，可补损伤，则益气续筋之说，尤可征矣。"

李时珍在驿站遇见几个马车夫，晚间煮着连根带叶的野草吃。问起原因，马车夫回答，我们赶车人在野地里奔跑，难免伤筋动骨。这味草叫鼓子花，吃了可以舒筋活血。后来李时珍发现，鼓子花可续筋骨，筋被斫断者，用鼓子花半月即可愈合。

不过，我又读到一段记载："凡筋断者取旋花根，捣汁，沥入仍以渣敷之，日三易，须令断筋相对，半月后即相续如故。蜀见奴逃走多刺筋，以此续之百不失一。”

对逃走的奴隶，逮住后刺断其筋，令其不敢再逃。然后拿旋花根给其续筋，使其可继续为主人干活。这种控制太可怕了，不敢细想。

李时珍就是要告诉人们药材之外的故事，药材之外真实的人间。

有来有往的爱

徐立新

小区里有一位老太太，今年 80 岁，独居。

老人每天都会在各个单元楼下的垃圾桶旁走动，捡拾住户们扔掉的废品，然后卖掉。

我经常在电梯里见到这位老太太。聊天中得知，老人两个子女的家境都非常不错，就住在附近的小区里，每周会过来跟她聚一次，都以不卫生、不健康等理由反对她捡废品。但老太太坚持自我："我捡废品，不是为了赚钱，而是为了活着。"老人对我说，自己不喜欢待在家里看电视，也不爱扎堆打牌、闲聊，如果不找点事干，就太无聊了。

还有，就是表达对小辈的爱，老人说，她是一个从乡下来的老太太，没有退休工资，生活费全靠子女们给。"我捡点废品，挣些钱，然后买些牛奶、水果，送给孙辈们吃，让他们知道，没什么大用的奶奶很爱他们，而且身体健康，过得有滋有味，好让他们安心地去学习、工作。"她还说，"牛奶、水果虽不是什么稀罕物，他们有，那是他们的，我还是要送的，我不能只做一个被人关心和爱护的人，亲人间的爱，应该有来有往。"

雕刻岁月

尤今

读到一篇短文，作者提及他在博物馆看到一件巧夺天工的艺术品——玉雕龙舟，当他为这件艺术品的鬼斧神工啧啧叹赏时，他同时也为雕刻者的命运发出同情的哀叹。

他认为，一刀一刀地耗损人生的许多岁月来慢慢完成一件艺术品的过程，其实是很残忍的。原因是：把一个有才气、有抱负的年轻人深锁在一间工作室里，只安排一件事情给他做，年轻人青春正茂的世界，会因此而变得狭窄和黑暗。

我不同意这个看法。

我非鱼，亦知鱼之乐。

一件完美的雕刻品，必定包含着雕刻者那一股铁杵磨成针的毅力、那一种吸纳各家之长为技艺的努力、那一份凝聚万千意志于十指的专注，还有，缺一不可的自信与自重。

当雕刻者刻下第一刀时，他也许正是青丝满头、意气风发的少年，完成最后一刀时，他或许已变成动作迟缓且两鬓斑白的老者；可是，衣带渐宽终不悔——实际上，他雕刻的不是物品，而是岁月。

当他把原始平凡的材料转化成匠心独具的艺术品时，他也将一种惊天动地的美雕刻进了永垂不朽的岁月。

他的世界，不狭窄、不黑暗，相反，明亮如阳光、辽阔如宇宙。

做刺猬还是当狐狸

罗振宇

著名哲学家以赛亚·柏林说："刺猬知道一件大事，狐狸知道许多小事。"这里提到的刺猬和狐狸，象征着两种不同类型的人。

知道一件大事的刺猬，心里只有一个念头，拿着锤子看什么都是钉子，以不变应万变，很简单，也很狭隘。要是碰对了，能做很大的事，若是碰错了，就可能造成很大的灾难。

狐狸不一样，它是现实主义者，知道许多件小事；心里没有什么宏大叙事，也不急于找到根本答案，兵来将挡，水来土掩，走一步看一步，以万变应万变。

这两种人，我们在生活中都会遇到。我们该当哪一种人？如果在一百年前提出这个问题，大家大概率会认为刺猬是好的。在当时的观念里，人对这个世界的认识是简洁的。孔子说，"吾道一以贯之"，佛家有所谓的"四法印"，牛顿用简洁的公式就能解释庞大的宇宙。在那个时代，有思想的人，就是能够把复杂的世界抽象成一件事、一个道理、一个公式的人。那个时代的思想家都有自己的招牌思想，这就是"刺猬的时代"。

简单原则，其实得靠复杂的操作支撑，否则大多数时候就是个口号，落不了地。

举个例子。桥水基金创始人雷·戴利奥的《原则》这本书很火。书中提到，雷·戴利奥在他的公司管理中采用“讲真话”原则。这个原则要求包括自己在内的公司员工极度诚实，对人对事有什么意见一定要当面讲出来。听着挺对吧？我们都想生活在这样的世界里。但如果有人一直讲真话，到了不顾场合、不可理喻、无法说服的地步，那会是什么情况？我猜想雷·戴利奥迟早也会动用自己的权力，要么禁止他讲话，要么干脆把人开了。

讲真话这个原则，其实不可能被贯彻执行。现实情况是什么样呢？原则可以不变，但什么真话可以讲，什么场合可以讲真话，可以讲到什么地步，什么时候必须闭嘴，在他们公司一定有一套默认的规则。你如果没弄懂这套复杂的规则，只掌握一个简洁的原则，在这家公司是生存不下去的。世界上每个原则背后，都有悖论，都需要我们动用世俗智慧将它补齐。

再比如，有人问神父：“我祈祷的时候可以抽烟吗？”神父说：“当然不可以。”又有一个人问：“我抽烟的时候可以祈祷吗？”神父说：“当然可以。”其实，原则就是人要虔诚地祈祷，看起来很简单，一旦成为现实世界里的行动，马上变成悖论。这就是用刺猬方式来解决生活的难题——会出现悖论。

哲学家叔本华说过，每个人都把自己视野的极限当成世界的极限。但凡认识到这一点的人，都不可能当刺猬。刺猬只知道一件事，但一件事不可能是全世界。我们知道，世界是不确定的，因果链条是杂乱纠缠的，社会系统是动态的，我们都不可能像刺猬一样，宣布自己知道终极答案。

既然刺猬不行，当一只“知道很多小事”的、现实主义的狐狸好不好呢？狐狸的生活方式，其实就是我们经常讲的“多元思维模型”。

在互联网时代，我们都知道这样做的好处，所谓“小步快跑，快速迭代”——都总结成方法论了。

狐狸不要高兴得太早，狐狸从反馈中学习，但是反馈中可能会有陷阱。

我们接受世界反馈的来源主要有三种：第一种反馈是得失，赢就继续，输就变化；第二种反馈是榜样，跟榜样一样就继续，不一样就变化；第三种反馈是环境，适应就存活，不适应就被淘汰。这三种反馈学习，在本质上都是适应性学习。

但是请注意，这里面有陷阱。

所有的适应性学习，都是短视的。不论给出反馈的是得失、榜样还是环境，它们都只能给你局部的和当下的反馈，你根据这个做出来的调整，当然也只能是局部的和短暂的。

最典型的例子就是上市公司。上市公司的管理者，为了股价好看，逼着自己每一年，甚至是每个季度都要保持利润增长，结果是没有创造出长期增长的新引擎，每一步都很满足，最后却落得没有未来。

美国资本市场上就有这样的恶性操作，趁股价不好的时候收购公司，然后拼命地缩减成本，比如大量解雇员工，把财务报表做好看，待股价上涨，再卖出去。但是减成本有可能损伤公司的长期竞争力，公司就完了。这就是利用短期反馈做的恶性收割。这是一种很悲惨的路径。

有这样一种人，他赢了每一局比赛，最终还是输了。

原理很简单，如果每一局都赢，每一个短期目标都得分，就意味着你变得越来越适应现在这个环境，得到越来越多的稳定性，最后丧失了创造力，整个环境都被你的行动策略撑满，环境都为你所用。如果环境不变，你就是王。但要命的是这个时代，环境不仅在变，而且越变越快，一旦发生剧变，用什么去应对变化？

最典型的例子是当年的日本，从明治维新到中日甲午战争，到日俄战争，他们打赢了每一仗，但是，等他们把自己的环境撑满，再往前走一步，偷袭珍珠港，惹恼了美国人，环境就发生了巨变，接下来就是毁灭性的灾难。日本获得了每一个战术胜利，终于一步步把自己带进一个战略陷阱。

这就是狐狸的问题，不要以为在现实世界就可以获得现实的胜利。

那么问题来了，当刺猬不行，当狐狸也不行，怎样才行？当狐狸，但是同时搭刺猬的便车。

第一，我们自己要成为一只狐狸、一个现实主义者，敏锐地感知环境的反馈，不断地调整自己，不断地使用新工具。第二，对这个世界的刺猬好一点。刺猬本身的下场也许会很惨，但他们有一项独特的本领，就是着眼于未来，总会给我们发来长期主义的信号，这是现实主义狐狸的世界里最稀缺的东西。第三，看好、警惕那些刺猬，听他们说的话，但是小心他们把你带到沟里去。

总结成一句话就是，当一只现实主义的狐狸，但是在现实主义的世界里，也给理想主义的刺猬留一份尊重，留一个有边界的位置。

月色是最轻的音乐

傅菲

月色或许是最轻的一种音乐，霜花一样轻，流水一样轻。乐声在山间起伏流淌，白晃晃，环绕。也或许是最重的一种音乐，铁一样乌黑发亮，沉在内心，会在多年之后长满锈迹。我曾听过这样的音乐，在一个冬日的窗前，但不是月色，而是碎雪。窗外是一棵枯芭蕉，我坐在一个人的身边。我们都没有点亮房间里的灯。我看着这个人，一直看着这个人。这个人也如此看着我。看着看着，我把这个人看进心里去，让他住了下来。我丝毫不怀疑，留下居住的人会永生。永生的人会出现在月下，踱步，低语。碎雪扑簌簌地响了起来，时轻时重，像不能磨灭的时间钟声。

而又有几人，听过月色之音呢？明月照耀所有的山冈，也照耀所有的窗棂。月光朗朗。沟渠里，瓦楞上，摇动的苦竹林，渐渐隐没的沙石路，月色一层层铺上来，寂静无声。

茶凉九次，月色厚了九层。我把一张纸折起来，用小刀裁成两半，再折成两半，再裁……折了多少个两半呢？记不清楚。纸成了无数个四方格的纸屑。每个纸屑里，都有一个或两个字。每个字都没有具体的指向，仅仅是字。这些字，在茶热时，按行排列在一张白纸上，带着温度和指纹。现在，它们泡在冷冷的茶汁里，碳素墨水般洇开，像一张看不清的脸。月色落在脸上，很快便凝固了。

把茶汁和泡烂的茶叶，倒在蓝雪花钵里。蓝雪花已经枯了，叶子落满了花钵。春天，蓝雪花又会抽苗散叶，在四月，一朵朵花扶摇招展。纸会烂在泥里，字会浮现在花瓣上，月色会结在蕊里。我将在日日清晨，为它浇适量的水，而后放在另一个半开的窗台。

月色越旷芜，也越盛大。桌上的诗集，我一直没有打开。檐下的风铃，一直在响，银铃般的响声。挂在廊下的衣服，一直在风中晃动摇摆。我微微闭上了眼睛，但我明显感觉到自己的眼睑在激烈地颤动。我抖抖身上的衣服，一粒月光也没抖落。我哼起即兴的曲子，不着调，那是孩童时的爬山调。

树叶开始泛起光亮。露水凝结了，一滴滴，圆滚滚。在明天太阳照耀之前，露水会重回大地，或蒸发到空气之中。秋露，是早逝之物。我摸摸头发和衣衫，也有了秋露。我又披了一件衣服，在深山，在异乡，薄衫已不适合穿在一个中年人身上。露水趋白，衣衫正单，月色渐寒，秋风似无，雁声恰浓，茶水薄凉，我该起身。月亮已西坠，很快会消失，像鲤鱼潜入水底一样。我站在空空的院子里，抬头仰望，瓦蓝的天色渐渐变成灰蓝，云朵在海水里漂白，如丝絮一般。我的脸上是一层厚厚的月光，冰凉的，像一座已成废墟的车站。

一粒尘土睁开眼睛

刘亮程

我小时候读过一本中医书，繁体字竖排版的，里面都是能治病救人的方子，是先父20世纪60年代初从甘肃到新疆时带来的。先父是旧式文人，会文墨，能号脉开方。我几乎看不懂那些药方，却记住不少中草药的名字。后来我在野外遇到并认出这些草药时，内心的惊喜无以言表，好像两个早已相识的生物又在荒野中遇见。那些能医病的神奇草木，长在房前屋后、荒野地头，年年岁岁地与人相依为命。

后来我写过许多植物，还有动物，都是与人相依为命的。

它们在我的文字中是有灵性的鲜活生命，是另一种生活里的我自己。

我写一棵草时，仿佛已经跟草长在那里，扎了根，生出茎和叶。

写一片被西风刮远的树叶时，我的心也跟着它去了遥远天地，经历它所经受的风雨寒暑。多少年后它被相反的一场风吹回来，我还能认出它，就像认出经历了同样命运的自己。

写蚂蚁时，我仿佛在它的阴湿洞穴里住过，身上带着那里的酸楚气味。

在那样的书写中，仿佛活成一只蚂蚁的我，和执笔的我静静对视。这是唯有文学才能感受和表达的。文学是我们和万物间的相互感知，相互看见。

作家写什么像什么，那是到达。一般的写作者都可以做到，因为我们的语言本身有对事物的描述功能。但还有一些作家，他写草时仿佛自己就是草，写蚂蚁时自己已经生活在蚂蚁那里。他写的每一朵花，都向整个大地开放自己。

作家是跟石头说话的人，能让石头开花，让一粒尘土睁开眼睛。

作家是老去时光里的顽皮孩子，怀揣着初来人世的惊喜。在他的书写中，万物又复归到刚刚诞生之时，一切感受都是新的。那些对世界人生充满了天真好奇和无尽遐想的文字，是写给内心那个孩子的。

好的文字是通达万物的。而这种通达，需要一颗天真的心灵。

一颗在时间的尘埃中不曾衰老、不曾消减、不曾丢失梦和翅膀的心灵，是属于文学的。

成名无须趁早

冯唐

无论是儿童还是成人，都希望快乐学习，趁早成名。但是，我不得不说，学习只有先苦后甜，成名千万要晚，成大事无捷径，快乐学习不太靠谱儿。

我举两个朋友的例子。

女书法家许静跟我说，她9岁的时候有一次去西安玩。西安是古都，有碑林。许静看到《多宝塔碑》，“哇”的一声就吐了，吐在自己衣服上，没吐在碑上。“为什么会吐？”我问许静。许静说：“我从4岁开始练书法，我爸逼着我每天都要练，练了那么多次《多宝塔碑》，然后看到这个《多宝塔碑》，大脑还没来得及反应，小脑先反应，就吐了。”

另一个朋友赵胤胤，是钢琴演奏家。有一次，我问他：“你爱不爱弹琴？”他跟我说：“弹琴的人很少有爱弹琴的。”

再举自己的例子。我现在英语水平还可以，虽然口语并不标准，但是阅读能力、词汇量都还不错。小学的时候，我爸这辈子唯一一次逼我：“你要学英文，学好了英文，才可以走到世界上看一看。”

所以从我上小学四年级开始，他就逼我学英文。当时有一种英文教材叫《跟我学》，他非逼着我学。这种逼迫造成的后果就是，我对英文有极强的抵触情绪。我为了克服对英文的厌倦情绪，就找了一些英文原版小说，比如《简·爱》《德伯家的苔丝》《名利场》，逼着自己用对文学的喜爱来冲淡对英文的逆反情绪。

就算你的身心没有被这种日复一日的训练伤到，也要想到，你很有可能未来并不只做一件事——练书法、弹钢琴或学英文。如果你真的想做得特别好，其他学科也要相对全面发展，才有可能做到顶尖，做到未来的顶尖。

英文学不好的人，大多认为是自己的词汇量不够，其实这种想法是不对的，有时候可能是综合知识储备不够。比如“Mayflower”，每个词你都认识，但是合在一起的含义是“五月花号”。“五月花号”是怎么回事，它造成了什么后果，它之后有什么样的发展，你如果不知道，会让你的英文水平大大受限。还有，学英文需要一些所谓的人间智慧，你可能每个单词都认识，刚才说的背景知识也都知道，但你就是不知道这篇文章到底说的是什么。

除非你是绝世天才，否则趁早成名了，很有可能不得不“端着”，为所谓的盛名所累。

麦肯锡公司有一个“上升或者出局”机制。我第一次升项目经理时，没有升上去，当时有点儿沮丧。后来我的导师就跟我说：“工作是马拉松，有可能你要以10年、20年为单位来奋斗，给自己一个学习、实践的过程。你以为懂了，很有可能你还没有真懂。让你迅速上位之后，你德不配位，会被这个位子、被自己的名声累坏。”

“成名趁早”这句话害人，希望你听进去我说的这些话。不见得要放慢脚步，但请放稳脚步，一步一个脚印，慢慢地往前走。

沉睡的良心

刘荒田

马克·吐温为“理想生活”开列了三个条件：真诚的朋友，美好的书籍，沉睡的良心。

前两个好理解，最后一个值得讨论。

为何在令人向往的幸福日子里，良心最好“沉睡”呢？如此说来，良心作为私人品德的守护者，公序良俗的看门人，不可能全知全能，永不下岗，全天候地执行任务。

如果遇到以下状况，它会猛地惊醒，走上哨位：遭遇抉择。比如，路上遇到一个老人倒在地上，车站前发现扒手把手伸进别人的口袋，马路旁边一个没了手脚的人在乞讨。

如果你认为第一个案例是碰瓷；第二个案例太复杂，高声呼喊虽可引起注意，但会把祸水引向自己，遭扒手的同伙报复；第三个案例，你认定乞讨者是伪装的，于是，你掉头不顾，“良心”按兵不动。或者，你什么也没想，就见义勇为，良心成为可贵的本能，以上二者，都不会制造内心的不安。

问题是我们未能免俗，老在“两可”“两难”之间举棋不定，怕上当，又怕受警醒着的良心谴责，天人交战，难免吃苦头。

20世纪初，泰坦尼克号撞上冰山，多数男性乘客和船员宁可赴难，也要让妇女、孩子先上救生艇。例外的是日本人细野正文，他男扮女装，冒着被水手们认出来的危险，偷偷爬上满载妇女和儿童的10号救生艇，最终保住性命。

可耻行径一经披露，回到日本后，他立即被所供职的铁道院开除，还受到国内舆论指名道姓的谴责。细野正文从此背上“卑劣幸存者”的恶名，熬过生不如死的后半生，郁郁而终。

审察正反两面的案例，不能不省悟，良心如果“沉睡”，实在是福气，这一状况意味着，内心拥有至为难得的平静，平衡。没有战争，坦克的履带干净，火箭的发射架沉默。没有辗转反侧，安眠药瓶的盖子没动。没有犯罪，牢狱冷冷清清。

所谓“平生不做亏心事，半夜敲门心不惊”，这“心”就是因自信而酣眠的良心。

他在岁月面前认了输

丁立梅

他花两天的时间，终于在院门前的花坛里，给我搭出两排瓜架子。竖十格，横十格，匀称如巧妇缝的针脚。搭架子所需的竹竿，均是他从几百里外的乡下带来的。难以想象，扛着一捆竹竿的他，走在车水马龙的大街上是副什么模样。他说："这下子可以种刀豆、黄瓜、丝瓜和扁豆了。"

其时，夕阳正穿过一扇透明的窗落在院子里，小院子像极了一个敞口的罐子。"多得你吃不了的。"他两手叉腰，矮胖的身子泡在一罐阳光里。仿佛那竹架上已有累累果实。

我不想打击他的积极性，不过巴掌大的一块地，能长出什么来呢？而且我根本不稀罕吃那些。我言不由衷地对他的"杰作"表示欢喜："哦，真不赖。"

他在我家沙发上就座时，碰翻了茶几上的一套紫砂茶具。他进卫生间洗澡，水漫了卫生间一地。我叮嘱他："帮我看着煤气灶上的汤锅啊，汤沸了帮我关火。"他答应得相当爽快："好，好，你放心做事去吧，这点小事，我会做的。"然而，等我在电脑上敲完一篇稿子出来，发现汤锅里的汤已溢得满灶盘都是，他正手忙脚乱地拿着抹布擦。

我们聊天，他的话变得特别少，只顾盯着我傻笑，我无论说什么，他都点头。我说：“爸，你也说点什么吧。”他低了头想，突然没头没脑地说：“你小时候，一到冬天，小脸就冻得像个红苹果。”他想了一会儿又说：“你妈现在开始嫌弃我喽，老骂我老糊涂，她让我去小店买盐，我到了那里，却忘了她让我买什么了。”

“呵呵，老啦，真的老啦。”他这样感叹，叹着叹着，就睡着了。身子歪在沙发上，半张着嘴，鼾声如雷。灯光下，他头上的发，腮旁的鬓发和下巴的胡碴，都白得刺目，似点点霜花。

可分明就在昨日，他还是那么意气风发，一把二胡拉得音符纷飞。他给村人们代写家信，文采斐然。最忙的是年脚下，村人们都夹了红纸来，央他写春联。小屋子里挤满了人，笑语声在门里门外荡。我上大学，他送我去，背着我的行李，大步流星走在前头。再大的城，他也能摸到路。那时，他的后背望上去，像一堵厚实的墙。老下去，原不过是一瞬间的事。

我带他去商场购衣，帮他购一套，帮母亲购一套。他拦在我前头抢着掏钱：“我来，我有钱的。”他“唰”一下，掏出一把来，全是5元、10元的零钱。我把他的手挡回去，我说：“这钱，留着你和妈买点好吃的，平时不要那么省。”他推让，极豪气地说：“我们不省的，我和你妈还能忙得动两亩田，我们有钱的。”待看清衣服的标价，他吓了一跳：“太贵了，我们不用穿这么好的。”

那两套衣服，不过几百块。

我让他试衣服。他大肚腩，驼背，衣服穿在身上，怎么扯也扯不平整。他却欢喜得很，盯着镜子里的自己，连连说：“太好看了，我穿这么好回去，怕是你妈都不认得我了。”

他先出去的。我在后面叫：“爸，不要跑丢。”他嘴硬，对我摆摆手：“放心，这点路，我还是认得的。”等我付完款，拿了衣服出门，却发现他正在商场门口转圈儿，他已经辨不清方向了。

我上前牵了他的手，他不习惯地缩回。我也不习惯，这么多年了，我们都没牵过手。我再次牵他的手，我说：“你看大街上这么多人，你要是被车碰伤了怎么办？你得跟着我走。”他“唔”一声，粗糙的手，惶惶地，终于在我的掌中落下来，脸上，露出迷惘的神情。

我的眼睛有些模糊，是夕阳晃花眼了吧？什么时候，他竟这样矮下去，矮下去，矮得我看他时，须低着头。他终于如一株耗尽生机的植物，匍匐到大地上。

顺逆之美

郭华悦

一幅画，若是画中有风，就得讲究顺逆之美。

垂柳依依，随风摆动。这风，得是顺风。柳枝柔弱，随风轻摆，将柔和之美展现得淋漓尽致。骏马奔驰，这风却得是逆风。马逆风而上，不屈的风骨跃然纸上，这是逆风之美。

一个人，生命中会有起风的时候。行走于人生路上，时而风大，时而风小。或微风拂面，如春阳般温暖；或劲风呼啸而过，如冰刀般凌厉。人周转于此，顺与逆的选择至关重要。

风大时，适合展现逆风之美。一幅画，画中若有劲风，往往是为了突出逆风的风骨。明知风大，却逆风而上，画是如此，人亦是。人生遭遇疾风劲雨，顺风而退，容易从此消沉颓废，一蹶不振。人生的风越大，人越得有逆风的风骨。不惧艰难，顶风而上，才能将眼前的困境一一化解，柳暗花明又一村。

风小时，适合展现顺风的柔和。一个人处于顺境时，前路风小且无雨，此时该表现的是人生的悠然与惬意。顺风而行，随风而动，风轻拂，人微笑，这就是风小的美。

人生的烦恼，很多便缘于顺逆之间的错误选择。在风大时选择了顺风，懦弱退缩；在风小时选择了逆风，将自己置于徒劳无功的奋争中。于是，该抗争时退让，该悠然时忙碌，自然与快乐无缘。

人生得意，大多也缘于在两者之间切换自如。风大时，不畏缩，以疾风劲雨练就风骨；风小时，不穷忙，知道适时享受人生。于是，扭转逆境，享受顺境，这样的人生自然其乐无穷。

顺与逆，柔与刚，懂得适时切换，人生才能圆满自如。

我早已习惯一切艰难

徐竞草

1965年4月的一天，法国《普罗旺斯报》的主编下班后，发现妻子非常沮丧，于是询问其原因。

妻子告诉他，今天有一个81岁高龄的老妇人来他们家推销慈善日历，她接过日历，翻看起来，结果发现其中有一幅作品画的是普罗旺斯玉米地，那正是凡·高的作品。当她凝视这幅作品时，老妇人说道："我叫哈伯缇娜，这幅画的作者是我舅舅。"

凡·高还有一个尚在人世间的外甥女，这绝对是一个新闻。出于职业的敏感，《普罗旺斯报》主编第二天便去拜访了哈伯缇娜。她住在一个专门租给贫穷老人的廉租房内，就像凡·高在阿尔勒小镇时住的房间一样，这间房简陋无比，墙上贴着一张印制的凡·高油画《向日葵》。哈伯缇娜虽然穿得破破烂烂，但仍然气质优雅。

哈伯缇娜告诉他，她的母亲伊丽莎白，也就是凡·高的亲妹妹，在诺曼底的一个小村庄跟一个男人生下了自己。由于她是私生女，母亲并没有把她带回荷兰，而是交由当地的一名寡妇来抚养。长大后，她得知自己的身世，也曾想回到荷兰找家人，但又怕凡·高家族不愿意承认她，“体面”的母亲不愿接纳她。

为此，哈伯缇娜只好忍下这一切，独自生活。不幸的是，35 岁那年，一次严重的感冒几乎夺走了她的听力，她因此失去了工作，变得越来越贫穷。

直到生母去世后，哈伯缇娜才收到一封自称是她妹妹的人（名叫珍妮）的信。原来，母亲在生命的最后一刻才告诉珍妮，她还有一个同母异父的姐姐。在信中，珍妮承诺把母亲留给自己的遗产分一半给这个素未谋面的姐姐，但哈伯缇娜拒绝了。

哈伯缇娜一生都崇拜舅舅，为了离他近一些，38 岁时，她辗转来到凡·高生前待过的普罗旺斯。为了谋生，她唯一能做的就是挨家挨户地卖慈善日历，而这一卖就是 43 年，风雨无阻。

主编将哈伯缇娜的故事写出来，刊发在《普罗旺斯报》上。当地几位知名画家读到后，感动不已，决定每年各卖一幅画捐助她。然而，哈伯缇娜再次拒绝了。她说：“我已经 80 多岁了，早已习惯一切艰难。”

4 年后，哈伯缇娜在廉租房里去世，只有《普罗旺斯报》的主编和当地的几名画家参加了她的葬礼。大家为她送上了一捧向日葵——那是她和舅舅心灵之间的桥梁。

无癖之人

青丝

多年前读张岱的《陶庵梦忆》，对里面的一句话“人无癖不可与交，以其无深情也”很不理解，觉得太武断了。我就是没什么癖好的人，不沾烟酒、不赌博，不种花草、不钓鱼，不玩游戏、不下棋，对任何事情都不过分眷恋，更不会成瘾，难道这就说明我是一个缺乏深情而“不可与交”的人？再想到袁中郎说：“余观世上语言无味面目可憎之人，皆无癖之人耳。”更是有无端被人啐了一脸的受辱之感。

后来仔细想，我还是有一些个人喜好的，但根据今人给“癖”下的定义：“癖者，大抵爱一物而不能自已，为得一物而至倾家荡产，为护一物乃至投之以生命……”我的喜好又绝对谈不上是“癖”，最多只是一种生活习惯。少年时我学过下围棋，但很快就觉得没趣便废弃了，过后每次想起《聊斋志异》里面“癖嗜弈，产荡尽”的湖襄书生，内心便感觉有愧。

喝茶我倒是坚持了很多年。有一次陪朋友参加一个活动，还未结束他就嚷着要回家，因为活动现场没有茶喝，他觉得唾沫都要胶结，快说不出话来了。我由此发现，跟真正爱茶成癖的人相比，我连业余玩票都算不上，更没酷嗜到一时不可无的地步。许多能令他人产生癖嗜的事物，对我来说，就如偶然淋在头上的雨水，水渍干了，曾有过的痕迹也就消失不见了，绝不会因此产生未获满足便如百爪挠心的嗜欲。

也因此，有很长一段时间，我在他人面前都是无趣的代名词。过去在各种交际场合，面对一大桌正在推杯换盏、互相递烟吞云吐雾的人，我经常是受嘲弄的对象。向我劝酒的人见我坚辞不受，会讪笑说“不抽烟、不喝酒，连老婆也没有”。打麻将的人三缺一想要拉我上场，眼见无果，会恼羞成怒地痛斥：“什么都不玩的人，绝不会有出路。”在旁人眼里，我就是一个对什么都提不起兴趣、活得如同一潭死水的人。

但癖好这种东西，又确实勉强不来。19世纪，英美浪漫主义思潮兴起，人们视爱好文学为有教养的表现。爱伦·坡曾几次写诗向表妹伊丽莎白求爱，可是伊丽莎白对诗歌毫无兴趣，也不想有兴趣，说来说去“就是不爱”。爱伦·坡只得转而写诗追求另一个表妹薇吉尼娅，同样是“文青”的薇吉尼娅便欣然接受——人生中，其实正是这些不同的因素决定着我们是谁。懂得通过自我内在的驱动力，把有限的生命投入到自己真正想做的事情中，才是聪明人。

到今天，我已学会了从日常行事中去寻找慰藉，不再需要外在的确认，即使有人认为我“无深情”或“不可与交”，也不会让我困惑。美国心理学家卡伦·霍妮在《我们内心的冲突》里说：“无法成为我们自己，才是一切绝望的根源。”成为自己才是我应该去努力实现的目标。

村庄的时间

邓安庆

当我十岁的时候站在我家后面的皂荚树下，我突然感到时间的停滞。我的视野里只有寂静的午后村庄，没有风，没有人，空气均匀地铺展在池塘的深绿色水面上。我在这种突如其来的空寂中不敢妄动，与此同时，心中涌起永恒的瞻望。我想我永远不会长大，鸭蹼状的宽大树叶也永远不会扇动，而放眼望去，青砖平房、柴垛、洗衣石板都永远在这里，不会变动一分一毫。

片刻后，一声狗吠从巷口穿透时间凝滞形成的雾状薄膜，小孩子在天台上望着奔跑而去的伙伴放声大哭，我从一种清亮的空寂时间一下子坠入纷杂的轰隆隆的时间洪流，一直到现在。

我在城市的时间里看到时间是属于摇滚乐的，一年前还是土堆成山的地方，呼啦啦拔地而起一片楼群；又见拆迁的工地，昔日的楼房破腔露肚，灰白的墙壁上满是雨痕。重建与摧毁，搬入与流离，过去与现在宛如时间的两排利齿，一切都被咬得粉碎。

而当我回到村庄，在我生命的二十多年间，它几乎没有什么变动，老屋拆去，新屋盖起，住的依然是原来的人家。时间在村庄宛如丝绸，平滑完整，几乎不留痕迹。

我从一个城市迁徙到另一个城市，舍弃旧的人事，建立新的人事，流动的、变化的，没有一个坚硬的空间能顽强留存。

时间在村庄没有痕迹吗？试想我与相差二十岁的侄子，我跟他在同样的村庄长大，看到的同样是田地、池塘、泥路，同样可以攀在江边的桑树上吃桑葚，然而这二十年的时间是虚无的吗？我看着他跟小时候的我一样用瓦片和泥土玩过家家，一样看到黄昏时太阳在田野尽头的树林间隐没。然而，他再也听不到每天早上一直喊到我起床的米糕小贩的叫卖声了，再也听不到敲着清脆响亮铁板卖姜糖的叮叮当声了，再也不会跟我一样挤坐在垸礼堂听戏了。手工艺人在农村已经消失，无论是篾匠、木匠，还是弹棉花的匠人，都已经无处寻觅。手工艺人展现技艺的时间感是缓慢的、耐心的。我记得，随着拨浪鼓的咚咚声，婶娘们拥出门围着小贩买针头线脑，而满身棉絮的匠人在堂屋用巨大的弓弹着棉花，宛如翻搅起漫天雪花。

而我的侄子只能看到事物的最终状态，时间在“需求—供应”模式下被挤压成薄片。他睡在从家居市场买来的床上，吃着从菜市场买来的菜，玩着从超市买来的玩具。虽在农村，却与在城市几无差异，还好他能看到跑动的鸡和狗，认识生长在田地里的棉花和小麦。

他跟随他的父母离开村庄，进入不同的城市，不断变更就读的学校，不断认识新同学又忘记老同学。这样一种流动不居的空间变动，给他带来的是怎样的时间体验呢？我想在我之前，祖辈都在这个村庄日出而作、日落而息，耕种同一片土地，喝同一脉井水，我想时间于他们是绵长的、悠远的。而到了我这一代，空间开始变动，时间慢慢加快，村庄中的人不断外涌。由此我看到在我父亲与他的父亲之间，时间是没有肌理的；而在我跟我侄子之间，时间裹挟的人事变化远超从前。

年轻是一种氛围感

艾小羊

最近我发现一个残酷的事实：大家跟我在一起，主要是为了缓解年龄焦虑。

经常合作的摄影师比我小十几岁，跟我拍一天照特别累，他在回家路上跟化妆师感叹："看到小羊姐还跟年轻时一样，我觉得咱们也可以再拼 20 年。"

我的读者最喜欢看我发新旧照片对比，以前我的审美没这么好，也没有健身，因为年轻看起来很青涩，加之修图水平没有现在高，总之，如今的照片比之前的好看。读者看了心生欢喜，在后台留言："我终于看到了一个越老越美的人，瞬间对变老这件事没那么恐惧了。"

万万没想到，本来立志当才女的我，慢慢活成了一个"抗衰吉祥物"。一个天赋普通却自强不息、活力满满的中年人，往人堆里一站，大家就会想：哇，她可以，我也行！

既然已经活成了吉祥物，不如进一步，说一说我的抗衰秘诀。

首先，不服老、不认老，就不容易老。

在我的词典里，除了最后生活不能自理这种不可抗的衰老，生命的其他阶段都叫“年轻”。无独有偶，白岩松采访80多岁的黄永玉先生，看老先生开红色法拉利跑车，脱口而出：“这东西不是小年轻玩的吗？”黄老回应：“我不就是小年轻？”很多人觉得黄老幽默，我觉得不是，他是真这么想，如此，才能当一辈子野孩子。

其次，每天至少做一件新鲜的事。

人是从什么时候彻底老去的？就是他开始活在过去，对生命只有经验，却失去了好奇，一切新鲜的东西都与他无关的时候。从这个层面上看，我见过25岁的老人，也见过52岁的年轻人。

每天做一件新鲜的事其实不难：穿了10年的西装，尝试搭配一条卫裤；从没用过的化妆品，在商场免费试用柜台领一个小样试试……我曾经在刚开业的奶茶店看一对老夫妻学习如何在手机上领券，然后捧着两杯网红奶茶坐在店里边喝边评价，我觉得他们很年轻。

年轻的氛围感，是流动的，拥抱新鲜是保持年轻氛围的核心。当然了，不是新鲜就一定好，而是满怀好奇心的你，看上去很好。

最后，剔除复杂的关系，维持简单的判断与生活。

年轻人的活力，足够将生活变成一个热闹的马戏团，而永远年轻的人，他们的活力在于慢慢将人生简化到只做自己必须做的事。尤其要在人际关系上做减法，别操不该操的心，包括对子女。

对于时间的焦虑，是人生的终极焦虑。一方面我们要认命，另一方面我们不能认命，毕竟往后的每一天，我们都是最年轻的自己。认命了，才能有稳定的情绪、充分的智慧，去粗取精地经营自己，活出蓬勃向上、不认命的年轻感。

青春的迷宫

老喻

每次到温哥华机场安检的位置，看到广告牌，总会想起两三年前的一件事。那时，一家人去旅行，也是过安检时，广告牌上是一个孤岛上的迷宫，远处是高楼大厦。广告语大概是讲：如何走出迷宫，奔往前方的美好。

女儿看了一眼，说：“爸爸，我知道怎么走。”我细看，还没找出头绪。她说：“从外面。”

果然，迷宫是建在绿地上的。迷宫外的一圈草地，和通路一样，而且更宽。她的解法，也算合理，而且颇有围棋里的大局观。

最近处在青春期的女儿，有些迷恋手机和社交，因此经常被大人说教。天性与社会性的冲突，有时令我觉得孩子很无助，有时候我也会被惹恼。

青春期或许就像迷宫，不同的是，青春期本身的迷宫，往往比“前方的美好”更美好。

海明威说：“人生最大的遗憾，是一个人无法同时拥有青春和对青春的感受。”这可能是青春最重要的“设计机制”之一。

青春像生命火山的第一次爆发，又像一场人生的实战演习，或是一叶小舟不自量力地出海，看似儿戏，又危机四伏。

最近看《自下而上》，里面有一段很精彩。

哲学家阿兰对技术提出了最漂亮的演变见解。他这样描写渔船：每艘船都复制自另一条船……让我们用达尔文的方式推理如下。很明显，制造得非常糟糕的船，出航一两次之后就沉没了，故此不会被复制……那么就可以说，是大海本身，用它彻底的严谨性，选择了功能适应的船只，摧毁了不适应者，从而塑造了船只。

人的一生，本身也是一个自我的进化过程。父母并不能成为孩子的设计师。

但是青春期的孩子，又不是一艘可以独自航行的船。

也许父母可以做的，是适当保护孩子的随机性，但又能营造一个安全的半径，让孩子快速地试错，参与到大海的塑造之中。

但愿女儿能够既不失去青春的体验，又能以她独特的方式穿越迷宫。

百补衣与富贵被

琦 君

评剧里，演乞丐的人穿的衣服，布满红红绿绿、东一块西一块的补丁，表示衣衫褴褛。这种戏装，叫作“百补衣”，也美其名曰“富贵衫”。戏里的乞丐，穿着百补衣又唱又跳，非常好看。而且在戏里穿百补衣的落难公子，到后来经常是高中状元，然后被人前呼后拥、在吹吹打打中衣锦还乡。

小时候，母亲也给我穿百补衣。不过我穿起来后可就不太高兴了，尤其是去看庙戏时，真怕旁人笑我是“潘宅女状元”。因为我穿的不是戏服，而是母亲缝补过的破旧衣服——母亲也称它为“百补衣”。母亲总是说：“小孩子，越穿旧衣服越积福，将来会有享不尽的荣华富贵。”

我生气地喊：“将来？谁知道将来啊，眼前都没新衣服穿，还管将来？”尽管我不开心，但母亲还是拼凑起碎布头，给我补衣服。因为我穿衣服实在太费，尤其是父亲寄回来的夏天衣料，母亲形容它“薄得跟猪油皮似的，辰时穿上，戌时就破”。我又喜欢往树林里钻，衣服一下子就被钩出好几个破洞，不补怎么行呢？

其实照今天的审美标准来看，母亲补的衣服还真有点儿现代艺术的味道呢。那时，她有满满两竹篓零头布或零头绸子，一篓是夏天的薄料子，一篓是秋冬的厚料子，都小得跟豆腐块似的，母亲称之为“布末”，它们是街上唯一的裁缝师傅特地留给她的。她把这两篓布末当宝贝似的，放在床下，还在里面加了几粒樟脑丸，以防老鼠来做窝。

给我补衣服，对母亲而言，是牛刀小试，她的真本领是缝“富贵被”——选出色泽鲜艳的漂亮零头“绸末”，别具匠心地拼成一床被面。那才真是别致好看呢。现在不是就有一种专门用小块料子缝成床罩、靠垫、桌布等东西的手工吗？母亲可谓开风气之先了。可惜粗心的我没有学会这项本领，因为那时我穿了太多的百补衣，很不乐意去学缝富贵被。

母亲总把布末加以分类，这些布末质地不同、厚薄各异，她将它们一捆捆分别扎好，做起来似乎取之不尽、用之不竭。她时常用彩色花布，拼一床小被子，送给亲友的新生儿当满月礼，祝贺宝宝长命百岁。拼缝好一床小被子，可得花好长时间呢。那时乡下年轻姑娘穿得最多的是蓝底白花或白底蓝花布衫，那是用乡下土布做成的。比较富足人家的姑娘，穿旧了就换新的。母亲会向她们要一些旧衣服，把它们剪成小方块或三角形，白底蓝花间隔蓝底白花，就能缝成一床很好看的全新被单了。难道我母亲不是艺术家吗？

我 12 岁以前一直跟母亲住在乡下，穿百补衣的日子最多。冬天的棉袄破了，母亲便补上一块补丁，用的一般是粗针、粗线，平时补上一块破布就好，逢年过节时，才在外面套上一件新罩袍。罩袍上往往有大朵大朵的花，穿破了，母亲把它拆开，有时还小心翼翼地把花朵剪下来，补在一色的衣服上，格外别致。

我在美国的百货商店里，常看到一包包现代的小块花布，它们就是专供打补丁用的。在牛仔裤的膝盖处故意补一块花布，这可以算是一种现代艺术了。母亲的审美观念，可能是天生的，不然，母亲这个普通的农妇，怎么会有如此新鲜的设计观念呢?

有一年，母亲花了好几个月，用最柔软漂亮的绸缎零头料，缝成一床大大的被面。她先把一块块料子放在一大张床单上，用针固定好，拼来拼去，比来比去，觉得不合适又拆下来重拼。我真佩服她的耐心，问她是要送给哪个新娘当嫁妆吗，她笑笑不回答。姑婆悄悄地告诉我："你妈妈这是要缝一条又软又轻的夹被，把它寄到北京送给你爸爸当生日礼物呢。"

哦，母亲如此细心地金针密缝，原来是把一缕相思、一腔深情，都缝进这条被子了啊。古人说："水精帘里颇黎枕，暖香惹梦鸳鸯锦。"母亲不用彩色丝线绣出一条鸳鸯锦被，而宁愿用千百块细细碎碎的绸缎拼成一床富贵被，这床被子满载着她对父亲"长命百岁"的祝福，被寄到与她相隔千山万水的远方。

我离家出外念书，临行前，母亲为我收拾行李，把我常穿的一件百补衣棉袍也收进箱子。我却坚持要把它取出来，怕同学们看到后会笑话我太寒碜。母亲正色道："那你就讲给他们听，这是你从小穿到大的衣服，要把它时时带在身边。它不是给你穿的，而是给你压岁的，保佑你万事如意、长命百岁。"我听了忍不住掉下泪来。

可是在学校宿舍里，我从来都不好意思把这件百补衣取出来，生怕同学们取笑。直到有一次患重伤风冷得发抖，夜深了我把它取出来披在身上，才顿觉浑身暖和。后来，我到上海念大学时，思念母亲，想穿这件百补衣，却再也找不到它，它不知被我丢在何处了。

这些年来，凡是缝制新衣，我总会请裁缝给我留一些小块的料子，渐渐地我也累积了一大包，并珍惜地将它们收纳起来了。我明明没有母亲的好手艺，不会缝富贵被，也没有闲情逸致去缝具有现代艺术感的百补衣。我只是为了纪念母亲的节俭、勤劳与细心，更怀念她那一针针、一线线中饱含的对女儿不尽的爱。我不时地抚摸这一包布末，心头感到无限的温暖。

讨缘

骆瑞生

小时候，春节前常有人来送财神和春联。送财神的人站在每家屋前唱《财神歌》，唱完后就发财神画像和春联，主人家则照例要给他些钱，只有实在拿不出钱的穷人家才会给些玉米和稻米。

那年，送财神的人又来了，他是一位老人，60多岁的样子，背着背篓，拄着拐杖。当他出现在村口的时候，小孩子们就都跑过去看，我也混在其中。

在一家门前唱完，送完财神后，老人就去下一家。在离我家越来越近的时候，我突然着急起来，一种窘迫的心情压得我喘不上气。我爸爸生病了，家里已经没有钱了。我担心老人来我家唱歌，被妈妈拒绝后他会难受，而妈妈也会难受，因为这又一次提醒了她，我家是整个村子里唯一买不起财神画像和春联的人家。

终于，老人叩响了我家的门，妈妈打开门，抱歉地对老人说："我家不买。"

老人说："没多少钱的。"

听了老人的话，妈妈更难堪了，她低下头，重复了一遍："真的不买。”

这时，屈辱的泪水一下子从我的眼眶里涌出来。

老人一下子明白了是怎么回事，他闻到我家那么浓郁的草药味就明白了。老人对妈妈说：“那我就不讨钱，我讨缘。”

说完，不待妈妈开口，老人就唱了起来。老人的声音像一阵暖风，吹进我家破陋的房子里，我悄悄站在妈妈后面，盯着老人唱歌。老人唱歌时眼睛是亮亮的，他盯着门框，那些歌词一个字一个字地从他嘴里磨出来，他用拐杖轻轻地叩打着节奏，完全沉浸其中。这是我听老人唱《财神歌》唱得最好听的一次。

老人唱完后就将财神画像和春联放在我妈妈手里，合着手说了一声：“祝你家来年发财。”说完就走了。

妈妈装了一袋玉米递给我，说：“小跃，你把这袋玉米给他。”

我提着玉米赶紧追上去，对老人说：“我妈妈说这是给您的，抵钱。”

“快拿回去，我说了是讨缘的。”

我的声音突然哽咽了，我说：“您是唯一给我家唱《财神歌》的人，就收下吧，不然我妈妈会更难过的。”

老人听到我的哭声，便将玉米从我手中接过去，放在了背篓里。

我好奇地问他：“什么是讨缘？”

“现在我就讨到缘分了，和你的。”老人摸了摸我的头。

我又问：“您到每家都讨缘吗？”

老人回答：“那不是。只有去你家是讨缘，去别人家都是讨钱。缘分可比钱重要得多。”

我从老人的话里听出了暖意，终于破涕为笑。

晚成

草予

时值尾秋，怡红院里，已然枯萎的几株海棠，竟然开花了。先是枝头有了骨朵儿，一夜之间，便开得很好了。这一下惊动不小，阖府上下，纷纷赶来看花。

必有个缘故！贾母替众人解惑：这花儿应是在三月里开的，如今虽是十一月，因节气迟，还算十月，应着小阳春的天气。因为暖和，开花也是有的。

说的虽是，可众人到底觉得这花开得古怪。毕竟接下来，宝玉失玉，贾府衰败，动荡就要发端了。这“古怪”，究竟是《红楼梦》里的隐喻，还是伏谶，先不论。只说海棠秋开，实在不古怪。

去岁深秋，路过一片海棠林。几束垂丝海棠，迎风初绽。有趣的事发生了，一树海棠，既有春花谢了，结出的海棠果，又有秋花新开。老果新花，竟然撞在同一枝头，像是一对童叟，等足了春夏，终于说上了话。

此景，叫人忍不住挂念。于是拍下照片，留下一行小字：莫道桑榆晚，海棠也秋开。

又一个秋日，这恰是看叶落染林的季节。不想，散步白梅园中，却意外遇上几朵白梅正开，仅仅那么几朵。凌寒独自开，梅花，是要开在严寒之中的。冬梅秋开，未免太急切了。一园萧瑟，几朵脚步错乱的白梅，还是让人欣喜的。拍照存图，备注：千山鸟飞绝，惊遇一孤鸿。

不按时令出牌，并非植物任性。自然，总是有理可循的。你会发现：原来，花开花谢，并不完全参照时间与季节，温度、湿度、光照，植物生长所需的这些条件，生命的成长规律，才是真正的依凭。明白了这些，就会惊醒：姹紫嫣红，那是幸遇了一个好春；若是五谷歉收，那是不巧赶上了一个坏夏。风调雨顺，有耕有耘，万事俱备，自有收成。

人生也是如此。担当有余，自会茁壮；努力到位，也能晚成。

刻苦的陷阱

何帆

苹果的首席执行官蒂姆·库克在接受采访时说，他每天凌晨 4 点就开始给同事发邮件，而且他每天都是办公室里第一个到、最后一个走的人。埃隆·马斯克为了加快新车开发进度，曾数天睡在工厂的地板上，一件 T 恤穿了 3 天都没换。贝佐斯自己是工作狂，也要求员工是工作狂，他认为亚马逊的公司文化就是所有员工都不知疲倦。

成功人士创造出一种“神话”，他们声称，工作是一种享受，能提供强烈的感官刺激和令人兴奋的体验。他们希望员工认为，工作是一种娱乐，是一种令人羡慕的特权，也是一种可以炫耀的标志。

于是，人们的工作时间越来越长。

可叹的是，人们看似更加勤奋和努力，却无法提高工作效率。

我在调研“996 工作制”的时候，跟不少互联网企业的员工聊过天。员工们其实并不反对加班，也不讨厌有挑战性的工作，他们反感的是，明明只要三四个小时就能干完的活儿，领导非要他们干到晚上 9 点。那好办，就“摸鱼”呗。坐这么长时间，可以“摸”好多“鱼”。

无休止的工作给员工带来一种挫败感。每个人都不知道自己工作中最重要的是什么，他们手头的事情随时可能被打断，那些打断他们的事似乎比手头的工作更重要。于是，他们只得在不同的工作之间不断切换，很少能集中精力把一件事做好。有些领导喜欢让一群人凑在一起做事，这在大多数时候反而阻碍了创新——大家急于达成一致，新颖的想法就会被众人冷落。真正的创新，往往出现在精神放松、思绪神游的时候，也就是老板觉得员工没有努力工作的时候。

凡是不可持续的东西，最终一定会消亡。这种以“工作狂”为榜样的公司，也会渐渐地被社会抛弃。一个企业不仅要关心效率，还要关爱员工及其家庭。员工们需要的是稳定感，他们也需要感受到自己做的事情的意义。他人眼里的成功并不能减少一个人在实际工作中感受到的痛苦。我们应该关注自身的真实感受。

比你刻苦的人，有时可能只是在假装比你优秀。

找到你的玫瑰花

罗翔

我非常喜欢圣埃克絮佩里的《小王子》，读过很多次，每次读都有很多感触。遥远星球 B612 上的小王子，与美丽而骄傲的玫瑰吵架，负气出走，在各个星球上漫游。最后，小王子来到地球，地球上有 111 个国王，7000 个地理学家，90 万个商人，750 万个爱喝酒的人，3.11 亿个虚荣的人——其中肯定也包括我。

小王子爬上了高山，他认为站在峰顶，就能一眼看到地球上所有的人。他向世界说“你好”，但是听到的只有回声。

大家是不是也经常有这样的感觉，朋友越来越多，但是自己好像越来越孤独。当你向身边的人说“你好”，你听到的却只有回声，他们只会重复你说的话。

但在这时，小王子在一棵大树下，遇到了一只很漂亮的狐狸。

“来跟我玩吧，”小王子提议说，“我很难过……”

“我不能跟你玩，”狐狸说，“我没有经过驯养。”

小王子疑惑地问狐狸：“‘驯养’是什么意思？”

“这是常常被遗忘的事情。”狐狸说，“它的意思就是‘建立感情联系’。”

“建立感情联系？”

“是啊，”狐狸说，“对我来说，你无非是个孩子，和其他成千上万个孩子没有什么区别。我不需要你，你也不需要我。对你来说，我无非是只狐狸，和其他成千上万只狐狸没有什么不同。但如果你驯养了我，那我们就会彼此需要。你对我来说是独一无二的，我对你来说也是独一无二的……”

真正的关系都需要投入时间，需要在芸芸众生中找到一种固定的关联。所有的爱都是对具体的人的爱。如果你生命中有5000多朵玫瑰花，当你站在高山之巅向它们表白时，你能听到5000多个回声说“我爱你”，但是你一定会感到孤独。“但如果你驯养了我”，一切都会变得不一样。

狐狸还告诉小王子一个秘密：“看东西只有用心，才能看清楚，重要的东西用眼睛是看不见的。”说实话，我们这一生都在追逐看得见的东西，权力、金钱、名望……但这些不可能给我们带来真正的满足。重要的东西用眼睛是看不见的，要用心去感受，正是你为你的玫瑰付出了时间，才使得你的玫瑰变得如此重要。但你千万不要忘记，你要永远为你驯养的东西负责，你要为你的玫瑰负责。玫瑰花上是有刺的，它会刺痛你，经常让你感到痛苦，但你还是要对它负责。

你说这个世界上有那么多的玫瑰，为什么要在这一朵玫瑰上投入全部感情？为什么不能住到花园里去？苏格拉底说，人心中的欲念是一个筛子，筛子装不满水，无论多少东西都不能填满人心。所以人的欲望一定要限定在具体的事情上，这样你才会有真实的满足感。

关于什么是真正的爱情，人类似乎始终有两种针锋相对的观点。

一种认为所有的爱都是基于某一具体的个体，就像小王子说的，我们要在具体的人身上投入我们的情感，投入我们的时间，通过仪式来驯养他，也让他来驯养我们。

当然还有一种爱是抽象意义上的爱，觉得我爱的只是一个抽象的对象，是随机的个体，如果在同时同地我碰到了另外一个人，我也会爱上他，就好像莎士比亚的《仲夏夜之梦》。张三爱上了李四，李四也爱上了张三，但是王五也爱上了张三，赵六又爱上了王五，爱得错综复杂。后来张三和李四私奔，在森林里面碰到一个小精灵。小精灵乱点鸳鸯谱，趁他们睡着时偷偷滴了药水，让他们会永远爱上看到的第一个人。结果整个局面更乱了。李四和王五都爱上了赵六，张三被所有人抛弃。小精灵还把一个人的头变成驴头，仙后居然还爱上了这个驴头人身的人。

《仲夏夜之梦》提醒我们：我们的爱有时候会飘忽不定，我们爱的似乎是抽象的对象。你在一个特殊的时间点爱上了他，但是你爱的其实不过是他的某种气质，如果这种气质投射在另外一个人身上，你也会轻而易举地爱上对方。

于是问题就出现了，到底是《小王子》这种具象的爱，还是《仲夏夜之梦》那种抽象的爱，更真实、更能让人获得满足和喜悦？

我的想法是折中的爱。我们把爱投放在具体的个体身上，但会在他身上发现抽象意义上的美好。正是这种抽象意义上的美好，让你愿意和具体的个体产生驯养关系。

当你驯养了一个具体的个体，你就要为你所驯养的对象负责。你越为抽象感到动容，你就越希望在你所爱的具体个体中升华这种抽象之爱。

如果你的爱是一种泛化的爱，有爱天下之人的大爱，但是唯独没有对你身边的人的爱，那是一种虚伪的爱，一种自恋的爱，一种伪善的爱。

玫瑰花终究有一天会枯萎，朱颜老去、花瓣枯萎的时候，我们是不是要换一种花呢？我想不是的，因为狐狸告诉小王子，真正的爱，就是当你驯养了他，你要对他负责。所以，小王子告诉孤独的飞行员：“无论是房子、星星还是沙漠，它们都是因为某种看不见的东西而美丽！”

玫瑰花是具体的、能看见的，但美丽是抽象的、摸不着的。我们终其一生都是为了在具体的个体上，觉察到看不见的美好和责任，所以一定要把我们的责任、我们的幸福放在具体的人身上。

星星对不同的人来说有不同的意义。对旅行的人来说，星星是指路的向导，对被囚禁的人来说是细微的亮光，对学者来说是研究课题，对生意人来说是财富，但对所有人来说，星星是沉默的，只有你的星星和别人的不同。如果你爱上了一朵生长在某颗星球上的花，当你抬头望着夜空，会感到很甜蜜，仿佛所有的星星都开满了鲜花。

在芸芸众生之中，我们被选择在一个具体的个体身上投放我们的时间，通过各种仪式，我驯养了他，他也驯养了我，我们开始经营情感。在经营的过程中会被刺伤，会流泪，会痛苦。但是，有一天，我们爱上了风吹麦浪的声音，我们看到了他的与众不同，正是因为这种美好，我们愿意为我们所驯养的对象负责。

小王子为了找回那朵玫瑰，甚至不惜牺牲生命，也许这就是爱。单纯欲望的满足会让人觉得无限空虚，爱一定是在具体的个体身上投入你的感情、你的时间。

这个世界那么大，有那么多的城市，但是有一座城市让你觉得与众不同，不就是因为那里有你爱的朋友吗？你不会觉得完全陌生的城市很特殊，因为你跟它们没有建立友谊，你跟它们没有建立关系，你没有驯养它们，它们也没有驯养你。

希望我们每个人都依然拥有小王子那颗清澈的心，去感恩与珍惜你的那朵玫瑰。如果你还在寻找，也祝福你能够找到属于自己的玫瑰花，但请注意，真正的爱是要用时间、真心、责任，用你的牺牲去守护的。

柔软的心

杨无锐

北方的夏天，最诱人之处，是各色瓜果纷纷上市。肥厚多汁的桃、杏、李子、西瓜，馋嘴的小朋友可以一直吃到肚胀，随之而来的，是“一直这样该多好”的幸福感。果肉食净，剩下坚硬的果核。剖开果核，一个软脆脆的东西，或苦，或甜，或香，或涩，那就是果仁了。小小的果仁，包含着全部生命密码。生生不息的自然循环，全部秘密，都蕴藏其中。

果仁是美味，是良药。杏仁、桃仁，吃法无数，足以写成厚厚的食谱。西瓜子、葵花子，价廉味美，最宜消磨漫漫长夜。儿时住在大杂院，每逢夏夜，三五邻居乘凉闲话。母亲一手轻摇蒲扇，驱赶蚊蝇；另一只手，熟练地把瓜子送到唇边。一声脆响，完整的瓜子仁拈在指尖，放到桌上，瓜子仁渐积渐多，母亲满满捧起一把，送到我嘴里。我嚼啊嚼，半天才能咽下，临了，深吸口气，喊一声：“真香啊！”母亲不搭理我，继续聊天，摇扇子，嗑瓜子。桌上的瓜子仁又多了起来。

其实，“仁”是个深奥的、高贵的字眼。孔夫子喜欢讲“仁”，估计给他的学生带来了不少困扰。学生问他“仁”是什么，每次都得到不同的答案。《论语》里一个好玩的例子，是樊迟三次问“仁”。《雍也》第二十二章：“（樊迟）问仁。曰：‘仁者先难而后获，可谓仁矣。’”《颜渊》第二十二章：“樊迟问仁。子曰：‘爱人。’”《子路》第十九章：“樊迟问仁。子曰：‘居处恭，执事敬，与人忠。虽之夷狄，不可弃也。’”

每次读到这几条，我都觉得樊迟怪可怜的。他那么执着地向老师提问，想讨一个标准答案，可是老师每次都拿些琐碎的生活规范搪塞他。“先难而后获”，无非是说做事先苦后甜，先求耕耘，再问收获。“居处恭，执事敬，与人忠”，无非是说在家讲礼貌，做事很认真，待人有诚信。这样做就是“仁”吗？成为“仁人”，岂不是很简单？我猜，樊迟当初也有这样的困惑。

孔子又说，“仁”就是爱人。这听起来比较像是一回事了。因为这个答案不那么具体，不那么琐碎，总之，有点像哲学了。后来的很多哲学史家，就抓住“仁者爱人”这一条，从孔夫子的“仁”里发挥出一套爱的哲学。

如果我是樊迟，还会继续追问：“爱人，爱什么人？如何爱？这个爱，是一道绝对律令，还是一种成为仁人的手段？”很长一段时间，我为想出这一连串提问而沾沾自喜。我坚信，这些问题，孔夫子无法回答，研究孔夫子的人也无法替他回答。因此，孔夫子的哲学，是有漏洞的哲学。

多年以后，我忽然不好意思起来：幸亏我不是樊迟，幸亏我没有机会在孔夫子面前抛出那些问题。对孔夫子而言，那种哲学式的追问，可能属于根本性的错误。错就错在，把“仁”当成一个知识性的命题，而不是一件与自己生命相关的事情。樊迟问“仁”，孔夫子顾左右而言他，或许正是意在把樊迟的注意力引向生活、生命本身，而非纯粹的知性探究。孔夫子不想做讲述“仁的内涵及其局限”的老教授，也不希望樊迟成为只是手里抄着笔记的学生。

做事先苦后甜，先求耕耘，再问收获，这当然不是“仁”。在家讲礼貌，做事很认真，待人有诚信，这当然也不是“仁”。孔夫子想告诉樊迟的是，你必须首先去这样生活，认真地活。“仁”是活出来的，不是讲出来的，也不是记笔记记出来的。

如何才能活出“仁”呢？有一天，我在《宋元学案》里读到一段话，一段让我震惊的话。上蔡先生谢良佐说：“活者为仁，死者为不仁。今人身体麻痹不知痛痒谓之不仁，桃杏之核可种而生者谓之仁，言有生之意。”

我很震惊，因为这段话让我记起多年以前母亲为我剥瓜子的夏夜，记起满满嚼在嘴里的醇香的瓜子仁。原来，高深莫测的孔门之“仁”，和瓜果梨桃里面的那个“仁儿”是相通的。坚硬的果核包裹着果仁，仁，是果核里最柔软，也是最具生命希望的部分。人们心中的“仁”，又何尝不是如此呢。

心是有软硬之分的。《诗经》里有“我心匪石，不可转也”的句子，日常的口语也常有“心如铁石”一类的说法。说一个人的心像石头一样硬，这可以指他有坚定的意志、信念，也可以指他很残忍，对别人的痛苦视而不见。更为可悲的是，这两种情形通常相伴而生。一个人过于执着于自己的理念，他的感受系统就会变得封闭，甚至退化。他听不到自己不愿听的，看不到自己不愿看的，对与自己不同的人和事，不愿去了解，更不用说在懂得之后心存慈悲。对这种人，汉语里面有一个成语，叫作“麻木不仁”。

这个成语太常见了，以致我们无暇去体味其中的意蕴。“麻木不仁”的“仁”，也就是儒家常讲的仁爱之“仁”。朱熹说，仁就是柔软，不僵硬。柔软的心永远是敞开的，随时随地准备与周遭世界进行交流。一个内心柔软的人，深沉地爱着自我，也对外界保持着善意。他通过自我与外界的不断对话，丰富着自己的生命。

想要认识“仁”的深意，最好的办法，是为母亲剥一捧醇香的瓜子仁。

生命的演唱会

张大诺

弹吉他的少年

他，十八岁，血癌。

在他生命的最后半年，我们成为朋友。

一想起他，我的脑海中就出现这样一个场景：医院里，他趴在床上，认真地答题——他想参加电视台一个答题竞赛节目。他的父母也对此大力支持，给他买了许多书，全家人一起为之努力。

孩子当然不知道自己的病情，只当是贫血，父母却早已被医生告知：还是放弃吧，没有办法了。但是父亲只想延长他的生命，哪怕只有半年，等孩子的知识问答准备好了，就去参加那个节目。

那时，我刚做临终关怀不久，也加入和孩子一起答题的过程。

我只要一和他说参加节目的事情，他就很兴奋，我们还一起设想怎么坐火车，到了录制节目的城市后去哪里玩，参加节目时怎样做才能不紧张。和他聊这些的时候，我就想，如果他没有病，该是一个多么快乐的孩子！

父母不在病房的时候，他会问我："张哥，你说哪里有适合学生打工的地方？”

“干什么？”

“挣点钱，当医药费，爸妈花了不少钱了。”

“那你有什么技能呢？”

“我会弹吉他，可以去唱歌挣钱。”

“就你这身体，别是没干几天，病情又加重了，花的钱更多。”

他想了想，说：“也是，但我就是想干点啥，挣一点是一点。”

“那就好好准备答题竞赛，等上了这个节目，给你爸妈赢回一大堆家用电器！”

“张哥，你怎么知道我去那个节目是为了挣钱？我还真是这么想的。”

“我当然知道，否则你怎么会有那么大的动力。”

“那你别告诉我爸妈，他们肯定不会同意的。”

其实，我已经知道，他不可能去参加那个节目了，大夫说他的身体经不起长途旅行。对于他生命最后的愿望，我有了新的想法……

自制磁带

我想给他录制一盘磁带，收录他演唱的十首歌曲。这盘磁带，对他和家人而言，也许是一个很好的纪念。

我对朋友说：“钱不多，我来出吧，录的时候，让老板说是免费的就行了。”

一切都准备好后，我对孩子的父母说：“我有个朋友是开录音棚的，他听说孩子的事情后想免费给孩子录一盘磁带。”

他们很惊讶，也有点激动。当我们把消息告诉这孩子时，他几乎在下一秒就要开始练习！

从说起这件事到最后录制完毕，用了十天左右。这十天，孩子不再是病人，不再提自己的病，只是非常用功地练琴；他的父母也不再是病人家属，从他们说话的语气中，我能感觉到难得的放松。

我也渐渐感受到，他们之间的气氛，那种因病而生的、顽固的、压抑的气氛改变了。

打个比方，就像冰山，广阔阴冷，即使有阳光照着，也能让人感到无所不在的寒意。寒意之上，是每天都有的烦躁，像冰盖上肆虐的风；或者，是越来越重的压抑，像冰盖下更深的“寒流”。

他们回到了难得的、纯粹的、有某种期盼的温暖氛围中。

演唱会

磁带录制出来了。

我被邀请到孩子家里，一起去听录音。

在他家的小客厅里，孩子坐在沙发上，我坐在他的旁边，一起看着对面桌子上的录音机，孩子的父母站在录音机两旁。

阳光很好，照进这个小客厅，我们中间的空地上有闪动的光影。

仿佛一个重要的仪式，我们每个人的面容都有点严肃，以至于孩子突然说了一句：“我有点紧张。”

我们不由得笑了起来，气氛逐渐缓和。

按下录音机播放键，孩子的歌声传了出来。

也许是录音机的问题，孩子的歌声听着有点闷，但是能够听出来孩子唱得非常用心。他的模仿能力很强，唱张宇的歌时就有张宇的味道，唱张学友的歌时就有张学友的味道。

听的时候，我一直用余光观察孩子的表情。一开始，他确实有点紧张，脸有点红。后来，他渐入佳境，闭上双眼跟着曲调哼唱，手也有节奏地打着拍子。

他的父母站在那里，一会儿看看我，一会儿看看孩子。盯着孩子看时，有一种心疼的感觉，后来就放松一些了。偶尔，我们三人会相视一笑。

你能体会那种心情吗？他们为孩子付出了那么多，经历了那么多痛苦，却挽救不了孩子的生命；而我，看到孩子在疾病中的痛苦挣扎，也知道他将不久于人世。但这一刻，我们在满屋的阳光中听他唱歌，并能相视一笑，心中充盈着莫名的满足。

那是怎样的感觉啊！

半个小时很快就过去了，磁带的一面已经听完，在按键自动跳起的那一刻，屋里掌声响起，仿佛一场演唱会获得了空前的成功，所有的听众都激动不已。

此时，不就是一场生命的演唱会吗？

这场演唱会的主角，我身边的孩子，先是羞涩地低下了头，然后一扬头站了起来，向我们，向屋内的“歌迷”热情地挥手……

他的爸爸妈妈开怀大笑。

二十多天后，孩子离开了这个世界。

做自己才是最重要的事

米粒

早年当班主任的时候，我接触过一个“问题生”，叫小敏。其实她成绩很好，是班里的尖子生，文科、理科样样精通。每个课间都见她捧着一本厚厚的书，如饥似渴地阅读。就是这么优秀的一个人，却很少和同学互动。慢慢地，大家开始在背后叫她“梅花”，因为觉得她傲雪凌霜，实在太高冷。

能明显感到，刚开始她还有点儿尴尬。比如谁都不愿意和她在一个组讨论问题，因为她不说，大家很少能想到答案，可她说了，她就变成全场的焦点。所以每一次落单，小敏都显得有些不自在，这种不自然又助长了大家对她的审视和苛责，久而久之，小敏也就没有融入集体的意愿了。

在那时候，这属于一个挺大的问题。因为我们的教育讲究尊重老师，团结同学，一定要有集体观念。每次见她一个人进进出出，单独行动，老教师们都会善意地提醒我：“人啊，是群居动物，怎么能不合群呢？其他人都能融入，为什么她不能？难道是集体的问题吗？”

我顶着压力决定找小敏谈一次。那天放学，我看她一个人在教室里埋头拖地，就走过去问："小敏，你们组的其他人呢？"小敏忽然仰起下巴，很快又摇了摇头，继续埋头拖地，不再说话。

我和她一起收拾完教室，就拉着她来到洒满夕阳的操场。其实那时候找她谈话，不仅仅是出于班主任的关心，我更想知道一个13岁的孩子，是不是真的有勇气和孤独较量。

现在回想起来，我的开场白有点儿不自然。我们先交流了最近看的几本书，其中她提到了美国作家理查德·耶茨的《十一种孤独》和威廉·戈尔丁的《蝇王》。然后我小声地问她："每天看书辛苦吗？在学校的时候快乐吗？"

小敏思考了几秒，坦言一开始觉得有些别扭，也尝试在课间放下书本，和同学们一起玩耍。可她根本不知道其他人嘴里说的那些明星，即使想说，也插不上话。小敏笑着说："我曾问自己，放下书，去和同学聊那些不感兴趣的人和事，我能坚持多久？一天，一周，还是一个月？可那样的我，还是我吗？后来，我就想通了。每个人的人生都不一样。别人已经有人做了，我还是安心做自己吧。"那天的小敏，从容自若地走在暖洋洋的阳光里，微闭着双眼，周身都是温柔的余晖。这么多年过去了，这一幕始终让我难以忘怀。

所以，我们真的很难用世俗的观点去界定每一种鲜活的人生。你喜欢高朋满座、歌舞升平，并不代表孑然一身、离群索居就一定不好。人的机体对外界环境的改变非常敏感。天气热了，就会脱衣纳凉；温度低了，就会添衣保暖。而我们的心理更是如此。因为每个人的家庭、性格、爱好不同，所以自身的频率、波段就不同。

喜欢打牌的人自然爱找牌友，碎嘴八卦的人就喜欢扎堆聊天。当外界环境对你是一种滋养的时候，你肯定会义无反顾地投身其中，但如果周围人的价值观和你的格格不入，那你完全可以大大方方地排除干扰，坚持做自己。

前段时间，有一位谷歌首席科学家突然火了。她叫李飞飞，是全球十大顶级科学家之一，也是斯坦福大学最年轻的终身教授，在顶级计算机期刊上发表了100多篇学术论文。而她的人生经历，恰好告诉我们，做自己喜欢的事，比什么都重要。

1999年，李飞飞大学毕业，就业形势一片大好。她同时得到了麦肯锡和高盛等华尔街多家机构的邀请，却为了心中的梦想只身去西藏研究藏药，因为她从小就坚信，了解中医和藏药是了解中国文化的一个重要入口。她不愿让自己的梦想搁浅。就这样，李飞飞一直坚定地走在自己选择的道路上。几年后，她再次放弃了华尔街的高薪工作，毅然决定读博，而且选择的是人工智能和计算机神经科学专业。李飞飞说："这么多年的经历告诉我，眼睛看到的前方应该是空旷的，我们必须找准自己的方向。"

我们生长在同一片蓝天下，我们面对的是同一个世界，同一个地球。可是这相同的世界在每一个生命面前又都是如此的不同。出身与教育造就了性格，性格决定了观念，观念又生成了思维方式。

所以，我们每个人都有自己独特的视角和个性化的表达。每一种思想都会有人支持，也会有人反对。就像同样的城市，既会有人喜欢，也会有人讨厌。每个人都在用自己的观点和立场与这个世界不断地碰撞，在这一点上没有高下和对错，只有选择和取舍。

杨绛先生曾说："我们曾如此渴望命运的波澜，到最后才发现，人生最曼妙的风景，竟是内心的淡定与从容。我们曾如此期盼外界的认可，到最后才发现，世界是自己的，与他人毫无关系。"

你应该合群，你应该结婚，你应该生个孩子，你应该像别人一样……这些话无论是假意还是真心，都只是别人的意见。我们完全没必要因为害怕孤独而强迫自己置身于某个圈子，把时间和情绪交由他人去挥霍，去引导。

正如我喜欢的一位作家所说：“活着的使命绝不是尽量让更多的人接受自己、喜欢自己。活着，是为了不断找到那些真正有趣的事，做一个绝不完整但十分精彩的人。”说到底，这世界只有一种成功，那就是用自己喜欢的方式，畅快淋漓地过一生。

年轻的四滴眼泪

朱成玉

我在尚且年轻的时候，曾与一个不再年轻的人，在一节火车车厢里，有过一番争论。落第一滴泪的时候，他笑我是个傻孩子。落第二滴泪的时候，他沉默，嘴角仍有轻蔑之意，但已浅淡。落第三滴泪的时候，他忌妒地说："年轻真好，眼泪可以如此肆意任性。"

不过是一节车厢，不过是放了一首忧伤的萨克斯曲《天堂里的另一天》，不过是想起了渐行渐远的她，不过是秋意甚浓而我衣衫单薄……

我可以用一百种比喻说出我的忧伤，可他只是笑笑，说："形容词被你用得天花乱坠，也不过是一场应景的雪。"在他眼里，我的一切，他都了然于心。经历，是多么奇幻的魔法师，它可以让一个人高高在上，指鹿为马。

讲真话的时候，心里会落满冬雪，踩上去吱嘎吱嘎作响。那个人接着就说起了他在世界各地留下的足迹，他奉劝我，有那么多的地方可以走，何必固守一隅。

我的第四滴眼泪，浑圆硕大，滴到空盘子里，发出"叮"的一声响。我躲到窗帘后面，顺便用窗帘布擦擦眼睛。我看到了窗外的黑。

他说:“每个年龄段都有每个年龄段的魅力所在。5岁以前，任性、调皮没人指责你，相反人们会认为那是你可爱的地方，可是5岁以后再任性就不该了。上学后的魅力是你勤奋好学，工作后的魅力是你积极上进，成家后的魅力是你有了担当，有了为人父母的责任。

“那么，现在的你的魅力呢？不是滴下你的眼泪，而是绽开你的笑意。不是熄灭，而是点亮。”

我终于没有痛哭，只是落了那四滴眼泪。那是一个有些疼痛的夜晚，他下了车，我说我要再坐几站地，我对自己说，什么时候眼里的光亮起，就什么时候下车。

那个人很快发来短信，措辞优美，读来颇有韵味，仿佛一首无韵脚的诗：

“孩子，你像一只找不到归巢路的小鸟，需要有人把你捧在手里。可是你自己先要把脚放回地面上来。

“还好，你的眼泪是年轻的，所以清澈，一点儿都不浑浊，滴到我的手背上，也砸不疼我。年轻人的眼泪啊，总是来去自如，多好，像任性的小顽童，前一秒嚷嚷着要离家出走，后一秒就将妈咪拦腰抱紧。

“你们有任性的资本，你们有悔过的甬道。不像我们，想肆意地落一次泪，都是一种奢侈……”

多年以后的今天，我仍旧在读这条短信。父亲，你的记忆力严重衰退，当然不会记得很多年前与我在一节车厢里的对话，不记得我流下的那四滴眼泪，更不会记得你亲手写下的这么动人的“诗句”，可是我记得，我会替你珍藏。你说，我年轻的眼泪落于你渐渐衰老的微笑之上。可是父亲，我也正在老去。此刻，家是唯一可以抓住我的根。

老爸要勇敢

鲁引弓

第二任妻子孟梅走后的一段时间里，宋扬始终处在低谷，每天像个影子，往返于家和单位之间。他只要回到家，就感觉每一个角落都有妻子的声音。他身体里有一种从未有过的疼痛感。真的，他后来对别人说，那是一种说不出来的痛，好像一点点从里面向外渗出来。

“我得抑郁症了吧？”他去看病，问医生。医生检查以后，没说诊断结果，而是给他配了药，安慰他：“你要想开，要尽快走出来。你把妻子当成在车上遇到的人吧，她已下车，没法陪你走下去了。人的一生就是这样，下车总有先后，所以得想开点儿，先下车的人总希望你照顾好自己。”

宋扬从医院回来，生活在沉郁中继续。宋扬想到父母以及他和前妻的儿子，觉得不能因为自己病了而让他们犯愁。他对自己说：“挺住。”

宋扬的父母说：“你来我们这儿住一段时间吧。”“算了，算了。”宋扬说，“还有‘三七’‘四七’‘五七’，孟梅可能会回来‘看一眼’，我信这个的。”

一个星期六的上午，儿子可逸突然打电话过来，说：“爸爸，我和好几个同学在必胜客，我请客，你过来吧。”宋扬说：“好的，我过去。”

儿子性格内向，不是那种善于张罗、喜欢热闹的小孩，这一点与宋扬很像。宋扬跟儿子说过几次，“如果同学请你，你也得回请，要跟他们一起玩儿”，也不知道他做到了没有。所以，今天宋扬听说儿子在请同学吃饭，并让自己去，就知道他是让自己去买单。儿子哪有钱请好几个同学在必胜客吃饭。

透过明净的落地窗，宋扬看见儿子在向自己招手。宋扬走进店里，穿过弯曲的长廊，走向这些中学生入座的环形沙发区。他感觉眼前一亮，因为他们穿着橙色、蓝色的运动服，戴着各色棒球帽，打打闹闹，像一群欢蹦乱跳的小鹿。

宋扬坐下，数了数可逸的同学，一共有七八个。宋扬看着桌上他们已经点的餐品，有比萨、可乐、鸡翅，小孩就是喜欢吃这些。可逸问老爸吃什么，宋扬说：“意大利面吧。”一个坐在外侧的同学就机灵地跑过去，对服务员说：“加一份意大利面。”可逸在这边喊了一声：“老高，再给我爸要一杯柠檬水。”

因为宋扬在场，这些半大的中学生起初有些拘谨，后来宋扬跟他们聊起了军事话题，他们就恢复了先前的热闹劲儿，一张张小脸上满是对军情的关注。像大多数孩子一样，对于自己感兴趣的话题，他们能迅速进入成年人的语境，与大人说话时专注、有礼貌。

儿子可逸坐在他们中间，还是显得比较文气，但宋扬已经很满意了。他看着儿子给同学递水杯、零食，明亮的小脸闪耀着快乐的光芒。宋扬想，可逸比以前老练多了，跟同学处得不错。

今天儿子怎么想到请同学呢？宋扬对此蛮好奇的。宋扬听到有小孩在聊上周学校的足球比赛，就问可逸：“你们赢了？”他心里想，孩子们是赢了比赛在庆祝吧？

小孩们就笑，不好意思地摇摇头，又点点头，告诉宋扬：“我们没赢。三班有个从体校过来的，跑得太快了，我们追都追不上，感觉就像只有他一个人在踢球。但如果除去三班，那我们也算赢了。”看得出来，他们其实觉得挺冤的，也不服气。宋扬就安慰了小孩们几句，说这算他们赢了。

不知你有多久没跟这么多半大的小孩坐在一起了？反正这一刻，宋扬觉得挺有趣的，这些看似无忧无虑的小孩，对于身边事关注的角度，跟你全然不同，很单纯可爱。他们小小的心思在飞快地闪烁，就像这透进玻璃窗的阳光，落在餐厅里，透明、空灵，让周围变得明亮起来。这就是年轻的气息，飘荡到哪里，哪里就轻快一些。宋扬想起自己跟他们一样大的时候，这座城市可没这样的餐厅。那时候，他和同学们去得比较多的地方是少年宫的广场，大家去那儿滑旱冰、玩飞盘。

宋扬坐了一会儿，想先走。他知道，小孩子搞同学聚会，家长一直在场多少会让他们不自在，于是想在离开时帮儿子结好账，让他们再好好玩一会儿。

坐在身旁的可逸问他：“爸，你就吃意大利面吗？还要点儿别的吗？”宋扬轻声说：“我吃饱了，你和你的同学们还要些什么？爸爸先帮你把单买好，然后再走。”可逸小小的脸上掠过一种让宋扬惊讶的表情，是那种果断、着急的表情。可逸对着爸爸的耳朵轻声说：“不要，爸爸，今天我请客，我请你。”

可逸脸上严肃的表情，让宋扬纳闷儿。他起身拿起桌上的账单，往收银台走去。他感觉儿子跟在自己身后，果然，儿子在走过长廊拐角后，伸手来争他手里的账单。儿子说：“爸爸，今天我请客。”

宋扬被儿子拉向餐厅的侧门口，儿子的脸有些红了。宋扬说："可逸，怎么了？"可逸把爸爸拉到侧门前方的白色廊柱旁，对爸爸说："放长假时，我在博物馆帮忙拓碑文，做了4天，他们给了工资，有800元呢，所以我请客。"宋扬笑了，拍拍儿子的肩膀说："挺好，留着，这次爸爸请，以后有机会你再请。"儿子看了他一眼，说："爸爸，你现在又没什么钱，这次我请你吧。"

宋扬看着这张熟悉的小脸上的表情。这不就是孩子长大了的神情吗？宋扬突然难过起来，他说："请客的钱爸爸还是有的。"宋扬伸手想去拿刚才被儿子抢走的账单，儿子没给，说："爸爸，今天我本来就想请你的。"

餐厅里人来人往，空中飘浮着艳丽的气球，从廊柱这边看过去，可逸的同学们在那头说笑着。餐厅里荡漾着轻快的旋律。面前儿子说话的样子，让宋扬害怕自己会突然哭出来，因为儿子现在很冷静，还有一点儿酷。男孩告诉爸爸，他本就打算在这个双休日请爸爸吃饭，只不过他叫上同学一起来了，这样热闹一些。男孩说："我跟妈妈讲，现在爸爸最可怜了。我这里还有妈妈，还有狗狗，而爸爸现在一个人在家。"所以，他认为，就让他请一次爸爸，这样爸爸会高兴的。

宋扬的脸颊在微微地颤抖，他说："高兴，高兴，可逸居然会请爸爸吃饭了，长大了。"宋扬伸开手臂，儿子拥抱了一下他，嘀咕了一声："老爸要勇敢哦。"

他看着儿子去收银台买单，看见儿子从口袋里掏出钱。他推开玻璃门往外走，害怕眼睛里的泪水流出来。

半称心

孙道荣

萧山南部有一个很独特的习俗，每年的农历六七月份，要过一个半年节。

时值年中，梅雨刚过，油菜小麦收割不久，旱田里的花生刚刚开花，水田的稻子已经抽穗，墙上的镰刀，还沉浸在麦香中，等待着又一个收割季的到来。这是一年中，春收和夏收两个收获季之间的短暂歇息。

农人们放下了铁锹和锄头，像过年一样，筹备着半年节。外出打工的人，也会赶回家乡，与家人一起过半年节。

我有幸受邀体验过一次半年节。邀请我们的，是当地的一位副刊作者。白天他是个农民，弯腰在田里种庄稼；到了晚上，他是个写作爱好者，伏案耕耘文字。他觉得种田满足了他的日常生活，看书写文章，则愉悦了他的身心。他的一半是尚可温饱的世俗生活，另一半则是充盈的精神世界，还有什么不称心、不满足的呢？

我们的话题，就从这个“半”字打开。一年过了一半，去年秋冬种下的庄稼，已经收割、归仓；春天播下的种子，已经开花、抽穗、灌浆，待以时日，就可以挥镰收割。唯有这年中的几日，有几天难得的闲日，可以放松自己，可以无愧地回望过去的上半年，也可以满怀期待地展望未来的下半年。

半这个字，很有趣味，什么事情，到了一半，就既没有了初始的忙乱、不安与焦躁，也还没有了临了的张皇、无奈和失落。半是最好的状态。

半是什么？半是已经开始，到了半途，因而半不是一个空想家、臆想家，只停在原地做梦，它是个实实在在的行者。半是满怀了希望的，还有一半的路，等着它去走；还有一半的风景，等着它去发现；还有丰硕的果实，在另一半等着它去浇灌和采撷。半也是虚怀若谷的，它不会因为事已过半，就骄傲自满，也不会因为事才过半，而放弃放纵。半是继续在路上，永远在路上，后面是它已经走过的路，前面是它即将踏上的路。

这真是一次难得的经历和交流，在年中之际，我们有幸在萧山南部的一个小山村，过了一个特殊的半年节，并深切体味到“半”的生命哲学和人生况味。朋友环顾大家说，我们大多已人到中年，为什么说中年是人生中最美好的年华？就是因为我们的人生刚刚过半，我们已经体验了童年的天真，少年的懵懂，青年的绚烂，已经或即将迎来人生的巅峰，以及无法逃避的迟暮之年。说到这儿，朋友忽然抛出一个问题：“你的生活称心吗？”

我们的生活，我们的人生，当然有过称心，有过如意，但也一定经历过诸多的不称心、不顺意。喜忧参半，苦乐不均，这是人生的常态。

朋友说，杭州灵隐寺有一副楹联：“人生哪能多如意，万事只求半称心。”“半称心”就是人生最好的状态，人心最好的归宿。

未被摧毁的生活

李伟长

我给小朋友告告读《柳林风声》，读到鼹鼠和水鼠哥儿俩，出门遭遇暴风雪，在冰天雪地里迷了路，眼前一片白茫茫，不知道该往何处去，顿时心生戚戚。那么小的家伙，一阵风就可以将他们吹走，陷在漫天风雪中进退两难。幸好，他们遇到了獾先生。正是这位獾先生，打开了门，让我看到了一处迷人的地方。

那是一个幽深安静的洞穴。进门后，獾先生举着灯，领着他们俩，不紧不慢地穿过又长又暗的走廊地道，推开一扇厚重舒适的橡木门，进了一间温暖如春的大厨房。宽大的壁炉里炉火烧得正旺，炉前放着两把高背椅，用来招待到来的朋友。红色地砖因年久泛着光泽。一张长条大餐桌摆在中间，桌旁摆着两条长凳。美味的火腿、几捆干草、几网兜洋葱和几篮子鸡蛋，挂在厨房的上方。想想洞外风雪交加，路人饥寒交迫，而此时此刻，在獾先生的家里，热气腾腾，有炉火，有食物，还有远道而来的朋友。

就会享受生活而言，獾先生真是一个榜样，不仅找到了这么好的地方，还把它打理得如此舒适，粮食储备够了，炉火时刻不熄，真适合闭起门来安心过冬。冬天里的动物们都昏昏欲睡，有的已经冬眠了。冬天里休息是约定俗成的规矩。似乎过去半年多的辛劳和积蓄，为的就是过好这一个冬天。大雪天，烤着火炉，饿了就吃点火腿和洋葱，不必受冻，不至于挨饿，而后呼呼大睡，等待春天的到来，等待冰雪消融，等待水流再次潺潺。不用焦急，甚至连耐心都用不上，春天自然会像往年一样准时抵达。

听到朋友可能惹上麻烦，獾先生直言不讳，告诉鼹鼠他们，冬天里他什么也做不了，他得休息，也就是冬眠。忙活了半年，到了冬天动物们就会犯困，獾和别的冬眠动物没有区别，甚至他冬眠的时间更长。让獾先生放弃冬眠，强打精神，或者打着瞌睡，离开温暖的洞穴，是很危险的行为，他可能会冻死在冬天的路上。这是獾作为动物的弱点，换言之，就是他的有限性。獾很清楚这一点，做不到就是做不到，逞强没有意义，接受自己的局限并遵守它才是对自己负责。

我想说，和动物一样，人也有某些特殊的习性，有些习性就是弱点，同样可能致命。一个人能意识到自己的弱点，要是还能接纳它，不想着强行纠正它，就已经很让人钦佩。事实上，总有很多人不甘心，以为凭着毅力和决心可以击败乃至克服自己身上的有限性，故而勉强行事，结局不顺遂也就再自然不过了。

我喜欢獾先生的“冷酷”，不冲动，不莽撞，没有急不可待，而是等着冬天过去。这样也许会错过帮助朋友的最佳时机，但只要生活还没有完全被摧毁，演出还没谢幕，就还来得及。事实上，生活也不可能被摧毁。何况，坏事还未发生，蛤蟆还没有锒铛入狱，为尚未发生的事情犯愁，不是獾先生的行事风格。几个月后，冬天过去了，冬眠结束，獾先生如约走出洞穴，和一帮老友拯救了浮夸的蛤蟆老弟。

冬天不出门，是獾先生的生存规律，也是一种生活哲学，像曾国藩说过的“未来不迎，当时不杂”，还没来的事情不必忧虑，专注当下更为重要。当你知道獾先生清理出这么一间温暖的大厨房时，就知道他的生活是怎样怡然自得，又顺守自然秩序。

我从乡下来到城市，有时感觉迷了路，慌了神，硬着头皮往前走，幸有师长指路，走着走着，就走到了现在，回头看看走过的路，似乎又是对的。原来迷路也不容易，失掉生活方向的人才会迷路。莫泊桑在短篇小说《一生》中讲，“生活不可能像你想象的那么好，但也不会像你想象的那么糟。我觉得人的脆弱和坚强都超乎自己的想象。有时，我可能脆弱得一句话就泪流满面，有时，也发现自己咬着牙走了很长的路”。

这种感觉常在心头泛起又沉下，似乎说中了一些什么，又近乎矫情得不值一提。

不可否认，我很想走进獾先生的大厨房，在壁炉旁烤火，看柴火烧得旺旺的，在餐桌上吃火腿，听鼹鼠说蛤蟆让人啼笑皆非的遭遇，听小刺猬讲下雪天被妈妈赶去上学结果迷路的故事，等待温厚的獾先生睡醒，和他一道抽抽烟，喝喝茶，谈谈洞外的夜晚和纷飞的大雪。

悲伤是黑镜中的美

陈冲

随着母亲渐渐失忆，她对眼前事情的记忆变得越来越少，童年往事却越发历历在目，念念不忘。在病房里，我常把手机里存的老照片给她看，让她讲小时候的事。

我有一张母亲在复兴公园草坪上的照片，她看上去两三岁，穿着一件格子连衣裙，一双蕾丝边的白袜和圆头皮鞋，抬眼望着远方的什么东西，一脸严肃的样子。我在别的相片里看见过她穿同样的裙子，后来她长大了，裙子还穿到了她妹妹身上。也许她跟我儿时一样，只有两套衣服替换着穿，好一点儿的那件用来拍照。母亲说，公公常跟她坐在公园的长凳上谈生活、谈人生。虽然她听不懂，但是觉得备受宠爱，因为在小辈里，他只跟她一个人这样说话。

母亲跟姥姥不管为什么吵架，最后总会落到那段日子："我那么小就被你丢在亲戚家，裤子后面破了用胶布粘，胶布粘不住用书包挡。你在英国看莎士比亚，我却在课堂上想，下课该怎么站起来别人才看不到我裤子上的洞，弄得我功课全不及格！"母亲一说到这些，姥姥就哑口无言，吵不下去了。

其实，那个日夜渴望父爱和母爱的小女孩，一直都潜伏在母亲身体里。在最后的几个月，她睡前经常亢奋，总是要阿姨帮她穿上整齐的衣服，说："今天安爸爸和安妈妈要来接我了。"母亲是张家安字辈的，从我记事起，她和两个妹妹都称父母为安爸爸、安妈妈。

记得有一天离开病房的时候，母亲问我："你去哪里？"我说："回家。明天再来看你。"母亲好像突然想起，她住的地方不是家，她想回家，泪水涌出她困惑的眼睛。她说："我真想睡到亭子间去清净清净，这里整天有人进进出出，给我插管子、拔管子。"我安慰她："你好好养病，多吃点儿，病好了就可以回家了。"母亲接着说："从前有个大学生住在亭子间，每天下课后就给我和阿邦（二姨）补习功课，我们才考取了中西女中。"

这时我才意识到，母亲住了几个月医院，已经忘记自己早已搬离了平江路的房子，她在等爸爸妈妈接她回到那个家。

2021 年 12 月，在我赶回上海前，母亲的主治医生给我发微信："我们照顾张老师这么长时间，对她都是有感情的。张老师喜欢音乐，隔壁床位的沈老师出院前一天，她们一起唱歌，我们特地为她录了像。张老师很不容易，直到生命的最后一刻都很坚强。我们表扬她，她还露出腼腆的微笑……

"前些天，我问她痛吗，她摇摇头，说不。问她难过吗，她点点头。我们除了推吗啡，还给她用了镇静的药让她睡觉。后来她病情再次加重，您哥哥看了很难过，我们又给她加大了镇静剂和止痛药的药量，病人在那种情况下是没有知觉的，所以最后时刻她不会有痛的感觉。最后几天，因为病情太重，我们用药物维持她的生命体征。对陈院长来说，那些天也算让他有一个接受的过程。对张老师来说，走也是解脱，否则，后面还是痛苦……

"我不知道如何安慰您。张老师最后自己排空了宿便，加起来一公斤多，她是做好准备的。我们帮她把嘴巴里的痰吸干净，身上皮肤破损的地方也都愈合了，人走的时候很干净。”

我向主治医生道谢，也向她道歉，请她理解和原谅父亲。

父亲在华山医院当过很多年的院长，也是业界一名威望极高的医生，他一辈子都是看到问题就去解决，无法接受母亲的病没得救了。他每晚在家里奋力查阅全世界最新的相关资料，摘选后印出来，第二天一沓一沓地送给医院的领导和医师们，大声教育他们去好好学习，救治母亲。父亲不善于表达悲伤，看到亲人在死亡线上挣扎，他唯一能表达情绪的方式是向整个宇宙举起愤怒的拳头。

主治医生回信说：“没有任何需要原谅的，陈院长对张老师感情深厚，我们理解。”

我从隔离酒店回到家时，父亲跟往常一样，坐在电脑前看文献、写书。书桌另一端，母亲的《古德曼·吉尔曼药理学和治疗学手册》仍然翻开着，但她再不会日复一日地坐在父亲对面，反复阅读同一页书，反复把重点写在笔记本上。

父亲耳聋，没有听到我进门的声音。我走到他身后，站了一会儿，然后拍他的肩膀叫了一声“爸爸”。他看到我，慢慢起身，打开橱门，递给我一张他放大了打印出来的照片。他和哥哥坐在已故母亲病床的两边，照片底部写着：“我和川儿跟阿中告别。”我感觉他是在无声地谴责我的缺席。

接到母亲病危通知时，哥哥跟我说：“妈妈等不到你隔离3周后出来了。”那之后母亲在生不如死的折磨中坚持了一个星期，也许她在等我，这个想法让我悲恸欲绝。

我能看见“死神”穿着黑色斗篷，坐在母亲的床边，我也好想坐在她的床边，拉住她的手。此生第一个爱我的，也是我第一个爱的人在水深火热中受难，我却没有在她身边。我怎么可能从这样的遗憾中走出来？

父亲指着母亲的骨灰盒说："这个就留在我这里，等我死了，把我们的骨灰一起撒到大海里去。"他声音沙哑疲惫，说完后转身回到电脑屏幕前，继续写作。我呆立几秒钟，最后无力地离开了他。

母亲住院期间，父亲曾反复跟我讲起他和母亲在大学里相识时的情景，8 个人坐在一张桌子前上晚自习，他们俩坐在同一个桌角，低声说话……母亲去世后，父亲几乎一直沉默。只有一次，我企图跟他商量他往后的生活，他对我大声咆哮。

记得狄金森写过许多关于悲伤的诗歌，有一首是用了比拟的修辞手法——悲伤，惊慌失措的老鼠；悲伤，鬼鬼祟祟的小偷；悲伤，自我放纵的狂欢者……其中最沉重的悲伤是一个被割掉了舌头的人。父亲的悲哀是一座无声的孤岛，令我为他心痛，但是我与他都没有能力跨越这道无形的深渊，去抚慰对方。

英文里的 bereavement（丧亲之痛）是一个单词，也意味着一段无法绕过的时间，也许我写母亲的故事是为了度过它；也许悲伤是黑镜中的美，看到了美，就能瞥见更深远的东西……

幸福有时候就是一步之遥

梁永安

美国作家伊迪丝·华顿的小说《纯真年代》，主人公是一个叫纽兰的年轻人，他出身高贵，风度优雅。他曾经非常心仪埃伦，但是埃伦后来跟别人结婚了，所以纽兰在内心深处对她充满了怀念和依恋。没想到，后来埃伦离了婚，又回到美国，他们再次相逢。这个时候他们该怎么办？

在大家眼中，埃伦是一个异类，她打破了贵族社会的很多规矩。比如说，贵族们哪怕婚姻不美满，也要装出幸福的样子，服从各种礼仪要求，满足大家对秩序的期待。但是埃伦不这样做，她有一种现代女性的特质，骨子里带有自由的激情和愿望。

纽兰看着她，特别想跟她在一起，埃伦其实也很喜欢纽兰。生活中总会发生这样的事，两个明明可以在一起的人，中间却横着一道阻碍。本来这两个人结合会很幸福，但这道阻碍把他们的幸福拦腰截断。

这是爱情里的一个问题，也是幸福这个命题下的一个大问题。

一天，埃伦站在海边看着大海，而纽兰站在后面远远地看着埃伦。这时海上有一艘帆船正在航行，纽兰想：在帆船驶过灯塔前，如果埃伦回过头来看我一眼，我就走向她。

埃伦明知纽兰正在看她，也知道自己一回头，纽兰就会勇敢地表白，但埃伦就是不回头。她期待这个男人能够不顾一切地奔过来，而不是等她回头，因为她觉得这就是爱和不爱的区别。

所以就在这样一个地方，两个人停住了。

也就是说，在纽兰身上，还有一块地方是他自己够不着的，这关键的一步需要对方来给他一个推力。人生那么有价值的幸福，居然被这样的小阻碍扼杀了，两个人最后没有走到一起。所以幸福有时候无处不在，但你可能永远抓不住它。

从人性的角度看，这就是人性中巨大的局限性。我们在社会生活中形成的行为方式、价值观念、公约规则等，无处不在地阻隔着我们。所以生活要做减法，想获得幸福就要做减法，不断地减去那些阻隔着我们的东西，我们才会获得自由。

如果换作今天这个时代，也许纽兰和埃伦的想法会发生变化。比如，埃伦可能会像新女性那样，像乔治·桑那样更积极、更主动。

与纽兰相比，当下的很多年轻男性会更加不顾一切。但是如今又发生了一个新的质变，很多男性的不顾一切实际上是一种不负责任的表现，因为他觉得不表达白不表达，没有成功就赶紧换一个。这种情况太多了，这种做法不符合幸福的定义，而是一种非常功利主义、实用主义的做法。

这样说来，作为埃伦，她不能变，她要对男性进行一种检验，所以在这一点上，可以看到幸福与我们的距离是既近又远的。幸福有时候就是一步之遥，但是你可能永远到达不了。

爱人者仁

马德

早年间，单位有个锅炉工，三十几岁的样子，一天到晚，也见不到他说几句话。

我每天打饭，都会路过他住的宿舍。屋里除了一张床，还立着一张画板，画板上偶有他没画完的山水画。略显破旧的屋子，被他收拾得井井有条。

听说他还没有成家，又说他的经历很坎坷。烧锅炉的时候，他常对着炉口红红的火焰安静地坐着，要么就拿把口琴，呜呜地吹。

有一次我们出去吃饭，老林要喊他同去。对于这个邀约，大家和那位锅炉工都感觉很突然。饭桌上，我们为他斟酒，他说喝不惯我们拿去的酒，只喝他自己带去的那半瓶二锅头。老林说，他也爱喝这个味儿。最后，同是一桌酒，他们俩竟然另起炉灶，喝在了一起。后来，我们又出去吃了几次饭，老林开始跟锅炉工称兄道弟。据说，锅炉工要送老林一幅画，还认真地画了很久。结果有一天，锅炉工突然辞职走了，没留下一句话。

老林在单位里，是出了名的怜贫惜弱。他连鱼和鸡都不敢杀。

大家都取笑他，说他这样的男人，放在金庸先生的《射雕英雄传》里，堪比杨康的母亲包惜弱。人们笑他，老林也不怎么反驳，实在招架不住，就搬出那句“仁者，爱人”来，一边说一边朝大家拱手。

人世间，熟悉的人之间发生的事，大多是不经推敲的；而跟素昧平生的人往来，最容易看出一个人的心。因为跟锅炉工的那段交往，我喜欢老林，便从不笑他。

《红楼梦》中，刘姥姥进了荣国府，和外孙板儿走到荣国府大门石狮子前，见簇簇的轿马，又见几个挺胸叠肚、指手画脚的人，正坐在大板凳上说东道西。刘姥姥凑上来问：“太爷们纳福。”众人打量了她一会儿，便问从哪里来。刘姥姥赔笑道：“我找太太的陪房周大爷的，烦哪位太爷替我请他老出来。”那些人听了，都不睬她，半日方说道：“你远远地在那墙角下等着，一会子他们家有人就出来的。”其中有一老年人说道：“不要误她的事，何苦耍她！”又向刘姥姥道：“那周大爷已往南边去了。他在后一带住着，他娘子却在家。你要找时，从这边绕到后街上，后门上去问就是了。”

《红楼梦》写了近千个人物，有名有姓的有七百多个。前文那位不愿戏耍刘姥姥的老年人，在小说中并没有名字。然而，我总是记着他。

与自己不和最辛苦

潘向黎

有时候，得到一个好消息，想告诉一个故人，但是信息输入了一半，又一个字一个字地删掉，因为不想打扰人家。这样的时刻，扪心自问，每个人都有吧。

这是成年人的无奈，也是成年人的好处。对于某个特定的人，我们动的念头，不再是亲近，而是体谅。

所以，我会这样安慰自己，那么多没有音信的故人里面，肯定也有一两个，是这样对我的。不是忘记了，只是出于体谅，没有来打扰我。

此刻的我，感到一种深深的凄凉，混合着隐隐的暖意。这样与世无争、与人无碍地持一点妄断，即使有点自欺、有些可笑，也没有什么不妥吧。

“心平气和”这个词不是一种状态，而是一个过程，心平，气才会和。

但是，心平是一件很难的事。飞鸟的心，走兽的心，我们不知道，但人的心，是不容易平的。

长恨人心不如水，等闲平地起波澜。

人心就是水，人心就是险滩和乱石，所以随时随地等闲就可以起波澜。

“与家里人不和更辛苦，还是与单位的人不和更辛苦？”一个朋友问。

“与自己不和最辛苦。”

大家都沉默了。

中老年人看年轻人总觉得他们冲动，其实这正是年轻的特点，也是年轻的好处。

中老年人自己不冲动，是因为能量渐渐不足，更因为吃的亏多，已经满心怯意。

所以温和大方的年轻人、刚毅果决的中年人和热情单纯的老年人，都具备了自己所处年纪通常不具备的优点，最是难得，也最值得珍惜。

2019—2023
纪念版
（全5册）

DUZHE

读者

05

火花卷

读者杂志社　编

读者出版社

图书在版编目（CIP）数据

2019—2023《读者》：纪念版. 5，火花卷 / 读者杂志社编. -- 兰州：读者出版社，2024.3
ISBN 978-7-5527-0798-4

Ⅰ. ①2… Ⅱ. ①读… Ⅲ. ①文摘－世界 Ⅳ. ①Z89

中国国家版本馆CIP数据核字（2024）第009570号

2019—2023《读者》纪念版·火花卷

读者杂志社　编

策划统筹　赵元元　王书哲
责任编辑　王宇娇
封面设计　李　娜

出版发行　读者出版社
地　　址　兰州市城关区读者大道568号（730030）
邮　　箱　readerpress@163.com
电　　话　0931-2131529（编辑部）　0931-2131507（发行部）

印　　刷　北京盛通印刷股份有限公司
规　　格　开本 787 毫米 × 1092 毫米　1/16
　　　　　印张 12.5　字数 174 千
版　　次　2024 年 3 月第 1 版
　　　　　2024 年 3 月第 1 次印刷
书　　号　ISBN 978-7-5527-0798-4
定　　价　128.00元（全5册）

目　录

站远一点，才有机会感动

郭韶明

哈金有一个短篇小说《两面夹攻》，说的是亲人之间的距离。

在美国的儿子终于把在老家的母亲接到了身边，却发现，母亲一直没弄清她在这个家的角色。儿子干脆以辞职为代价，让母亲意识到妻子在家里的地位，并打算趁失业之机让母亲回老家。

计谋得逞，儿子却很难过。16 年前参加高考时，母亲撑着一把伞站在雨中等他，手里提着饭盒、汽水和用手帕包着的橘子。他们俩各湿了半个肩膀。“要是他能再对他们无话不说该多好。”

可是，和你的家人无话不说真的是一种理想状态吗？未必。起码，16 年前的儿子，大概不会觉得当时的饭盒和汽水有多么真实、多么值得回味。远离现场，以及与现状的对比，让那个普通的雨天变得不太一样。

不久前在父母的家里，看到一封大学时写给我爸的信。那是我第一次在另一个城市，和父母隔着 300 公里。我妈告诉我，当年我爸读完信，泪流满面。

而现在，当我自嘲“煽情能力还挺强”的时候，与父母的关系依然是个跷跷板。同住的时候，会针尖对麦芒；隔空对话的时候，却一言一语全是关照。

也有一种距离，让人觉得很远。

尤其是老一辈的知识型父母，他们有些天然地保持着对亲情的克制，让你感觉不到与他们的"亲"。或许他们自己也没弄清，如何在清高的身段下展示内心的情感。于是距离成了一道跨不过去的障碍，他们的家人可能一辈子都觉得他们的心里没有爱，而实际上，是对本性的压抑让一些东西藏得太深。

总之，亲情好像存在一个悖论：当你和家人的物理距离近了，心理距离却远了；物理距离远了，心理距离又近了。近的时候，更多体验到的是一种胶着，悠然的状态总是要等到回望的时候，才能真切体会。

其实站远一点不只是指现实中的距离，它更是一种内心独处的需要。

站远一点也是一种适度的抽离。你知道家庭的中心在哪里，也知道活动的半径有多大，关键是，有的时候，你需要离开那个过于活跃的地带，作为观众，去看看你生活着的现场。这样，重新参与其中的时候，你才会看到更多从前没看到的瞬间。

读书就是要过河拆桥

冯友兰

我从七岁上学起就读书，一直读了八十年，其间基本没有间断。我所读的书，大都是文史哲方面的，特别是哲学。我的经验总结起来有四点：精其选，解其言，知其意，明其理。这里所说的书是指值得精读的书。

我所说的解其言，就是要攻破语言文字关。当然要攻这道关的时候，先要做许多准备，用许多工具，如字典和词典等工具书。

中国有句老话“书不尽言，言不尽意”，意思是说，一部书上所写的总要比写那部书的人话少，他所说的话总比他的意思少。因为语言总离不了概念，概念对具体事物来说，不会完全合适，不过是一个大概轮廓而已。

所以在读书的时候，即使书中的字都认得，话全懂了，还未必能知道作者的意思。从前有人说，读书要注意字里行间，又说读诗要得其“弦外音，味外味”，这都是说要在文字以外体会它的精神实质。这就是知其意。

司马迁说过：“好学深思之士，心知其意。”意是离不开语言文字的，但有些意是语言文字所不能完全表达出来的。语言文字是帮助了解书的意思的“拐棍”。既然知道了那个意思，最好扔了“拐棍”。这就是古人所说的“得意忘言”。在人与人的关系中，过河拆桥是不道德的事。但是，在读书中，就是要过河拆桥。

上面说的“书不尽言，言不尽意”之下，还可再加一句“意不尽理”。

人总是人，做不到全知全能。他主观上的反应、体会和判断，和客观的道理总要有一定的差距，有或大或小的错误。所以读书仅得其意还不行，还要明其理，才不至于为前人的意所误。如果明其理，就有自己的意。我的意当然也是主观的，也可能不完全合乎客观的理。但我可以把我的意和前人的意互相比较，互相补充，互相纠正。这就可能有一个比较正确的意。这个意是我的，我就可以用它处理事务、解决问题。

书读到这个程度就算是活学活用，把书读活了。会读书的人把死书读活，不会读书的人把活书读死。把死书读活，就能让书为我所用；把活书读死，就是我为书所用。能够用书而不为书所用，书就算读到家了。

真正的爱好

罗振宇

人为什么最好应该有一个爱好？最近我看到一个解释，说爱好最大的用处，是通过它培养自制力。

比如，你突然爱上了钢琴。表面上，你浪费了很多时间和金钱。但是，钢琴会成为对你的约束——你要练琴、要专注、要往上攀登。所以，当钢琴真的成为你的爱好，你会有一项意外收获，就是你成了一个有自制力的人。这会实实在在地影响你的其他事业，帮你重塑自我。

这个观点有意思。它也能帮我们判断什么才是一项真爱好。

比如有人说，我的爱好是电影和音乐。如果你没事就戴着耳机，刷个片子，这不是爱好，这是消遣。

爱好，不是你生命之外的东西，而是你费了多少力气把它变成你生命之内的东西。爱好，不是这个东西给你带来多少次愉悦，而是你为它进行了多少次自我约束。

一定要看到能力圈的边界

〔德〕罗尔夫·多贝里

没人能完全了解这个世界。对某个个体的大脑来说，世界太复杂了。即使你是受过高等教育的人，也只能理解世界的一个小小的方面，但这一个小方面举足轻重，因为它正是你飞向高处、追求人生理想的起点。如果缺少了这个起点，你便永远无法离开地面。

沃伦·巴菲特使用了一个绝妙的术语——“能力圈”。圈内是你精通的技能，而圈外的东西你只是一知半解，甚至完全不懂。巴菲特的人生座右铭是：“了解你的能力圈并坚守在圈中。圈的大小并没有那么重要，知道自己能力圈的边界才是至关重要的。”巴菲特的商业伙伴查理·芒格补充道：“每个人都必须清楚自己的才华所在。有件事我几乎可以保证，如果你试图在自己能力圈外的事情上取得成功，那你的职业生涯将会非常糟糕。”IBM 的创始人托马斯·沃森便是一个活生生的例子，他曾说过：“我不是天才，但我有自己聪明的地方，并且会坚定不移地守在这些地方。”

请严格按照这个理念来安排自己的职业生涯。对于能力圈的绝对专注，不仅能为你带来物质财富，还能赋予你同样重要的精神财富，即一种由卓越技能激发的、用金钱买不到的内心感受。除此之外，你还能省下很多时间。对能力圈的清晰划分，会令那些本不适合你却显得难以抗拒的请求突然变得可以抗拒。

许多年前，一位富有的企业家出资100万欧元来请我为他写传记。这是一个极具诱惑力的报价，但我拒绝了，因为写传记不在我的能力圈之内。为了写出一流的传记，作者需要与主人公进行无数次对话，并展开细致的研究。写传记需要的技能同写小说和专业书籍不同，而这些技能我并不具备。我会为此花费精力，并感到沮丧。更重要的是，即便这么做了，我最后也只能写出一本平庸的书，可这对我而言已经是最好的结果了。

迪伦·埃文斯所著的《风险思维》一书绝非平庸，作者在书中描述了一个名叫JC的职业西洋双陆棋选手。“JC会故意犯一些错误，并观察他的对手如何利用这些错误。如果对方展现出较高的棋力，JC就会终止棋局。否则，他就会不停地输钱。换句话说，JC知道很多别的棋手不知道的事情。他知道什么时候不该赌棋。”他知道哪些对手会将自己逼到能力圈之外，于是他学会了避开这些对手。

除了想要跳出能力圈的冲动，我们还有另一个强大的意愿：拓展自己的能力圈。如果你在目前的圈子里很成功，如果你在圈子里感到如鱼得水，那么拓展能力圈的诱惑就会变得更大。请不要这样做！技能不会从一个领域转移到另一个领域。换句话说，技能是属于某个特定领域的。象棋大师在商界不一定能成为策略大师，而优秀的心脏医生也未必是优秀的医院管理者。同样的道理，优秀的房地产经销商并不一定能做好总统的工作。

如何创建自己的能力圈？仅靠查查维基百科是搞不定的，依靠传统的大学专业也同样不够。创建能力圈需要时间，而且是很多时间。“一切有价值的东西都需要很长的时间，对此请做好心理准备。”这是美国优秀设计师黛比·米尔曼所坚持的原则。

能力圈还需要一个要素，就是“痴迷”。我们会在书中读到沉迷于电子游戏、电视剧或飞机模型的年轻人。痴迷是一种瘾，所以人们在谈到“痴迷”时会展现出轻视的姿态。是时候来更积极地看待“痴迷”了！驱使人们花费成千上万个小时去做某件事的，正是这种“痴迷”。在年轻的时候，比尔·盖茨痴迷于编程，史蒂夫·乔布斯沉迷于书法和设计，而沃伦·巴菲特更是在12岁时便将自己的第一笔零花钱投进了股市，并在此后一直痴迷于投资。今天没有人会说盖茨、乔布斯或巴菲特挥霍了他们的青春，恰恰相反，正因为他们痴迷于某种东西，才会为其花费成千上万个小时，而这个时间正是他们成为大师所必需的。“痴迷”是引擎，而绝非引擎故障。

顺便提一句，“痴迷”的反义词并不是“厌恶”，而是“兴趣”。“兴趣”是一种含蓄的表达，其潜台词是“我并非真的痴迷于此”。

为什么“能力圈”这么重要？它的秘密是什么？道理很简单：一个卓越的程序员不只比一个不错的程序员强上两倍、三倍甚至十倍。在解决同样的问题时，前者需要花的时间仅仅是后者的千分之一。律师、外科医生、设计师、研究员和销售员的圈子也是如此。圈内与圈外，二者之间存在着千百倍的差别。

还有一点：生活会跟随计划——这个想法其实是一种错觉。意外随时随地都可能发生，有时其破坏力堪比飓风。只有一个地方会始终吹着温和的微风，那个地方就是你的能力圈。虽然那里的海面也不完全风平浪静，但激起的海浪至少还能允许你正确地航行。简单来说，在你的能力范围内，你在一定程度上会免受幻觉和思维错误的影响，你甚至可以冒险打破常规，因为你已经具备了足够的智慧来预测将会发生什么。

所以，不要因为自己的不足而自责。如果你的双脚存在缺陷，请忘掉萨尔萨舞课；如果你的孩子不知道自己画的是马还是牛，那就不要再梦想让他成为艺术家了；如果姑妈的来访已经令你难以招架，那就放弃自己开餐馆的念头。事实上，你在很多领域中处于平均水平，甚至低于平均水平，这完全不重要，重要的是你至少要在一个领域中远远高于平均水平——最好能成为世界第一。只要能做到这一点，你便为美好生活打下了坚实的基础。一项杰出的技能将会抵消无数个弱点。在能力圈内投入 1 个小时，会比在圈外投入 1000 个小时更加值得。

阳台上的遗憾

韩少功

南方人指路，总是说前后左右。北方人指路，总是说东西南北。前后左右，以人为参照，是一种主观方位；东西南北，以物为坐标，是一种客观方位。这样说起来，似乎南方人较为崇尚主观意志，北方人较为遵从客观实际。

指路方式的不同，当然还可能有更多的原因。比方说，南方降雨量偏多，云、雨当头时四野茫茫，如果行人没有随身携带指南针，就很难像在北方多见的晴空之下，瞥一眼日头，轻易辨出东西南北。

再比方说，北方平原地较多，建房不常受到地形限制，可以建得四向方正，多以皇宫或神庙为中心，次第森严、秩序井然地组成棋盘式格局。在那个棋盘里，东西南北已被纵横街道刻入人心，很难有南方街市的模糊和混乱。

从某种意义上来说，建筑是人心的外化和物化。南方在古代为化外之地，如今到海口看看，尽管这里地势平坦，并无重庆式的山峦起伏，但前人留下的老街很少有直的，这些随意和即兴的作品，种种偏门和曲道，很适合隐藏神话、巫术，要展示天子威仪和官府阵仗，却不那么方便。留存在这些破壁残阶上的，是一种自由和活泼，是文化道统的稀薄和涣散。虽然免不了给人一种混乱之虞，却也生机勃勃。它们不像北方的四合院，规规矩矩、一栋一梁地不越雷池，严格遵循天理与祖制。

当然，南北文化一直在悄悄融合。建筑外观上的南北之异，并不妨碍南方某些宅院与北方四合院一样，也是很见等级的，比如有一些耳房和偏间，可供主人安置男仆和女佣。这些宅院也是很讲究家庭和合的，有东西两厢，有前后几进，可供主人安置庞大的宗亲体系，包容儿孙满堂、笑语喧哗的大团圆。在那大堂里正襟危坐，上下分明、主次分明的感觉油然而生。倘若在院中春日观花，夏日听蝉，箫吹秋月，酒饮冬霜，也免不了一种陶潜式的淡然和曹雪芹式的伤感——中华文化一直在这样的宅院里浅吟低唱。

这类宅院，在现代化的潮流面前一一倾颓，当然是无可避免的结局。金钱成了比血缘更有力的社会纽带，个人成了比家族更重要的社会单元，大家族开始解体为小家庭，小家庭又正在被独身风气蚕食，这使旧式宅院的三进两厢之类显得十分多余。要是多家合住一院，又不大方便保护现代人的隐私，谁愿意起居出入、喜怒哀乐都在众目睽睽之下？

更重要的是，都市化使地价狂涨，很难容忍旧式宅院那样奢侈的建筑容积率。稍微明了国情的人，就不难理解高楼大厦是我们唯一现实的选择。看到某些外国人对四合院之类津津乐道，不必过分地去凑热闹。

这种高楼大厦正在显现着新的社会结构，拓展着新的心理空间，但一般来说缺少个性，以其水泥和玻璃，统一着每一座城市的面容和表情，不分南北地绘制出彼此相似的生活图景。人们走入同样的电梯，推开同样的窗户，坐上同样的马桶，在同一时刻关闭电视并在同一时刻打着哈欠。长此下去，环境也可以反过来浸染人心，会不会使它的居民讨论同样的流行话题，制订同样的购物计划，拥有同样的恋爱经历以及同样的怀旧情结？以前有些人说，儒家促成文化的大一统，其实，现代工业对文化趋同的推动作用来得更加猛烈和广泛，所有的城市，越来越像同一座城市。

这种高楼大厦的新神话拔地升天，也正把我们的天空挤压和分割得狭窄零碎，使四季在隔热玻璃外变得暧昧不清，使田野和鸟语变得十分稀罕和遥远。清代张潮在《幽梦影》中说：“因雪想高士，因花想美人，因酒想侠客，因月想好友，因山水想得意诗文。”如此清心和雅趣，似乎连同产生它的旧式宅院，已经永远被高楼大厦埋葬在地基下面了。全球的高楼居民和大厦房客，多已习惯于一边吃快餐食品，一边因雪想堵车，因花想开业，因酒想公关，因月想星球大战，因山水想开发区批文。当然，在某一天，我们也可以步入阳台，在铁笼般的防盗网里，或者在汽车急驰而过的轰鸣声里，一如既往地观花或听蝉，月下吹箫或雪中饮酒，但那毕竟有点像勉勉强强的代用品，少了一些真趣。这不能不使人遗憾，遗憾是身后寂寞的影子。

福与慧

黄永武

常听说："才子短命，才女薄命。"真是天妒奇才？老天让身怀一把慧剑的总是以锋利之刃割伤自己的命运？

乍看世上的例子，你会觉得：有"慧"的人，还真是没有"福"。有"福"的人，总是那么"庸"，所以叫"庸福"。有"慧"的人，总是那么"清"，一点慧光，像灵气一般清逸，如何也不肯在"庸福"上常驻。不过细想一下，这也不是什么天命注定，实在和才人的个性有关，悲剧总是个性造成的。

才人总是过分焦躁，不能安分，不肯忍受生命的历程慢慢展开以成其大。像唐代的鬼才诗人李贺，二十七岁就死去。他是一个急躁、悲观、容易激动的青年，自负、早熟，拥有智慧与才情，但一遇挫折，就否定现实，对人生绝望。他喊出："我生二十不得意，一心愁谢似枯兰！"才二十岁就忍不住"不得意"了。"看见秋眉换新绿，二十男儿那刺促！"才二十岁就想象秋容满面、老态的可怕了。因为急躁、悲观，所以作诗的时候，恨不能把心都呕出来才肯罢休；喜欢将生命作孤注一掷，不相信"安静可以养福"的道理。更不想想，连圣人孔子要到达“从心所欲”的生命境地，也要由“十有五而志于学，三十而立，四十而不惑”逐步展开而来。

才人总是过分敏感，不满现状，以一种叛道精神来与环境对立。如因科场案被罢黜的唐伯虎，放诞玩世，在葬花于药栏东畔时大叫痛哭。后来林黛玉也作“葬花诗”，多愁善感的性格，加上鄙视世俗，诅咒功名，执拗古怪而孤立无援，最终成了薄福的人。相比之下，薛宝钗就安分和厚，守拙柔顺。其实，“福”就是“备”，“备”就是“百顺”，古人说“日顺其常，福莫大焉”，但才人都厌恶庸常平顺，总想有些惊人之举，就像用夜明珠来照明，固然“奇”，却不如电灯烛火的“常”。奇的东西难以长久，所以庸常的福人恒享快乐，而卓异的慧人常抱幽恨。

才人总是过分炫己，尽情宣泄，不把侪辈看在眼里。才人的“骄”如遇到外界的“妒”，骄妒互会，难免成一场祸事。像唐代写“年年岁岁花相似，岁岁年年人不同”的刘希夷，年轻时就中进士，姿容又美，他的舅舅宋之问想把“年年岁岁”这联妙句据为己有，刘希夷起先答应送给宋之问，后来又到处宣扬这是他的作品，一个骄，一个妒，宋之问就派家奴杀了刘希夷。刘希夷死时年未三十。这就如象因牙被擒杀，蚌因珠被割裂，才人以炫露招灾。

再则才人常“暴得大名”。对暴得的东西，人们常常不去珍惜，所以不懂惜福。才人又常有“出群”之想，于生命深处自觉有一种无边荒凉之感，所以常缺少一股慈祥安恬之气来享“福果”。才人又喜欢恃才任气，事到得意处，不肯留余以“养福”，言到快意处，不肯留余以“蓄德”，自以为那是真挚激烈，将灵光全发无余，因此总少一些浑朴的元气来广种“福田”。所以佛家主张“福慧双修”，把福配上德，多行“利他”之举，才可以把“慧光”保存下来。

落霞·落英·夜半钟

潘向黎

记得以前在哪里看过，最近又在报纸上看到有人旧话重提，说的是《滕王阁序》的一个公案。不是别的，正是《滕王阁序》里最著名的两句："落霞与孤鹜齐飞，秋水共长天一色。"这两句当然是千古佳句，意思也不难懂，但有人偏对"落霞"做出不同于一般的解释。列位看官，你道他作何解？"飞蛾"是也。"上句说的是野鸭子飞逐蛾虫食之，所以齐飞。"令人不禁失笑。说野鸭子追着蛾虫吃不要紧，他还要据此说别人不通，人家当然要反驳，斥之为不解风雅的妄说。但我其实非常希望行家不要理会，免得惹出此人更加执着的斗志，"死磕"到底。

因热爱学问而误食苦果的人，古已有之，甚至一些名人也未能幸免。

我一向敬重的欧阳修，读到王安石的诗"黄昏风雨打园林，残菊飘零满地金"，笑着说："百花尽落，独菊枝上枯耳。"他认为菊花不会凋零，只会在枝头枯萎。于是他开玩笑地写了两句："秋英不比春花落，为报诗人仔细看。"（他不会知道，在他所生活的朝代灭亡之后，有个叫郑思肖的诗人、画家还写下“宁可枝头抱香死，何曾吹落北风中”的诗句，借菊花不凋零来抒发自己的爱国气节，可以作他的极佳旁证。）王安石听到了，反击说：“难道不知道《楚辞》里有‘夕餐秋菊之落英’吗？这是欧阳修读书不够。”

这个公案，有专家分析得很详细：虽说根据种菊花的专家史正志在《史氏菊谱·后序》里的说法，菊花有两种，一种花瓣结密的不落，一种花瓣不十分结密的会落，但是一般的菊花以不落的为多。倘若王安石真的看到罕见的花瓣会落的菊花而作诗，应该加以说明，他没有说明，可见是没有看到。他说屈原的《离骚》里有“夕餐秋菊之落英”，他是根据屈原的这句诗来写诗和反驳欧阳修的。这样就有问题了。因为屈原所说的服食菊花，不是指落下来的花瓣，这个“落”有“开始”的意义，指刚开的花瓣。“这样说来，王安石误解了屈原的意思，再根据这种错误的理解来写诗，那自然就不对了。”（周振甫《诗词例话》）周先生并不武断，他进一步说：“落英”可以指落下来的花瓣，也可以指刚开的花瓣。但生活中只服食刚开的菊花，不会服食枯萎的菊花，所以王安石还是错了。

在九曲回廊般的论证之后，确实是自圆其说了。但是是否天衣无缝？我看也未必。不揣浅薄，我也来“考证”一回。菊花确实有会落的，我亲眼看见过。王安石没有说明，有两种可能：较大可能是周先生说的这种，就是盲目相信屈原而且会错了意；也不排除他看见过，但是随口引用屈原名句来反驳的可能——不相信自己，相信权威，这种心理古往今来很普遍。

至于屈原的原意，似乎也可以商榷。人固然不会吃枯萎的菊花，但是菊花凋落就都枯萎了吗？并非如此，有一些菊花的花瓣散落时，颜色、质地都没有太大变化，还是可以吃的。如果一个爱菊的人，不忍心将刚开的菊花采来吃，而是像黛玉葬花一样，将落花收拾起来，葬进自己的肚子，于情于理似乎也讲得过去。我倒是倾向于相信“落英”就是落下来的花瓣。

但是这真的重要吗？“夕餐秋菊之落英”反映了诗人性情的高洁，这就够了，至于他吃的是刚开的菊花还是落下来的菊花，这与我们的欣赏有什么关系吗？对屈原的形象构成什么威胁了吗？风吹落一地菊花，干我们何事？

还有一个相似的例子。唐代的张继所作《枫桥夜泊》中有“姑苏城外寒山寺，夜半钟声到客船”。有人批评他“贪求好句，而理有不通……句则佳矣，其如三更不是打钟时”。欧阳修同意这个批评。但是，正如前人指出的，欧阳修没有到过吴中，在唐代，不少寺庙都打半夜钟。到了宋代甚至今天，寒山寺还在打半夜钟。可见张继写的半夜钟不但意境幽美，而且确系事实。欧阳修等人倒是犯了主观的毛病。但且慢，我们到底在诗歌里找什么？把诗歌当成百科全书、艺术化的搜索引擎，在里面查找某个时代的确凿的信息、细节、数据吗？即使后来的寒山寺不打半夜钟，这两句诗就不美，不能传诵了吗？如果我们从未听过半夜钟，就不能欣赏这两句诗的美感，在想象中步入那种境界了吗？

学问是要有人做的。但是过于关注某些细枝末节、冷僻字眼似乎更接近于《孔乙己》中“回”的四种写法，谈不上有多大的意义。吟诗作赋，不是一件“讲理”的事情，时时处处硬讲道理，一字一词地寻根究底，虽然可以坐实一切，但是也弄得生硬死板、意趣全无。若是生生将欣赏诗词这样有趣的事弄得无趣起来，岂不是荼毒学问了？

自古诗无达诂，况且美感、感动缘于“误读”也是正常现象，应该允许这种自由。说到底，诗词中本无是非，只有好恶；如果要说有是非，那也只有一个裁判，一个权威，就是——美。

生命的本质是深海般的寂静

李银河

尘世就是一个人们相互制造热闹的场所，但是无论人制造出多少热闹，宇宙还是静寂的。

农村人爱放爆竹，就是因为日常的生活太过静寂，要制造点热闹出来。民间乐器中的唢呐和锣鼓，主要是为了制造一种热闹的气氛。

许多的民俗也是为了制造热闹，庙会、游行、婚丧嫁娶的仪式，除了表达喜庆和悲悼之情，也是为了让世界显得不那么沉寂。

在官场、生意场，除了追名逐利，也是为了制造出一点热闹，至少要有点动静，动静闹得越大越好。所谓成功的人生、精彩的人生，就是动静比较大的人生。上头条、刷屏、获奖、中彩，是许多人梦寐以求、津津乐道的。但是，超脱点看，那不过是热闹一时而已，人生的基调还是寂静的。

无论生活在表面上显得多么热闹，其基调还是沉寂的；无论生活中有多少欢乐，其基调还是悲哀的。这源于生命的偶然、短暂和无目的，它带来生命无可回避的沉寂。所有暂时的热闹都只是海水撞击岩石时溅出的浪花，生命的本质却永远像海洋深处一样沉寂。

朋友

〔德〕叔本华

真实不虚的友谊有这样一个前提：对朋友的痛苦、不幸抱有一种强烈的、纯客观的和完全脱离利害关系的同情。这也就意味着，我们真正能与我们的朋友感同身受。但人的自我本性却与这种做法格格不入，所以，真正的友谊就像那些硕大无朋的海蛇一样，要么只是一种传说，要么只存在于别的地方。

检验一个人是不是真正的朋友，除一些需要得到朋友的确切帮助和做出一定牺牲的情形以外，最好的时机就是，当我们告诉他恰逢某样不幸的时候。在这一刹那，他的脸上要么显示出一种真心的、不含杂质的悲哀，要么就是一副镇定自若的样子，或者，他会流露出某种别样的表情。后两者都证实了拉罗什福科的那句名言：“从我们最好的朋友所遭遇的不幸中，我们总能找到某样并不会使我们不悦的东西。”在类似这种时候，一般我们称之为朋友的人甚至掩饰不住脸上一丝满意的笑容。没有什么比告诉别人我们刚刚遭受了一桩巨大的不幸，或者向别人毫无保留地透露出自己的某些个人的弱点，更能确切地使别人得到好的心情了。这是反映人性的典型例子。

朋友间分隔太远和太长时间互不见面，都会有损朋友之间的友情，尽管我们并不那么乐意承认这一点。如果久不相见，甚至我们最亲爱的朋友也会随着岁月的流逝逐渐变成抽象的概念。我们对他们的关切也由此变得越来越理性，甚至这种关系只是一种惯性的作用。但对那些我们朝夕相见的人，哪怕那只是我们宠爱的动物，我们都能够保持强烈和深切的兴趣。人的本性就是如此地受制于感官。

夜间写作的人

张 炜

托尔斯泰说过一句话：“出版物中出现那么多垃圾，一个主要原因就是夜间写作的人太多。”老人多有意思，将那么复杂的问题简单化，只用一句话就敲定了。

虽然事情不会像托尔斯泰说的那么简单——文字垃圾肯定不光是因为夜间写作造成的，但有一点似可考虑，即人在夜间，思绪更少羁绊，可以放开了驰骋，很冲动。冲动的时候写出来的东西难免会有不靠谱的地方。

夜晚，人的情绪容易波动，不知道是什么原因造成的，反正与白天十分不同。夜晚是混沌的，混沌了，就看不到现实的坐标。什么是坐标？桌子、地板、人，都是坐标。一切看得见的都是坐标。坐标就是用来限定和参照，用来比较和固定的东西。

白天一切都看得见，思维很容易被日常事物束缚，很容易现实化。桌子的线条、边棱，都在无形中限制、影响着人的思考。到了夜间，昏暗的灯光下一片模糊，一切只能依靠遥感。这时候的思绪更加没有限制、没有边界，人可以尽情想象。如果没有光亮，人陷在黑夜里，那就与整个世界连为一体了。

过去有人在夜里写作，是因为白天没有时间。当时写得畅快，写得恣意，但第二天再看，很可能觉得不着边际，然后就动手删改。因为天亮了，远远近近的事物都出现了，它们把人一下拉回到现实中，帮助人匡正夜间的思路——意识的疯长状态多么可贵，给人出神入化的表达，但天亮以后，现实又要教训它一番。

托尔斯泰是一个理性的探索者，所以他对夜间写作的弊端有深刻的感受。托尔斯泰的伟大在于他是脚踏大地的作家，所以无论理性怎么强，都难以从根本上伤害感性。

读《复活》，会感觉其理性架构清晰、坚实——一个上层社会的男子怎么伤害一个女孩，这女孩因而走了歪路，所以受审流放，男子要追随而去，以求得良心的救赎。可是阅读中感受到的是一种过人的诚恳和真挚，是这些在打动我们。

写作中另一种易犯的毛病是：或者作品构建不起来，没有清晰的思路，如一盘散沙，让读者不知道作者在写什么；或者走向另一个极端，概念化、理念化，唯恐说理不透彻，结果伤害了阅读的兴味，使读者没有了咀嚼和想象的余地。

这两个倾向都是很糟糕的。

奢华的『不』

梁朝辉

真正能塑造一个人的是界限，而非自由。你不做什么，才最终定义了你是什么。

欧洲有一句谚语说："咳嗽和贫穷是无法隐瞒的。"名利场的规则从来不是你要去做什么，而是你不要去做什么。不要轻信那些商人的谄媚，他们说，当你购买什么，你就成为什么。显然，这是典型的"油漆商理论"，以为刷上一层油漆就能改变内在的本质。

奢华，不是几双新鞋、几件定制西服。奢华是教养和品位，是一个人努力赢取社会财富后身上的气质和他日常的作为。尊严是在生存有余裕时才能提及的奢侈品。

奢侈品的表层含义是：最没用的东西就是最重要的。因此，奢华从来就不仅仅是获得一件物品，无论这件物品在美学设计上多么完美。

奢华是一整套生活方式的组合，是高级的审美和对细节的打磨，是浑然一体的搭配。任何一件单品不过是一块带刺的积木，穿着者越是洋洋得意，旁观者越是觉得刺眼。

高级的奢侈品，属于奢华特性的不仅在于它的设计和搭配，还在于它适合什么样的天气、什么样的约会，更有替换的频率、鞋柜的干湿度保持、日常的保养、定期的修复。要经过时间的浸染，和拥有者磨合出彼此细致到千分之一毫米的熟悉度。

奢华不只是能跟上新潮的节拍，也要有足够的衣柜深度，总是能搭配出合乎氛围的穿着，而搭配本身却和时间的历练有关。奢华是穿了十年的皮鞋、二十年的西装，依旧一尘不染、笔直挺括。

努力了很久买几件和自己日常生活习惯不搭的奢侈品，虽然也是一种积极栽培奢华幼苗的方式，然而，竹笋和竹子终究不是一回事。就像很多新贵相信，努力砸钱就是奢华，只要自己足够富有，就可以跨越原本的阶层鸿沟。殊不知，他们只是迈过了物质的门槛，缺的却是态度和对细节的打磨。毕竟，奢华的反义词不是贫穷，而是浮夸的做作。

罗马的伟大，不在于奢华，而在于城市建筑的每一个姿态都经过艺术巨匠精心的设计，每一种设计都使时间和空间安详对视，每一回对视都让其他城市自愧不如。

奢华向外求胜，教养向内求安。和他人攀比倾慕奢华，和自己对话提高修养。律己要耐得住寂寞，通过与他人攀比平衡心理，品位就输给了奢华。

奢华不是你拥有什么，而是要牢记不要做什么，其中的微妙尺度，有时恰恰是需要根据别人的嘲讽来验证的。

可以奢华，却不能浪费，这是一个通用法则。懂酒的喝五万元一瓶的红酒一滴不剩可以，但你要了满桌的菜每个盘子只吃三口却不行。奢华的永远不是价格，而是价值。

奢华不只是晚上九点后的礼服酒会，奢华还是下午两点在公园里独自散步，穿了多年的皮鞋，板型依然标准。强大的内心，让人显得自然得体。

奢华来之不易，像历尽沧桑的陈年葡萄酒。终究，好多人即使拥有奢侈品，却只是像个奢侈品的推销员。

锁在一起的公主和奴隶

〔印度〕安东尼·德·梅勒

一位公主决心嫁给一个奴隶，无论国王怎么劝说，都无法改变公主的心意。国王的谋士也不知道如何是好。最后，一个聪明人来到宫廷。

听完国王的苦恼后，他说："陛下禁止公主出嫁，那是不明智的，她只会怨恨您，而且会愈加被那个奴隶所吸引。"

"快告诉我怎么办吧！"国王大呼。聪明人提出一个计划。

国王非常怀疑，可还是决定尝试一番。他叫来公主，对她说："你会和心上人一起被锁在一间小屋子里，过上三十个昼夜。如果最后你依然决定嫁给他，我就答应你。"

公主喜出望外，拥抱了国王，欣然同意接受测试。刚开始，这对恋人相处甚欢。然而，不久，他们就彼此厌倦了。一周还没到，公主就渴望有其他人来陪她，心上人的一言一行都会触怒她。两周后，她对这个人已经厌烦透顶，开始尖叫着捶打房门，想快点离开他。最后，她被放出来时，感激涕零地抱住国王，感谢国王把她从讨厌鬼身边解救出来。

赖床与懒惰

江弱水

窗中日满，市上人喧，该是起床的时候了，我犹自拥被安枕，一任隔夜的余温烘托着自己的一番胡思乱想。

想起奥斯卡·王尔德的妙语，不禁窃笑："他们起得早，因为有许多事要做；睡得也早，因为没什么事好想。"这话，既是损人，也在骄人。如果给约翰逊博士听见，一定会怒斥其懒。在他看来，懒汉正是"夸耀自己什么事都不做，而且庆幸自己没什么事可做"，所以每天要睡到不能再睡的时候才起床。

大凡王尔德这号聪明人，总有点拥懒自重的味道，但是，与早睡早起的人比起来，迟睡迟醒的不见得就懒。世人有许多偏见，歧视睡懒觉便是其中之一。平心而论，一般人正常待在床上的时间大致差不多，然而早睡早起者无可非议，迟睡迟醒的却背负恶名，盖世人只看起得早，不问睡得迟也。

更深夜阑，你犹自青灯黄卷，可是周围的人早进入黑甜乡了，有谁得知？而太阳出来，大伙儿早已忙开，你却酣然高卧，你不懒，谁懒？由此可见，早睡早起或迟睡迟起，纯粹是朝三暮四或朝四暮三的问题，众人一喜一怒，何异于寓言里的众狙？

是的。一个人懒与不懒，既不在起床的迟与早，也不在干事的多与少——如果世人把有些事不当一回事的话。人类的活动，本有劳心与劳力之分。只要好动，不管动手动脚，还是动脑动心，都不得谓之懒。只有那四体不勤、无所用心，只晓得伸腰张嘴打哈欠的，才真叫懒。问题是，大脑里边的思维，一如夜幕下面的行动，一般人无从知晓，又何以确认你懒还是不懒？“懒”既曰“偷”，可知是见不得人的；而人不得见的，也就有偷懒的嫌疑了。

那些习惯在黑夜里苦思冥想的“嫌犯”，尽管自认倒霉，却也是早起利于行、迟睡迟起宜于思。故劳力者贪的是天光，劳心者恋的是夜色。

智慧的猫头鹰，不到黄昏是不会起飞的，因为精神活动总是孤独而宁静的，不像体力劳动，喜欢合群，喜欢热闹。王尔德那句妙语，分明已将“想”与“干”分属“夜”与“昼”了。可在一般人看来，“想”常是空想，“干”才叫实干；而懒惰之不被原谅，根本就在于它的一无所成。这又是一偏之见。

在这个充满竞争的世界上，懒招损，勤受益。且勤者之益，端赖懒者之损。“我不能陪你听我的鼾声”，诗人卞之琳这一妙句，正好形容人睡我醒的心情。

卧榻之侧，岂容他人不睡！一个朝九晚五的人，怕就怕那朝五晚九的芳邻，搅了大好清梦，而且，连静静地躺着想点什么也不成，只好悻悻起床。

什么成就了经典

田艺苗

经典就是最有用的作品吗

不一定。

你说《战争与和平》有用吗？巴赫的《勃兰登堡协奏曲》有用吗？它们不能教你如何赚钱，如何处理职场关系，如何当上CEO、迎娶“白富美”。它们不可能让我们变得富有，甚至不可能提供衣食住行所需的基本生活资料。

为什么要读经典

因为人生仅掌握有用的知识是不够的，我们还需要来自精神世界的激励。那些经典名著可以唤起生命的激情，唤醒人的灵性，只强调实用性的书做不到这一点。我记得读大学时，给我最多鼓励的不是老师或同学，而是独自坐在图书馆里读《约翰·克利斯朵夫》的时刻。读到“江声浩荡，自屋后升起”，读到音乐家第一次遇见音乐时的情景。

在这部1300页的著作里，有一两处是我毕生难忘的，那些文字开启了我人生新的篇章。

我们现在都讲刻意练习，讲一万小时定律，要熟练掌握一门技术需要练习一万小时；讲一个人成为专家需要经过二三十年的训练。凡称得上事业有成的人，都不可能是一蹴而就的，如果没有精神上的激励，没有生命激情，没有理想和情怀、诗和远方、头顶的星空，没有使命感，怎么可能会坚持一份事业几十年而不懈怠、不厌倦？经典名著给予我们深沉的精神激励，这是那些所谓实用的书或鸡汤文做不到的。

经典一定是高雅的、严肃的吗

也不一定。

有不少经典名著，在它们诞生的时代属于流行读物，像我国古代的《诗经》，其中的“国风”大多是各地的民歌。日本的世情小说《源氏物语》，在平安时代几乎就是人手一册的通俗小说，而且内容也不太高雅。

这样的例子，古典音乐里面也有不少。像莫扎特的《费加罗的婚礼》和《魔笛》就相当于当时的娱乐大片，整个维也纳和布拉格，大街小巷，人人爱唱费加罗的咏叹调。小约翰·施特劳斯的圆舞曲，如今是我们在维也纳新年音乐会上听的高雅音乐，但在作曲家生活的时代，那就是流行舞曲。在此之前，欧洲人爱跳小鸡、小鸟一样缩手缩脚的小步舞，圆舞曲却仿佛让整个维也纳都旋转起来，人人都跑出来跳这种“广场舞”。所以说，经典未必是高雅的、严肃的。

经典一定是几百年前的吗

也未必。

曾经的流行歌曲，像披头士和猫王的歌，很可能以后会成为 20

世纪的经典，约翰·列侬和猫王的传记已经被列入古典音乐名家系列。况且我们发现，眼下流行的音乐未必比百年前的经典作品逊色。

有一次，我去听维也纳爱乐乐团演奏的仲夏夜音乐会，音乐会把约翰·威廉姆斯写的《哈利·波特》的主题曲《海德薇》和1891年由洪佩尔丁克创作的儿童歌剧《亨赛尔和格莱泰尔》的序曲放在一起演奏，一比较，显然《哈利·波特》的主题曲比100多年前的儿童歌剧更生动优美，更引人入胜。所以说，我们现在的作品未必不如100多年前的经典乐曲。音乐不分流派，只有好音乐和不好的音乐之分；经典也不分时代，只有好作品和坏作品的差别。

经典一定是复杂的、难以理解的吗

经典是精华，当然不是那么容易读的，需要一定的阅读和生活经验的积累。

我们同时又会发现，经典作品的细节部分其实非常通俗，大多取材于民间，简单朴素，亲切有力。我觉得最典型的作品是贝多芬的。他写的《c小调第五交响曲》——《命运》，里面的音乐核心很简单，简单到群众大合唱的水平。比如阐释“命运之神在敲门”时，用“噔噔噔等”“噔噔噔等”这样的节奏来表现，两个音，一个三连音的音型，这样两个不到一小节的素材，居然给他建造成一座粗犷而结构精密的宏伟宫殿，调性的变化、和声的新颖程度、结构的说服力，都令人叹为观止。不只是贝多芬的交响曲里面会用到这样的结构，马勒这样风格复杂庞大到颓废的后期浪漫派音乐家也喜欢这样写。马勒的《D大调第一交响曲》里，出现了我们最熟悉的童谣《两只老虎》，而且被改成温柔的小调版。这里就体现了德奥古典音乐健康质朴的审美追求。

经典有什么品质

经典必须经得起时间的检验。

我们不要总觉得现在的听众不行了，其实每个年代的大众都一样，都喜欢通俗的娱乐化作品。但同样是娱乐化作品，莫扎特的歌剧流传了下来，当年比巴赫更著名的泰勒曼的作品几乎不再有人听了。为什么？抱着这个问题，我认真地听了泰勒曼的一些乐曲，它们好听、简短、轻快，但是跟巴赫和莫扎特的作品相比，他的音乐除了轻快好听，就没有其他可以沉淀到听者心里的东西了。没有新颖的乐句，没有深刻的想法，没有有说服力的音乐组织，表面的优美很容易沦为轻浮。巴赫和莫扎特的乐曲，在情感表达、结构组织、音乐审美、时代感等各方面都经得起反复推敲、反复解读，并提供了开放式诠释的可能性，这大概就是经典的品质。

每个年代的代表作都是经典作品吗

我想也未必。

各个年代的代表作，往往因记录了那个年代的特征而引起大众共鸣，但不少作品都随年代消逝而被遗忘。在音乐史上，正歌剧一度非常流行，场面铺张奢华，唱段冗长炫嗓，剧情千篇一律，讲的都是帝王将相的伟大功绩。为什么会出现这样的歌剧呢？因为当时的音乐家是被宫廷贵族雇佣的，歌剧院建在皇宫里面，歌剧演给帝王将相们看，自然都是为了歌颂他们。后来到莫扎特时代，歌剧院开始建到城市中心，普通人也可以买票去看了。受众群体变了，歌剧的题材和音乐风格自然都跟着改变。莫扎特也写过正歌剧，而且写得不逊于他那些为人们所喜闻乐见的讲街头巷尾故事的喜歌剧，但是正歌剧的时代过去了，即使是莫扎特也无力回天。

正歌剧为了歌功颂德，内容千篇一律，不能源远流长。而莫扎特的喜歌剧，讲的都是些调情游戏、吵架斗嘴，敏锐聪慧、妙趣横生，发生在普通人的生活场景中，即使没有史诗级大制作，也能够成为歌剧史上的经典作品，因为其真实、有人情味。经典，不仅仅是记录时代的，有些作品湮灭了，有些作品流传了下来。那些流传下来的作品，并不只是那些讲究形式感的，而是感人至深的、走心的，触碰了日常生活中最朴素、脆弱的部分，关怀人的生存与精神状态。它提出的人性考验、生命困境、价值观，数百年之后依旧成立，因为无论时代如何剧变，人们面对的人生难题是永恒的：生老病死，恩怨情仇。

肥瘦之间

吴冠中

减肥，为了健康，更为了美。杨贵妃不需要减肥，相反，当时的妇女们都仿效她增肥。不知李隆基的审美品位是高是低，只从周昉笔下的《簪花仕女图》来看，当时崇尚的女性之肥胖的确倾向于雍容华贵之美。赵飞燕以瘦之美征服了皇帝，楚宫里为崇尚苗条细腰而饿死不少人。

绘画中有疏密对照之美，疏可走马，密不透风，各走极端。艺术美往往体现在特性之夸张中，走极端，犹如疏密之为两极，肥与瘦也是造型美中的两极。吴道子画宽松衣着的人物，人称“吴带当风”；而曹仲达追求紧窄美，衣纹如湿了水般紧贴在身躯上，人称“曹衣出水”。西方现代艺术的主要特征就是表达感情之任性，形式走极端。马约雕刻的肥婆比杨贵妃胖得多，其实已超越“胖”的概念，而在追求造型中的饱满与张力，即所谓量感美。而当代美国画家奥得罗则更由此道发展进入漫画世界，他的作品形象肥得臃肿到极限，眉眼口鼻都缩成小星点儿，丑中求美，美丑之间难分难解。中国人大都不接受这种调侃之美，但我们欣赏无锡泥阿福。我前几年在印尼海边见到一位英国年轻妇女，觉得她是造型艺术中追求量感美的最佳模特儿，返京后我为此作了幅油画。不了解西洋艺术的客人来家看到后都觉得刺激、好奇，我于是解说“这是洋阿福”，他们会心地点头，因而我为此画命名为“洋阿福”。“衣带日已缓”“思君令人瘦”“人比黄花瘦”，中国诗人多愁善感，时时流露出对瘦的怜爱。林黛玉之美似乎潜藏在瘦弱中，弱不禁风也成了一种东方的审美形象。西方现代造型艺术中也追求瘦骨嶙峋之美，尽量扬弃一切累赘的脂肪、肌肉，突出坚实的人之最本质的架构。瑞士的杰克梅蒂于此走到了极端，“人”几乎存在于几根铁丝中，人们评说那属于存在主义了。

生活中人们追求肥瘦合度，有人说合度就是美。有位史学家开玩笑，说如果埃及艳后的鼻子增高毫厘，罗马的历史就要被改写了。确乎，美丑之间差之毫厘，谬以千里。形容美，总说增一分太长，减一分太短。但“情人眼里出西施”，审美往往带有偏见。艺术创作中，审美的“偏见”是独特风格之别，偏见缘于偏爱，而偏爱则缘于发现了别人尚未发现的特色。美术基础教学中要求作业完整，面面俱到。面面俱到了、完整了，是一件可评高分的习作，但绝不可能是艺术杰作。五官端正并不等于美。肥人中有美丑之别，瘦人中也有美丑之别，不肥不瘦而合度呢，也未必就美。美，真是有点“邪气”。

弱点就是你的潜力

连 岳

书看完就忘，怎么办？有人沮丧地问。

没事儿，我看完也会忘，每个人都会忘。如果这本书足够重要，你就会不停地看。一些重要的书，从年轻时开始，我看了十多遍，仍然把它们放在手边，以备随时重读与检索，而且每次看都会有新的收获，这就是经典的力量。从某种程度上说，遗忘是学习之友，正因为有遗忘，才有重读。而重读不是简单的重复，你带着新阅历、新思维，重读又成了初读。在这一遍遍的重复中，知识会渗入你的血脉，重组你的文化基因。所谓的学而时习之，就是这个意思。

村上春树在谈跑步时，曾说自己是易胖体质，没吃多，却不知不觉就胖起来，而他太太不管吃多少，不做运动也根本不会发胖。他觉得人生真不公平，一些人不努力便得不到的东西，有些人无须努力也唾手可得。后来，他找到了答案：易胖体质或许是一种幸运，这样一来，为了不增加体重，就不得不留意饮食，有所节制，同时还养成了运动的习惯，变得自律、健康，延缓了衰老；而不易胖的人，不做这些努力，自然也得不到这些好处。

所以，身处不利境地时，若只着眼于它打乱了自己的平静与舒适，当然会沮丧与抱怨。可是，它也激发了你的潜力，让你获得了新技能，这样一想，可能就会更多地看到希望与动力。同理，正因为人类会遗忘，我们的祖先才发明了文字，把事情写下来，就不再遗忘。

应该将学习理解为一种人生重要的仪式，开始了就不会结束。只要保持这个习惯，你就会增加额外的力量。

疯狂的兔子和获救的鱼

张宗子

走　兔

秋天的大地上，被收割的庄稼里常常跑出一只野兔。灰色，或棕黄色，闪电一样在逐渐变得光秃秃的田野间划过。那么朴素的颜色，如果不是惊人的迅疾，没有人会注意到他。

与此同时，刺猬藏身在拳头高的稻子的残茬之中，像乌龟一样匍匐移动。而乌龟躲在人迹罕至的野塘边，在最后的秋阳照耀着的石头上，眯着眼睡着了。

野兔似乎可以永无休止地跑下去。当所有一时兴起的农夫农妇们已经笑骂着回归本位，继续劳作之后，恶作剧的孩子也累得无力再追逐，可野兔发狂一般，跑得更急了。

恐惧是催生天才的伟大力量。我们看不到，也想不到，在所有华丽的面具下，创造奇迹的是同一张脸，那张永远笑着，既不暴戾也不嚣张的脸，和善又坚定的是恐惧。

兔子的不幸在于，它不可能回头，看看身后紧追不舍的是谁，是一个人还是很多个人，离它还有多远的距离，是更近还是更远了。

它没有时间回头，任何微小的耽搁都将是致命的。在奔跑带起的凌厉的风声中，它也不可能听见追逐者早已消沉的呼喊。

倘若野兔知道，人的毅力和耐性原本微不足道，在它的坚强和天才的迅疾面前，就像雪入洪炉，它还会这么一直跑下去吗？我们视野里辽阔无比的原野，在野兔脚下小到像一张棋盘，像一间茅屋里被床和桌椅围护着的方寸之地，处处碍人，不能自由腾挪。

当兔子跑到垂暮之年，靠着神秘的天启，刹那间突然明白：生命不能永远是一个未定的结果，不管跑本身多么值得骄傲，其他的可能，至少也要想一想、试一试，哪怕前功尽弃，哪怕冒着断送一生的危险。于是它站住了，等着那细微的、午夜滑过石竹的叶尖都引不起一丝颤动的风似的声音，在身后一尺开外停住，它无可奈何但确实是微笑着回过头——

果然，什么都没有！

尽管早有预感，刹那间，失望还是把兔子吞噬了。它说，我早就知道是你。没错，是你。只是我不愿这样想，也不愿承认。现在，我别无遗憾了，因为我毕竟亲眼看到了你。

顽固的野兔，这个愚蠢的天才，这个不受命运青睐的大耳贼，终于倒下去，死了。

获救的鱼

在我养过而死去的鱼中，有一些是值得怀念的，包括一只异常霸道、体形比鱼缸中其他鱼大很多的金色鲤鱼。它逃过了至少三次传染病的侵袭，但没能逃过最后一次。它在起居室的窗边生活了四年或五年，最终没有抗过病魔，也可能是因为太老了。

另一只锦鲤喜欢跳跃式奔跑，一个非常不安分但不一定有思想的家伙。它对栖身的世界不满足，企图索取更多，但这并不意味着它已经造出了个人的园地，或者希望与更完善的存在结合。它的不安分可能是毫无理由、毫无意义的，只是一种秉性、一种习惯、一种爱捣乱的脾气而已。

兔子似的锦鲤死于一次次跳出鱼缸外的最后一次。曾经有一次，我回家发现它躺在地板上的时候，它已经无力弹跳，身体也快干透了。放回水里，好几天都有气无力。脱了一层白绒毛般的皮后，它居然活过来了。它常在鱼缸里横冲直撞，急速兜圈子。其他鱼避之唯恐不及，却不讨厌它，仿佛那些突然的碰撞使生活富有意味，甚至就是生活本身。

我向来怜惜那些瘦小、胆怯、小心翼翼躲在鱼缸一角的鱼。起初，在我用手指隔着玻璃触碰它们的时候，它们总是惊慌地躲开。后来它们习惯了，我的手指、我的眼睛，都成了由各种鱼食和杯子构成的背景的一部分。它们以此为依托，继续隐遁。

有一天，我梦到那些从前的鱼，历年养过的几十条，全都好好地在鱼缸里。事实上，这些鱼从来没有一起生活过。即便如此，我还是发现一条性格懦弱的小红帽子不见了。我惶惶不安，满屋子找。池子里，盆里，茶杯里，连床底下我都找了，就是找不到。吃晚饭的时候，我做了一盆玉米碎肉洋葱汤，汤面上漂着一层碎菜叶。盛汤时，我用勺子撇开菜叶，霍然发现那条红帽子就在汤里。

我惊喜莫名，忍不住叫起来。继而细看，它并没有死，而是在热气腾腾的汤里固执地游着，像往常一样，身子微侧，尾巴笨拙地摆动。不同的是，汤里勾了芡，杂物拥塞，它游得缓慢而吃力。

我把它捞起来，洗净，擦干，放回鱼缸——它很快融入鱼群，融入从前的生活，就像未曾离开过一样，一切都是那么自然。

坐春风中

舒州

北宋时，朱光庭赶赴汝州，去拜见自己的老师程颢，听其讲学，过了一个多月才返回家中。朱光庭逢人便说："光庭在春风中坐了一个月！"与人对坐，竟能让一个人像坐在春风里，心旷神怡至此，多么难得！

程颢的学问自不必说，是儒学史上的一座丰碑。他的脾气也好得不得了，总是满面平和之气，友朋门生，几十年也未曾见他气急色厉。程颢既是一位良师，润物细无声，又是一位益友，吹面不寒杨柳风。

不论良师还是益友，与他人对谈，都会让人如坐春风。也只有春风，才能将这份愉悦比拟得贴切——夏风太热，秋风乍凉，冬风又辣，唯独春风，万物皆宜。

一点一点变得更好的人，像春风北上，让天地一寸一寸地焕然一新。善于品味生活乐趣的人，也像有一把似二月春风的剪刀，能裁出片片小心思。

原来靠近爱与美好、笑与快乐的人，也似坐在春风中呀。

看不见的网络

徐瑾

人类社会是一个不断变化的世界，或者一个网络化的世界。

不过，网络化并不等于互联网化，互联网只是一种工具。考察历史，人类社会的网络一直存在，从过去的书信到电子邮件，从火车到飞机，从电报到电话，变化的是工具，网络的本质并没有变。即使当下无处不在的微信、微博等社交媒体，也只是加速了人类的网络化而已。

《人类网络》这本书，就从不同层面审视了看不见的人类网络。作者马修·杰克逊是斯坦福大学经济学教授、美国国家科学院院士，可以说是经济与社会网络学界的领军人物。

人类网络的效率，可能超乎你的想象。《人类网络》中举了一个例子。假设一个小社群有 30 人，如果其中一人，比如李雷，他和其他 29 人都是朋友，另外一人，比如韩梅梅，她和其他 28 人是朋友，以此类推，小社群可以结合的朋友关系数量是 435。

从 30 到 435，已经非常多了，但是再设想两种极端情况：第一种，假设这个社群里所有人彼此都不是朋友，那么这就是一个“空网络”；第二种，假设这个社群里所有人彼此都是朋友，那么这就是一个“全网络”。介于上述二者之间，则存在着各种类型的网络。这样的网络有多少？其数量不仅超过恒星总数，甚至比所有原子的数量还要多很多。

在马修·杰克逊看来，整个社会和经济网络都属于“人类网络”，其作用体现在就业、婚姻、阶层、社会等不同层面。现在流行的六度分离（六度区隔）理论其实不是新事物。古代尽管等级森严、交通不便，任意两个人之间还是可以拉上关系的，只不过可能比现在的“六度”再多三个度左右。

谈到网络在古代社会的利用，最典型的就是统治佛罗伦萨几百年的美第奇家族。这个家族出了不少大人物，其实，他们的起家并非偶然，其中网络就曾发挥了重大作用。

在 15 世纪前期，美第奇家族并没有那么富有、显赫，甚至还遭受过放逐。对手在佛罗伦萨的执政团中占多数，但在投票中美第奇家族还是胜利了，反过来放逐了对手。关键在哪里？

美第奇家族的核心是族长科西莫，他通过联姻和商业（也就是银行业）等手段，精心编织了一张关系网。从当时 92 个精英家族的联姻数据中，就可以看到一些端倪：和美第奇家族联姻的家族，有超过一半最多和其他 2 个家族联姻；而在反对派里，超过半数和其他 4 个家族联姻。

由此可见，多并不意味着强。美第奇家族的反对派的网络更松散、更分散，因此难以集中力量。这使得双方实力对比出现了逆转：乍看起来，对手人多势众，但是没有一个领导家族。

这就是网络的秘密。连接不同家族的最短距离，往往需要通过美第奇家族，这就体现了比较高的中介中心度，也就是其他各对节点之间最短连线通过该节点的比例。因此，美第奇家族不仅成为商业的局中人，而且是政治的核心组织者。而网络的特性在于，通过不断反馈，信号可以不断加强，往往强者恒强。

民国时期流行“我的朋友胡适之”，事实上，这体现了一个典型的网络规律：你的朋友往往比你更受欢迎。比如在社交媒体上，98% 的人的被关注数少于他们所关注的人数。

网络视角对我们理解当下的不平等，很有意义。很多人认为富人赚钱就是靠资本，这其实不是事实。事实是，他们收入中的 2/3 属于劳动收入，只有 1/3 属于资本回报。我常说知识经济时代是一个软阶层时代，这意味着什么？这个时代与工业革命时代、工业经济时代都不同，回报不仅仅来源于资本和人力资本，更取决于你在网络中的位置。

网络是一个很好的视角，让我们洞悉事件背后的结构和传播。全球化之下人们的观点往往对立，其实这也可以从网络角度解读。原本分散的不同意见通过自身网络扩大之后，加大了聚集效应，发生同质化的同时也加大了极端化，造成冲突加剧的现象。因此，对于那些站队事件，你和你的朋友往往观点接近，但是你要意识到，这容易使你们陷入意见的“同温层”。如果要了解真实的世界，一个人应该尝试多关注自己圈子之外的变化。

理解人类网络，需要人类学、社会学、经济学、数学、物理学、计算机等多学科的知识储备。探索只是刚刚开始。但可以肯定的是，看不见的网络决定了你的位置。理解了网络，才能为未来做好准备。

再聪明，也比不过真正热爱

郝景芳

两年前，我应哈佛大学驻中国代表处的邀请，给一个青少年营做演讲。这个营的成员是从各个高中甄选出来的，都是尖子生。两场演讲我用了同一个题目：愿你一生勇敢，不负聪明。

我讲了聪明可能遇到的问题，也讲了我的建议并给予鼓励。两场演讲结束后，都有孩子来找我。第一场结束后，一个男孩跟我说："你说得对，我就是那种做什么都很快的人，也得过不少竞赛奖项，但我不知道怎么找到动力。"第二场结束后，有好几个孩子跑到后台，一个女孩说："我完全明白你在讲什么，我就是像你描述的那样，从小总当第一名，但很多时候内心会很脆弱。"

聪明是一种很容易被识别的特征，聪明的孩子也非常容易被周遭的人捧在掌心里。但也因为如此，聪明的孩子很容易面临一些共同的问题。我算是从小到大一直都被人说"聪明"的：我没刷过题，却总是考第一；小学放学后先在户外玩到天黑，中学放学后先去打篮球；从小在学校做主持人，也做校园电视台，参与文艺演出，参加校学生会；学习也不需要父母督促。总而言之，我没有感受过学习有多辛苦。

我经历的真正困难，是在大学毕业，真正面临人生选择的时候，内心深处对于自我和事物的感知。我在大学时，有一段时间陷入了“自我怀疑”的困境：我的成绩和业余爱好都算不得出色，自己想要为之努力的写作也毫无进展。这种时候，我就不停地给自己制订“成就”目标，幻想自己在某些方面能大放异彩。可现实常常事与愿违，这让我十分焦虑。

直到过了好几年，我才慢慢发现症结所在：我混淆了对“成功”的感觉和对事物本身的感觉。就拿游泳来说，如果我喜欢的是得第一名、站在领奖台上，那么游泳时想得更多的是取得成功的步骤。但如果我喜欢的是游泳本身，那么游泳时更注重的可能就是身体接触水时的感觉，身体在水下奇妙的变化、手臂调动肌肉拨开水面时的触感，想的是更纯粹的关于身体和动作的细节。

吊诡的是，在人生的很多领域，前一种心态都不如后一种心态更能带来真正的成功。我第一次意识到这一点，是在一堂大提琴私教课上。当时我已经学了两三年，给自己订的目标是能在那年的年终聚会上演奏。但是有一次上课的时候，老师打断了我的演奏，直言不讳地问我：“你是不是没有听你演奏的声音？你真的听不出音色本身的好坏吗？”我发现，我确实没有全身心地感受声音，我只关心练习曲的进度。

这件事带给我很大的刺激。我开始慢慢感受到，当其他人真正喜欢一件事时，他们是怎样全身心投入的。

跳舞的时候，专注于肌肉和身体的感觉；写作的时候，专注于记忆所引发的细微情绪；研究数学的时候，专注于方程式两边的意义。我羡慕他们那种发自内心的专注，他们能够每天沉浸其中，而不让随时随地的进度审查干扰心绪。不能沉下心来感受事物，在任何领域都是阻碍人精进的最大障碍。

对我来说，从小到大那些轻易获得的成绩，让我误以为成就感就等于兴趣。我想尝试各种事情，其中有很多并不是因为我怀有深沉的爱，而是因为我喜欢给自己“打钩”：你看我又掌握了一项新技能，你看我这也好、那也好，什么都好。

而真正的人生成就，属于极致的深沉者。在更广阔的世界中，在更长久的人生里，是对一件事极致的敏感和热情，让一个人摸索出攀登的道路。就好像全世界只有他和他正在做的事情，那种专注，让内心澎湃如大海。

听一个音符，就像音符里包含宇宙；推演一个公式，愿意数十年如一日；写一行代码，就像全世界都安静下来……

想要在真实的世界里做出一些重要的事情，就需要将自己打碎，忘掉所有既往，找到从山脚开始攀登时的那种赤子之心。

这个世界上的高山太多了，攀登每一座高山都需要穷尽毕生的力气，一步一步地行进。如果内心没有热爱，根本无从谈选择。而如果没有敏感的自我意识，根本无从产生真正的热爱。

只有抛却聪明带给自己的所有包袱，回归初心，找到真正能让自己泪流满面的事物，才能获取支持生命的长久力量。愿你一生勇敢，不负聪明。

给跳蚤穿靴子

格非

俄国作家列斯科夫写过这样一个故事：

有一位沙皇到英国访问。英国是工业革命的发源地，机械化程度很高。英国人想把俄国人镇一下，就送给沙皇一个礼物：一个很精美的大盒子。沙皇把礼物当面打开，发现盒子里面装着一个普通的盘子，盘子里什么都没有。沙皇很失望，英国人就说：“你要耐心一点，这个盘子里边有东西，只不过你看不见。”那怎么办呢？需要拿个放大镜来看。沙皇拿放大镜一看，里面趴着一只跳蚤。

这只跳蚤竟然是钢做的。然后又来了一个人，给钢跳蚤上发条。发条一上，它就在那个盘子上跳舞。

沙皇心里明白，这是英国人给他的一个下马威，是为了炫耀他们的机械技术，讽刺俄国人造不出这么精美的东西。

沙皇很生气，回国后把大臣们叫来，说：“你们一定要想办法造出一个比它更精妙的东西，我要回送给人家。”

大臣们决定把顿河沿岸所有的工匠集中起来，打造一个东西。沙皇耐心地等待，等了很长时间，没有音信。沙皇急了，派人去问，

对方说：“快造出来了，再耐心等等。”

终于等到一个人来了，带来的还是这么一个盒子，打开以后还是一个盘子，跟英国人送的一模一样。

沙皇说：“你这个盘子里面没什么东西啊！”

来人说：“陛下，这个盘子里面有东西。”

果然，拿放大镜一照，发现里面还是一只跳蚤，也是钢做的。

沙皇很恼火：“人家英国人已经发明了这个东西，你们就不能搞点别的吗？这拿过去不丢脸吗？”

来人很谦和地鞠了个躬，说：“陛下，您不要着急，这只跳蚤是英国人生产的，我们确实造不出这么精美的跳蚤。我们所做的工作，不过是给这只跳蚤所有的脚穿上靴子。

相对论有什么用

冷哲

在研发 GPS（全球卫星定位系统）卫星时，学者发现：根据爱因斯坦于 1905 年发表的狭义相对论，由于运动速度的关系，卫星上的原子钟每一天会比地面上的原子钟慢 7 微秒；而根据 1916 年发表的广义相对论，由于在重力场中不同位置的关系，卫星上的原子钟会比地面上的每天快 45 微秒。二者综合，GPS 卫星上的原子钟每天会比地面上的快 38 微秒。如果不对时间进行校准，定位位置将发生漂移，每天漂移距离约为 10 千米。

没有相对论，就没有全球卫星定位系统。

那么站在 1905 年或 1916 年，人们能够想象相对论有什么用吗？站在 1854 年，人们恐怕也无法想象黎曼几何能有什么用。即便在 1978 年的时候，美国研发 GPS 的目的也不过是给自己的导弹、核潜艇等进行定位。1983 年，大韩航空 007 号航班误入苏联领空被击落，时任美国总统的里根宣布 GPS 将向民众开放，以防止类似悲剧再次发生。1989 年，第一颗新一代的 GPS 卫星发射成功，1994 年，24 颗 GPS 卫星全部入轨。我们今天开车必备的卫星导航，在

1905年的时候连科幻小说作家都想象不出来。

今天当我们对着手机说“帮我找一家附近评价最高的川菜馆”的时候，这背后牵扯了多少纯理论呢？微积分、黎曼几何、复变函数、概率论、相对论、电学、光学、有机化学、无机化学……每一样理论，在其诞生之时，我们都想不到其对日常生活的作用。

总而言之，理科与工科是不同的。理科的目的在于探索这个世界的规律，而这些规律该如何得到应用，则是工科的事情。工科的主要工作就是用理科发现的理论、规律来解决人类社会中需要解决的问题（当然，工科在此过程中也发展出很多对世界规律的认识）。

理科成果的用处，极少会像工科那样明显。理科应该是超前于时代的。

正因为理科的研究总是艰难的、缓慢的，我们才应该坚持不懈地进行投入，不断拓展人类的认知边界。

如果工科在解决实际问题时发现理科的理论不能够支持，这时候才投钱到理科去研究相关问题，那么问题的解决恐怕要往后拖延几十年，这将极大地阻碍人类社会的进步。

如果我们要用现有理论解决现有问题，那么就要保证理科研究领先于整个社会。

因此，今天最前沿的理科研究成果，其第一次应用往往在几十年甚至上百年之后，它的应用形式很可能是我们现在难以想象的。

时常有人质疑：世界上还有很多贫困的人，为什么不拿钱补助他们，而要搞一些目前看不到应用场景的科学理论研究？这是因为，提高生活水平的主要力量是生产力水平的提高。如果我们今天仍然保持着一千年前的生产力水平，那么无论我们怎样扶贫，大家的生活都不会好过到哪里去。加强基础学科研究，即便暂时看不到应用场景，也是有利于整个社会的。

前浪、后浪与孟浪

青丝

读书的时候，有个女代课老师刚从师范学校毕业，比我们大不了几岁。她的口头禅是“你们这一代人”，她从讲台上望着我们的那种老气横秋的眼神，就像一个已经抵达沙滩的前浪，正用一种超然的目光注视着仍在奋力推进的后浪。

多年以后，我逛书市时偶然看到这个老师，她已经不教书了，成了书商，正和几个相邻的老板在店门口支着桌子打麻将。看起来，她和“我们这一代人”并无两样。我不由得想起美国人类学家玛格丽特·米德提出的“代沟”概念，人与人有代沟，从来不是因为年龄，而是从价值观、文化态度、审美趣味、生活方式上衡量的，只有思想行为相似的人，才是同代人。也就是说，理解他人的最大障碍，从来不是前浪与后浪，而是过度的自我中心主义。因“前浪”或“后浪”的身份而生出自我优越感，其实是孟浪。

更确切地说，前浪、后浪是一种相辅相成的关系，而不是谁把谁拍在了沙滩上。就像19世纪末20世纪初的巴黎，25岁的麦道克斯·弗德遇到了45岁的王尔德，25岁的海明威又遇到了50岁的麦道克斯·弗德。每当出现新旧接替，如果“前浪”足够聪明，就应后退一步观察自己。而对“后浪”来说，有“前浪”从始至终在前面引领潮流，探索新的路径，既为自己树立了榜样，自己也更容易循着“前浪”的轨迹走向成功。

思想深邃的“前浪”，也能更好地发现并理解与“后浪”之间的隐藏关系。20 世纪 50 年代，英国女诗人伊迪丝·西特维尔以着装古怪、处事挑剔闻名，纽约《生活》杂志在她访美期间，有意安排 66 岁的西特维尔与 27 岁的梦露见面。这时的梦露，正值人生最美好的时候，风华绝代、魅力四射，西特维尔则年老古板，如同严谨恪守清规戒律的修女。《生活》杂志想看看这两股逆向而行的浪，会碰撞出怎样的浪花。

然而，二人却彼此相投，梦露以阅读过的欧洲文学作品向西特维尔请教，畅谈自己对于世故人情的感受。西特维尔也惊讶于梦露丰富的阅读量，并喜欢她的直率真诚。这些特质，强化了二人刚建立的友谊，令一心想要看笑话搞个大新闻的娱乐记者十分失望。西特维尔虽然终身未婚，也不接触男人，但她凭着自己的生活经验，看到了梦露光鲜背后的隐痛。她把梦露脸上一闪即逝的愁容，比作《哈姆雷特》里投水而死的女主角奥菲利娅的纯真幽灵，准确地道出了梦露正在经历的巨大困惑和精神痛苦。

对不同的个体而言，前浪、后浪只意味着不同的年龄阶段，就像 2017 年诺贝尔文学奖得主石黑一雄说的：“人重要的不是年龄，而是经历。有的人活到了一百岁，也没有经历过什么事。

优点的缺陷

〔英〕人生学校

19 世纪 70 年代，美国小说家亨利·詹姆斯住在巴黎，与同住在巴黎城区的俄国著名小说家伊凡·屠格涅夫私交甚好。屠格涅夫从容不迫、笔调冷静的文风深深打动了詹姆斯，屠格涅夫显然在每个句子上都花费了大量工夫，不断权衡、修改、润色。这种写作方式体现了他野心勃勃、善于振奋人心的特点。

但在私人生活和社交场合中，同样的特点却让屠格涅夫惹得朋友大为光火。有一次，有人邀请他参加午宴，赴宴前一天，他写了一封信向对方表明自己无法如期赴宴。但是，没过多久，他又写了一封信表达自己多么期待和对方共进午餐，而且两个小时之后就到。安排任何与他有关的事务都像一场噩梦，但是他在社交场合中的摇摆不定，恰巧就是他作为一位吸引人的作家所具有的品质的体现。他还是同样不慌不忙，还是同样在最后时刻才做出抉择。

这种品质能让他创作出绝妙的作品，也能让他在宴会上制造混乱。细思屠格涅夫的个性，詹姆斯认为屠格涅夫展现的是“优点的缺陷”。

这个理论是这样的：人的每个优点都包含一种固有的缺陷，不可能存在没有缺陷的优点，每种美德都有各自的缺陷，一个人身上不会具备所谓完美的品质。

这个理论能帮助我们在遇到特殊的危机时保持心神冷静，因为它改变了我们看待他人瑕疵、失败与缺陷的方式。我们的大脑往往会把优点与缺陷分开来，把优点看得至关重要，而把缺陷看成畸形的附加物。但是，缺陷其实是优点的一部分。

这个理论有效地打击了一种无益的想法，即只要我们更努力地寻觅，我们就会找到完美的伙伴。如果优点不可避免地要与缺陷相联系，那么根本就不会有完人存在。我们可能会找到有不同优点的人，但是他们也有一堆的缺陷。花点时间提醒自己，完美的人根本不存在，总是会让人心神镇定。

『前院』与『后院』

杨德振

与一位作家吃饭闲聊，他说每个人的心理坐标中都藏有“两个院子”：前院负责身体的喂养，吃喝拉撒都在“前院”完成；“后院”则负责精神的滋养与储备。

时下很多人的“前院”是丰盈、富足的，足以应对突发的变故，让自己活得从容自在、安逸顺心。但是，有些人并不重视打理自己的“后院”，走进那些人的“后院”窥探一下，就会发现那里杂草丛生、空虚破败，让人忧心忡忡。

一个人的“前院”绚丽多彩，“后院”却凋敝不堪，这是什么原因造成的？

马斯洛曾表示，人类的需求层次里第一个需求是生理需求，第二个是安全需求，第三个是社交需求，第四个是尊重需求，第五个也是最高的一个便是自我价值实现的需求。用这个理论刚好可以解释为什么有些人“前院”热闹非凡而“后院”死气沉沉：他们在解决人生基本需求之后，不愿意向更高层次的需求去努力和追求，造成“后院”荒芜或失管。

我觉得，生活的“前院”要构筑好，生活的“后院”也要营造和守护好。要知道，“后院”的作用在某种程度上比“前院”的更重要。“前院”养身体，“后院”养精神，而决定一个人幸福程度的主要指标是心灵的有趣度、活跃度和精神的清爽度、饱满度，这些都属于“后院”。

从人生的另一个维度讲，一个家族兴旺繁华所隐藏的“代际密码”，可以在“后院”里找到它一脉相承的根基。“前院”那些光鲜亮丽的“枝叶”，总能在“后院”找到它们的“根系”，树高千尺，营养却大多来自根部，“后院”就是根基所在。

因此，每一个人既要照看好“前院”，也要守护好“后院”，内外兼修，不能让后院失火，成为“前院”坍塌的引线；也不能让“前院”疏于构建和监护，成为贫瘠之地，带来苦痛，影响“后院”的安宁与幸福。

回报与捷径

蔡天新

欧几里得是古希腊几何学的集大成者，他的出生地和确切的生活年代至今仍是未解之谜。我们只知道他曾在雅典的柏拉图学园求学，后来被埃及国王托勒密一世延聘到亚历山大大学数学系任教。那里有一座藏书量惊人的图书馆，欧几里得由此完成《几何原本》，这是数学史上最知名的著作之一。

这部著作是推动现代科学产生的一个主要因素，作为演绎推理结构方面的杰出典范，它甚至给哲学家们带来了启示。至于欧几里得的个人品格，从两个故事中可窥见一斑。

当有学生问起学习几何学能得到什么回报时，欧几里得便命令奴仆给这个学生一个钱儿，并对身边的人说："因为他总想着从学习中得到好处。"

当国王托勒密一世向欧几里得询问学习几何学的捷径时，他的回答同样十分客观："在几何学中没有王者之路。"

苔香满衣

张春亚

“坐看苍苔色，欲上人衣来。”王维的这两句诗，读来颇有禅意，一股幽幽的古意，绿油油的，没来由地泼进你的心田。

苔，是时间之物，是岁月留存的吻痕。它入乎道，近乎禅。它，点化万物，化腐朽为神奇。破敝的木门，伴以青苔，就有了机趣；呆头呆脑的顽石，覆以青苔，就具有了灵性；庭院深深，青苔染阶，便有了古意，有了荒寂之色。它卑微渺小，却有浩然之气，撼人心魄。

828 年，被贬 23 年的刘禹锡，从“巴山楚水凄凉地”回到长安，重游玄都观，“荡然无复一树，惟兔葵、燕麦动摇于春风耳”，百亩庭院大半被厚厚的青苔覆盖。这触目惊心的苔，这沁人心魄的苍绿，让诗人平添了诸多感慨。于是，他写下“种桃道士归何处，前度刘郎今又来”的诗句。

眼里只有恋恋红尘的人，怎能看得见低眉的苔？没有阅历，没有经受过苦难的灵魂，怎能感受得到青苔之美？繁华落尽，春色凋敝，唯有苔，静静地等你。不管你衣锦还乡，还是落魄潦倒，苔就在那里，不离不弃。

它为大地穿上青衣，它匍匐着亲吻土地，谦卑而又虔诚。它悄无声息地攻城略地，召唤浮躁不安的尘埃归于泥土，给辽远空旷的大地带来绵延不绝的生机。

据说屋瓦上的苔叫屋游，又叫无根草，多贴切的名字啊！它们可不就像一群流浪的人，四海为家，没有自己的根，有的只是顽强的生命力。对生活环境不挑剔，对物资的索求极少。几星泥土，几滴春雨，便能发芽滋长，绿遍天涯孤旅。

苔，最能耐得住寂寞。在荒凉的山谷，它慢慢地生长、攀爬，几千年，甚至几万年，老了秋月春风，老了天涯相思。它静静地守候着内心的一方热爱，坚韧地与时间抗衡。细水流年与君同，繁华落尽与君老。温柔了青葱岁月，惊艳了寂寥的时光。

它与时光温柔相依，记录着或深刻或深情的眷恋和相思。“恋君君不见，枕上满苔茵”，那老透的相思，“一树琼花空有待，晓风看落满青苔。”唯有那湿润润的绿，唯有苔呀，是前世今生的约定，是手心里的痣，是生命里的刺青。

几枚溜圆的鹅卵石，几片茸茸的青苔，置于陶盆，偏安于书桌一角，古朴、典雅，便有一股自然之趣油然而生。若能铺一沓宣纸，饱蘸香墨，即兴题数行诗句，就再好不过了。笔下的字如绽开的花朵，活泼泼、水灵灵，摇曳生姿。末了，再印上艳艳的图章。青苔墨绿，宣纸嫩黄，诗句黛青，图章嫣红。润了眼，柔了心，不知是诗心惹了青苔，还是青苔触动了诗心，说不清了，心底只有满满的欢喜。

与一片青苔结缘，本身就是一种暗示和禅意。经过时光历练、岁月淘洗的苔，以它独有的风姿，闪耀着思无邪的清澈。

夜色温柔，星临万户，周遭静谧。唯有苔在时间和空间里流浪。它卧看牵牛织女，沐浴素月星辉。它静观岁月，俯瞰人间烟火。

父母介入子女生活的程度

马建红

最近，我读到梁漱溟先生所写的《先父所给予我的帮助》一文，不禁思考，父母究竟该如何介入子女的生活？或者说，父母介入子女生活的程度该有多深？

梁先生在文中从他上小学时说起，一直到在山东乡村建设研究院工作时为止，说在这期间，他几乎想不出一个能给他积极的、最大的帮助的人，因为无论是在思想学问方面，还是在做人做事方面，他都是自觉的、主动的，而不是在别人的强迫或劝诫下生活，他不“承受于人”。这种我们今天称为不依赖于人的独立品格的养成，梁先生认为主要得益于其父梁巨川先生的“消极”帮助。

梁先生在文中列举其父对他“不干涉”的三个例子，而这三个方面，别说发生在一百多年前，即便是在今天，遇到他这样的儿子，想必许多家长也要“炸毛”。

其一是在梁先生中学毕业时，他一面参加毕业考试，一面却“革起命来”。当时正是辛亥年闹革命的时候，而他所说的革命，“虽也弄什么手枪炸弹，但等于小孩子的玩意儿”，都属于“没有名堂的把戏”。根据梁先生的履历，我们知道他在1911年就已经加入同盟会京津支部，中学毕业后即任京津同盟会《民国报》的编辑兼记者，也就是他所说的“毕业后便跟着跑革命”。对于梁先生不想升学的念头，他的父亲是“完全不督促，不勉强”。

其二是关于梁先生的思想或三观问题。按照梁先生的分析，“先父的思想与墨家相近，可说表面是儒家而里面是墨家的精神”。而其时梁先生的思想已转向了佛家，所以整天买佛家的书来读，不仅如此，他还要践履“出家，茹素，不娶妻”的主张。对此，梁父只是表达了他自己不愿意、不喜欢的意思。梁先生后来成为佛学、印度哲学研究领域的大家，这与其父的“放任”、宽容及由此而来的自由思考有着极大的关系。

其三讲的是一件中国的父母通常“非干涉不可”的事情，那就是梁先生早年所抱定的“不娶妻”的信念。中国自古即有“不孝有三，无后为大”的说法，梁家有两个儿子，梁先生之兄虽已结婚十年，但还没有儿子，所以梁先生的“责任”就很重大。但父亲告诉他，“还是以自己的意思为主”。

今天我们做父母的，普遍都喊教育子女太累，究其原因，大概是我们介入子女的生活太深。而梁漱溟所反思的父亲对他最大的帮助，就在于不干涉、不作为，给了他足够的空间，让他自由地成长。事实上，梁父遇到的问题，我们今天的家长也都会碰到，但有谁能真正做到放得下、不干涉呢？

比如说在学业上，单单是升学过程中的选择，就会让父母与子女之间冲突不断。从幼儿园到学区房，再到各种兴趣班、辅导班等，家长们在做好自己的本职工作之余，都在忙于“打造”一个成绩优秀的学霸，在逼孩子优秀的同时，也把自己累垮。

其实，无论在哪个阶段，父母都不宜过多介入子女的生活，要让他们有一定的成长空间，甚至让他们有犯错的机会。只有这样，才有可能培养子女健全独立的人格，让他们不至于在安逸的生活中迷失自己。

珍藏的迷失

孙欣

临上飞机的前一天，我先生忽然故作平静地问我："你看见我的钥匙没有？"我说："没有啊！不是你自己放在电脑包的小分层里收着吗？"他继续假装镇静："不要紧，肯定没丢，我就是随便问问。"看他慌里慌张的样子，我倒真的一点不担心，因为他这不是第一次因为藏得太好而找不到东西了。既然是藏得太好，就没有丢失之虞。果然，第二天他用钱包的时候，发现钥匙就在里面。这下他总算可以开心地自嘲前一日无谓的惊慌了。他这种因收藏得太好反而丢失东西的行为，百分之百遗传自我婆婆。我婆婆有时会说："我把那东西放在一个很安全的地方，安全得连我都防住了。"

很多人都有这种经验：某样东西找不到，不是因为粗心大意乱放，而是因为收藏得太好。妥帖收藏与显而易见完全相反，可能唯一的例外是博物馆。电影里特别喜欢让窃贼戴上特殊的眼镜，显示空荡荡的珠宝或名画展厅中密布的一条条光线防护网，高科技铜墙铁壁，一旦触碰就会警铃大作，全楼上锁。现实中的博物馆是否有这样的装置，不会让普通人知道；就算有，也应该有能关掉它的设置，因为白天展厅里人来人往。装备精良的小偷不用一道道翻越光栅，只要找到开关就行了。在家里不可能对常用的重要东西动用高科技手段，只能靠物理区隔和封锁。最好的原则不过是百物归位，用过的东西马上放回原处，下次再找也不费心。这种做法的难处是，所有物件都应该有个正好的位置，若是新添了什么，就必须相应地新设置个位置，头脑中的数据库要新添一条。所以我认识的井井有条的人，都不太喜欢尝试新东西。

重要的东西应该专门收藏，这是共识。可是重要东西之间的差别非常大，如果全堆在一起就成了新的问题。身份证、买房合同、数据备份硬盘、贵重首饰、传家宝、机器配件……不可能找个保险柜全部塞进去。如果只是价值贵重体积小也还好说。

在生活中，人们常把重要的东西分散放在当时认为重要的地方，可一转身就忘了。不是要找的时候找不到，就是偶然发现不起眼的角落居然还藏着宝贝。社会新闻里时常可见有人从旧床垫、旧沙发里发现现金，在旧书里发现存款单。当事人珍藏密敛，过后自己也忘了。

封藏的另一重意义就是忘记。要做到“从来不需要想起，永远也不会忘记”非常不容易，大概只有钥匙、手机、身份证才能在此种覆盖范围内。

美好之物

冯唐

人是需要有点精神的。

我案头常放几件古器物，多数能用，喝茶、饮酒、焚香，多数是宋朝的。盘桓久了，看到窗前明月，知道今月曾经照古人，会不禁问："明月几时有？把酒问青天。"

一盏。北宋建窑兔毫盏，撇口，直径约十厘米，盏色青黑，兔毫条达，盏底修足工整，盏外近底处有垂釉和釉珠。一罐。宋金钧窑双耳罐，内壁满釉，底足不施釉。一印。宋羊钮白玉印，微沁，两厘米乘一厘米。宋代喜欢用玉雕羊，雕工极细，羊神态自若，面部由多个棱面组成，体现宋代动物玉雕的特色。

很难用语言形容这一盏、一罐、一印的美。我一直认为，文学首要的追求是真，探索人性中无尽的光明与黑暗。真正的美，只可意会、不可言传。

在真正的美面前，文字常常乏力。白居易说杨贵妃"芙蓉如面柳如眉"。这么多年过去，这句诗虽然流传下来了，我们还是不知道杨贵妃长的什么样子。

拿起青黑的建盏，喝一口当年春天摘的古树生普，冷涩而后甘，山林的春天就在唇齿之间，“一杯落手浮轻黄，杯中万里春风香”。插一枝莲花到钧窑罐，仿佛养一枝莲花在小小天青色的水塘，“雨过天青云破处，者（这）般颜色作将来”。

明代嘉靖、万历年间的陈继儒，在《太平清话》中列举了一些东方文化中的通灵时间：“凡焚香、试茶、洗砚、鼓琴、校书、候月、听雨、浇花、高卧、勘方、经行、负暄、钓鱼、对画、漱泉、支杖、礼佛、尝酒、晏坐、翻经、看山、临帖、刻竹、喂鹤，右皆一人独享之乐。”

多花点时间在这些通灵的事儿上，人容易有精神；多用些美器做这些通灵的事儿，人更容易有精神。草木一样的姑娘、纯美泛黄的旧书、一杯热热的茉莉花茶、一块润而不腻的玉……和这些美好的未知一起，真实地存在着，我就会心安一点。

年轻的时候喜欢透过现象看本质，读万卷书、行万里路，常常将天地揣摩，希望终有一日妙理开，得大自在。

人慢慢长大，喜欢略过本质看现象。一日茶，一夜酒，一部毫不掩饰的小说，一次没有目的的见面，一群不谈正经事的朋友，用美好的器物消磨必定留不住的时间。

所谓本质，一直就在那里，本一不二。

动物园存在的意义

耿学清

一

很少有人留意到，北京动物园是没有路灯的。

每天夜里，值班人员都拿着手电筒在园里步行巡夜。86 公顷的园子里黑漆漆的，只有一束光照在脚前，但巡夜人并不孤单，上千只动物的眼睛正注视着这一簇移动的亮光。

巡夜人听到的声音是细碎、绵密又热闹的：草丛里虫鸣此起彼伏，草食动物在咀嚼鲜草叶和嫩树叶，时有狼长嚎、长臂猿唱歌——在动物研究者看来，长臂猿富有旋律的啼鸣是动物界为数不多可以称为“唱”而不是“叫”的，路过熊猫馆，还可以听到熊猫吃竹子时吧唧嘴的声音。

有人提出过在动物园搞“夜经济”，工作人员都没同意。在这座老园子里，他们坚持让大自然做主动物的昼夜节律。

作为我国最早对公众开放的现代动物园，北京动物园已经 116 岁了，它承担着国家动物园的功能。

中华人民共和国成立以来，外国元首赠送的“国礼动物”绝大多数被寄养在这里。“国宝”大熊猫、朱鹮在这儿实现人工繁育，再重归自然。比二者更稀有的“极危”物种青头潜鸭，它的首个人工种群今年亦在这里建立成功。

这里还有我国第一家综合性野生动物医院。动物医生看病的场景时常略显滑稽：医生站在二楼举着吊瓶给大象输液，邀请人类口腔科的医生为大熊猫洗牙，用超声仪为马来貘检查是否怀孕，给北极熊做疝气手术，从蛮羊的胃里取出游人投喂食物夹带的塑料袋——那是动物因周末、节假日游人投喂而患上的“周末病”……

二

每年五六月份，北京动物园都有一批新生动物亮相，截至目前，2022 年共有 201 只“萌物”出生。这一数字与往年相比位居前列，甚至超过 1949 年时园内动物数量的总和。当时，北京动物园虽然叫“万牲园”，存留的动物却不过百只。

2022 年 6 月 30 日，据北京动物园最新监测统计，园内动物共 392 种、5111 只，其中国家一级重点保护的野生动物 50 种、307 只，国家二级重点保护的野生动物 60 种、1047 只。

北京动物园内动物种类最多时有近 600 种，共计 5000 多只。从种群数量来看，现在的种类和数量均有下降。

那时，园内“单种单只”动物较多，满足了人们到动物园看“新、奇、特”动物的需求。这仍然是当前许多动物园追求的效果，被研究者戏称为“集邮式动物园”。

“从动物角度来看，这不利于它们的健康。”北京动物园副园长说。北京动物园早已不强调“种类最全”，而更侧重种群的繁育、交流、养护、野化，让动物不再孤独——可以理解为动物园的“减量发展”。

除了在册的动物，北京动物园还住着许多“编外”动物，它们不请自来。

红眼睛的夜鹭不知从哪里飞来，与水禽湖的水鸟争相捕鱼，有时也在长河岸边与人类比邻而蹲。冬天雪后，树木枯叶掉尽，夜鹭拖家带口飞到树枝上，提前占地，准备筑巢。

乌鸦、黄鼠狼等外来户，在动物园的生存方式“有些血腥”。它们经常偷偷叼走水禽的雏鸟，两个斑头雁家族，今年都被偷得各剩一只小雁。

在犀牛河马馆，野外的鸟儿和犀牛们早就混熟了。犀牛的家高大空旷，足有两层楼高，房顶是圆形的玻璃罩，像一个音乐厅，又像一座肚大口小的砖窑。麻雀、喜鹊、珠颈斑鸠经常光顾这里，吃犀牛身上的小虫子，在青饲料里扒拉毛毛虫、瓢虫，站在犀牛的水槽边喝水。

在北京动物园 1.1 万株乔木，6 万棵灌木，数不清的绿篱、宿根植物和草坪之间，分布着难以计数的生态群落。

管理者不干涉动物之间的交往或“战事”。园内也不喷洒杀虫剂，实施“以虫治虫”，即园艺工人在树腰上钉上周氏啮小蜂的蛹，这是外来入侵物种美国白蛾的天敌。

动物园最根本的是动物，其中也包括在这里生活的外来动物。

百余年间，在这里栖息的野生动物，已形成生态群落，北京动物园成为动物们在这座城市中的栖息地，这也让越来越多的游客在参观时不再止步于“见到橱窗里的动物”。

三

“人类的动物观决定了动物园的发展方向：食物→财富→生命。”这句话写在北京动物园一处书本造型的雕塑上，被放置在熊山南侧。

现在的熊山是2014年改造的新熊山。此前，老熊山“坑式”设计饱受动物福利人士诟病。熊山、狮虎山均建于20世纪50年代，与猴山并称北京动物园“三山”。虽然叫山，其实游人观看熊、狮、虎是俯视的。山是假山，假山与游人之间的动物活动场地，低于游人面前的护栏5至6米，人们像站在古罗马斗兽场俯视动物。

2014年，经过改造，熊山最大的改观是将传统的“俯视”参观改为通过玻璃隔断“平视”动物。生活在改造后的熊山，熊甚至恢复了冬眠的习性。狮虎山的内部构造也得到改造。2014年，动物园在狮虎山修建了下沉式参观通道，增加玻璃展墙。游人可以平视老虎、狮子，如果运气好，等到它们靠近，还可以与之隔窗对望。

“你在动物园观察动物，动物也在观察你。”许多动物园工作者都说过类似的话。

在猩猩馆前，有一组名为“大猩猩的解放”的群雕，一群大猩猩背着儿女向森林走去。这里写着一句话：“动物园存在的意义在于，真正彻底取消动物园。”

如果将时间无限拉长，动物园会消失吗？现代动物园有四大功能，观赏娱乐、科普教育、易地保护和科学研究。在以人类为尺度的社会发展中，动物园的“观赏娱乐”功能可能消失，但其他功能将会加强。

北京动物园重点实验室设立了野生动物生物样本资源库，里面保存着珍稀动物的生物样本，包括动物的血液、组织、精液、粪便、羽毛等。这是动物园经常被忽视的功能，“保存一粒种子，为自然留一片希望”。

北京动物园科普馆的保护教育老师们经常与学生们玩一个叫作“生命网”的游戏。游戏内容十分简单，每个孩子胸前挂一个牌子，上面写着兔子、鸟、蛇、太阳、人、河流、苍蝇等角色名，老师拿出一条绳子，系到每个人腰上，最后拉成一张网。如果“苍蝇死掉了”，“苍蝇”同学会蹲下去，其他同学感到绳子在收紧，“鸟没了”“蛇没了”……“倒下”的生物越多，站着的生物越累，直到整张网崩坏。

科普馆保护教育老师赵晓黎说：“人在生命网中和其他生物一样，是平等的，一损俱损。”

北京动物园曾有个小型焚化炉，专为去世的动物而建。20 世纪 90 年代焚化炉关闭，离开的动物会被交给环保企业，经过处理，最终回归自然。

葫芦的命运

郁喆隽

《庄子·逍遥游》中有一段惠子和庄子的对话，叫作“大瓠之种”。瓠是葫芦的一种。惠子说，魏王送了他一些葫芦种子。他种下后得到了巨大的葫芦，可以装下五石水，但葫芦不够坚固，根本举不起来；如果把葫芦做成水瓢，却没有地方放得下。于是惠子认为这大葫芦无用，就把它打碎了。庄子听了说：“你真的不擅长用大的东西啊。既然有了这么大的葫芦，为什么不把它绑在腰上，这样就可以漂浮在水上了。为什么还担心没有地方容得下它呢？”

《逍遥游》的一个重要主题是有用和无用——有些东西因为太大被认为无用，有些则恰恰相反。古希腊哲学家亚里士多德早就说过：“自然不做无用之事。”从功能的角度来看，通常作为器物的葫芦其实是果实的木质外壳，其形状和物理属性使得它可以借助水流将种子传到更远的地方。这对物种而言绝对是有用的。长到一米的葫芦也并不少见。还有人通过解读“大瓠之种”得出结论，庄子早于阿基米德知道了浮力的规律。上网搜索发现，一个英国的园艺师曾经创下一项世界纪录，他种出来的葫芦重量达到一百零六斤。这大概就是惠子所说的“大瓠”吧，用来做独木舟都可以了。其实如果把那么大的葫芦做成葫芦丝，音色或许比较浑厚。

在这场对话中还有一个人，那就是并没有出场的魏王。我们并不知道魏王为什么要把葫芦种子送给惠施，还有他自己有没有种过这个葫芦。可以猜想，可能他自己种了葫芦，不知道怎么用，才将种子送给了惠施。但没想到的是，惠施的脑子里已经有了一些先入为主的条条框框——他觉得葫芦，要么用来装水，要么用来做瓢打水。于是他种出了大葫芦，只能弃之不用。假设魏王把葫芦种子送给庄子，结局就会大不一样。庄子可能会发明出给军队使用的浮渡装备。大葫芦至少可以成为平民百姓夏日戏水的必备工具，兴许还能开创本国水上运动的先河……可见对葫芦种子来说，人就是它的土壤。种子落到一个人手里，它死了；落到另一人手里，它活了。因而有科技史家认为，研究历史上那些没有做成的东西，比研究成功的案例，能给我们带来更多的启发。没有什么现成的科技树，关键在于人——解锁和锁死科技树的人。庄子在“大瓠之种”这一段最后对惠子的评价是“夫子犹有蓬之心也夫”——这个世上如果什么因为没用而被毁，那是由于人的头脑不开窍啊！

做大池塘里的小鱼还是小池塘里的大鱼

倪考梦

大家都会遇到一个抉择：做大池塘里的小鱼，还是做小池塘里的大鱼？先亮结论：卓越者应当做大池塘里的大鱼，其他人应争取成为小池塘里的大鱼。当然，现实比这复杂。

畅销书作者马尔科姆·格拉德威尔在《逆转：弱者如何找到优势，反败为胜》中称：在某些时间、地点，做小池塘里的大鱼比做大池塘里的小鱼好。他以理工科学生为例，在能力水平差不多的情况下，普通学校的一流学生大多成了工程师、生物学家等；顶尖学校的二流学生则有很多人放弃了科学专业。做大池塘里的小鱼，相较于做小池塘里的大鱼，拿到科学学位的概率要低 30%。

为什么会这样？

一是“大鱼小池塘效应”，由心理学家赫伯特·马什和约翰·帕克于 1984 年提出，是指同等能力的个体，在平均水平高的团体中，其自我概念会降低，在平均水平低的团体中，其自我概念会提高。马什认为，进入大池塘的结局好坏参半。二是“相对剥夺”，这是“二战”期间萨缪尔·斯图菲提出的理论。格拉德威尔认为，“大鱼小池塘效应”就是相对剥夺现象在教育领域的应用。

基于这两个概念，格拉德威尔进而指出，决定你是否可以拿到科学学位的关键，并不是你有多聪明，而是在你的班级中，你觉得自己和其他同学相比有多聪明。遗憾的是，我们通常是通过和身边的人做比较来评估自己。所以，你的同学越聪明，你就会越觉得自己蠢；你越觉得自己蠢，你放弃科学专业的可能性就越大。大池塘录取了那些非常聪明的学生，却又使他们变得意志消沉。优秀的孩子本来是小池塘里的大鱼，到大池塘里成了小鱼，每天被卓越的孩子碾压，相对剥夺感强烈、信心受损、意志枯竭，最后不得不降低标准或更换专业。

我也补充两个概念。

一是达克效应。这是人类一种常见的认知偏差。能力欠缺的人会高估自己的能力，反之，能力出众的人会低估自己的能力。在小池塘里做大鱼让人变得有信心，在大池塘里做小鱼让人变得没信心。

二是泰格伍兹效应。这是社会网络科学权威艾伯特－拉斯洛·巴拉巴西的观点。泰格伍兹是超级明星，与超级明星竞争，他们会压迫你；与超级明星合作，他们会提升你。我推断，大池塘里的大鱼对内会挤压其他小鱼的生存空间，但是，对外他们会和“井水不犯河水”的其他小池塘里的大鱼合作。

当然，不管是大池塘还是小池塘里的大鱼，都会影响本池塘里的小鱼，只是角色定位不同。在大池塘里，你若只是小鱼，就必须习惯于备受打压。而且，池塘越大，大鱼和小鱼之间差距越大，相对剥夺感越强。

十年前，中国社科院社会政策研究室就在研究互联网带来的全民相对剥夺感。的确，平日里在线下跟身边的人比比还可以，但上网比就不行了。互联网是最大的池塘，有最大的鱼，相比之下，我们普通人不过是小虾米一只，都在食物链的底端。

那么，面对大鱼猛兽，被相对剥夺和碾压的小鱼小虾的无奈和焦虑怎么消除？

格拉德威尔在书里介绍了20世纪60年代哈佛大学招生部主任弗雷德·格林普提出的“快乐的垫底区域”策略。“不管一个班级的学生多么厉害，总有一些人是垫底的。”他想弄明白，“在这样一个高手如云的班级里，觉得自己平庸的这种心理会产生什么样的影响？”他开始寻找那些足够坚强，在学习领域外足够成功，可以顶住压力，在哈佛大学这个非常大的池塘里做一条小鱼而生存下来的学生。哈佛大学也开始研究那些有天赋但学术能力在班级排名靠后的学生，这项研究一直持续至今。

不过特别擅长找论据的格拉德威尔除了在书里提到这些学生可能足球踢得不错，没有引用该研究的其他发现，让人不禁担心，这个进行了半个多世纪的研究很可能不太成功，或者说这个“快乐的垫底”只是一种美好的空想。

奇怪的是，虽然大池塘有许多负面影响，但是人们很少去谈论，甚至追捧想象中的大池塘。诚如格拉德威尔所言：“我们努力想要成为最好的、最厉害的，拼命地挤进那些最好的机构，然而我们却很少停下来思考，就像印象派画家那样思考，哪一个机构会给我们带来最大的利益。”

是的，我们必须停下来思考，琢磨一下怎么办。或许有两种策略，选择因人而异。

第一种策略：追求卓越，成为超级明星，做大池塘里的大鱼。超级明星效应的特点，就是优秀一点儿的能力表现，就可以带来超乎寻常的收益。大池塘的好处，是拥有更高的平台、更多的资源，可以进一步放大你的优点。你若卓越，就有机会乘风而上，赢家通吃。你可以量力而行、尽力而为，努力成为大池塘里的大鱼。

第二种策略：错位竞争，成为隐形冠军，做小池塘里的大鱼。如果我们只是优秀，但不卓越，那么做小池塘里的大鱼比做大池塘里的小鱼好。小池塘虽然平台小、资源少，但是竞争也小，能给优秀的你更多机会，让你得到想要的东西。这种策略的关键，就是寻找适合自己的细分领域，通过正确的自我认知和准确的自我定位，来发挥比较优势。

当然，历史无法假设，我们无法确定，是否当初选了大池塘就必然长不大。不过，根据前文逻辑推断，在大池塘里长成大鱼的可能性相对小，经验也是如此。

别被『精彩』废掉

曹林

学者刘擎在一篇文章里，谈到“忍受枯燥”这种能力，特别有道理。他说：人如果在娱乐文化的背景下成长，他们忍耐没有笑点、没有兴奋、没有生动言谈方式的时间会非常短。他们的阅读能力也会下降，手机上“短、平、快”的东西破坏了深度阅读能力的养成。我们的大学模式是建立在20世纪中叶的文化环境里的，假设你能专心致志地读书，能够忍受看似枯燥实则有深度的内容，肯定会很有收获。但现在整个文化环境改变了，人们对“枯燥”的忍受力普遍非常低。

确实，生活在消费主义和娱乐化环境中的一代人，被“精彩”惯坏了。人们热爱爆梗、段子、金句、笑点、包袱带来的感官刺激，习惯被消耗自己时间的娱乐文化喂养，学习感官已经钝化，进入不了越过枯燥门槛去深度学习的境界。学习越来越依赖如社会学家伯格曼所说的各种装置范式，这些阅读装置以友好而人性化的方式帮你消除各种“枯燥”，将费力的文字转化成轻松的视听语言，植入笑点。人人面前有一台可供随时切换的电脑，这些让你从枯燥中解放的学习装置，实际上已经改变了学习的性质，让学习成为一种信息消费的景观。这种“学习景观”生产着让人躁动和焦虑的欲望，而不是用厚重的知识思想去驯服欲望，并让人安静下来。

能真正滋养一个人的事，往往都带着某种枯燥，需要学习者忍受，投入深度注意力去穿透抽象。写作的开始，是枯燥的。阅读一本经典，是枯燥的。深刻的课堂，是枯燥的。创新、创造的过程，往往也是枯燥的。枯燥是一道门槛，是为不学无术者、浮躁者、消遣者设置的障碍。越过这道门槛，沉浸其中，才能慢慢获得愉悦。精彩不是一个“被动获得”的结论，不是通过别人的喂养，一下子就引起你的兴趣，而是在孤独静观、克服枯燥后先涩后畅，在读懂读通，习得新知，打消困惑后所获得的知识愉悦感。

写作是一件需要忍受枯燥的事。常有学生跟我说，之所以不写，是因为没有灵感，等有灵感的时候再动笔。我说，哪能这么被动地等灵感？你得现在就思考和动笔。开始肯定是枯燥的，我的经验是，如果克服了前 30 分钟的枯燥，逼着自己动笔，想着想着，就会进入状态并找到灵感。一气呵成的感觉，很少是一开始就有的，而是在克服开始那 30 分钟的枯燥过程中酝酿出来的。

阅读是一件需要忍受枯燥的事。你要有耐心让自己慢下来。再深奥难读的书，克服了前 30 页的阅读痛苦，慢慢就读进去了。前 30 页往往是作者设的障碍和门槛，一个优秀的作者也在寻找优秀的读者，绝不希望自己的作品被一个不学无术的人糟蹋。很多人的问题在于，容易被书的标题吸引，却连 30 分钟的阅读耐心都没有。那些让人很舒服、不断点头的轻松阅读，往往是重复你既有认知的无效阅读，要想获得认知增量，需要艰难的“入境”，需要烧脑的坚硬阅读。

上一门好课时常也是需要忍受枯燥的。常听学生说，某某课是好课，老师善于讲段子；某某课太枯燥，全是抽象的概念和艰涩的推理。我说，判断一门课的好坏，绝不能用“能不能在 10 分钟内吸引我”的消费者自负去判断，那是对好课的侮辱。首先要清楚，自己是不是需要这门课去完善知识体系，提升自己的思想。学生与老师不是“我花钱让你教我知识”的消费关系（流行的知识付费异化了教育关系），身心投入学习过程才会有收获。其次要有忍受枯燥的心理准备，投入和参与进去。

知识的传授本身就带着枯燥，逻辑推理、方法训练、批判性思考都需要自己琢磨、分析、深思、质疑、否定才能内化，主动探索而不是被动接受投喂。

枯燥是一道门槛，有人越不过门槛，睡着了，或者被电脑上的综艺和手机上的段子吸引走了，谋杀了时间。优秀的人忍耐了前 30 分钟的枯燥，沉浸到写作、阅读和课堂之中，日积月累，就有了学渣与学霸、人手与人才的分别。所谓优秀，绝不是耍机巧的小聪明，而是有强大的枯燥忍耐力，是聪明人下笨功夫，越过了枯燥并攀登到知识高处的结果。

什么是拖延症？我在课堂上跟同学们分享过克制拖延症的方法：忍受 10 分钟的枯燥，就战胜了拖延。做迎合自己欲望的事，从来不会拖延。容易被拖延的事，开头往往有一定的枯燥性，立刻着手去做，10 分钟迈过去，接受了这个事情，进入做事的“心理场”，从中享受到成就感，受到“行动正反馈”激励，就停都停不下来了。

好习惯的养成，也是克服枯燥的过程。运动时学英语，坐地铁时读书而不是刷短视频，睡前读几页书而不是刷短视频，会议间隙写几段文字而不是刷短视频。有了想法立刻记下来而不是“等会儿记下来”，多个动作，动笔去记，而不是相信记性或指尖。刚开始总有点枯燥，积累一个月，回过头去看，有了受益感，进入身体本能，就成习惯了，会让你终身受益。

专业训练的过程，哪一个不是克服枯燥的过程？史学家桑兵说，长时间不断重复的、枯燥乏味的基础性练习，是从培养兴趣逐渐变成内行的必由之路。弹钢琴，学历史，读哲学，读文献写论文，写一手好字，成为专家，每一项令人景仰的成就，每一个受到业内外肯定的专业人士的背后，都经历过常人无法忍受的枯燥。你看到的有趣好玩，那是别人专业积累之后游刃有余的从容驾驭。创新，不是脑袋一拍灵机一动，新点子就来了，那是枯燥的重复实验、头脑风暴、文献输入、失败沮丧、爬起来继续干等不断累积的产物。专业学习和训练，本身就包含着克服外行人无法忍受的枯燥，读普通人永远不会读的东西，做一般人受不了的重复训练，从而拥有不可替代的专业资本，超越“人手”，成为“人才”乃至“人物”。

很多时候，人们对“有趣”的追求中隐含着不愿投入忍耐枯燥的沉浸过程，想一下就抵达“感官的愉悦”，这是肤浅之源。所以我觉得，应该珍惜那些考验你枯燥忍耐力的挑战，警惕迎合和喂养，积累从容驾驭各种挑战的资本。如今很多所谓的“学习”，已经脱离了对真知的求索而成为保健式按摩。营造知识得到幻觉的商业娱乐，不是让你克服枯燥去获得新知，而是迎合着你“厌恶枯燥”的惰性，把需要硬啃的知识，再生产为表面有趣却失去原有营养的“知识点”“金句”“成功学鸡汤”。实际上这不是滋养，而是娱乐工业对你的消耗。

我常跟学生讲，学习就是学习，娱乐就是娱乐，想娱乐，那就好好玩，投入地玩。学习就是学习，不要机巧地伪装，美其名曰“娱乐式学习”。读书，尽可能去读严肃的文字，读经典原著，在孤独的沉浸和默读中收获新知，并通过“输出”去固化它，在克服枯燥中获得一手的、上等的知识，而不是等着别人把你当宝宝，喂那种添加各种甜味剂的“知识营养品”来哄着你、惯着你。

俄罗斯方块效应

韩 焱

一

哈佛大学医学院曾经做过一项研究，研究者付费让二十七个人来玩俄罗斯方块，一天需要玩好几个小时，而且必须连续玩三天。你是不是觉得这是一件天大的好事儿呢？玩游戏的同时还有报酬！但是如果你知道游戏参与者后续的反应，你可能就会庆幸自己没有参与这个实验了。在这个实验结束后的几天里，一些参与者每天睡着后都会做方块从天而降的梦，而醒着的时候，他们总是能够在各种地方“看到”这些方块。例如，有一个人是这样描述的：“当我穿过超市通道时，我注意到有一个麦片的盒子和货架下面的缝隙完美契合；当我走在回家的路上时，我走到一个 Y 字形的路口注意到了一堵砖墙，我想只需要把那些浅颜色的砖旋转一下，就正好能与墙下方那几块不平整的砖拼合；当我工作了几个小时望向办公室窗外时，我在想，如果我把维多利亚大厦倒过来，是不是正好可以插入自由广场的两栋楼之间呢？”

这些实验的参与者似乎把整个世界都看成俄罗斯方块游戏，研究者把这种现象称为“俄罗斯方块效应”。俄罗斯方块效应告诉我们，大脑非常容易陷入某种看待世界的模式之中无法自拔。这不仅仅是视觉问题，连续玩俄罗斯方块实际上改变了人们大脑中神经元的连接，创造出了一种新的神经通路，正是这种新的连接扭曲了人们看待真实情境的方式。

二

当我们习惯用一种消极的固化视角来审视一切事物的时候，就会错过大量“显而易见”的美好事物，会更容易出现悲观、挑剔的心态，甚至导致抑郁，身体状况也会变差。

但是俄罗斯方块效应也有积极的一面，具体要看你怎么运用它。“生活中并不缺少美，而是缺少发现美的眼睛。”俄罗斯方块效应能帮助我们更好地去发现美，我们可以训练大脑，让它主动寻找生活中的美好事物，帮助我们看到更多的可能性，让我们变得更有活力，取得更进一步的成功。

心理学家给出了一种快速启动俄罗斯方块效应积极一面的练习方法，那就是每天都记录你工作、生活中发生的三件好事。当你坚持每天都写下三件好事的时候，你的大脑就会不由自主地寻找一天中的积极事件。这样一来，你每天只需要花费不到五分钟的时间，就可以训练大脑更加留意和专注于个人成长与职业发展的机会和可能性，同时把过去常常侵占心智的小烦恼和沮丧推开。一项相关的研究发现，那些坚持每天写下三件好事的人，在持续一个月之后，都会更多地感受到快乐，而更少地感受到沮丧，即使在停止练习之后，他们依然能够保持乐观的心态。因此，越是擅长寻找好事并且记录下来，就会发现越多的好事。

所以，俄罗斯方块效应是一种有效的思维模式，可以让我们在工作时保持专注，在生活中发现美好。它能让真正重要的问题进入我们的视野和意识，让我们的注意力主要集中在积极面上，但是又不会完全过滤掉所有的消极面，让我们既能客观地认识到事物有缺陷的一面，同时也能拥有理智、现实、健康的积极心态。

三

了解俄罗斯方块效应，最大的好处就是让我们能经常提醒自己变换视角，用不同的角度来看待同一件事物，这其实就是多样性思维的基础，它能让你在职场进阶之路上表现得更加游刃有余。

视角选择对了，就可以很好地降低要解决的问题的难度。比如，同样是一片森林，如果你想让人在其中不迷路，画一张地图更好；如果你想让人了解它演变的历史，做一张年代表更好；如果你想让人明白你和这片森林的故事，那写一篇文章更好。这就是你描述这片森林可以采用的不同视角。

变换视角还可以帮助你理解已知、发现未知。门捷列夫是怎么归纳出元素周期表的？元素有各种化学性质和物理性质，如果你聚焦于不同的性质，就可以得到不同的视角。门捷列夫最终选择了把元素按照质子数进行排序，不仅把已知的元素做出了很好的排列，还通过空出的位置，预言了更多元素的存在。

变换视角更可以创造商业价值。类似的例子不胜枚举，很多人类历史上的重大突破，都源于新的视角。比如，日常生活中常常用到的缝补衣物的针。最初，人们生产针的效率非常低。后来有人意识到，很多工厂都能够生产钢刷子，换一个角度来看，钢刷子不就是在一个底座上竖着密密麻麻的钢针吗？如果把这些钢刷子的刷毛切断，再钻上孔，不就变成针了吗？于是，很多生产钢刷子的工厂就开始转型生产钢针。

由此可见，拥有多样的视角是帮助你取得事业成功的最佳助力。找到一个正确的视角，是你面对任何问题时要做的第一件事。

一个人会产生什么样的反应，跟他平常看待事物的思维定式有很大的关系。如果一个人更容易注意到事物积极的一面和主要矛盾，那么他就更容易获得快乐和满足；而如果一个人总是关注事物中于己有利的方面，却很少关注、衡量别人的付出，那么他就更容易消极、悲观，甚至怨天尤人。人的大脑是一个过滤器，它能够注意到的内容完全取决于我们在关注什么，因此我们一定要刻意训练自己的大脑，寻找能够使我们获得更多成功和快乐的机会。

你应该经常提醒自己转换视角，这样才能跳脱出来，不被固定思维束缚，更好地找到解决问题的思路，收获多样性红利。进一步说，你只有跳脱出来，不被眼前具体的事务限制住，去思考那些比日常更宏大的事情才能把心打开，更好地去拥抱世界。记住，你看世界的角度，决定了你能达到的高度。

满身山雾

王太生

不喜欢在公共场合随便谈话的人，往往乐于野谈。野谈是一种随性的态度，不是背后说人闲话，而是朋友之间随意地聊天，无拘无束地说话。

三百多年前，张岱作《夜航船》，其序中写道，在一条夜航船上，一船人昏昏欲睡，士子在暮色中闲谈，旁边有一个和尚蜷缩于一角，不敢插话，听了半天，觉得对方言谈似有破绽，并无大奥，便说："且待小僧伸伸脚。"

《夜航船》是一种野谈，故作者说："天下学问，惟夜航船中最难对付。"清代曾衍东的《小豆棚》也是一种野谈，内容涉及忠臣烈妇、文人侠士、仙狐鬼魅、奇谈异闻等；明朝洪应明编著的《菜根谭》还是野谈，一部处世奇书，其中的句子朴实无华，句句良言……乡村的小酒馆里，桌子旁边都是些乡下朋友，大家一边喝酒，一边闲聊，野谈的过程，轻松而愉快。这时，有一只大花猫，刺溜一下从窗台钻进来，坐在空着的椅子上，朝一群谈笑风生的人张望。

野谈最妙在野地。瓜棚豆架下，河畔渔船上，或者山崖峭壁边。

当年，蒲松龄找人野谈，就在他家的瓜棚之下，聊些鬼怪仙狐之事，那地方叫“聊斋”。

古人的画中有野谈。一幅画里，两个人坐在硕大如盖的荷叶间野谈，叶大人小，两个人快要被荷叶淹没了。他们都说些什么？时间太久，空间太远，已经听不清了。

《清明上河图》里，市井小民，衣袂飘飘，站在街衢，吹风野谈。他们虽身处汴河岸边，却说着天南地北的方言。文徵明的《品茶图》中，山里茅屋三两间，清溪蜿蜒流淌，屋外松树几株，主客在草舍对坐，喝茶聊天，清雅自在，山风徐徐，当属野谈。

野谈就要简简单单，古人理想的场所，要“构一斗室，相傍山斋，内设茶具，教一童专主茶役，以供长日清谈，寒宵兀坐。幽人首务，不可少废者”。若有这等条件，闲聊便有好心情。

野谈最好伴犬吠，在寥远的山中，谈文章，谈美食，谈饮茶，谈煮酒，谈交友……野谈最好有鸡鸣，一觉醒来，听楼下两个早起的人在大声说话，谈早餐，谈蔬菜，谈天气……

曾隔着芦苇，听人在河心野谈。一大片原生态的芦苇丛边，在浅水埠头洗手时，听到苇荡深处有人在船上与另一条船上的人说话，两个人隔着水面，隔着船，隔着芦苇，说的都是家常话。家常话絮叨、琐碎，无从写在纸上，只能随风飘远，缥缈成天籁。

少年时，在苏北农村一望无际的田垄间摘棉花，正值棉桃爹蕾，棉地里有几个年轻姑娘，她们一边干活，一边说些城里的事，流露出对别处生活的欣然向往，那大概算是一种田野闲谈吧。旷野之上，声音被风吹跑，眼中有落日余晖下的地平线和支着耳朵听人说话的棉桃。

野谈不一定要事先选择地点，只是遇到好久不见的人，也不一定有要紧的事，只是觉得天气很好，有些意趣，找个机会，好好聊聊，哪怕是在一处不挡风的角落，比如路上、树下、亭中、屋檐以及墙根下。

风轻云淡，气候适宜，繁花盛开，说话的地点是美的。两个人站在小街围墙下说话，头顶有几株浅蓝色的绣球花探出头，随着风，滚来滚去。

民间野谈，抑扬顿挫，行云流水。都谈些什么？柴米油盐，朴素情感，平民百姓感兴趣的事情，大俗又大雅。

坐过夜航船的人，常有这样的体验：两个人坐在舱里闲谈，越谈天越亮。黎明登山的人，常有这样的视野：两个人站在山顶说话，山色、山体和草木，渐渐明亮起来。此时吹风野谈，满身都是山雾。

替『坏人』辩护

何远

《列子·说符》记载了一则“疑邻窃斧”的寓言，大意是说，有人丢了斧子，怀疑是邻居的儿子偷的，于是觉得那人的言行举止无一不像小偷；不久后，他无意中发现了自己不小心埋在谷堆里的斧子，再看那人时，就觉得其言行举止没有一处像小偷了。这则寓言的主人公怀疑的对象是邻居的儿子，这孩子很可能还是他看着长大的，当然，也许邻居的儿子平时就比较顽劣，所以才会成为主人公怀疑的对象。

但是，就算一个人平时比较坏，某一件坏事就一定是他做的吗？如果那位主人公没有偶然找回斧子，他会一直认定是邻居的儿子偷走的，但事实恰恰相反。隔壁张三平日里一贯小偷小摸，可是，偷走你晾在窗台上那块腊肉的人，就一定是他吗？又或者，两条街外的珠宝店昨夜发生了抢劫案，就一定是他做的吗？

现代社会的高度复杂，决定了现代法律是一套设计精密、内容博杂的规则体系，没有经过长期的专业训练，很难理解和掌握这套规则。

人们对律师的职责多有误解，往往只看到律师在为“坏人”辩护这一表面现象，却没有意识到，律师的职责其实是防止任何可能出现的司法程序中的错误。这项职责，与辩护的对象是不是好人并无关系。

在刑法上，同样是盗窃财物，根据盗窃对象的不同，比如是普通财物，还是救灾抢险的钱物、医院里病人的救命钱、孤寡老人的养老钱，或者根据盗窃时间的不同，比如是否属于地震、事故等突发事件期间，处罚就有所不同。此外，入户盗窃的，根据《中华人民共和国刑法》第264条的规定，不管盗窃金额多少，一律追究刑事责任，那哪些情况属于“入户盗窃”呢？集体宿舍、酒店宾馆、工棚等，是不是属于“户”？本来没有盗窃的念头，经被害人允许入户，才见财起意盗窃的，是不是“入户盗窃”？如果不知道这些细致的规定，被告人如何为自己做出有效的辩护？

对此，美国联邦最高法院前大法官乔治·萨瑟兰曾经感慨道：“没有律师代理，被告人就算完全无辜，也有被定罪之险，因为他不了解证据规则，无法判断指控成立与否，也不懂得如何做无罪辩护。”

所以，律师的辩护职责与职业伦理，对应的是他的体制角色。他不是单纯地在为某个好人或者坏人辩护，而是通过自身的工作，经由每一个个案，为完善司法程序、避免错误裁判而努力。

一开始就信誓旦旦地告诉媒体和社会公众，就是这个被告人杀害了死者，这是铁案谁都别想翻案，等到若干年后偶然发现真凶另有他人，导致公众对司法机关的信心大受影响，相关人员也不得不排队等候追责处理，那是古代话本小说中的人才会做的事，而这种行为又导致无论政府、司法机关和律师，还是当事人和社会公众，都要为此付出极大的代价。

如果连真正的坏人都能保障他的程序权利，那么司法制度存在漏洞、好人受到冤枉的可能性就会极大地减少。律师的辩护工作越是成功，就意味着司法程序越是健全，政府拥有保护国民的完善机制，国民才能得到真正的安全，不受非法侵害。

成功焦虑症

杨无锐

现代人大多患有成功焦虑症，同时，对成功的想象力又极度匮乏。人们普遍在模仿有限的几种成功：身体、爱情、财富、权力。人们不仅担心自己不够成功，还担心不能按照大众认可的样子成功。这些世俗意义上的成功没什么不好，但若只能想象这些，社会就可能成为充满胁迫和压抑感的怪物。每个人会被胁迫，也会转身胁迫别人。

孔子中年以后周游列国，四处碰壁。行道不得，退而著书，绝笔于获麟。按照所有单一的尘世标准，他是个失败者。想要推行政治理念，必须掌握政治权力。他不是没有掌权的机会，但他总是倔强地毁掉机会。从这个角度来看，他的一生，就是不断错失时机的一生。孟子却说，孔子是“圣之时者”。孟子认为，孔子是圣贤当中最能把握时机的。

一个只能想象成功的人，不会理解孟子对孔子的评价。一个只能接受成功的社会，不会尊敬孔子的努力。对只能想象成功的个人和社会而言，看不见的成功，不算成功；不能改变这个世界，就不配拥有这个世界的尊敬。对孔子而言，让这个世界发生变化，是好的。他要为之负责的，却不是这个世界，而是天道。在孟子看来，孔子做了对天道该做的奉献，所以他是“圣之时者”。

一个对神圣负责的人，对时间的感觉可能和我们不同。

我们常感时光匆促。因为我们心里惦记着躲在未来某处的成功。无论怎么定义，它一定在世界之中，在可以预见的未来的某个时间点。如果可能，我们愿意把所有时间奉献给它。对我们而言，过去和此刻的生活，都在为那个可见的未来做准备。可惜，我们意志薄弱，智慧也不够。我们经常受到不相干的事的诱惑和打扰，也经常错失宝贵的时机。于是，我们自责、焦虑，到处寻找救治的办法。后来，就有了那么多应我们需求而生的所谓成功学手册。所有成功学无非谈论一件事：为了你的未来，如何从时间中榨取最大利益。

看不到永恒的人，注定只能盯着未来。我们的时间以及我们自己，都是未来的祭品。这就是我们这个时代的焦虑。心存神圣的人，会从容许多。他也期盼更好的未来，但他不会拿未来胁迫生命。神圣即永恒。在永恒的天平上，三百年并不比一辈子更轻，也绝不会更重。他也想为未来而努力，但他不会贬低自己。他珍视时间，不是为了投资未来。他要做的，是用独一无二的此生、此刻向永恒致敬。子在川上曰：“逝者如斯夫。”子还曰：“发愤忘食，乐以忘忧，不知老之将至。”

投资未来的人，时刻担心错失时机。心存神圣的人，不替自己的未来搜捕时机，他自己就是回应神圣的独一无二的时机。

生命的探索

梁永安

当代年轻人，需要进行哪些生命的探索?

我很欣赏今天年轻人的独立精神、自由精神、无所畏惧的探索精神。我认识一个“90后”研究生，在单位工作3个月时赶上院长进行年终讲话，院长说：“同志们，我今年的工作有很多缺点，希望你们多提建议。”往年讲到这里，底下都是热烈的掌声，没人提建议。没想到这次这位研究生站起来说：“院长，我提个建议。我看您上个星期在电脑上规划技术骨干明年的考察行程，弄了3天都没弄出来，您若把这项任务交给我，我用一个上午就能解决。”

现在的年轻人就是敢于表达自我，但是光有勇气还不行，还需要了解过去，而这需要将自己与父辈联结。

如何与自己的父辈联结？我们能做的是赶紧访问一下自己的爷爷奶奶、爸爸妈妈。有的人一辈子都不知道自己的爷爷奶奶、爸爸妈妈经历了什么，对自己的来路不清楚。知晓过去而展望未来，这是一代又一代人的价值传递。在我国的历史上，正是通过这两代人的努力，我国的工业体系才能建设完成。这是多么难的事啊!

我国是一个丰富多元、民族众多的国家，一个青年谈爱国不应该是抽象的，应该付诸实践，多去看看我们的国家，接触不同民族的人，这样感情才会深刻。作家李娟写生活在阿勒泰的那些人的故事，如果你没去过那里，你的感觉与那些故事就可能有隔阂。今天我们很多人热爱一项事物是比较抽象的，我们要建立起自己跟这个国家深度的感情，最好实地去欣赏祖国的大好河山，感受当地的风土人情，这才是我们的力量来源。

历史赋予这代新青年最大的价值是，促使我们思考到底该怎样释放自己的青春、怎么走过这一生。欧洲青年间普遍流行一种生活方式——间隔年。比如他们大学毕业后，会去做公益，或者做别的事情，进行工作性漫游，从而获得一种自我认识，获得一种与原来文化、生活方式不一样的体验认知。他们通过这样的方式来思考，自己到底应该怎样生活。而我们的很多年轻人大学一毕业，就马上着手找工作，缺乏这么一个过渡阶段。

一个年轻人，首先要体会自己的迷惘。“一战”之后，“迷惘的一代”出现了，海明威、菲茨杰拉德都有过迷惘的阶段。我们今天的年轻人，缺乏迷惘，因为生活太确定了，一步步都是按传统道路走：上一所好大学，找一份好工作，多赚些钱，买一套好房子……一切都是确定的。一个当代青年，面对这么丰富的社会，如果不迷惘那就太肤浅了。如果一个毕业生发愁、难过、迷惘，那就对了，年轻人需要给自己一些思考、探索、疑问的时间。海明威那一代，选择打碎一切，重新生活。《太阳照常升起》这部作品，写心灵破碎受伤的青年去探寻新的生活，就是在迷惘中进行开拓。当下，特别需要年轻人有硬汉精神，有顽强的生命力，这样年轻人才能承担得起迷惘。现在很多人害怕迷惘，期待风调雨顺，期待农业社会种瓜得瓜、种豆得豆的生产规律，什么都按照节气来，没有什么意外，但这完全不符合我们接下来将要面对的挑战和社会变化。《少年 Pi 的奇幻漂流》一书中，Pi 与老虎相伴，要是没有这只老虎，茫茫大海，一片孤独，Pi 这个年轻人早死了。他一开始想把老虎赶走，到后来才发现，这只老虎是他生命的支撑，与老虎的抗衡，帮他度过了人生最艰难、最危险的时刻。与“老虎”同行，这才是新时代青年应该有的精神。

年轻人还要学会承受孤独。现代社会与农业社会相比，最大的不同是，人是有无限多元性的。人与人之间的相处不像在农业社会，大家都在家族社会里，相互认识，不存在孤独问题。今天的城市化中产阶级的壮大使得我们的生活都“在路上”。城市是由迁徙来的人所组成的陌生人社会，陌生人社会要求人一定要能承受孤独。孤独不是坏事情，孤独本身是一个体会自我的过程，是一个不断认识我们生命的过程。只有孤独的人才有真正的交流能力，因为他有一个不断沉淀的过程。

另外，年轻人还要敢于做一个富有开拓精神的人。这个世界上，往往是有开拓性的人看起来不完美，凡是要实现突破、做试验的，需要试错的，就显得不完美。有挑战性的事物具有不确定性，不可能是完美的。所以，我们一定要强调多元性，对自己不习惯的东西，要学会接纳。

还有一点，我们今天的年轻人一定要深切地认识到自己的无知。这个时代需要人保持对世界的好奇心，需要人有对世界的巨大吸收力。

古希腊的苏格拉底有个学生，他在神庙听到有人问，谁是希腊最有智慧的人。神说苏格拉底最有智慧。他回去跟老师说：“神说你最有智慧。”苏格拉底听了不相信，带着学生在希腊转了一年，最后回到雅典。苏格拉底对学生说：“我终于发现我是希腊最有智慧的人。因为我遇到的每个人都觉得自己很有智慧，而整个希腊只有我一个人知道，我一无所知，所以我是最有智慧的。”

“我一无所知”，年轻人要保持这样的自省力。不要封闭自己，不要自以为是。这是一个伟大的“开锁”时代、学习时代，我们今天的年轻人要学会归零，去探索新的价值，不能固守成见、故步自封，一定要像孩子一样天真，向时代学习。

还有一点非常重要，就是要去热爱真实的世界。这就需要我们读万卷书，行万里路，热爱土地，在地表上生活，而不是虚构的生活。

有些人旅行，到了目的地就是自拍留影、吃美食。很可惜，这样的旅行并不是真正的旅行，怎么能达到认识真实世界，开阔自己眼界的目的呢？生活需要“品”，不是到处找自己喜欢的东西。在西方葡萄酒文化中，人们重视“品”，不是喜爱这个味道，而是通过“品”体味不同的味道。哪怕这种味道我不喜欢，但仍值得仔细地去品。生命就是一个“品”的过程，在“品”中我们才能不断地成长，建立起自己跟这个世界真实的关系。

最后，年轻人还要特别培养创造精神。未来中国会有很多地方需要突破，社会需要一种原创精神，解决面临的困难，这样才能描绘一片幸福的蓝图。

但我们的身体和精神的距离，只有一步之遥，这是今天我们的青年面对的最大问题。一旦想通，我们的社会将发生巨大的变化，精神面貌会非常不一样。一个人既要年轻，又要有青春。但据我观察，很多人一辈子只年轻过，却没有过青春，青春的热量和力量、青春的梦想和激情，他们都不曾感受过。

年轻人面对未来，第一步可以“躺平”，“躺平”之后想一想，好好体会一下，接下来带着勇气与探索精神继续前行，向着光，像向日葵一样绽放出自己最强大的生命力，去过值得过的生活。

让儿童站在舞台中央

朱永新

一

重视儿童，是一个社会、一个国家文明进步的标志。儿童是国家的未来，是世界的未来。

社会中的所有规则都是成年人制定的，儿童在多数情况下没有发言权、表决权、决策权。

意大利儿童教育家蒙台梭利说："所有人都关注儿童的未来，但是恰恰没有人关心儿童的现在。""成年人的幸福是与他在儿童时期所过的生活紧密相连的。"童年生活会影响一个人的一生。

儿童身上保有的最珍贵的品质——好奇好问，纯洁天真，无忧无虑，活泼好动，不惧权威，也是人类最宝贵的品质。成年人是否能够勇于探索，真诚待人，乐观开朗，乐于行动，勇敢坚毅，与他们在儿童时期这些品质是不是得到呵护有很大关系。

有这样一个真实的教育片段。有一天，幼儿园的老师问小朋友们："花儿为什么会开？"

第一个小朋友说："她睡醒了，她想看看太阳。"

第二个小朋友说："她一伸懒腰，就把花骨朵顶开了！"

第三个小朋友说："她想和小朋友们比一比，看谁穿得最漂亮。"

突然，有一个小朋友问老师："老师，你觉得呢？"

老师想了想说："花朵特别懂事，她知道小朋友们都喜欢她，就仰起她的小脸笑了！"听到这儿，全班同学都笑了。只有老师知道，她原来的答案是："花开了，是因为春天来了。"

孩子们极富想象力、创造力且带有感情色彩的句子，与老师原先准备的那个一成不变的答案，形成了鲜明的对比！

课堂教学，就是要保护这种差异性，让孩子多方面、多角度、多起点、多层次、多原则、多结果地思考问题；培养孩子敏锐的洞察力，让孩子将事物之间的相似性、特殊性联系起来。

一言以蔽之，就是要激发学生的创新意识。而所有的一切，都需要我们有这样一个观念：让儿童站在舞台的中央。

二

我们所有人，包括儿童，都需要思考：在生命面前，个人、集体，乃至于全社会的"所为"与"应为"到底是什么？今天的儿童会成为未来的医生、老师、公务员、企业员工……不同的人会如何对待人生，如何理解责任，这些都涉及生命教育。

教育应该以生命教育为原点，重归生命教育的本体——向内审视生命的本质，让生命回归自身价值；向外建构教育的场域，筑造生命的精神家园。教育的本质就是帮助一个人从自然人变成社会人，拓展生命的长度、宽度和高度，帮助每个人成为更好的自己。

首先，延长每个人的生命长度，体现在个体生命的安全与健康两个方面，是生命发展的基石，而爱护生命永远是第一要义。因此，我们要教导孩子安全知识与技能，让他们了解社会安全、游戏安全、运动安全、交通安全、野外安全等常识，防止和应对校园暴力、疾病传染及其他意外；重视身体健康、心理健康和两性健康，让孩子了解关于营养、运动、治疗等基本知识与技能，掌握情绪管理、环境适应、压力纾解等方法；要懂得敬畏自然、敬畏生命，学会紧急避险和自我保护。

其次，教育还要立足生命个体的社会属性，教导孩子学会理解、宽容、尊重别人，使之成为一个受欢迎的人。这是生命的宽度。这就要引导孩子认识到个体生命的共在性以及他人存在对于自己生命的意义和价值；学会与人和谐相处，彼此尊重，善于沟通，同情弱小，积极面对人际冲突，树立宽容意识；尊重人与人之间的差异，发展健康的人际关系；拥有个性化的积极力量，包括乐观、胜任感、自尊感、人际支持等。

最后，生命教育还要关注人的精神生命，这是生命的高度。我们的教育要立足生命的精神属性，引导孩子不断进行生命的自我体验和省思，欣赏和热爱自己与他人的生命，珍惜生命的存在，期盼生命的美好，体悟生命的意义，并且能够把对生命的关怀和热爱惠及万物，具有人文关怀、民胞物与的胸怀以及宽广的人类情怀。

每个人都是自己的主人，是自己命运的创造者和塑造者。生命因超越而幸福完整。人只有实现生命的价值，活出生命的精彩，才能感受到幸福；只有发挥生命的潜能，张扬生命的个性，才能谈得上完整。

让生命回归教育的主场，让儿童站在舞台的中央，在我看来，这才是“生命教育与儿童成长”的迫切之需。

你当自卑视己

罗翔

我从小就想成为一名老师。从小到大，教过我的老师有很多，有的严厉，有的温和，但是我从来没有遇到过让我厌恶教师职业的老师。相反，大部分老师对我照顾有加，这越来越让我坚定从事教师职业的信念。

我们常说天道酬勤，但事实上，人生的许多成就，个人的努力固然重要，但自己所能决定的其实很少。在许多重要的关头，许多的贵人相助其实是可遇不可求的。所以我们只能以感恩的心来接受，并希望在自己有能力和有机会时也能够去帮助并祝福他人。

中学时，我的班主任是历史老师，他对我帮助很大，让我至今都酷爱历史。大学时也有很多老师的言行影响了我的“三观”。大一教授文学概论的老师，开启了我对文学真正的热爱，并让我第一次思考与永恒有关的话题。

本科期间，我认真写的两篇论文就有一篇是文学概论的结课论文（还有一篇是大四的毕业论文）。另一位老师教授民法，带有浓浓的湘音。很多同学听不懂他的口音，但是我能听懂。从他身上，我学习到有些人真的能够为了信念而不计利害得失。很多时候，行动比语言更加重要。

硕士和博士阶段的导师也让我感恩在心。我的硕士生导师，对我帮助非常大。我能够来大学任教，在很大程度上是因为他的帮助。有时去导师家提着百十元的小礼物，导师都要回赠价值数倍的礼品，让我送给家中长辈。直到现在，导师还经常和我讨论学术问题，鼓励我多写、多思考。看着头发花白的导师仍然勤于笔耕，身为学生的我怎能懈怠？

当年报考博士，成绩公布后我很开心，因为我的专业课和面试成绩都是第一名。我给导师打电话，他说那就没问题了。所以，我把找到的工作辞掉，安心等待入学。结果一直没有收到录取通知书。我很纳闷，去问学校的教务老师。教务老师告诉我："今年政策有变，一位导师只能带一名学生，你所报考的导师已经带了一名保送的学生。所以很遗憾，你被淘汰了。"我去找导师，导师感到非常意外，觉得政策不合理。所以，他写了一封信，让我拿着信去找当时负责的领导。信上只有几句话，其中一句是"我觉得这样做对学生不公平"。

领导看完信后对我说："好吧，那就来读吧！"过了几天，学校让我去领录取通知书。对此，我心存感恩，其实导师完全可以不帮我。

2003年，我读博士二年级，去找导师。因为要在核心期刊上发表两篇论文才能毕业。我发表无门，所以找导师帮忙。记得当时在导师办公室，他脸色乌黑，状态很不好。我和导师提及发表论文之事，他说没问题，"你好好写"，写完之后他会推荐。当时他对我说："罗翔，你现在觉得发表文章很重要。但是你到我这个年纪，就会觉得还有很多东西比这更重要。比如，家庭的幸福。"我当时没有听懂导师的言外之意，根本没有想到他已身患重病。当时的我甚至觉得，他站着说话不腰疼，因为他已经功成名就，而我还一文不名。

一个多月后，文章就见刊了。但我没有想到的是，那是我最后一次见导师，几个月后他就离开人世，终年 46 岁。我连导师最后一面也没有见上，想想真是难过。最后一次见导师，居然还是找他帮忙发表论文。

我时常想起我的导师，他在很大程度上改变了我的人生轨迹，也让我知道生命中有比学术和事业更重要的。

后来我被分配给另外一位导师。这位导师要求很严。当年我写博士论文时，他不时打电话督促，有时一个电话能打两个小时。每次我打电话向他请教问题，他都要挂掉，然后给我回拨过来，他的理由是学生话费有限。有一年大年初二，我在朋友家聚会喝酒，酒兴正浓，结果导师打来电话，说今天已经是正月初二了，该收心写论文了。

这位导师对学术有种孩童般的天真，经常为一个问题和我争得面红耳赤。我有时也毫不客气，一点也不顾忌导师的颜面。现在想想，自己还是有点儿过分。要是我现在的学生用我当年的态度对待我，我一定会勃然大怒。

毕业之后，导师还时常给我打电话，有时就一个问题也要和我讨论很久。当然，他现在不再挂电话之后回拨，理由为我不再是穷学生了。听说我毕业之初兼职做律师，他时常给我介绍案源，想让我赶快发家致富，然后便可安心做学术。

很多时候，人只能学会心怀感恩地去接受祝福，并把祝福传递给他人。我时常在想：我能否成为一位传递祝福的老师呢？

一位好友兼同事给我发来这样一段文字：“对任何国家和社会来

说，教师都是重要的职业。可是，作为教师，如果一个人的灵魂真有什么可贵的地方，那必须包含他对自己身份、能力、职责的清醒认识。然而，有时候我会很怀疑我大学时代遇到过的一些老师，他们到底是些什么人。他们大多比我们年长二三十岁，有的颇为儒雅，有的一脸精明，有的似乎仍有'愤青'气质，容易得到年轻人的信任。虽然各自面目不同，他们里面的一些人却都有一种未经反省或者拒绝反省的自恋。”

这让我深深地反省——其实我远比自己想象的自恋和道貌岸然。

马丁·路德·金说，我们每个人都在修造圣殿。但无论你是谁，你的生命中都会有一场内心的斗争，每当你想行善，就有一种力量牵扯着你，让你作恶。就像斯蒂文森的小说《化身博士》里所写的，每个人内心都有一个恶的“海德先生”和一个善的“杰基尔博士”。人性充满了矛盾，每当我们有梦想，要建造自己的殿堂，就必须承认这一点。

每当想到自己内心的幽暗，我就在设想：如果我也拥有涉事教师那样的权力、资源和环境，我又会如何对待学生呢？我心中的“海德先生”是否会把“杰基尔博士”杀死？

人性的幽暗不仅需要外在的法律制约，还需要内在的道德约束，更需要信念的源力。

人性就像柏拉图所说，好比一辆两匹马拉的战车，每匹马却朝着不同的方向奔跑。所以我们需要光明的牵引，行在光中，在阳光的照耀下，让人性的黑暗无处可藏。

不知道会不会有一天，我也跌倒，所修筑的圣殿倒塌，但是我希望自己能够再次爬起，重新开始，朝着光明前行，向着标杆奔跑。

我的外公也是一位教师，他离开这个世界快 8 年了。他给后世子孙留下了一纸遗嘱，没有多少财产的分配，主要是一些人生建议，其中第一条就是：你当自卑视己，切勿狂妄自大。

每当我看到自己内心的幽暗，我就想起外公的教导，它能让我从虚荣的空中重回大地，也让我意识到自己得到的一切并不是自己所配的，白白得来的祝福也应传给他人。

蚕与蜘蛛

黄永武

世界上有两种会吐丝的动物，它们吐丝，都在叙述着美丽的心境。蚕吐丝成茧后，将身子幻化其中，做了一个“能入能出”的美梦；蜘蛛吐丝成网后，置身其外，定了一个“能进能退”的战略。它们都替自己做了精细的盘算。

蜘蛛是肉食主义者，一出手即显强悍，从东到西，从竖到横，所拉的每一根丝都将置他人于死地。它选择通风的天井，或者艳花枯枝之间，占住必经的要津，布下罗网，不怕对方不送上门来。盘算既定，就算秋风一再地把网刮破，它也阴沉沉地耐心重做。等到蛛网既成，它就在网中央逡巡，每天总是擒获、杀戮无数，并为之踌躇满志。

蚕乃素食主义者，秉性保守节俭，吃桑叶时沿着叶缘扫食，连一点碎屑都舍不得浪费，涓滴不漏地吃光，所以叫作“蚕食”。它生性坦荡，只顾自己的成长与蜕化，把粗糙的桑叶化成细韧的丝线，把臃肿的身躯化作蛹、化作能飞的蛾。它不像蜘蛛那样今日斩获今日享用，只顾当下的苦乐，蚕寄希望于实现未来理想，完成化蝶的梦。

但不知为什么，古往今来的许多诗人同情蜘蛛，讥笑着蚕。有人从“网疏”“网密”上着眼，说蜘蛛结的网疏，春蚕结的网密。网密，自以为护住了身体，没想到丝绵却被别人用来取暖；网疏，反倒没人去摘取，便有了享用美味的可能。所谓“密织不上身，网疏常得食”，真是令人始料不及，算计得太精的密网，反而落了个空，不如疏疏的网，似有似无，飧食无穷！

又有诗人从“吐尽”与“藏腹”上着眼，同样肚里“满腹经纶”，春蚕全吐了出来，到死方休；而蜘蛛则用多少吐多少，腹内总是盈满，高深莫测，令人难论长短。爽快吐尽的蚕，注定了悲剧收场，而深藏不露的蜘蛛，却来去自如，永远是赢家。诗人郝经这样评论：“作茧才成便弃捐，可怜辛苦为谁寒？不如蛛腹长丝满，连结朱檐与画栏！”他认为蚕不如蜘蛛聪明。

又有人从“藏身”反而“误身”的角度着眼。蚕费了千丝万缕去经营，只图能退藏一己之身，但这世界不允许谁后退，后退的人要找个藏身之所也很难，退藏的想法往往只能“误身”，在自以为“功成”身退的时候，却被丢到汤火之中。这本就是弱肉强食的世界，所以曹言纯才有“十日身投汤火里，不须回首笑蜘蛛”的惋惜。

不过，我还是很同情蚕的。自己被投入鼎镬，轻暖却归属别人，纵使结果如此，也无怨无悔，因为蚕有着身上长出翅膀的梦想，而有些梦想本身就值得付出一切苦痛的代价。比起那个只知守在阴暗角落里，用能折射出霓虹色彩的蛛丝诱骗人，只想占人便宜，一生不知做了多少恶事却全然无梦的现实家伙，蚕活得有意义多了！不是吗？

正确型人才与优异型人才

万维钢

人才可以分成两类：一类叫“正确型人才”，另一类叫“优异型人才”。

正确型人才专注于怎么把事情做“对”，优异型人才专注于怎么把事情做“好”。对，是有标准的；好，是没有标准的。

比如你想学习写作，你可能会去上一个写作训练班，你可能会买一些教写作的书。但是你想过这个问题没有：你学习的是哪种写作？

正确型的写作是写“对”。你可以买一本史蒂芬·平克的《风格感觉:21世纪写作指南》。他会告诉你“基本的句法规则”“适当为句子加标点”“不要过多使用僵尸名词”，甚至从认知科学的角度解释“什么是知识的诅咒”。掌握这些技能，不管是写论文、写公文、写信、给领导准备讲话稿，你都可以写得很流畅、通俗易懂，甚至还可以偶尔在报刊上发表一些小文章。

但平克不能把你训练成作家。作家是靠写作谋生的人。他们谋生靠的是另外的写作技巧，他们必须能从众多的正确型写作者中跳出来，被读者识别到。为此他们必须有“正确”以外的东西。他们每个人的风格都不一样，他们有本事让你只读一小段甚至一句话，就能发现他们的与众不同。作家是优异型人才。

正确型人才有模板，优异型人才没有。我们看团体操整齐划一非常好看，但是像 NBA 球星，每个人的技术特点都不一样，哪怕最基本的投篮或罚篮动作都不一样。正确型人才是容易被替代的，可是职业体育比赛中要换个人，整队的配合打法就都要变。什么样的演员是喜剧演员？没有标准。每个喜剧演员都定义了喜剧演员。

像职业体育这样的行业，只有优异型人才才能生存，而其他行业同时存在这两种人才。

我们对正确型人才的期待是可靠性，不能出错，正确型人才的价值由短板决定。跟模板对比，如果你有一处不足，那你就不标准，关键时刻就指望不上。

优异型人才的价值则由长板决定。你有多少缺点那是你的事，只要有“一招鲜”就行——而这一招，必须是出类拔萃的，最好是绝无仅有的。可替代性是优异型人才的噩梦。每个优异型人才都必须占领，并且守住只属于自己的地盘。

正确型人才讲套路，优异型人才讲发挥。一个正确型人才总结成功经验，可以说这是因为我做对了什么，我没有犯什么错误。而一个优异型人才常常说不清上一次怎么就成功了，就好像梦幻一样地表现，也可能是运气好，也可能那天状态就是不一般，他不知道怎么复制。

正确型人才讲稳定、讲专业、讲标准，优异型人才讲风险、讲创新、讲艺术。正确型人才关心自己有什么，希望履历完整，最好各项技能点都加满，追求“我有”；优异型人才关心自己是什么，希望独树一帜，在江湖中建立自己的人设，追求“我是”。正确型人才要对团队有可靠的输出，优异型人才则要引领团队的变革。

世界的大趋势是越来越同质化，昨天的风格可能是今天的标准。但是作为个体，你要想脱颖而出，就必须异质化，找到自己的那一点点与众不同。

世界上第一个故事

贾行家

作家徐来问过我一个问题：人类的第一个故事是什么？

我一时语塞，是创世神话吗？

徐来看我目光涣散，说是希腊神话里七姐妹星的故事。

故事说，狩猎女神阿尔忒弥斯打猎时，身边总陪伴着七位仙女。阿尔忒弥斯还有一个强大的猎人伙伴，叫巨人俄里翁。有一天，俄里翁欲对七姐妹行不轨之事，宙斯听到七姐妹逃跑时的呼喊，便把她们带到天上，变成了七颗星。

这个故事怎么可能是人类的第一个故事呢？

他接着讲，七姐妹星是一团蓝色的星云，但在古希腊时期，人们无论怎样看，都只能看到六颗星。所以故事的后半段解释说，七姐妹中的小妹爱上了人间的国王西绪福斯，因此私逃下界。奇怪就奇怪在这里——为什么不在一开始就说六姐妹星呢？

神话学有一个学科分支叫“比较神话学”，主要针对不同文化中的神话及其传播情况进行研究，探索它们各自的特点和起源，寻找文字之外的，也就是古人在火堆边上讲的故事原型。比如牛津大学的汉学家田海发现，中国的“老虎外婆”传说在古时候向西传到欧洲，成了《格林童话》中“小红帽”的原型故事。不只“小红帽”，法国、意大利类似的童话也都来源于此，而且几乎可以肯定是通过口述形式传播的。

经过比较，七姐妹星的故事也露出惊人的一面，澳大利亚天文学家雷·诺里斯在一篇文章里说，澳大利亚原住民有与这个希腊神话极为近似的传说。而大洋洲是独立大陆，在1788年澳大利亚被英国殖民者入侵之前，其原住民不可能听过这个希腊故事。此外，北美洲的原住民内兹珀斯人也有相似的故事。欧洲、大洋洲、北美洲，其间山海迢递苍茫，故事是怎么传过去的?

更惊人的在后面。据诺里斯考证，有一个时段，故事可以传过去，而且在那个时候，人们在一个地方是可以看到这团星云有七颗星的，那就是10万年前的非洲。

没错，我们想到的是同一件事：智人走出非洲。现在学术界有一个理论：世界上所有人，无论民族、肤色，都有一个共同的母系祖先——“线粒体夏娃”。她生活在20万年前的非洲，这是人类谱系树的根。她的后代在非洲各地活动，分为两支携带着不同突变基因的血统。在经历了一次灭绝性灾难之后，这两支血统可能只剩下几千人。在非洲人类洞穴里发现的世界上最早的装饰性图案，来自7.7万年前。之后，他们跨出关键的一步，用上万年时间走出非洲，抵达世界各地：有的人进入欧亚草原，被称为欧洲的“亚当”；有的人沿撒哈拉通道抵达中亚，足迹遍布亚洲和西伯利亚；走得最远的一群人到了澳大利亚……我一直想知道，他们在如此漫长的旅程里随身携带了什么。科学家吴军说，走出非洲，最终要通过两个手段。其一是能量上的，就是要学会制作衣服，学会搭建住房和使用武器；其二是信息上的，就是要有沟通用的语言。关于语言的遗迹，我们现在似乎找到了一个：生活在非洲的人类祖先为天上的七颗星编了一个故事。

据天文学家推算，几万年前，星团中的两颗星因为斗转星移，距离近到了肉眼再也无法把它们区分开的程度。于是，大地上的故事多了下凡的情节。这些故事伴随人类度过了千万个夜晚，代代相传，又被带到世界各地，融入不同语言。

中国“七仙女”的故事是不是也与此有关？现存材料还不足以确定。如果大胆猜测，可能确实有关系，只是不知什么时候，故事的关键信息遗失了，只留下“七仙女下凡”的片段。

徐来说，这是人类现在所知的最早的一个故事，也是他近来听到的最神奇、最宏大的故事。

古巴独立战争领袖何塞·马蒂曾说：“祖国就是人类，就是我们最近看到的，并在其中诞生的那部分人类。”这句话说得如此之美，因为他也是一位诗人。在另一种说法里，民族是生活在一起的人，通过不断重温共同记忆、讲述共同故事而结成的共同体。

这个故事中有一种感人的力量，把我们与数万年前的祖先，把地球上的生命和浩瀚宇宙里的天体，把人类过往的起起落落编织在一起。单独的一段人生短暂而渺小，然而又可以和星空对视，使我们不能轻视自己的存在。日常中那些平凡的事物，详细推求，常常蕴藏着古老而美丽的力量。既然世界上的人曾经讲着共同的故事，那么，我们就有机会在未来获得和解。

兀坐

李丹崖

1616年，徐霞客来到黄山，天降大雪，哪里也去不了。到了初四这一天，徐霞客在黄山雪海中枯坐，让思想溜号了一整天。这一天徐霞客的日记只有一句话，却甚为精妙：

“初四日，兀坐听雪溜竟日。”

黄山的风光不可谓不好，雪松云海也不可谓不好看，有人说，这是天气的成全，我倒觉得这是徐霞客难得的好闲情。

人心似水，静才能澄澈。少年时，常读归有光的《项脊轩志》，其中有这样的句子：“借书满架，偃仰啸歌，冥然兀坐，万籁有声；而庭阶寂寂，小鸟时来啄食，人至不去。三五之夜，明月半墙，桂影斑驳，风移影动，珊珊可爱。”

这样的文字有静气。静气何其难得，人只有静下心来，姿态才能放低，万物美好才能如河水，潺潺流进心底，成全自己的一方水域。

“兀”字好看，好似地平线下一粒种子在扎根，也好像一个人坐在板凳上发呆的样子。发呆，的确是一件奢侈的事情，也许是“从前慢”，先贤们才有了发呆的时间和机会；也许是阴差阳错，一场风雪让人不得不发呆。

不管是徐霞客的兀坐，还是归有光的兀坐，都是静下来，风声、雨声、雪落声、鸟鸣声、脚步声、松枝声……万籁入耳来，化作心头的一池静水。

想起庄子，他有“心斋”和“坐忘”两种境界。个人觉得，心斋过于刻意古板，坐忘反倒自然讨喜。坐而忘忧，坐忘也就是兀坐吧。时光匆忙，人世慌张，我们总想着心思缜密如坚石，却忘了疏解如松风，适时让心思溜个号，也许欢喜才能来得出人意料。

孤独之后是明净的心

蒋勋

孤独是一种沉淀，而孤独沉淀后的思维是清明的。静坐或冥想有助于找回清明的心。无论在身体内外，杂质一定存在，我们没办法让杂质消失，但可以让它沉淀。杂质沉淀之后，就会出现一种清明的状态，此刻头脑会变得非常清晰、非常冷静。所以当心里太繁杂时，我就会静坐，让自己能够得到片刻的孤独，也就是庄子说的“坐忘”。

现代人讲求记性好，要记得快、记得多，但庄子认为“忘”很重要，忘是另一种形式的沉淀，叫作“心斋坐忘”。忘是一种大智慧，把烦琐的、干扰的、骚动的忘掉，清空。老子说“空”才能“容”，就像一个杯子如果没有中空的部分就不能容水，真正有用的部分是杯子中空的部分。

物质上的空比较简单，心灵上的空恐怕最难。你要让自己慢慢地从不怕孤独过渡到享受孤独，才能达到空的境界。

感受孤独一定要慢，生命很简单，由生到死。如果一生都很忙碌，就表示一生什么都没有看到，生命的开始是为了死亡，还是为了活着的每一分每一秒？与孤独相处的时候多一点思维的空间，生命的过程会不会更细腻一点？

让自己有一段时间走路，下点雨也无妨，这时候就是孤独了。

小物养清趣

物道君

或许每个文人都有一件自己喜爱的宝贝，它是陈列在书斋中的奇石、扇坠、古砚、盆景、花木等“小摆设”，虽体小形微，却有着大趣味。此物有一雅名：清玩。细细把玩，可养清雅之性。纵不把玩，闲暇赏之，也能让枯索的生活明亮起来。

明人文震亨在《长物志》中记载清玩之物“于世为闲事，于身为长物”。陆游是“蒲痴”，常常到山间捡白石头、接泉水回来养菖蒲。即使在外面喝醉了，很晚才回家，也不忘把菖蒲拿到室外通风，所以他的菖蒲长得节叶坚瘦。他甚至用菖蒲上的露珠来洗眼睛，以明目静心。不仅如此，他更是作诗表达对菖蒲的喜爱：“寒泉自换菖蒲水，活火闲煎橄榄茶。自是闲人足闲趣，本无心学野僧家。”

以物养性，不为物役，是清玩之性，也是为人之本。

陶渊明爱菊，在自己的田舍四周种满了山菊，每至重阳，便坐在菊丛中，静静欣赏寒霜中傲然挺立的秋菊。他认为不是他看菊赏菊，而是菊在陪伴他。理想幻灭，满怀遗憾和无奈，在他独自叹息时，有爱菊一直陪伴左右。菊虽不能言语，但那份静静的陪伴足以抚慰内心的苦闷。

文人清玩，始于遇见，长于陪伴。陪伴是最舒心的安慰，它不仅让人感到温暖，也让人有底气、有勇气面对失意的人生。

丑角的『通知』

王文昌

鲁迅先生《准风月谈》中有一篇文章《帮闲法发隐》，开篇便提到了丹麦哲学家克尔凯郭尔《忧愁的哲理》里的一段话：“戏场里失了火。丑角站在戏台前，通知了看客。大家以为这是丑角讲的笑话，喝彩了。丑角又通知说是火灾。但大家越加哄笑，喝彩了。”

戏台失火是大事，丑角的通知也是如此正式而且十万火急。戏台下的看客们却将其当作丑角的表演，只管哄笑，甚至喝彩。大火是否蔓延，看客是否有死伤，不得而知，文章也没有了下文。

我的思考却没有就此停止：丑角的“通知”何以如此不堪，如此正式且紧迫的通知何以成了一场闹剧？

丑角是一种舞台角色。舞台上的丑角隐藏起真实的身份，以亦真亦假的错位审美表演博得观众的掌声。但当舞台上出现大火燃起的真实场景时，人们不信丑角的“真话”，仍然将其以舞台上丑角的身份对待，这就不仅是看客的悲哀，同时也是丑角的悲哀了。

“丑角”亦是中国戏剧的一种程序化的角色行当，一般扮演插科打诨比较滑稽的角色。人们眼中舞台上丑角的言行当不得真：话要反过来听，事要反过来看。丑角一旦从舞台走入生活，真话常常被当成“笑话”。这还真就应了鲁迅的那句话：假面具戴久了，要想揭下来，是要带了皮肉的。

你是创造者还是寻找者

采铜

我们平时接触事物，常常是用一个固定的视角去看，因为这对大脑来说最省力。久而久之，我们看问题会越来越狭隘。那么如何获得多元视角呢？首先当然是吸收更多知识，特别是不同学科的知识。其次，我们需要改变一些隐性的、根本性的思维模式。这些思维模式常常表现为某种“底层叙事”。

什么意思呢？举个例子，年轻人对爱情的期待常常被表达成一句话：“我要找到对的人。”在这句话里，用了一个动词“找”，也就是他对爱情用了一种“寻找”的叙事模式。又比如，当一个人不知道自己喜欢做什么的时候，他会问“如何找到最适合自己做的事”或“怎样找到人生的意义”，这里同样用了一个动词“找”，也隐含了“寻找”模式。

心理咨询师陈海贤在一档综艺节目中遇到过一对关系特别融洽的夫妻。男人原本是个浪子，喜欢吃喝玩乐，但是遇到那个女人以后，渐渐成了一个非常顾家的男人。而女人原来是一个非常有计划性的人，比如她会提前一年计划一场旅行，但是认识那个男人以后，也渐渐接受了某些没有计划性的生活。他们本来是非常不一样的两种人，却出奇地合拍，这是为什么呢?

陈海贤分析说，他们在相处中，把两个人的差异变成了惊喜。女人说自己“找到了对的人”，可陈海贤说这个女人谦虚了，“不是她找到了对的人，而是她用欣赏和认可的态度，把对方变成了对的人”。

这些话非常有智慧，里面包含了一种模式的转变。首先，“差异”模式变成了“惊喜”模式，然后，“找到对的人”变成了“把对方变成对的人”，且这种改变并不是靠单方面的要求和期待，而是靠“欣赏和认可”。这太有启发性了。

人们在不知不觉中就会采用“寻找”模式，不能说“寻找”不对，但如果你认为“寻找”是唯一的途径，那么思维就会被限制。因为“寻找”模式有两个陷阱：一是不知道怎么面对“找不到”的情况，如果一直找不到想要的，会让人产生一种无力感；二是存在“这山望着那山高”的情况，人总想找到更好的，就会对现在拥有的不满意，但又不知道要寻找到何时才是止境。

如果把“寻找”模式转变为“创造”模式，会发生什么呢？你可以想象自己不是一个“寻找者”，而是一个“创造者”，通过合适的方式，你就可以“创造”与你最合拍的“人生伴侣”，“创造”能充分发挥你才能的“工作”，“创造”属于你自己的“人生意义”。当你采用“创造”模式，你会发现人生的可能性一下子打开了，你对生活有了更多的掌控感。

身动不如心动

许倬云

“往里走”这一说法我常常用，却从未给它下一个定义。我觉得“往里”的“里”字，用通俗的话来说，也许叫“心”，也许叫“脑”，但不能用今天生理学中的“心”和“脑”来理解，它们应该是哲学上的名称。它们是主导人性格最内在的一个总机关，这个机关把外来的信息组织在一起；组织好之后，将信息存储在一个总的数据库里。这个数据库是你的心态，包括感觉、知识、理解，甚至包括智慧的总和。

用通俗的话来说，我们平常说的有“心”无“心”，就相当于这里面所指的“心”。像明朝王阳明讲的心学，也相当于从这个角度来看待世界。中国传统文化中所说的“心”，跟今天生理学上所说的“脑”，在功能上可能有重叠的部分，但是二者并不能等同。心和脑之间是有差别的：心，是感情跟感官转换的地方；脑，是以理性的思考为主。我是中国人，我照着中国传统的解释，把这种心态，这种往内心的探求，称作“往里走”。

“往里走”就是将我们的观察、感受投射到内心最深处，进行认真的思考。由此，我们得到什么样的新的理解、新的教训，立刻就能从行为上反映出来。我们日常生活里的许多事物，包括声音、颜色、别人跟我们谈话的内容、报纸上的消息，都是一股一股地打到我们心里。如果马虎过去了，就等于走马观花，我们的心对这些事物没有感知。人生如果只到这个地步的话，我们对事物思考的深度就不够，反省的能力自然也就不够，甚至连提升自己的可能性都没有了。所以我经常讲，人过日子，听、看、想的时候，要往里头去思考，将观察的结果吸收、内化为自己的观念、行为。

能够训练自己做到这样并不容易，需要一层一层地自我提升，越往上越抽象——但是思维越抽象，涵盖面也越大。我们看书也好，听、讲或写文章也好，都可以让得到的信息在心里内化，从而增加心的敏锐度。若是能够长期进行这种训练，对我们会有很大的帮助。因为我们看事看物不再只看表象，思考问题也不再局限于欢喜哀愁或得失。面对问题时，若能超越得失、悲喜等种种感受，外在现象对我们的影响就越来越小，我们的心就更稳定了。

不仅如此，因为心的观察更为敏锐、细微，捕捉灵感的触角更多，人家感受不到的细节被我们感受到了，人家没有注意到的信息被我们捕捉到了。我们的感受力强，吸收力就强，消化外在信息的能力也会变强。经由如此种种训练，我们生命的内容就更丰富，放射出去的内心状态，就是更多的包容、更多的慈悲、更多的原谅、更多的超越。这样走，我们就能一步步提升能力、提升人格。

有月光的生命

连中国

人的长大，或许就是一个离精神故乡越来越远的过程。看到现实里我们的那些窘态，我想教育最大的一个功能或许就是呵护生命。其实，生命是娇弱的，易破碎、易固化、易无聊、易盲从、易臣服、易为现实彻底所擒……而一年年、一届届，师生共浴在朗朗的月华里，至此生命里总有一捧清辉，遇涩滞以清明，遇枯瘪以泽润，遇黑沉以皎白，遇绝境以再升。

有月光的生命里，存有美。美，是一种在自由与柔软中认同了的方向。南宋诗人杨万里有几句写月的诗颇妙：“溪边小立苦待月，月知人意偏迟出。归来闭户闷不看，忽然飞上千峰端。”这活泼调皮的月色似乎支持了他的一生。他一生写下许多清新明快的小诗，对大自然观察领悟得既精妙又有趣。他目光新巧，美的每一个细小微妙的瞬间似乎都可以被他准确地捕获。中国历史上，风起云涌的大人物不少，生命里有纯正的趣味、有意思的人有限，而杨万里是一个。

有月光的生命里，有自己的“境”，不容易被现实轻易征服。张孝祥在北归途中，过洞庭湖，他说：“尽挹西江，细斟北斗，万象为宾客。”在满月的辉光里，生命的筵席多么辽阔！他进而更加疏放，不为现实所限。

有月光的生命很干净，有一种皎洁的力量。我常常惊讶孙犁其人，他所生长的环境，他所经历的社会，他所面对的现实，都不会促成、支持他变成那个样子。我们惊讶于孙犁的那片世界：再艰苦贫穷的处境，水生的小褂也总是“洁白”的；再严峻压抑的现实，“淀里也是一片银白世界。水面笼起一层薄薄透明的雾，风吹过来，带着新鲜的荷叶荷花香”；再残酷激烈的战斗，我们也能看到“那一望无际的密密层层的大荷叶，迎着阳光舒展开，就像铜墙铁壁一样”。而水生嫂编席，必要的环境一定是：“月亮升起来，院子里凉爽得很，干净得很。”月色、荷香、浩渺的烟波、俏丽多情的白洋淀妇女构成了孙犁文章特有的境界。随着自己的年岁渐长，从孙犁先生洁净的作品中，我甚至读到了一种高贵的抵抗。莫言说：“按照孙犁的革命资历，他如果稍能入世一点，早就是个大文官了；不，他后半生偏偏远离官场，恪守文人的清高与清贫。这是文坛上的一声绝响，让后来人高山仰止。”

说起有月光的生命，在现实里会遭遇较严重的隔膜。从小学一直讲到高考的简单的模式化的答题方法与泥沙俱下的大量练习，压住了生命的月华跃出黑黢黢山脊的可能性。如若我们生活在一个由青少年时代唯分数论的“人”构建而成的社会里，恐怕还不如生活在丛林之中吧。

我渴盼，也一直在努力，在我们的校园里，有健康爽朗的分数。我这样想，在现实中也这样做，并且已经发现：月光与分数可以不对抗，在月光里可以酿造出“梵婀玲上奏着的名曲”一般的分数。酿造的过程里，师生都享有现实里的美好与幸福，也获得了彼此最纯挚的可以一生怀想的感情。

在街头摆摊卖诗的年轻人

花瓢白

福建女孩隔花人辞掉工作，跑到西双版纳的夜市做“地摊诗人”。只要有人上前跟她聊天，并支付 19.9 元，她就可以即兴为对方写一首诗，但绝不改稿。

这在近年火爆的“地摊经济”中显得很特别——诗歌是世俗生活的奢侈品，因为它缥缈难寻；但它又是廉价品，有时候隔花人一晚上都未必能赚到一顿饭钱。

一个普通人，能不能做诗人

在学生时代，语文考卷上的诗歌默写和鉴赏，往往会被认为是“送分题”。可在成年之后，热爱诗歌的人少，写诗的人更少。

但隔花人偏偏把这个“毕业即丧失”的技能保持了下来。比如，她把自己对高考的回忆，写成了一首关于家长的《难题》：

高考那一天
全体家长在校门口“罚站”

我要考多少分
才有资格把爸爸领回家

她也在随处可见的快递车或单调的楼宇照片上，用图片软件添加自己即兴写的“打油诗”。

因为写诗，隔花人在各大社交平台拥有一大批粉丝，被打上了“创作博主”等标签。但在现实中，这个女孩又过着普通的生活，绝非一个大众认知里的文艺青年：

她的卧室乱糟糟的，一张摇摇晃晃的床感觉随时都要塌。最爱背的一只麻布包像是随手缝的，上面歪歪扭扭地写着“不要枯萎”。

她是一个理科生，大学所学的专业也跟文学无关，而是法学下面的一个冷门分支：知识产权。

她的诗从不会出现在精美的笔记本上，随手抓过一张草稿纸就可以写，不讲究平仄，不追求押韵。

她并不多愁善感，每天都很快乐——她的前同事说，在办公室里经常看到她“沉浸在自己的世界里，不知道在乐呵什么”。

“隔花人”这个名字也取得随意。某天她看到一段《红楼梦》的脂批，把宝玉隔花观美人的一幕比作“隔花人远天涯近”，她觉得很符合当时自己的心境，就截取了前三个字作为笔名。

她也不怎么为人生做规划，包括到西双版纳摆摊卖诗，也是突发奇想——听表弟说那边有个好玩的夜市，就去了。

这是她第一次尝试出摊，出乎意料地吸引了很多人。

有一对即将举行婚礼的情侣，前来分享了他们的爱情故事，隔花人就送上一首诗作为贺礼。

这让她感到幸运。“在他们幸福人生的进程中，我的诗歌小小地参与了一下。它或许是一颗小小的星星，在那儿亮着就非常美好。”

她还吸引来一位流浪歌手。这位从山西一路南下的中年大叔，提议用他的一首歌换她的一首诗。于是，在一首歌的演唱中，隔花人在明信片上快速写完了一首小诗，塞进流浪歌手的背包。

她很喜欢这样的不期而遇，“我们没有留联系方式，也不需要刻意地再见，但我们共享过这几平方米的摊位和那一刻的月亮”。

因为诗歌，隔花人意外收获了许多陌生人的善意。青年旅社的老板听说她是摆摊卖诗的，就对她说：“你为我们写一首诗，我给你免半个月的房费。”

旅社的厨师也招呼她一起吃饭，不收她的钱，并像家人一样嘱咐她：“我们吃什么你就吃什么，不要点外卖。”

在西双版纳的两个月里，隔花人卖出了近 50 首诗，足以让自己生活下去。

一直以来，隔花人都觉得家人对她厚爱有加。像很多小时候有文学梦的人一样，她上初中时也有过给杂志社投稿失败的经历。

有一次，她的稿件被退回到家里，碰巧被爷爷看见了。爷爷非但没有责怪她不好好学习，反而很高兴地鼓励她：“写诗是一件很好的事情。”

妈妈常常是她的第一位读者。“如果说我现在还算有一点点才华，那一定是我妈妈给我的。”隔花人说。妈妈在隔花人四五岁时就教她写字，有意识地培养她的主见。

因此，隔花人也从不吝啬用文字来表达对家人的爱，她写了一系列给家人的诗，家人之间也因她的诗歌有了更多互动。比如妈妈看了她写给爸爸的那首诗后，留下了让隔花人哭笑不得的评论：“你说你爸爸是个‘工具人’，太抬举他了，你爸爸更像一块石头。”

一场“失败”的诗歌实验

然而，并非所有诗歌都能有所回响。

2022 年 7 月末，隔花人在秦皇岛做了另一个实验：在一个海边景点随机摆摊，只要有人愿意上前跟她聊天，她就给对方免费写诗。

她想要测试，在一个并非商品交易的线下场景里，人们会不会为了诗歌主动建立连接，打破“社恐”的藩篱。

结果，大多数游人匆匆一瞥就离去了。偶尔有几个路人停下来端详，却都怯于上前一步。

隔花人就这样在海风中站了几个小时，直到夕阳隐入天际，夜幕降临，告示牌上的“请和我说话，我给你写诗”也逐渐看不清。

“失落是人生的常态。”隔花人说。但她并没有觉得这个结局是不好的，“为什么不能接受一个没有人看的诗歌实验？我觉得这太好了，这就是生活的真相”。

而且，这次实验让她更加理解诗歌的本质：它是私人的、向内的，甚至是寂寞的。

在西双版纳摆摊时，隔花人会主动招呼路人来写诗。但现在，她想等到勇敢的陌生人。“这个‘勇敢’是指，你能否做一个‘唐突’的人。人们大多擦肩而过，最后能够主动搭讪、深入交流的人才会成为朋友。”

从这个意义上讲，隔花人觉得这是一场虽败犹荣的实验。她还为这个不圆满的结局写了一首题为《视角》的小诗：

我送你一朵花
你说它会枯萎
但我觉得枯萎也很好

但这一次实验，也有个小小的意外之喜：当隔花人在现场闲着没事时，就开始在自带的气球上写一些诗歌，然后绑在海边的一个舞台架子上。

这个举动没有吸引来成年人，但是招来了一群小孩子——他们不是为诗歌而来，是为了气球。

隔花人剪下气球送给孩子们，并觉得这是实验中最美好的一部分。“因为我，他们拥有了一个有气球的夜晚。气球在他们眼里比诗歌更重要。每个人对事物价值的衡量标准不一样，对吧？我们不能想当然地觉得诗歌就比气球有意义。”

因为这些孩子的到来，一个极具诗性的时刻出现了：当隔花人问其中一个孩子，能不能看得懂气球上写了什么时，小孩回答：“天太黑了，我看不清。”

隔花人觉得这是一个特别有诗意的回答。“我太喜欢她了，她概述了这次实验的一个问题：诗歌本身就是在暗处的，你得主动把它放在光底下，或者从黑暗里把它带出来，它才能被看见。”隔花人说。

诗歌是接地气的

在现代教育中，我们背诵诗、剖析诗，但几乎不写诗。说自己长大后要做一位诗人，好像有些羞于启齿。

但隔花人觉得，诗歌没那么宏大和遥远，它是接地气的。从西双版纳回到北京后，隔花人一边工作，一边抽空继续做诗歌实验。

在她的认知中，诗歌可以以更多形式落在真实的生活里，一面墙、一道斑马线、一棵树，都可以成为诗歌的容器，而不仅仅是书本。

为了证明这一点，隔花人最近在网上发起了“带着诗歌上街去”

的实验。她觉得在我们的城市空间中，有很多留白之处是可以进行创作的。

“我不想诗歌被敬而远之，我希望它随处可见，也许就在我们生活中非常不起眼的角落，在那些我们所忽视的墙壁上、马路上，甚至一面镜子上。”隔花人说。

很多读者看到这个实验后觉得很有趣，也会给她发一些生活中的随手拍。这个接力赛把越来越多的街道连接在了一起。当诗歌变得通俗易懂，它就成为一座座沟通交流的桥梁，抵达人类内心深处那些不易察觉的共同情感。

隔花人甚至觉得看爸妈争吵也是充满诗意的。她说：“我不知道相爱的人走到最后是不是都要吵架，就得吆喝着说话对方才听得见。这很真实，诗意不一定是美好的，诗意有非常多的情绪。”

她也常常在一些旁人觉得很糟糕的时刻萌生灵感，比如她自己最喜欢的这首《宿命》，就是在摔碎了一只心爱的杯子后写的：

> 摔碎的杯子说：
> 碰上岛屿
> 我怀中的海就洒了

隔花人觉得，如果说杯子里的水是它的海，那地面就是一个岛。杯子的一生也许就只能碰见一次岛屿，只能拥有一次翻涌的海浪，所以它要把“海”留在岛屿上。

这是杯子的宿命，也是隔花人的生活态度——面对一切糟糕的事物，总是能找出最美好的那一面。

至于卖诗这件事，隔花人一有空就会继续把摊子支起来。在她看来，摆摊卖诗可能会间断，但诗歌本身是不会间断的，它会长久地存活着。

给别人写诗的过程，对隔花人来说就像两座原本孤立的小岛碰在了一起。“宇宙是动荡的，我们都跟随着地壳运动。我们短暂地认识了一下，可能过几天也会告别，但随机抵达我的小岛的人，我会非常欢迎他。”

一粒尘土睁开眼睛

刘亮程

我小时候读过一本中医书，繁体字竖排版的，里面都是能治病救人的方子，是先父 20 世纪 60 年代初从甘肃到新疆时带来的。先父是旧式文人，会文墨，能号脉开方。我几乎看不懂那些药方，却记住不少中草药的名字。后来我在野外遇到并认出这些草药时，内心的惊喜无以言表，好像两个早已相识的生物又在荒野中遇见。那些能医病的神奇草木，长在房前屋后、荒野地头，年年岁岁地与人相依为命。

后来我写过许多植物，还有动物，都是与人相依为命的。

它们在我的文字中是有灵性的鲜活生命，是另一种生活里的我自己。

我写一棵草时，仿佛已经跟草长在那里，扎了根，生出茎和叶。

写一片被西风刮远的树叶时，我的心也跟着它去了遥远天地，经历它所经受的风雨寒暑。多少年后它被相反的一场风吹回来，我还能认出它，就像认出经历了同样命运的自己。

写蚂蚁时，我仿佛在它的阴湿洞穴里住过，身上带着那里的酸楚气味。

在那样的书写中，仿佛活成一只蚂蚁的我，和执笔的我静静对视。这是唯有文学才能感受和表达的。文学是我们和万物间的相互感知，相互看见。

作家写什么像什么，那是到达。一般的写作者都可以做到，因为我们的语言本身有对事物的描述功能。但还有一些作家，他写草时仿佛自己就是草，写蚂蚁时自己已经生活在蚂蚁那里。他写的每一朵花，都向整个大地开放自己。

作家是跟石头说话的人，能让石头开花，让一粒尘土睁开眼睛。

作家是老去时光里的顽皮孩子，怀揣着初来人世的惊喜。在他的书写中，万物又复归到刚刚诞生之时，一切感受都是新的。那些对世界人生充满了天真好奇和无尽遐想的文字，是写给内心那个孩子的。

好的文字是通达万物的。而这种通达，需要一颗天真的心灵。

一颗在时间的尘埃中不曾衰老、不曾消减、不曾丢失梦和翅膀的心灵，是属于文学的。

尊严

余秋雨

当年拿破仑纵横欧洲，把谁也不放在眼里。有一天，他突然发现，在意大利的国土之内居然还有圣马力诺这样一个弹丸小国。他吩咐部下，找这个小国的首领来谈一谈。

一个只有60多平方公里的国家还叫国家吗？本来他是以嬉戏取笑的态度进入这次谈话的，谁知一谈之下，他渐渐严肃起来，并立即宣布，允许圣马力诺继续独立存在，而且可以再拨一些领土给它，让它稍稍像样一点。但是，圣马力诺人告诉拿破仑，他们的国父说过："我们不要别人一寸土地，也不给别人一寸土地。"国父，就是那位石匠出身的马力诺。

这个回答使拿破仑沉默良久。他没有发火，只是恭敬地点头，同意圣马力诺对加拨领土的拒绝。

这个小国，这件往事，让我懂得了何为尊严：

第一，尊严，主要产生于以弱对强，以小对大，而不是反过来；

第二，尊严，主要产生于平静的自述，而不是声辩；

第三，尊严，主要产生于拒绝，而不是扩张。

那天，在圣马力诺面前，看似很有尊严的拿破仑反倒没有什么尊严可言。

白天

田永刚

孩子小的时候，我教他认字。说到词语“白天”，我突然不知道该怎么解释，想了想，按照他的理解力，我不能告诉他白天就是一段时间，就是黎明到傍晚的距离，就是太阳照耀世界的时候。那些代表白天、具有张力和象征意义的词语，对幼小的人儿来说还如此苍白而无味，所以我只能告诉他是“看得见”。

白天太平常了。它是我们的呼吸，是吃喝拉撒，是语言和真实，是喧嚣与纷扰，是光亮与绚丽，也是美好与丑陋、认真与滑稽、浅显与荒诞。它在微小的、可见的尘埃上，在我们细密的毛孔上，也在雄厚的大山上，在辽阔的湖海中。它就在我们开合眨闪的眼眸中，它的无处不在让我们习惯于身处其间，以至视而不见、听而不闻。

白天从夜晚最浓重的时候开始浸染。它由淡转浓，让黑夜泛白，从一条白线扯成一面幕布，然后笼罩人间。这时候，喧嚣开始登上舞台，从鸟鸣、闹铃、呼喊以及房门的开关声中开始一天的躁动。日复一日、年复一年，白天带着特有的节奏，推着我们步履匆匆，让我们成长、苍老。

带着岁月和时代的痕迹，白天总是热热闹闹、纷纷扰扰，不分雨雾风雪，接踵而来。

古语说，日出而作，日落而息。白天就是适合万物活动的时间。这时候，人的光彩与太阳的光彩重合，所有被光覆盖的地方，都会有“热闹”的存在。人们可以在白天迁徙、劳作，动物可以在白天觅食、奔跑，一切都显而易见，都朴素真实。我们会真实地过日子，会嘲笑那个不切实际的词语——“白日梦”。甚至为了延续这种明亮，我们学会用焰火、灯光来营造黑夜下的“白天”，灯火汇聚的地方，我们会叫它们“不夜城”。

有多少时候，我们将苦难、烦恼和脆弱看作黑暗的夜晚，在煎熬中期待着白天的到来，仿佛有光就有希望，仿佛在敞亮的世界里我们就会凭空多出几重勇气、几分脱离苟且的力量。我们在等待白天到来的时候感受着幸福，比如除夕夜让人心动的压岁钱和新衣服。白天在这个时候，与日常和琐碎结合在一起，与坚强和努力结合在一起，也与希望、幸福结合在一起。

偶尔，在想到白天的时候，我甚至会觉得它就是一个无私的、宽容的使者。早上它灵动、新奇，试探着放出它的触角，叫醒大地和耳朵；中午，它威严雄壮，带着一点点的威压感，驱赶着暗影和幽深；黄昏的时候，它温和而落寞，充满智慧和祥和的光辉，在告别中逐渐褪去风华。而我愿意记下白天，记下这生命中的陪伴。

无论如何，我是“看得见”的。

永恒的联结

慕明

我在哥斯达黎加旅行时，得到一个启示。

在雨林深处，我跟随当地向导，寻找野生动物的踪迹。同行的游客来自世界各地，但没有谁能像向导那样，仅凭枝叶的轻颤就辨认出盘在树上的绿色巨蟒，一眼看到数十米外树冠上的树懒，通过瓶盖大的沙洞口发现塔兰图拉毒蛛。我们这些受过良好教育的观者，习惯了动物园和博物馆，在面对古老自然时却仿佛失明。

有人问向导："你受了什么训练才能如此敏锐？"肤色棕黑的他笑着露出洁白的牙齿，说："这些都是人们从小就有的能力。我们的祖先在这样的森林里生活了千百万年，如果看不见，不是饿死就是被杀死。你们只不过是失去了本来拥有的能力。"

21 世纪初是个科技迅猛发展的时代，但观察力、判断力、耐力，这些让森林古猿进化成人的能力，不管出于何种原因，已一点点离我们而去。

对自然环境的适应能力让我们迈上了从猿到史前人类的道路，人与自己所创造的环境间的互动则描绘了最近一万年的世界图景。

人们抱有一种朴素的信念：科技、文化与社会的各方面都必然随着时间推进而进步。几乎所有教科书都以时间轴来标示文明进程，只有极少数摆脱了思维惯性的人，意识到线性模型的天真。他们从某个角度感知到未来的形状，并以身心实践信念，但在同时代人眼里，超前的真实往往被当作虚无的想象。

如今我们知道，神话之所以经久不衰，是因为它们精准捕捉到人的永恒处境。在世界的绝大部分仍被笼罩在未知中时，我们的祖先相信人与人、人与物、生物与非生物之间并没有不可跨越的界线，天地间的一切是一个共同体，所有部分都可以互相沟通，甚至互相转化。他们重视、维护这种联结，并从中得到最初的智慧、力量和慰藉。

大脑为『坏』而生

蓝　玲

我们喜欢“好”，讨厌“坏”，但你可能没有意识到，“坏”比“好”更强大。对负面事件、负面情绪的偏好，心理学上称为“负面效应”，也叫“负面偏差”或“负面主导”。负面效应如何影响我们?

心理学教授保罗·罗津和爱德华·罗伊兹曼认为，人类天生存在将负面实体赋予更大权重的倾向，这些负面实体可以是负面事件、负面物体或负面的个人特征。他们提出了负面效应的四种表现形式：

第一，在程度相等的消极事件和积极事件中，消极事件比积极事件影响更大。禀赋效应就是一个典型例子。一旦我们拥有了某件物品，心理上就会觉得它的价值比没拥有时更高，所以，拥有前愿意为它支付的价格和拥有后愿意出售的价格就会不一致。这背后就是人们普遍存在的“损失厌恶”心理，获得与损失在心理上是不对称的，同等损失带来的痛苦要高于同等获得带来的快乐。

第二，负面事件比正面事件传播速度更快、影响更广。就是我们常说的“好事不出门，坏事传千里”。

第三，当好的事物和坏的事物组合在一起时，坏的事物会削弱或抵消好的事物。例如那句俗语“一粒老鼠屎，坏了一锅汤”，又比如，我们常会发现，一个好人一旦做了一件坏事，人们对他的好评度就会急剧下降，他的好人形象也可能因此而迅速坍塌。

第四，消极刺激通常被认为比积极刺激更加复杂，差异也更大。这方面的研究发现，用来描述消极刺激的词汇，远比描述积极刺激的词汇丰富和多样。例如，心理学家通常会用一对相反的词汇来描述情绪状态，如高兴与生气、快乐与悲伤，但社会心理学家罗伊·鲍迈斯特发现，“创伤”这个词指人们会因一件坏事而受到持久的伤害，但是“创伤”的反面是什么呢？有什么词能形容单个事件引起的持续多年的积极情绪状态？没有，因为没有什么好事能产生那么持久的积极影响。

鲍迈斯特也是负面效应的重要研究者，他与同事研究发现，负面效应会影响到生活的方方面面，在日常事件、重大生活事件、亲密关系、社交网络、人际互动和学习过程中，坏事件都比好事件影响力要大。

为什么“坏”会有那么大的力量？如鲍迈斯特所言，我们有一个为“坏”而生的大脑。大脑为了保护身体，进化出一套应对危险的系统，神经学家就分辨出三种主要的威胁预警系统。

在进化过程中出现最早、最古老，也最简单的是基底神经节系统，它们可能是以自动的、硬连线的方式运行，在监测到某种类型的威胁时，会迅速拉响警报，让生物体快速做出逃跑或战斗的反应。

在进化过程中稍晚出现的是边缘系统，其中包括杏仁核。杏仁核会在生物体面临威胁或危险时产生情绪，触发应急反应，它和基底神经节共同运作，让生物体的反应更灵活。

这两种系统都是在语言形成之前就进化出来的，即使我们没有察觉到危险，它们也会做出反应。神经学家发现，基底神经节很可能先于情绪产生而运作，并在进化过程中形成过度反应，让人在本来可以原地不动的情况下仍选择逃跑。我们今天的生存环境很安全，但大脑中的这套古老系统仍旧以同样的方式运作，因为，安全过度不会有太大损失，但一时疏忽很可能会丧命。

在进化的晚期，第三种警报系统在前额叶皮质形成。前额叶皮质与很多高级的认知功能相关，比如工作记忆、抽象认知、注意力调控，以及行为计划、思维推理等。人类的前额叶皮质比其他物种发达，所以，只有人类才能有逻辑地推理、有意识地思维、制订计划并执行等。

前额叶皮质可以用语言思考，在执行计划前先在大脑中将事件预演，还可以激活那些古老的系统，所以也更加灵活。在人们因感到恐惧或威胁而做出情绪化、非理性反应时，前额叶皮质能帮助我们理性思考、冷静分析，不会让“坏”彻底主宰我们的大脑。

为“坏”而生的大脑，让我们随时都会对坏的事物做出反应，正所谓居安思危。但因为大脑的这种倾向，负面效应很容易为被鲍迈斯特称为“危机贩子”的人所利用，他们利用负面效应，通过炒作一些微小的，甚至是根本不存在的威胁来引发恐慌，让大家觉得人类的生存环境、个人的发展始终处于危机之中。他们看似想解决问题，实际上是通过不断制造问题来获得利益。

工业化之前，人类饱受死亡、饥荒、战争和瘟疫的威胁，民众生活水平、健康状况都不高。工业革命之后，人类创造了大量财富，寿命也翻了一番，虽然战争没有完全停息，但认知科学家史蒂芬·平克用一本磅礴的著作告诉我们，暴力其实在减少，我们正生活在历史上特别和平的年代。

饿的时候，只有一个问题；吃饱了，问题就多了。如心理学家丹尼尔·吉尔伯特所言："世界变好时，我们看待世界的眼光会更加苛刻，这可能导致我们得出错误的结论，认为世界其实并没有变好。"

我们也应该发现，为"坏"而生的大脑，并不是为了让我们过得很坏，而是为了让我们能更大概率地躲过威胁生存下去。它可能会让你反应过度，但是，也进化出前额叶皮质，让我们不会彻底被"坏"主宰，让我们即使在危机的阴影下，也能向阳而生。"坏"永远也不能被消灭，但能被"好"战胜。

『简历美德』与『悼词美德』

罗振宇

美国专栏作家戴维·布鲁克斯在《品格之路》一书中提出一对概念：“简历美德”和“悼词美德”。

“简历美德”是你在简历中列出的那些美德，也就是你能贡献给就业市场，有助于你在外部世界功成名就的那些技能。

“悼词美德”则涉及更深层次的内容，是未来人们在你的葬礼上谈论的美德。无论你是否和蔼、勇敢、诚实，无论你与人相处得是否融洽，“悼词美德”都存在于你的灵魂深处。

说来也简单：“简历美德”是当我活着的时候，别人会因为什么高看我一眼——无非就是技能、资源、优势等；而“悼词美德”是在我的葬礼上，别人会因为什么赞扬我——这时候，那些竞争性的优点全都没有用了，能留在悼词中的，只能是对内在品格的赞赏，比如勇敢、诚实、忠诚等。

我第一次看到这两个概念的时候，清晰地感觉到自己的大脑中发出“咔嗒”一声，像被安装了一个新的开关。从此，我可以从两个角度来审视自己手头的事儿了，还能自由切换角度：既从过程的角度看，也从终局的角度看；既从成功与否的角度看，也从价值大小的角度看。

从此，做事的时候，我真的就在脑子里设立了两个账户：一个是“简历账户”，一个是“悼词账户”。在“简历账户”上，我记录做一件事能给自己带来什么样的竞争力；在“悼词账户”上，我记录做一件事能留给世界什么价值。而我的目标是，做任何一件事，都力求能在这两个账户上各记一笔。比如，做大型活动的时候，我们会跟踪、拍摄纪录片。活动本身成不成功是短期的事情，但是做一场活动的方法、经验、教训会创造更广泛的价值。

同理，不断用这两个视角进行考量，一家身处竞争中的公司，就可以活得更像一个体面的人了。

当然，用“悼词美德”这个思路来做事的，也大有人在。

乔布斯成为迪士尼公司的董事后，为了放松限制，向公司员工提出一个问题：“如果钱不成问题的话，你会做什么？”这个问题激发了公司员工创造新产品和服务的热情。这个问题非常高明，其道理很简单：做出一个对的产品，当然能挣到钱，所以钱本来就不成问题。而具体做事的人，总会受到“钱不够”这个假象的干扰。与其在现实的资源约束中为难，不如干脆设想一个“钱不成问题”的条件，彻底解放做事之人的想象力。这和让我们这些身处竞争中的人，通过想象自己“葬礼”的情境和“悼词”的写法，来摆脱竞争对自我人格的扭曲，是不是有异曲同工之妙？

另一家这么做的公司是亚马逊。亚马逊的创始人贝索斯有一个很奇怪的要求，所有团队在提交一个项目方案时，先别说打算怎么干，而要先写两篇东西：第一，项目成功发布时的新闻稿；第二，客户可能提出的问题以及你的回答。通常，大家都是在项目结束的时候才写这两篇东西的，而贝索斯要求提前到项目开始的时候。通过这种逆向工作法，公司便可在前期花时间全面思考产品的各种细节问题，决定不打造哪些产品，这样就可以保证公司的资源被用于打造那些可以对客户和公司产生更大影响的产品。这是不是也像在提前准备自己的“悼词”？

不仅是公司经营，有了“悼词美德”这个“精神装置”之后，我发现很多日常智慧也可以用这个原理来解释。

比如，有一件东西，你特别想买，但又有点儿举棋不定，怎么办？有人提出一个思考方法：闭上眼睛，想象老天爷要送你一个礼物，把这件要买的东西和等价的钱同时放在你面前，规则是只能挑其中一样，那么你挑哪一样？这个情境一出现，就把“占有欲”“吝啬感”这些干扰性、情绪性因素全部排除在外了，让你有机会从“终局”上去做比较，到底是要这件东西，还是要这笔钱。尝试这样想一想，一团乱麻般的思绪马上就能被理得清清楚楚。

没有什么问题是蠢问题

〔英〕约翰·哈德森

有个方法可以锻炼自己进入“时刻做好准备”的状态。商业航班飞行员入住新酒店时就会做这样的练习。长途航班的飞行员常会身处不同的大洲，所以对他们来说，周围的环境几乎一直都是陌生的。经过日常训练，他们对如何从飞机上撤离了然于胸。但是，返程之前住酒店的时候，他们就不一定知道那里的最佳撤离路线了。

你要是到了人生地不熟的地方，也可以试试他们的练习方式。当你入住酒店以后，第一步，查看门边的那张小小的路线图。逃生楼梯和紧急出口的位置可都标在图上，要是半夜闻到烟味或被酒店火警叫醒，就能用得上。第二步，沿着逃生路线走到紧急出口。这样的话，在危险真正来临而你需要去紧急出口之前，实地演练已经让你的大脑加深了印象。你需要注意楼梯的拐弯位置，以及逃生门到你的房间的距离。

这可能真的会救你一命，而且它同时也是一种很好的练习，可以让你快速进入准备好的状态。在你遇到突发状况需要处理的时候，这些信息就能派上用场了。我曾经跟一群人共事，他们中间既有普通民众也有军人，我能分辨出谁是部队出身。对于我们将要做的事情，部队出身的人都会尽可能多地了解相关信息：我们要去哪个森林？面积多大？有多远？我们知道林子里有什么东西吗？我们要带什么过去？而大多数未经过军事训练的人在你刚说完“森林”两个字的时候就已经打算出发了。因为无论是什么样的军事行动，在情况变糟的时候，如何把生命危险降到最低都是一个关键的问题。准备工作并非可有可无，它是采取行动的基础。未知的东西越少，你成功的机会就越大。这种能力是可以开发和训练出来的，也可以在此基础上不断提高。要是有无法预测的状况和事件发生，通过演练掌握越多的合理对策，我们就能在这个时候越快地做出反应，脑子里可以用来处理这些状况的“闲工夫”也会越多，从“工作记忆”里可以腾出的空间就越大。

我们得试着尽可能多地进行演练，这样才能把运行较慢的那部分大脑腾出来，去研究那些我们无法准备的事情。

明白了这一点之后，每次看到那么多人居然不会使用基本工具，我经常会感到惊讶。要知道，这些工具可是他们在工作中经常会用到的。人们整天都在办公室里忙忙碌碌，我想很多人都听到过这样的问题——“如何发送附件？”“电子表格是怎么做的呀？”想一想，要是连这些相对简单、基本每天都要使用的工具都不知道怎么操作的话，每天得多费多少心思啊！拿这些简单的问题去问别人似乎很丢脸，但是你问了别人并搞清楚了，下次就会知道再练习几次就能熟练操作了。你永远不会听到某个航天员说：“噢，对了，我一直好奇那个警示灯亮着是什么意思。”

在生存训练领域，我们试图营造出这样一种氛围：没有什么问题是蠢问题。关于怎么做、为何这样做，如果有任何不懂的地方，问就好了，确保自己下次能记住答案就行。我们在训练环境中会遇到很多极端的状况，如果你身处其中，是否提问就有可能决定成败。

当你看完这些之后，可以做一个简单的练习。找出一件你在工作中不知道该怎么做的事情，向每天都在做这项工作的人请教一些技巧或建议。通常你会得到积极的回应，因为你对他们认为重要的事情表现出兴趣，也因为大多数人真的很乐意帮助别人。不懂就问，长远来看，这根本不是什么尴尬的事。

二十共谈

张定浩

整个二月都在下雨，冷雨不断地把就要来临的春天打回去，春寒料峭，有时比冬天的严寒更令人沮丧。我坐在房间里，会想到年轻时的海明威，这样的早春冷雨，也是巴黎唯一令他觉得悲哀的时刻。他那时待在巴黎一个旅馆的顶层小房间里写作，写不下去的时候，就会坐在炉火边，剥个橘子，把橘子皮里的汁水挤在火焰上，看毕毕剥剥蹿起的蓝色火焰，然后，他会站在窗前眺望千家万户的屋顶，并对自己说："别着急。你以前一直这样写来着，你现在也会写下去的。你只消写出一个真实的句子就行。写出你心目中最真实的句子。"

是啊，真实的橘子，真实的句子，它们都毕毕剥剥地引发蓝色的火焰，在火盆上，在稿纸上。我有时写不下去，就会想到这些。

柏拉图在《会饮篇》里曾借阿里斯托芬之口讲过一个关于爱欲的故事：最初的人完整而强大，宙斯因为恐惧，才将一个完整的人劈成两半，但人依旧不死心，从此在世间寻找彼此，结合，力图重新成为一个完整的人。这种不完整的个人在此世对完整的追求，是日后西方人生活的一个重要推动力。

但中国人思想里从来不是这样。中国人似乎从一开始就懂得，妄图把完美集中在单个人身上是危险的，况且单个人也不堪负担全部的好。譬如挑水，执其两端而用中。中国思想最深处的好，几乎都是由两个人共同担负的，例如尧与舜、孔子与老子、李白与杜甫。

杜甫写给李白的诗里讲“遇我宿心亲”，这是说遇到一个和自己一般好的人，却不要合二为一，也不要取而代之，你还是你，我还是我，只是心里多了一份没来由的欢喜。

“李供奉、杜拾遗，当时流落俱堪悲”，而自中唐以来，李白、杜甫的文章，光焰万丈，几近成为中国诗的代名词，对这二人的比较和评断，也成为一代代文人必须要面对的问题。在我看来，这其中的奥秘，并不单归因于这两人诗才的杰出和广大，更重要的是他们在真实的相遇中所构成的关系，犹如梅列日科夫斯基在形容托尔斯泰和陀思妥耶夫斯基的关系时所说的，“像是两块对立竖放的镜子，无限地反射对方、深化着对方”。李白、杜甫之于我们，并非赛诗会上两个顶着花环的胜利者，只是两个人执手相见，而整个中国诗的光谱，就在这样的相见中，在无限的反射和深化中，完整地呈现出来。

因此，比较和评断他们，也就是认识自己在整个光谱中的位置，这样的比较和评断，并不通往孰优孰劣的终极判断，而只通向个人身心的安放。这一点，其实很多过去的文人都是懂的，比如王安石好杜而欧阳修好李，苏轼好李而苏辙好杜，但这种出自趣味的喜好，并不会让他们就此贬低另一个。再往后，一些更客观细致的分析，譬如严羽所谓“子美不能为太白之飘逸，太白不能为子美之沉郁”，王世贞所谓“五言律、七言歌行，子美神矣，七言律，圣矣；五七言绝者，太白神矣，七言歌行，圣矣”，刘世教所谓“陇西（李）趋

《风》，襄阳（杜）趋《雅》”，与其说是在细辩优劣，不如说是在传递他们对中国诗的认识。

至于两人之间相互的毁誉，被编排最多的就是杜甫写给李白的那句“何时一樽酒，重与细论文”。有以为杜甫在讥刺李白，也有替杜甫遮挡解脱的，我都只当好玩的“八卦”看，心里喜欢的是洪迈《容斋随笔》里的光明洒然：“《维摩诘经》言，文殊从佛所将诣维摩丈室问疾，菩萨随之者以万亿计，曰：‘二士共谈，必说妙法。’予观杜少陵寄李太白诗云：‘何时一樽酒，重与细论文。’使二公真践此言，时得洒扫撰杖屦于其侧，所谓不二法门，不传之妙，启聪击蒙，出肤寸之泽以润千里者，可胜道哉！”

熟人生处

姚正安

一个故事，令我想起几十年前祖父对我讲过的一段话。

一位成功人士回到家乡，某一天出门办事，在政府一楼大厅里看到一位他熟悉的朋友。这位老兄二话不说，三步并作两步，走到那位朋友的背后，一把将他抱起来，原地旋转了一圈。当时正是上班高峰期，此举引得很多人侧目。那位朋友不知所以，站定后，尴尬地转身，瞥他一眼，招呼都没打一声就走开了。这位老兄怕是还在心里嘀咕，什么玩意儿。

事后，这位老兄愤愤地讲那位朋友的不是，说什么认识多少年了，至于那么摆谱吗？抱他是说明我们感情不一般。

但有人对此表达不同的意见，你与朋友熟悉是事实，但不能因为熟悉就不顾场合，不考虑方式。大庭广众之下，有那么多下属看着，朋友自感面子上过不去，不发火就不错了，怎么可能再对你表示好感呢？

想起小时候，我常侍候在祖父身边。祖父是文化人，待人谦恭热情，家里少不了客人。有些人几乎每天必到。因为熟悉了，我常常做些小动作，比如用粉笔在人家衣服背后写字，把人家帽子藏起来，有时甚至大名小号地称呼对方。

祖父见此，只用眼睛瞪瞪我，待客人走后，才好好教育我。祖父说，别以为人家是常客，就不尊重人家，再熟的人，是祖辈就是祖辈，是父辈就是父辈，一点不能马虎。对待每一个熟人都要像第一次见到那样，恭恭敬敬、彬彬有礼。你与人家动手动脚大名小号，人家当面不说，背后肯定会说这个小孩不懂规矩，家教不严。

那时还小，祖父的话如同春风过驴耳，我根本没往心里去。及至长大走上社会，所见所闻真是不少。大多数人不以为然，以为熟不拘礼，既然是熟人是朋友，要那么多规矩干吗，甚至认为礼多了反而生分。

正因为有这种想法的支配，所以老熟人、老朋友走到一起，大话、粗话多了，恶作剧也多了，熟人间因此疏远者有之，朋友间因此反目者也不鲜见。

现在想来，祖父的那段话，可归纳为四个字：熟人生处，即对待熟人也要像对待陌生人一样相处。

有人说，熟不拘礼。是的，既然是熟人，没有必要囿于礼，但是，不是不要礼，更不是可以随意地不尊重对方。有的人，在聚会时，以为是熟人，行为上随便不说，还动辄揭别人的短处甚至隐私。给熟人足够的尊重，才能熟而不俗，友谊长存。何况，尊重别人就是尊重自己，你揭别人的短处，别人岂会善罢甘休，一来二去，最终伤了感情，伤了自己。

孔子在熟人生处上确实做出了表率。《论语》记载："见齐衰者，虽狎，必变。见冕者与瞽者，虽亵，必以貌。"意思是说孔子见到服丧的人，即使是亲近者，也必定改变神色，表示同情。见到戴着礼帽的人和盲人，即使是熟人，也必定礼貌相待。

不管是熟人还是陌生人，都得以礼相待。熟人生处，于人表示出尊重，于己体现出风度。

先放一把火

何帆

1988 年 6 月，在美国黄石公园的南部边界，闪电引发了一场森林火灾。

每年夏季，在黄石公园，闪电都会引发上百起规模不等的森林火灾。大部分情况下，火势蔓延最多不超过一公顷就会慢慢地熄灭。起初，这场火灾看起来也不例外。过了一周的时间，下了一场小雨，尽管还有几处火源在闷闷地燃烧，但火灾好像很快就要结束了。不知道是因为天气异常干燥，还是大风刮个不停，到 7 月中旬，大火再度燃起，而且愈烧愈烈。仿佛一场接力赛，一个地方的火灾突然引发另一个地方的火灾，终于酿成一片火海。7 月 14 日，一处火灾烧掉了 4700 公顷森林，另一处火灾烧掉了 2900 公顷森林，这还不是最严重的。到了 7 月底，多处火源引起的大火烧到了一起。1988 年 8 月 20 日是损失最惨重的一天，超过 6.1 万公顷的园区被烧毁。火势彻底失控。浓浓的黑烟高达 16 千米，黑烟下面，疯狂的野火向四面八方蔓延。

在接下来的两个多月时间里，超过一万名消防队员和军人投身灭火工作中，他们面对熊熊烈火却束手无策。大火一口气烧掉 32.13 万公顷森林，直到秋季的第一场雪降临，火势才最终退去。在黄石公园的历史上，之前最大的一次森林火灾发生在 1886 年，但那次大火的受灾面积只有 2.5 万公顷。

为什么会这样呢？从 1890 年起，美国森林管理局就对森林火灾采取了“零容忍”的政策。黄石公园管理局有专业的消防队，还会派飞机从空中监控火情。一有火灾，消防队员就会马上赶去灭火。由于他们的努力，火灾的发生率已经大大减少。难道这一切做得还不够？

1998 年，康奈尔大学的 3 位地理学家布鲁斯·马拉默德、格列布·莫雷因和唐纳德·特科特试图找出爆发森林火灾的原因。他们设计了一个非常简单的模型，并在电脑上做模拟。

首先，他们假设树木会随机生长。于是，他们让电脑在一张地图上随机地种下树木，一棵树占一个小方格，并假设树木的数量会按照一个固定的速度增长。其次，他们假设火灾会随机发生。于是，他们又让电脑在森林地图上随机撒下火柴。如果火柴落在没有树木的空地上，就会自动熄灭。如果火柴恰好落在有树木的小方格里，这棵树就会被引燃。如果这棵树着火，那么紧邻着它的小方格里的树也会随之被点燃。他们做了一次又一次模拟，结果发现火灾爆发的频率和严重程度呈现出指数规律：小火灾爆发的概率远远大于大火灾。这正符合历史记录：美国每年都会发生很多起小规模的森林火灾，但像 1988 年黄石公园大火那样的灾难性事件，100 年也不会发生一次。

这 3 位学者又做了一个试验：如果改变掉落火柴的速度，会对火灾产生何种影响呢？他们先让火柴快速地掉落，结果发现火灾爆发的次数明显增加，但很少会出现大的火灾。他们再放慢火柴掉落的速度，结果发现火灾爆发的次数明显减少，但一旦爆发火灾，很容易出现那种势不可当、毁灭一切的火灾。这 3 位地理学家把他们的发现称作“黄石公园效应”。尽管这看起来像是电脑上的一个小游戏，却揭示了黄石公园大火背后的秘密。

正是因为黄石公园管理局采取的“零容忍”政策，才导致树木数量的增长速度加快。结果，森林老化的速度也随之加快。死掉的树木在森林中横七竖八地躺着，灌木、树枝和落叶都是易燃物质。这使得黄石公园的森林处于一种极不稳定的状态：一旦爆发火灾，很快就会蔓延到整个区域。

风险无处不在，就看我们如何应对。为了避免出现毁灭性的灾难事件，我们必须学会容忍小的风险。风险是我们生活中的一部分，正如大火是森林生态系统中的一部分。如果你到森林中散步，有时候会看到一些林中旷地，没有大的树木，只有灌木和小树，隐约还能看到焦黑的残株和树桩。这些林中空地就是曾经发生过火灾的地方。大火烧毁了苍翠高大的树木，但给森林留下了一个隔离带，有效地防止了森林大火的蔓延。

痛定思痛，黄石公园管理局改变了过去的做法。如今，公园的防火政策是禁止一切人为因素造成的火灾，但如果是自然发生的火灾，只要火势没有失控，没有威胁到人类和建筑，他们就会听任火苗自生自灭。甚至，公园的工作人员会故意把一部分存在火灾隐患的死亡树木烧掉，人为地烧出一些隔离带。

防范森林火灾的好办法，也许就是主动地先放一把火。

勇

李敬泽

据说，古时有三位勇者。

一位是北宫黝。该先生受不得一点儿委屈，“不受于褐宽博，亦不受于万乘之君”，别管你是布衣百姓还是大国君主，惹了他，他就跟你翻脸；“恶声至，必反之”，怎么骂过来的，怎么原样骂回去，或者索性拔刀相向。

北宫黝大概是个侠客，闲下来也许还写点儿杂文。另一位勇者孟施舍可能是武士或将军，他的勇比较简便：不管对方是小股来袭还是大军压境，一概“视不胜，犹胜也”，不管是否打得过，先打了再说。

后来，有人向孟子请教如何做个勇敢的人，孟子列举北宫黝、孟施舍，觉得没说清楚，又列举孔子。

孔子之勇是：“自反而不缩，虽褐宽博，吾不惴焉；自反而缩，虽千万人，吾往矣。”

“缩”不是畏缩之“缩”，而是古时冠冕上的一条直缝。也就是说，摸着心口想想，如果直不在我，自己没理，那么就算对方是个草民，也别欺负人家；但如果想的结果是自己理直气壮，那么，“虽千万人，吾往矣”。

孟子认为，孔子之勇是大勇。对此，我同意。孔子与前两位的不同之处在于，他使勇成为一个伦理问题：勇不仅体现一个人的胆量，它还关乎正义以及由正义获得的力量和尊严。

但这里有个问题，就是孔子假定大家的心里都有同一条直线，摸一摸就知道有理没理，是否正义。在古时候也许是如此，但如今我担心我心里的直线和别人心里的直线根本不是一条线。我觉得我有理，他觉得他有理，两个理还不是一个理，结果就是谁也不会“自反而不缩”。有理没理最终还是得看拳头大小。

所以，为了让我们勇得有道理，最好是大家坐下来，商量出一条共同的直线。但对此，我的看法极不乐观，我估计至少再过两百年，那条直线才可能被商量出来并落实到大家的心里，这还得有个前提，就是在这两百年里，人类仍然在争斗中幸存。

那怎么办呢？孟子没有想到这个问题，所以他没说。现在我苦思冥想，忽然发现，在这三位勇者中其实就有一条共同的直线——北宫黝先生不怕老百姓，也不怕国王；孟施舍先生不怕小股敌人，也不怕大部队；孔老夫子没理绝不欺负任何人，只要有理，千万人他都不怕。总之，他们都是一个人站在那里，站在明处面对这个世界。

我认为这就是勇之底线。在众人堆里呐喊，这不叫勇，这叫起哄，这叫走夜路吹口哨给自己壮胆。勇者自尊，他不屑于扎堆起哄，更不会挟虚构或真实的多数以凌人。他的尊严在于他坚持公平地看待对方，如果他是个武士，他不会杀老人、妇女、孩子和手无寸铁的人；但对方即使有千军万马，他也不认为不公平——很好，来吧！这是勇者。

三位勇者为勇确立了一个根本指标，就是看看自己是否真的决心独自承担责任和后果。这样的勇者，从来都是人类中的少数。当然，两千多年过去了，现在是网络时代，到网上看看，似乎已是勇者遍地，但我认为上述指标依然适用。比如，在网上向着八竿子打不着的什么东西怒发冲冠，把键盘拍烂，但在现实中被责骂，有理也不敢还嘴；或者走在大街上碰见流氓急忙缩头，那么这样的勇不要也罢。因为它是藏在人堆里的勇、免费的勇，它就是怯懦。

话说到这儿，我觉得我知道了什么是勇，但我不敢肯定我能够做到。孔夫子还说过“知耻近乎勇”，我能做到的是在自己触了电般张牙舞爪时按上述指标衡量一下，如果忽然有点儿不好意思，那么就知耻，拔了插销，洗洗牙和爪，上床睡觉。

将时间还给自己

唐辛子

最近一段时间，我开始远离网络社交软件了。当然，这个“远离”，并不是从此与各种社交网络老死不相往来，而是要求自己从此与它们保持距离。作为个人经验，我发现，当你像蜘蛛一样天天将自己挂在网上，并使之成为一种生活习惯时，有些麻烦就会接踵而至。例如总是感到一种强烈的“审恶疲劳”，让人很快精神疲惫。

对我个人而言，微博最大的坏处，就是偶尔写了几句吸引人的话，并被不断转发时，一种成就感便油然而生；被转发的次数再多一点，就真以为自己是个人物了，尽管你实际上仍然什么也不是——这真是值得警惕的。因为，自信与自我膨胀，是截然不同的。自信源于内部的精神，自我膨胀则源于对外部信息的错误感知。这有点像许多人常常将“白白胖胖”误认为“身体健康”，但事实上，“肥大”与“强大”是有本质区别的。

曾经看到这样一句话：当你很熟练地使用各种网络社交工具、说着很流行的话题时，实际上你已经落伍了，因为这个世界从来不是那些追求时尚、喜欢跟风的人创造的。那些平时只会埋头苦干，看上去已经被潮流完全淘汰的人，才是真正创造这个世界，并在这个世界上制造种种话题的人。

例如大家都极为熟悉的日本动漫大师宫崎骏。

宫崎骏几十年来的老搭档、吉卜力工作室董事长兼制片人铃木敏夫，就曾经这样介绍宫崎骏的日常生活——知道宫崎骏每天吃些什么吗？铃木敏夫说，当大家在讨论美食，说这家店好吃，那家店如何时，宫崎骏可是一次都没有尝试过。“我认识他到现在，他每天吃的都是太太做的手工便当：一个塞得满满的铝饭盒。为什么会塞得满满的？因为那是他的两顿饭：用筷子一分为二，中午吃一半，晚上吃一半。5分钟吃完，午饭后休息15分钟，然后从上午9点一直工作到凌晨2点。年年如此，日日如此。”

宫崎骏不仅几十年如一日吃着太太的手工便当，对于游戏机、家用电脑、互联网等也都心怀警惕，认为它们都是动漫设计师的大敌。例如，电子邮件就令宫崎骏心烦，为此，他不惜花时间在吉卜力工作室进行“全员调查”。发现大家居然都在使用电子邮件，宫崎骏大吃一惊，跑去对铃木敏夫说：“铃木！大家都在用电子邮件，日本的动漫完蛋了！”因为宫崎骏认为，工作之外，还对其他东西感兴趣的家伙，是成不了好的动漫设计师的。

宫崎骏的想法是有道理的。“我愿意将时间交给你，说明我真心爱你。”衡量男女之间是否有真爱，并不是以金钱来计算，而是以时间来评估的。金钱可以反复使用，还可以不断去赚；但时间只能拥有一次，便永不再来，爱一个人，哪怕为他或她牺牲再多时间也愿意。而一个人是否真的热爱自己的工作，也是以时间来衡量的；没有其他事物能比工作更吸引人，更令人们愿意花费所有的时间倾情其中。这正是宫崎骏成为世界级动漫大师的理由。

当然，并不是每个人都能幸运地拥有一份自己热爱的工作。但这不要紧。即使不热爱现有的工作，起码也应该热爱自己。热爱自己最诚实的表现，就是懂得有效利用属于自己的、今生仅有一次的时间，明白该怎样在喧嚣的焦躁中，将时间安静地、完整地交还给自己。

天下透明

马伯庸

汉高帝元年（前 206 年）十月，大秦的首都咸阳发生了一件小事。说的不是鸿门宴，这件小事与鸿门宴相比，毫不起眼，在史书里只有简单的几句话，阅读时很容易一眼就扫过去。但对风起云涌的秦末乱局乃至后世来说，它却有着极为深刻的影响。

这一年，刘邦抢在其他诸侯之前杀入关中，兵临咸阳。秦王子婴手捧玉玺出降，秦帝国彻底土崩瓦解。这群沛县穷汉进入大秦的国都之后，立刻被其繁华富庶迷花了双眼，纷纷冲进各处府库去抢金帛财宝。就连刘邦自己，也待在秦宫里不愿意出来。这里多美好啊，有精致滑顺的帷帐，有名贵的萌犬和骏马，有琳琅满目的宝物，还有不计其数的美女。

在这场狂欢中，只有一个人保持着无比的冷静。他叫萧何。

跟那些出身市井的同僚相比，这位前沛县官员有着丰富的行政经验。他知道对这个新生政权而言，什么才是最重要的。

萧何穿过兴奋的人群和堆积如山的财宝货物，来到大秦丞相和御史专属的档案库房。这里门庭冷落，因为里面没有珠宝金玉，只有天下诸郡县的户口版籍、土地图册、律令文书等，没人对这些写满枯燥文字和数字的简帛有兴趣。

萧何下令将这些资料清查、分类，然后一一打包。

没过多久，刘邦去鸿门参加了一次酒宴。回来以后，他一脸晦气地吩咐诸将收拾行李，准备退出关中。紧接着，项羽大摇大摆地闯进咸阳，他趾高气扬地告诉刘邦："你去汉中当个汉王吧！"然后把三个秦军降将章邯、董翳、司马欣封在秦岭北边，牢牢地镇守在汉中与中原之间。

刘邦大怒，汉中又小又穷，道路险峻，再加上这三道枷锁，明摆着不打算让自己翻身啊！他心想，干脆赌一把，带兵去跟项羽拼一场算了。周勃、灌婴、樊哙几名部下轮番相劝未果，这时，萧何站出来说："虽然去汉中称王不是很好，但不是比死强多了吗？"刘邦说："怎么就会死呢？"萧何说："现在咱们跟项羽打，铁定是百战百败，纯属作死；您何妨学学商汤和周武，先去汉中隐忍一阵再说。"

随即，萧何讲出一段详细规划："臣愿大王王汉中，养其民以致贤人，收用巴、蜀，还定三秦，天下可图也。"

估计刘邦听完这话，会下意识地反问一句："凭什么？"

你的战略规划听着很棒，但具体怎么落地？凭什么"养其民"，凭什么"收用巴、蜀"，又凭什么"定三秦""图天下"？

萧何微微一笑，说："就凭我从咸阳带出来的那些户籍档案。"

可不要小看这些其貌不扬的简帛，它们所蕴含的力量，比名将精兵还要可怕。

户籍的雏形，早在商代"惟殷先人，有册有典，殷革夏命"时就已经出现了，春秋时期亦有书社制度。但真正把它建成一个完整体系的，是赳赳老秦。

自商鞅以来，秦国的行政管理一向以绵密细致著称，特别热衷于大数据。《商君书》里列举了要使国家兴盛需要掌握的十三类数据：官营粮仓、金库、壮年男子、女子、老人、儿童、官吏、士、纵横家、商人、马匹、牛，以及牲口草料。其中对于百姓数据的搜集，必须倚重户籍的建设与管理。

到了秦始皇时代，郡县制推行于全国。从一郡、一县到一乡、一里乃至一户，官府都有详尽记录。而且相关档案每年还要进行更新，由专人送到咸阳留存，以便中央随时掌握地方情况。

这套制度，在秦始皇时期一直保持着高效运转，即便到了秦二世时期，各地官府出于惯性也一直在执行。萧何在官府里当过主吏掾，对这些东西再熟悉不过了。

当萧何把它们献给刘邦时，一瞬间，整个天下都变得透明。

无论是南海郡的柘浆种植面积、成都的蜀锦产量，还是琅邪郡在秦始皇二十八年（前 219 年）的壮丁总数，翻阅一下，一目了然。想知道整个河东地区的牲畜总数？想看看关中有多少铁匠作坊？翻阅一下，便了如指掌。

刘邦足不出汉中，便可以阅尽天下虚实。

对于一位志在天下的王者，这实在太重要了。

知道壮丁数量，可以算出能动员的士兵和民夫有多少；了解牲畜多寡，可以合理分配运力；查阅作物产量，便对粮草的征发心中有数；掌握了地形图册，也就明确了对该地区的用兵方略。哪个郡有铁矿，可以冶炼兵器；哪个县有草药，可以平复疫病；哪个乡可以提供兽筋膏脂，多长时间能送到哪里，道路状况如何……种种信息，都隐藏在这一堆堆简帛之中。

要知道，战争的胜负，很大程度上取决于后勤保障。后勤工作最重视的并非士兵武勇，而是精准统筹。精准统筹的前提，则是翔实丰富的数据。可以这么说，在战略层面的对局中，拼的不再是韬略，而是资源的利用率。谁掌握的数据更精准、谁的物资调配更有效率，谁就是最后的胜利者。

萧何从咸阳运走的简帛档案，正是战略对决中必不可少的。

刘邦偶尔犯浑，但在大事上绝不糊涂。他立刻领悟到这些简帛所蕴藏的威力，心下大定。《汉书》记载，他听完萧何的劝说后，就回了一个字："善。"几百年后，刘备听完诸葛亮的《隆中对》，也只回了同样一个字，他未必不是在效仿高祖。

刘邦不再执着于跟项羽争霸，收拾行李高高兴兴出发了。

抵达汉中之后，他拜萧何为丞相，主抓内政，坐镇后方。没过几年，刘邦明修栈道，暗度陈仓，揭开了楚汉相争的序幕。

在漫长的中原争霸期间，项羽就像一尊浮在空中的无敌战神，每一次挥动武器，都把刘邦伸过来的藤蔓砸得粉碎。可这些藤蔓的根部紧紧吸附于大地，源源不断地从土壤里吸收营养，一次又一次地重新生长，伸展，纠缠，韧性十足。慢慢地，战神开始疲惫，藤蔓的数量却有增无减。它们被打断了无数次，可总能卷土重来。战神想落在地上喘息片刻，却惊讶地发现早已无立足之地，四面八方都密密麻麻地爬满了藤蔓……接下来的故事，人人皆知。如果说那些名将是藤蔓的枝，那么萧何就是藤蔓的根。于是，项羽百胜而后一败，刘邦百败而后一胜，江山遂告易手。

刘邦对这一切，看得非常透彻。他称帝之后，对大臣论功行赏，把首功授予了负责后勤工作的萧何。

善战者无赫赫之功，这些不显山、不露水的户口版籍，才是真正的第一功臣。司马迁为萧何这个行为做了总结："汉王所以具知天下厄塞，户口多少，强弱之处，民所疾苦者，以何具得秦图书也。"

读书当有光芒

刘诚龙

袁枚说过一个读书故事，说有个老学究，夜行乡间小路，星月皆隐，几点萤火忽明忽灭，埋头走路间，忽见一人影影绰绰在前面走，老学究走近瞧去：这不是死了好多年的阿明吗？阿明也认出了老学究。老学究胆子挺大的，明知遇到了鬼，也并不害怕，问鬼何往，鬼曰："吾为冥吏，至南村有所勾摄。"

老学究恰好也要去南村，人鬼便结伴而行。行至一间茅屋，鬼吏突然对老学究说："轻点走，别惊扰人家。"老学究问："干吗要放轻脚步？"鬼吏说："此文士庐也，不可往。""咦，怪了，你如何知道这间茅棚里住了一位文士？"鬼说："人啊，白天忙得天昏地暗，便精神涣散；到了夜晚，人睡着了，什么念头都不乱生，精神便归于一处。这时候啊，书读得好的人，胸中字字皆吐光芒，自百窍而出；读得一般的，亦荧荧如一灯，照映户牖。此室上光芒高七八尺，所以知为文士庐。"

读书会让人自放光芒？说着说着，老学究好奇，指着自己问鬼吏："睡中光芒当几许？"鬼吏答道："见君胸中高头讲章一部，墨卷五六百篇，策略三四十篇，经文七八十篇，字字化为黑烟，笼罩屋上。诸生诵读之声，如在浓云密雾中，实未见光芒。”

袁枚的鬼故事，更可以当寓言来读。老学究读书少吗？不少。环橱皆书也，环床皆书也，环桌皆书也，埋在书籍中，如埋在书山里。然则，他读那么多书，不是黑云压城，便是浓雾锁乡。读书几十年，心无所悟，不是乌烟瘴气，便是乌七八糟，全无读书人该有的明亮精神。

读书多，是不是就意味着读得好呢？明朝谢肇淛曾经讲，好书之人有三病。第一病是“浮慕时名，徒为架上观美，牙签锦轴，装潢炫曜，骊牝之外，一切不知”。买了新房，有些人要专辟书房以示风雅，房有了，书也花钱买了，买的都是精装书，可是，一本也没读过。第二病是“广收远括，毕尽心力，但图多蓄，不事讨论，徒涴灰尘，半束高阁，谓之书肆可也”。其实这与第一病类似，都是求书多，舍得投资购书，稍有不同者，书他还是读的，并不全然当摆设，只是一个人读啊读，从不与人交流，从不与人讨论，从不把所学用于生活。书读完，就算完，然后把书束之高阁。这般人，不是读书人，不过是装书的橱柜。第三病是“博学多识，矻矻穷年，而慧根短浅，难以自运，记诵如流，寸觚莫展”。这个就是我们所说的“知道分子”。天文地理、化学物理、医护生理，天南地北，无所不知；古今中外，无所不侃。跟人聊天，没有他不知道的，却有一样不知道：您对这事怎么看呢？知识有一万，见识无万一。

患上读书三病者，“睡中光芒当几许”？指定是“字字化为黑烟”，指定是“如在浓云密雾中，实未见光芒”。

读书三病，其实是一病：无思。一个是根本不读，自然零思考；一个读是读了一点儿，读后就扔，读之十，思之一，也接近零思考；一个是读了很多书，并不融会贯通，并不与实际挂钩，他之读书，纯粹是为了卖弄知识，赢得博学之名。

袁枚谈读书，与谢肇淛谈读书，两个人貌似各谈各的，实则殊途同归，谈的是一个事：书要读，读要有所思。两个人正是从不同角度，来印证孔子所说的读书观点：“学而不思则罔，思而不学则殆。”读了那么多书，什么观点都提不出，什么见识都贡献不了，白读了。

袁枚说，读书有光芒，光芒有等差，“上烛霄汉，与星月争辉，次者数丈，次者数尺，以渐而差”。这光之等差其实是思之等差。思者，首先是思考。读一本书，读完后，要合卷想一想，这就是思考。然后，是思辨。所读之书，事实站得住脚吗？观点站得住脚吗？与历史、与现实合拍吗？这就比思考更进了一步。比思辨层次更高的是思想，树立自己独特的观点，更进一步是建立系统化的理论。

什么都看了，什么都忘了，根本不去思考，则其读书，恰如老学究，读了那么多书，却“字字化为黑烟”。

后浪

亦舒

后浪的心态有时候很奇怪，老是盼着前浪退休，理由：不要阻止地球转动。

可后浪们也不想想，金庸写罢《鹿鼎记》就退出小说界，够潇洒了吧，不能怪他阻头阻势了吧！可是为什么这么多年来，还是无出其右者？

这个时候，不得不引用老匡（倪匡）的至理名言了："一流的退出，绝不等于二三流的可以依次递补。"

批注曰：人能有自知之明者不多，而且，有自知之明者大多集中在一流人物中。二三流的人，要是有自知之明，也不至于常在二三流，早有跻身一流的机会了。

他认为最要不得的是，很多二三流者都有一个误解，觉得只要千方百计把一流的从位子上弄走，二三流的即可补上。

这种想法大错特错！

前浪之所以仍然存在，是因为后浪不够高、不够有力，根本盖不住前浪；或者前浪虽已势弱，但转个身，化为更新、更奇的后后浪，脱胎换骨，雷霆万钧，再来一次。

与其等待他人退位让贤，不如学张君宝，另创门派。

伟大的细小之处

余华

鲁迅的《孔乙己》是伟大的短篇小说。小说的开头就不同凡响。鲁迅写鲁镇酒店的格局，穿长衫的是在隔壁一个房间里坐着喝酒的。因为在那个时代，穿长衫的都是有社会地位的，穿短衣服的都是打工的，所以站在柜台前面喝酒的都是穿短衣服的。孔乙己是唯一穿着长衫站在柜台前面喝酒的人。开头这么一段，鲁迅就把孔乙己的生活境况、社会地位表现得很清晰了。

这篇小说以一个在酒店当学徒的孩子的角度来叙述孔乙己。他看到孔乙己一次次来酒店喝酒，最后一次来的时候，腿被打断了。孔乙己的腿健全的时候，对一个作家来说，可以不去写他是怎么来到酒店的。肯定是走来的，这个很容易，读者自己可以去想象。但是最后一次来的时候，他的腿已经断了。作为一个负责任的作家，鲁迅必须要写他是怎么来的，不能不写。

鲁迅是这样写的，下午的时候，突然从柜台外面飘来一个声音，要一碗黄酒。因为柜台很高，孔乙己是坐在地上的，所以孩子要“站起来向外一望”。酒店的老板跟他说，你还欠着以前喝酒的钱呢。孔乙己当时很羞愧，说这次是拿着现钱过来的。这个时候，鲁迅写了他是怎么来的。那个孩子温了酒，端出去以后，看到孔乙己张开的手掌，手上放了几枚铜钱，满手都是泥。鲁迅用了一句话：“原来他便用这手走来的。”后来孔乙己自然又是用那一双手“走”回去的。

文学作品的伟大之处，往往从这种地方显示出来。在一些最关键的地方，在一些细小的地方，你看到一个作家的处理，就能够知道这个作家是多么优秀。而另外一些作家，可能会用另外的一种处理方式。

当我们说流行语时，我们在想些什么

徐默凡

语言不仅是交流的工具，也是一种思维工具；语言不仅塑造了我们的社交方式，也塑造了我们的认知方式。当我们在说流行语的时候，流行语也不可避免地在影响我们的思维活动。

现在的网络流行语，虽然有新鲜、活泼、接地气的优点，但也存在三个明显的缺点：浮夸化、标签化和浅薄化。浮夸化就是追求夸张的语义表达，动不动就封“王”称“霸”，说“神”道“仙”，语不惊人死不休。标签化就是把复杂的社会现实以及复杂的人物和事件，都粗线条地划分为有限的类别。浅薄化就是不追求形义配合的深层语言趣味，而只进行形式上的浅加工，能夺人眼球就够了。谐音梗就是浅薄化的一个典型例子，每年通过谐音的方式会产生大量的流行语，比如“蓝瘦香菇”（难受想哭）、“集美”（姐妹）、“雨女无瓜”（与你无关）等，究其实质只是换了一个别字记音，和修辞中巧妙的谐音双关不可同日而语。

网络特殊的传播方式是造成流行语缺点的一个重要原因。借助网络，今天的流行语发展出一种病毒式的传播方式，其使用率呈几何级数增长，传播速度之快令人难以想象。一个新鲜的说法，可能会在一夜之间就传遍网络。但是，传播快也带来一个负面影响——缺少了时间的过滤和积淀，泥沙俱下，鱼龙混杂。

流行语本是语言生活中的一种常见现象，在任何时期都是普遍存在的。在网络时代之前，流行语往往是从文学作品、影视作品、春节联欢晚会中流传出来的，经过长期的口耳相传或者文字媒体的广泛引用才能流行起来，所以留下的一般都是"文质兼美"的精品。如果说从前的流行语是久经考验的"经典款式"，让人一用就忘不了，那么现在的流行语就是"新潮产品"，尝个鲜就很快下架。在这种形势下，浮夸化诉诸强烈的情感表达，标签化夺人眼球地凸显特征，浅薄化立竿见影地无厘头搞笑，这些都是促进快速传播的高效手段。

网络流行语的这些缺陷肯定会对使用者的思维方式产生深远影响。如果长期使用浮夸的流行语，难免会养成一种过度夸张的思维习惯，用情感的宣泄来代替理性的思辨。对习惯使用网络语言的一代人来说，似乎所有的东西都是被放大的，好像说出的任何话语都可以加上一个感叹号，都能以"哇哦""哇塞"这样的情绪表达出来，但是对精微细腻的思想感情，就缺少识别和表达的能力。

热衷于到处套用网络流行语，也很容易简化思维活动，采用"贴标签"的方式去和别人打交道。仔细辨析的话，可以发现标签的类型就那么几组，只不过是换了一个热点事件就换一种表达，比如"社畜""996""打工人"，它们流行起来的时间不同，但都表达了同一个核心意思，并没有太多观念上的创新。在人际交往中，按照这样简单分类的方式去评判他人，我们就不愿意去深入体会一个人身上的复杂性和全面性，而用"海王""后浪"一下子就对号入座了。这在某种程度上也是网络语言暴力频繁产生的一个重要原因。即使在赞扬别人的时候也不例外，所有和困难斗争的人都是“逆行者”，不再去思考“逆行”的动机、过程和压力，不再去思考不同逆行者之间的细微差异。网络流行语里的人物都是扁平的，不是立体的。显然，这种语言使用方式对我们认识世界、看待社会、处理人际关系都是有很大危害的。

浅薄化也会带来追求快速反馈、放弃深度思考的习惯。使用者希望话语一经使用就引发别人的关注，用最低的成本去求取最大的收益。长此以往，我们的语言就会粗鄙化，我们的思考也会肤浅化。用别字代替双关，用搞笑代替幽默，哈哈一笑之余没有可回味的东西，还会逐渐对这种快速刺激上瘾，放弃对精致事物的追求。就像长期用鸡精做菜，虽然会带来口感的迅速提升，但久而久之就会败坏味蕾，人就不再能体会到真正鸡汤的醇厚了。

流行语的诞生、传播和消亡，本来是语言正常的新陈代谢，这种新陈代谢一直在进行，但是网络传播极大地提升了流行语变化的速度，我们要留心的不仅是它们对语言规范的影响，更要警惕它们对思维方式的冲击。慎重地对待语言，就是慎重地对待我们的思想。

未完成的成年和迫不及待的老年

何承波

在电话里，何西向父亲提出借12万元的买房款。

事发突然，父亲先是沉默了一会儿，说："不太好回老家。"估计父亲也觉得这个理由有点儿荒唐，后面接着说："过年时刚存了两年定期，现在取钱的话太亏了。"最后，他承诺找亲戚帮忙凑一点儿。

挂断电话后，何西有些失落。显然，父亲其实不想借钱给他。这是2021年5月的事情，生活在深圳的何西和妻子看中了一套60平方米的二手房。夫妻俩凑了60多万元，只差最后的12万元，他们就能"上岸"了。

何西和女友为此拼搏了3年多。在深圳这样的大都市里，他们省吃俭用，最大的梦想就是能拥有一个小家，然后落地生根。2021年3月，他们领了结婚证之后开始看房，心里盘算着，等有了新家，再办个简单的婚礼。

临门一脚的事情，何西的两个好哥们儿都出了力，反而是最亲的人拒绝伸出援手。

这件事情在家族群里引起了不小的风波。最义愤填膺的是何西的姑姑，她亲自打了一通电话给何西的父亲，大意是何西在深圳每月的工资 1 万多元，不到两年就能还你了。你现在帮他这个忙，以后你养老还要指望他。

第二天，何西跟母亲打了电话。母亲告诉他：“你爸爸也不是不愿意出钱，除非你们回铜仁或者贵阳买房子，离老家近一点儿。”

何西陷入了更大的困惑。

社会学专业出身的妻子提醒何西：“你父亲应该是有别的什么顾虑，你们父子应该好好聊一下。”

父亲何明伟素来沉默寡言，父子俩交流很少，但何西还是拨通了父亲的电话。

何西事后回忆，两个人谈得不欢而散。何明伟很生气，他感到寒心，所有人只想着他的钱，不榨干他誓不罢休。何西也愤愤不平，研究生毕业这么多年，他没向家里伸手要过一分钱，就连结婚也没要父亲帮忙，而且“现在是借，又不是不还”。

“去年弟弟结婚，你起码掏了 20 万元吧！”这句话到了嘴边，何西还是咽了回去。回想起来，这些年，他读书花的钱远不止这些。

何明伟前半辈子是农民，后半辈子在工地上度过。他皮肤黝黑、身体瘦弱，手上满是老茧、伤痕。在外打工的他，比任何人都卖力。没有活儿干的时候，他比任何人都着急。工友说：“别看你现在苦，20 多年培养出一个大学生，还是重点大学的研究生，以后等着享福了。”

他没想到的是，这背后是个无底洞。

父　辈

从代际学角度来看，这是一种全新的家庭代际关系。

费孝通用“反馈模式”来概括中国传统的家庭代际关系，父母养育子女，子女反哺父母。跟中国家庭不同，西方家庭呈现一种“接力模式”，父母抚养子女，但子女成年后，家庭这个生活共同体就随之解散，完成接力之后，原本的家庭结构便弱化了。

这几十年来，中国社会剧烈变迁，传统的家庭空间被割裂，子女不再与父母一起生活，过去共同经营大家庭的历史也一去不复返，家庭结构越来越小。早些年学界关注中国家庭变革，预测中国家庭将走向西方式的接力模式。毕竟，当时的迹象是显著的。

随着“85 后”“90 后”先后进入而立之年，人们发现事情并非如此。他们自身的经济实力较差，还没有做好独立的准备，即便结婚、成家，仍然需要父母的扶持。

这是一种“扶持型”家庭模式。四川省社会科学院的曾旭晖和李奕丰在 2020 年发表的一篇论文中提到，“扶持型”家庭模式与子女受教育程度没有关系，与父母的收入水平也没有明显的关系。

当下老年人的共同困境就是，一边是子女远远没有独立，子女的压力、困难，无时无刻不提醒着他们作为父母的使命还没有结束；另一边是已经到来的老年生活，让他们不得不考虑如何安排自己所剩不多的人生。

关于“不出钱”的事，何明伟说出了他最直接的担忧：“如果以后他们不孝顺我，不管我的死活呢？我得留一条后路。”

他开始反思自己的老年生活，担心自己要是瘫痪了，半身不遂的话，怎么办？早些年，他对自己的晚年生活有清晰的规划，等孩子们成家立业，他就回到老家养猪、种菜，勉强也能养活自己。

但这个计划也无法实现了。6 年前，乡里搞扶贫拆迁，他们被安置到市区。对进城这件事情，他这一代人跟年轻人的反应完全不同，年轻人欢呼雀跃，他们则忧心忡忡。进了城，消费水平变高了，他们没地可种，又找不到工作，养活自己都成了难题。

跟所有城里的老年人一样，“老了怎么办”成了大家最热衷讨论的话题。在城里，他也发展了新的人际关系，微信群里传着各种养老院的资料，人们讨论的不再是子女和家庭，而是住哪家养老院。

关于儿子借钱这件事，何明伟最终还是想开了。几天后，他跟工头请了假，从浙江回到老家，把钱转给了儿子。他在微信上发了一段话给何西：“你们背着房贷，压力恐怕更大，先不说还不还的问题。等以后我要是动弹不得，你们别连电话都不打一个。”

推迟的成年

“有一种啃老，叫隐性啃老。”

孟然是这样形容自己的。他今年26岁，江西赣州人，专科毕业至今，工作稳定，在南昌工作的收入也不算差。他于2020年结婚，但还没做好准备，自己的第一个小孩就出生了。

彩礼、买房、买车是结婚的硬指标，一系列人生大事安排下来，开销接近80万元。如果单靠自己，他不清楚40岁之前能不能成家。

人们对啃老族的界定是：成年、不工作、靠父母供养。但孟然觉得，现在的社会形势，迫使他不得不被动啃老。

而立之年的年轻人依然需要父母的扶持，很多人把这一点看作理所当然。原本孟然也这样。去年结婚，父亲把银行存折递给他时说：“我们这一辈子最后的钱，都给你了。”他突然有些愧疚。

20年前，美国著名心理学家杰弗里·阿奈特提出“成年初显期”的概念，指18岁至29岁这一年龄段。在生理上，处于这个阶段的年轻人已经成年，但在社会意义和心理层面，他们距离独立、安定还很遥远。他们尚未完全进入成年，而是处在一种不确定的、尴尬的夹缝之中。在18岁的生理成年之后，这些年轻人还有漫长的成年之路要走，这就是成年初显期。

正如孟然这样，现代生活的压力，如就业、婚姻等，会形成一种障碍，甚至在不同程度上阻碍他们向独立成年期过渡。

阿奈特指出，进入信息经济社会后，年轻人要经历更多的教育和培训才能找到工作，更长的教育时间也推迟了他们结婚、生子的步骤。而另一个更重要的原因是，在当今社会成年并不是什么值得向往的事情。

成年延迟是现代工业社会的共同现象，从美国到日本，再到中国，几乎无一例外，年轻人的成年期推迟了。

自然，这种代价就转嫁给了上一辈。

在何明伟的认知里，他自己这一代人，20岁出头，结婚、分家，分到几亩田、几亩林，从此各过各的，这叫成家立业。有出息的人，还懂得反哺。他二弟何明骏退伍后留在云南，分配了工作，还为老家修了一条宽敞的水泥路。

何西根本无暇领受这样的使命。中学时代，他读书好，家里亲戚都说，以后回来造福大家。现在想想，自己31岁了，不仅没站稳脚跟，还需要各方接济，时代真的不一样了。

悬浮的家庭

对年老的父辈来说，如何减轻子女负担远不是他们唯一要考虑的，另一个棘手的问题也浮出水面——怎么避免成为子女的负担。

66岁的蒋民峰余生只剩一个心愿了。

他打算用最后的积蓄买一套新房，可以坐在阳台上晒一早上太阳的那种。他想逃离那间残破、逼仄的单位分的房子。湖南多雨，每逢雨天，满屋子“滴答”声，水盆根本接不过来。

蒋民峰一生办成了几件大事，养育了两个高学历大学生。两个女儿读了研究生，如今已经远嫁，儿子稍微逊色一点儿，但蒋民峰也帮他垫资开了公司。几年前儿子结婚时，蒋民峰付全款给他买了一套婚房。

但是，他想买的房子还没买就生了一场病。那是在 2019 年年底，他住在家里，先是感冒，去药店买药吃了，本想着睡一觉可能就好了。第二天却不见好转，他开始打寒战、头疼、没有力气起床。他给在长沙的儿子打电话，儿子生意太忙，没说几句就把电话挂了，远在上海的女儿也爱莫能助。

如此情景，多少令他沮丧。他突然想，要是哪天他死在家里，是不是也没人发现？好在孙子放假，回益阳看望他。他因被诊断患了流感，赶紧把孙子赶走。

这件事令他开始反思自己的老年生活，怎么给自己养老送终呢？

蒋民峰并非责怪子女们，他理解这种现实背后的无奈。每个人都在为各自的生活心力交瘁，他只会是儿女的一个累赘。

蒋民峰的境遇，在益阳这样的小城市很普遍。公园、广场、商场、公共交通，一眼望去，全是老年人的身影，年轻人大多外流。在这里，以“互助式养老”为传统的家庭结构变得空心化，呈现一种悬浮状态。在老龄化趋势日益加剧的当下，即便在大城市里，这样的情况也未必罕见。

何西后来理解为什么父亲要求他回老家买房，否则不愿意借钱给他。因为父亲很清楚一个残酷的现实——只有离得近，老了之后，他才有依靠。

（文中部分人名为化名）

悲喜剧的四段乐章

许倬云

《水浒传》《三国演义》《封神演义》《西游记》这四部通俗小说，可以作为中国人心灵世界的映照。这四部书的联系，也未尝没有时间轴上的连续和变化。施耐庵的《水浒传》创作于元明之际，经历了文化变迁；继之而来的是明代专制，现实的世界是暴力构成的统治。施耐庵要创造一个理想的秩序，让那些被压在下层的人物可以翻身，改变已有的秩序。但事与愿违，梁山的世界并不那么美好，同样存在欺骗、计谋和暴力。于是，创造这个理想世界的努力，不能不终结为梁山大梦的破灭——只有鲁智深逃到世外，李俊逃到海外，燕青云游不知所终。

《三国演义》则是借着汉末天翻地覆、国家分裂的时代背景，勾画出两种极端的形象：正统人物和篡位者。正统的人物，特别标出关羽的义勇和诸葛亮的智慧；而他们的对照面，则是董卓、曹操这些人物——以奸诈对照义勇，以欺骗对照智慧。《三国演义》留下的关公和诸葛亮，竟因为这部小说成为不朽的神人。贯穿整部《三国演义》的精神是“义”——自己选择的人际关系，而不是因为既有的社会地位和伦理。不过，读《三国演义》有时也难免产生疑问：刘、关、张的交情，何以如此缺少默契，以致关公威震中原的大举动，没有取得刘、张的配合？诸葛亮于大事上那般清楚，何以没有培养班底，以致事无巨细一肩担起，终于鞠躬尽瘁，死而后已？

第三部书《封神演义》却是勾勒神、魔两个世界。神、魔两股力量却是同源，神、魔之间的对抗，都借着死亡得到解脱，将互斗时期的种种恩怨化解为宇宙秩序中各种事物的排列，以及其中的互相关联。神界的官僚系统，或可象征宇宙万物应当是个整体；因此，神与魔，最后终于恩怨尽了，共同纳入一个彼此依赖的网络。

第四部书《西游记》接着封神榜故事的观念，却将宇宙秩序内转为心的世界。“心”作为人精神的主体，必须经历种种关口，在试验之中不断自我克服，进而提升境界，能够超越感官与意识之间的烦恼，经过悟解“色”“空”无别，到达“不生不灭，不垢不净，不增不减……心无挂碍，无挂碍故，无有恐怖，远离颠倒梦想，究竟涅槃”。西行路上八十一难，都是自己内心的业障。历经这八十一难，也就是终于排除自我引起的烦恼：这一个“心路历程”大概也代表了中国儒、释、道三家逐渐融合，取得共识的过程。

这四部小说串成系列，似乎可以想象为人类理想境界悲喜剧的四段乐章：《水浒传》是由“聚义”结合为一个理想人间，其间的尝试和破灭令人唏嘘；《三国演义》是挑选“义”这个字，塑造了几个典型人物，他们功业未成却留下理想人格千古彪炳；《封神演义》是善与恶、成与败的种种对立和斗争，通过辩证过程的对抗、超越和解脱，最终达到共存的和谐；最后，《西游记》竟将人间的许多艰难困苦内化为人类内心的挣扎，由认识欲望到克服欲望、提升自我，终于悟解一切俱空而得到自由。因此，这些小说的串联，谱成了既悲又喜的心路历程。

这些作者都不是大儒、高僧，也不是当时知名的大人物。由于作品内容丰富，情节热闹，人物鲜明，数百年来无数读者都被吸引。他们传达的一些观念，也就不知不觉潜入读者的内心。于是，闾里乡村街谈巷议的场合，姜太公、诸葛亮、关公、武松、龙王三太子、孙悟空……俨然成为百姓心目中的英雄。玉皇、东岳、观音以及封神榜的众神，构成主宰我们生活的神庭。市井江湖，也以义气为人际交往的要件，以良心为做人处世的根本。这些作品未必来自民间，却已融入民间，构成中国民间文化的重要部分。

一无所有的人配谈理想吗

杜素娟

理想有什么用

作为一名老师，我的学生经常会向我发问："老师，你老在谈理想。现在这个时代，压力那么大，竞争那么激烈，社会那么'卷'，谈理想是不是不合时宜？"

这就是我今天选择这个话题的一个重要原因。我们往往以为，人的一生中最痛的处境，是陷入绝境。但其实还有一种处境会让人更痛，那是什么样的处境呢？

17世纪，英国作家弥尔顿在他的《失乐园》中描述了这样一种处境：它卡在伊甸园和地狱之间，既不像地狱那样充斥着绝望，也没有伊甸园的快乐和满足；它没有一块可以扎扎实实立足的地方，所以也不能自由移动；它是一个黏稠的泥沼，一个空虚的黑洞。

这样一个地带，弥尔顿给它起了个名字——混沌界。

人生当中的"混沌界"指的是什么？是你好像没那么惨，你不是一无所有，但是，你有的也不多；是你好像有那么一份生活，但这份生活又不是你想要的；是你想突破，可看不到希望；是你想改变，却找不到路径。

鸡肋的地带、鸡肋的生活、鸡肋的工作，都会带来处在混沌界的体验。一旦陷入混沌界，我们就会有这样一种状态——既“躺不平”，也“卷不动”，我们的人生好像被卡住了。

这种体验直接带来的情绪上的表现，就叫内耗。

我们真的活着吗

现在，有些人看起来过得还不错，但依然感到痛苦，这是为什么？因为这些人的内心被“伪生活”“伪自由”所困扰。

什么叫伪生活？什么叫伪自由？

当我们出生后，现实世界已经有了一整套价值标准、行为规范和人生模板。

比如，你要读什么样的书才有前途，考进什么样的学校才是优等生，得到一份什么样的工作才算体面、才有尊严，什么样的生活算成功的，什么样的生活是一塌糊涂的……这些都是有既定答案的。按照这种既定的答案生活、行事，我们就这样被社会规训了。

可是我们意识到了吗？很多时候，我们会因为自己的行为、成就不符合这些答案而感到痛苦、自责、自卑，开始自我否定，甚至很多时候会觉得自己已经失败了。

我们活着，可很多时候我们活着的意义，不过是一个已经被设置好的定义。我们以为自己在人生当中做出了很多选择，这些选择是自由的，但是面对一个有答案的问题，我们的自由又从何谈起呢？这里存在荒诞感，这就叫伪生活。

爱尔兰作家乔伊斯的小说《尤利西斯》中有这样一句话：“每秒钟，每秒钟。每秒钟的意思就是每一秒钟。”我每次读这句话，都有非常深的领悟。我们活着，时间在嘀嗒嘀嗒地走，可是没有留下任何内容。因为如果我们过的是一种伪生活，是谈不上“创造”二字的。没有创造的生活，就没有真实的意义。我们越忙碌，越感到空虚。

如何终结生活之痛

那么，应该如何结束这种状态呢？

这就要提到我们今天的关键词——理想。在谈理想之前，我们首先要提防一个问题：你的理想是不是被架到了攀比的金字塔尖上？

比如挣钱。大家参加工作以后都想挣更多的钱，让自己和家人过上更舒适的生活，这是一个非常温暖的理想。

可是如果你的理想从挣更多的钱，变成要比别人更有钱，那么你的理想就被架到了攀比的金字塔尖上。

这些被架到金字塔尖的理想，都是攀比思维的陷阱，是功利主义的圈套。它设定的概念是什么？那就是你必须出人头地，你得把别人比下去，这才叫成功。这种成功思维，跟大多数普通人无缘。但这样一种所谓的理想，却将很多普通人卷了进去。

于是，芸芸众生只能眼巴巴地望着金字塔的塔尖，觉得人生苦涩，而理想是人生苦涩的根源。人要跟理想割席，因为没有理想他们就不会伤心。我觉得理想不能背这个锅，因为这不是真正的理想。

真正的理想是什么

真正的理想是什么？是一种自我想象，想象我渴望拥有的未来的生活，想象自己想成为的样子。我还是举一个文学作品的例子，那就是歌德的《浮士德》。

有一个老博士名叫浮士德。他在书斋里度过了一生，做了一辈子学问，别人对他都很尊敬。但是等他老的时候，他突然发现虚度了此生。为什么？因为他发现自己这一辈子，就学会了一项技能——复制、粘贴。他写了这么多论文，其实就是四处裁剪粘贴，写出来后也没人看。

浮士德觉得这样的人生没有意义。于是，他向神灵祈祷，希望再活一回。后来，在魔鬼的帮助下，他喝下可以让他重返青春的灵药，重回 20 岁，又过了一生。

他的第二世过得怎么样？他谈恋爱，失败了；想走仕途，没走通；追求艺术梦想，破灭了；最后想建立一个理想国，也没有实现。

我讲这个故事的时候，很多学生都有同感："老师，这就是我啊！这不就是我一事无成的人生吗？"可是浮士德很满意，上帝也很满意，上帝认为浮士德代表整个人类活出了意义。

这该怎么理解呢？一事无成的人生，它的价值是什么？浮士德做到了什么？其实浮士德就做到了一件事情，那就是保持着一种旺盛的自我想象，以及探索自我和人生可能性的勇气。这条路走不通，我再试试别的；还走不通，我继续尝试；如果方向不对，我就调整。

这样一种对于自己人生的不放弃，或者说对自我的旺盛的想象力，让哪一堵墙都不能将他的人生逼入绝路，任何一种狭小的现实也都不可能囚禁像浮士德这样的人的人生。

我们会发现，这种关于自我的想象，会成为人生的精神弹簧。有这根弹簧，人生就不会被压扁。哪怕巨石袭来，眼看就要把我们压垮，但拥有理想，就无论如何都会保留一份对自己的想象——只要我还有其他的可能性，那我的人生就还有余地。

这就是自我想象的作用：就算走入绝境，也能够在绝境中重启人生。但是如何才能获得自我想象呢？我们可以思考两个问题。

第一个问题：你想成为怎样的自己？你想过上怎样的生活？你认真想过这些问题吗？我们会发现，贴切的自我想象一定建立在对自己的了解之上。

第二个问题：你了解自己的兴趣是什么吗？你得知道自己擅长什么，自己的特点是什么。只有这样，我们才能用"私人定制"的方式创造出自我想象，这样的自我想象才能变成我们的理想。

失败了怎么办

有的学生会问我："老师，我被你的论述打动了，决定追求理想。但是，我突然想到一个可怕的问题，如果我失败了，该怎么办？"一直以来，失败都是一个让我们畏惧的问题。

大家还记得海明威的小说《老人与海》吗？《老人与海》写的就是一个失败者的故事。这个老人作为一个渔夫，已经 84 天没有抓到鱼了。这个失败够大了，所以别人都嘲笑他。

很多人要是陷入这种处境，会觉得很沮丧。当失败降临的时候，我们应该怎么做呢？老人认为，你只要做对一件事就可以了，那就是"每天把鱼钩放在正确的位置"。

所谓失败，是一枚小小的硬币，一面一定是打击，但另一面是契机。浮士德在向神灵祈求第二世人生的时候，许了一个非常奇怪的愿："假如我可以再活一回，请让我去承担人间的祸福，去跟暴风雨搏斗，去迎接沉舟的碎裂。"

浮士德希望得到一个有风雨冲击、有祸福跌宕的第二世。你会这样期盼自己的第二世吗？

浮士德为什么这样许愿呢？因为他祈求的不是这些坎坷本身，而是一次次可以让能力提升的机会。很多时候，我们的能力只有在风雨的击打中才会被激发出来，在压力之下才会被释放出来。

于是，我们就理解了，为什么海明威说"骨头在断过的地方总是会长得很结实"。我们要经历风雨，才能激发出一个更强大的自我。这就是失败的价值。

我也想把这段话送给大家："去承担人间的祸福，去跟暴风雨搏斗，在沉舟的碎裂声中也毫不沮丧。"